中国财政科学研究院智库丛书

降成本：2017年的调查与分析

中国财政科学研究院"降成本"课题组　编

中国财经出版传媒集团
中国财政经济出版社

图书在版编目（CIP）数据

降成本：2017 年的调查与分析/中国财政科学研究院"降成本"课题组编.—北京：中国财政经济出版社，2017.9

（中国财政科学研究院智库丛书）

ISBN 978 – 7 – 5095 – 7724 – 0

Ⅰ.①降… Ⅱ.①中… Ⅲ.①企业管理 – 成本管理 – 研究 – 中国 Ⅳ.①F279.23

中国版本图书馆 CIP 数据核字（2017）第 218224 号

责任编辑：张晓彪　洪　钢　　　　责任校对：李　丽

中国财政经济出版社　出版

URL：http://www.cfeph.cn

E – mail：cfeph@cfeph.cn

（版权所有　翻印必究）

社址：北京市海淀区阜成路甲 28 号　邮政编码：100142

营销中心电话：88190406　北京财经书店电话：64033436　84041336

北京中兴印刷有限公司印刷　各地新华书店经销

787×1092 毫米　16 开　37 印张　657 000 字

2017 年 9 月第 1 版　2017 年 9 月北京第 1 次印刷

定价：98.00 元

ISBN 978 – 7 – 5095 – 7724 – 0

（图书出现印装问题，本社负责调换）

本社质量投诉电话：010 – 88190744

打击盗版举报热线：010 – 88190414　QQ：447268889

中国财政科学研究院智库丛书

编 委 会

编委会主任 刘尚希

编委会委员 罗文光　　白景明　　傅志华

总　　序

党的十八届三中全会在明确"完善和发展中国特色社会主义制度，推进国家治理体系和治理能力现代化"这一全面深化改革总目标的同时，提出了"财政是国家治理的基础和重要的支柱"的重要判断，充分彰显出财政在国家治理现代化之中的地位与作用。

强调发挥财政在国家治理中的基础和重要支柱作用，是与我国经济社会发展阶段相联系的。在改革开放初期，政府的作用是促进改革和开放，财政改革主要是推动政府职能转换、改进政府与市场关系，让市场在资源配置中发挥更大的作用。随着我国经济社会转型进入新的阶段、国家实力逐渐增强以及大国财政使命的提出，财政在改革和发展中的作用日趋多样化、全方位，涉及经济、政治、社会、文化、生态文明建设各个领域。

在市场经济不断发展的基础上，社会结构及其整个上层建筑都发生了极大变化，社会成员利益关系变得复杂起来。在经济进入新常态的背景下，这种复杂的利益关系对于财政在国家治理中作用的发挥是一个新的考验。改革开放初期，财政政策着眼于关注国内，对于国际环境关注不多，现在财政政策的一举一动都对世界经济产生重要影响；改革开放初期，财政主要解决温饱问题，经济建设成为财政工作的突出任务，现在财政既要解决发展问题，又要解决改革问题，经济、社会、政治、文化和生态文明要协同发展；改革开放初期，中央和地方财政实力虽然都较弱，但地方政府债务也少，现在国家财政实力快速扩张过程中也面临着地方政府债务特别是或有债务快速扩张的问题，财政自身可持续性发展面临挑战。

财政作为国家治理的基础正在发生多维变化。改革开放初期，财政主要从经济维度发挥国家治理基础性作用，主要是处理好政府与市场的关系；在经济社会转型、利益关系多元化背景下，财政要从多维度支撑国家治理：既有国家与市场的维度，也有国家与社会（个人）的维度，以及公共部门内部（包括中央与地方、政府部门之间）的维度。

随着财政发挥作用的多维变化，财政理念也随之发生变化。改革开放初期，政府在市场失灵的领域提供公共服务；随着时代的进步，政府承担的各种责任（城镇化、养老、医疗、教育、环境保护等）在不断增加，在政府能力有限的情况下，政府与社会资本合作呼之欲出。政府和社会资本合作打破了传统主流经济学、财政学的基本看法：政府与市场是水火不相容的，二者是对立的；公共服务领域是市场失灵的领域，只能由政府来干。过去注重政府与市场之间的分工，现阶段则注重在分工基础上的合作。政府与市场关系需要进行再改革，一些新的问题又随之产生：在多元主体提供公共服务的同时如何保障社会公共利益，如何理顺政府与社会的关系，如何理顺政府内部如中央和地方之间、政府各部门之间的关系等。财政全方位、深层次嵌入国家治理体系和治理能力现代化之中，带来了许多需要用全新理论诠释的问题，也考验着各方面的智慧。

面对新阶段、新形势和新任务，财政如何有效支撑和推动国家治理现代化更需要新思路、新思想，财政智库或财政思想库也应运而生。可以说，财政智库是财政有效支撑和推动国家治理现代化的思想源泉，也是点亮财政作用于国家治理的"智慧之灯"。发达国家在财政现代化和国家治理体系与治理能力现代化过程中，财政智库的作用功不可没。要发挥好财政作为国家治理基础与重要支柱的职能作用，财政智库的基础性作用更是不可替代。

第一，财政智库是推进国家治理决策的科学化、民主化和法制化的重要支撑。当前，全面建成小康社会进入决定性阶段，破解财政改革发展稳定难题和应对全球性问题的复杂性艰巨性前所未有，迫切需要健全中国特色的财政决策支撑体系，大力加强财政智库建设，以财政科学咨询支撑财政治理的科学决策、民主决策和依法决策，以财政科学决策引领科学发展。

第二，财政智库是国家治理体系和治理能力现代化的重要内容。纵观当今世界各国现代化发展历程，智库在国家治理中发挥着越来越重要的作用，日益成为国家治理体系中不可或缺的组成部分，是国家治理能力的重要体现。全面深化改革，推进国家治理体系和治理能力现代化，推动协商民主广泛多层制度化发展，建立更加成熟更加定型的制度体系，必须切实加强中国特色新型财政智库建设，充分发挥智库在治国理政中的重要作用。

第三，中国特色新型财政智库是国家软实力的重要组成部分。一个大国的发展进程，既是经济等硬实力提高的进程，也是思想文化等软实力提高的进程。智库是国家软实力的重要载体，越来越成为国际竞争力的重要因素，在对外交往中发挥着不可替代的作用。树立社会主义中国的良好形象，推动中华文化和当代中国价值观念走向世界，在国际舞台上发出中国声音，迫切需要发挥中国特色财政新型智库在公共外交中的重要作用，不断增强我国在国际财经和公共事务的国际影响力和国际话语权。

正是考虑到智力资源是一个国家、一个民族最宝贵的资源，考虑到我国智库发展面临的各种瓶颈，2015年1月，中共中央办公厅、国务院办公厅印发了《关于加强中国特色新型智库建设的意见》，提出加强智库建设整体规划和科学布局，统筹整合现有智库优质资源，重点建设50~100个国家急需、特色鲜明、制度创新、引领发展的专业化高端智库。

中国财政科学研究院的前身财政部财政科学研究所（财科所），于1956年根据毛泽东主席的指示而成立，2016年2月正式更名。60年前财科所成立之初，就定位为政府部门的政策咨询机构，以探索我国财政经济问题和培养财政、会计专门人才为己任，为党中央和国务院中心工作服务，为财政经济发展的现实服务。为此，一代又一代财政科研人员为我国财政科研事业做出重要贡献。60年后的今天，中国财政科学研究院正致力于转型、创新，努力创建一流新型智库。

根据智库建设与发展的规划，本院推出"中国财政科学研究院智库丛书"。该丛书内容既包括本院各年度重要《研究报告》的文集，也包括本院承担完成的一些重大科研项目成果，以及本院研究人员研究、撰写的各类专著。目的在于集中展示财科院的科研成就，扩大科研成果的宣传和社会效果，全面提升财科院的智库影响力。

不忘初心，砥砺前行。我们将明确智库建设的宗旨，在传承既有科研优势和办院特色的基础上，探寻新型高端智库建设的途径，潜心探索财政与国家治理的新理论、新观点、新思路、新对策，与各界同仁一道，共同致力于现代财政制度建设，开创国家治理现代化之美好未来。

"中国财政科学研究院智库丛书"编委会

2016年7月

目 录

2017年"降成本"调研总报告 …………………………………………（ 1 ）

实体经济企业成本调查问卷分析报告 …………………………………（ 59 ）

2017年"降成本"东北调研组报告 ……………………………………（197）

 对降成本政策的评估分析
   ——基于黑龙江、内蒙古的调研报告 ……………………（199）

 进一步降低企业税费负担的难点与对策
   ——基于内蒙古、黑龙江的调研报告 ……………………（213）

 降低制度性交易成本的思考
   ——基于内蒙古、黑龙江的调研报告 ……………………（225）

 成本结构与降成本
   ——内蒙古、黑龙江企业降成本调研报告 ………………（239）

2017年"降成本"中部调研组报告 ……………………………………（259）

 关于河南、江西、湖南降低实体经济企业成本的情况调研 …（261）

 中部地区降成本政策的评估分析 ………………………………（290）

 构建标本兼治的降制度成本综合政策体系
   ——基于中部地区企业成本调研的思考 …………………（302）

 河南、江西、湖南三省企业税费负担调研报告 ………………（317）

 中部地区企业运营状况与成本构成分析 ………………………（329）

2017年"降成本"西部调研组报告 ……………………………… (377)

　　西部降低实体企业成本政策评估报告 ……………………… (379)

　　宏观视角的降成本政策评估

　　　　——基于西部地区"降成本"调研的深度思考 …………… (402)

　　广西、云南降低企业制度性交易成本的调研思考 ………… (414)

　　"降成本"西部（广西、云南）调研税费负担分报告 ………… (431)

　　西部地区企业的运行情况分析 ……………………………… (455)

2017年"降成本"东部调研组报告 ……………………………… (485)

　　关于山东、福建降低实体经济企业成本的调查研究 ……… (487)

　　山东、福建两省《降低实体经济企业成本工作方案》落实情况的
　　　　调查报告 ……………………………………………………… (504)

　　关于山东、福建两省实体经济减税降费的调查报告 ……… (526)

　　山东、福建两省降低制度性交易成本的调研分析 ………… (541)

　　山东、福建两省部分企业成本效益状况的调查报告 ……… (554)

　　山东、福建两省降低企业融资成本的政策成效评估 ……… (572)

2017年"降成本"调研总报告

降成本是党中央、国务院积极应对当前经济下行、助力实体企业转型升级、推进供给侧结构性改革的重要举措。2016年8月，国务院发布《降低实体经济企业成本工作方案》（国发〔2016〕48号，以下简称48号文），要求各省、自治区、直辖市人民政府、国务院直属机构认真贯彻执行。为了解降成本政策的实施情况，2017年4—6月，中国财政科学研究院（以下简称财科院）调研组分赴东北、东部、中部、西部等九省实地调研，采取与地方政府部门及行业协会座谈、到实体企业走访和线上问卷调查等方式，了解各地降成本工作的进展、成效及面临的困难，调研行业涉及有色金属冶炼、机械制造、化工、电子科技等多产业领域，贯穿原材料到终端消费品全产业链，涵盖大中型国企、民营企业等多种所有制类型企业。在综合分析省区调研信息与线上问卷调查数据的基础上，我们针对企业成本状况进行系统"诊断"，对降成本政策进行科学评估，剖析目前降成本工作面临的困难，梳理降成本的认识误区，阐明降成本的本质，倡导运用科学的降成本方法论。为实现标本兼治的降成本目标，我们提出以下六方面建议：一是"治未病"：处理好防风险与降成本的关系；二是"定心丸"：管理和引导市场预期，注入确定性；三是疏通"经络"：促进金融与实体企业良性循环；四是挖掘潜力：进一步降税费应以政府减支为前提；五是形成合力：建立部门协调机制，降低不确定性成本；六是定期"体检"：建立降成本政策评估与反馈机制。

一、企业成本探诊：基于线上调查数据

了解企业成本的实际情况是政府推动降成本工作的第一步。本部分基于2017年财科院线上调查14709份有效问卷、235万[①]个数据点，对企业成本情况进行全方位、多层次的考察和分析。

（一）关于问卷设计思路和数据情况的说明

1. 问卷设计的主要思路

科学的问卷设计是获得高质量数据的保障。2017年的问卷设计以数据分析

---

① 每家被调查企业需要填报（回答）160项数据（问题），从14709家企业共获得235万余个数据点。

需求为导向，以企业财务报表数据为基础，以国发〔2016〕48号文中提及的六项成本为调查重点，共设计了十个板块23个大问题（下面还有子项问题）。见图1。问卷设计的主要考虑是：

（1）反映企业经营和成本的总体概貌。为了解企业经营情况和成本的总体水平，问卷以企业的资产负债表和利润表为基础，对企业的营业收入、成本费用、利润、资产负债进行了调查。同时，还设计了劳动生产率、设备利用率、研发支出、应收（应付）账款等指标，以全面反映企业的生产经营现状、创新能力以及企业的流动性，进而反映中国经济转型发展能力和去产能情况。

（2）反映企业成本的构成情况。企业的项目构成不仅能反映该企业经营特点，还能反映其管理水平和降成本的难点和重点。具体包括：原材料及用能用地成本、人工成本、融资成本、物流成本、税费及其他涉企收费情况。

（3）反映企业的隐性成本。企业经营过程中产生的部分成本无法在其财务指标中得以反映，甚至无法量化，但对企业经营和成本水平形成重要影响，如营商环境。为此，设计了10类17个主观题，调查企业对营商环境（政府服务）的直观感受。

（4）反映国发〔2016〕48号文的政策落实情况。国发〔2016〕48号文是各级政府实施降成本行动的纲领性文件，问卷采用主观题的形式，调查企业对政策落实的主观感受。

（5）反映成本发展趋势。问卷调查的数据时间为2014—2016年，以保持数据调查的连续性，反映各项指标的发展趋势。

（6）客观现实与主观感受兼顾。问卷填报项以客观数据调查为主，同时兼顾调查了企业对某些情况的主观感受。

2. 关于问卷调查和分析方式的说明

为了做好本次大型调研工作，财科院投入了大量人力、物力，多方参与，共同完成。

（1）领导高度重视，多专业研究骨干分工合作。本次问卷设计和分析由刘尚希院长和傅志华副院长亲自负责，从院内各研究中心挑选相关研究领域（财务、金融、税收等）的业务骨干，成立问卷设计分析组。在充分讨论、独立设计、相互配合的基础上完成问卷设计，并由用友公司联合开发软件进行网上调查，以保证问卷设计的系统性、科学性和专业性。

（2）企业自愿、自行填报。本次问卷采用各省财政科学研究所协助发放填报通知、企业自愿和自行网上填报的方式，保证了数据采集的"一手"、真实。

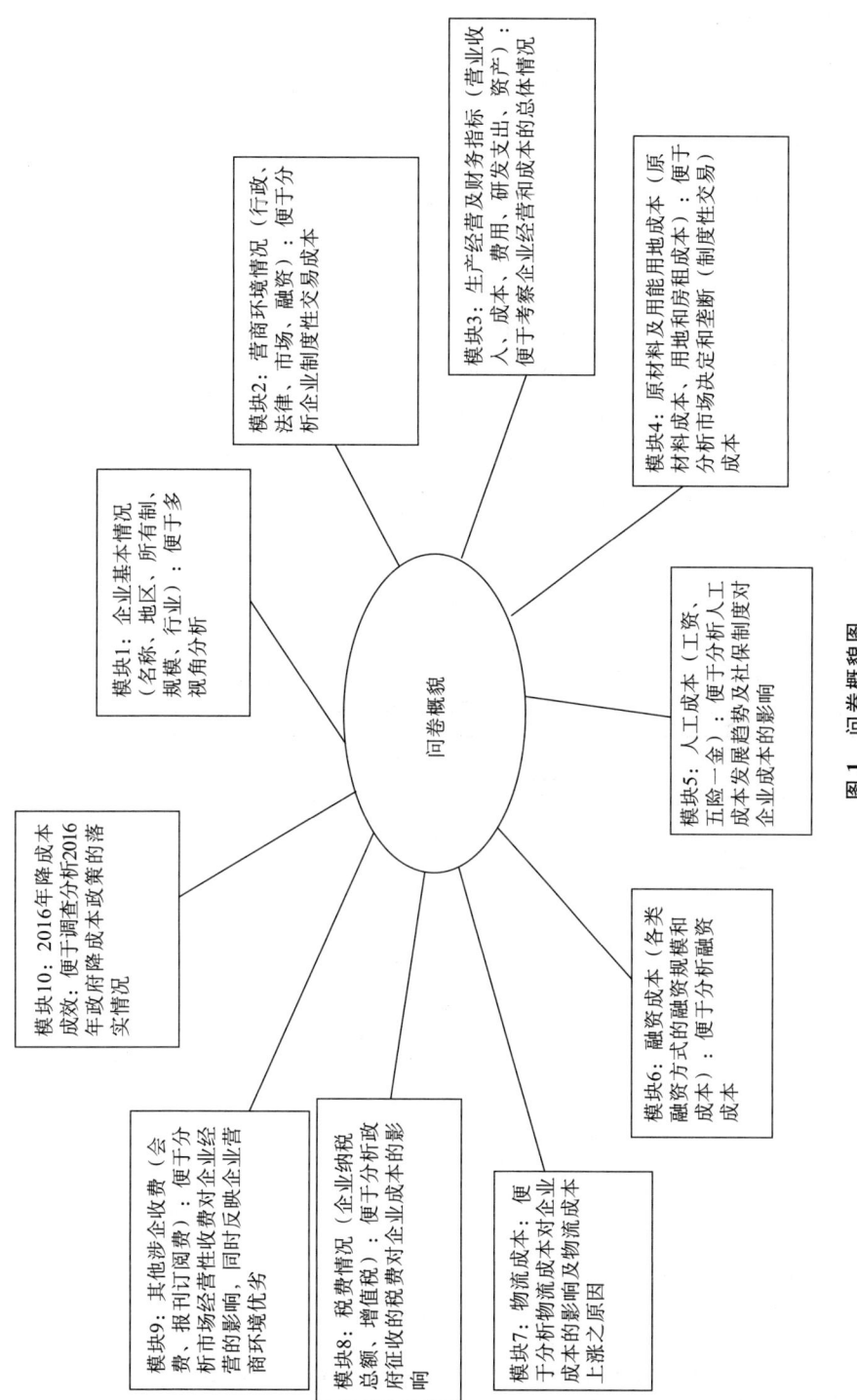

图 1 问卷概貌图

（3）数据专业清洗与专业分析相结合。数据采集和分析首先是由零点公司根据研究人员提出的筛选标准进行清洗和初步加工，再由院内相关研究人员进行深度挖掘和分析，既提高了效率，又保证了分析的专业和深度。

3. 关于数据情况的说明

本次回收的样本经过数据清洗得到的有效样本问卷为14709份，形成不同的子库①，各子库样本数略有差异。样本企业分布情况（见表1）呈现出如下特点：

（1）覆盖面广。样本企业遍布全国各个区域（东部、中部、东北部和西部），覆盖全部所有制类型（国有、集体、外资和民营），涵盖了各个规模企业（大型、中型、小型以及微型企业），涉及15个行业。

（2）具有代表性。样本企业量的地域分布与中国经济发展程度相吻合，东部地区经济最发达，相应样本企业数量最多，达到7175家，占比达到48.8%；从经济类型看，民营企业数量达到了9345家，占比达63.53%；中小型企业最多，二者合计占比达到74.5%以上，同时制造业企业占比近45%。基于此的分析能够全面真实反映当前实体经济企业的真实运营状态。

表1　　　　　　　　　　2017年样本企业分布情况

	总量（户）	占比（%）
样本企业	14709	100
按地区		
其中：东部地区	7175	48.8
中部地区	3826	26.0
东北地区	1567	10.7
西部地区	2141	14.6
按所有制		
其中：国有企业	3902	26.5
集体企业	409	2.8
外资企业	1053	7.2
民营企业	9345	63.5

---

① 数据库分为六个子库，营商环境、生产经营及财务指标部分、原材料及用能用地成本及人工成本部分、融资成本部分、物流成本部分、税费及其他涉企收费部分、降成本项目总体评价部分。

续表

	总量（户）	占比（%）
按企业规模		
其中：大型企业	1468	10.0
中型企业	4507	30.6
小型企业	6436	43.8
微型企业	2298	15.6
按行业		
其中：制造业	6598	44.9
批发零售	1169	7.9
其他行业	3288	22.4

（二）企业成本探诊①

基于线上调查数据，本部分主要对企业经营和成本总体情况、以及主要大类成本进行描述和分析。

1. 企业经营及成本情况

我们采用盈利企业和亏损企业经营及效益情况、每百元营业收入中的营业成本额、每百元营业收入中的费用额（销售费用、管理费用、财务费用）、资产负债率、应收（付）账款增速及占资产比重、设备利用率以及研发支出占营业收入比重等指标，对样本企业2014—2016年企业经营和成本总体情况进行评估。

（1）从企业经营及效益情况看，2014—2016年，全国样本企业中约有70%的企业是盈利的，约有30%的企业是亏损的。其中，东北地区的盈利企业比重显著低于全国，约为60%，表明企业的经营状况遇到的困难较为严重。

从盈利企业的情况看，经营效益在2015年下降后，2016年出现明显好转的趋势，净利润2016年较2014年增长速度为10.81%，整体向好。但是，亏损企业的情况依然严峻，2015年净利润下降幅度达到35%，2016年进一步下降23%，特别是东北地区和西部地区出现大幅度下滑，直观反映了企业面临的经营困境（见表2、表3）。

---

① 本部分的数据和观点均是基于样本企业填报数据得出。

表2　　　　　2014—2016年各地区盈利企业经营效益情况表　　　　　单位：万元

指标	年份	全国	所属区域			
			东部地区	中部地区	东北地区	西部地区
净利润	2014	3288.26	3165.85	2034.23	5719.92	4917.22
	2015	2946.06	2968.05	1974.28	5082.85	3595.45
	2016	3643.68	3772.52	2518.12	5855.49	4093.37
2015年增速%		−10.41	−6.25	−2.95	−11.14	−26.88
2016年增速%		23.68	27.10	27.55	15.20	13.85
2016年较2014年增长%		10.81	19.16	23.79	2.37	−16.75
盈利企业占比%	2014	72.26	74.24	74.49	63.22	67.60
	2015	70.04	72.12	72.44	59.66	65.55
	2016	72.52	75.06	73.33	63.33	68.71

表3　　　　　2014—2016年各地区亏损企业经营效益情况表　　　　　单位：万元

指标	年份	全国	所属区域			
			东部地区	中部地区	东北地区	西部地区
净利润	2014	−2290.47	−1120.94	−2601.29	−4542.34	−3064.23
	2015	−3102.60	−1356.96	−2140.21	−8991.81	−4273.78
	2016	−3830.84	−1333.59	−1944.85	−11010.16	−7985.55
2015年增速%		35.46	21.06	−17.72	97.96	39.47
2016年增速%		23.47	−1.72	−9.13	22.45	86.85
2016年较2014年增长%		67.25	18.97	−25.24	142.39	160.61
亏损企业占比%	2014	27.74	25.76	25.51	36.78	32.40
	2015	29.96	27.88	27.56	40.34	34.45
	2016	27.48	24.94	26.67	36.67	31.29

（2）从每百元营业收入中营业成本额这个指标看，2014—2016年，三年分别是76.76元、76.42元、76.33元，表明整体上样本企业成本略有下降。

从每百元营业收入中的费用（销售费用、管理费用、财务费用）额这个指标看，三年分别是20.06元、23.11元、24.17元，表明整体上样本企业费用有所上升。

再细分来看，每百元营业收入中的管理费用额最高，三年数据分别是13.97

元、16.2元、17.48元，平均增速为11.93%，说明每百元营业收入中费用额的上升主要来自管理费用，企业降费用的空间还较大（见表4）。

表4　　2014—2016年每百元营业收入中成本费用情况表　　单位：元

指标	年份	总体	所属区域			
			东部地区	中部地区	东北地区	西部地区
每百元营业收入中的营业成本额	2014	76.76	77.15	79.99	72.66	71.45
	2015	76.42	76.90	79.81	71.96	70.56
	2016	76.33	76.72	79.89	71.96	70.38
每百元营业收入中的销售费用额	2014	3.90	3.63	4.18	3.95	4.31
	2015	3.99	3.74	4.20	4.00	4.47
	2016	4.00	3.80	4.20	4.14	4.25
每百元营业收入中的管理费用额	2014	13.97	13.17	10.57	19.87	19.85
	2015	16.20	14.88	11.96	24.46	23.92
	2016	17.48	16.45	12.23	26.33	25.94
每百元营业收入中的财务费用额	2014	2.19	1.92	2.69	2.07	2.22
	2015	2.92	2.38	3.50	3.23	3.44
	2016	2.69	2.10	3.46	2.59	3.34
每百元营业收入中的营业税金及附加额	2014	1.22	1.33	0.86	1.14	1.72
	2015	1.27	1.41	0.88	1.15	1.79
	2016	1.11	1.19	0.89	1.11	1.31
每百元营业收入中的企业所得税额	2014	0.85	1.01	0.66	0.76	0.79
	2015	0.92	1.08	0.69	0.79	0.93
	2016	0.87	1.03	0.66	0.79	0.77

（3）样本企业资产负债率在63%左右，财务风险较高，企业间债务相互拖欠情况较为严重（见表5）。2014—2016年样本企业的资产负债率分别为62.9%、62.7%和63.07%，资产负债率较高，表明企业经营的财务风险较高。

分地区看，东北地区的资产负债率最高，且连续两年增长，2016年达到69.34%，中部地区资产负债率最低，为56.07%。

从所有制来看，集体企业资产负债率最高，为73%左右，国有企业次之（70%左右），民营企业、外资企业最低，分别为60%和55%。

从企业规模看，微型企业资产负债率最高，且连续增长，2016年达到71.63%，中型企业最低，且连续下降，2016年降至60.66%，表明微型企业财务风险最大。

2016年应收账款较2015年增长了7.83%，低于2015年增速（11.5%），但应收账款占总资产的比重从2014年的16.1%上升到2016年的16.95%，表明企业的财务风险仍在累积。2016年应付账款较2015年增长了9.23%，高于2015年增速（1.9%）。从应收和应付账款情况可以看出，企业间债务相互拖欠情况较为严重。

企业资产负债率和应收（付）账款状态也可以反映出实体经济杠杆率仍较高，经济运行不确定性较大，风险不可忽视。

表5　　　样本企业2014—2016年资产负债及应收（付）账款情况　　　单位：%

	2014年	2015年	2016年	2016年较2014年增速
资产负债率	62.90	62.70	63.07	—
应收账款增速	—	11.5	7.83	20.24
其中：一年以上应收账款增速	—	39.38	0.2	39.65
应收账款占总资产比重	16.1	16.42	16.95	
应付账款增速		1.9	9.23	11.31
其中：一年以上应付账款增速		8.67	1.39	10.18

（4）设备利用率略有上升。样本企业2014—2016年设备利用率情况分别为83.64%、83.71%和84.23%，略有上升。

从所有制来看，国有企业设备利用率最高；而集体企业和民营企业设备利用率较低。以2016年为例，国有企业设备利用率为86.57%，而集体企业为83.67%。

从企业规模来看，大型企业最高，微型企业最低。以2016年为例，大型企业设备利用率为86.33%，而微型企业为81.79%。

（5）企业创新意愿在上升，民营企业创新意愿高于国有企业。研发支出占营业收入的比重可以衡量企业的创新意愿。样本企业2014—2016年研发支出占营业收入的比重分别为1.71%、1.82%、1.89%，呈上升趋势，表明企业创新意愿在上升（见表6）。

分地区看，东部和中部创新意愿高于西部地区。以2016年为例，东部地区研发支出占营业收入的比重为2.16%，而西部地区仅为1.07%，相差一倍之多。

从所有制角度看，民营企业研发支出占比最高，2016年为2.37%，国有企业最低，仅为0.76%，前者是后者的三倍之多。

表6　　　　　2014—2016年样本企业研发支出占营业收入的比重　　　　单位:%

	2014年	2015年	2016年
全国	1.71	1.82	1.89
东部地区	1.91	2	2.16
中部地区	1.91	2	2.03
东北地区	1.15	1.47	1.31
西部地区	0.94	0.98	1.07

从企业规模看，中型企业研发支出占比最高，2016年为2.22%；微型企业最低，2016年为1.3%。

2. 原材料、用能用地、人工成本以及物流成本情况

从调查问卷的数据情况看，实体经济的原材料、用能用地及人工成本呈现出如下特征：

（1）原材料成本近年来上升较快。2016年全国实体经济企业（剔除了金融企业和房地产企业）原材料成本出现了较快上升，2016年同比上升了7.21%。其中，制造业企业的原材料成本2016年同比上升了7.84%，而营业收入的增速仅为2.04%，相应制造业利润空间被进一步压缩。这说明随着一些行业去产能的持续推进和实体经济企业销售和生产的回暖，原材料需求的增长引发了原材料价格上涨，从而推高了企业的原材料成本。

（2）用地及房租成本持续上涨。2016年全国实体经济企业（剔除了房地产开发和建筑施工企业）用地及房租成本同比上升了9.7%。其中，西部地区实体经济企业用地及房租成本上升最快，2016年同比上升了43.8%；而东北地区仅上升了0.92%，这说明东北地区实体经济企业活力不强，用地或租房意愿较低。

（3）用能成本有所上升但幅度不大。随着近年来国家发改委的持续降低工业企业用电价格和推进大用户直供电改革，我国实体经济企业的用电成本虽然总体有一定的上升，但是增幅较小，在电价下调的情况下，实体经济企业用电总成本保持一定幅度的上升反而反映了经济效益的好转。

从全国样本数据来看，2016年全国实体经济企业的用电成本1539.61亿元，同比2015年仅仅增长了2.91%。从区域来看，西部、东部和中部地区2016年实体经济企业的用电成本均出现了一定幅度的增长，而东北地区2016年实体经济企业的用电成本则出现了较大幅度的下降，2016年用电成本为101.36亿元，同

比 2015 年却下降了 17.55%，东北地区 2016 年实体经济企业的用电成本下降，则说明东北地区实体经济企业的经济效益依然未见明显好转。

（4）用工成本依然刚性上升。虽然国家为了降低企业的用工成本，降低了企业的社保缴费率，工资的刚性增长要求以及用工市场的紧张，使得这两年我国实体经济企业的用工成本在持续上升，企业对用工成本高的问题反映依然强烈。

从全国数据来看，2016 年全国实体经济企业用工成本同比增长了 6.84%。从区域来看，四个区域企业的用工成本均出现了不同程度的上升。其中，东部和东北地区 2016 年用工成本增速高于全国的平均水平，分别为 9.84% 和 7.7%。

（5）物流成本呈上升态势，人工成本上涨为主因。2014—2016 年，全国企业物流成本均呈上升趋势。其中，物流成本占营业成本比重增速为 4.9%，物流成本占总成本比重增速为 3%。

分地区看，三年的情况基本趋同，以 2016 年为例，西部地区物流成本更高一些，物流成本占营业成本的比重、物流成本占总成本的比重分别达到 3.79% 和 2.61%；东部物流成本最低，这两个比重分别为 2.52% 和 1.82%；中部和东北物流成本居中。

关于物流成本上涨主因问题，39.5% 的企业认为人工成本上涨是物流成本上涨的主因；18.5% 的企业认为燃油价格过快上涨导致物流成本升高；15.9% 的企业认为各项税费上涨、过路过桥费用及车辆保养维修费用上涨导致物流成本增加。

3. 企业融资成本情况

根据全国抽样调查数据显示，2014—2016 年，无论是企业数量，还是资金规模，我国企业外源融资的总体水平呈现上升趋势，但受货币信贷宏观稳中偏紧的影响，2016 年以来，企业融资增速放缓。在各类融资方式中，银行贷款依然是企业外源融资的最主要方式，其次是债券融资，股权融资与其他融资方式（信托、融资租赁、小额贷款等）相比仍然较少。但对比单家企业的各类融资规模时发现，单家企业的平均债券融资规模要远大于单家企业的平均贷款规模。

（1）银行贷款成本仅次于其他融资成本，依东部、中部、西部、东北地区顺序呈现明显阶梯下降特征。东部与中部地区企业各期限银行贷款加权成本约为 7.09% 和 6.97%，明显高于西部和东北地区的 6.41% 和 6.46%（见表 7）。

表7	2014—2016年各地区银行贷款成本		单位:%
	2014年	2015年	2016年
全国	7.24	7.03	6.49
东部地区	7.39	7.27	6.61
中部地区	7.36	7.01	6.53
西部地区	6.72	6.38	6.13
东北地区	6.57	6.65	6.15

（2）中部地区企业债券融资的成本最高，各年加权平均成本达到6%，其次是西部地区、东北地区，加权平均利率分别为5.32%和4.73%，东部地区最低，加权平均利率仅为3.61%（见表8）。

表8	2014—2016年各地区债券融资成本		单位:%
	2014年	2015年	2016年
全国	4.40	4.29	5.11
东部地区	3.62	3.5	3.69
中部地区	5.77	5.43	6.81
西部地区	4.32	4.87	6.76
东北地区	5.3	4.11	4.79

（3）股权融资成本的区域分布则呈现东部、中部、东北、西部阶梯上升局面。2014—2016年，东部企业股权融资的显性成本不到融资总额的1%，而西部企业股权融资成本则高达融资额度的3.77%（见表9）。

表9	2014—2016年各地区股权融资成本		单位:%
	2014年	2015年	2016年
全国	1.23	1.63	1.42
东部地区	0.29	0.86	0.7
中部地区	1.65	1.58	1.28
西部地区	3.02	4.73	3.56
东北地区	2.4	2.57	2.21

（4）从所有制情况看，融资规模和融资成本，国有企业处于优势地位，融资规模大，融资成本低；而民营企业处于劣势地位。在样本企业中，2014—2016年国有企业的银行贷款加权平均利率明显低于民营企业，分别为6.13%、

5.91%和5.26%，而民营企业则为7.65%、7.41%和6.79%。

（5）从企业规模来看，大型企业、小微型企业的银行贷款利率低于中型企业。2014—2016年，大型企业银贷加权平均利率在6.36%—6.92%之间，小型企业在6.34%—7.20%之间，微型企业则在6.0%—6.73%之间，而中型企业在6.81%—7.58%之间，明显高于大型企业和小微企业。

4. 企业缴税情况

税收负担是社会各界最为关注的一项成本，本次样本企业共填报企业纳税总额3600亿元左右，占全国企业纳税总额①的比重在3%左右。

（1）近六成样本企业"纳税总额占营业收入的比重"小于5%（见表10）。58%以上样本企业的"纳税总额占营业收入的比重"小于5%，90%以上样本企业的"纳税总额占营业收入的比重"小于15%。这表明，六成样本企业百元收入纳税低于5元。

表10 2014—2016年样本企业"纳税总额占营业收入的比重"的分布情况

年度	<5%	5%—15%	15%—25%	25%以上
2014	60.2%	30.4%	5.7%	3.7%
2015	58.4%	32.0%	5.8%	3.8%
2016	58.0%	31.8%	5.9%	4.3%

（2）近三年样本企业"纳税总额占营业收入的比重"均值为5.3%。分年度看，呈下降态势。2014—2016年，样本企业"纳税总额占营业收入的比重"三年均值5.30%。

从分地区看，东部地区最低，西部地区最高。以2016年为例，东部地区样本企业的该指标为4.33%，西部地区为7.21%。

从企业规模看，大型企业最高，微型企业最低。以2016年为例，大型企业为5.37%，微型企业为3.52%。

三年来，样本企业"纳税总额占营业收入的比重"从2014年的5.32%下降至5.14%，三年下降了0.18个百分点，降幅为3.3%（见图2）。其中，西部地区降幅最大，从2014年的8.41%下降至2016年的7.21%，降幅为14.3；微型企业的降幅最高，从2014年的3.89%下降至2016年的3.52%，降幅为9.5%。

---

① 全国企业纳税总额＝各年度全部税收收入－个人所得税。

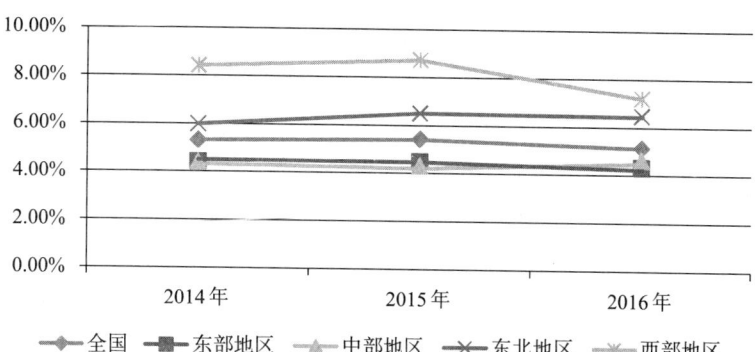

图2 2014—2016年样本企业"纳税总额占营业收入的比重"情况

（3）近三年样本企业"纳税总额与利润之比"均值为77.4%。分年度看，呈下降态势。2014—2016年，样本企业"纳税总额与利润之比"三年均值为77.4%。

从分地区看，东部地区最低，西部地区最高。以2016年为例，东部地区样本企业"企业纳税总额与利润之比"为50.62%，西部地区为150.42%。

从企业规模看，大型企业最高，2016年为74.82%；微型企业最低，2016年为40.83%。

三年来，样本企业"纳税总额与利润之比"从2014年的77.33%下降至72.51%，降幅为6.2%（见图3）。

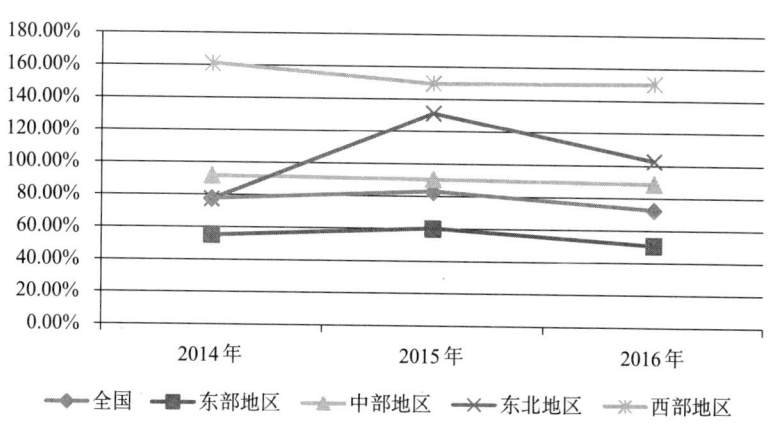

图3 2014—2016年分地区"企业纳税总额与利润之比"情况

从分地区看，东部地区降幅最大，从2014年的55.21%下降至2016年的50.62%，降幅达到8.3%；但东北地区不降反升，从2014年的77.06%上升到2016年的102.54%，升幅达33.06%，这主要是由于东北地区样本企业利润下滑所致。

从企业规模来看，小型企业降幅最大，从 2014 年的 67.52% 下降到 2016 年的 54.65%，降幅达 19.1%；而中型企业不降反升，从 2014 年的 61.52% 上升到 2016 年的 67.77%，升幅达到 10.2%。

（4）近三年样本企业"纳税总额占企业综合成本的比重"均值为 5.42%，分年度看，呈下降趋势。2014—2016 年，样本企业"企业纳税总额占企业综合成本的比重"均值为 5.42%。

企业综合成本 = 企业总成本费用 + 增值税
　　　　　　 = 主营业务成本 + 销售费用 + 管理费用 + 财务费用 + 营业税金及附加 + 企业所得税 + 增值税

分地区看，东部地区最低，西部地区最高。以 2016 年为例，东部地区样本企业"纳税总额占企业综合成本的比重"为 4.55%，西部地区为 7.29%。

从企业规模看，大型企业最高，2016 年为 5.54%；微型企业最低，2016 年为 4.23%。

样本企业"纳税总额占企业综合成本的比重"从 2014 年 5.44% 下降至 2016 年的 5.31%，降幅为 2.3%（见图 4）。

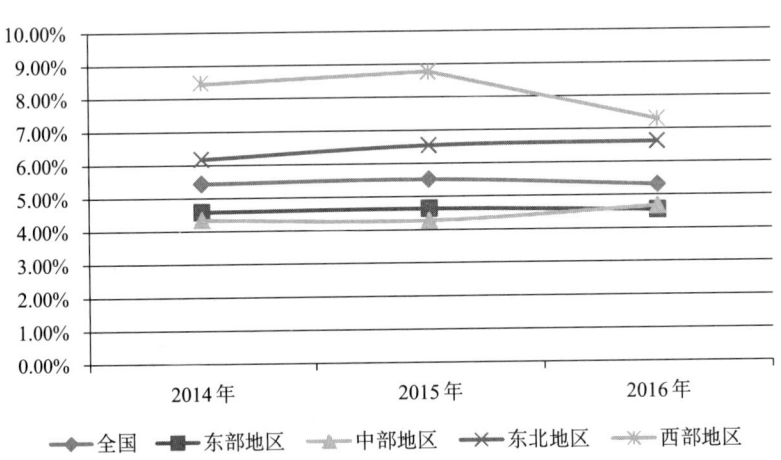

图 4　2014—2016 年分地区"企业纳税总额占企业综合成本的比重"情况

分地区来看，降幅最大的为西部地区，从 2014 年的 8.48% 下降至 2016 年的 7.29%，降幅达 14%；中部和东北部企业不降反升，如东北地区从 2014 年的 6.17% 上升至 2016 年的 6.61%，升幅达 7.1%。

从企业规模看，微型企业降幅最大，而中、小型企业不降反升。

5. 企业缴费情况

问卷调查企业缴费分为两类，一是缴给政府的行政事业性收费；二是缴给其他市场主体的经营性收费。由于行政事业性缴费项目较多，且共性费类较少，本问卷仅对目前社会较为关注的环保类缴费、残疾人就业保障金、水利建设基金进行了调查。对于经营性缴费而言，问卷调查了协会（商会）会员费、报纸杂志费、企业捐赠支出等项目。就缴费情况而言：

（1）缴纳排污费的企业户数、缴费金额及其占营业收入和成本费用的比重均呈上升态势。

（2）缴纳诉讼费的企业户数、缴费金额及其占营业收入和成本费用的比重均呈上升态势，且增幅明显。

（3）缴纳协会、商会等会员费的企业户数呈上升趋势，但缴费金额及其占营业收入和成本费用的比重2016年较2014年有所上升，但低于2015年。

（4）缴纳报纸杂志费的企业户数呈上升趋势，但缴费金额占营业收入和成本费用的比重有所下降。

就税费负担主观感受而言，无企业认为税费负担"较轻"，6.7%企业认为税费负担"非常重"，51.5%企业认为税费负担"合理"，41.8%的企业认为税费负担"较重"。其中，46.6%的企业认为"税费负担重在税收"，39.2%的企业认为"税费负担均重"。

6. 企业对营商环境的主观感受

制度性交易成本与营商环境直接相关，且难以量化。本问卷通过设置若干主观题，调查企业对营商环境各个侧面的主观感受，从而反映企业制度性交易成本的情况。问卷从营商环境满意度、行政管理满意度、法律环境、市场环境、社团组织收费、融资环境、生产基础条件七个方面进行调查。通过对问卷的分析，可以发现：

（1）营商环境满意度。50.7%的样本企业对营商环境"满意"，46.3%的企业认为"一般"，3.1%的企业认为"较差和极差"。分区域看，西部地区满意度最低（41.9%），东部地区满意度最高（53.5%）。从企业规模看，大型企业满意程度最高（62%），小型企业最低（47.8%）。

（2）政府机关的政策和规章制度公开透明度。70.3%的企业认为"较好"，28.9%的企业认为"一般"，0.8%的企业认为"较差"。分地区看，东部地区认为"较好"的企业占比（73.1%）最高，西部地区认为"较好"的企业占比（62%）最低，东北地区认为透明度"较差"的企业占比（1.5%）接近全国平均水平 2 倍。从企业规模看，大型企业满意度最高（78.8%），微型企业最低（67%），同时微型企业认为"较差"的占比（1.1%）是大、中型企业的 2 倍之多。

（3）行政机构办事程序简化情况。62.8% 的企业认为行政机构办事程序简化情况"较好"，35.2% 的企业认为"一般"，2% 的企业认为"较差"。分区域看，东部地区企业认为"较好"占比（65.7%）最高，西部地区企业认为"较好"占比（50.5%）最低。同时东北地区（3.3%）和西部地区（3.5%）认为满意度"较差"的数量远远高于全国平均水平。从企业规模看，大型企业满意度（66.6%）最高，微型企业最低（61%）。

（4）企业与政府及监管部门打交道的综合成本。54.6% 的企业认为打交道成本"一般"，12.2% 的企业认为"较高"，33.35% 的企业认为"较低"。分地区看，西部地区认为成本"较高"的比例高于全国平均水平 3.1 个百分点。从企业规模看，小型和微型企业认为成本"较高"的比例较高（分别为 12.5% 和 12.4%）。同时，微型企业认为成本"较低"的比例（34%）高于其他类型企业。

（5）国家法律规定外的收费、摊派、集资情况。64.9% 的企业认为收费、摊派、集资情况"较少"，31.4% 的企业认为"一般"，3.7% 的企业认为"较高"。西部企业认为收费、摊派、集资情况"较高"的占比最高（4.9%），中部地区最低（2.8%）。微型企业认为收费、摊派、集资情况"较高"的占比最高，为 4.0%。

（6）司法机构执法公正、高效情况。62.1% 的企业认为司法机构执法情况"较好"，36.4% 的企业认为"一般"，1.5% 的企业认为"较差"。"较好"占比最高的地区为东部地区（64.7%），占比最低的为西部地区（52.8%）。"较差"占比最高的地区为西部地区（2.4%），最低的地区为东部地区（1.0%）。

（7）法律纠纷诉讼成本。53.7% 的企业认为诉讼成本"一般"，29.3% 的企业认为诉讼成本"较低"，17.0% 的企业认为诉讼成本"较高"；分区域看，认为诉讼成本"较高"占比最高的为西部地区（21.5%），高于全国平均水平 4.5 个百分点。从企业规模看，大型企业认为诉讼成本"较高"的比例（19.3%）最高，微型企业（16%）最低。

（8）政府市场准入限制情况。57.5% 的企业认为市场准入限制"一般"，34.7% 的企业认为"较低"，7.8% 的企业认为"较多"；分区域看，西部地区企业认为限制"较多"的比例（10.6%）最高，中部地区比例（6.6%）最低。从企业规模看,大型企业认为限制"较多"的比例(8.6%)最高,小型企业比例(7.5%)最低。

(9)地方政府地域性歧视情况。63.8%的企业认为地域性歧视"较轻",34.2%的企业认为"一般",2.0%的企业认为"严重"。分区域看,西部地区企业认为歧视"严重"的比例(3.7%)最高,中部地区(1.4%)最低。从企业规模看,微型企业认为歧视"严重"的比例(2.4%)最高,小型企业比例(1.8%)最低。

(10)企业参加协会、商会、行会等社会团体并缴费情况。49.9%的企业认为参与社会团体并缴费"较少",43.9%的企业认为"一般",6.3%的企业认为"较多"。分区域看,东部地区认为参与并缴费"较多"的比例(7.4%)最高,中部地区比例(4.6%)最低。从企业性质来看,民营企业认为参与并缴费"较多"的比例(6.8%)最高,外资企业比例(4.7%)最低。从企业规模看,大型企业认为参与并缴费"较多"的比例(9.7%)最高,微型企业比例(4.1%)最低。

(11)协会、商会、行会对企业发展的帮助。55.4%的企业认为协会、商会、行会对企业发展的帮助作用"一般",22.4%的企业认为帮助"较少",22.3%的企业认为帮助"较大"。分区域看,中部地区认为帮助"较大"的比例(25.6%)最高,西部比例(15.6%)最低。从企业性质看,民营企业认为帮助"较多"的比例(25.4%)最高,国有企业比例(16.1%)最低。从企业规模看,大型企业认为帮助"较多"的比例(25.3%)最高,小型企业比例(20.9%)最低。

(12)银行贷款的额外收费情况。55.7%的企业认为银行贷款额外收费"较少",38.2%的企业认为"一般",6.1%的企业认为"较多";分区域情况看,西部地区企业认为收费"较多"的比例(7.7%)最高,东北地区比例(4.8%)最低。从企业性质来看,民营企业认为收费"较多"比例(7%)最高,国有企业(4.6%)最低。从企业规模看,大型企业认为收费"较多"的比例最高(6.6%),中型企业最低(6.1%)。

(13)银行存款的以贷转存、存贷挂钩的情况。61.2%的企业认为以贷转存、存贷挂钩情况"较少",34.3%的企业认为"一般",4.5%的企业认为"较多";分区域看,西部地区企业认为以贷转存、存贷挂钩情况多的比例(5.2%)最高,东北地区比例(3.1%)最低。从企业所有制性质来看,民营企业认为以贷转存、存贷挂钩情况"较多"的比例(5.2%)较高,外资企业比例(2.3%)

最低。从企业规模看，大型企业（5.1%）、中型企业（4.9%）认为以贷转存、存贷挂钩情况"较多"的比例相差不大，微型企业比例（3.8%）最低。

（14）电价及其基金性收费合理性情况。33.9%的企业认为电价及其基金性收费合理性"较好"，61.6%的企业认为"一般"，4.5%的企业认为"较差"。分区域看，西部地区认为收费合理性"较好"的比例（25.2%）最低。从企业性质看，国有企业、集体企业、民营企业对收费合理性的满意度相差不大。从企业规模看，大型企业认为收费合理性"较好"的比例（39%）最高，中型企业、小型企业、微型企业相差不大。

（15）公路、铁路、港口的指定经营、强制服务、强制收费情况。52.5%的企业认为指定经营、强制服务、强制收费情况"较少"，42.4%的企业认为"一般"，5.0%的企业认为"较多"；分区域看，西部地区企业认为指定经营、强制服务、强制收费"较多"的比例（7.2%）最高，中部地区比例（3.7%）最低。从企业规模看，微型企业认为指定经营、强制服务、强制收费"较多"的比例（6.6%）最高，其他类型企业比例相差不大。

（16）当地经营环境诚信水平。49.6%的企业认为当地经营环境诚信水平"较高"，48.1%的企业认为"一般"，2.3%的企业认为"较低"。分区域看，东部地区企业认为诚信水平满意度"较高"的比例（54.1%）最高，西部地区的比例（38.8%）最低。从企业规模看，大型企业认为诚信水平满意度"较高"的比例（59.5%）最高，微型企业比例（46.6%）最低。

（17）当地对企业专利技术、品牌的保护程度。48.8%的企业认为当地对专利、品牌的保护程度"较高"，47.8%的企业认为"一般"，3.4%的企业认为"较低"。分区域看，东部企业认为当地对专利、品牌的保护程度"较高"的比例（52.9%）最高。西部比例（35.5%）最低。从企业性质来看，民营企业认为当地对专利、品牌的保护程度"较高"的比例（51.2%）最高，国有企业（43.4%）和集体企业（40.1%）比例较低。从企业规模看，大型企业认为当地对专利、品牌的保护程度"较高"的比例（58.4%）最高，微型企业的比例（43.1%）最低。

二、降成本的政策成效

降低实体经济企业成本，需要中央与地方、企业和政府各司其职，形成合力。从调研省区的实际情况看，国务院降成本工作部署及地方政府结合自身实际推出降成本"组合拳"，取得了降低企业税费、融资、用能、物流、制度性交易成本等良好成效。正确认识与评价目前降成本的政策成效，是做好下一步降成本工作的重要前提。

（一）政策措施

1. 中央层面

党的十八大胜利召开之后，面对经济新常态新形势新挑战，以习近平总书记为核心的党中央高瞻远瞩，统揽全局，提出供给侧结构性改革的新战略，并从我国经济发展的阶段性特征出发，形成了"三去一降一补"这一具有重大指导性、针对性的经济工作新思路。党的十八届五中全会提出："开展降低实体经济企业成本行动，优化运营模式，增强盈利能力。限制政府对企业经营决策的干预，减少行政审批事项。清理和规范涉企行政事业性收费，减轻企业负担，完善公平竞争、促进企业健康发展的政策和制度。"上述指导思想从总体上为降低实体企业成本指明了方向。

2016年8月国务院印发《降低实体经济企业成本工作方案》（国发〔2016〕48号），这是2015年中央经济工作会议之后针对"降成本"该项任务出台的第一个系统性文件。文件提出，"经过1—2年努力，取得降低实体经济企业成本工作的初步成效，经过3年左右使实体经济企业综合成本合理下降，盈利能力较为明显增强。"一年以来，按照国务院降成本工作方案的要求，国家发展和改革委员会、财政部等部委研究制定了具体落实措施（见表11），主要包括：降低工商业电气价格和银行刷卡手续费，降低企业社保缴费费率和住房公积金缴存比例，实施煤电联动、推进电力直接交易、完善两部制电价用户基本电价执行方式，下调非居民用天然气价格，推行大规模结构性减税，清理规范涉企收费等。

为深入推进降成本工作，2017年6月22日，国务院办公厅印发了《全国深化简政放权放管结合优化服务改革电视电话会议重点任务分工方案》（国办发〔2017〕57号）；2017年6月16日，国家发展改革委、工业和信息化部、财政部、人民银行联合颁布《关于做好2017年降成本重点工作的通知》（发改运行〔2017〕1139号）；2017年7月10日，国家发展改革委公布了《关于进一步推进物流降本增效促进实体经济发展的意见（公开征求意见稿）》。通过持续不断的努力，中央层面的降成本政策体系更加趋于完善。

表11　2016年—2017年7月财政部（联合）出台"降成本"部分政策文件概览

出台时间	文件名称
2016年3月23日	《关于全面推开营业税改征增值税试点的通知》（财税〔2016〕36号）
2016年4月14日	《关于阶段性降低社会保险费率的通知》（人社部发〔2016〕36号）
2016年4月20日	《关于扩大18项行政事业性收费免征范围的通知》（财税〔2016〕42号）
2016年4月29日	《关于进一步明确全面推开营改增试点金融业有关政策的通知》（财税〔2016〕46号）
2016年4月30日	《关于进一步明确全面推开营改增试点有关劳务派遣服务、收费公路通行费抵扣等政策的通知》（财税〔2016〕47号）
2016年5月9日	《关于全面推进资源税改革的通知》（财税〔2016〕53号）
2016年8月3日	《关于收费公路通行费增值税抵扣有关问题的通知》（财税〔2016〕86号）
2016年9月20日	《关于完善股权激励和技术入股有关所得税政策的通知》（财税〔2016〕101号）
2016年9月24日	《关于印发〈普惠金融发展专项资金管理办法〉的通知》（财金〔2016〕85号）
2016年11月4日	《关于提高机电、成品油等产品出口退税率的通知》（财税〔2016〕113号）
2016年11月22日	《关于落实降低企业杠杆率税收支持政策的通知》（财税〔2016〕125号）
2017年3月15日	《关于清理规范一批行政事业性收费有关政策的通知》（财税〔2017〕20号）
2017年4月26日	《关于继续实施物流企业大宗商品仓储设施用地城镇土地使用税优惠政策的通知》（财税〔2017〕33号）
2017年5月2日	《关于提高科技型中小企业研究开发费用税前加计扣除比例的通知》（财税〔2017〕34号）
2017年4月28日	《关于继续执行有线电视收视费增值税政策的通知》（财税〔2017〕35号）
2017年4月28日	《关于继续执行新疆国际大巴扎项目增值税政策的通知》（财税〔2017〕36号）
2017年4月28日	《关于简并增值税税率有关政策的通知》（财税〔2017〕37号）
2017年4月28日	《关于创业投资企业和天使投资个人有关税收试点政策的通知》（财税〔2017〕38号）
2017年4月28日	《关于将商业健康保险个人所得税试点政策推广到全国范围实施的通知》（财税〔2017〕39号）
2017年4月28日	《关于印发〈压缩财税优惠办理时间改革实施方案〉的通知》（财法〔2017〕2号）
2017年6月6日	《关于扩大小型微利企业所得税优惠政策范围的通知》（财税〔2017〕43号）
2017年6月9日	《关于延续支持农村金融发展有关税收政策的通知》（财税〔2017〕44号）
2017年6月9日	《关于小额贷款公司有关税收政策的通知》（财税〔2017〕48号）
2017年6月12日	《关于继续实施扶持自主就业退役士兵创业就业有关税收政策的通知》（财税〔2017〕46号）
2017年6月19日	《关于暂免征银行业监管费和保险业监管费的通知》（财税〔2017〕52号）

资料来源：根据财政部网站信息整理。

2. 地方层面

地方政府积极响应党中央、国务院的号召，针对本地企业实际情况，通过建立机制、简政放权、深化改革，大力开展降低实体经济企业成本专项行动，推出更加具体细化的政策举措（见表12），优化实体经济企业政策环境，促进实体经济企业克服困难、持续发展。

表 12　部分调研省区2016年开展降成本专项行动的主要举措

政策措施	具体内容
营改增试点扩围	1. 营改增试点范围扩大到建筑业、房地产业、金融业和生活服务业，并将企业新增不动产纳入增值税抵扣范围。 2. 新增试点行业的原营业税优惠政策原则上予以延续，对老合同、老项目以及特定行业采取过渡性措施。 3. 月销售额或营业额不超过3万元（含3万元）的小微企业，免征增值税和营业税；年应纳税所得额在30万元以下（含30万元）的小型微利企业，其所得减按50%计入应纳税所得，并按20%的税率缴纳企业所得税。 4. 物流企业自有（包括自用和出租）的大宗商品仓储设施用地，减按所属土地等级适用税额标准的50%计征城镇土地使用税。 5. 进一步简化审批流程，加强税务与海关信息互联共享，切实提高出口退税效率。
研发费用加计扣除	1. 研发费用加计扣除。 2. 贯彻落实国家有关新材料、关键零部件、环境保护专用设备、节能节水专用设备等企业所得税优惠政策。 3. 加计扣除的项目研发投入，由省、市财政按大型企业新增投入或小微企业总投入的一定比例（10%）给予奖励，单个企业奖励金额最高1000万元。
扩大行政事业性收费免征范围，清理规范涉企收费	1. 涉企收费目录清单管理，常态化公示。 2. 开展涉企收费专项清理检查。 3. 加强票据和非税项目执收编码的管理。 4. 18项涉企行政事业性收费的免征范围由小微企业扩大到所有企业。 5. 符合条件的小微企业，免征教育费附加、地方教育附加、水利建设基金、文化事业建设费和残疾人就业保障金。
取消减免一批政府性基金，扩大小微企业免征范围	1. 育林基金征收标准降为零，停征价格调节基金，将散装水泥专项资金并入新型墙体材料专项基金。 2. 新型墙体材料专项基金按规定标准的80%征收。 3. 教育费附加、地方教育附加、水利建设基金免征范围，扩大到月销售额或营业额不超过10万元的缴纳义务人。 4. 取消大工业用户燃气燃油加工费等违规设立的政府性基金。 5. 新菜地开发建设基金征收标准降为零，整合归并水库移民扶持基金等7项政府性基金。

续表

政策措施	具体内容
清理规范社会团体收费	1. 建立政府部门向行业协会商会转移委托职能的目录清单。 2. 严禁行业协会商会利用行政资源强制向企业收取费用行为。 3. 严禁强制企业赞助捐赠、订购报刊、参加培训、加入社团、指定服务、考核评比。 4. 完成第二批行业协会商会与行政机关脱钩试点工作。
健全融资风险补偿与风险分担机制，提高信贷机构风险容忍度	1. 设立省级知识产权质押融资风险补偿基金。 2. 建立科技成果转化贷款风险补偿机制。 3. 完善小微企业贷款风险补偿和信用担保代偿补偿政策。 4. 出台地方非金融机构的小微企业贷款风险补助政策。 5. 颁布小额贷款保证保险保费补贴政策。 6. 发起设立总规模40亿元的省级融资性担保机构股权投资基金。 7. 支持市再担保公司开展"助保贷"业务，由政府、合作银行、市再担保公司按照3:3:4比例建立企业融资风险分担与补偿机制。
创新信贷融资方式，扩大银行资金支持	1. 引导银行业机构大力发展动产抵（质）押贷款业务。 2. 研究运用物联网技术解决动产融资中的信息不对称问题。 3. 建立完善新型资本要素市场体系。 4. 加快建设统一高效的知识产权交易服务平台，鼓励发展以知识产权、股权、排放权和节能量等为抵（质）押物的新型融资方式。 5. 稳妥推进农村承包土地的经营权、农民住房财产权抵押贷款试点。 6. 完善科技创新创业企业贷款风险与补偿机制，创造条件积极争取投贷联动试点资格。
完善转贷应急机制	在银行机构推广"无缝隙"、"年审制"、"续贷通"、"免评估"等信贷服务模式。
发展多层次资本市场体系，支持企业直接融资	1. 鼓励更多企业到境内外股权交易市场上市挂牌融资。 2. 鼓励上市公司利用资本市场实施再融资和并购重组。 3. 促进齐鲁股权交易中心改革发展，全面对接省级政府股权投资引导基金。 4. 协调推进省级政府直投基金进一步加快投资进度，加大投资力度。 5. 补助企业进行规范化公司制改制。 6. 对申请上市、挂牌交易企业给予一次性补助。 7. 企业资产债务流转、股权支付、权属转移变更涉及的货物转让、资产收购交易等涉及的动产、不动产、土地使用权转让暂不征收增值税；可做特殊税务处理。 8. 鼓励企业在银行间市场债务融资。 9. 促进基础设施资产证券化，探索实施金融资产、知识产权、碳排放权、不动产收益权等企业资产证券化。

续表

政策措施	具体内容
降低融资中间环节费用	1. 落实收费公示及各项服务价格政策。
	2. 清理不必要的资金"通道"和"过桥"环节，缩短企业融资链条。
	3. 引导金融机构严格遵守"七不准"规定。
	4. 鼓励银行业通过降低保证金比例、提高担保放大倍数等措施支持效益好的融资担保机构。
引导企业利用境外低成本资金，降低外贸企业收汇融资风险	1. 鼓励企业和金融机构基于主体资本或净资产进行跨境融资。
	2. 鼓励金融机构通过内保外贷等方式，为企业提供融资与担保支持。
	3. 鼓励符合条件的大型企业集团开办跨境人民币双向资金池业务，提高资金使用效率。
	4. 鼓励企业赴境外发行人民币和外币债券。
	5. 对企业出口信用保险保费财政补贴比例提高到50%。
	6. 完善贸易融资风险补偿机制，对贸易融资项下的担保风险，省级贸易融资风险补偿资金、市级财政、银行业金融机构和担保主体，按照1:2:2:5的比例共同承担。
支持地方金融组织发展，构建普惠金融体系	1. 支持小额贷款公司、融资性担保行业转型升级。
	2. 稳妥有序推进权益类和大宗商品类交易市场建设。
	3. 发展地方资产管理公司，加大不良资产处置力度。
	4. 鼓励山东金融资产交易中心创新产品和服务，为地方金融资产有效配置提供有力支持。
提高企业资金周转效率，强化企业自融资能力	1. 取消政府采购合同预留尾款用作质保金的做法，全面推广政府采购信用担保业务。
	2. 积极推广政府采购合同融资政策，引导各金融机构利用政府采购信用开发新型融资产品。
	3. 对列入政府债务应付工程款全部列入年度政府置换债券发行计划，确保逐笔及时清偿。
	4. 加强对担保圈风险的监测研判，有序化解大企业担保圈风险。
	5. 鼓励企业加强往来款项管理，引导企业加快付款，减轻全社会债务负担。
下放行政审批权	下放"含金量高"的行政审批事项，持续推进政府权力"瘦身"。
精简行政审批环节	1. 加快省市县三级政务服务平台互联互通，实行统一受理、统一办理、统一查询、统一监管，实现全省政务服务"一网通"。
	2. 大力推行"一号通""一表通"等审批服务模式，以及一窗口受理、一站式办理、同城通办等公共服务模式。
	3. 实行企业设立"五证合一、一照一码"。
	4. 整合建设工程项目审批环节，推进模块化管理。

续表

政策措施	具体内容
清理规范行政审批收费服务项目	1. 清理规范行政审批中介服务收费事项。 2. 推行重点投资项目全程无偿代办服务。 3. 建立横向覆盖全部审批部门、纵向延伸到所有镇街的三级代办服务网络。 4. 特定区域单体建设项目有关环节"零收费"进入。
完善行政审批承诺和办结管理	1. 扩大告知承诺审批适用范围。 2. 杜绝无端拒绝审批诉求,杜绝部门审批中不作为现象。
降低企业社保缴费比例	1. 将各市企业职工基本养老保险单位缴费比例统一按18%执行。因单位缴费比例调整形成的基金收支缺口,通过企业职工基本养老保险省级调剂金给予适当补助。 2. 2016—2018年将建筑企业养老金提取比例由2.6%下调为1.3%;确有困难的可分期缴纳。 3. 信用考核优秀的企业,可免予缴存建筑劳务工资保证金。 4. 2016年适当降低统筹基金累计结存规模超过12个月的地区的职工基本医疗保险单位缴费比例。 5. 推进生育保险和基本医疗保险合并实施,适时调整费率。
阶段性降低企业住房公积金缴存比例	1. 在5%至12%之间确定合适的企业住房公积金缴存比例。 2. 生产经营困难企业除可降低缴存比例外,还可依法申请缓缴住房公积金,待效益好转后再提高缴存比例或恢复缴存并补缴缓缴的住房公积金。
完善最低工资调整机制	1. 合理控制最低工资标准调整频率和幅度,适当确定企业工资指导线。 2. 全省范围内取消购房面积、就业年限、投资纳税、积分制等落户条件,最大限度降低城镇落户门槛。 3. 积极推进城镇基本公共服务均等化和农业转移人口市民化。 4. 2018年年底前基本完成"三供一业"分离移交工作任务,不再承担相关费用。 5. 建立家政服务从业人员意外伤害保险财政补助制度。
加快推进能源领域改革	1. 按照"管中间、放两头"的思路,深入推进电价形成机制改革,促进市场主体多元化竞争。 2. 择机放开天然气气源价格,有序推进天然气公开交易。 3. 完善天然气上下游价格联动机制,择机放开非居民用气价格,逐步放松对居民生活用气价格管制。
加快电力体制改革	1. 按照准许成本加合理收益的原则,测算并上报我省电网企业准许总收入和各电压等级输配电价水平。 2. 扩大市场化交易电量规模,有序放开发电企业、售电主体和用户准入范围,允许符合条件的电力用户和售电企业参与市场交易,建成电力市场体系。

续表

政策措施	具体内容
加快电力体制改革	3. 2017年启动售电侧改革试点，培育售电主体参与交易，放开部分10KV电压等级用户进入市场。
	4. 落实完善两部制电价政策，放宽基本电价计费方式变更周期和减容（暂停）期限制，支持企业转型，增加电价政策灵活性。
推进土地供应制度改革	1. 对民间资本参与城市基础设施、公益性科技和非营利性教育、文化、卫生等社会公益事业项目使用的土地，符合国家划拨用地目录的，按划拨方式供地。
	2. 实行新增工业用地弹性出让年期制，积极推进工业用地长期租赁、先租后让、租让结合供应，工业用地的使用者可在规定期内按合同约定分期缴纳土地出让价款。
	3. 在不改变用途前提下，现有工业项目提高利用率和新建工业项目建筑容积率超过国家、省、市规定容积率部分的，不再增收土地价款。
	4. 在工业园区投资建设物流、研发、信息服务、工业设计等生产性服务业的，参照执行工业用地价格。
优化物流业发展环境	1. 优化综合交通运输通行条件和环境，构建高效运行的多式联运体系。
	2. 2017年开始在全省开展无车承运人试点工作。
	3. 支撑物流业高效运行的信息技术、标准和设施，健全有效衔接、联通共享的物流标准体系，推进智慧物流体系和智慧物流工程建设。
规范公路收费管理	1. 完善公路收费政策，进一步放开公路运输市场价格，改革客运运价管理，规范货运价格管理，完善主要由市场决定公路运价的机制。
	2. 在全面取消二级公路收费项目的基础上，逐步取消一级公路收费站。
规范机场铁路港口收费项目	查处港口航运乱收费行为，适时组织开展铁路货运价格和收费、机场货物运输收费专项检查，查处强制服务并收费、不服务或少服务并收费等违规行为。
降低企业通关成本	1. 推动关检合作"三个一"向"三互"和"单一窗口"转变。
	2. 减少口岸查验商品种类，对CCC入境验证商品不强制在口岸实施查验。
	3. 出境商品口岸核查货证比例由5%降低至2.5%，对目录外的出境商品口岸核查货证比例由0.5%降低至0.25%。
研发补贴	1. 扩大"创新券"覆盖范围，由小微企业扩大到中小微企业，对检测、试验、分析等活动发生的费用给予补助。
	2. 免费向线上企业提供一年期的研发设计、数据管理、协同营销、工程服务、现状诊断、生产保障等信息化集成服务。
进口设备贷款贴息	对列入省级《鼓励进口技术和产品目录》的，提高省级贴息补助标准，鼓励企业引进适合我省产业转型升级的关键技术和设备。

续表

政策措施	具体内容
扩大首台（套）等科技保险财政补偿政策实施范围	对企业购买的产品质量保证保险、产品责任保险、综合险给予补贴。
企业知识产权保护财政奖补	1. 企业首次发明专利授权给予申请费、代理费全额补贴。 2. 对年授权发明专利达到10件以上的企业给予奖励；对维持5年以上及具有较好市场价值的有效发明专利和获得国外授权的发明专利给予资助。
降低企业职业培训成本	提高"金蓝领"培训省级补助标准，继续实施企业家免费培训计划。

资料来源：根据部分调研省区发布的降成本政策文件整理。

此外，市县政府也根据地方实际出台了相应的政策，如山东省潍坊市印发了《潍坊市降低企业成本促进实体经济健康发展的若干政策措施》、《潍坊市降低企业成本"711"专项行动方案》，除落实省政府要求的7项减税降费措施外，又结合本地情况增加了"清理规范收费，公布目录清单、以及进一步清理规范经营服务性收费"等举措。福建省福州市在开展涉企保证金①清理工作方面取得显著成效，公布涉企保证金清单，清单之外一律不再收取保证金。福清市在投资项目并联审批制度方面创立"一表申请、一口受理、一章审批、超时默认"的新模式，不仅优化了工作流程，提高了办事效率，降低了企业的制度性交易成本，而且在整肃"为官不为"方面进行了有益探索。广西柳州印发《柳州市加强要素保障、减轻企业成本负担实施方案》等，在深入落实降成本工作中也做出了诸多有特色的探索与创新。

3. 政策措施特点

从总体上看，以国发〔2016〕48号文为主文件，各部委分别研究制定具体的落实措施，地方政府出台细化的降成本政策措施，从上到下合力形成了政府降成本的政策体系，有效贯彻了中央关于降低实体经济企业成本的决策部署。

---

① 在制发文件的基础上，福州市专门组织召开涉企保证金清理工作会议，并开展自查清理。涉及收取各类企业保证金单位有：福州市文广新局、福州市旅游局、福州市水利局、福州市环保局、福州市国土局、福州市人社局、福州市行政审批服务中心等33项。保证金类别主要有：专项采购保证金、旅行社质量保证金、工程招标保证金、工程质量履约保证金、环保检测维护履约保证金、海岛生态修复履约保证金、矿山生态环境恢复治理保证金、房屋建筑和市政工程各类保证金、矿山生态环境恢复治理保证金、房屋建筑和市政工程各类保证金、国有产权交易保证金等。

从地方层面看，地方政府的降成本政策在覆盖国发〔2016〕48号文的基础上有所扩展，各地政策有所差别，各有特色。如河南省对制度性交易成本的分类更为详细，江西省提出了降低企业财务成本的措施，更有利于较好地解决地方的现实问题。

从内容上看，政府降成本政策与"三去""一补"政策统筹协调，降成本政策目标设计上兼顾"三去""一补"政策的需求，具体措施上相互配合，共同推进供给侧结构性改革取得良好表现。

（二）政策成效

1. 六大成本上升得到缓解，企业消化成本能力有所提升

从实地调研情况看，在各级政府的积极作为下，企业税费、融资、人工、用能用地、物流等六大成本上升均得到不同程度的缓解，为应对经济下行压力、保持经济较快增长、促进企业转型升级等发挥了重要作用。山东、福建、内蒙古等调研省区实现了2016年拟定的减轻实体企业成本的政策目标（见表13）。

表13　　部分调研省区2016年减轻实体企业负担概览

省份	降成本总金额
山东	600亿元
福建	410亿元
内蒙古	600亿元
黑龙江	500亿元
江西	500亿元
河南	830亿元
云南	835亿元
广西	300亿元

资料来源：根据实际调研材料整理。

从财科院线上调查数据看（见表14），对于降低企业税费负担的政策措施，26.4%的企业认为成效非常好，36.8%的企业认为成效好，34.8%的企业认为成效一般，2.1%的企业认为成效较差；

对于降低企业融资成本的政策措施，认为非常好（25.4%）和好（33.6%）的企业占到了59%，只有3%的企业认为成效差；

对于降低制度性交易成本的政策措施，认为非常好（26.1%）和好

（37.1%）的企业占到了63.2%，只有1.3%的企业认为成效差；

对于降低企业人工成本的政策措施，认为非常好（24.4%）和好（33.2%）的企业占到了57.6%，只有2.8%的企业认为成效差；

对于降低企业用能用地成本的政策措施，认为非常好（26.3%）和好（34.5%）的企业占到了60.8%，只有2.9%的企业认为成效差；

对于降低企业物流成本的政策措施，认为非常好（25.8%）和好（32.5%）的企业占到了58.3%，只有3%的企业认为成效差。

综合来看，约有60%的企业对48号文所出台措施表示认可，只有极少数企业不认可。可见，国发〔2016〕48号文在各地落实情况良好，降成本举措取得阶段性成效。

表14　企业对于降成本政策措施的总体评价

政策措施	企业选择	计数	比重
降低企业税费负担	非常好	2455	26.4%
	好	3421	36.8%
	一般	3233	34.8%
	较差	192	2.1%
	总计	9301	100.0%
降低企业融资成本	非常好	1779	25.4%
	好	2355	33.6%
	一般	2674	38.1%
	较差	207	3.0%
	总计	7015	100.0%
降低制度性交易成本	非常好	1687	26.1%
	好	2394	37.1%
	一般	2295	35.5%
	较差	82	1.3%
	总计	6458	100.0%
降低企业人工成本	非常好	1636	24.4%
	好	2228	33.2%
	一般	2649	39.5%
	较差	191	2.8%
	总计	6704	100.0%

续表

政策措施	企业选择	计数	比重
降低企业用能用地成本	非常好	1702	26.3%
	好	2233	34.5%
	一般	2360	36.4%
	较差	186	2.9%
	总计	6481	100.0%
降低企业物流成本	非常好	1680	25.8%
	好	2114	32.5%
	一般	2517	38.7%
	较差	198	3.0%
	总计	6509	100.0%

资料来源：中国财政科学研究院2017年实体经济企业成本调查问卷分析报告。

从企业经营情况看，提升挖潜改造及创新能力受到政府与企业的共同关注和高度重视，并采取了积极有效的措施。降成本过程中，企业自身内部挖潜提质增效，提高生产效率，是企业发展的原动力。政府制定实施促进企业挖潜改造及创新能力提升的降成本政策发挥出积极成效。

在山东，"创新券"政策扩大至中小微企业，2016年有1958家企业预约共享科学仪器设备16013次，省级落实"创新券"补助金额4825万元，全省补贴首台套设备及零部件保险补偿资金1.7亿元。

在黑龙江和内蒙古，2017年第一季度规模以上工业企业利润总额较去年同期有明显增加。黑龙江从去年同期亏损5.1亿元一举扭转为盈利142.1亿元，内蒙古2017年第一季度实现盈利397.7亿元，同比增长142.2%，增长幅度高出全国平均增幅4倍。

在云南，昆明云内动力股份有限公司注重企业内部挖潜提质增效[①]，提高企业生产效率，2016年实现扭亏为盈。

2. 2016年政策效果显现，后期政策有待检验

调研发现，地方政府认真贯彻落实了国务院降成本工作方案，阶段性完成了国务院提出的"经过1—2年努力，降低实体经济企业成本工作取得初步成效"

---

① 主要措施包括：做大做强精品配件，打造精品配件品牌；加强服务网络建设，推进区域服务代理，提升服务能力；抓产品质量，加强对设计、质量和生产过程的控制，加强供应商整合力度，加强对生产过程的控制等。

的总体目标（见表15）。但由于降低企业成本牵涉方面众多，容易受到内外部复杂因素的影响制约，导致当前降成本的政策红利被部分抵消或者效力发挥迟滞。因此，2017年以来，国务院各部门及各级地方政府紧跟降成本形势的发展，适时完善相关政策及配套措施（见表16），不断推进降成本工作持续深入发展。

表15　　　　2016年调研省区出台"降成本"的部分政策文件概览

	出台（通过）时间	文件名称	发文（通过）单位
山东	2016年4月	《关于减轻企业税费负担降低财务支出成本的意见》（鲁政〔2016〕10号）	省政府
福建	2015年6月	《福建省开展涉企收费专项清理规范工作方案》	省财政厅、物价局、经济和信息化委员会
	2016年5月	《关于降低企业成本减轻企业负担的意见》（闽政〔2016〕21号）	省政府
内蒙古	2016年4月	《关于加快推进去产能去库存去杠杆降成本补短板工作的通知》（内政发〔2016〕4号）	省政府
	2016年9月	《内蒙古自治区深入推进供给侧结构性改革着力做好降成本工作实施方案》（内政发〔2016〕107号）	省政府
黑龙江	2016年12月	《黑龙江省降低企业制度性成本改革试点方案》（黑政办发〔2016〕142号）	省政府
江西	2016年4月	《关于降低企业成本优化发展环境的若干意见》	省委、省政府
	2016年11月	《关于进一步降低企业成本优化发展环境的若干政策措施》（赣府发〔2016〕44号）	省政府
湖南	2016年4月	《降低实体经济企业成本工作方案》（湘政办发〔2016〕29号）	省政府办公厅
	2016年8月	《关于进一步降低实体经济企业综合成本实施方案》（湘政办发〔2016〕2号）	省政府办公厅
河南	2016年6月	《河南省推进供给侧结构性改革降成本专项行动方案》（豫政办〔2016〕96号）	省政府办公厅
云南	2016年2月	《云南省人民政府关于稳增长开好局若干政策措施的意见》（云政发〔2016〕19号）	省政府
	2016年3月	《关于稳增长开好局若干政策措施的意见》（云政发〔2016〕19号）	省政府
广西	2016年4月	《广西壮族自治区人民政府关于降低实体经济企业成本若干措施的意见》（桂政发〔2016〕20号）	自治区政府

资料来源：根据实际调研材料整理。

表16　2017年调研地区省级政府出台"降成本"的部分政策文件概览

	出台（通过）时间	文件名称	发文（通过）单位
山东	2017年3月	《山东省人民政府关于进一步降低实体经济企业成本的实施意见》（鲁政发〔2017〕6号）	省政府
福建	2017年6月	《关于进一步降低实体经济企业成本的若干意见》（闽政〔2017〕24号）	省政府
黑龙江	2017年2月	《黑龙江省降低实体经济企业成本实施细则》（黑政规〔2017〕2号）	省政府
	2017年4月	《关于进一步清理规范行政事业性收费和政府性基金政策的通知》（黑财综〔2017〕45号）	省财政厅、物价监督局
江西	2017年4月	《全省降成本优环境专项行动2016年工作情况和2017年工作要点》	省发改委
湖南	2017年6月	《2017年降低实体经济企业成本实施方案》（湘政办发〔2017〕32号）	省政府办公厅
云南	2017年2月	《关于印发2017年经济工作重点任务责任分解方案》（云政发〔2017年〕3号）	省政府
	2017年	《云南省降低实体经济企业成本实施细则（试行）》（研究中）	省政府
广西	2017年5月	《广西壮族自治区人民政府关于进一步降低实体经济企业成本的意见》（桂政发〔2017〕23号）	自治区政府

资料来源：根据实际调研材料整理。

然而，我们也应看到，在我国依然面临经济新常态的背景下，企业降成本任务依然繁重。财科院线上调查数据显示，进一步降低实体经济企业成本依然是大多数企业的诉求。其中，80.4%的企业认为需继续降低企业税费负担，52.7%的企业认为需进一步降低企业融资成本，26.3%的企业认为需继续降低制度性交易成本，44.7%的企业认为需进一步降低企业人工成本，41.6%的企业认为需继续降低企业用能用地成本，40.9%的企业认为需进一步降低物流成本（见表17）。

客观讲，对于上述企业诉求，政府一方面要高度重视，并予以积极回应。同时，又不能单纯站在企业的立场上制定实施降成本政策。在企业看来，政府降成本当然是降的越多越好。就政府而言，成功的降成本政策一定要调动企业自身降成本的积极性和能动性。政府降成本政策的完善需要综合政府、企业、社会等多方利益，促进实体经济企业实现长远健康发展。

表 17　　　　　降成本工作中还需要进一步完善的企业诉求

政策措施	企业数量	比重
降低企业税费负担	9834	80.4%
降低企业融资成本	6447	52.7%
降低制度性交易成本	3214	26.3%
降低企业人工成本	5465	44.7%
降低企业用能用地成本	5090	41.6%
降低企业物流成本	5009	40.9%

资料来源：中国财政科学研究院2017年实体经济企业成本调查问卷分析报告。

3. 减税降费立竿见影，"放管服"行政审批改革效果缓释

从实地调研情况看，2016年国务院减税降费政策目标已经实现。通过全面推行营改增，采取大规模结构性减税举措，清理规范涉企收费，减轻企业和个人负担5000多亿元，激发了市场主体的更大活力。

分省看，2016年山东省营改增减税规模达327亿元，省级涉企行政事业收费项目实现"零收费"，每年可减轻企业收费负担约100亿元。福建省全面停征省定涉企行政事业收费，落实国家扩大18项行政事业收费免征范围，共计减少涉企行政事业收费约16.04亿元。黑龙江和内蒙古实现涉企税费负担合理降低的目标，黑龙江2016年降低108亿元，内蒙古降低492.7亿元。河南省认真落实7条税收优惠政策，全面推行"营改增"，为企业减税超240亿元。广西将新菜地开发建设基金、育林基金征收标准降为零，整合征收对象相同、计征方式相同、资金用途相似的基金。从全国整体情况看，无论是中央还是地方，行政事业性收费从2014年开始呈下降的发展态势。

与减税降费见效快形成鲜明对照的是，推进"放管服"行政审批制度改革难度大、见效缓慢且后续改革繁重。虽然全国上下在积极深化"放管服"改革，重点围绕投资、生产经营、市场准入、资质资格、进出口、创新创业等领域，着力降低制度性交易成本①。但由于政府与市场边界不清晰、中介收费不规范、信

---

① 比如，山东省济南市向高新区管委会全面下放行政审批、行政处罚等10类市级行政权力事项，涉及市发改委等47个部门共计3250项，逐步形成了有利于创新发展的良好"生态环境"。河南省郑州市海关为降低企业通关成本积极深化改革，2016年单月的无纸化率保持在98%以上，高于95%左右的全国水平，一体化出口货物平均通关时间缩短60%左右。云南省选取10个县市区，围绕土地利用规划、拆迁安置、环境治理、扶贫救灾、就业社保等开展政务公开标准化规范化试点，初步建立"精简、规范、优质、高效"的行政审批及公共服务体系。

息不对称、社会信用体系不健全等问题依然存在,降低制度性交易成本(含经济、时间和机会成本等)的空间依然很大。

为提高政府工作的质量和决策效能、加强廉政建设,近些年来我国高度重视决策主体的权责机制建设,强化责任追究。这些措施增强了决策主体的责任意识,但也导致了新的制度性交易成本。一些部门为了规避责任,抱着"只要形式到位、只要过问了,即使出了问题,也不是自己的责任"的心态,只注重工作的形式、不管工作质量。与此同时,当前出现了多头监管、监管过多、重复监管等现象,加重下一级政府部门和企业的工作负担和运行成本。一些政府机关疲于应付上面的各项监管、检查,耗费了大量的时间和精力,影响到自己的本职工作和服务效能,从而产生了较高的制度交易性成本。

4. 阶段性降成本措施全面落实,降本增效的长效机制仍需进一步探索

按照中央的统一部署,地方政府全面落实阶段性降低社保费率的政策目标。比如,山东省企业职工基本养老保险缴费比例统一为18%,比国家规定低2个百分点;职工基本医疗保险统筹基金累计结余超过12个月支付能力的统筹地区,阶段性下调单位缴费比例;生育保险基金结余超过9个月支付能力的统筹地区,阶段性下调单位缴费比例,全省12个市将缴费比例由1%下降至0.5%以内;建筑企业养老保障金提取比例由2.6%下调至1.3%。

此外,降低电价、降低物流企业非税负担等短期性降成本措施,也得到有效落实。

与阶段性、短期性的降成本政策相比,实体经济企业健康发展更需要标本兼治的长效机制,特别是在完善金融组织体系、推动物流模式创新和深化电力体制改革等方面。

在降低企业融资成本方面,各级政府通过支持资本市场发展,拓宽企业直接融资渠道,深挖企业融资潜力,但银行普遍将防治风险放在金融治理的首位,采取大额授信权限上收总行的集中管理模式,推行"一刀切"的限贷政策,抽贷、断贷现象严重,小微企业融资难问题没有得到有效缓解,"短贷长用"现象非常普遍,带来不小的金融风险。

在降低物流成本方面,政府通过推动改革创新降低物流业制度性交易成本、加强物流基础设施建设促进流通成本下降、合理减轻物流企业非税负担、增强物流企业发展动力、整合要素资源、推进物流信息标准化,但多式联运和信息化水平偏低、货物中转装卸消耗过大、运行效率低等问题,也亟待关注与有效解决。

在降低用能成本方面,建立用电市场化价格形成机制取得初步成效,直供电

政策深受企业欢迎,但是受电网企业独家垄断买卖电力格局、利益藩篱难以突破的影响,上述改革仅处于试点阶段,力度有限,还需进一步推进改革,持续释放政策红利。

(三) 基本评价

1. 政府降成本政策是必要的,也是有成效的

政府及时出台降成本政策举措,从短期看,有利于企业克服眼前的困难,实现扭亏转盈;从长期看,有利于优化企业营商环境,促进企业转型发展。由于我国与西方工业化国家具有不同的国情,政府可以发挥更加直接、更加显著的作用。在国际国内经济形势发生深刻改变、企业转型发展面临困境的情况下,中央和地方政府及时出台降成本政策确已收到明显成效。

然而,政府制定实施降成本政策,需要处理好政府与市场的关系。从微观层面讲,降成本是实体经济企业的永恒主题,只有提高成本利润率,增强企业核心竞争力,企业才能获得生存与发展空间。从宏观层面讲,政府降成本的关键在于通过深化改革,让政府成为营造良好市场经济环境的主体。从根本上看,应让市场机制在降成本中充分发挥决定性作用。

2. 政府降成本需要久久为功,难以速成

党中央、国务院高度重视降成本工作,不断根据新形势新变化,及时完善、研究出台相关政策举措。地方政府将降成本工作列为重点和"一把手"工程,建立联席会议制度,及时总结经验、反思问题,改进政策措施。这些做法应坚持不懈,积小功成大功。

不过,现实中,企业是盈利还是亏损,不仅取决于外部环境,更取决于自身经营与管理。如果企业投资项目因为可行性研究没有做好,进而陷入困境,那么单纯依靠政府政策的支持,难以从根本上改变局面。可见,政府有责任为企业提供必要的服务,但不能替代市场,不能服务过度,更不能急于求成,要防止企业萌生"一切靠政府"的心理预期,若这样反而不利于企业自身实力增强及其长远发展。

3. 降成本政策正在形成合力

从中央、地方合作层面看,调研省区针对中央明确的降成本的六大领域进行具体细化,出台了长短结合、标本兼职的政策措施,同时注重财税、社保、金融、电力等改革的相互结合,加强部门联动和政策协调,切实保障落到实处。

从宏观政策来看,降成本与"三去"、"一补"组合配伍,发挥出更大的政

策效应。"三去一降一补"实质都和成本关联在一起。"去产能"意味着去掉大量的无效成本;"去杠杆"意味着减财务费用;"去库存"意味着加快资金周转慢;"补短板"意味着成本增值能力增强。从宏观看,上述降成本政策的合力正在汇集与成长。

然而,我们也应看到,有些政府降成本政策短期有成效,但长期不可持续;有些政策在局部取得一定成效,但全局不一定有效果;某些政策表面上起到了降成本的效果,实际上却在增加成本,此处降成本,却在彼处增成本;有些政策为降成本而降成本,目标不清晰,缺少整体战略性安排。这些不足之处,还需要通过下一步完善政策措施予以妥善解决。

4. 政策预期的引导效应有待继续释放

现行降成本政策发挥出明确而强烈的预期引导效应,即通过最大限度地降低企业成本负担,优化企业营商环境,加大对企业技术挖潜改造和创新能力的支持力度,帮助企业转型升级。目前,上述政策预期引导效应正在逐步释放,越来越多的实体经济企业借助于政府降成本政策的扶持,更加重视研发投入,不断增强企业自身的管理和创新能力。

然而,制约企业创新与发展的体制机制因素从来都是复杂且多元的,彻底破除这些障碍难以"毕其功于一役"。应当从战略层面找准定位,不能过多依靠"一事一议"的方式,需要从整体上完善制度顶层设计,为企业提供透明、预期稳定的制度及政策环境,从根本上推动企业在转型升级中实现降成本。

三、降成本的难点

在供给侧结构性改革中,降成本是一项难度大、影响广、挑战性强的系统工程,我们需要找到制约降成本的根本性障碍。总体看,政府降成本目前面临着高成本时代降成本的有限性,成本全面快速上升背景下的创新能力不匹配性,降成本与防风险的矛盾性,成本转化增值的低效性等方面的难点。

(一)水涨船高:高成本时代降成本的有限性

1. 高成本时代的要素成本分析

改革开放以来,较长一段时期内劳动力、土地、原材料、能源和环保等一系列低成本,是我国产品在国际市场上具有竞争优势的主要原因。但随着经济的高速增长，我国人口红利逐步丧失、环境资源约束开始加重，能源供需矛盾突出，节能减排压力加大，各类要素成本都已经提高。对此，有人称之为中国已进入高成本时代。

一是人工成本。以工资成本看，除了因劳动力短缺带来的工资增长外，《劳动合同法》实施后要求各地区的最低工资标准每两年至少要调整一次，也加快了工资成本的持续上升。我国城镇单位就业人员平均工资由1995年的5348元，提高到2015年的62029元，增加了10倍多（见图5）①。

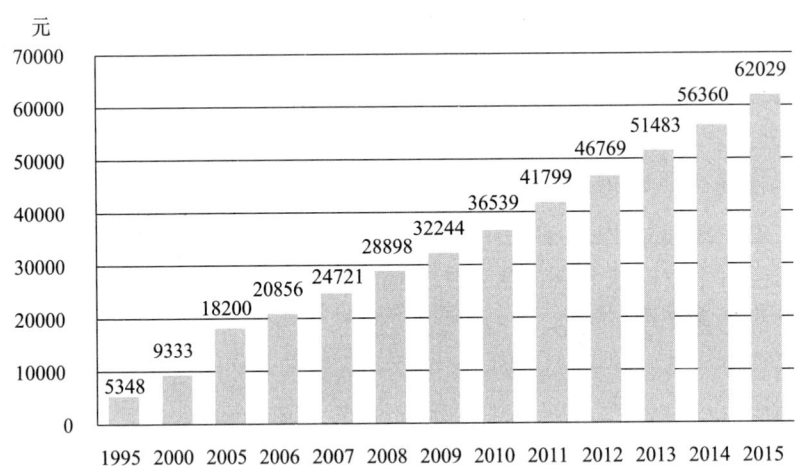

图5　1995—2015年城镇单位就业人员平均工资情况

二是环境成本。随着环境保护要求越来越严格，污染物排放标准的逐步完善和严格，排污费征收标准的逐步提高，企业的污染治理投资加大和缴纳的污染排放费用增加，这些都提高了企业的环境成本。以环境污染治理投资总额来代表企业的环境成本情况，2000年的环境污染治理投资总额为1014.90亿元，到2014年已达到9575.50亿元，增加了8倍多（见图6）②。

三是用地成本。为解决土地短缺的问题，我国建立了严格的土地管理制度，地价也逐步提高。全国主要监测城市地价总体水平由2005年第一季度的1212元/平方米上升到2017年第一季度的3880元/平方米；商业（商服）、居住、工业地价水平也分别由2006元/平方米、1184元/平方米和482元/平方米上升到

---

① 资料来源：《中国统计年鉴》。
② 资料来源：《中国统计年鉴》。

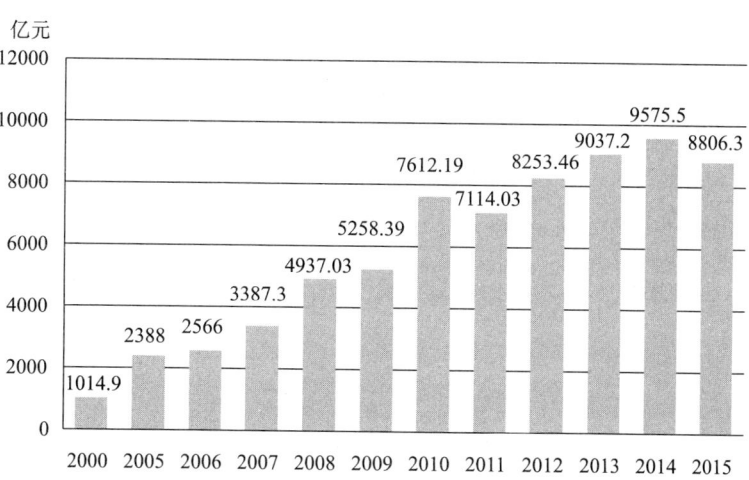

图6 2000—2015年环境污染治理投资总额情况

7017元/平方米、6040元/平方米和787元/平方米[①],商业(商服)和工业地价水平分别提高约1—2倍。

财科院线上调查数据也能在一定程度上反映上述状况。从2015年到2016年,调查样本企业的原材料成本上升了7.21%,地及房租成本上升了76.37%,用工成本增长了6.84%,用电成本增长了2.91%。同时,2014年至2016年,全国企业物流成本均呈上升趋势。物流成本占营业成本比重增速为4.9%,物流成本占总成本比重增速为3%。调查数据表明,近三年来调研企业的主要要素成本仍总体上保持高成本状态。

2. 对于已经处于高成本时代的企业成本,降成本存在着有限性

水涨船高,成本不断增长的趋势如此,通过降成本政策来减缓这种趋势,难度显而易见。

一是降低人工成本和资源环境成本等趋势性成本的有限性。作为趋势性成本,从合理提高国内工资收入和人民生活水平,以及将各种外部成本内部化、破解资源环境约束的角度看,逐步合理提高工资水平和企业资源环境成本符合我国经济社会持续健康发展的趋势,也是与中国的发展阶段相适应的。

二是降低其他要素成本的有限性。在人工成本和资源环境成本的趋势性增长情况下,包括原材料和物流等属于由市场决定的原材料等要素成本,主要由市场供需决定,并不是想降就可以降低的成本。

---

① 资料来源:历年《全国主要城市地价监测报告》,中国地价网,http://www.landvalue.com.cn/。

三是降低由政府决定的企业成本上的有限性。并不是所有与政府相关的成本都是需要降低的企业成本,政府基于经济社会发展需要对市场进行合理干预所形成的企业成本是合理和必要的,企业成本中可以降低的主要是由政府决定的不合理成本,包括指政府不合理的制度制定、管制、行政审批和行业垄断等干预所形成的企业成本。

(二) 山洪爆发:成本全面快速上升下的创新能力不匹配性

1. 企业成本爆发式上升

在国内进入高成本时代的背景下,企业成本还呈现出全面快速上升的特点,包括人工成本、环境成本、用地成本、原材料成本等大多数成本的增长速度很快。

在工资成本上,1995年至2015年期间我国城镇单位就业人员平均工资的年均增长率为13.0%(见图7)。

在环境成本上,2000年至2015年期间环境污染治理投资总额的年均增长率为15.5%。再具体从工业看,2004年至2014年期间工业污染治理完成投资的年均增长率为12.5%(见图7)。

在用地成本上,2005年第一季度至2017年第一季度期间,全国主要城市地价总体水平的年均增速为10.2%;其中,商业地价水平的年均增速为11.0%;工业地价水平的年均增速为4.2%(见图8)。

在原材料等成本上,在2003年至2011年期间,除2009年特殊,工业生产者购进价格指数(原材料、燃料和动力产品)总体上呈现每年较上年同期增加的情况,2012年之后购进价格指数开始同期减少(见图9)。

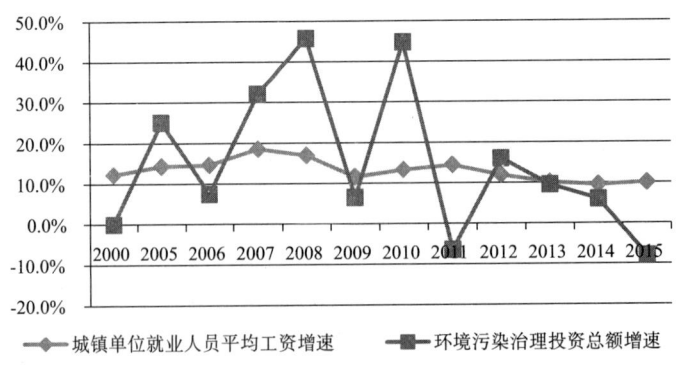

图7 城镇单位就业人员平均工资和环境污染治理投资总额增速情况

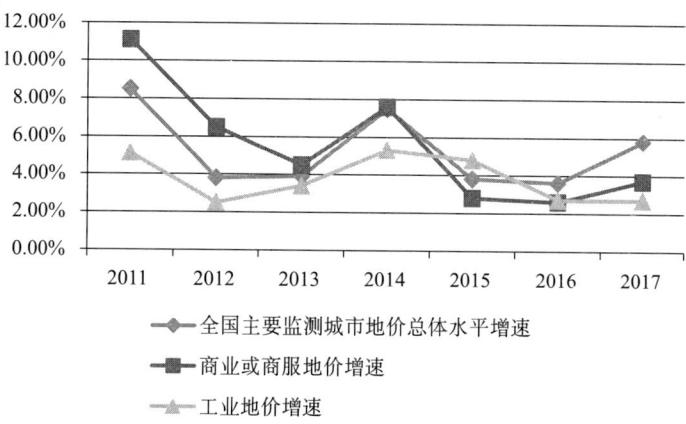

图 8　2011 年第一季度—2017 年第一季度地价增速情况

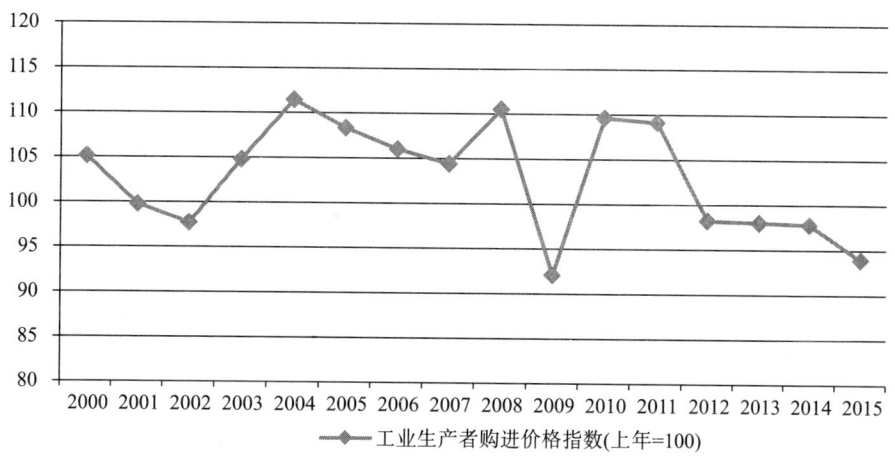

图 9　2000—2015 年工业生产者购进价格指数情况

2. 创新能力与成本全面快速上升之间的不匹配性，制约了降成本工作的推进

企业成本的全面快速提升与国内经济的高速发展相联系，我们用几十年走完了国外发达国家几百年走过的发展历程，成本也相应呈现集中快速增长的结果。这种山洪爆发式的成本上升，给企业带来了巨大的压力，一是难以再依靠低成本竞争优势，二是创新和管理能力又难以跟上。如果不能及时对其加以消化，将会导致"河道阻塞"，引发多方面问题。同时，进一步分析可以看到，企业的这种成本困境实际上与国家"陷入中等收入陷阱"的观点反映的是同一个问题，两者都表现为在成本上升和创新能力不足情况下企业或国家缺乏国际竞争力的问题。

创新能力与成本全面快速上升之间的不匹配性，制约了降成本工作的推进。因为面对企业成本的全面快速提升，除了需要政府在降低不合理成本方面发挥作用，还需要企业的自身努力，尤其是在创新能力方面的提升来消化这些成本上升。但无论从政府的制度性创新看，还是从企业的科技创新看，提升创新能力还有较长的路要走。

财科院线上调查数据显示，政府在体制机制创新等方面还有待推进。例如，仍然有49.7%的企业认为国内现行营商环境一般或不满意，在涉及企业制度性交易成本等方面的行政管理环境、法律环境和市场环境还需要进一步改善。而在科研创新方面，企业在创新能力上存在着严重的两级分化现象。往往规模大、产品附加值高、盈利能力强的企业重视研发投入，逐年加大研发投入，通过研发来实现降成本和增效益，而中小规模企业因盈利能力较弱，真正的研发投入较少，即使有研发，大多也是在进行模仿式创新，很少投入资金搞基础性和原创性研发，也没有专门的研发团队进行持续的研发。同时，也有不少企业对成本费用管理重视不够，部分企业普遍存在内部成本管理水平较低、对"惠企政策"关注和跟踪不足、"科技降本"、"全员降本"理念缺乏和意识不到位成本管理措施和考核激励措施缺乏等问题。上述问题也表明，加快推进体制机制的全面改革和培育创新能力在国内降成本中至关重要。

（三）按下葫芦浮起瓢：降成本与防风险的矛盾性

1. 降成本可能按下葫芦浮起瓢

在宏观层面，成本一定意义上可理解为要素的收入分配问题。从要素供给和需求看，要素需求方的成本与要素供给方的收入实际上是同一事物的不同方面。例如，人工成本对企业来说是成本，对劳动者来说就是收入；原材料成本对下游企业来说是成本，对上游企业来说又是收入；融资的财务费用对实体企业来说是成本，对金融企业来说是收入。因此，可以说从微观角度看是成本，但从宏观角度看又不是成本。

同时，宏观层面的成本又是与风险联系在一起的。例如，降低企业税收负担，如果不考虑财政承受能力一味减税的话，会涉及财政风险；降低人工成本，会降低居民收入水平。且如果不考虑社会保险基金的状况一味降低社保缴费标准，社保收入的减少会影响到整个社会保障体系的运行，增加未来的养老等社会风险；降低企业融资成本，如果要求金融系统不顾金融风险更多地给中小微企业提供资金，则金融风险就会升高。因此，如果在宏观上将成本与要素收入以及将成本与风险结合起来看的话，降成本可能会成为一个"跷跷板"，成本与要素收入、风险之间存在着此消彼长，按下葫芦浮起瓢。

2. 妥善处理降成本与防风险之间可能存在的矛盾

目前的降成本着眼于微观，目标是降低企业负担，并让其有获得感。在微观企业层面上，按照这种思路进行降成本没有什么问题。但如果着眼于宏观，从整个经济社会的健康发展看，一些问题和矛盾就会凸现出来。因为不考虑实际情况一味降低各种企业成本的结果，将可能会导致公共服务不能有效提供，整个社会的公共风险增加。成本虽然能够短期阶段性地降低，但中长期可能会反弹回去。

降成本与防风险之间存在一定的矛盾性，这也是微观降成本与宏观降成本之间的冲突。对此的突出表现是，国内的减税降费政策难以持续。降低税费负担作为降成本政策中的重要内容和首要措施，近年来政府的减税降费规模不断增加，在2016年减税降费规模超过6000亿元的情况下，2017年更是预计将超过1万亿元。减税降费力度的不断加大，对于企业降成本发挥了重要作用，企业负担总体有所减轻。

但随着新的减税降费政策措施的不断出台和规模的逐步扩大，未来的减税降费在政策手段和减收规模的空间上都会不断收窄，面临着政策难以持续的问题，且财政风险却会不断增加。即短期内不断出台临时性的减税降费政策措施相对容易，难的是长期持续地进行减税降费。因为减税降费的规模会受到财政收支平衡的制约，在国内财政收入增幅放缓而财政支出压力不减的情况下，长期持续的减税降费带来的不是财政赤字增加和财政风险提高，就是财政支出的压缩和公共服务供给水平的降低。同时，政府持续的出台减税降费政策，也会影响企业对未来的预期，并相应改变企业的行为。如果让企业形成了等待政府出台减税降费政策的预期，将会对今后的降成本造成障碍。显然，我们不能无止境地减税降费。因此，在当前环境下，协调好降成本与防风险的关系尤为重要。

（四）减法与乘法：成本转化增值的低效性

1. 单纯通过做减法来实现降成本是行不通的

将成本视为一种负担，从负担角度看成本，降成本就成为一种单向做减法的过程，即成本越低越好。而从投入产出的角度看，成本是企业获得产出的必要投入，并不是成本越低越好，而是如何以更低的成本获得更大的产出，将成本转化为增值。按照这种认识，降成本实际上并不是简单地减少成本，而是优化成本结构，通过降低无效成本和增加有效成本，让成本有高的转化力和增值力。最典型的例子就是，在提出的各类需要降低的企业成本中，显然不会包括企业的研发成本，因为研发成本是能够促进产品附加值或增值的有效成本。

长期以来，将成本视为负担的看法是不全面的，关键是成本要有效。现行存在的主要问题是实体企业成本结构不合理，无效成本过高，成本转化效率低，这尤其是表现在产品附加值上。我们通常使用描述产业链国际分工的"微笑曲线"来分析产品附加值，位于"微笑曲线"两端的创新研发和营销服务在产业链中的附加值最高，而位于中间的加工和装配附加值则相对较低。研究表明，我国在国际分工中处于"微笑曲线"的中间区域，出口商品的国内附加值较低。例如，根据OECD的测算①，我国出口产品的国内附加值比重约为68%，在主要经济体中处于中等偏低水平。纺织服装的国内附加值占比也仅仅处于世界中等水平；自动数据处理设备、无线电话机配件、计算机和电子产品的整体附加值比重只有45%，远低于其他国家，尤其是美国、日本等发达国家的附加值占比都超过80%；加工贸易在我国出口中的占比依然有34%。与之对应的结果是，中国是制造大国，但不是制造强国；是贸易大国，但不是贸易强国。

上述分析表明，国内单纯通过做减法来实现降成本是行不通的。一方面，在成本全面快速提升的情况下，做减法的降成本是有限的；另一方面，做减法也只是阶段性的手段，在某种意义上是缓解问题的治标之举，并不是治本之策，不具有可持续性。降成本更重要的是做乘法，促使成本转化，提高增值率和产品附加值。只有这样，在国内进入高成本时代的背景下，企业才能够尽快消化成本上涨和避免竞争力下降，进而适应未来的高成本阶段。同时，目前国内产品附加值低的状况，也表明在转换成本做乘法上具有很大的空间。

2. 做减法不易，做乘法更难，从降成本到转化成本不能一蹴而就

从政府层面看，通过降低因政府干预所带来的不合理成本，包括制度制定、管制、行政审批和行业垄断等干预所形成的成本，有助于降低企业无效成本和优化成本结构。但目前国内还存在着行业垄断难以破除，"放管服"改革难以到位，市场机制还不健全等问题，制约了企业成本的结构优化。例如，在用能、用水、用气等方面，垄断定价仍在起主导作用。再如，"放管服"也未能彻底解决简政放权卡壳"最后一公里"等问题。无论是破除行业垄断还是深化"放管服"改革，都涉及长期形成的利益格局调整，是一个相对缓慢的过程。

从企业层面看，提高产品附加值有三个方面的途径：提升产品科技含量、提

---

① 姜超等，《海通证券宏观专题报告：出口改善，谁最受益？》，2017年7月。

升产品质量和提升品牌价值。通过提升企业管理能力，改变经营模式，有助于降低因企业管理不善、运行效率低下的成本。然而，如前所述，国内企业的创新能力还有所不足，提升产品质量和产品品牌塑造等也都需要时间。

四、对降成本的再认识

降低实体经济企业成本，绝非一次性的短期任务，需要统筹兼顾眼前和长远发展需要。为避免陷入不恰当的认识误区，客观上需要正确认识成本的本质，准确理解降成本的主体和目的，树立和运用科学的方法论。

（一）当前降成本存在的几个误区

1. 孤立地降成本

成本是系统性的，无论从企业各项成本构成来看，还是从上下游企业来看，还是从政府、企业与居民关系来看，成本都是相互关联的，孤立地降成本会导致"抓住一点，不计其余"，易引发新的问题。

从微观层面的企业各项成本看，如实行城镇土地使用税优惠政策可降低企业用地成本；企业培训费用等税收政策与企业人工成本高度相关；交通运输收费标准和一些乱收费行为会提高企业的物流成本；制度性交易成本更是与企业用能用地、融资和人工成本都有关联。

从中观层面的上下游企业来看，如原材料成本，对下游企业来说是成本，对上游企业来说是收入；融资的财务费用，对实体企业来说是成本，对金融企业来说是收入；物流成本，对工商企业来说是供给方，但它同时也是劳动力、资金、土地以及运输设备、公路服务等环节的需求方，如果这些环节的成本不能降低，物流成本下降的空间将非常有限。

从政府、企业与居民关系来看，如人工成本，对企业来说是成本，对作为劳动者的居民来说是收入；涉企收费等制度性交易成本，对企业来讲是成本，对政府来讲是收入；再如税收，在企业和居民的账本中是支出，在政府的账本中是收入，且从长远看，政府通过出台降成本措施支持实体经济发展，最终又会带来税源增加、税基拓宽和税收的增长。

可见，经济运行本身具有系统性，一个环节既会是供给方，也会是需求方，我们不能孤立地去看待降成本问题。当前，学术界和实际工作部门，都有将降成本拆分为各个单项成本分不同的部门进行的倾向和做法，这些降成本措施是基于一种直线的、单维的、片面的"线性思维"方式，微观层面和短期来看能够降低一些成本，但从宏观层面和长期来看效果不佳，我们应尽量避免进入这种误区，应以非线性思维，整体、系统地看待降成本问题。

2. 就成本降成本

企业为生产产品、提供劳务而发生的各种耗费称之为成本，这是财务会计意义上对成本的定义。降成本自然是要围绕企业的各项成本来进行，但这并不意味着所有的降成本政策都是对狭义的成本本身来制定，有些看似不是降成本政策，但其本质上都与成本有关。如供给侧结构性改革"三去一降一补"五大任务实质上都会落脚到降成本上来，"三去"和"一补"实质上也都是"一降"的措施。

对于企业而言，成本高企是与产能闲置、高库存密切相关的。大量产能闲置，一方面造成折旧费用不断产生，成本上升，另一方面落后产能长期来看就变成了"沉没成本"，不会带来任何效益，成本自然也就居高不下。高库存意味着产品过剩，库存增加，导致仓储保管等费用增加，资金周转困难，财务费用也就相应高企。杠杆率占比高则意味着企业资产负债率高，在经济向好时，这种扩张可能带来收益，但经济下行时，则极易使企业面临资金链断裂的风险，一旦风险发生则造成企业陷入困局。从这个角度来反观，"去产能"意味着减少固定资产折旧和相关人力成本的支出；"去库存"意味着降低产品仓储成本，实现现金回流；"去杠杆"意味着降低融资成本；"补短板"意味着提升管理水平和核心竞争力，实现增收入增效益。因此，不能就成本来论降成本，应整体考量，统筹考虑，打出降成本"组合拳"。

3. 为降成本而降成本

降成本是一种手段，其目的是为了提高企业的附加值和盈利能力。而企业盈利能力的提高不是说企业的成本降下来了，盈利能力就提高了，两者不能混为一谈。有了降成本的手段，不一定能达到这个盈利能力提高的目的。如果是完全依赖政府降成本，或政府替代企业降成本，那么企业的盈利能力是不会有变化的。需要政府政策引导与企业苦练内功相结合，企业盈利能力才能够真正得以提高。

调研中发现，不少企业管理者把降成本的目标界定为"车间班组"式的目标，即通过在采购、生产、销售等环节控制成本，为降成本而降成本。这在一定程度上可以起到降本增效的效果。但是，随着降成本工作的推进，企业管理者会发现在现有体制机制下企业成本可降的项目越来越少，下降的空间越来越小，降成本的难度越来越大。因此，无论作为企业来讲，还是作为政府来讲，应首先明确降成本的目标，不能为了降成本而降成本。企业降成本的目标应是将各个环节成本与整体成本结合起来，提高成本利润率和成本转化率，提高盈利能力和附加值。政府降成本的目标应是通过短期政策措施的出台和长期体制机制的优化，为市场机制的有效运行营造良好的环境，以实现整个行业企业成本的合理化和最优化，提高整个经济社会的运行效率。

4. 以行政方式降成本

降成本的过程是优化资源配置的过程，而资源配置的优化是要让市场起决定性作用，因此，企业是降成本的主体，政府可通过更好发挥自身作用，为市场机制的有效运行创造良好的环境和条件。调研发现，不少企业把降成本简单理解为"政府为企业解困"，寄希望通过降成本来摆脱企业当前面临的生产经营困境，一些地方政府确实也推出了"一对一"救助式帮扶政策。政府在出台降成本政策时也没有"一盘棋"考虑，而多是通过下指标、定任务，以行政方式"运动式"的降成本，导致的结果是出现"政府冲在第一线，企业不急政府急"的异化现象。

降成本，政府出台一些政策措施是必要的，但是如果不能与企业创新管理结合，单纯以行政化方式降成本，可能会导致降成本表面化，不该降的降了，该降的没有降下来，同时也会造成企业对政府的依赖，改变企业对政府的预期和企业的努力程度，企业坐等政府来帮助降成本。这样长期来看，有可能带来更大的成本。因此，降成本不是救死扶伤，更不是保护落后，政府的降成本举措要尊重市场规律，以引导为主，推动实现企业市场竞争和优胜劣汰。

5. 所有的成本都要降

企业的成本与利润是如影随形的，利润实际上就是成本转换、增值的结果。问题在于有什么样的成本投入，这决定了增值率，也决定了利润率和竞争力。所以如何优化成本结构是我们当前要迫切解决的问题。从国家现有的发展阶段来看，要搞清楚哪些成本是能降的，哪些成本是不能降的，要整体把握。调研中发现，不少企业将降成本理解为所有成本都要降，所有的成本都能够下降，有些地方政府也理解为降成本就是做"减法"，就是将各环节的成本都降下去。这就容易陷入"成本普降"的误区。事实上，有些成本非但不能降，反而基本趋势是上升的。

比如中央提出推进生态文明建设，这需要加强环境保护，这就意味着以前在企业外部由社会承担的一部分成本要内部化，即更多地由企业去承担环境成本，那么，对企业来说就不能放松对排污和环保的要求，否则就会陷入环境成本也要降低的误区。再如人工成本，不能为了让企业有利润，人为地降低企业工资，因为工资降低就意味着居民的收入降低，而居民收入关系到民生福祉，再加上人口老龄化带来的社会成本，这意味着企业在这方面的成本从趋势上是上升的。因此，降成本需避免陷入"成本普降"误区，政策性降成本不能妨碍正常的市场竞争，应让市场在资源配置中发挥决定性作用和更好发挥政府作用相结合。

如果上述降成本误区不能有效避免，就易陷入"降成本陷阱"，最终不仅会影响到降成本成效，也会影响到经济治理甚至是国家治理的成效。在供给侧结构性改革中，降成本是一项系统性、长期性的任务。从历史上看，我国实体经济企业成本并非一夜之间变成今天的水平，而是在改革开放过程中逐步发展累积而成的。只有坚持走改革创新之路，才能逐步建立健全我国实体经济企业成本降低的长效机制。

（二）正确认识降成本的本质

1. 成本的本质是风险的转化，降成本的着力点是降低公共风险和不确定性

如前所述，企业在实现其目标的经营活动中，会遇到各种不确定性事件，这些事件发生的概率及其影响程度是无法事先准确预知的，但会对其经营活动产生影响，从而传导到成本并影响到企业目标实现的程度。这种在一定环境下和一定限期内客观存在的、影响企业目标实现的各种不确定性事件就是风险。我国在2006年的《企业会计准则》中第8号中规定，企业应当定期或者至少于每年年度终了，对各项资产进行全面检查，合理地预计各项资产可能发生的损失，对可能发生的各项资产损失计提资产减值准备（共有8项），如对应收账款和其他应收款等应收款项计提的坏账准备；对原材料、包装物、低值易耗品、库存商品等存货计提的存货跌价准备；对专利权、商标权等无形资产计提的无形资产减值准备，等等。为何要对没有发生只是可能发生的资产损失作确认呢？因为企业在经营活动中存在着各种风险和不确定因素，所以制度要求：企业在进行会计核算时，应当遵循谨慎性原则，充分估计到各种风险和损失。这个成本很显然不是按照历史成本法确定的，而是按照风险和不确定性来确定的成本。

总体上，对风险和不确定性的畏惧是人的普遍心态，尤其在全球化的背景下，现代科学技术进步加快，社会分工和国际分工不断深化，把世界的生产、贸易、金融等活动紧密联系在一起，各国各地区之间的经济活动相互依存、相互开放，每个企业都是在这个复杂"网络"上的一个环节。随着整个经济社会的不确定性和风险的扩大，企业的成本再也不是仅仅局限于企业生产过程的本身，而是置身于全社会那乃至全球的产业链和价值链中，风险越来越成为现代社会的一个明显特征，越来越成为成本的属性。从这个角度说，成本已经成为风险的转化，而各种风险是可以相互叠加、相互放大的，这样成本就表现为不同风险的变化。当各种各样风险的扩大，不确定性的增加，使得整个经济社会的运行成本上升时，我们就进入了一个风险经济和风险社会的高成本时代。这些风险在形式上可能很难去区分哪些是个体风险哪些是整体风险，而且风险会通过链条不断发生转移，社会风险可能转化为经济风险，环境风险也可能会转化为经济风险，经济风险也可能会转化为社会风险。当整体风险上升时，就会变成公共风险，而公共风险就不是哪一个企业能够去承受和化解的，这个时候只能依靠整体的风险化解。从这个意义上讲，成本已经不是传统的会计学意义和经济学意义上的成本，实际上是风险的转化。在这种情况下，如果不能降低整个社会的风险水平，那么高成本是无法降下来的。因此，降成本的着力点是降低公共风险和不确定性。

2. 实体经济成本高的根源在于制度变迁的速度与公共风险产生的速度不匹配，从而产生各种有形与无形的交易费用，最终转化为企业的各项成本

在转型升级的特定发展阶段，企业附加值低不仅与消化成本能力相对偏低有关，也与制度变迁和制度创新高度相关。我们现在已经进入了风险经济和风险社会，但是我们经济社会的制度变迁慢于这种风险经济和风险社会的制度。从降成本全国问卷分析结果来看，约一半的企业认为营商环境一般或不满意，可见我们的制度建设依然任重道远。而当制度变迁速度慢于风险产生速度的时候，整个经济社会的不确定性就会放大，行为方式也会转变，这就会导致交易费用增加，成本急剧上升。因此，可归结为，我国当前面临的所谓的高成本都是制度变迁滞后造成的，可称之为制度性成本。这个制度性成本不仅仅是因为管制的原因，也不仅仅是因为审批权没有下放的原因，而是当前这个阶段的风险总水平提高了，而制度变迁和制度创新没有及时跟进，从而产生各种制度性成本，最终转化为企业的各项成本。而制度变迁滞后是相对于风险而言的。要降低或化解整个社会的风险水平，就要加快推进制度变迁和制度创新，使制度和风险之间形成一种良好的匹配。当整个社会构成的不确定性总体水平下降的时候，成本水平才能够下降。

3. 需通过全面深化改革，推进整体的制度变迁和制度创新

既然实体企业成本高的根源在于制度变迁的速度与公共风险产生的速度不匹配而产生的各种制度性成本，那么要降低制度性成本，就不能仅仅满足于现有的政策措施上，而是要通过全面深化改革，推进整体的制度变迁和制度创新，使得

制度和风险之间形成一种良性匹配关系,以制度创新带动企业创新,这样,才能适应转型升级的特定发展阶段的需要,成本才能真正降低,效率才能得以提高。而全面深化改革不是单个领域体制的调整和修补,而是各方面体制与制度的创新;不是某个领域体制改革的单向推进,而是各领域、各层次的系统推进;不是止步于改革某一项体制机制,而是要着眼于制度的聚合与集成,形成总体性的制度成果和制度文明。

(三) 降成本需要科学的方法论

1. 降成本最终需落脚到增强企业内生动力上来

对于降成本而言,最终需落脚到增强企业内生动力上来。当前,实体企业成本高多是体现在微观上,而有些"病根"却在宏观上,推动企业降成本的根本路径是通过全面深化改革推进制度创新,形成激励机制,让企业发挥其作为市场主体的主观能动性。

具体来说,企业应不断增强创新能力和盈利能力,提高成本转化率和附加值。这就需要增强企业的市场主体意识,以增强可持续发展能力和核心竞争力为根本目标,提高盈利能力,达到消化成本的目的。

2. 降成本的政策措施与改革创新有机结合

企业成本高企既有表面原因,也有深层次本质性原因,降成本是系统性问题。我们已经进入到了高成本时代,需全面深化改革推动制度创新,形成与化解不确定性相匹配的新的制度安排,只有这样,成本才能真正降下来。然而当前政府出台的多是阶段性的政策措施,而涉及体制机制和全面改革的制度创新安排较少。因此,政府要将政策措施和全面深化改革深度契合,既要为改革争取时间,也要着力推动改革,为市场机制的有效运行营造良好的制度环境,提高整体效率。一是要矫正"缺位"和"越位"现象,同时相应"补位"和"退位",注重从宏观角度为企业创造健康运行的良性环境和合理机制,通过制度来引导企业的行为,发挥好政府的市场维护、市场引导、市场培育等方面的作用。二是妥善处理中央和地方的关系,通盘考虑,调动各方面积极性,以全面深化改革为统领,统筹政府改革、市场改革和社会改革,在全社会形成改革合力。三是政府各部门加强协调,加强降成本政策的顶层设计和统筹规划,明确降成本的基本目标,构建长效机制。

3. 把降成本内嵌于产业转型升级之中

从企业来说,降成本不能孤立起来,必须与产业的变化、技术的变化、业态的变化、模式的变化等结合起来,要看到大势,顺势而为,尤其是在全球化时代,更应学会借势,把降成本内嵌于产业转型升级之中,搭上"产业革命"的顺风车,借力"一带一路",占领国际市场且保持长久的市场地位,提高企业盈利能力和竞争力。

当前,中国企业尤其是制造业企业的技术竞争力、品牌竞争力依然较弱,随着成本增高,在全球产业转移的梯度层次中,中国一些低技术附加值、高劳动密集型产业将逐步向低成本国家转移,而发达国家则通过经济危机认识到了制造业的重要性,正在积极推动制造业回流和"再工业化"。中国制造在全球产业分工体系中的位置受到发达国家和低成本国家的双重挤压。另外,机器人、人工智能、3D打印等世界范围内的技术进步正在彻底改变传统制造业的业态,但是高额的研发费用及先进制造设施投资对于缺少积累、利润微薄而各项成本不断攀升的中国企业来讲难以企及。一旦这些技术在制造业实现大规模的经济应用,将对中国制造产生难以估量的冲击。因而,我国企业应抱着发展和长久的眼光来看待降低成本与技术升级和产业升级,要努力实现向产业链高端和关键价值环节的延伸和拓展。这就需要提高成本的转化增值效率,使降成本与产业转型升级相契合。

政府也不能以静态的眼光看待降成本,而应以动态的眼光去制定降成本的政策,并进行体制机制的改革,要把政府营造良好外部环境与发挥企业主观能动性、促进企业转型升级结合起来,坚持企业主体,激发企业规范治理、修炼内功和转型升级的内生动力,通过产业创新、转型、升级,提高投入产出比,提升产业附加值,提升品牌质量,提高竞争实力。

4. 降成本的实质是降无效成本

成本从理论上可分为有效成本和无效成本。所谓有效成本,是指对于企业价值的增值和利润的取得具有正面效能的成本支出,即能带来对应经济收益的成本;而无效成本,则是指对于企业价值的增值和利润的取得没有效用的成本投入,即不能带来对应经济收益的成本。只有有效成本才是对企业具有意义的成本。无效成本则是企业成本管理中应该尽量避免的。每个企业都有可能存在大量的无效成本,如一个人的活两个人干、管理人员配置不合理、施工安排失误造成拆除或重建、质量管理不佳导致返工、经营不善导致的亏损,等等。

降成本的实质在于降低不能带来增值的无效成本。从政府层面看,就需要推动体制机制的转换,降低影响整体经济社会运行效率的成本;从企业层面看,就需要提升管理的能力和水平,改变经营模式,降低因企业管理不善、运行效率低下的成本,从而优化成本结构,让成本有更高的转化力和增值力。只有这样,企业的发展才有真正的竞争力,也才能避免各项成本增高的时候竞争力下降,才能真正消化现有的成本。

五、几点建议

从会计涵义来说,成本是生产和销售一定种类与数量产品以耗费资源用货币计量的经济价值。这是从微观角度对成本的定义,这个定义并没有揭示成本的宏观决定因素。从宏观角度来说,成本取决于整个社会的风险状况。也就是说公共风险会内化到企业运行过程当中,决定企业的总体运行成本状况。当前我们已经进入风险社会,整个经济社会的不确定性会被放大,行为方式也会发生转变,会导致企业运行成本急剧上升。因此,降成本应该以化解公共风险为导向,从制度创新入手,从整体上降低整个社会运行成本,同时采取针对性措施,达到标本兼治。

(一)"治未病":处理好防风险与降成本的关系

"上医治未病"。"治未病"即采取相应的措施,防止疾病的发生发展。其在中医中的主要思想是:未病先防和既病防变。既然成本取决于风险,那么治理和防范风险就是降成本的关键之策。提前控制风险,使风险不转化为社会和企业的成本,这是处理好防风险与降成本关系的要义,可以说防风险也是降成本。

1. 树立防风险的整体意识

我们平时谈风险大都是从局部来考虑,经济增长下行压力很大,社会矛盾冲突比较多,就是社会领域的风险大,雾霾天气频发等等,分别讲的是经济、社会和生态方面的风险。从短期来看,就各个局部来讨论这些风险问题也许是可行的,也是必要的,但从长期来看,从这些局部的角度来分析问题远远不够。

而从一个整体的角度来看,我们看到的风险不仅仅是经济领域的风险、社会领域的风险、环境领域的风险。从长期意义上看,中国发展面临三大公共风险,需要通过改革和制度创新来应对:一是协调政府与市场两只手,要从制度上、通过改革解决两只手打架难以形成合力的问题;二是促进效率与公平融合,把效率和公平变成两个动力,促进经济和社会协调发展;三是促进经济资本与社会资本怎样有机结合,强化文化、教育、人力资源等社会资本投入和形成,增强发展的后劲。

2. 切实防范和化解金融风险

防止发生系统性金融风险是金融工作的永恒主题，也是长远降成本的必要措施。防范和化解风险是金融的生命线，特别在当今互联网和新信息技术全面、深度渗透到金融，带来许多便利和创新的同时，更要看到二者融合产生的一系列风险，需要建立健全相应的体制机制加以应对。要把主动防范化解系统性金融风险放在更加重要的位置，科学防范，早识别、早预警、早发现、早处置，着力防范化解重点领域风险，着力完善金融安全防线和风险应急处置机制。这是最大的降成本。

把防范金融风险与化解公共风险要结合起来，包括要在防金融风险过程中考虑对企业成本带来的影响，把握好防金融风险的节奏和火候很重要。例如，2017年管理层密集出台了《商业银行表外业务风险管理指引（修订征求意见稿）》、《银行业金融机构全面风险管理指引》、《中国银监会关于银行业风险防控工作的指导意见》等一系列监管政策，加大对银行表内、表外业务的监管力度，对风险防范具有重要意义，但也可能加大企业的成本，类似的政策需要综合考量。

3. 处理好降成本与财政风险之间的关系

合理运用财政风险，是化解公共风险的重要手段。化解经济社会中面临的各种风险，财政发挥兜底作用，例如"三去一降一补"作为降成本的各个侧面，短期内都需要财政发挥作用，通过扩大财政风险可以起到化解公共风险的作用。但是运用财政风险来降成本和调结构也不是没有限度的，尤其是要避免财政无原则的大包大揽，导致财政风险失控，反而加剧公共风险。例如，在一些地方降成本过程中无原则的"零收费"，这不仅背离了事业单位改革的精神，也加重了财政不应承担的负担，值得关注。

（二）"定心丸"：管理和引导市场预期，注入确定性

良好的社会预期，是经济平稳健康运行的基石。良好的预期能够转化为有序的经济行为，在一个可预期的市场和社会环境中，人们就会有动力、有耐心去从事创造和创新活动。当前，各项政策要发挥预期管理功能，增加社会资本投入政策预期的确定性。

1. 税费政策信号要清晰，保持战略定力

明确的政策信号，是引导预期的关键，税费政策导向越明确，落实越有力，市场预期就越好。要充分考虑税费政策稳定对民间投资的影响，给民间投资服下

政策的"定心丸",将微观主体的投资积极性充分激发出来。

减税降费的规模受政府公共服务供给水平和公共风险可承受能力的制约,减税降费不应影响公共服务供给水平和质量,更不能因此而造成新的公共风险,影响社会稳定和国家安全。这就要求从宏观层面对减税降费政策做好预期管理,在年度预算编制和中长期财政规划中确定好减税降费规模。在微观层面,要在事中事后做好减税降费的政策评估,跟踪考察政策的执行情况,及时进行调整,明确减税降费不是一项长期政策。

2. 要有明确的产业发展政策导向

要重新思考产业政策,避免产业政策误导带来的成本。谨慎使用涉企政策性补贴,避免妨碍公平竞争。加强宏观政策绩效评估,加强供给侧结构性改革相关配套政策、制度的顶层设计,提高政策协调性,搞好配套衔接,发挥政策和制度整体功能。

3. 推动政府治理创新,提升政府公信力

政府的公信力是最宝贵的资源,既能稳定经济、社会预期,降低各种不确定性风险带来的间接成本,也能给企业减少直接成本。在调研中发现,在公共设施建设中,"赊账"是常用的手段,拖欠工程款是常见现象。这对施工企业企业来说,不只是产生巨大成本,甚至危及企业生存。当前政府购买服务、政府与社会资本合作方兴未艾,政府的公信力是"定心丸",不只是影响投资企业未来预期成本收益,也影响潜在投资者的动向和意愿。

(三) 疏通"经络":促进金融与实体企业良性循环

在2017年的金融工作会议中,习近平指出金融是实体经济的血脉,为实体经济服务是金融的天职,是金融的宗旨,也是防范金融风险的根本举措。当前各方反映企业融资成本高,根本原因在于金融与实体企业之间的"经络"不通,金融与实体企业没有实现良性循环。一方面金融与实体经济的脱节,融资环境恶化;另一方面,资金在金融体系内循环,风险剧增。在这种情况下,只有疏通"经络",才能既遏制风险,又能从根本上降低融资成本。

1. 继续推进多层次资本市场建设

从外源融资渠道看,解决小微企业资本金不足问题主要依托多层次资本市场建设,尤其是要推动包括"新三板"、区域股权交易中心(所)、网络股权众筹等在内的以中小微企业为服务主体的股权投融资与交易市场建设。这些市场由于准入门槛较低,发行机制灵活,投资者众多,资金来源渠道多元化,可以较好地满足处于各个阶段的中小微企业的不同融资需求。

当前,最为关键的是规范解决"新三板"二级市场流动性不足问题,增强二级市场的投资性,减少投机泡沫。区域股权市场目前需要解决的最关键问题是增加一级市场交易的活跃度,促进挂牌企业实现实质交易。根据数据显示,在区域股权市场挂牌的企业,90%以上企业没有实现融资功能。网络股权众筹目前最迫切需要解决的问题是完善有关法律法规,尽快正式颁布《互联网股权众筹管理暂行办法》,建立市场规则秩序,稳定市场预期。

2. 鼓励组建政策性或社会资本发起参与的中长期信贷机构

针对企业缺乏中长期信贷资金支持、资本金不足问题。鼓励组建由政府引导、社会资本发起参与的专业从事中长期(5年期及以上)信贷业务的金融机构。给予此类机构在银行间市场发行低息中长期金融债、吸收中长期公众存款、在银行间市场进行大额资金拆借、降低中长期信贷资产的风险权重系数、降低资本充足率要求等金融优惠政策以及税费减免、风险补偿等财政配套支持政策,降低其运营成本,使其更好服务于社会中长期信贷资金需求。

3. 积极发展区域性金融组织,构建普惠金融体系

积极发展区域性法人金融机构,包括城市商业银行等银行业金融机构,以及证券公司、基金公司、商品期货公司等非银行业金融机构,推动服务于小微企业的普惠金融组织发展,例如民营银行、村镇银行、融资担保公司、小额贷款公司、融资租赁公司、资产管理公司、网络借贷平台等,构建区域普惠金融体系,有利于充分发挥其接近市场、了解区域特点的优势,更好提供区域性金融服务,有效缓解小微企业融资难、融资贵问题。

4. 构建大数据平台,推进中小微企业征信体系建设

建设小微企业征信体系,对于减少企业与金融机构之间的信息不对称,提高融资效率具有积极作用。建议在省级层面,利用大数据、云计算等现代信息技术,构建统一的中小微企业征信平台,依法采集、整理、加工个人、企业的信用信息,实现跨部门、跨行业的信用信息共享。同时严厉打击各种形式的逃废银行债务行为,实行"黑名单",增强企业诚信意识,促进企业合法经营;规范企业内部财务管理,确保企业规范运营,为小微企业开拓融资渠道、提供融资便利创建良好的基础。

(四)挖掘潜力:进一步降税费应以政府减支为前提

当前我国面临的国际国内经济形势仍有诸多不确定性。从国际来看,美国总

统特朗普就任后,明确表示要实施一系列减税措施,英国已经拟定下调企业所得税率,新一轮国际减税浪潮近在眼前,对此我国需要未雨绸缪,主动作为,以应对外部竞争。

1. 从总量上看,进一步降税费必须以政府不增支为前提

从国内来看,在我国经济进入新常态,企业发展需要进一步深化改革,以良好的体制环境来支撑。放水养鱼的政策导向应坚持,千方百计减轻企业不合理的税费负担,降低企业成本,提高实体经济发展能力。

但是,减税和支出责任、政府债务是关联在一起的,就税论税,单独谈税是没有意义的。政府赤字、债务这些年来上升很快,尤其是地方债务,已经形成了不小的存量规模,出于防风险的整体考虑,依靠扩大赤字、债务来进一步降税费,会扩大整体风险。因此,要进一步降税费,就必须减少支出规模,至少不增加支出规模。

2. 大力优化政府支出结构

从支出层面来看,我国基础设施建设、城镇化、扶贫、科教文卫等各方面都需要加大财政支出,可以压缩的支出空间很小。但通过打破支出存量固化,调整支出结构,也可达到减支的目的。打破支出存量固化,一方面要转变政府职能,加快政府自身改革;另一方面要推进财政体制改革,加快中央和地方事权和支出责任划分,加快转移支付改革,通过新的体制机制来解决当前存在的财政支出存量固化的问题。

(五)形成合力:建立部门协调机制,降低不确定性成本

国发〔2016〕48号文全面揭开了全社会积极参与的实体经济企业降成本工作大幕,从政策实施绩效来看,相关工作也只是刚刚破局,一些深层次的矛盾问题相继显现出来。解决这些问题需要建立更为紧密的工作机制,凝聚政府管理资源、调动企业积极性,形成内外合力、上下合力。

1. 在顶层设计上突出协调推进

首先,把"三去一降一补"五大任务作为降成本措施的各个侧面来加以整体把握,依靠整体协调机制,减少降成本过程中的零和博弈,从全社会角度实现企业降成本。其次,用辩证思维处理好企业不同成本项目间的内在联系,用跨部门的治理理念来破除当前降成本各管一摊、各减一块的分割局面,通过整体协调工作机制实现各参与主体的信息共享,提高实施降成本政策的能力和效率。最后,通过整体协调工作机制实现在政府与企业之间、中央与地方之间、部门与部

门之间的联动，循环推动实体经济企业降成本，激发各参与主体降成本的内生动力。

2. 做好各项改革政策的协调、衔接

解决企业综合负担重的问题，不仅仅是降税清费的问题，还和社保体制改革、金融体制改革、电力体制改革等改革密切相关。如果各项改革不全面推进，依靠现有的下调一点税率、降低一点社保缴费比例等，难以收到长期效果。

应改变各部门在税费、能源、融资、投资、社保等重点领域各自为政的做法，加强部门联动和降成本政策的协调，并与体制机制改革结合起来，切实保障降成本政策达到预期效果。

（六）定期"体检"：建立降成本政策评估与反馈机制

国发〔2016〕48号文提出要适时评估总结和推广经验，要求各地对政策落实情况及效果评估，积极推广效果良好的政策和做法。实际上，降低实体经济企业运行成本，既是解决短期内企业运行困难的举措，也是化解我国经济和社会运行风险的长期性制度措施，应该着眼于短期和长期目标，加强降成本政策措施评估。通过政府自身评估、第三方评估等，对政策运行的短期和长期目标进行评价、跟踪和反馈，形成降成本政策的闭环管理。同时，降低实体经济企业运行成本是一项全社会的活动，应广泛开展全社会的降成本大宣传和大讨论，群策群力。

中国财政科学研究院课题组
负责人：刘尚希
执　笔：刘尚希　傅志华　马洪范　程　瑜　李成威　梁　季　许　文

实体经济企业成本调查问卷分析报告

2015年12月中央经济工作会议以来,以习近平同志为总书记的党中央高瞻远瞩,统揽全局,针对当前经济新常态提出供给侧结构性改革的新战略,并从我国经济发展的阶段性特征出发,形成了"三去一降一补"这一具有重大指导性、前瞻性、针对性的经济工作部署。"降成本"是供给侧结构性改革的重要内容和国民经济转型发展的内在需要,也是供给侧改革进展顺利与否的重要体现。两年来,中央及地方各级政府相继出台了一系列"降成本"的政策措施,也取得了一定的成效。为了全面掌握实体经济企业成本(制度性交易成本、税收及涉企收费、融资成本、物流成本、原材料成本、用能用地及人工成本)情况,了解"降成本"相关政策措施的实施效果,中国财政科学研究院精心设计了企业降成本调查问卷并向全国各省发放。本报告通过对回收的有效问卷的科学分析,剖析、总结了当前实体经济企业成本结构情况及政策实施的总体效果,以期为中央相关部门及地方各级政府提供有价值的决策参考。

一、调查问卷总体情况说明

调查问卷设计了十个板块23个大问题(下面还有子项问题),涉及企业基本情况、营商环境情况、企业生产经营及主要财务指标、原材料及用能用地成本、人工成本、融资成本、物流成本、税费及其他涉企收费、2016年降成本成效等内容。问卷填报以客观数据为主,同时兼顾主观评价。回收的样本经过数据清洗得到的有效样本问卷为14709份[①],这是各部分数据库的上限。

本次回收的有效样本问卷分为地域、所有制性质、企业规模及行业类型四个层面。从所属地区来看,样本中东部地区企业最多,有7175家,占比48.78%;其次是中部地区3826家,占比26.01%;东北地区和西部地区分别是1567家(10.65%)和2141家(14.56%)。从所有制性质来看,样本中民营企业最多,有9345家,占比63.53%;其次是国有企业3902家,占比26.53%;集体企业和外资企业分别是409家(2.78%)和1053家(7.16%)。从企业规模(按照2016年营业收入数据)来看,样本中小型企业最多,有6436家,占比43.76%;其次是中型企业4507家,占比30.64%;大型企业和微型企业分别是1468家

---

① 数据库分为六个子库:营商环境、生产经营及财务指标部分、原材料及用能用地成本及人工成本部分、融资成本部分、物流成本部分、税费及其他涉企收费部分、降成本项目总体评价部分。

(9.98%)和2298家(15.62%)。从行业类型来看,样本中制造业企业最多,有6598家,占比44.86%;批发零售业1169家(7.95%)、农林牧渔业793家(5.39%)、建筑业618家(4.2%);其他行业则有3288家,占比22.35%(见图1和图2)。

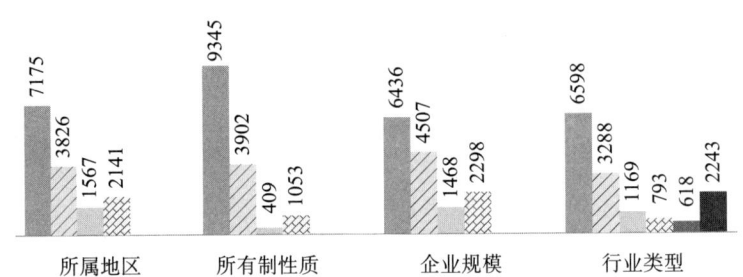

■ 东部地区/民营企业/小型企业/制造业企业　▨ 中部地区/国有企业/中型企业/其他行业
▧ 东北地区/集体企业/大型企业/批发零售业　▨ 西部地区/外资企业/微型企业/农林牧渔业
■ 建筑业　■ 纺织、医药制造等行业

图 1　回收有效样本问卷区域分布结构(单位:家)

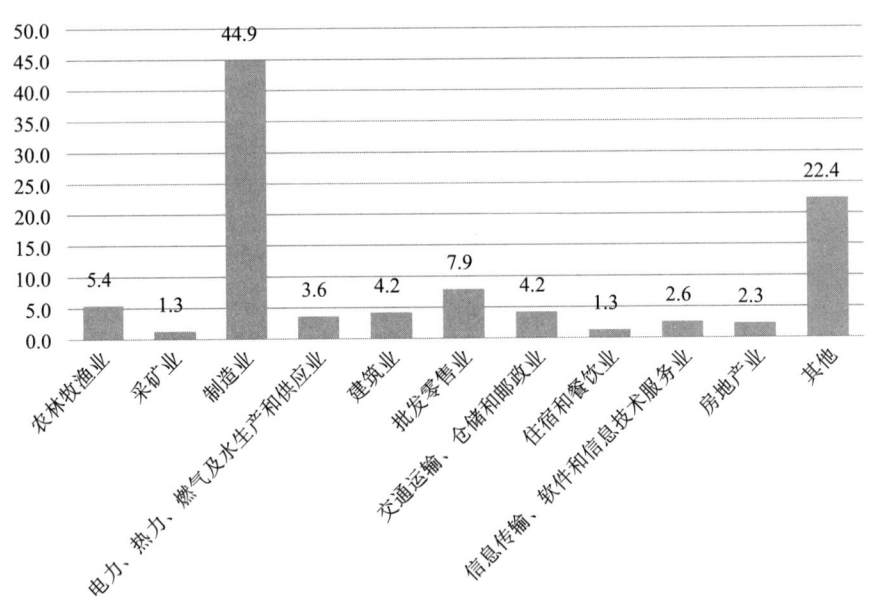

图 2　有效样本问卷行业分布结构(单位:%)

实体经济是国民经济的基石,关系到国家的长治久安。近年来,受全球经济增速减缓、生产成本上升及虚拟经济泡沫等多重因素叠加影响,我国实体经济经营环境趋紧、下行压力加大,出现了增长放缓、结构性矛盾突出、效益下滑等诸多问题。在中央及各地方政府相继出台相关政策措施、宏观经济各项指标呈

"企稳向好"态势的情况下,作为实体经济主体的制造业企业感受如何?企业生产经营中的困难是否得到有效缓解?这也是本次调查的重中之重。本次回收的 6598 家制造业企业样本中,纺织(9.28%)、食品(8.34%)、通用设备制造(8.28%)及化学原料和化学制品(7.56%)等制造业较多,石油加工、炼焦和核燃料加工企业较少,仅占 0.64%(详见图 3)。

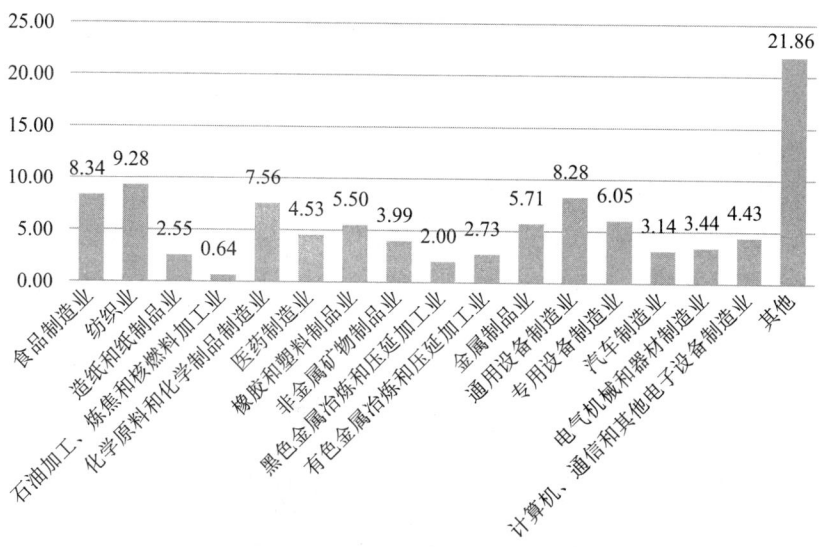

图 3 制造业有效样本问卷分布结构(单位:%)

二、营商环境总体分析[①]

(一)营商环境满意度分析

从全国来看,约一半企业对营商环境较为满意,比例为 50.7%,有 46.3% 的企业认为营商环境一般,反映较差和极差的占比合计仅为 3.1%;分区域看,中部地区(53.5%)、东部地区(51.9%)满意程度略高于全国平均水平,东北地区(50.3%)满意度低于全国平均水平 0.4 个百分点,西部地区满意度最低,

---

① 本部分主要针对企业营商环境指标数据样本,从全国总体、分所属地区、分所有制、分企业规模、分行业类型的五维视角进行研究,从而达到对企业营商环境立体式的解剖和展示。

仅为41.9%；但是从各地区统计结果来看，反映较差和极差的合计比例均未超过5%（最高是西部地区的5%），表明各地区营商环境总体较好（图4）。分企业性质来看，民营企业（51.1%）、外资企业（50.5%）满意程度高于国有企业（49.9%）和集体企业（47.7%）；但从反映较差和极差的合计结果来看，占比均未超过4%（最高是国有企业的3.7%），说明各类企业对营商环境较为满意（图5）。从企业规模看，大型企业满意程度最高（62%），其次是中型企业（51.9%），小型企业（47.8%）和微型企业（49.2%）略低；但各类企业反映较差和极差的合计占比均未超过5%（最高是微型企业的4.6%），表明它们对营商环境较为认可（图6）。分行业来看，信息传输、软件和信息技术服务业、电力、热力、燃气及水生产和供应业满意程度相对较高，分别为61.6%和60.6%，农林牧渔业和制造业的满意度则为52.3%和50.6%，住宿和餐饮业（40.5%）最低；但是从各行业来看，反映较差和极差的合计占比均未超过8%（最高是住宿和餐饮业的7.4%），表明各行业对营商环境满意度尚可（图7）。

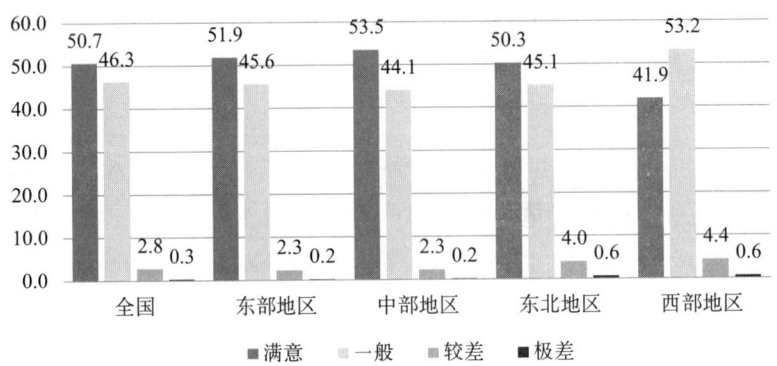

图4　各区域企业对营商环境的总体评价（单位:%）

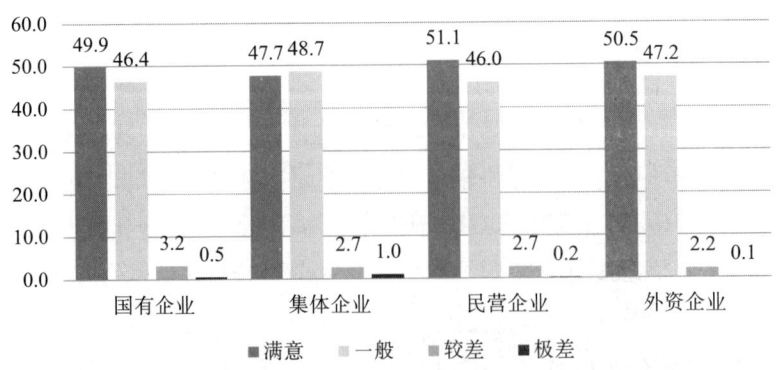

图5　不同所有制企业对营商环境的总体评价（单位:%）

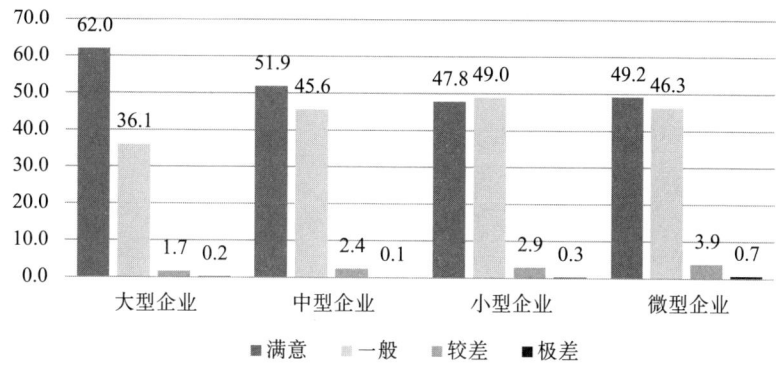

图6 不同规模企业对营商环境的总体评价（单位:%）

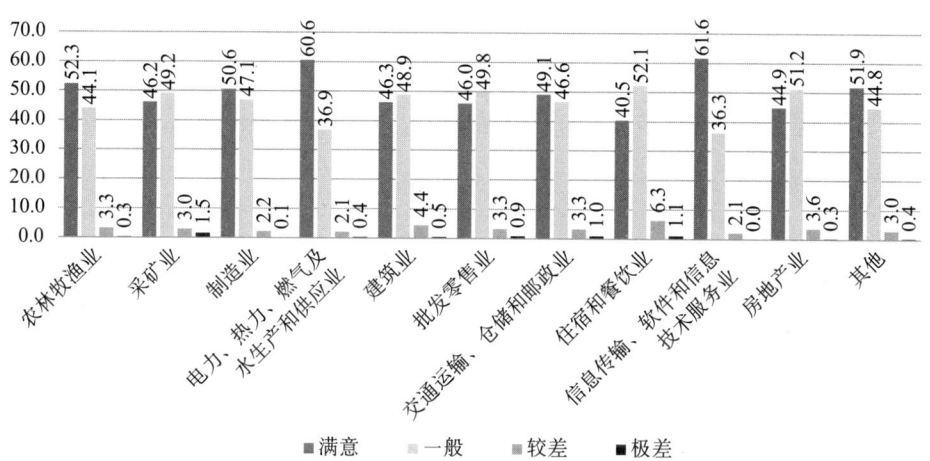

图7 不同行业企业对营商环境的总体评价（单位:%）

（二）行政管理分析

1. 政府机关的政策和规章制度公开透明度分析

从全国来看，70.3%的企业认为政策和规章制度的公开透明度较好，28.9%的企业认为一般。从分区域的情况看，东部地区满意度最高（73.1%），且高于全国平均水平2.8个百分点，中部地区满意度与全国平均水平相当，东北地区略低（62.9%），西部地区满意度最低（62%），低于全国平均水平8.3个百分点。值得注意的是，东北地区认为透明度较差的企业数接近全国平均水平两倍（图8）。分企业性质来看，外资企业满意程度略高（71.4%），国有企业、集体企业、民营企业相差不大，但是满意度较差的均未超过1%（图9）。从企业规模看，大型企业满意度最高，占比为78.8%，其次是中型企业，满意度为72%，小型企业（68.4%）和微型企业略低（67%），其中，微型企业满意度较差的数量是大、中型企业的两倍之多（图10）。从行业类型看，信息传输、软件和信息技术服务业（79.9%）、电力、热力、燃气及水生产和供应业（75.7%）、交通运输、

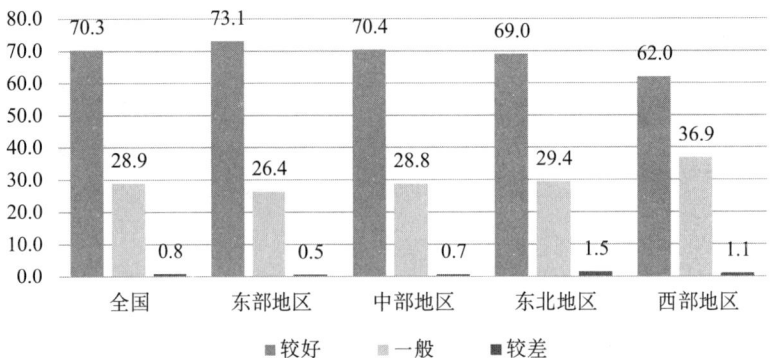

图8 各区域企业对政府机关政策和规章制度公开透明度评价（单位：%）

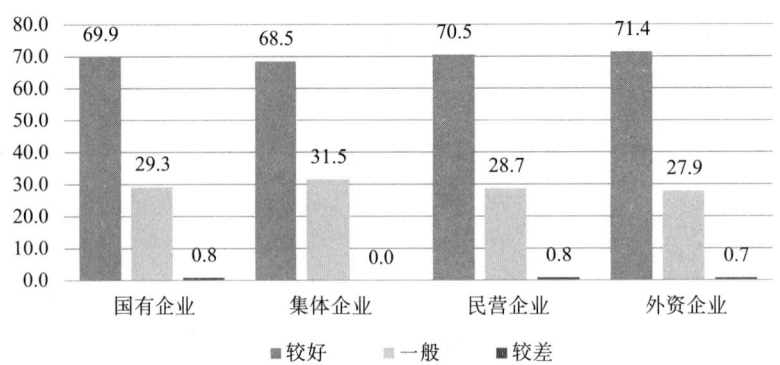

图9 不同所有制企业对政府机关政策和规章制度公开透明度评价（单位：%）

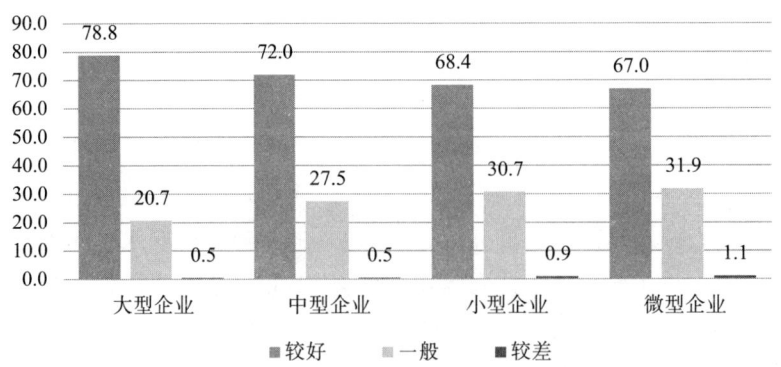

图10 不同规模企业对政府机关政策和规章制度公开透明度评价（单位：%）

仓储和邮政业（72.8%）和制造业（70.6%）满意度均高于70%，采矿业、建筑业、住宿和餐饮业满意度相对较低，但均超过60%，且反映透明度较差的比例均低于2%（住宿和餐饮业的2.1%除外），说明各行业对政府政策和规章制度公开透明度较为满意（图11）。

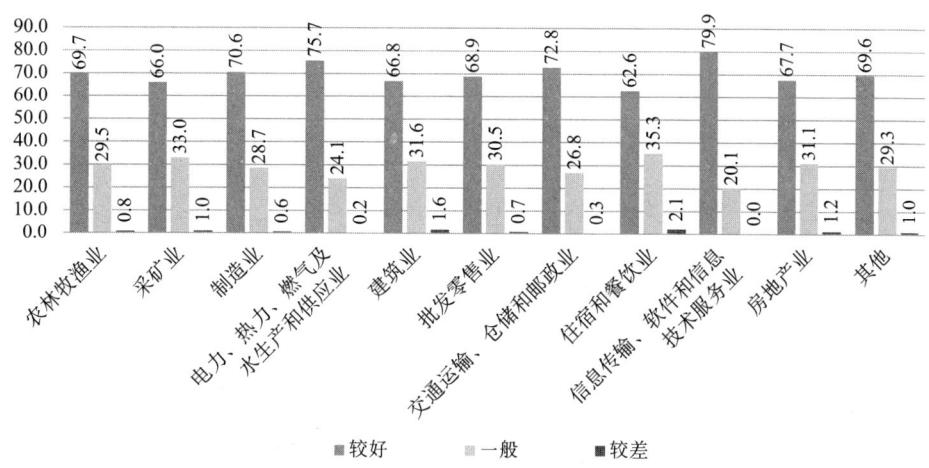

图11 不同行业对政府机关政策和规章制度公开透明度评价（单位:%）

2. 行政机构办事程序简化情况分析

从全国看，62.8%的企业认为行政机构办事程序简化情况较好，35.2%的企业认为一般，满意度较差的仅为2%。分区域看，东部地区、中部地区满意度较高，分别为65.7%和64.7%，东北地区（61.9%）略低于全国平均水平，西部区最低，仅为50.5%。但是东北地区（3.3%）和西部地区（3.5%）认为满意度较差的数量远远高于全国平均水平（图12）。分企业性质看，集体企业、民营企业满意程度略高，分别为64.5%和64.8%，其次是外资企业（61.3%），国有企业稍低（58.2%）（图13）。从企业规模看，大型企业满意度（66.6%）略高，中型企业（62.7%）和小型企业（62.6%）满意度基本持平，微型企业略低（61%），但微型企业认为行政机构办事程序简化较差的数量（2.3%）大于其他三类企业0.4个百分点（图14）。从行业类型看，信息传输、软件和信息技术服务业，交通运输、仓储和邮政业，电力、热力、燃气及水生产和供应业满意度略高，分别为70.4%、65.6%和65%，制造业的满意度为64.3%，满意度相对较低为房地产业、住宿和餐饮业，占比分别为52.7%和53.7%（图15）。

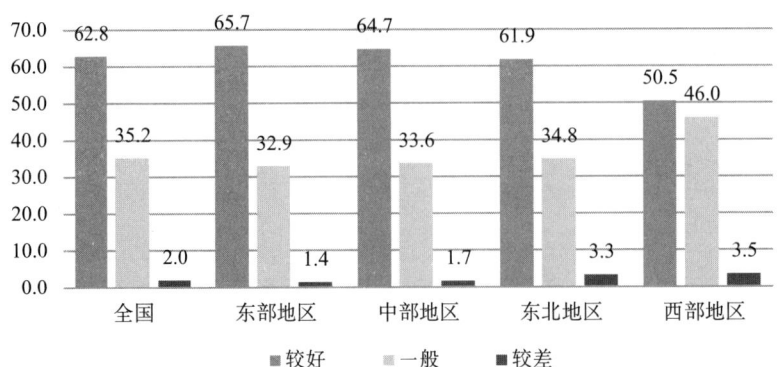

图12 各区域企业对行政机构办事程序简化情况评价（单位:%）

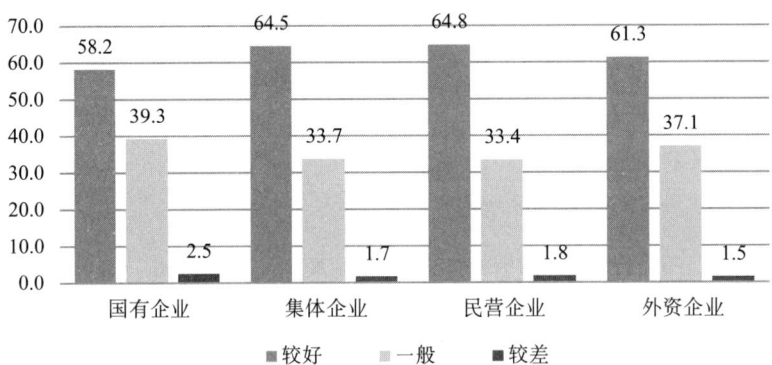

图13 不同所有制企业对行政机构办事程序简化情况评价（单位:%）

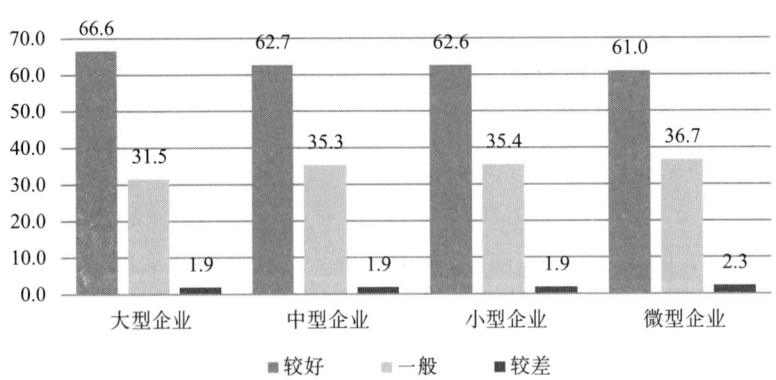

图14 不同规模企业对行政机构办事程序简化情况评价（单位:%）

3. 企业与政府及监管部门打交道的综合成本分析

从全国来看，54.6%的企业认为打交道成本一般，12.2%的企业认为较高，33.35%认为较低，其中，西部地区认为成本高的比例略高于全国平均水平3.1

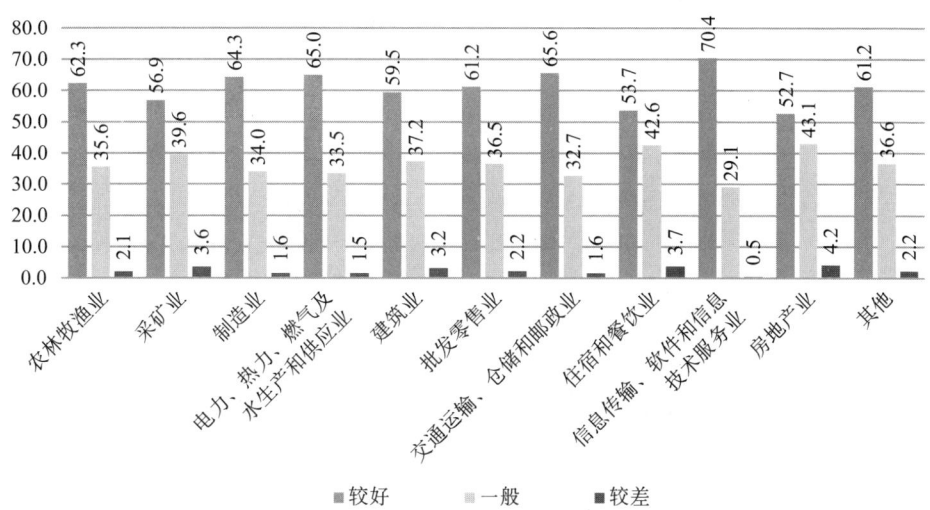

图 15　不同行业对行政机构办事程序简化情况评价（单位:%）

个百分点，东部地区、中部地区、东北地区相差不大（图16）。分企业性质来看，集体企业认为成本高的比例为14.7%，国有企业和民营企业基本持平，外资企业最低（10.4%）。值得注意的是，集体企业认为与政府部门打交道成本较低的比例高于其他几类企业，也就是说，集体企业对于打交道的成本存在较大差异（图17）。从企业规模看，小型企业和微型企业认为成本高的比例略高分别为12.5%和12.4%，大型企业（11.9%）和中型企业（11.7%）略低，同时，微型企业认为成本较低的比例（34%）略高于其他类型企业，表明微型企业认为成本的高低上存在一定差异（图18）。从行业类型看，采矿业、农林牧渔业、信息传输、软件和信息技术服务业认为成本高的比例略大，电力、热力、燃气及水生产和供应业、住宿和餐饮业，房地产业略低（图19）。

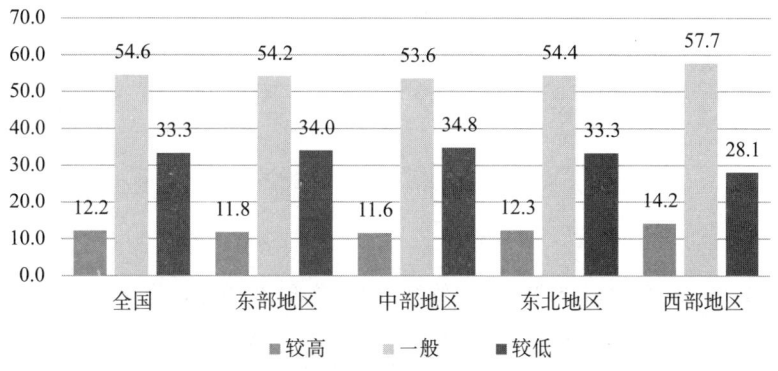

图 16　各区域企业对与政府和监管部门打交道的综合成本评价（单位:%）

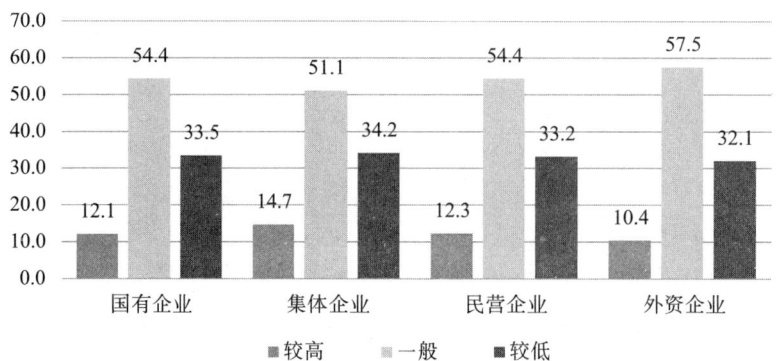

图 17　不同所有制企业对与政府和监管部门打交道的综合成本评价（单位:%）

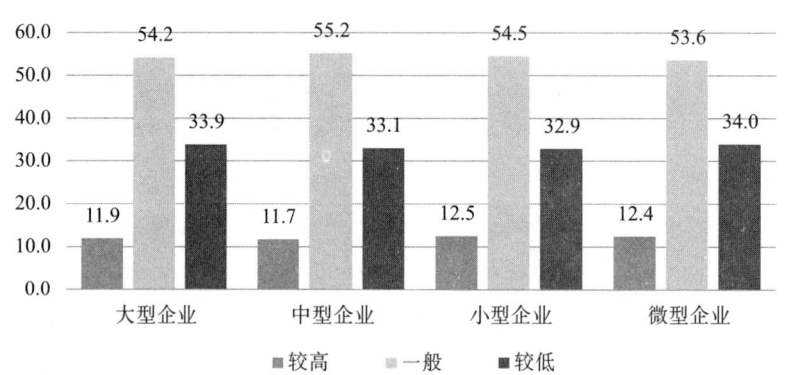

图 18　不同规模企业对与政府和监管部门打交道的综合成本评价（单位:%）

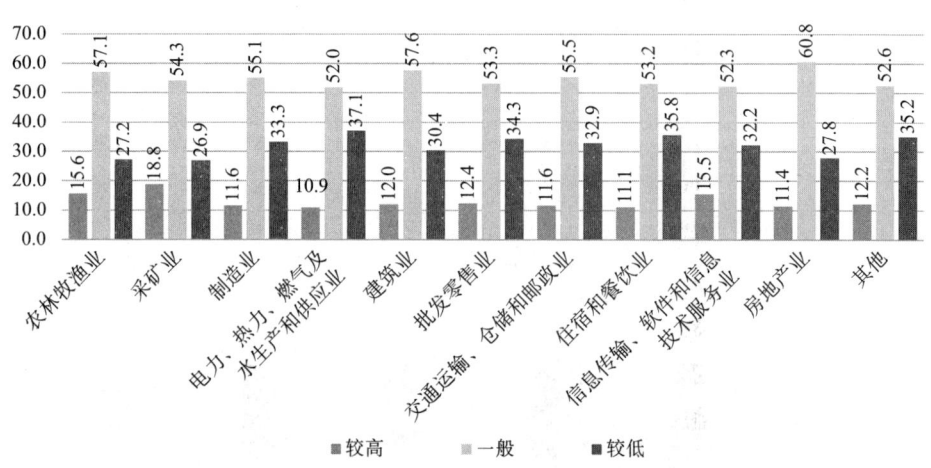

图 19　不同行业对与政府和监管部门打交道的综合成本评价（单位:%）

4. 国家法律规定外的收费、摊派、集资情况分析

从全国看，64.9% 的企业认为收费、摊派、集资情况较少，31.4% 的企业认

为一般,仅有3.7%的企业认为较高;分区域来看,西部地区企业认为收费、摊派、集资情况多的比例较多,其次是东部地区、东北地区,中部地区最低,但均未超过5%(图20)。从企业性质来看,67.8%的国有企业认为收费、摊派、集资情况较少,民营企业认为收费、摊派、集资情况较少的比例为64.6%,集体和外资企业的比例分别为59.9%和59.3%,而认为收费、摊派、集资情况多的比例最高是集体企业,但比例也仅为6.6%,国有企业的这一比例最低,仅为3.1%(图21)。从企业规模看,小型企业和微型企业认为收费、摊派、集资情况多的比例略高,大型企业和中型企业略低,但比例均未超过4%;相反认为收费、摊派、集资情况较少的比例均超过了60%(图22)。从行业类型看,认为收费、摊派、集资情况较高的是采矿业(7.6%)和批发零售业(5.4%),其他行业的这一比例较低,均未超过5%;相反认为收费、摊派、集资情况较少的比例均超过60%(采矿业的56.3%除外)(详见图23)。

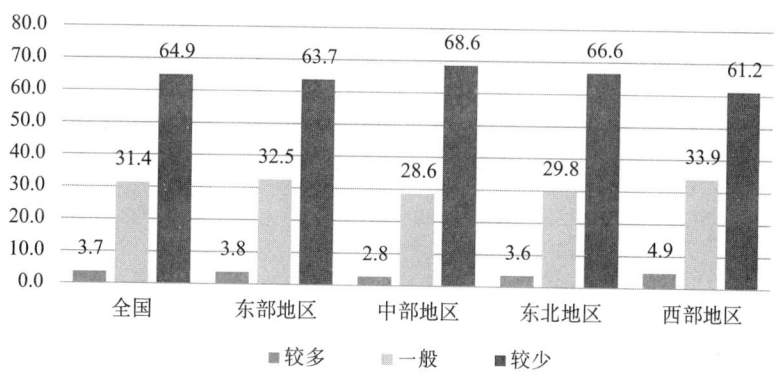

图20　各区域企业对国家法律规定外的收费、摊派、集资情况评价（单位:%）

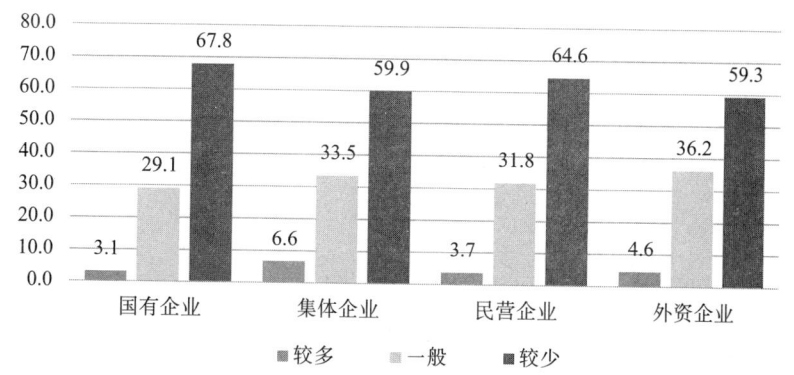

图21　不同所有制企业对国家法律规定外的收费、摊派、集资情况评价（单位:%）

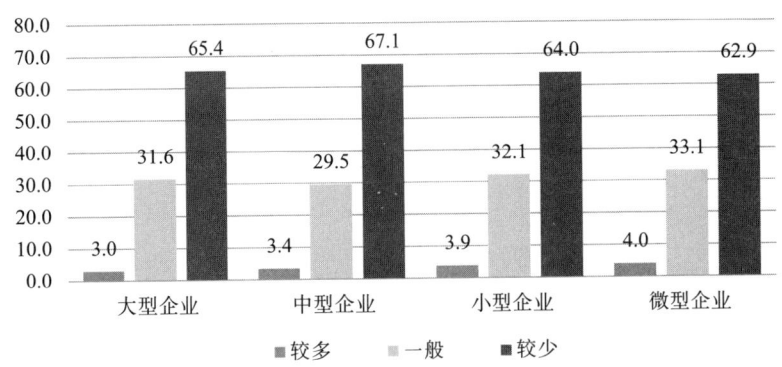

图22 不同规模企业对国家法律规定外的收费、摊派、集资情况评价（单位:%）

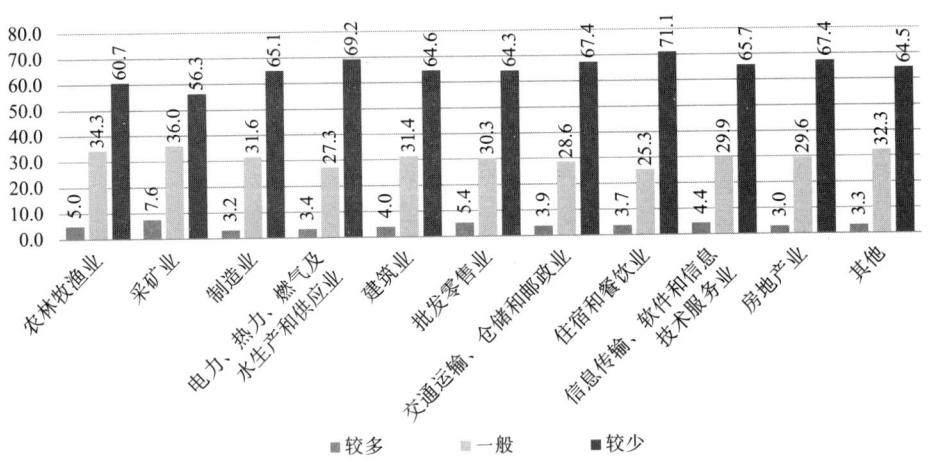

图23 不同行业对国家法律规定外的收费、摊派、集资情况评价（单位:%）

（三）法律环境分析

1. 司法机构执法公正、高效情况分析

从全国看，62.1%的企业认为司法机构执法情况较好，36.4%认为一般，认为较差的占比仅为1.5%；从分区域情况看，东部地区满意度较高（64.7%），其次是中部地区（62.4%）和东北地区（61.8%），西部地区最低，为52.8%，但各地区认为司法机构执法情况较差的比例均未超过2.4%（图24）。从企业性质来看，民营企业（62.6%）和集体企业（62.1%）满意度略高于国有企业（61.1%），外资企业满意度最低（60.8%）；认为司法情况较差占比最高的是民营企业，但也仅为1.6%（图25）。从企业规模看，大型企业满意度最高（69.4%），其次是中型企业（64.1%），小型企业和微型企业略低；认为司法机构执法情况较差的最高比例是微型企业的1.8%（图26）。分行业看，信息传输、软件和信息技术服务业满意度较高（69.6%），采矿业、住宿和餐饮业、房地产业满意度较低；建筑业认为司法机构执法情况较差的比例最高，但占比仅为2.3%（图27）。

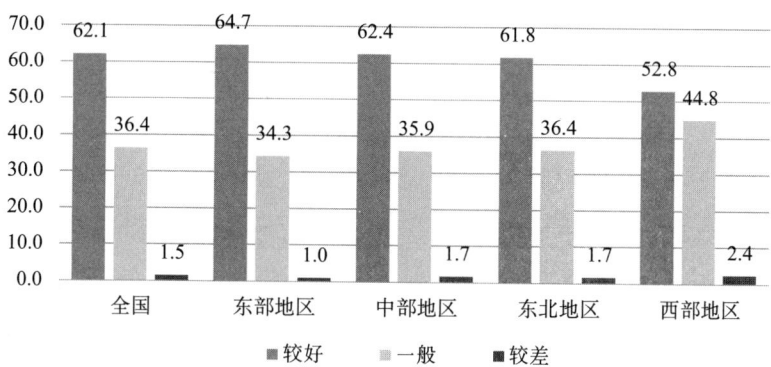

图24 各区域企业对司法机构执法公正、高效情况评价（单位:%）

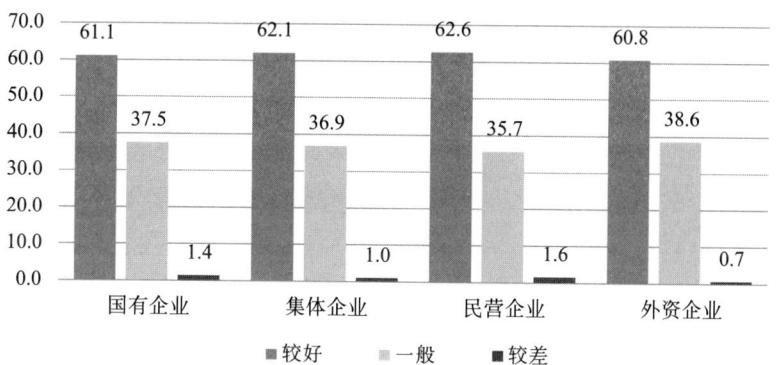

图25 不同所有制企业对司法机构执法公正、高效情况评价（单位:%）

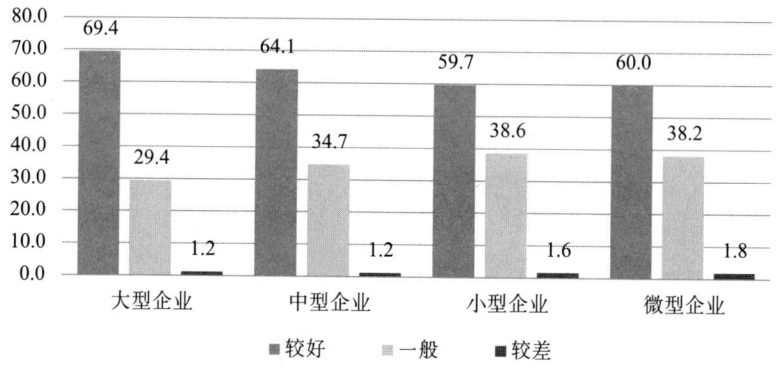

图26 不同规模企业对司法机构执法公正、高效情况评价（单位:%）

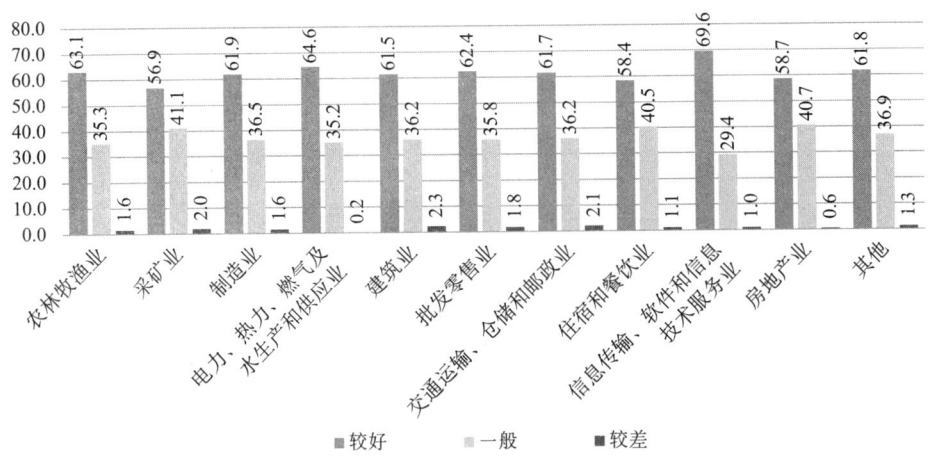

图 27　不同行业企业对司法机构执法公正、高效情况评价（单位:%）

2. 法律纠纷诉讼成本分析

从全国看，53.7%的企业认为诉讼成本一般，29.3%的企业认为诉讼成本较低，17.0%的企业诉讼成本认为较高；分区域看，西部地区企业认为诉讼成本较高的比例达21.5%，高于全国平均水平4.5个百分点，其次是东部地区（17.7%），中部地区（14%）和东北地区（14.7%）较低且低于全国平均水平（图28）。从企业性质看，国有企业认为成本高的比例较高（17.9%），其次是民营企业（16.8%），集体企业（14.9%）和外资企业略低（15.3%），但集体企业认为诉讼成本较低的比例大于其他三类企业，说明集体企业对诉讼成本的看法存在较大差异（图29）。从企业规模看，大型企业认为诉讼成本较高的比例最高（19.3%），其次是中型企业（17.2%），小型企业（16.6%）和微型企业略低（16%）（图30）。从行业类型看，采矿业（20.8%）、建筑业（20.2%）认

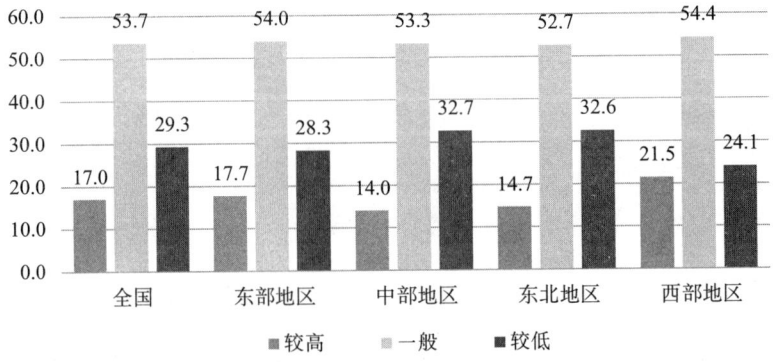

图 28　各区域企业对法律纠纷诉讼成本评价（单位:%）

为诉讼成本高的比例较高，电力、热力、燃气及水生产和供应业最低，占比为 12.8%（图31）。

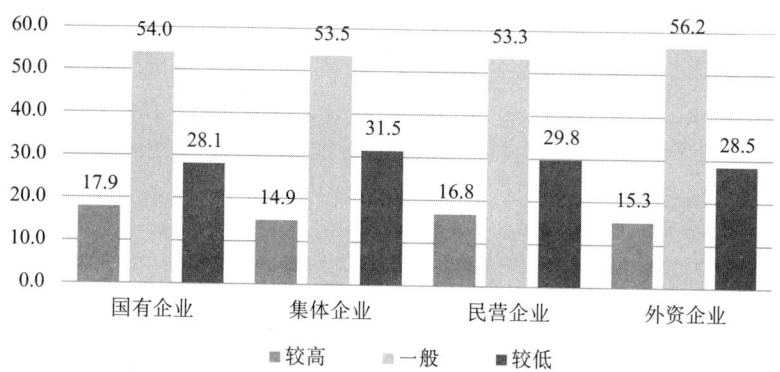

图 29　不同所有制企业对法律纠纷诉讼成本评价（单位：%）

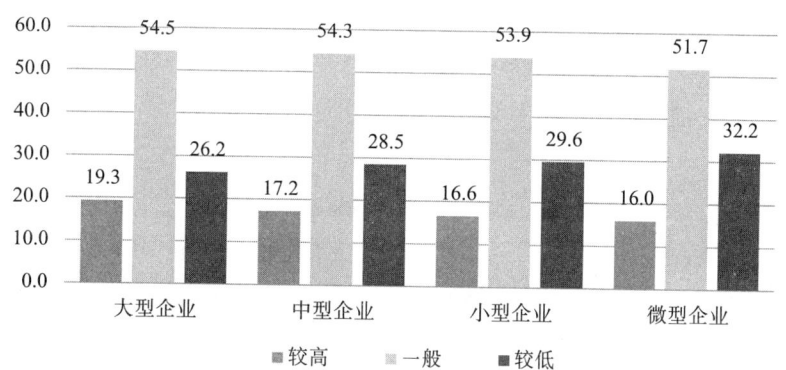

图 30　不同规模企业对法律纠纷诉讼成本评价（单位：%）

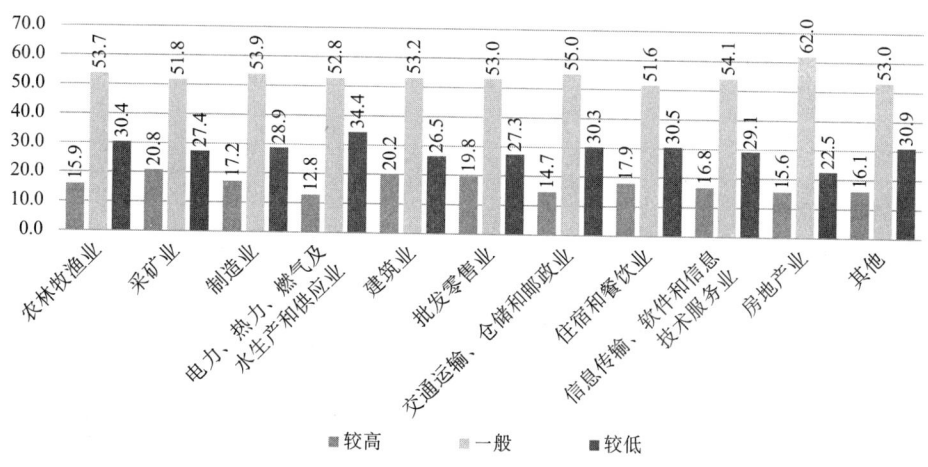

图 31　不同行业对法律纠纷诉讼成本评价（单位：%）

(四) 市场环境分析

1. 政府市场准入限制情况分析

从全国看，57.5%的企业认为市场准入限制一般，34.7%的企业认为较低，7.8%的企业认为较多；分区域看，西部地区企业认为限制较多的比例最高（10.6%），其次是东北地区（8.6%）、东部地区（7.4%），中部地区较低（6.6%），而认为限制较少的比例均超过了54%（图32）。从企业性质来看，国有企业和集体企业认为限制较多的比例较高（8.1%），外资企业认为限制较多的比例最低（6.6%），但均未超过9%（图33）。从企业规模看，大型企业认为限制较多的比例较高（8.6%），中型企业和微型企业相差不大，小型企业认为限制较多的比例最少（7.5%）；但认为限制较少的比例均超过了30%，远高于认为限制较多的比例，其中，大型企业认为限制较少的比例多于其他三类企业，说明大型企业对于市场准入限制的认识存在较大差异（图34）。从行业类型看，

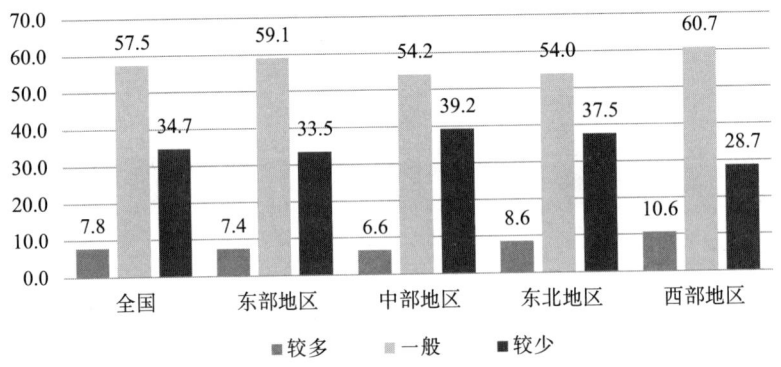

图32 各区域企业对政府市场准入限制情况评价（单位:%）

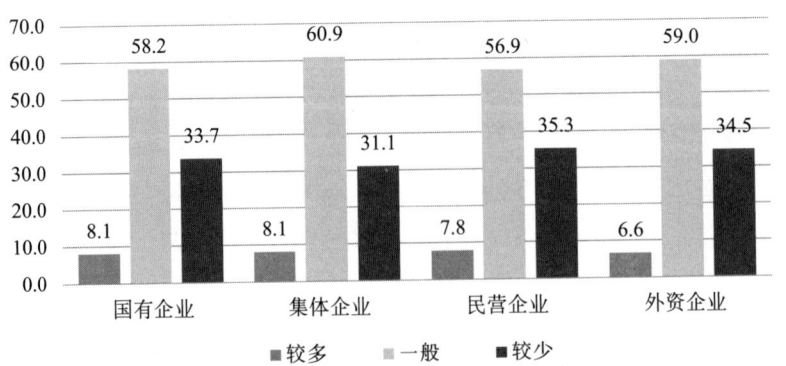

图33 不同所有制企业对政府市场准入限制情况评价（单位:%）

信息传输、软件和信息技术服务业（10.8%）、建筑业（10.7%）和采矿业（10.2%）企业认为限制较多的比例较高，住宿和餐饮业较低，占比仅为3.7%；但认为限制较少的比例均超过了30%，远高于认为限制较多的比例（图35）。

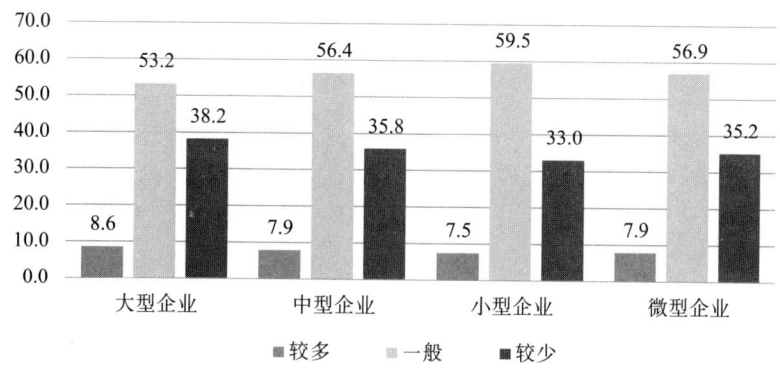

图34　不同规模企业对政府市场准入限制情况评价（单位:%）

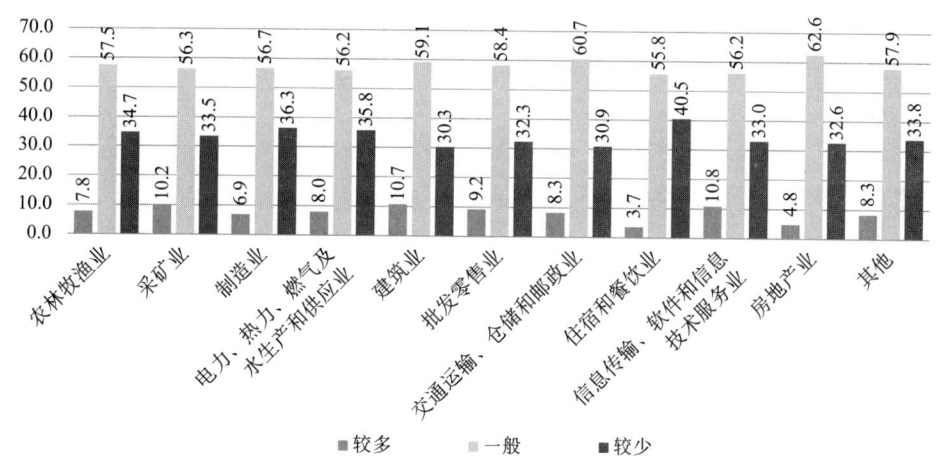

图35　不同行业对政府市场准入限制情况评价（单位:%）

2. 地方政府地域性歧视情况分析

从全国看，63.8%的企业认为地域性歧视较轻，34.2%的企业认为一般，2.0%的企业认为严重；分区域看，西部地区企业认为歧视严重的比例较高（3.7%），其次是东北地区（2.2%），东部地区（1.7%）和中部地区（1.4%）比例较低，但比例均未超过4%（图36）。从企业性质来看，国有企业（2.7%）和集体企业（2.4%）认为地域性歧视严重的比例较高，其次是民营企业（1.8%），外资企业认为受到地域性歧视的比例较低，仅为1%，而认为地域性歧视较轻的比例均超过55%（图37）。从企业规模看，大型企业（2.2%）和微型企业（2.4%）认为歧视严重的比例较高，中型企业（1.9%）、小型企业相对较低（1.8%）；相反认为地域性歧视较轻的比例均超过60%（图38）。从行业类型看，认为歧视最严重的建筑业，占比5.7%，制造业的这一比例最低，仅为1.2%；相反认为地域性歧视较轻的比例均超过54%（图39）。

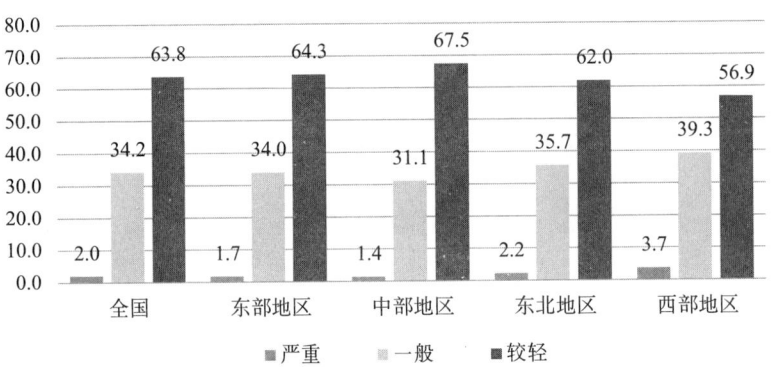

图36　各区域企业对地方政府地域性歧视情况评价（单位:%）

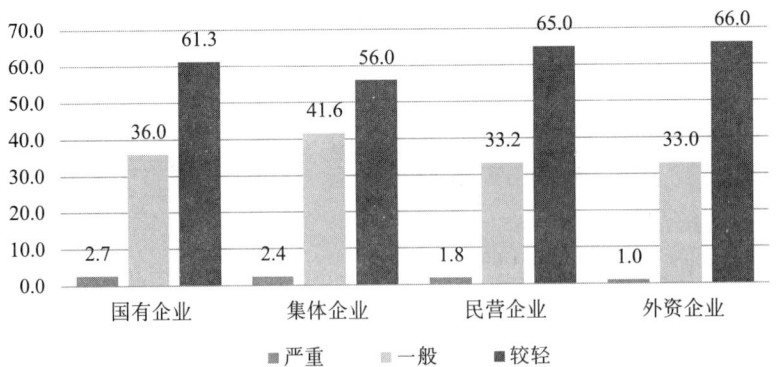

图37　不同所有制企业对地方政府地域性歧视情况评价（单位:%）

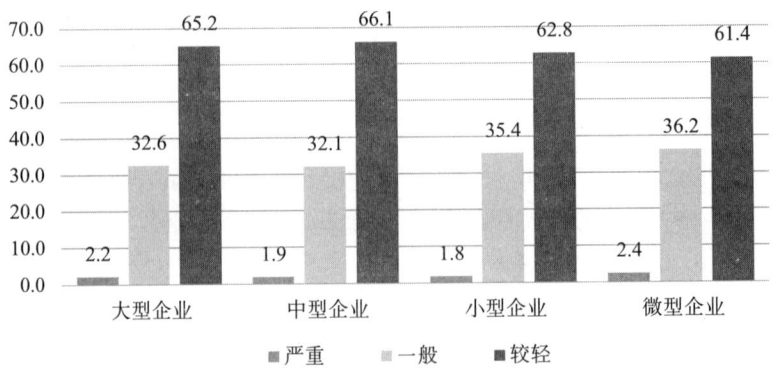

图38　不同规模企业对地方政府地域性歧视情况评价（单位:%）

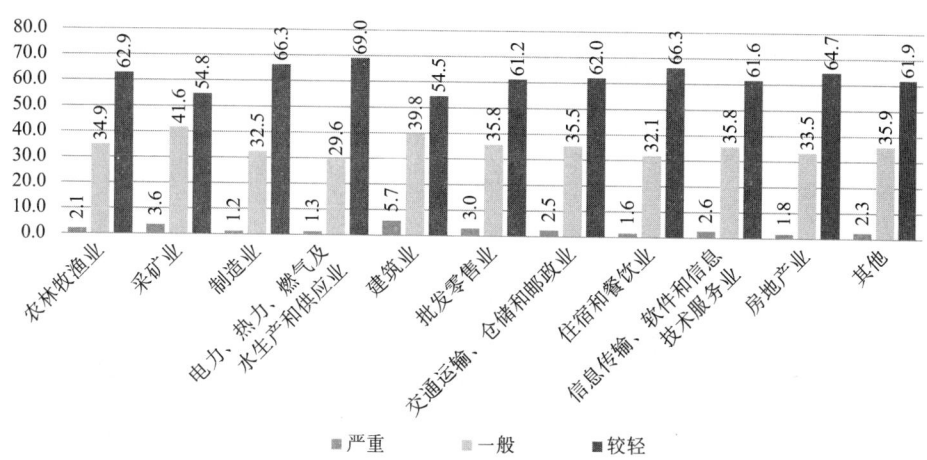

图 39　不同行业对地方政府地域性歧视情况评价（单位:%）

（五）社团组织分析

1. 企业参加协会、商会、行业等社会团体并缴费情况分析

从全国看，49.9%的企业认为参与社会团体并缴费较少，认为较多的企业仅为6.3%；分区域看，东部地区（7.4%）认为参与并缴费较多的比例最高，西部地区（6.4%）处于全国平均水平，东北地区（5%）和中部地区较低（4.6%），但占比均未超过7.5%（图40）。从企业性质来看，民营企业认为参与并缴费较多的比例较高（6.8%），其次是国有企业（5.4%），集体企业（4.6%）和外资企业（4.7%）较低，但占比均未超过7%；而认为参与社会团体并缴费较少的占比均超过47%（图41）。从企业规模看，大型企业（9.7%）和中型企业（8%）认为参与并缴费多的比例较高，小型企业（5%）和微型企

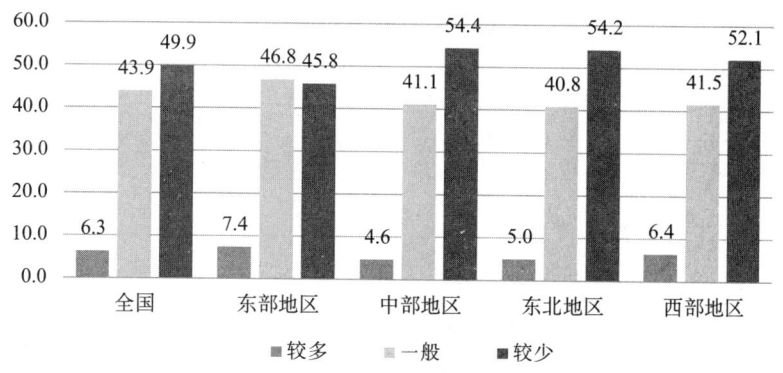

图 40　各区域企业对参加协会、商会、行业等社会团体并缴费情况评价（单位:%）

业（4.1%）较低（图42）。从行业类型看，信息传输、软件和信息技术服务业认为缴费多的比例最高（10.8%），其次是建筑业的8.7%、采矿业的7.6%和制造业的6.7%，房地产（3.3%）和批发零售业较低（3.8%）；相反认为参与社会团体并缴费较少的比例均超过40%（图43）。

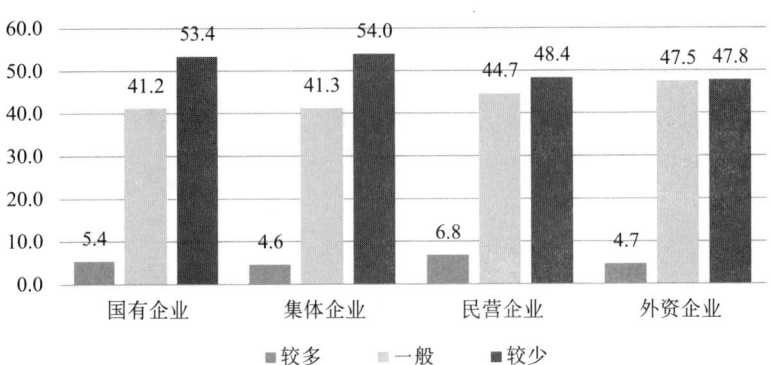

图41 不同所有制企业对参加协会、商会、行业等社会团体并缴费情况评价（单位：%）

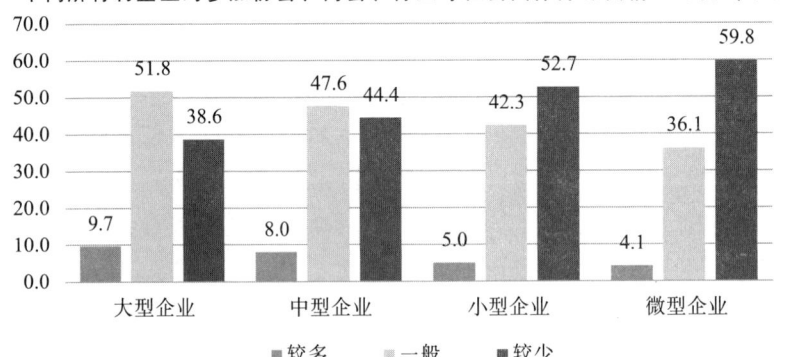

图42 不同规模企业对参加协会、商会、行业等社会团体并缴费情况评价（单位：%）

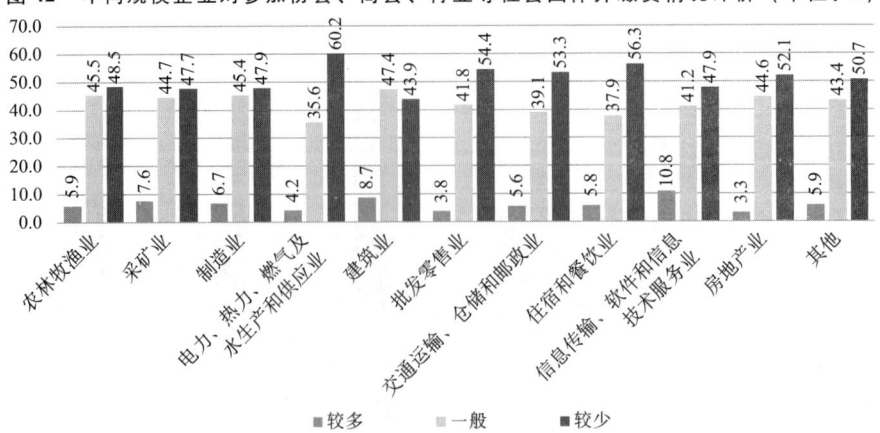

图43 不同行业对参加协会、商会、行业等社会团体并缴费情况评价（单位：%）

2. 协会、商会、行会对企业发展的帮助分析

从全国看，55.4%的企业认为协会、商会、行会对企业发展的帮助作用一般，22.4%的企业认为帮助较少，22.3%的企业认为帮助较多；分区域看，中部地区、东北地区认为帮助较大的比例较高，分别为25.6%和23.8%，东部地区（22.1%）与全国平均水平基本持平，西部比全国平均水平低6.7%（图44）。从企业性质看，民营企业认为帮助多的比例较高（25.4%），其次是外资企业（18.4%），国有企业（16.1%）和集体企业较低（17.8%）（图45）。从企业规模看，大型企业认为帮助多的比例较高（25.3%），其次是中型企业（23.1%）和微型企业（22.7%），小型企业较低（20.9%）（图46）。从行业类型看，信息传输、软件和信息技术服务业认为帮助多的比例最高，为28.9%，制造业的这一比例为22.7%，住宿餐饮业（14.2%）、房地产业（14.4%）较低（图47）。

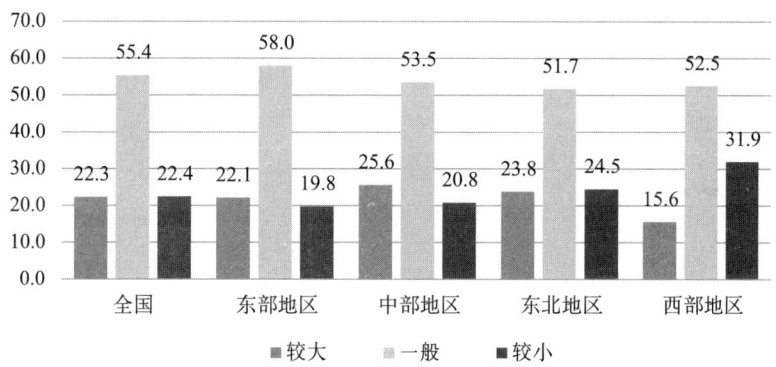

图44 各区域企业关于协会、商会、行会对企业发展帮助评价（单位:%）

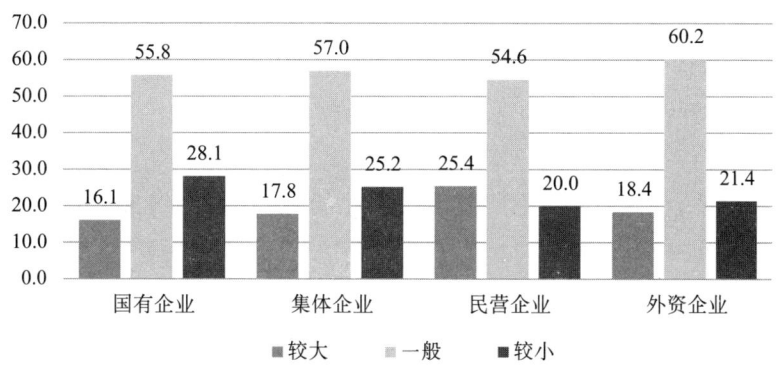

图45 不同所有制企业关于协会、商会、行会对企业发展帮助评价（单位:%）

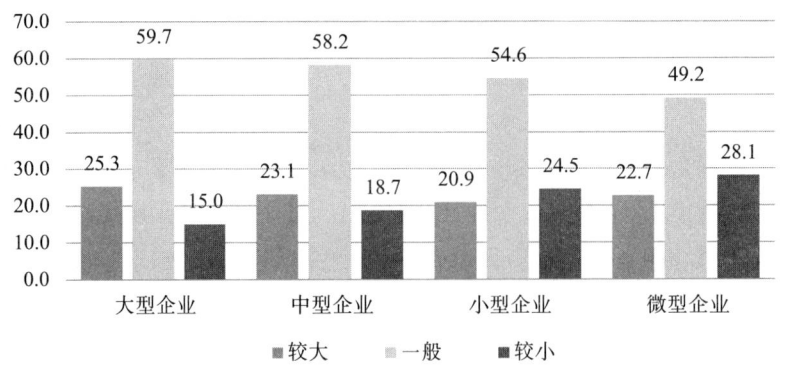

图46 不同规模企业关于协会、商会、行会对企业发展帮助评价（单位:%）

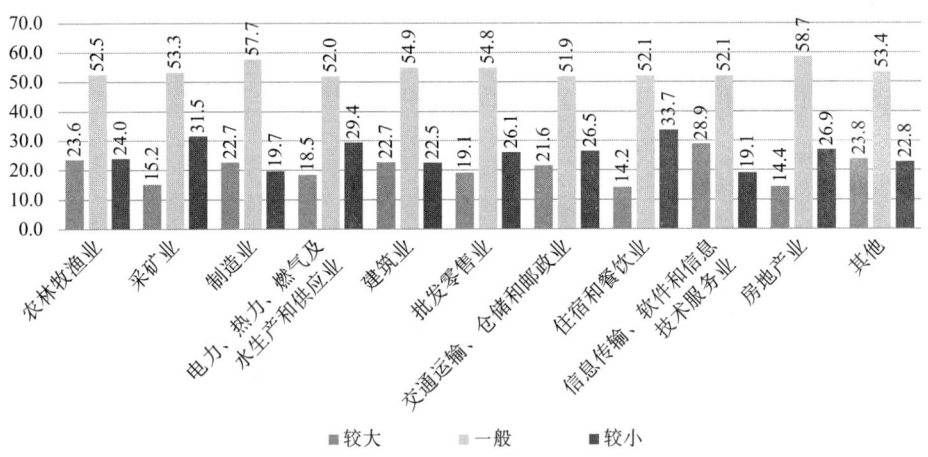

图47 不同行业关于协会、商会、行会对企业发展帮助评价（单位:%）

（六）融资环境分析

1. 银行贷款的额外收费分析

从全国来看，55.7%的企业认为银行贷款额外收费较少，38.2%的企业认为一般，6.1%的企业认为较多；从分区域情况看，西部地区企业认为收费多的比例较高（7.7%），其次是东部地区（6.1%）和中部地区（5.8%），东北地区最低（4.8%），但比例均未超过8%（图48）。从企业性质来看，民营企业认为收费多的比例较高（7%），国有企业、集体企业、外资企业相差不大且均为超过5%（图49）。从企业规模看，大型企业认为收费多的比例略高（6.6%），中型企业、小型企业、微型企业相差不大（图50）。从行业类型来看，信息传输、软件和信息技术服务业认为收费多的比例最高，占比7%，其次是批发零售业的

（6.8%）和制造业的（6.7%），电力、热力、燃气及水生产和供应业的这一比例最低，仅为2.3%（图51）。相反认为银行贷款额外收费较少的各类企业占比均超过了50%。

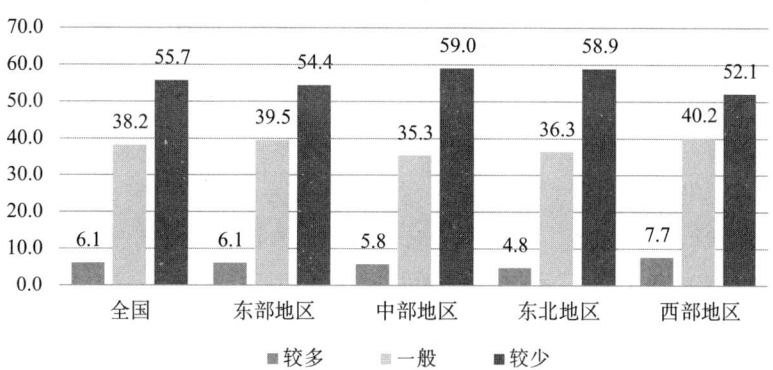

图48　各区域企业对银行贷款的额外收费评价（单位：%）

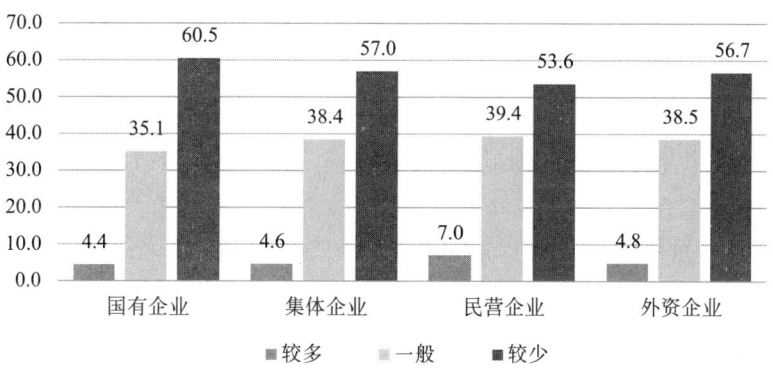

图49　不同所有制企业对银行贷款的额外收费评价（单位：%）

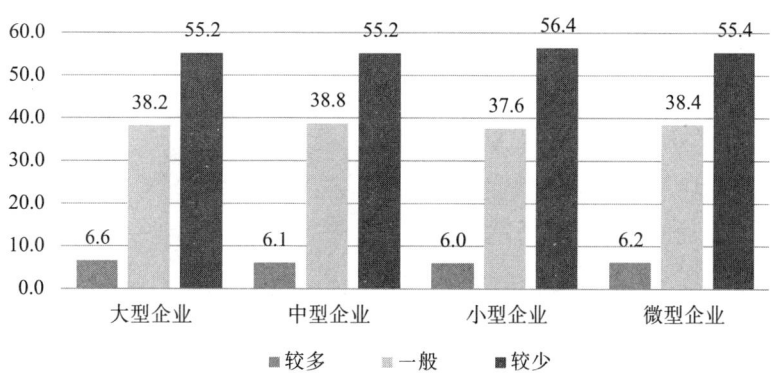

图50　不同规模企业对银行贷款的额外收费评价（单位：%）

降成本：2017 年的调查与分析

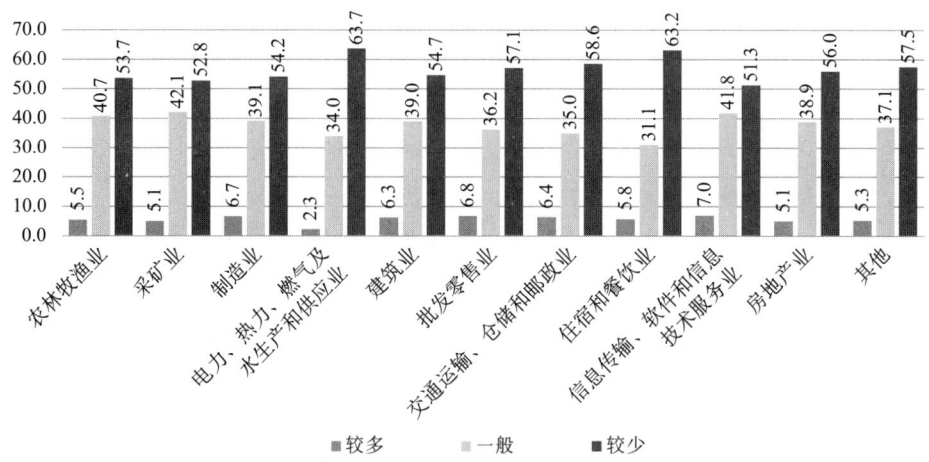

图 51　不同行业对银行贷款的额外收费评价（单位：%）

2. 银行存款的以贷转存、存贷挂钩的情况分析

从全国看，61.2% 的企业认为以贷转存、存贷挂钩情况较少，34.3% 的企业认为一般，4.5% 的企业认为较多；分区域看，西部地区企业认为以贷转存、存贷挂钩情况多的比例较高（5.2%），其次是东部地区（4.4%）和中部地区（4.8%），东北地区较低（3.1%），而认为以贷转存、存贷挂钩情况较少的比例均在 60% 左右（图 52）。从分企业所有制性质来看，民营企业认为以贷转存、存贷挂钩情况多的比例较高（5.2%），其次是国有企业（3.4%）和集体企业（3.4%），外资企业比例最低（2.3%），而认为以贷转存、存贷挂钩情况较少的比例也均在 60% 左右（图 53）。从企业规模看，大型企业（5.1%）、中型企业（4.9%）认为以贷转存、存贷挂钩情况多的比例相差不大，小型企业略低（4.3%），微型企业最少（3.8%），而认为以贷转存、存贷挂钩情况较少的占比

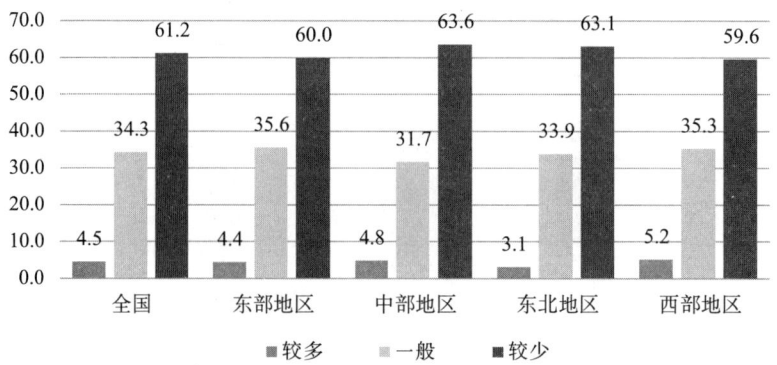

图 52　各区域企业对银行存款以贷转存、存贷挂钩情况评价（单位：%）

均超过了60%（图54）。从行业类型看，制造业、信息传输、软件和信息技术服务业和房地产业认为以贷转存、存贷挂钩情况多的比例较高，分别为5.2%、4.9%和4.8%，电力、热力、燃气及水生产和供应业的这一比例最低仅为2.9%；相反认为以贷转存、存贷挂钩情况较少的占比均超过了56%（图55）。

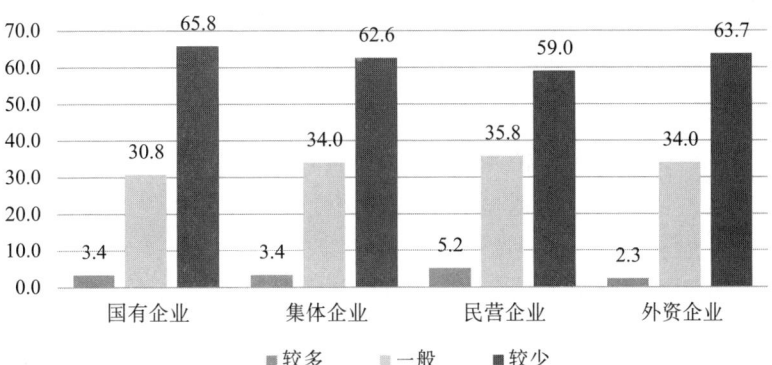

图53　不同所有制企业对银行存款以贷转存、存贷挂钩情况评价（单位:%）

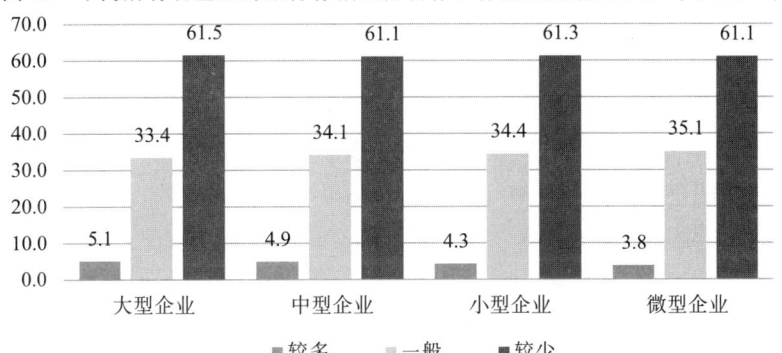

图54　不同规模企业对银行存款以贷转存、存贷挂钩情况评价（单位:%）

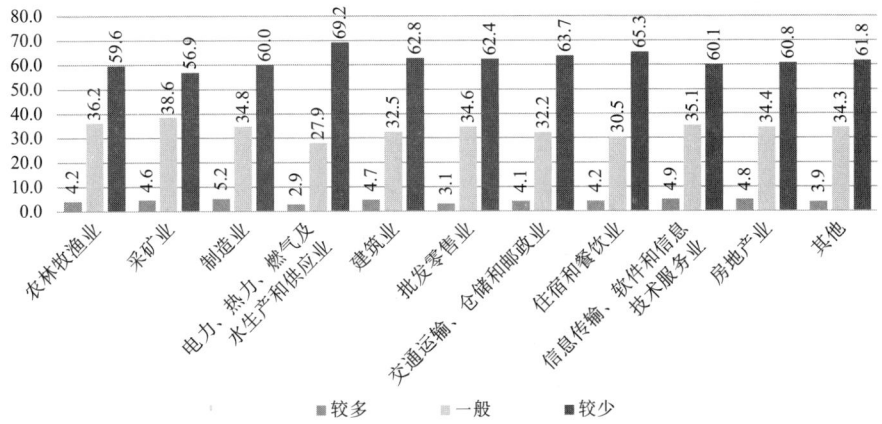

图55　不同行业对银行存款以贷转存、存贷挂钩情况评价（单位:%）

(七) 生产基础条件分析

1. 电价及其基金性收费合理性分析

从全国看，33.9%的企业认为电价及其基金性收费合理性较好，61.6%的企业认为一般，4.5%的企业认为较差；分区域看，西部地区对收费合理性的满意度略低（25.2%），东部地区、中部地区、东北地区相差不大，但各地区企业对电价及其基金性收费合理性评价较差比例均未超过7.5%（图56）。从企业性质看，国有企业、集体企业、民营企业对收费合理性的满意度相差不大，外资企业略低，但均超过了30%，而对电价及其基金性收费合理性评价较差的比例均未超过5%（图57）。从企业规模看，大型企业满意度略高（39%），中型企业、小型企业、微型企业相差不大；对电价及其基金性收费合理性评价较差的比例均未超过5%（图58）。从行业类型看，电力、热力、燃气及水生产和供应业满意度最高，为40.5%，制造业的这一比例为33.1%，住宿和餐饮业的满意度较低，为27.9%，但对电价及其基金性收费合理性评价较差的比例均未超过8%（图59）。

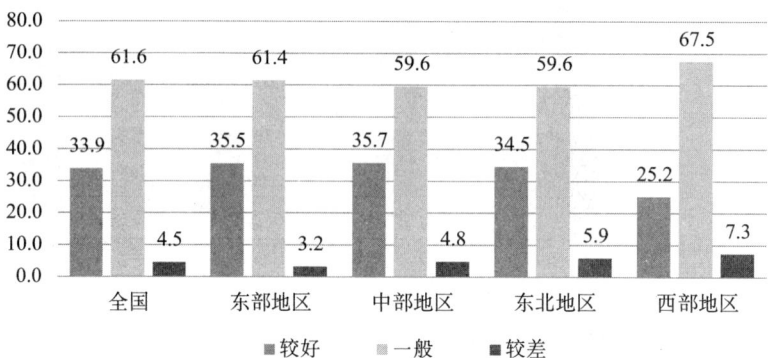

图56　各区域企业对电价及其基金性收费合理性评价（单位:%）

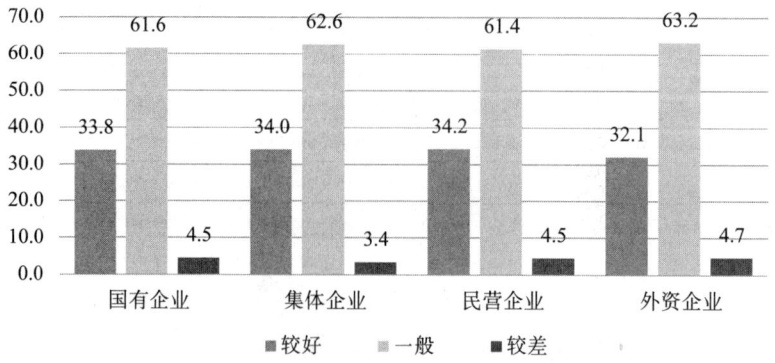

图57　不同所有制企业对电价及其基金性收费合理性评价（单位:%）

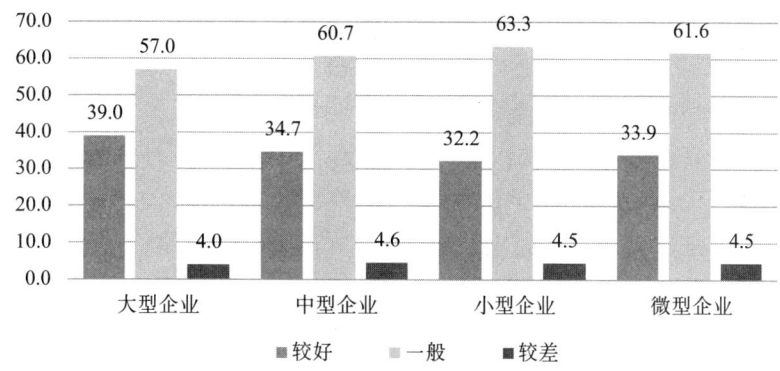

图 58　不同规模企业对电价及其基金性收费合理性评价（单位:%）

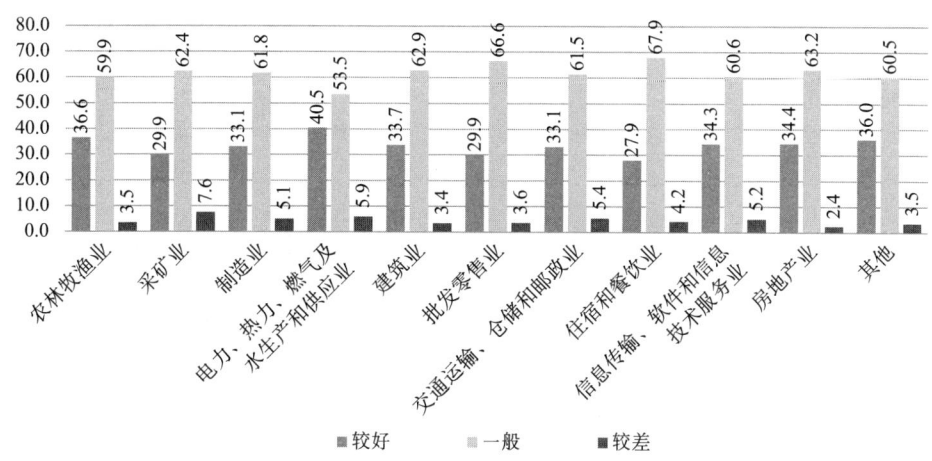

图 59　不同行业对电价及其基金性收费合理性评价（单位:%）

2. 公路、铁路、港口的指定经营、强制服务、强制收费情况分析

从全国看，52.5%的企业认为指定经营、强制服务、强制收费情况较少，42.4%的企业认为一般，5.0%的企业认为较多；分区域看，西部地区企业认为指定经营、强制服务、强制收费较多的比例较高（7.2%），其次是东北地区和东部地区，中部地区最低（3.7%），而认为较少的比例均超过了47%（图60）。从企业性质来看，民营企业（5.3%）、外资企业（5.4%）认为指定经营、强制服务、强制收费较多的比例较高，国有企业、集体企业较低，但均未超过5.5%，而认为较少的比例均超过了48%（图61）。从企业规模看，微型企业认为指定经营、强制服务、强制收费较多的比例较高（6.6%），其次是大型企业，中型企业和小型企业认为较低，而认为较少的比例均超过了50%（图62）。从行业类型看，信息传输、软件和信息技术服务业认为指定经营、强制服务、强

收费较多的比例较高（7.5%），其次是交通运输、仓储和邮政业的6.9%，制造业的这一比例为4.6%，房地产业较低（1.5%），而认为较少的比例均超过了50%（采矿业的49.2%除外）（图63）。

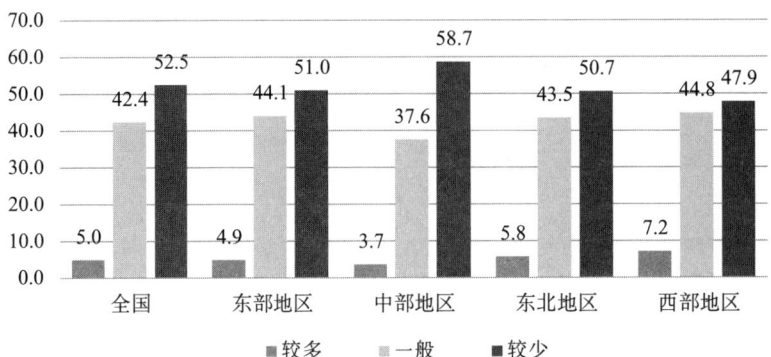

图60 各区域企业对指定经营、强制服务、强制收费情况评价（单位：%）

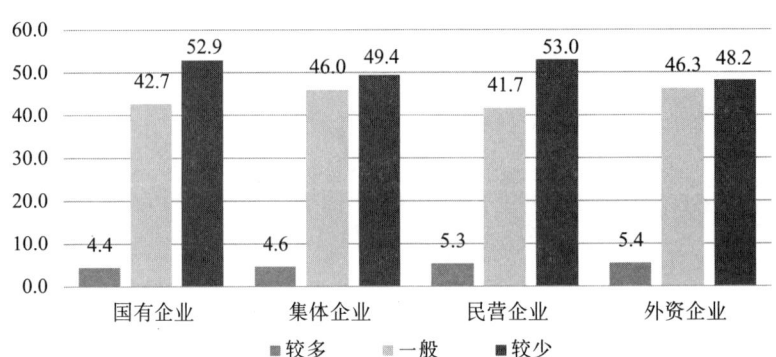

图61 不同所有制企业对指定经营、强制服务、强制收费情况评价（单位：%）

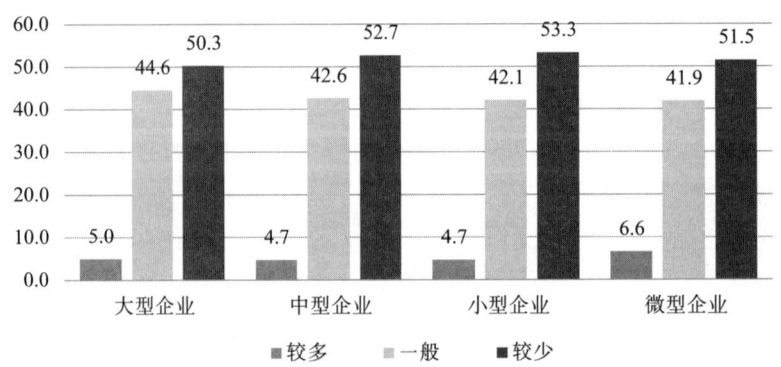

图62 不同规模企业对指定经营、强制服务、强制收费情况评价（单位：%）

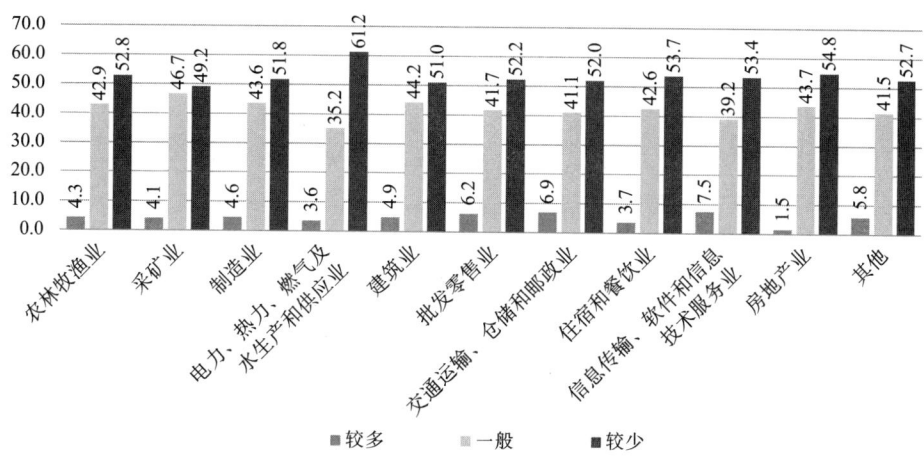

图 63 不同行业对指定经营、强制服务、强制收费情况评价（单位:%）

（八）信用环境分析

1. 当地经营环境诚信水平分析

从全国看，49.6%的企业认为当地经营环境诚信水平较高，48.1%的企业认为一般，认为较低的占比仅为2.3%；分区域看，东部地区企业诚信水平满意度较高（54.1%），其次是中部地区（48.8%）和东北地区（46.2%），西部地区较低（38.8%），但各地区认为当地经营环境诚信水平较低的比例均未超过4%（图64）。从企业性质看，50.5%的民营企业认为当地经营环境诚信水平较高，其次是外资企业（49.3%）和国有企业（48.2%），集体企业较低（46.2%），而认为当地经营环境诚信水平较低的比例均未超过2.5%（图65）。从企业规模看，大型企业满意度较高（59.5%），其次是中型企业（52%），小型企业（46.8%）

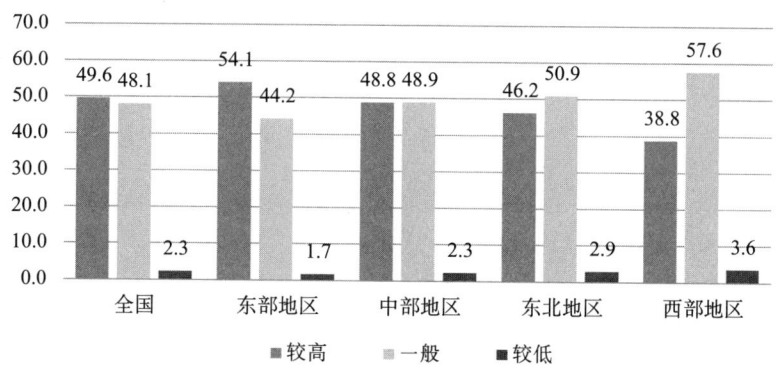

图 64 各区域企业对当地经营环境诚信水平评价（单位:%）

和微型企业（46.6%）较低，而认为当地经营环境诚信水平较低的比例均未超过3%（图66）。从行业类型看，认为当地经营环境诚信水平较高的比例均超过了45%，其中信息传输、软件和信息技术服务业满意度最高（62.9%），制造业的这一比例为50.3%，交通运输、仓储和邮政业最低（45.3%），而认为当地经营环境诚信水平较低的比例均未超过3%（住宿餐饮业的3.7%除外）（图67）。

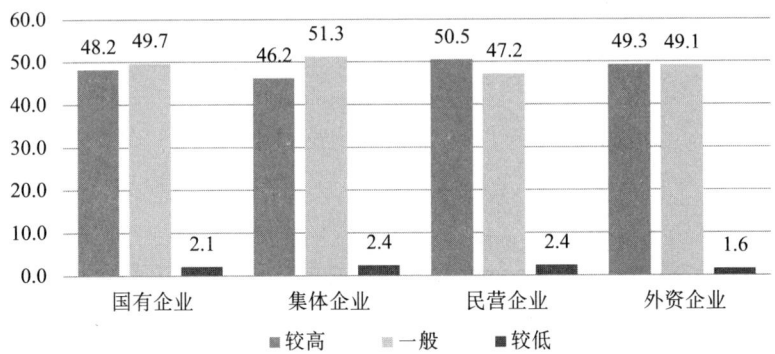

图65　不同所有制企业对当地经营环境诚信水平评价（单位:%）

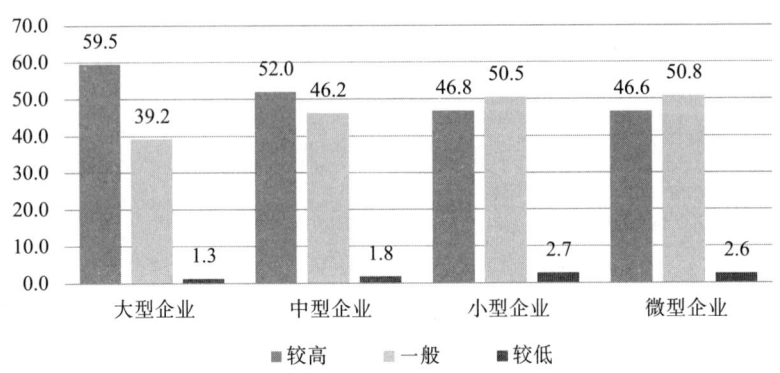

图66　不同规模企业对当地经营环境诚信水平评价（单位:%）

2. 当地对企业专利技术、品牌的保护程度分析

从全国看，48.8%的企业认为当地对专利、品牌的保护程度较高，47.8%的企业认为一般，3.4%的企业认为较低；分区域看，东部地区、中部地区认为当地对专利、品牌的保护程度满意度较高，分别为52.9%和50.9%，东北地区（43.3%）和西部地区（35.5%）较低（图68），而各地认为保护程度较低的比例均未超过5.5%。从企业性质来看，民营企业（51.2%）和外资企业（51.7%）满意度较高，国有企业（43.4%）和集体企业（40.1%）相对较低，而认为保护程度较低的比例均未超过5%（图69）。从企业规模看，大型企业

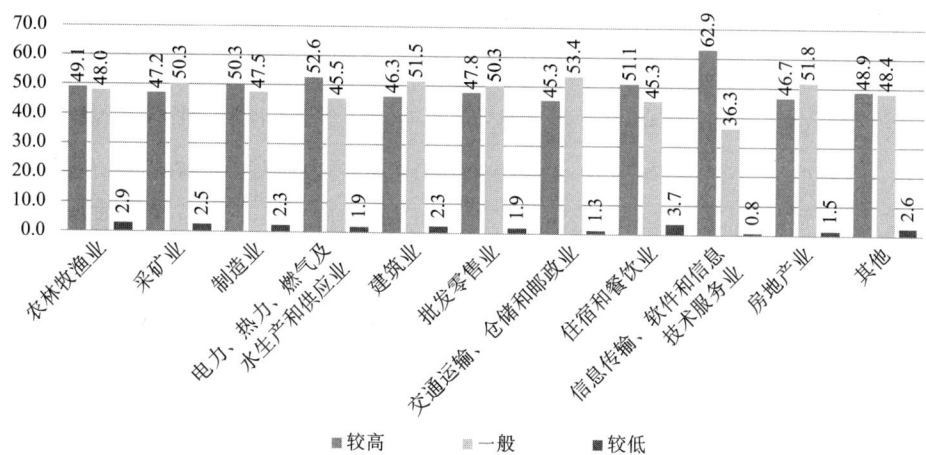

图 67　不同行业对当地经营环境诚信水平评价（单位:%）

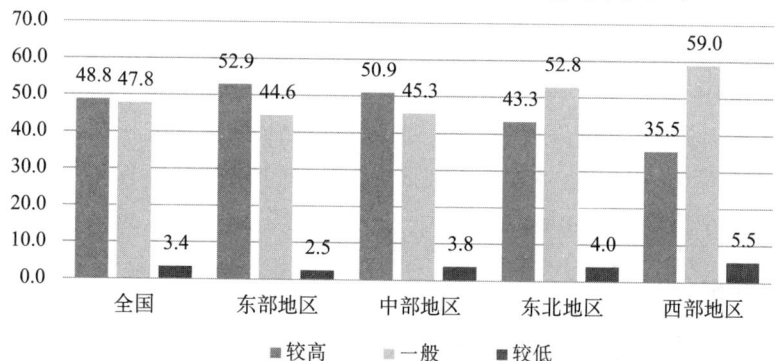

图 68　各区域企业关于当地对企业专利技术、品牌保护程度评价（单位:%）

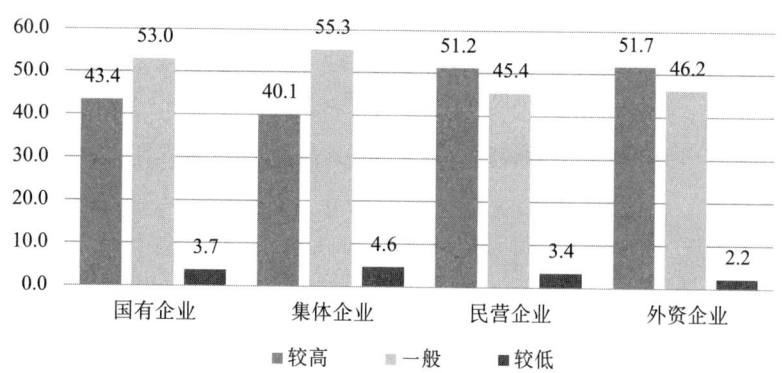

图 69　不同所有制企业关于当地对企业专利技术、品牌保护程度评价（单位:%）

（58.4%）和中型企业（53.1%）满意度较高，小型企业（45.8%）和微型企业（43.1%）较低，而认为保护程度较低的比例也均未超过5%（图70）。分从行业看，信息传输、软件和信息技术服务业满意度最高（61.9%），其次是制造业的53.1%，房地产业（36.2%）、住宿和餐饮业较低（38.9%），而不同行业认为当地对专利、品牌的保护程度较低的比例均未超过6%（图71）。

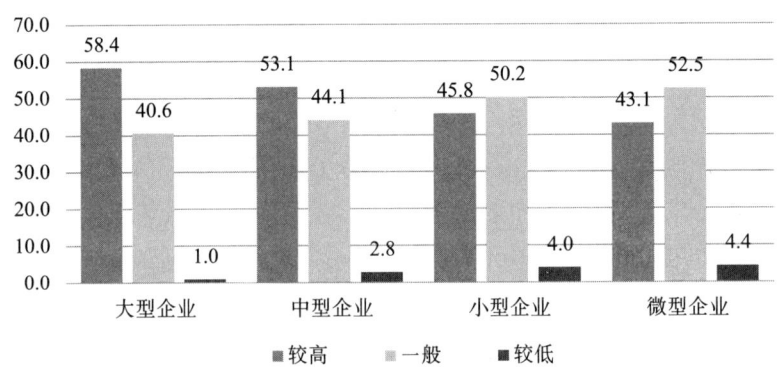

图70 不同规模企业关于当地对企业专利技术、品牌保护程度评价（单位:%）

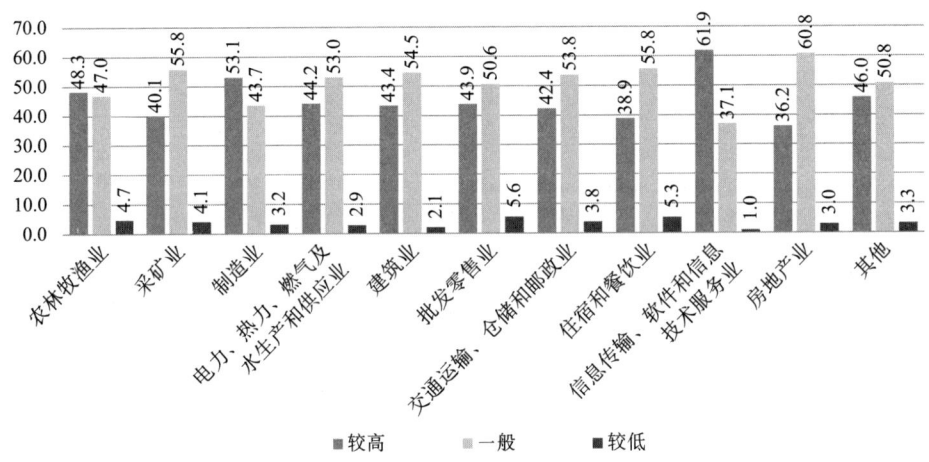

图71 不同行业关于当地对企业专利技术、品牌保护程度评价（单位:%）

（九）分析结论

1. 营商环境总体向好，但结构差异明显

总体来看，从全国约一半企业对营商环境较为满意，比例为50.7%，46.3%的企业认为一般，反映较差和极差的占比合计仅为3.1%；分区域看，中部地区（53.5%）、东部地区（51.9%）满意程度略高于全国平均水平，东北地区（50.3%）满意度低于全国平均水平0.4个百分点，西部地区满意度最低，仅为41.9%；但是从各地区来看，反映较差和极差的合计比例均未超过5%，表

明各地区营商环境总体较好。

2. 政务环境较为透明高效，但政府服务效率和水平有待提高

全国70.3%的企业认为政府政策和规章制度公开透明度较好；62.8%的企业认为行政机构办事程序简化情况较好；认为与政府及监管部门打交道综合成本较高的比例仅为12.2%；64.9%的企业认为国家法律规定外的收费、摊派、集资情况较少。但是西部区企业认为行政机构办事程序简化情况满意度最低，仅为50.5%。而且从全国来看，12.2%的企业认为与政府打交道成本认为较高，仅有33.35%的企业认为较低，其中，集体企业认为成本高的比例为14.7%，小型企业和微型企业认为成本高的比例略高分别为12.5%和12.4%。这与中央要求的"建设高效服务型政府"的目标还存在较大差距，无形中也增加了企业制度性交易成本。

3. 法治环境满意度较高，但各区域发展不平衡，案件诉讼成本较高，法治化营商环境建设任重道远

全国62.1%的企业认为司法机构执法公正、高效，较差的仅为1.5%，其中东部地区企业满意度最高；53.7%的企业认为法律纠纷诉讼成本一般。法治环境建设整体较好。但是由于历史的、观念的、体制的等复杂原因，我国律法规不完善、司法较薄弱且各区域发展不平衡，案件诉讼成本较高。调查显示，全国62.1%的，但西部地区企业认为司法机构执法公正、高效的比例仅为52.8%；仅29.3%的企业认为法律纠纷诉讼成本较低，仍有17.0%的企业诉讼成本认为较高，其中西部地区的这一比例高达21.5%，大型企业的比例高达19.3%，小微企业也在16%左右。当前转型升级处于爬坡过坎的关键阶段，经济面临下行压力，我国企业尤其是中小民营企业举步维艰，因此，急需加快推进公平正义的法治化营商环境建设，加大降低制度性交易成本的力度。

4. 市场环境整体良好，但是全国公平统一市场及监管体系仍有待进一步规范

全国来看，63.8%的企业认为地方政府地域性歧视较轻。具体从融资和信用环境看，55.7%的企业认为银行贷款额外收费较少；49.6%的企业认为当地经营环境诚信水平较高；各地对专利、品牌保护程度较高，认为保护程度较小的比例均未超过6%。但是各地仍存在以行政手段阻碍或以歧视性的质检等手段抬高外地产品进入"门槛"，仅34.7%的企业认为市场准入限制较低；因监管体系建设滞后等原因，企业失信成本低，不正当竞争和行业垄断现象仍然存在等，全国企业认为当地经营环境诚信水平较高的比例未超过50%，其中西部地区满意度最低，仅为38.8%；仅48.8%的企业认为当地对专利、品牌的保护程度较高，西

部地区的满意度仅为35.5%。加快形成公平、统一、高效的市场环境，营造稳定公平透明、可预期的营商环境显得尤为迫切。

三、企业经营及成本情况分析

（一）效益和经营分析

1. 全国及分区域情况

表1列示了2014—2016年全国及各地区企业经营效益基本情况。从销售情况看，2015年，全国范围内企业营业收入下降6.4%，东北地区降幅最高，达到14.4%，东部地区情况略好于其他地区（降幅2.7%），表明市场销售情况整体较差，企业外部销售环境不好，压力较大。2016年营业收入出现好转，全国范围内增幅为2.25%，东部地区增幅为5.7%，中、西部略有回升，但东北地区继续恶化，出现4.6%的降幅，总体上并没有达到2014年的水平，整体销售情况依然十分严峻。

表1　　　　2014—2016年各地区企业经营效益情况表　　　单位：万元

指标	年份	全国	所属区域			
			东部地区	中部地区	东北地区	西部地区
营业收入	2014	60187.00	49816.29	49540.20	104926.95	84788.25
	2015	56209.70	48480.04	46479.52	89861.53	79259.42
	2016	57475.92	51242.40	47246.29	86625.50	80004.28
2015年增速%		-6.61	-2.68	-6.18	-14.36	-6.52
2016年增速%		2.25	5.7	1.65	-3.6	0.94
利润总额	2014	2365.28	2665.51	1238.87	3041.05	3147.82
	2015	1685.77	2352.54	1169.84	249.69	1537.22
	2016	2193.89	3160.89	1664.53	688.81	953.27
投资收益占利润总额比%	2014	9.6	9.0	11.7	6.5	10.3
	2015	12.7	12.4	15.0	2.8	17.8
	2016	13.3	10.9	19.0	3.3	18.5
净利润	2014	1740.99	2061.74	851.76	1945.19	2330.94
	2015	1134.03	1762.40	840.47	-595.13	884.66
	2016	1589.51	2499.15	1327.71	-328.58	314.24

续表

指标	年份	全国	所属区域			
			东部地区	中部地区	东北地区	西部地区
2015年增速%		-34.86	-14.52	-1.33	-130.6	-62.05
2016年增速%		40.16	41.8	57.97	-44.79	-64.48
销售净利率%	2014	0.90	1.18	1.46	-1.42	0.62
	2015	-0.32	0.18	0.85	-3.82	-1.86
	2016	0.01	0.65	1.41	-3.53	-2.65

从利润情况看，利润总额呈现出2015年下降较大、2016年小幅回升的情况，但各地区情况变化差异很大：东、中部地区2016年出现较大幅度回升，均超过2014年水平，而东北地区在2015年出现断崖式下降，2016年有所回升，但依然处于较低水平，西部地区则在2015、2016连续两年大幅下降，表明这两个地区的企业面临经营压力依然很大。净利润（税后，下同）、销售净利率的变化也印证了这一点。其中，除东北地区外，近两年各地区投资收益占利润总额的比均超过了10%。特别需注意的是，东北地区2015、2016连续两年出现大幅度亏损的情况，如不尽快扭转，会对地区政治、经济、社会等方面产生不良影响。

将全部样本按照盈利情况划分盈利企业与亏损企业来看，2014年至2016年，全国样本企业中约有70%的企业是盈利的，约有30%的企业是亏损的。其中，东北地区的盈利企业比重显著低于全国，约为60%，表明企业经营遇到的困难较为严重。

从盈利企业的情况看，经营效益在2015年下降后，2016年出现明显好转的趋势，净利润2016年较2014年增长速度为10.81%，整体向好。但是，亏损企业的情况依然严峻，2015年净利润下降幅度达到35%，2016年进一步下降23%，特别是东北地区和西部地区出现大幅度下滑，直观反映了企业面临的经营困境（表2、表3）。

表2　　　　2014—2016年各地区盈利企业经营效益情况表　　　　单位：万元

指标	年份	全国	所属区域			
			东部地区	中部地区	东北地区	西部地区
营业收入	2014	58615.41	56579.05	39112.49	82319.57	96990.18
	2015	55825.62	56202.55	38616.99	86453.58	73351.57
	2016	61968.2	61649.7	43924.07	81304.98	92162.89

续表

指标	年份	全国	所属区域			
			东部地区	中部地区	东北地区	西部地区
2015年增速%			-4.76	-0.67	-1.27	5.02	-24.37
2016年增速%			11	9.69	13.74	-5.96	25.65
净利润	2014	3288.26	3165.85	2034.23	5719.92	4917.22
	2015	2946.06	2968.05	1974.28	5082.85	3595.45
	2016	3643.68	3772.52	2518.12	5855.49	4093.37
2015年增速%			-10.41	-6.25	-2.95	-11.14	-26.88
2016年增速%			23.68	27.1	27.55	15.2	13.85
盈利企业占比%	2014	72.26	74.24	74.49	63.22	67.6
	2015	70.04	72.12	72.44	59.66	65.55
	2016	72.52	75.06	73.33	63.33	68.71

表3　　　　　　2014—2016年各地区亏损企业经营效益情况表　　　　　　单位：万元

指标	年份	全国	所属区域			
			东部地区	中部地区	东北地区	西部地区
营业收入	2014	64281.84	30322.07	79991.41	143781.72	59334.11
	2015	57107.7	28499.65	67149.45	94901.24	90501.66
	2016	45622.13	19917.3	56379.39	95815.5	53301.34
2015年增速%			-11.16	-6.01	-16.05	-34	52.53
2016年增速%			-20.11	-30.11	-16.04	0.96	-41.1
净利润	2014	-2290.47	-1120.94	-2601.29	-4542.34	-3064.23
	2015	-3102.6	-1356.96	-2140.21	-8991.81	-4273.78
	2016	-3830.84	-1333.59	-1944.85	-11010.16	-7985.55
2015年增速%			35.46	21.06	-17.72	97.96	39.47
2016年增速%			23.47	-1.72	-9.13	22.45	86.85
亏损企业占比%	2014	27.74	25.76	25.51	36.78	32.4
	2015	29.96	27.88	27.56	40.34	34.45
	2016	27.48	24.94	26.67	36.67	31.29

　　进一步分析企业设备投资和研发支出情况可以看出（表4），近3年来企业不断增加设备投资投入，2014年东北地区企业新增设备投资额最高，2015—2016年出现下降，但依然高于东、中部地区，西部地区企业新增设备投资额2015年增长72%，2016年有所下降，但依然高于其他地区，在全国领先，发展

后劲较强。从研发支出情况看,2014—2016 年,全国企业研发投入总体出现逐年增长态势,2016 年增速达到 72%,中部地区增长最快,高达 205%,西部地区也达到 63%,但东北地区情况不乐观,不仅没有增长,反而逐年下降,2016 年仅为 2014 年的 87%,未来转型压力和困难依然很大。从设备利用率、劳动生产率增长率看,近 3 年企业基本保持稳定,变化不大。

表 4　　2014—2016 年各地区企业设备投资和研发支出情况表　　单位:万元

指标	年份	全国	所属区域			
			东部地区	中部地区	东北地区	西部地区
新增设备投资额	2014	1900.38	1618.95	1710.86	2969.65	2472.20
	2015	2043.41	1680.75	1687.60	2112.86	4262.23
	2016	1994.67	1743.74	1975.50	2146.02	2883.46
2015 年增速%			7.53	3.82	-1.36	-28.85	72.41
2016 年增速%			-2.39	3.75	17.06	1.57	-32.35
营业收入	2014	60187.00	49816.29	49540.20	104926.95	84788.25
	2015	56209.70	48480.04	46479.52	89861.53	79259.42
	2016	57475.92	51242.40	47246.29	86625.50	80004.28
新增设备投资额占营业收入比重%	2014	3.16	3.25	3.45	2.83	2.92
	2015	3.64	3.47	3.63	2.35	5.38
	2016	3.47	3.40	4.18	2.48	3.60
研发支出	2014	601.03	522.43	595.35	871.14	677.24
	2015	612.80	551.25	617.09	832.68	648.59
	2016	1057.98	633.15	1887.47	763.49	1057.85
2015 年增速%			1.96	5.52	3.65	-4.41	-4.23
2016 年增速%			72.65	14.86	205.86	-8.31	63.10
研发支出占营业收入比重%	2014	1.71	1.91	1.91	1.15	0.94
	2015	1.82	2.00	2.00	1.47	0.98
	2016	1.89	2.16	2.03	1.31	1.07
设备利用率%	2014	83.64	85.10	82.04	82.16	83.13
	2015	83.71	84.96	82.38	81.95	83.68
	2016	84.23	85.54	83.18	82.06	83.44
劳动生产率增长率%	2014	20.13	20.97	22.43	14.01	17.13
	2015	20.21	20.48	23.62	13.26	17.47
	2016	20.99	21.46	24.07	13.63	18.47

2. 分行业情况

从分行业情况看，信息传输、软件和信息技术服务业、房地产业近年销售情况整体较好，采矿业、电力、热力、燃气及水生产和供应业、销售情况体较差。从净利润看，制造业、交通运输、仓储和邮政业、房地产业较好，采矿业最差，连续两年出现大幅度亏损，然而，采矿业的投资收益占利润总额的比却高达24.9%（表5）。进一步分析企业设备投资和研发支出情况（表6），各行业的新增设备投资额差异较大，2016年，采矿业、电力、热力、燃气及水生产和供应业、批发零售业、住宿和餐饮业、房地产业都有较大幅度增长，表明这些行业正在为未来的发展夯实基础。

从制造业二级分类行业企业的销售情况看，大部分行业也呈现出2015年下降、2016年回升的态势，但石油加工、炼焦和核燃料加工业、采矿业则出现连续2年较大幅度下降的趋势，面临的销售形势依然严峻（表7）。从利润情况看，黑色金属冶炼和压延加工业、有色金属冶炼和压延加工业的效益较差。进一步分析这些企业设备投资和研发支出情况（表8），石油加工、炼焦和核燃料加工业、非金属矿物制品业、黑色金属冶炼和压延加工业、金属制品业等行业的新增设备投资额出现较大幅度下降。医药制造业、通用设备制造业、汽车制造业等行业研发投入较高。

3. 分规模情况

从不同规模企业销售情况看，大型企业在2016年有所好转，但依然未达到2014年的水平，中、小型企业销售情况相对较好，微型企业销售面临的压力依然较大，但是大型企业实现的利润总额中，近两年投资收益占比却超过了20%。从效益看，小、微型企业的销售净利率连续3年为负值，盈利企业比重较低，表明这些企业的生存条件依然在恶化（表9）。

进一步分析不同规模企业设备投资和研发支出情况（表10），虽然2015年企业新增设备投资额出现一定幅度下降，但2016年企业的新增设备投资额出现回升，特别是小、微型企业的新增设备投资额出现大幅度上升，分别达到34%和89%，表明小微企业在目前经营压力较大的情况下正在积极寻求转型发展。

表5　2014—2016年分行业企业经营效益情况表

单位：万元

指标	年份	农林牧渔业	采矿业	制造业	电力、热力、燃气及水生产和供应业	建筑业	批发零售业	交通运输、仓储和邮政业	住宿和餐饮业	信息传输、软件和信息技术服务业	房地产业	其他
营业收入	2014	15631.59	515450.07	57967.90	154176.38	79629.21	87441.20	24749.09	4809.66	12838.54	32015.48	28770.05
	2015	15488.10	451064.36	54592.19	126043.46	80519.49	88095.50	24903.36	4791.96	14070.84	38453.57	27087.16
	2016	16511.18	429212.66	55703.39	117139.68	79814.28	95585.21	28461.25	4794.53	17759.85	39769.93	29419.23
2015年增速%		-0.92	-12.49	-5.82	-18.25	1.12	0.75	0.62	-0.37	9.6	20.11	-5.85
2016年增速%		6.61	-4.84	2.04	-7.06	-0.88	8.5	14.29	0.05	26.22	3.42	8.61
利润总额	2014	846.97	10958.12	2054.31	2574.66	1619.70	2163.29	2698.12	-34.48	1063.34	4860.89	3222.97
	2015	674.91	-7262.47	1596.64	3494.45	1653.16	2164.56	2558.11	-31.53	751.03	3727.82	2174.43
	2016	1041.19	-6825.32	2069.11	2923.42	1699.07	2413.60	3719.10	37.88	339.52	5977.74	3054.30
投资收益占利润总额比%	2014	15.7	3.6	8.8	5.3	9.3	14.0	7.9	4.2	3.5	21.9	10.0
	2015	19.4	30.4	13.6	15.6	5.7	15.4	18.2	6.8	7.5	5.7	7.8
	2016	23.9	24.9	12.7	21.8	7.7	9.1	11.7	8.6	11.3	20.7	12.7
净利润	2014	797.92	4495.16	1565.52	1488.67	1241.84	1764.16	2152.65	-79.66	957.13	3280.78	2421.84
	2015	633.19	-10613.26	1132.28	2331.49	1269.26	1732.81	2015.69	-96.68	636.08	2355.63	1476.86
	2016	996.62	-10955.04	1553.51	1735.15	1282.03	1938.20	3152.50	-15.42	212.49	4710.95	2300.72
2015年增速%		-20.65	-336.1	-27.67	56.62	2.21	-1.78	-6.36	21.37	-33.54	-28.2	-39.02
2016年增速%		57.4	3.22	37.2	-25.58	1.01	11.85	56.4	-84.05	-66.59	99.99	55.79
销售净利率%	2014	2.61	0.65	0.96	-0.09	2.10	0.25	0.02	-8.30	-0.03	1.03	1.39
	2015	0.07	-9.65	0.28	-0.82	1.30	-1.09	0.35	-11.62	-2.54	-2.08	-0.17
	2016	2.23	-4.29	0.39	1.13	1.66	-1.10	0.33	-10.12	0.43	-5.63	-0.32
盈利企业占比%	2014	76.34	62.24	74.27	61.74	78.25	73.81	70.56	44.85	70.05	62.03	70.01
	2015	72.65	50.34	71.73	65.91	76.30	72.08	70.79	49.65	69.20	58.05	67.40
	2016	77.39	67.11	73.69	68.55	78.03	73.74	70.46	50.00	74.03	61.98	70.30

表6 2014—2016年分行业企业设备投资和研发支出情况表

单位：万元

指标	年份	农、林、牧、渔业	采矿业	制造业	电力、热力、燃气及水生产和供应业	建筑业	批发零售业	交通运输、仓储和邮政业	住宿和餐饮业	信息传输、软件和信息技术服务业	房地产业	其他
新增设备投资额	2014	518.51	15281.32	1888.75	6658.70	627.64	118.27	6999.96	118.68	1108.94	279.41	715.41
	2015	488.43	12658.26	2035.36	6182.69	649.75	454.93	5881.94	79.08	1331.73	49.88	1520.19
	2016	594.56	21059.07	1873.64	7510.86	525.10	182.58	7085.22	241.07	1204.45	66.36	733.46
2015年增速%		-5.8	-17.17	7.76	-7.15	3.52	284.64	-15.97	-33.37	20.09	-82.15	112.49
2016年增速%		21.73	66.37	-7.95	21.48	-19.18	-59.87	20.46	204.84	-9.56	33.02	-51.75
营业收入	2014	15631.59	515450.07	57967.90	154176.38	79629.21	87441.20	24749.09	4809.66	12838.54	32015.48	28770.05
	2015	15488.10	451064.36	54592.19	126043.46	80519.49	88095.50	24903.36	4791.96	14070.84	38453.57	27087.16
	2016	16511.18	429212.66	55703.39	117139.68	79814.28	95585.21	28461.25	4794.53	17759.85	39769.93	29419.23
新增设备投资额占营业收入比重%	2014	3.32	2.96	3.26	4.32	0.79	0.14	28.28	2.47	8.64	0.87	2.49
	2015	3.15	2.81	3.73	4.91	0.81	0.52	23.62	1.65	9.46	0.13	5.61
	2016	3.60	4.91	3.36	6.41	0.66	0.19	24.89	5.03	6.78	0.17	2.49
研发支出	2014	74.50	4444.50	911.44	125.93	521.62	31.22	110.38	2.80	632.70	4.38	186.45
	2015	83.42	3626.64	962.92	137.24	572.79	47.97	118.71	4.43	685.06	1.50	171.71
	2016	94.15	3309.79	1759.91	152.18	668.78	51.42	132.87	2.24	745.32	2.49	448.48
2015年增速%		11.98	-18.4	5.65	8.98	9.81	53.62	7.55	58.1	8.28	-65.84	-7.91
2016年增速%		12.85	-8.74	82.77	10.89	16.76	7.21	11.92	-49.36	8.8	66.55	161.19
研发支出占营业收入比重%	2014	1.06	0.34	2.38	0.28	0.45	0.15	0.24	0.11	10.49	0.03	1.08
	2015	1.14	0.38	2.52	0.39	0.76	0.18	0.13	0.13	10.99	0.04	1.15
	2016	1.11	0.52	2.64	0.49	0.76	0.24	0.14	0.01	11.60	0.05	1.14
设备利用率%	2014	79.90	82.83	83.03	85.75	79.88	87.76	86.40	84.94	90.31	88.15	85.49
	2015	80.92	82.70	82.94	85.76	79.63	88.18	87.30	86.03	91.69	86.85	85.52
	2016	82.16	80.13	83.42	86.96	81.32	89.21	87.51	85.15	92.51	86.83	85.74
劳动生产率增长率%	2014	18.53	18.78	25.08	19.62	17.94	8.98	15.37	8.68	18.22	11.18	15.69
	2015	20.63	14.45	25.35	20.27	17.34	9.37	14.77	10.98	18.67	8.89	15.37
	2016	21.66	20.39	26.17	21.59	18.00	8.95	15.51	9.41	19.51	9.27	16.38

表7 2014—2016年制造业二级分类行业企业经营效益情况表

单位：万元

指标	年份	食品制造业	纺织业	造纸和纸制品业	石油加工、炼焦和核燃料加工业	化学原料和化学制品制造业	医药制造业	橡胶和塑料制品业	非金属矿物制品业	黑色金属冶炼和压延工业	有色金属冶炼和压延工业	金属制品业	通用设备制造业	专用设备制造业	汽车制造业	电气机械和器材制造业	计算机、通信和其他电子设备制造业	其他
营业收入	2014	32644.34	28144.02	64177.56	1109336.24	98598.08	30833.50	20005.71	35711.44	249253.02	151197.82	20564.92	40238.38	45498.92	149664.64	29898.26	117004.63	24564.59
	2015	33024.16	26295.87	63360.54	942548.13	96779.59	33416.80	19073.35	32284.95	191762.12	145907.87	18970.90	36727.13	42308.79	159179.87	31843.25	118753.89	22353.73
	2016	33893.15	26761.55	64339.19	853059.26	97997.92	35175.58	19687.94	36045.67	210769.26	159282.66	19390.73	34838.02	39557.63	180612.48	33657.49	123741.85	21323.61
2015年增速%		1.16	-6.57	-1.27	-15.03	-1.84	8.38	-4.66	-9.59	-23.07	-3.5	-7.75	-8.73	-7.01	6.36	6.51	1.5	-9
2016年增速%		2.63	1.77	1.54	-9.49	1.26	5.26	3.22	11.65	9.91	9.17	2.21	-5.14	-6.5	13.46	5.7	4.2	-4.61
利润总额	2014	1519.92	634.18	1609.18	26649.36	293.54	3975.69	1233.88	2424.86	3357.49	927.68	1220.00	2390.70	2194.83	10659.69	1357.88	4275.76	1146.37
	2015	1948.44	595.02	1940.49	3750.27	2087.85	4449.61	609.53	1571.28	-8068.34	-1999.28	193.49	1679.76	2045.23	11360.98	1544.52	4619.19	928.61
	2016	2239.77	772.58	3597.34	27920.25	1989.49	5195.74	768.32	2138.75	1650.94	-9534.72	1518.90	1627.34	1602.68	14149.89	1644.60	5099.61	1172.57
净利润	2014	1066.31	468.98	1207.53	21034.46	-231.24	3157.03	1034.48	2001.26	2446.16	636.72	985.48	1812.89	1707.75	8625.91	1121.17	3421.62	862.37
	2015	1506.54	477.66	1028.59	2572.30	1393.11	3615.19	461.36	1332.37	-8828.86	-2362.67	-70.37	1136.51	1752.82	9305.28	1224.14	3742.98	642.49
	2016	1777.46	646.41	3041.84	26905.85	1392.79	4328.43	611.02	1871.01	581.99	-9872.45	1239.29	986.11	1152.11	10636.27	1313.26	4188.05	921.69
2015年增速%		41.28	1.85	-14.82	-87.77	-702.44	14.51	-55.4	-33.42	-460.93	-471.07	-107.14	-37.31	2.64	7.88	9.18	9.39	-25.5
2016年增速%		17.98	35.33	195.73	945.99	-0.02	19.73	32.44	40.43	-106.59	317.85	-1861.11	-13.23	-34.27	14.3	7.28	11.89	43.46
销售净利率%	2014	-0.08	-0.60	-0.07	-3.67	1.76	2.78	1.12	0.86	0.89	-0.01	0.61	1.85	1.64	3.39	1.00	1.81	0.79
	2015	-1.45	-0.25	0.33	-5.13	0.34	3.85	0.89	0.26	-3.51	-4.00	0.35	0.04	2.28	2.33	0.75	2.40	0.10
	2016	-0.60	-1.42	0.93	4.79	1.53	3.31	1.10	-0.60	-3.42	-5.32	0.14	0.17	2.27	2.04	0.30	1.96	0.65
盈利企业占比%	2014	72.40	69.34	68.00	63.33	73.45	76.26	70.33	75.34	67.59	61.22	74.55	80.28	79.02	75.80	78.86	79.70	75.58
	2015	73.36	70.34	73.08	54.84	71.79	75.00	74.01	69.78	56.36	54.05	71.43	74.89	73.08	76.22	73.60	74.55	71.96
	2016	75.40	69.03	78.52	83.87	71.88	74.34	72.89	68.44	67.86	65.13	75.84	75.17	73.73	78.05	75.42	78.72	74.61

101

表8　2014—2016年制造业二级分类企业设备投资和研发支出情况表

制造业按照国民经济行业分类（GB/T 4754—2011）

单位：万元

指标	年份	食品制造业	纺织业	造纸和纸制品业	石油加工、炼焦和核燃料加工业	化学原料和化学制品制造业	医药制造业	橡胶和塑料制品业	非金属矿物制品业	黑色金属冶炼和压延加工业	有色金属冶炼和压延加工业	金属制品业	通用设备制造业	专用设备制造业	汽车制造业	电气机械和器材制造业	计算机、通信和其他电子设备制造业	其他
新增设备投资额	2014	943.88	837.98	1324.04	8643.20	5399.85	1568.19	1741.32	2903.35	9611.39	3073.22	773.47	1178.79	950.34	4499.67	844.78	2691.27	771.02
	2015	941.38	855.92	1641.70	10870.90	7208.95	2637.62	1613.91	2332.52	6929.70	3492.77	663.49	1386.98	653.51	4383.39	1048.49	2260.99	964.76
	2016	664.23	804.09	3487.07	7240.40	5431.70	1594.21	1656.72	1704.53	8284.78	3365.25	612.03	970.25	1360.42	5499.72	844.36	3190.57	735.50
2015年增速%		-0.26	2.14	23.99	25.77	33.5	68.19	-7.32	-19.66	-27.9	13.65	-14.22	17.66	-31.23	-2.58	24.11	-15.99	25.13
2016年增速%		-29.44	-6.06	112.41	-33.4	-24.65	-39.56	2.65	-26.92	19.55	-3.65	-7.76	-30.05	108.17	25.47	-19.47	41.11	-23.76
营业收入	2014	32644.34	28144.02	64177.56	1109336.24	98598.08	30833.50	20005.71	35711.44	249253.02	151197.82	20564.92	40238.38	45498.92	149664.64	29898.26	117004.63	24564.59
	2015	33024.16	26295.87	63360.54	942548.13	96779.59	33416.80	19073.35	32284.95	191762.12	145907.87	18970.90	36727.13	42308.79	159179.87	31843.25	118753.89	22353.73
	2016	33893.15	26761.55	64339.19	853059.26	97997.92	35175.58	19687.94	36045.67	210769.26	159282.66	19390.73	34838.02	39557.63	180612.48	33657.49	123741.85	21323.61
新增设备投资额占营业收入比重%	2014	2.89	2.98	2.06	0.78	5.48	5.09	8.70	8.13	3.86	2.03	3.76	2.93	2.09	3.01	2.83	2.30	3.14
	2015	2.85	3.25	2.59	1.15	7.45	7.89	8.46	7.22	3.61	2.39	3.50	3.78	1.54	2.75	3.29	1.90	4.32
	2016	1.96	3.00	5.42	0.85	5.54	4.53	8.41	4.73	3.93	2.11	3.16	2.79	3.44	3.05	2.51	2.58	3.45
研发支出	2014	275.96	296.53	758.24	2665.55	1286.99	1000.73	392.45	560.32	2184.65	1670.19	469.75	1329.26	2066.17	1905.19	776.13	2445.49	427.59
	2015	336.59	312.36	860.32	2575.99	1599.85	1155.93	433.04	597.48	1561.53	1627.68	534.34	1312.35	2058.96	2335.66	851.82	2593.96	419.09
	2016	359.85	361.21	953.09	4774.10	1545.34	1248.49	462.89	673.76	1702.14	1579.56	508.31	1286.90	1853.18	3135.96	1017.45	3004.25	3791.61
2015年增速%		21.97	5.34	13.46	-3.36	24.31	15.51	10.34	6.63	-28.52	-2.55	13.75	-1.27	-0.35	22.59	9.75	6.07	-1.99
2016年增速%		6.91	15.64	10.78	85.33	-3.41	8.01	6.89	12.77	9.00	-2.96	-4.87	-1.94	-9.99	34.26	19.44	15.82	804.72
研发支出占营业收入比重%	2014	1.25	0.83	0.98	2.03	3.00	4.07	1.96	1.68	0.83	2.00	1.92	3.27	5.25	2.87	2.91	3.65	2.12
	2015	1.28	0.98	1.16	2.62	2.97	4.00	2.03	1.83	1.01	1.71	2.18	3.48	5.85	3.16	3.59	4.34	2.05
	2016	1.26	0.97	1.30	1.49	3.11	4.29	2.25	1.92	0.78	1.48	2.46	3.74	5.68	3.75	4.05	4.45	2.19
设备利用率%	2014	77.99	85.85	83.13	80.56	84.14	81.47	82.13	81.43	83.73	82.48	83.12	84.64	81.45	83.51	86.12	84.54	83.13
	2015	78.34	85.14	84.00	79.75	84.27	82.20	82.51	80.40	82.20	81.96	83.15	83.44	81.26	82.14	86.26	83.95	83.80
	2016	79.02	84.91	85.24	82.75	84.31	83.39	83.84	79.45	81.89	82.94	83.96	84.05	82.26	82.68	86.42	85.16	84.04
劳动生产率	2014	24.18	23.85	25.61	12.62	24.85	29.22	29.55	25.08	24.42	24.75	27.74	21.87	23.59	24.44	26.36	29.82	24.49
	2015	24.38	25.42	27.60	15.69	25.10	28.77	30.17	25.70	22.15	22.67	28.12	21.00	22.74	23.73	26.31	31.40	25.13
增长率%	2016	24.29	25.08	26.28	24.79	24.95	29.35	29.15	24.07	25.07	25.52	29.19	22.32	23.13	26.88	28.91	35.12	26.26

表9　　　　　　　2014—2016年不同规模企业经营效益情况表　　　　　　　单位：万元

指标	年份	企业规模			
		大型企业	中型企业	小型企业	微型企业
营业收入	2014	411858.26	32496.71	6682.98	1330.27
	2015	385834.16	31840.25	6082.69	1230.80
	2016	397423.98	33639.85	6849.47	1287.02
2015年增速%		-6.32	-2.02	-8.98	-7.48
2016年增速%		3.00	5.65	12.61	4.57
利润总额	2014	15277.85	1623.52	218.59	59.11
	2015	9905.00	1397.45	253.68	60.07
	2016	14835.22	1728.18	-0.45	62.09
投资收益占利润总额比%	2014	17.7	10.4	7.2	8.0
	2015	21.4	10.6	12.7	10.9
	2016	29.6	14.5	9.1	10.6
净利润	2014	10971.48	1275.56	166.25	47.80
	2015	6143.61	1069.80	198.86	49.28
	2016	10653.62	1371.85	-71.33	54.04
2015年增速%		-44.00	-16.13	19.62	3.11
2016年增速%		73.41	28.23	-135.87	9.65
销售净利率%	2014	3.89	2.35	-0.13	-2.64
	2015	2.52	1.26	-0.92	-5.48
	2016	3.98	2.22	-1.38	-4.84
盈利企业占比%	2014	80.04	76.71	69.31	62.27
	2015	77.37	75.12	67.16	58.84
	2016	82.09	77.65	68.75	63.03

表10　　　　　　2014—2016年不同规模企业设备投资和研发支出情况表　　　　　　单位：万元

指标	年份	企业规模			
		大型企业	中型企业	小型企业	微型企业
新增设备投资额	2014	12766.52	1020.77	269.82	68.76
	2015	14545.99	994.26	211.78	63.49
	2016	14138.72	970.14	283.60	120.00
2015年增速%		13.94	-2.60	-21.51	-7.65
2016年增速%		-2.80	-2.43	33.91	88.99
营业收入	2014	411858.26	32496.71	6682.98	1330.27
	2015	385834.16	31840.25	6082.69	1230.80
	2016	397423.98	33639.85	6849.47	1287.02

续表

指标	年份	企业规模			
		大型企业	中型企业	小型企业	微型企业
新增设备投资额占营业收入比重%	2014	3.10	3.14	4.04	5.17
	2015	3.77	3.12	3.48	5.16
	2016	3.56	2.88	4.14	9.32
研发支出	2014	3936.34	377.36	67.83	22.17
	2015	4033.87	388.86	76.05	18.95
	2016	4229.68	1496.38	214.53	23.10
2015年增速%		2.48	3.05	12.12	-14.51
2016年增速%		4.85	284.81	182.10	21.87
研发支出占营业收入比重%	2014	1.59	2.08	1.62	1.00
	2015	1.59	2.10	1.80	1.28
	2016	1.61	2.22	1.87	1.30
设备利用率%	2014	85.57	84.36	82.82	82.02
	2015	85.66	84.92	82.70	81.08
	2016	86.33	85.51	83.10	81.79
劳动生产率增长率%	2014	16.95	21.69	20.53	16.98
	2015	16.91	22.16	20.36	17.05
	2016	18.38	23.06	20.92	17.72

4. 分所有制情况

从企业所有制属性看，民营企业、外资企业的销售、净利润和销售净利率、盈利企业比重整体好于国有企业和集体企业（表11），表明市场化程度高的企业竞争力较强。而国有企业实现的利润总额中，投资收益占比最大，且由2014年的11.7%增长至2016年的21.7%。从企业设备投资和研发支出情况看，国有企业、民营企业、外资企业都有较强的投资动力，新增设备投资额都有一定幅度增长，民营企业、外资企业的研发支出占营业收入比重都高于2%（表12），表明这些企业有较强的转型力度。

表11　　　2014—2016年不同所有制企业经营效益情况表　　　单位：万元

指标	年份	所有制性质			
		国有企业	集体企业	民营企业	外资企业
营业收入	2014	141203.31	18614.58	26797.41	77609.92
	2015	131375.39	20096.36	24968.22	77776.66
	2016	131590.30	20198.54	26833.63	82887.29

续表

指标	年份	所有制性质			
		国有企业	集体企业	民营企业	外资企业
2015年增速%		-6.96	7.96	-6.83	0.21
2016年增速%		0.16	0.51	7.47	6.57
利润总额	2014	4635.91	1152.82	1204.63	4702.47
	2015	2497.55	1185.88	1043.74	4500.81
	2016	3667.60	1050.25	1260.53	5590.78
投资收益占利润总额比%	2014	11.7	13.7	9.5	2.2
	2015	15.2	10.6	13.6	-1.5
	2016	21.7	-1.1	11.4	6.2
净利润	2014	3101.20	879.07	992.41	3625.05
	2015	1195.91	922.01	840.32	3454.05
	2016	2275.91	847.34	1030.23	4302.28
2015年增速%		-61.44	4.88	-15.33	-4.72
2016年增速%		90.31	-8.10	22.60	24.56
销售净利率%	2014	0.34	-0.94	1.14	1.48
	2015	-1.29	-0.65	-0.05	0.78
	2016	-1.32	-0.28	0.50	0.42
盈利企业占比%	2014	68.34	70.00	73.86	73.16
	2015	65.93	65.98	71.78	70.81
	2016	68.92	70.10	73.78	74.70

表12　2014—2016年不同所有制企业设备投资和研发支出情况表　　单位：万元

指标	年份	所有制性质			
		国有企业	集体企业	民营企业	外资企业
新增设备投资额	2014	4721.65	470.17	790.27	2071.88
	2015	5230.51	389.92	879.40	1660.61
	2016	5064.67	305.99	867.22	1894.65
2015年增速%		10.78	-17.07	11.28	-19.85
2016年增速%		-3.17	-21.53	-1.38	14.09
营业收入	2014	141203.31	18614.58	26797.41	77609.92
	2015	131375.39	20096.36	24968.22	77776.66
	2016	131590.30	20198.54	26833.63	82887.29
新增设备投资额占营业收入比重%	2014	3.34	2.53	2.95	2.67
	2015	3.98	1.94	3.52	2.14
	2016	3.85	1.51	3.23	2.29

续表

指标	年份	所有制性质			
		国有企业	集体企业	民营企业	外资企业
研发支出	2014	1055.52	224.75	400.75	857.00
	2015	1036.67	228.77	409.86	1022.52
	2016	1054.12	255.70	1085.20	1122.58
2015年增速%			-1.79	1.79	2.27	19.31
2016年增速%			1.68	11.77	164.78	9.79
研发支出占营业收入比重%	2014	0.75	0.67	2.14	1.72
	2015	0.73	0.72	2.27	2.08
	2016	0.76	0.78	2.37	2.06
设备利用率%	2014	86.92	82.39	82.80	83.11
	2015	86.62	82.74	82.99	83.19
	2016	86.57	83.67	83.64	83.82
劳动生产率增长率%	2014	12.53	12.50	23.06	24.37
	2015	11.63	13.10	23.49	24.19
	2016	12.41	13.56	24.30	24.18

(二) 资产负债分析

1. 全国及分区域情况

2014—2016 年，企业资产总额逐年增加，资产负债率也呈现出小幅上升态势。其中，东北地区的资产负债率最高，且连续两年增长，2016 年达到 69.34%，中部地区资产负债率最低，为 56.07%（表 13）。

表 13　2014—2016 年各地区企业总体债务情况表　　　单位：万元

指标	年份	全国	所属区域			
			东部地区	中部地区	东北地区	西部地区
资产总额	2014	117197.13	99642.71	67526.51	203303.04	223046.26
	2015	123032.44	114576.47	71855.93	222357.10	186307.78
	2016	152615.05	129026.85	80398.24	236730.28	337554.49
2015年增速%		4.98	14.99	6.41	9.37	-16.47
2016年增速%		24.04	12.61	11.89	6.46	81.18
2016年较2014年增长%		30.22	29.49	19.06	16.44	51.34
资产负债率%	2014	62.90	64.84	57.06	66.81	64.99
	2015	62.70	64.61	56.06	67.77	66.07
	2016	63.07	65.16	56.07	69.34	65.61

进一步考察企业间债务拖欠情况发现，3年间企业应收账款连续上升，东北地区2年上升幅度达到30%，中部地区增长最慢，也达到14.65%。其中，1年以上应收账款拖欠时间长、回收难度大，这部分款项金额越大，对企业不利影响就越大。从全国情况看，1年以上应收账款出现逐年上升态势，特别是东北地区2年间上升幅度达到83%，这不仅加大了企业财务成本，加剧了企业资金短缺，更对企业未来经营造成巨大风险和压力。同时，企业应付账款也出现了增长，但增速低于应收账款，而且1年以上应付账款占应付账款比重也略有下降，表明总体上应收应付相抵后，企业存在净应收账款的资金占用（表14）。

表14　　　　2014—2016年各地区企业间债务情况表　　　　单位：万元,%

指标	年份	总体	所属区域			
			东部地区	中部地区	东北地区	西部地区
应收账款	2014	7116.02	5297.31	6366.13	12909.65	10754.52
	2015	7934.72	5943.39	6907.43	16599.46	10412.10
	2016	8556.22	6469.50	7299.00	16786.49	12437.80
2015年增速%		11.50	12.20	8.50	28.58	-3.18
2016年增速%		7.83	8.85	5.67	1.13	19.46
2016年较2014年增长%		20.24	22.13	14.65	30.03	15.65
1年以上应收账款	2014	1908.82	1083.25	1848.13	5099.93	2377.07
	2015	2660.46	1016.03	2178.63	8835.86	4739.39
	2016	2665.71	1125.94	2494.44	9338.88	3271.68
2015年增速%		39.38	-6.21	17.88	73.25	99.38
2016年增速%		0.20	10.82	14.50	5.69	-30.97
2016年较2014年增长%		39.65	3.94	34.97	83.12	37.64
应收账款占总资产比重%	2014	16.10	18.02	16.03	13.48	10.98
	2015	16.42	18.42	16.35	13.87	11.14
	2016	16.95	19.08	16.95	13.87	11.30
1年以上应收账款占应收账款比重%	2014	30.60	25.41	32.41	41.46	38.36
	2015	30.53	25.12	32.21	43.02	38.00
	2016	30.30	24.77	32.33	41.87	38.26
1年以内应收账款占营业收入比重%	2014	15.75	16.01	17.71	15.05	10.73
	2015	17.17	17.63	18.92	14.63	13.54
	2016	18.41	19.28	20.42	14.69	13.54
应付账款	2014	8198.66	6559.35	6435.53	15497.29	12061.11
	2015	8354.64	6439.35	6631.01	15023.14	13975.35
	2016	9126.15	7216.05	6686.90	16671.65	15630.86

续表

指标	年份	总体	所属区域			
			东部地区	中部地区	东北地区	西部地区
2015年增速%		1.90	-1.83	3.04	-3.06	15.87
2016年增速%		9.23	12.06	0.84	10.97	11.85
2016年较2014年增长%		11.31	10.01	3.91	7.58	29.60
1年以上应付账款	2014	2072.46	1195.10	1677.25	4990.77	3789.48
	2015	2252.18	1222.91	1768.46	4886.20	5100.19
	2016	2283.42	1347.32	1802.93	5212.52	4493.03
2015年增速%		8.67	2.33	5.44	-2.10	34.59
2016年增速%		1.39	10.17	1.95	6.68	-11.90
2016年较2014年增长%		10.18	12.74	7.49	4.44	18.57
1年以上应付账款占应付账款比重%	2014	25.28	18.22	26.06	32.20	31.42
	2015	26.96	18.99	26.67	32.52	36.49
	2016	25.02	18.67	26.96	31.27	28.74

2. 分行业情况

分行业看，住宿和餐饮业、房地产业、批发零售业近3年资产负债率明显上升，农林牧渔业、电力、热力、燃气及水生产和供应业资产负债率有一定幅度下降（表15）。进一步分析制造业二级分类行业企业情况发现，2014年至2016年间，资产负债率变化不大（表16）。

从企业间债务情况看，采矿业、房地产业应收账款出现较大幅度下降，与2014年比较，2016年降幅分别为17%和22%，而1年以上应收账款占应收账款比重则高达38.42%和41.58%，表明这些行业累积的坏账风险正在不断加大。从应付账款看，建筑业、信息传输、软件和信息技术服务业应付账款2年增速最快，分别为44.84%、35.742%，表明这些企业在占用了其他企业资金，房地产业应付账款也达到16.81%，处于较高水平。从1年以上应付账款占应付账款比重看，采矿业高达50.26%，交通运输、仓储和邮政业为42.75%，表明这些行业还款压力较大，财务风险较高（表17）。

进一步分析制造业二级分类行业企业间债务情况发现，行业间存在较大差异：金属制品业、石油加工、炼焦和核燃料加工业2年应收账款增速达到120.55%、56.28%，黑色金属冶炼和压延加工业则下降26%，表明企业收款和资金占用的压力和风险各不相同，而不同行业应付账款变动情况则较为稳定，行业间差异不大（表18），因此，加大应收账款的管理和清理力度是企业面临的主要任务之一。

表15　　2014—2016年分行业企业总体债务情况表

单位：万元

指标	年份	农、林、牧、渔业	采矿业	制造业	电力、热力、燃气及水生产和供应业	建筑业	批发零售业	交通运输、仓储和邮政业	住宿和餐饮业	信息传输、软件和信息技术服务业	房地产业	其他
资产总额	2014	20481.93	772654.33	70689.48	126606.94	85635.95	53027.13	188088.81	13717.71	19728.22	178800.36	248246.38
	2015	25154.01	813392.30	75753.60	139496.75	97304.46	49451.12	214028.68	13713.55	21115.86	192851.75	248817.86
	2016	29991.45	795507.56	86487.26	145494.93	113302.14	72961.03	228769.42	13649.98	48493.79	211487.00	352891.78
2015年增速%		22.81	5.27	7.16	10.18	13.63	-6.74	13.79	-0.03	7.03	7.86	0.23
2016年增速%		19.23	-2.20	14.17	4.30	16.44	47.54	6.89	-0.46	129.66	9.66	41.83
2016年较2014年增长%		46.43	2.96	22.35	14.92	32.31	37.59	21.63	-0.49	145.81	18.28	42.15
资产负债率%	2014	56.81	58.48	60.45	65.41	66.21	76.32	63.51	77.22	50.71	74.56	63.73
	2015	57.73	66.14	58.96	65.44	63.98	75.86	65.75	88.29	51.85	75.40	64.88
	2016	54.25	58.22	59.91	63.76	66.62	75.06	66.97	84.06	51.83	77.43	65.63

表16　2014—2016年制造业二级分类行业企业总体债务情况表

制造业按照国民经济行业分类（GB/T 4754—2011）

单位：万元

指标	年份	食品制造业	纺织业	造纸和纸制品业	石油加工、炼焦和核燃料加工业	化学原料和化学制品制造业	医药制造业	橡胶和塑料制品业	非金属矿物制品业	黑色金属冶炼和压延加工业	有色金属冶炼和压延加工业	金属制品业	通用设备制造业	专用设备制造业	汽车制造业	电气机械和器材制造业	计算机、通信和其他电子设备制造业	其他
资产总额	2014	32982.49	31768.08	93061.91	965214.98	144705.62	51087.24	26012.26	63734	323424.37	156117.18	36479.04	68573.36	84444.97	106838.52	33188.21	98199.6	29580.06
	2015	36573.51	32039.63	108501.94	1005552.34	152094.08	60591.01	28079.31	71632.13	317070.31	159264.02	26131.86	70826.21	84849.34	112544.32	36308.38	109044.34	41205.55
	2016	39502.19	32309.96	104184.74	1166324.61	154463.32	71289.44	28483.73	77045.84	318617.25	400198.63	28386.16	104864.31	85511.69	129475.8	39012	124840.05	30159.18
2015年增速%		10.89	0.85	16.59	4.18	5.11	18.6	7.95	12.39	-1.96	2.02	-28.36	3.29	0.48	5.34	9.4	11.04	39.3
2016年增速%		8.01	0.84	-3.98	15.99	1.56	17.66	1.44	7.56	0.49	151.28	8.63	48.06	0.78	15.04	7.45	14.49	-26.81
2016年较2014年增长%		19.77	1.71	11.95	20.84	6.74	39.54	9.5	20.89	-1.49	156.35	-22.19	52.92	1.26	21.19	17.55	27.13	1.96
资产负债率%	2014	58.84	65.89	64.04	63.49	60.28	52.9	58.22	59.55	65.71	67.83	57.92	58.33	56.96	66.38	59.02	54.3	61.93
	2015	56.3	65.3	63.49	62.26	59.54	52	58.13	58.36	65.86	69.71	60.02	55.76	54.48	56.89	56.82	52.13	60.17
	2016	56.06	66.66	62.6	65.33	57.85	54.95	56.66	59.95	66.1	67.57	62.22	55.17	55.47	60.82	57.62	57.54	62.02

表17　2014—2016年分行业企业间债务情况表

单位：万元

指标	年份	农、林、牧、渔业	采矿业	制造业	电力、热力、燃气及水生产和供应业	建筑业	批发零售业	交通运输、仓储和邮政业	住宿和餐饮业	信息传输、软件和信息技术服务业	房地产业	其他
应收账款	2014	1721.44	57621.54	7501.18	4080.59	17812.18	5457.63	2680.28	218.05	3136.37	2194.94	4895.16
	2015	1651.99	58848.31	8227.87	4034.10	20937.69	6820.27	2886.00	231.05	3254.05	4159.78	5953.99
	2016	2001.49	47727.07	8637.31	4472.43	22800.08	6663.70	3374.95	291.21	3922.54	1709.69	8353.14
2015年增速%		-4.03	2.13	9.69	-1.14	17.55	24.97	7.68	5.96	3.75	89.52	21.63
2016年增速%		21.16	-18.90	4.98	10.87	8.89	-2.30	16.94	26.04	20.54	-58.90	40.29
2016年较2014年增长%		16.27	-17.17	15.15	9.60	28.00	22.10	25.92	33.55	25.07	-22.11	70.64
1年以上应收账款	2014	494.67	24953.54	1759.04	765.32	6341.14	1007.72	565.83	58.56	1196.58	524.49	1148.98
	2015	386.09	33345.33	2124.75	849.36	6492.58	2026.08	527.73	77.93	1100.16	1272.49	3097.74
	2016	513.22	13599.89	2283.01	926.60	7512.83	1331.49	836.13	84.46	1311.08	570.51	4095.72
2015年增速%		-21.95	33.63	20.79	10.98	2.39	101.06	-6.73	33.08	-8.06	142.61	169.61
2016年增速%		32.93	-59.22	7.45	9.09	15.71	-34.28	58.44	8.38	19.17	-55.17	32.22
2016年较2014年增长%		3.75	-45.50	29.79	21.07	18.48	32.13	47.77	44.23	9.57	8.77	256.46
应收账款占总资产比重%	2014	11.81	10.88	18.43	6.38	21.84	16.28	11.04	5.85	21.15	4.01	14.33
	2015	12.12	10.94	18.85	7.06	22.15	16.85	10.86	6.05	22.27	4.73	14.36
	2016	12.86	9.71	19.12	7.94	24.66	17.04	12.61	6.08	22.17	4.50	15.14
1年以上应收账款比重%	2014	33.93	35.10	26.84	34.67	42.81	33.23	33.87	38.15	25.13	53.32	33.71
	2015	33.96	41.88	26.97	32.97	41.90	32.66	32.15	38.16	24.83	43.67	33.95
	2016	34.23	38.42	26.98	33.50	37.98	32.81	31.09	34.65	25.12	41.58	33.85

续表

指标	年份	行业类型										
		农、林、牧、渔业	采矿业	制造业	电力、热力、燃气及水生产和供应业	建筑业	批发零售业	交通运输、仓储和邮政业	住宿和餐饮业	信息传输、软件和信息技术服务业	房地产业	其他
1年以内应收账款占营业收入比重%	2014	13.40	12.72	18.61	9.25	15.48	8.96	12.13	4.25	19.46	13.42	14.63
	2015	13.75	11.06	19.61	12.18	21.18	9.13	14.88	5.58	23.22	17.14	16.33
	2016	15.56	13.00	21.22	11.42	23.39	10.47	14.91	6.02	21.15	17.51	17.21
应付账款	2014	1470.38	70595.42	8483.44	11367.93	15821.47	5723.27	8780.68	464.59	3333.55	9764.56	4145.05
	2015	1296.08	74252.80	8364.24	11164.87	19949.27	7277.01	7698.65	446.56	4573.80	11178.60	3711.61
	2016	1447.88	68529.00	9528.68	11361.57	22915.19	7214.25	8296.88	405.62	4514.45	11405.82	4193.50
2015年增速%		-11.85	5.18	-1.41	-1.79	26.09	27.15	-12.32	-3.88	37.21	14.48	-10.46
2016年增速%		11.71	-7.71	13.92	1.76	14.87	-0.86	7.77	-9.17	-1.30	2.03	12.98
2016年较2014年增长%		-1.53	-2.93	12.32	-0.06	44.84	26.05	-5.51	-12.69	35.42	16.81	1.17
1年以上应付账款	2014	275.21	32128.12	1791.72	2268.92	5601.71	836.18	3254.80	162.92	1080.53	1671.18	759.55
	2015	306.84	35295.16	1773.00	2552.07	6474.91	1999.81	2762.34	154.51	1390.84	2227.64	877.27
	2016	290.25	34443.37	1803.63	2715.03	7109.66	1472.69	3546.75	157.27	572.46	2345.12	971.83
2015年增速%		11.49	9.86	-1.05	12.48	15.59	139.16	-15.13	-5.16	28.72	33.30	15.50
2016年增速%		-5.40	-2.41	1.73	6.39	9.80	-26.36	28.40	1.79	-58.84	5.27	10.78
2016年较2014年增长%		5.47	7.21	0.66	19.66	26.92	76.12	8.97	-3.47	-47.02	40.33	27.95
1年以上应付账款占应付账款比重%	2014	18.72	45.51	21.12	19.96	35.41	14.61	37.07	35.07	32.41	17.11	18.32
	2015	23.67	47.53	21.20	22.86	32.46	27.48	35.88	34.60	30.41	19.93	23.64
	2016	20.05	50.26	18.93	23.90	31.03	20.41	42.75	38.77	12.68	20.56	23.17

实体经济企业成本调查问卷分析报告

表18 2014—2016年制造业二级分类行业企业间债务情况表

单位：万元，%

制造业按照国民经济行业分类（GB/T 4754—2011）

指标	年份	食品制造业	纺织业	造纸和纸制品业	石油加工、炼焦和核燃料加工业	化学原料和化学制品制造业	医药制造业	橡胶和塑料制品业	非金属矿物制品业	黑色金属冶炼和压延加工业	有色金属冶炼和压延加工业	金属制品业	通用设备制造业	专用设备制造业	汽车制造业	电气机械和器材制造业	计算机、通信和其他电子设备制造业	其他
应收账款	2014	2035.15	2461.65	7821.03	29194.02	8117.51	6146.65	3372.47	4842.91	15655.58	9758.17	5002.65	12613.80	14583.80	11287.71	10444.89	25622.20	3897.78
	2015	2291.67	2562.56	9611.78	46811.93	9850.78	7393.36	3988.66	5235.83	12270.74	9243.43	6345.85	13122.63	14072.55	10798.93	11237.41	31412.19	4041.51
	2016	2762.62	2660.95	8472.23	46708.18	9362.06	7652.52	3934.32	5495.38	11603.79	11197.06	6692.37	13277.55	13130.33	12621.79	11099.83	39042.37	3926.54
2015年增速%		12.60	4.10	22.90	60.35	21.35	20.28	18.27	8.11	-21.62	-5.27	26.85	4.03	-3.51	-4.33	7.59	22.60	3.69
2016年增速%		20.55	3.84	-11.86	-0.22	-4.96	3.51	-1.36	4.96	-5.44	21.14	5.46	1.18	-6.70	16.88	-1.22	24.29	-2.84
2014年增长%		35.75	8.10	8.33	59.99	15.33	24.50	16.66	13.47	-25.88	14.75	33.78	5.26	-9.97	11.82	6.27	52.38	0.74
1年以上应收账款	2014	459.52	601.48	578.36	2757.14	1039.64	2468.15	822.62	1040.56	1841.69	1993.34	1119.46	3746.06	4325.39	748.95	2770.89	8062.58	787.64
	2015	458.97	643.11	646.67	4180.84	1242.90	3062.02	957.60	1217.11	2871.86	2076.01	1711.42	4633.04	5047.10	810.36	2957.21	10574.70	776.04
	2016	481.30	663.62	560.15	4308.89	1468.21	3320.44	777.00	1282.69	3128.72	2951.60	2469.03	5038.19	4931.28	1201.39	3114.71	10793.86	760.29
2015年增速%		-0.12	6.92	11.81	51.64	19.55	24.03	16.41	16.97	55.94	4.15	52.88	23.68	16.69	8.20	6.72	31.16	-1.47
2016年增速%		4.87	3.19	-13.38	3.06	18.13	8.44	-18.86	5.39	8.94	42.18	44.27	8.74	-2.29	48.25	5.33	2.07	-2.03
2014年增长%		4.74	10.33	-3.15	56.28	41.22	34.49	-5.55	23.27	69.88	48.07	120.55	34.49	14.01	60.41	12.41	33.88	-3.47
应收账款占总资产比重%	2014	9.86	16.03	17.89	10.03	14.55	13.14	20.75	15.68	13.40	17.03	22.72	21.70	21.95	19.38	27.28	24.90	20.03
	2015	9.81	17.24	18.19	10.40	15.13	12.84	21.93	16.63	13.88	16.69	22.31	22.00	22.11	19.32	28.06	26.60	20.22
	2016	10.82	17.23	17.15	10.12	14.79	12.43	22.04	17.00	13.34	15.25	24.05	22.25	21.73	21.45	28.59	27.03	20.54
1年以上应收账款占应收账款比重%	2014	24.38	24.63	23.01	15.28	23.16	29.43	25.70	28.94	20.45	26.60	25.83	32.86	37.19	21.14	27.33	27.78	26.18
	2015	24.77	25.91	23.01	15.54	21.46	28.62	25.56	30.33	19.99	28.32	25.37	33.81	38.69	18.84	26.47	28.79	26.05
	2016	24.31	25.57	23.09	16.10	23.08	29.10	25.93	28.04	22.89	28.26	25.87	33.64	38.10	20.03	28.55	27.81	25.65

续表

指标	年份	食品制造业	纺织业	造纸和纸制品业	石油加工、炼焦和核燃料加工业	化学原料和化学制品制造业	医药制造业	橡胶和塑料制品业	非金属矿物制品业	黑色金属冶炼和压延加工业	有色金属冶炼和压延加工业	金属制品业	通用设备制造业	专用设备制造业	汽车制造业	电气机械和器材制造业	计算机、通信和其他电子设备制造业	其他
1年以内应收账款占营业收入比重%	2014	9.34	15.35	19.61	10.68	13.27	17.53	17.63	15.55	12.67	14.84	24.49	22.73	24.45	21.49	25.99	19.70	21.25
	2015	10.34	16.17	19.89	13.40	14.73	14.75	18.36	18.91	16.77	15.51	20.62	25.10	26.13	22.88	28.20	20.87	22.45
	2016	12.21	17.77	18.01	11.87	15.68	16.27	19.16	20.18	16.32	14.99	25.77	26.18	30.52	29.15	29.51	24.09	23.07
应付账款	2014	2520.57	2433.27	7066.98	60703.49	11164.31	3310.62	3079.32	4551.06	39847.87	17026.52	3538.66	9360.73	14436.66	25023.87	5447.12	25677.00	4239.89
	2015	3420.27	2421.69	6645.28	68917.12	11766.84	4053.18	3272.38	4594.91	34950.87	15838.16	3584.60	8369.81	13579.90	25466.19	5501.37	25890.40	3804.81
	2016	3783.36	2582.76	6646.56	63889.70	11979.30	4232.32	3197.91	4655.57	40691.54	29118.45	3979.66	8538.77	14261.00	31507.48	6180.66	33091.43	3875.55
2015年增速%		35.69	-0.48	-5.97	13.53	5.40	22.43	6.27	0.96	-12.29	-6.98	1.30	-10.59	-5.93	1.77	1.00	0.83	-10.26
2016年增速%		10.62	6.65	0.02	-7.29	1.81	4.42	-2.28	1.32	16.42	83.85	11.02	2.02	5.02	23.72	12.35	27.81	1.86
2014—2016年增长率%		50.10	6.14	-5.95	5.25	7.30	27.84	3.85	2.30	2.12	71.02	12.46	-8.78	-1.22	25.91	13.47	28.88	-8.59
1年以上应付账款	2014	452.31	566.59	609.26	9803.82	1876.18	1274.95	995.85	1020.53	6778.26	6242.02	577.15	1878.79	4091.77	1146.87	1077.25	5407.27	1256.44
	2015	601.94	540.85	647.26	13428.88	2122.19	1530.09	804.13	884.18	7842.52	6311.20	475.34	1975.79	3460.17	1979.51	1235.00	5376.93	860.26
	2016	701.63	605.88	602.69	15759.12	2091.27	1889.50	744.70	1220.40	5496.48	5977.07	473.21	2073.34	3435.34	2812.68	1363.72	5116.42	909.88
2015年增速%		33.08	-4.54	6.24	36.98	13.11	20.01	-19.25	-13.36	15.70	1.11	-17.64	5.16	-15.44	72.60	14.64	-0.56	-31.53
2016年增速%		16.56	12.02	-6.89	17.35	-1.46	23.49	-7.39	38.03	-29.91	-5.29	-0.45	4.94	-0.72	42.09	10.42	-4.84	5.77
2014—2016年增长率%		55.12	6.94	-1.08	60.74	11.46	48.20	-25.22	19.58	-18.91	-4.24	-18.01	10.36	-16.04	145.25	26.59	-5.38	-27.58
1年以上应付账款占应付账款比重%	2014	17.94	23.28	8.62	16.15	16.81	38.51	32.34	22.42	17.01	36.66	16.31	20.07	28.34	4.58	19.78	21.06	29.63
	2015	17.60	22.33	9.74	19.49	18.04	37.75	24.57	19.24	22.44	39.85	13.26	23.61	25.48	7.77	22.45	20.77	22.61
	2016	18.55	23.46	9.07	24.67	17.46	44.65	23.29	26.21	13.51	20.53	11.89	24.28	24.09	8.93	22.06	15.46	23.48

制造业按照国民经济行业分类（GB/T 4754—2011）

3. 分规模情况

从不同规模企业总体债务情况看,微型企业资产负债率最高,且连续两年增长,2016 年达到 71.63%,中型企业最低,且连续两年下降,2016 年降至60.66%,表明微型企业财务风险最大(表19)。进一步分析企业间债务情况发现,小型企业应收账款增速最快,2 年高达 77.75%,1 年以上应收账款增速高达 311.56%,这对于企业未来资金周转带来巨大压力。从应付账款看,小型企业 2 年增速最快,达到 43.76%,但远低于应收账款增速,因此,对于小型企业而言,密切关注债务情况,积极解决欠款回收,是近期主要问题之一(表20)。

表 19　　　　　2014—2016 年不同规模企业总体债务情况表　　　　　单位:万元

指标	年份	企业规模			
		大型企业	中型企业	小型企业	微型企业
资产总额	2014	763829.90	57059.00	27776.07	2965.70
	2015	845952.16	62494.32	18532.20	2800.50
	2016	942505.36	70724.14	59370.74	6952.59
2015 年增速%		10.75	9.53	-33.28	-5.57
2016 年增速%		11.41	13.17	220.37	148.26
2016 年较 2014 年增长%		23.39	23.95	113.75	134.43
资产负债率%	2014	62.67	61.71	63.08	66.02
	2015	63.30	60.89	62.81	67.13
	2016	63.13	60.66	62.62	71.63

表 20　　　　　2014—2016 年不同规模企业间债务情况表　　　　　单位:万元

指标	年份	企业规模			
		大型企业	中型企业	小型企业	微型企业
应收账款	2014	41350.26	4944.47	1754.43	369.51
	2015	44912.63	5832.04	2190.37	350.50
	2016	46962.26	6109.24	3118.49	445.41
2015 年增速%		8.62	17.95	24.85	-5.14
2016 年增速%		4.56	4.75	42.37	27.08
2016 年较 2014 年增长%		13.57	23.56	77.75	20.54
1 年以上应收账款	2014	10579.39	1543.82	405.81	188.49
	2015	12217.12	2092.06	1335.41	165.36
	2016	10821.42	2190.75	1670.17	218.75

续表

指标	年份	企业规模			
		大型企业	中型企业	小型企业	微型企业
2015年增速%		15.48	35.51	229.07	-12.27
2016年增速%		-11.42	4.72	25.07	32.29
2016年较2014年增长%		2.29	41.90	311.56	16.06
应收账款占总资产比重%	2014	12.49	16.11	16.66	17.53
	2015	12.92	16.37	16.92	18.00
	2016	13.23	16.95	17.38	18.74
1年以上应收账款占应收账款比重%	2014	20.49	26.71	34.29	40.64
	2015	21.90	26.65	33.96	39.48
	2016	21.57	26.68	33.57	38.40
1年以内应收账款占营业收入比重%	2014	11.53	15.65	16.14	18.75
	2015	13.13	16.83	18.46	17.20
	2016	13.83	18.71	18.96	19.70
应付账款	2014	56174.16	4229.89	1037.66	226.60
	2015	57191.52	4632.38	1006.51	241.10
	2016	62155.64	5107.11	1491.72	241.47
2015年增速%		1.81	9.52	-3.00	6.40
2016年增速%		8.68	10.25	48.21	0.16
2016年较2014年增长%		10.65	20.74	43.76	6.56
1年以上应付账款%	2014	13416.17	1127.86	402.69	116.98
	2015	14363.81	1440.81	377.21	108.38
	2016	15178.68	1357.90	390.78	109.37
2015年增速%		7.06	27.75	-6.33	-7.35
2016年增速%		5.67	-5.75	3.60	0.92
2016年较2014年增长%		13.14	20.40	-2.96	-6.50
1年以上应付账款占应付账款比重%	2014	23.88	26.66	38.81	51.62
	2015	25.12	31.10	37.48	44.95
	2016	24.42	26.59	26.20	45.29

4. 分所有制情况

从企业性质看,2014—2016年,集体企业资产负债率最高,为73%左右,国有企业次之(70%左右),民营企业、外资企业最低,分别为60%和55%,表明这些企业获得贷款难度大于国有企业(表21)。

表21　　　　2014—2016年不同所有制企业总体债务情况表　　　　单位：万元

指标	年份	所有制性质			
		国有企业	集体企业	民营企业	外资企业
资产总额	2014	344560.98	42923.81	33623.30	68010.53
	2015	366934.58	50484.64	34620.34	68819.56
	2016	457117.02	51969.89	45019.51	83238.42
2015年增速%		6.49	17.61	2.97	1.19
2016年增速%		24.58	2.94	30.04	20.95
2016年较2014年增长%		32.67	21.07	33.89	22.39
资产负债率%	2014	68.94	72.93	60.93	55.13
	2015	70.62	72.09	60.25	53.30
	2016	69.60	73.24	61.05	54.79

从企业间债务拖欠情况看，应收账款的增长情况与资产负债率变化方向相反，民营企业、外资企业应收账款增长最快，应付账款增长最慢，表明这些企业在资金需求方面可能存在更大缺口（表22）。

表22　　　　2014—2016年不同所有制企业间债务情况表　　　　单位：万元

指标	年份	所有制性质			
		国有企业	集体企业	民营企业	外资企业
应收账款	2014	15261.82	3143.08	3445.75	11342.27
	2015	16975.04	3062.81	3955.56	12568.49
	2016	18272.56	3555.60	4260.75	14289.00
2015年增速%		11.23	-2.55	14.80	10.81
2016年增速%		7.64	16.09	7.72	13.69
2016年较2014年增长%		19.73	13.12	23.65	25.98
1年以上应收账款	2014	4362.58	1194.74	1002.66	1380.23
	2015	7032.49	1201.88	1125.80	1326.65
	2016	6650.68	1417.77	1311.84	1273.37
2015年增速%		61.20	0.60	12.28	-3.88
2016年增速%		-5.43	17.96	16.53	-4.02
2016年较2014年增长%		52.45	18.67	30.84	-7.74
应收账款占总资产比重%	2014	9.88	14.99	18.22	19.97
	2015	9.72	14.07	18.69	20.78
	2016	10.24	15.26	19.18	20.99

续表

指标	年份	所有制性质			
		国有企业	集体企业	民营企业	外资企业
1年以上应收账款占应收账款比重%	2014	37.25	45.49	29.41	16.52
	2015	37.90	43.80	29.11	17.23
	2016	37.01	43.14	29.14	16.72
1年以内应收账款占营业收入比重%	2014	10.79	10.41	17.59	19.18
	2015	11.85	13.70	19.20	19.27
	2016	12.98	10.91	20.50	21.29
应付账款	2014	20063.49	2175.03	3087.38	12529.73
	2015	20741.45	2388.47	3117.80	12652.33
	2016	21670.42	2827.05	3710.96	15365.13
2015年增速%		3.38	9.81	0.99	0.98
2016年增速%		4.48	18.36	19.02	21.44
2016年较2014年增长%		8.01	29.98	20.20	22.63
1年以上应付账款	2014	5483.11	880.92	805.32	1472.64
	2015	6258.06	972.24	780.16	1559.82
	2016	6388.45	995.69	840.90	1255.93
2015年增速%		14.13	10.37	-3.12	5.92
2016年增速%		2.08	2.41	7.79	-19.48
2016年较2014年增长%		16.51	13.03	4.42	-14.72
1年以上应付账款占应付账款比重%	2014	27.33	40.50	26.08	11.75
	2015	30.17	40.71	25.02	12.33
	2016	29.48	35.22	22.66	8.17

(三) 企业成本费用分析[①]

1. 全国及分区域情况

从每百元营业收入中营业成本额这个指标看，2014—2016年，三年分别是76.76元、76.42元、76.33元，2015年和2016年同比下降为0.34元和0.09元，表明整体上样本企业成本略有下降。分地区来看，中部地区每百元营业收入

---

① 成本费用＝主营业务成本＋销售费用＋管理费用＋财务费用。

中成本最高,达到 79.9 元;西部地区成本最低,70.8 元。

从每百元营业收入中的费用(销售费用、管理费用、财务费用)额这个指标看,三年分别是 20.06 元、23.11 元、24.17 元,2015 年和 2016 年同比上升 3.05 元和 1.06 元,表明整体上样本企业费用有所上升。

再细分来看,每百元营业收入中的管理费用额最高,三年数据分别是 13.97 元、16.2 元、17.48 元,平均增速为 11.93%,说明每百元营业收入中费用额的上升主要来自管理费用,企业降费用的空间还较大。分地区来看,东北地区每百元营业收入中管理费用最高,三年平均为 23.55 元;中部地区管理费用最低,三年平均为 11.59 元(表 23)。

表 23   2014—2016 年分地区企业成本费用情况表

指标	年份	总体	所属区域			
			东部地区	中部地区	东北地区	西部地区
成本费用额(万元)	2014	57949.32	47556.57	48652.62	101536.33	80570.86
	2015	54628.52	46647.47	45643.86	88960.13	76317.78
	2016	55451.72	48912.14	45782.63	86325.25	76389.59
2015 年增速%			-5.73052	-1.91162	-6.18417	-12.3859	-5.27868
2016 年增速%			1.506905	4.854861	0.304028	-2.96187	0.094093
营业收入(万元)	2014	60187.00	49816.29	49540.20	104926.95	84788.25
	2015	56209.70	48480.04	46479.52	89861.53	79259.42
	2016	57475.92	51242.40	47246.29	86625.50	80004.28
每百元营业收入中的成本费用额(元)	2014	96.82	95.87	97.43	98.55	97.83
	2015	99.53	97.9	99.47	103.65	102.39
	2016	100.5	99.07	99.78	105.02	103.91
盈利企业每百元营业收入中的成本费用额(元)	2014	94.16	93.73	93.96	95.39	95.53
	2015	93.62	93.10	93.45	93.52	94.82
	2016	93.75	93.43	93.52	95.00	94.68
亏损企业每百元营业收入中的成本费用额(元)	2014	112.63	111.49	112.03	114.40	115.51
	2015	113.21	112.16	112.87	115.29	115.20
	2016	113.69	112.03	112.90	116.58	117.66
每百元营业收入中的营业成本额(元)	2014	76.76	77.15	79.99	72.66	71.45
	2015	76.42	76.90	79.81	71.96	70.56
	2016	76.33	76.72	79.89	71.96	70.38

续表

指标	年份	总体	所属区域			
			东部地区	中部地区	东北地区	西部地区
每百元营业收入中的销售费用额（元）	2014	3.90	3.63	4.18	3.95	4.31
	2015	3.99	3.74	4.20	4.00	4.47
	2016	4.00	3.80	4.20	4.14	4.25
每百元营业收入中的管理费用额（元）	2014	13.97	13.17	10.57	19.87	19.85
	2015	16.20	14.88	11.96	24.46	23.92
	2016	17.48	16.45	12.23	26.33	25.94
每百元营业收入中的财务费用额（元）	2014	2.19	1.92	2.69	2.07	2.22
	2015	2.92	2.38	3.50	3.23	3.44
	2016	2.69	2.10	3.46	2.59	3.34
每百元营业收入中的营业税金及附加额（元）	2014	1.22	1.33	0.86	1.14	1.72
	2015	1.27	1.41	0.88	1.15	1.79
	2016	1.11	1.19	0.89	1.11	1.31
每百元营业收入中的企业所得税额（元）	2014	0.85	1.01	0.66	0.76	0.79
	2015	0.92	1.08	0.69	0.79	0.93
	2016	0.87	1.03	0.66	0.79	0.77

2. 分行业情况

从分行业情况看，制造业、建筑业、住宿和餐饮业、信息传输、软件和信息技术服务业、房地产业中成本费用占营业收入的比重均小于100，表明这些行业中的企业仍有部分经营性利润空间，其中，房地产业利润空间相对较大，近3年每百元营业收入中成本费用占比分别为85.56、90.54、94.1（表24）。从制造业二级分类行业企业成本费用负担情况看，石油加工、炼焦和核燃料加工业每百元营业收入中的成本费用负担最低，医药制造业其次，其余行业间差别不大。但是从盈利企业和亏损企业来看，除建筑业和房地产业外，各行业盈利企业每百元营业收入中的成本费用额均呈下降趋势，而亏损企业（除交通运输、仓储和邮政业及住宿和餐饮业外）每百元营业收入中的成本费用额都呈上升趋势（表25）。

表24 2014—2016年分行业企业成本费用情况表

指标	年份	农、林、牧、渔业	采矿业	制造业	电力、热力、燃气和水生产供应业	建筑业	批发零售业	交通运输、仓储和邮政业	住宿和餐饮业	信息传输、软件和信息技术服务业	房地产业	其他
成本费用额（万元）	2014	15208.27	494567.94	55905.11	152313.02	76891.23	86177.47	24090.51	4731.83	12114.69	25934.74	26264.34
	2015	15098.97	451113.55	52792.59	123438.34	77483.63	86846.77	24891.12	4656.54	13611.83	32551.43	25834.24
	2016	15712.42	428963.65	53035.5	115453.47	77151.47	93578.77	27666.39	4766.33	22036.59	31072.3	28183.48
2015年增速%		-0.71869	-8.78633	-5.56751	-18.9575	0.770439	0.776653	3.323342	-1.59114	12.35805	25.51284	-1.63758
2016年增速%		4.06286	-4.91005	0.460121	-6.46871	-0.42868	7.751584	11.14964	2.357759	61.89293	-4.54398	9.093513
营业收入（万元）	2014	15631.59	515450.07	57967.9	154176.38	79629.21	87441.2	24749.09	4809.66	12838.54	32015.48	28770.05
	2015	15488.1	451064.36	54592.19	126043.46	80519.49	88095.5	24903.36	4791.96	14070.84	38453.57	27087.16
	2016	16511.18	429212.66	55703.39	117139.68	79814.28	95585.21	28461.25	4794.53	17759.85	39769.93	29419.23
每百元营业收入中的成本费用额（元）	2014	98.88	99.26	98.59	100.42	94.41	98.69	100.24	91.97	94.13	85.56	92.32
	2015	102.6	106.21	99.68	103.81	96.12	101.68	103.76	94.08	99.92	90.54	97.65
	2016	101.94	101.24	99.92	101.87	97.8	103.14	105.75	98.1	99.88	94.1	100.92
盈利企业每百元营业收入中的成本费用额（元）	2014	95.13	87.55	95.10	92.17	93.60	98.14	98.77	91.38	93.59	81.04	90.61
	2015	94.51	87.72	94.41	92.14	93.82	97.17	99.63	88.40	92.23	79.08	90.43
	2016	94.34	87.42	94.38	91.49	93.95	97.60	96.75	91.88	91.47	82.15	91.71
亏损企业每百元营业收入中的成本费用额（元）	2014	115.20	116.08	110.12	118.55	100.72	110.21	119.52	117.25	119.29	104.58	117.61
	2015	116.53	116.18	111.36	122.38	103.85	111.07	120.13	121.22	119.61	107.61	114.90
	2016	116.61	123.89	111.78	121.94	106.40	109.87	118.86	120.59	122.26	112.97	115.58

续表

指标	年份	农、林、牧、渔业	采矿业	制造业	电力、热力、燃气和水生产供应业	建筑业	批发零售业	交通运输、仓储和邮政业	住宿和餐饮业	信息传输、软件和信息技术服务业	房地产业	其他
每百元营业收入中的营业成本额（元）	2014	79.31	77.16	82.58	78.92	84.53	80.6	72.93	38.79	56.72	59.08	63.94
	2015	80.02	81.16	82.17	78.75	84.47	80.32	73	37.55	54.11	59.18	63.83
	2016	78.61	74.83	81.85	78.76	84.93	79.7	73.54	38.59	54.8	64	64.4
每百元营业收入中的销售费用额（元）	2014	3.78	3.19	3.98	2.59	0.8	5.09	3.74	19.96	5.22	3.47	3.42
	2015	3.43	3.61	4.12	2.77	0.79	5.2	4.32	19.34	5.3	2.87	3.47
	2016	3.5	3.35	4.14	2.77	0.83	5.39	4.27	20.13	5.89	2.98	3.34
每百元营业收入中的管理费用额（元）	2014	13.66	15.52	9.56	15.13	8	11.74	20.3	30.36	31.2	21.24	23.37
	2015	15.63	17.06	10.49	15.96	9.43	14.74	21.62	33.15	39.51	23.14	27.82
	2016	16.85	18.43	11.26	15.49	10.69	16.52	23.57	34.48	38.27	22.56	30.72
每百元营业收入中的财务费用额（元）	2014	2.13	3.39	2.47	3.78	1.08	1.26	3.27	2.86	0.99	1.77	1.59
	2015	3.52	4.38	2.9	6.33	1.43	1.42	4.82	4.04	1	5.35	2.53
	2016	2.98	4.63	2.67	4.85	1.35	1.53	4.37	4.9	0.92	4.56	2.46
每百元营业收入中的营业税金及附加额（元）	2014	0.56	2.51	0.75	1.02	2.73	0.76	1.12	5.06	1.04	6.3	1.85
	2015	0.52	3.24	0.79	0.92	2.74	0.89	1.16	4.96	0.98	6.34	1.88
	2016	0.57	3.11	0.85	0.91	1.86	0.82	1.09	2.63	0.89	4.81	1.38
每百元营业收入中的企业所得税额（元）	2014	0.33	1.54	0.75	1.17	0.92	0.5	1.08	0.84	0.74	2.5	1.15
	2015	0.38	1.47	0.77	1.43	1.04	0.48	1.35	0.81	0.87	2.07	1.3
	2016	0.34	1.32	0.78	1.52	0.96	0.47	1.23	0.72	0.93	1.92	1.06

表25 2014—2016年制造业二级分类行业企业成本费用情况表

指标	年份	纺织业	造纸和纸制品业	石油加工、炼焦和核燃料加工业	化学原料和化学制品制造业	医药制造业	橡胶和塑料制品业	非金属矿物制品业	黑色金属冶炼和压延加工业	有色金属冶炼和压延加工业	金属制品业	通用设备制造业	专用设备制造业	汽车制造业	电气机械和器材制造业	计算机、通信和其他电子设备制造业	其他
营业收入（万元）	2014	28144.02	64177.56	1109336.24	98598.08	30833.50	20005.71	35711.44	249253.02	151197.82	20564.92	40238.38	45498.92	149664.64	29898.26	117004.63	24564.59
	2015	26295.87	63360.54	942548.13	96779.59	33416.80	19073.35	32284.95	191762.12	145907.87	18970.90	36727.13	42308.79	159179.87	31843.25	118753.89	22353.73
	2016	26761.55	64339.19	853059.26	97997.92	35175.58	19687.94	36045.67	210769.26	159282.66	19390.73	34838.02	39557.63	180612.48	33657.49	123741.85	21323.61
每百元营业收入中的成本费用额（元）	2014	98.83	101.51	96.86	98.81	93.25	98.19	99.38	99.13	101.92	98.45	98.36	99.35	96.9	98.77	98.42	98.89
	2015	100.14	101.98	95.86	98.84	92.48	99.32	101	105.83	104.85	98.25	99.89	99.76	99.08	100.19	98.58	99.92
	2016	101.61	101.4	91.44	99.72	94.94	98.89	100.33	103.42	104.41	99.45	100.26	99.64	99.26	100.94	98.28	100.17
每百元营业收入中的营业成本额（元）	2014	87.20	88.28	86.49	83.29	66.10	84.70	83.22	89.82	91.98	83.85	80.10	76.80	81.52	81.87	82.69	83.07
	2015	87.58	88.19	84.75	81.55	64.59	84.59	82.77	93.02	92.02	83.25	79.91	75.35	82.56	81.52	81.73	82.93
	2016	87.52	87.80	81.95	81.56	64.95	83.00	81.93	90.68	91.42	82.77	78.76	75.01	82.77	81.70	81.97	83.01
每百元营业收入中的销售费用额（元）	2014	2.11	2.61	2.50	3.92	9.38	3.29	4.91	1.50	1.33	3.02	3.99	5.80	3.44	4.23	3.16	3.87
	2015	2.33	2.86	4.06	4.11	9.25	3.54	5.23	1.68	1.31	3.04	4.14	5.96	3.43	4.61	3.18	3.85
	2016	2.25	3.15	2.80	4.35	9.41	3.74	5.05	1.53	1.37	3.09	4.32	5.99	3.03	4.70	3.07	3.82
每百元营业收入中的管理费用额（元）	2014	7.10	7.11	4.60	8.86	15.36	7.84	8.03	4.99	5.92	8.98	11.67	14.16	9.33	10.72	11.25	9.72
	2015	7.35	7.42	4.30	10.08	16.04	8.52	9.03	7.22	7.12	9.38	12.95	15.61	10.57	12.09	12.03	10.53
	2016	8.95	7.30	4.29	10.98	18.16	9.41	9.35	7.94	7.72	10.91	14.33	16.03	11.37	12.66	11.70	10.92
每百元营业收入中的财务费用额（元）	2014	2.42	3.51	3.27	2.74	2.41	2.36	3.22	2.82	2.69	2.60	2.60	2.59	2.61	1.95	1.32	2.23
	2015	2.88	3.51	2.75	3.10	2.60	2.67	3.97	3.91	4.40	2.58	2.89	2.84	2.52	1.97	1.64	2.61
	2016	2.89	3.15	2.40	2.83	2.42	2.74	4.00	3.27	3.90	2.68	2.85	2.61	2.09	1.88	1.54	2.42
每百元营业收入中的营业税金及附加额（元）	2014	0.65	0.55	1.96	0.58	0.93	0.59	0.72	0.54	0.42	0.63	0.74	0.69	0.76	0.82	0.51	0.81
	2015	0.75	0.59	0.69	0.67	0.93	0.6	0.75	0.48	0.38	0.75	0.81	0.74	0.91	0.91	0.54	0.85
	2016	0.68	0.67	0.75	0.84	1.28	0.65	0.8	0.55	0.52	0.71	0.92	0.83	0.99	0.87	0.55	0.9
每百元营业收入中的企业所得税额（元）	2014	0.45	0.44	0.72	0.57	1.26	0.62	0.93	0.48	0.36	0.7	0.74	0.86	1	0.65	0.95	0.74
	2015	0.53	0.47	0.55	0.94	1.3	0.65	0.87	0.46	0.38	0.7	0.74	0.85	1.08	0.77	0.88	0.76
	2016	0.51	0.52	0.62	0.88	1.4	0.7	0.93	0.5	0.35	0.75	0.78	0.86	1.2	0.7	0.81	0.75

制造业按照国民经济行业分类（GB/T 4754—2011）

3. 分规模情况

从不同规模企业看，小微企业经营状况不好，每百元营业收入中的成本费用额连续2年在101元以上，且逐年上升，表明企业经营性收入不能覆盖成本费用额。大、中型企业的每百元营业收入中的成本费用额在96—97元之间，说明大中型企业仍保留部分经营性利润空间。总体上，企业存在不同程度的经营困难。从盈利企业和亏损企业来看，除微型企业外，其他各类型盈利企业每百元营业收入中的成本费用额均未超过95元且呈下降趋势，而亏损企业每百元营业收入中的成本费用额近两年都超过了110元且逐年微升。

将成本和费用分开来看，大型企业成本最高，三年平均为82.1元；微型企业成本最低，三年平均为66.6元。大型企业管理费用最低，三年平均为8.05元；微型企业管理费用最高，三年平均为28.96元（表26）。

表26　　　　2014—2016年不同规模企业成本费用情况表

指标	年份	企业规模			
		大型企业	中型企业	小型企业	微型企业
成本费用额（万元）	2014	395696.2	31312.61	6636.44	1276.6
	2015	375482.77	30720.68	5958.26	1198.5
	2016	383056.1	32235.2	6866.83	1249.04
2015年增速%		-5.10832	-1.89039	-10.219	-6.11781
2016年增速%		2.016958	4.929969	15.24891	4.216938
营业收入（万元）	2014	411858.26	32496.71	6682.98	1330.27
	2015	385834.16	31840.25	6082.69	1230.80
	2016	397423.98	33639.85	6849.47	1287.02
每百元营业收入中的成本费用额（元）	2014	95.74	96.57	97.99	95.03
	2015	96.87	97.88	101.04	101.54
	2016	96.45	97.86	102.06	106.19
盈利企业每百元营业收入中的成本费用额（元）	2014	93.72	93.50	94.99	93.69
	2015	93.10	93.03	94.42	93.04
	2016	93.05	93.04	94.38	94.56
亏损企业每百元营业收入中的成本费用额（元）	2014	109.18	111.15	113.08	116.05
	2015	110.08	112.41	113.37	116.01
	2016	111.23	112.91	113.77	116.12

续表

指标	年份	企业规模			
		大型企业	中型企业	小型企业	微型企业
每百元营业收入中的营业成本额（元）	2014	81.97	79.32	76.03	66.60
	2015	82.19	79.02	75.47	66.74
	2016	82.14	78.85	75.60	66.48
每百元营业收入中的销售费用额（元）	2014	3.72	4.12	3.90	3.41
	2015	3.68	4.24	4.01	3.44
	2016	3.67	4.22	4.07	3.45
每百元营业收入中的管理费用额（元）	2014	7.78	10.83	15.76	23.70
	2015	8.11	11.83	18.37	29.07
	2016	8.26	12.14	19.44	34.11
每百元营业收入中的财务费用额（元）	2014	2.27	2.30	2.30	1.32
	2015	2.89	2.79	3.19	2.29
	2016	2.38	2.65	2.95	2.15
每百元营业收入中的营业税金及附加额（元）	2014	1.24	1.12	1.20	1.59
	2015	1.27	1.18	1.27	1.59
	2016	1.16	1.05	1.08	1.36
每百元营业收入中的企业所得税额（元）	2014	1.15	1.00	0.73	0.59
	2015	1.21	1.06	0.82	0.62
	2016	1.20	1.04	0.75	0.50

4. 分所有制情况

从企业所有制性质看，外资企业经营状况最好，近3年每百元营业收入中的成本费用额分别为96.6、98.45、98.25。国有企业和集体企业稍差，经营面临一定困难。但是从盈利企业和亏损企业来看，盈利企业中国有企业和集体企业每百元营业收入中的成本费用额2015年下降后，均在2016年又有所上升，民营企业和外资企业均呈下降趋势，而亏损企业中除集体企业外，每百元营业收入中的成本费用额均呈逐年上升趋势。

将成本和费用分开来看，每百元营业收入中的成本额国有企业最低，三年平均为68.3元；外资企业最高，三年平均为81.2元。每百元营业收入中的管理费用额国有企业最高，三年平均为25.4元，外资企业最低，三年平均为11.19元（表27）。

表27　　2014—2016年不同所有制企业成本费用情况表

指标	年份	所有制性质			
		国有企业	集体企业	民营企业	外资企业
成本费用额（万元）	2014	136270.15	17616.8	25936.97	72675.7
	2015	128824.93	19004.22	24088.72	73414.8
	2016	128453.66	19343.83	25607.13	77400.47
2015年增速%		-5.46357	7.875551	-7.12593	1.016984
2016年增速%		-0.2882	1.787024	6.303407	5.428973
营业收入（万元）	2014	141203.31	18614.58	26797.41	77609.92
	2015	131375.39	20096.36	24968.22	77776.66
	2016	131590.30	20198.54	26833.63	82887.29
每百元营业收入中的成本费用额（元）	2014	95.68	97.48	97.38	96.6
	2015	100.56	99.89	99.23	98.45
	2016	103.55	100.97	99.54	98.25
盈利企业每百元营业收入中的成本费用额（元）	2014	93.96	94.34	94.36	93.07
	2015	92.81	93.11	94.06	92.55
	2016	93.61	93.80	94.04	91.72
亏损企业每百元营业收入中的成本费用额（元）	2014	116.96	114.81	110.94	109.36
	2015	117.14	110.03	111.77	112.08
	2016	117.63	110.88	112.12	113.85
每百元营业收入中的营业成本额（元）	2014	68.41	72.65	79.74	81.59
	2015	68.11	72.04	79.29	81.62
	2016	68.39	71.00	79.17	80.40
每百元营业收入中的销售费用额（元）	2014	3.69	4.08	3.99	3.78
	2015	3.79	3.44	4.06	4.15
	2016	3.76	3.80	4.09	4.12
每百元营业收入中的管理费用额（元）	2014	21.64	19.05	11.22	10.01
	2015	25.69	21.31	12.99	11.21
	2016	28.88	23.86	13.35	12.35
每百元营业收入中的财务费用额（元）	2014	1.94	1.70	2.43	1.22
	2015	2.97	3.10	3.06	1.47
	2016	2.52	2.31	2.93	1.38
每百元营业收入中的营业税金及附加额（元）	2014	2.08	1.70	0.91	0.79
	2015	2.18	1.72	0.95	0.83
	2016	1.70	1.36	0.90	0.83
每百元营业收入中的企业所得税额（元）	2014	1.17	1.06	0.67	1.24
	2015	1.33	1.07	0.71	1.27
	2016	1.17	0.99	0.69	1.35

(四) 分析结论

以上分析表明,2014—2016 年,全国样本企业经营状况整体好转但分化趋势明显。盈利企业出现明显好转,但是亏损企业的情况依然严峻,经营依然困难,企业面临多重压力。特别是,东北地区的情况较全国其他地区更为严重,企业生存压力增大、发展需求迫切。

2014—2016 年,样本企业每百元营业收入中营业成本略有下降,但费用上升较快,尤其是管理费用。说明每百元营业收入中费用额的上升主要来自管理费用,企业降费用的空间还较大。

通过行业分析,我们发现不同行业在效益、经营、债务、成本费用等方面存在较大差异,降成本政策的方向和力度还应当根据行业不同各有侧重,突出针对性。

通过规模分析,我们发现当前小微企业面临的困难相对而言更多,也更迫切,降成本政策如何进一步针对小微企业发挥积极作用,值得全社会各方面积极思考和实践。

通过企业所有制性质分析,我们发现外资企业和民营企业的经营状况总体上优于国有企业,这与企业经营灵活、市场意识强、管理高效密切相关,未来,在降本增效过程中,如何增强企业的市场意识,调动和发挥企业的积极性,对于企业的生存与发展至关重要。

四、原材料、用能用地及人工成本分析

(一) 原材料成本分析

从问卷数据来看,2016 年全国实体经济企业(剔除了金融企业和房地产企业)原材料成本为 30171.18 亿元,同比 2015 年上升了 7.21%(图 72 和表 28),原材料成本的上升,一方面反映了企业销售和生产回暖,另一方面随着原材料需求的上升,原材料价格上升也导致了原材料成本的上升。

从区域来看,2016 年东部地区实体经济企业的原材料成本为 15954.84 亿元,同比 2015 年增长了 12.65%(图 73 和表 28),东部地区实体经济企业的原材料成本上升最快,东北地区实体经济企业的原材料成本 2016 年为 4870.56 亿

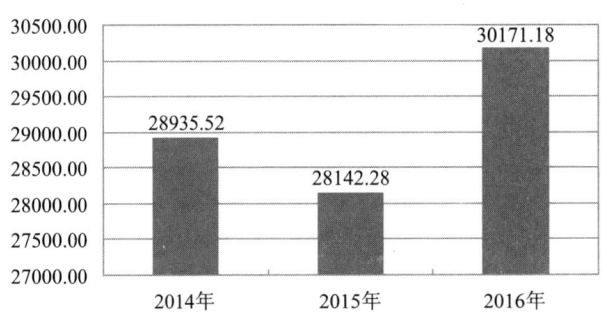

图 72　全国实体经济企业原材料成本分析（单位：亿元）

元，同比 2015 年却出现了 6.71% 的下降，这说明我国实体经济企业区域差异较大，东部地区实体经济企业 2016 年生产回暖较快，东北地区实体经济企业的生产和采购情况则依然未见明显好转。

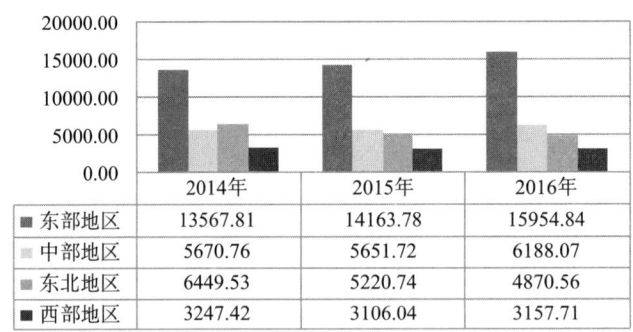

图 73　四大区域实体经济企业原材料成本分析（单位：亿元）

全国总体及四大区域实体经济企业的原材料成本及其增长情况见表 28。

表 28　　　　　　实体经济企业原材料成本及增长情况　　　　　单位：亿元

原材料成本	2014 年	2015 年	2016 年	2016 年增长率（%）
全国总体	28935.52	28142.28	30171.18	7.21
东部地区	13567.81	14163.78	15954.84	12.65
中部地区	5670.76	5651.72	6188.07	9.49
东北地区	6449.53	5220.74	4870.56	-6.71
西部地区	3247.42	3106.04	3157.71	1.66

从具体行业来看，2016 年共有 7 个行业原材料成本同比出现了上升，其中：制造业原材料成本 2016 年同比上升了 7.84%；此外，采矿业和电力、热力、燃

气及水生产和供应业的原材料成本同比出现了下降（表29）。

表29　　　　　　　　主要行业原材料成本数据　　　　　　　单位：亿元

行业类型	2014年	2015年	2016年	2016年增长率（%）
交通运输、仓储和邮政业	59.88	72.70	121.67	67.35
批发零售业	1417.04	1458.13	1736.38	19.08
农、林、牧、渔业	503.98	510.09	563.37	10.45
制造业	17574.39	17247.93	18600.61	7.84
住宿和餐饮业	13.48	14.95	16.07	7.52
信息传输、软件和信息技术服务业	44.10	42.62	44.79	5.08
建筑业	1279.65	1267.32	1315.29	3.79
采矿业	1392.96	1403.09	1383.75	-1.38
电力、热力、燃气及水生产和供应业	3938.45	3136.78	2991.85	-4.62

（二）用地及房租成本分析

从全国来看，2016年全国实体经济企业（剔除了房地产开发和建筑施工企业）用地及房租成本为369.93亿元，同比2015年上升了9.7%（图74和表30）。

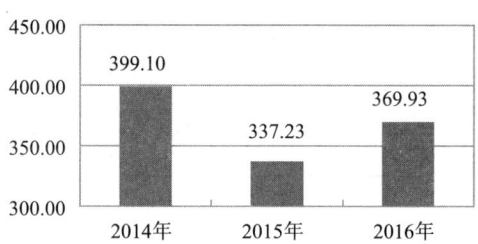

图74　全国实体经济企业用地及房租成本分析（单位：亿元）

从区域来看，四个区域2016年实体经济企业用地及房租成本均出现了上升，具体来看：东部地区实体经济企业用地及房租成本在四大区域中最高，2016年为174.22亿元；西部地区实体经济企业用地及房租成本则上升最快，2016年为62.91亿元，同比2015年上升了43.8%；而东北地区实体经济企业2016年的用地及房租成本为66.53亿元，同比2015年仅仅上升了0.92%（图75和表30），这也说明东北地区实体经济企业活力不强，用地或租房意愿较低。

近几年地价和房价的持续上涨，全国及四大区域实体经济企业的用地及房租成本2016年均出现了不同程度的上升，这也一定程度上削弱了实体经济企业的盈利能力,下一步"降成本"还应采取有效措施控制我国城市房价持续且大幅上涨的趋势,对实体经济企业的用地及房租成本给予关注。

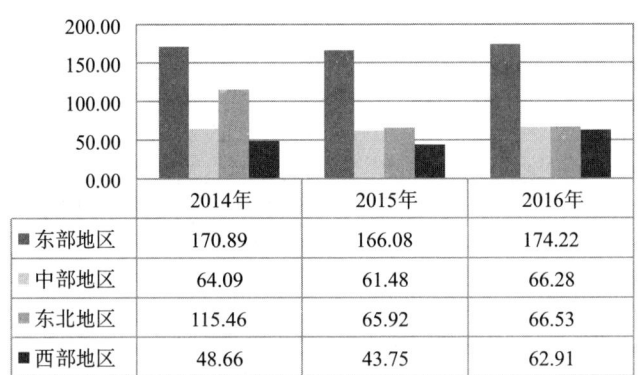

图75　四大区域实体经济企业用地及房租成本分析(单位:亿元)

全国总体及四大区域实体经济企业用地及房租成本及其增长情况见表30。

表30　　　　　实体经济企业用地及房租成本及增长情况　　　　　单位:亿元

用地及房租成本	2014年	2015年	2016年	2016年增长率(%)
全国总体	399.10	337.23	369.93	9.70
东部地区	170.89	166.08	174.22	4.90
中部地区	64.09	61.48	66.28	7.81
东北地区	115.46	65.92	66.53	0.92
西部地区	48.66	43.75	62.91	43.80

从具体行业来看,2016年共有6个行业用地及房租成本同比出现了一定幅度的上升,其中:住宿及餐饮业的企业用地及房租成本2016年上升最快,同比2015年上升了36.40%;制造业的企业用地及房租成本2016年同比增幅仅为3.5%。交通运输、仓储和邮政业以及采矿业的企业用地及房租成本2016年则同比出现了下降(表31)。

表31　　　　　　　主要行业用地及房租成本数据　　　　　　　单位:亿元

行业类型	2014年	2015年	2016年	2016年增长率(%)
住宿和餐饮业	1.57	1.66	2.26	36.40
批发零售业	27.83	20.34	23.34	14.76
农、林、牧、渔业	9.33	9.70	11.07	14.13

续表

行业类型	2014年	2015年	2016年	2016年增长率（%）
信息传输、软件和信息技术服务业	8.76	8.98	10.06	11.94
电力、热力、燃气及水生产和供应业	12.72	15.04	15.82	5.17
制造业	224.59	169.79	175.74	3.50
交通运输、仓储和邮政业	10.70	18.22	11.10	-39.07
采矿业	40.89	40.52	39.02	-3.70

（三）用能成本分析

对于企业用能成本部分，这次问卷主要针对当前企业普遍反映较为突出的用电成本进行了数据收集。从全国用电成本数据来看，2016年全国实体经济企业（剔除了电力、电网和供热企业）用电成本1539.61亿元，同比2015年增长了2.91%（图76和表32）。

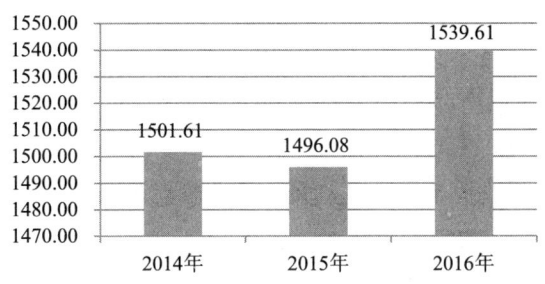

图76　全国实体经济企业用电成本分析（单位：亿元）

从区域来看，西部、东部和中部地区2016年实体经济企业的用电成本均出现了一定幅度的增长，而东北地区2016年实体经济企业的用电成本则出现了较大幅度的下降，2016年用电成本为101.36亿元，同比2015年下降了17.55%（图77和表32），东北地区2016年实体经济企业的用电成本下降，则说明东北地区实体经济企业的经济效益依然未见好转。

近年来国家发改委对工业企业用电价格进行了下调，在当前电价下降的情况下，全国实体经济企业2016年用电成本的增长则反映了企业用电量的增加和经济效益的总体向好。全国总体及四大区域实体经济企业的用电成本及其增长情况见表32。

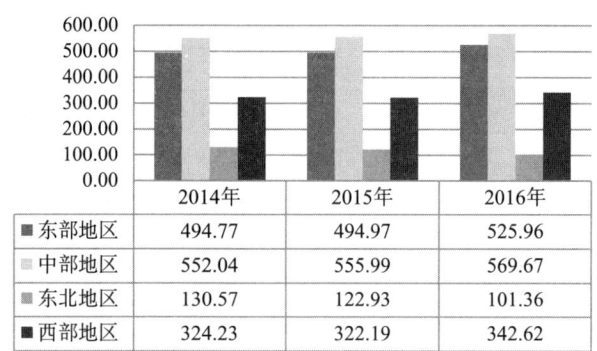

图77 四大区域实体经济企业用电成本分析（单位：亿元）

表32　　　　　全国实体经济企业用电成本数据　　　　　单位：亿元

用能—用电成本	2014年	2015年	2016年	2016年增长率（%）
全国总体	1501.61	1496.08	1539.61	2.91
东部地区	324.23	322.19	342.62	6.34
中部地区	494.77	494.97	525.96	6.26
东北地区	552.04	555.99	569.67	2.46
西部地区	130.57	122.93	101.36	-17.55

从具体行业来看，2016年共有9个行业用电成本同比出现了上升，其中：交通运输、仓储和邮政业，农、林、牧、渔业和建筑业三个行业企业的用电成本2016年同比上升较快。住宿和餐饮业、采矿业两个行业企业用电成本2016年同比则出现了较大幅度下降。见表33。

表33　　　　　主要行业用能成本数据　　　　　单位：亿元

行业类型	2014年	2015年	2016年	2016年同比增长率（%）
交通运输、仓储和邮政业	24.26	24.10	34.25	42.11
农、林、牧、渔业	35.83	43.34	56.05	29.32
其他	97.75	103.78	120.54	16.15
建筑业	56.82	62.11	70.00	12.70
电力、热力、燃气及水生产和供应业	17.18	17.32	18.18	4.98
房地产业	50.08	50.26	52.47	4.39
批发零售业	40.95	49.03	50.72	3.45
信息传输、软件和信息技术服务业	13.36	15.67	16.11	2.84
制造业	1019.88	997.38	1006.66	0.93
住宿和餐饮业	3.02	3.06	2.88	-6.00
采矿业	142.47	130.03	111.76	-14.05

（四）用工成本分析

企业用工成本依然在上升，从全国数据来看，2016年全国实体经济企业用工成本为3216.92亿元，同比2015年增长了6.84%（见图78和表34）。

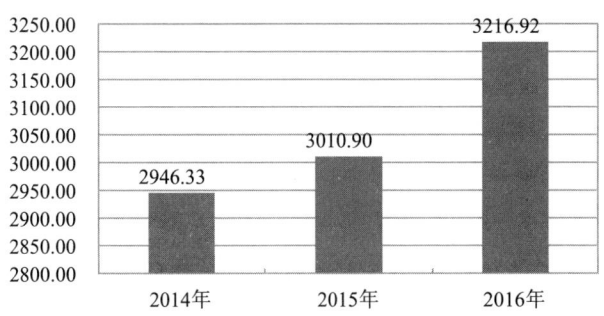

图78 全国实体经济企业用工成本分析（单位：亿元）

从区域来看，东部地区2016年实体经济企业用工成本为1282.98亿元，同比2015年增长了9.84%（图79和表34），东北地区2016年实体经济企业的用工成本为636.78亿元，同比2015年增长了7.70%，这两大区域用工成本的增长幅度均高于全国总体增幅。中部和西部地区企业的用工成本增幅较小。这说明虽然国家出台政策降低了社保的缴费率，但是工资的刚性增长依然使得这两年我国实体经济企业的用工成本在上升，企业对用工成本高的问题反映依然强烈。

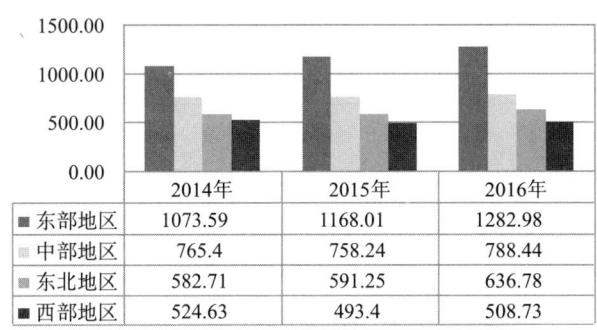

图79 四大区域实体经济企业用工成本分析（单位：亿元）

企业的用工成本均出现了不同程度的上升，全国总体及四大区域实体经济企业的用工成本及其增长情况见表34。

表34　　　　　　　全国实体经济企业用工成本数据　　　　　　单位：亿元

用工成本	2014年	2015年	2016年	2016年增长率（%）
全国总体	2946.33	3010.90	3216.92	6.84
东部地区	1073.59	1168.01	1282.98	9.84
中部地区	765.40	758.24	788.44	3.98
东北地区	582.71	591.25	636.78	7.70
西部地区	524.63	493.40	508.73	3.11

从具体行业来看，2016年共有9个行业的用工成本同比出现了上升，其中：建筑业的用工成本增速最高，2016年同比上升了19.55%，2016年用工成本同比增速高于10%的有四个行业。只有采矿业的用工成本2016年同比下降了4.66%。见表35。

表35　　　　　　　　主要行业用工成本数据　　　　　　　　单位：亿元

行业类型	2015年	2016年	2016年增长率（%）
建筑业	160.12	191.41	19.55
农、林、牧、渔业	65.46	74.93	14.46
房地产业	23.35	26.02	11.42
交通运输、仓储和邮政业	151.54	166.76	10.04
信息传输、软件和信息技术服务业	57.12	62.56	9.52
电力、热力、燃气及水生产和供应业	156.30	167.81	7.36
制造业	1374.82	1474.18	7.23
住宿和餐饮业	14.08	15.04	6.78
批发零售业	90.11	95.72	6.23
采矿业	544.63	519.27	-4.66

从人均工资水平来看，2016年全国实体经济企业人均工资为5.32万元，同比增长了6.99%。从区域来看，四个区域企业的人均工资均出现了不同程度的上升，其中，东北地区、西部地区和中部地区2016年实体经济企业的人均工资增速高于全国水平，只有东部地区增速则低于全国水平。见表36。

表36　　　　　　全国实体经济企业人均工资数据　　　　　　单位：万元

人均工资成本	2014年	2015年	2016年	2016年增长率（%）
全国总体	4.68	4.97	5.32	6.99
东部地区	5.67	6.04	6.41	6.06

续表

人均工资成本	2014 年	2015 年	2016 年	2016 年增长率（%）
中部地区	3.38	3.54	3.80	7.33
东北地区	3.79	4.07	4.51	10.71
西部地区	4.59	4.86	5.25	7.89

此外，对于2016年用工成本上升的企业，问卷进行了设计了选择题（可多选），从企业回答的问题结果来看（见表37），企业认为导致用工成本上升的主要原因是物价上涨、企业难以招到合适的员工、社会保障体系逐步健全，以及劳动力素质的提升。

表37　　　　　　　　用工成本上升原因回答结果统计数据

企业用工成本上升原因	选择的企业个数	占样本企业比（%）
物价上涨	7968	65.11
企业难以招到合适员工	5115	41.80
社会保障体系逐步健全	5031	41.11
劳动力素质提升	4286	35.02
地方政府上调最低工资标准	3875	31.66

（五）分析结论

通过前述对问卷有效样本的数据分析，近年来各级政府不断推行"降成本"举措以来，我国实体经济企业得到了较大实惠，取得了一定的成效，但是也要看到，实体经济企业的一些主要成本指标依然在上升或者下降不太显著。具体情况如下：

1. 原材料成本近年来上升较快

2016年全国实体经济企业（剔除了金融企业和房地产企业）原材料成本出现了较快上升，2016年同比上升了7.21%，其中：制造业企业的原材料成本2016年同比上升了7.84%。这说明随着一些行业去产能的持续推进和实体经济企业销售和生产的回暖，原材料需求的增长引发了原材料价格上涨，从而推高了企业的原材料成本。

2. 用地及房租成本依然普遍上涨

随着近几年我国城市地价和房价的持续上涨，我国实体经济企业在用地和房租方面的成本也在持续上涨。2016年全国实体经济企业（剔除了房地产开发和建筑施工企业）用地及房租成本为369.93亿元，同比2015年上升了9.7%。从区域来看，四大区域实体经济企业的用地及房租成本也均出现了不同程度的上涨，东部地区实体经济企业用地及房租成本在四大区域中最高，2016年为174.22亿元；西部地区实体经济企业用地及房租成本则上升最快，2016年为62.91亿元，同比2015年上升了43.8%；而东北地区实体经济企业2016年的用地及房租成本为66.53亿元，同比2015年仅仅上升了0.92%。从行业来看，2016年共有6个行业企业的用地及房租成本同比出现了上升，其中：制造业的企业用地及房租成本2016年同比增幅仅为3.5%。

用地和房租成本的普遍上涨将在一定程度上削弱实体经济企业的盈利能力，下一步"降成本"还应采取有效措施控制我国城市房价持续且普遍上涨趋势，对实体经济企业用地及房租成本给予关注。

3. 用能成本有所上升但幅度不大

随着近年来国家发改委的持续降低工业企业用电价格和推进大用户直供电改革，我国实体经济企业的用电成本虽然总体有一定的上升，但是增幅较小，在电价下调的情况下，实体经济企业用电总成本保持一定幅度的上升反而反映了经济效益的好转。

从全国企业用电成本数据来看，2016年全国实体经济企业的用电成本1539.61亿元，同比2015年仅仅增长了2.91%。从区域来看，西部、东部和中部地区2016年实体经济企业的用电成本均出现了一定幅度的增长，而东北地区2016年实体经济企业的用电成本则出现了较大幅度的下降，2016年用电成本为101.36亿元，同比2015年却下降了17.55%，东北地区2016年实体经济企业的用电成本下降，则说明东北地区实体经济企业的经济效益依然未见明显好转。

4. 用工成本依然刚性上升且问题依然突出

虽然国家为了降低企业的用工成本，降低了企业的社保缴费率，工资的刚性增长要求以及用工市场的紧张依然使得这两年我国实体经济企业的用工成本在持续上升，企业对用工成本高的问题反映依然强烈。

从全国数据来看，2016年全国实体经济企业用工成本同比增长了6.84%。从区域来看，四个区域企业的用工成本均出现了不同程度的上升，其中，东部地区和东北地区2016年实体经济企业的用工成本增速高于全国的平均水平。

五、实体企业融资成本分析[①]

(一) 实体企业融资成本的总体情况

根据全国抽样调查数据显示,2014—2016 年,无论是企业数量还是资金规模,我国企业外源融资的总体水平呈现上升趋势(图 80),但受货币信贷宏观稳中偏紧的影响,2016 年以来,企业融资增速放缓。在各类融资方式中,银行贷款依然是企业外源融资的最主要方式(图 81)。问卷数据显示,各年通过银行贷款融资的企业数量占比超过 87%,而资金规模占比则超过 74%;其次是债券融资,股权融资与其他融资方式(信托、融资租赁、小额贷款等)相比仍然较少。但是,对比单家企业的各类融资规模时发现,单家企业的平均债券融资规模要远大于单家企业的平均贷款规模(图 82)。尤其值得注意的是,这一特征,尽管不十分显著,也反映在股权及其他融资方式上。数据充分表明,近些年我国资本市场的发展已使其在满足优质企业融资需求的能力上有了显著提升。其次,按照资金规模计算,我国企业融资结构正趋于优化,银行信贷融资占比从 2014 年的 77.79% 下降至 2016 年的 74.24%,累计下降 3.55%;而债券、股权及其他融资方式比重整体有所上升,其中债券融资比重累计上升 1.68%、股权融资累计上升 0.75%,其他融资方式累计上升 1.12%。企业融资结构的变化充分反映了我国近年来优化金融结构,完善多层次资本市场、丰富直接融资工具等金融体制改革的成效,也充分反映了 2015 年以来银行业按照供给侧结构性改革的要求,主动优化信贷结构,稳妥推进"去杠杆"的政策实效。

从融资成本角度分析,我国企业外源融资成本总体呈现下降趋势(图 83)。其中,银行各期限贷款加权平均利率降幅最大,从 2014 年的 7.24% 下降至 2016 年的 6.49%,降幅达到 75 个基本点;企业各类债券融资的平均利息成本在 2015 年降低至 4.29% 后,2016 年稳中有升至 5.11%;企业股权融资费用在 2015 年略

[①] 基于对全国东部、中部、西部、东北 12239 家实体企业的问卷调查和财务数据的统计分析,企业融资成本数据分析报告从全国抽样总体情况、区域分布、企业所有制背景、规模差异、行业分布、企业获得感等六个方面,以企业融资规模与融资成本为评价指标,分析我国当前企业融资成本现状与 2015 年以来的落实中央"降成本"政策实效。数据样本丰富、分类划型细致,具有较高的可信度,为 2017 年进一步落实降成本政策,实现既定目标提供了有价值的参考借鉴。

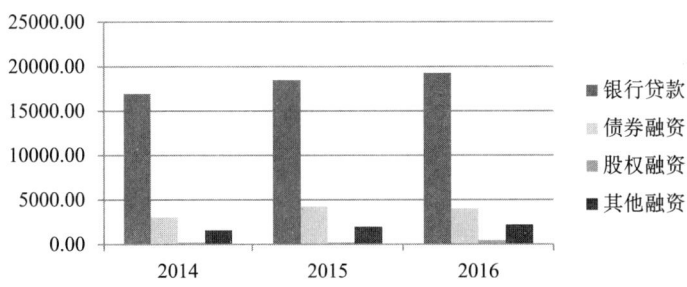

图 80　全国样本企业融资规模（亿元）

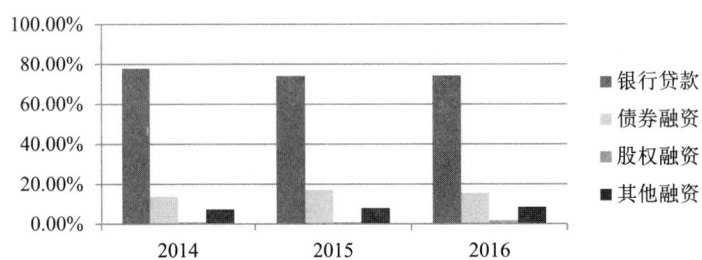

图 81　全国样本企业融资结构变化

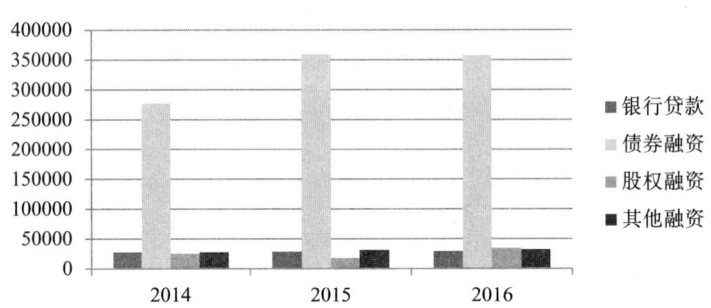

图 82　全国样本企业平均融资规模（万元）

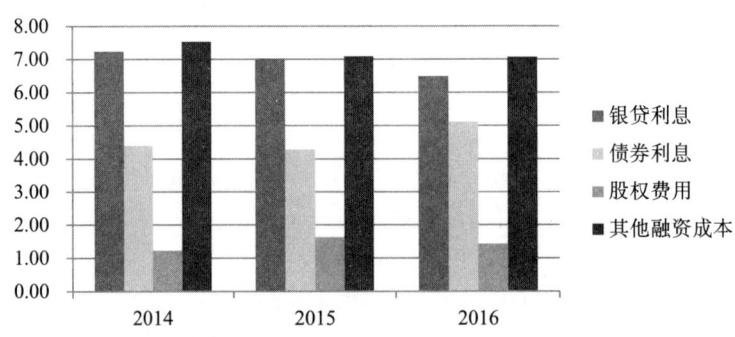

图 83　全国样本企业融资成本（%）趋势变化

有增加至 1.63% 后，2016 年又回调至 1.42%；企业其他各类融资方式的融资成本则总体呈现持续下降态势，从 2014 年的 7.54% 下降至 2016 年的 7.07%。总体看，上述几类融资方式中，股权融资成本最低，其次是债券融资、银行信贷、其他融资方式（表 38）。因此，加快推进直接融资市场建设有利于降低实体企业融资成本。2015 年以来的"降成本"政策，在银行信贷领域表现最为明显，政策性较强，而资本市场受市场预期等主观因素影响较大，效果有所反复。

表 38　　　　　　　全国样本企业各融资方式融资成本　　　　单位：%

	2014 年	2015 年	2016 年
银行贷款	7.235	7.026	6.489
企业债券	4.395	4.288	5.112
股权融资	1.227	1.627	1.423
其他融资	7.537	7.086	7.067

需要关注的是，从统计特征看，上述几类融资方式的利息与费用成本的偏度和峰度系数均大于 0，预示着，仅就贷款利息、债券利息和股权融资费用看，样本企业中实际融资成本低于样本均值的企业数相对较多，但是不同类型企业（企业所有权性质、企业规模大小、所属行业差异等）之间的融资成本差异较大。

（二）实体企业融资成本的区域分布特征

区域不平衡是我国现阶段经济发展的典型特征之一。为突出反映这种结构特征对我国不同区域企业外源融资的影响，尤其是考虑中央降成本工作方案可能存在的区域不对称效应，需要分区域考察我国东部、中部、西部与东北地区企业融资成本的近期变化。

1. 企业融资规模的区域分布

2014—2016 年，我国各区域企业融资总规模逐年增长。银行贷款融资仍是各区域企业外源融资的最主要渠道。从银行贷款规模看（图 84），我国西部地区单一企业的平均贷款规模最大，达到 3.1 亿—3.8 亿元之间，其次是东部地区、东北地区，中部地区企业的平均贷款规模最小，仅在 1.2 亿—1.36 亿元之间。从银行信贷融资占企业各类融资比重看，西部地区企业、东北地区企业的银行贷款融资比重最高，平均超过 76%，说明该地区企业融资对银行信贷渠道的依赖度也是最高的，其次是东部地区企业，中部地区企业的这一比重最底，仅在

62%—68%之间。但是，从融资结构的变化看（图85），东部地区企业银行信贷融资比重逐年下滑趋势最为明显，从2014年的83%下降到2016年的74%，下降了近9%，然而东北地区却总体保持稳定，银行信贷融资的比重未出现明显的逐年下降趋势。这一现象与西部、东北地区老重工业结构特征、区域金融市场欠发达程度、国有与大中型企业数量相对较多等因素有关，充分说明，区域经济环境差异对银行业"去杠杆"的政策实效具有重要影响力，存在政策效应的区域不平衡。

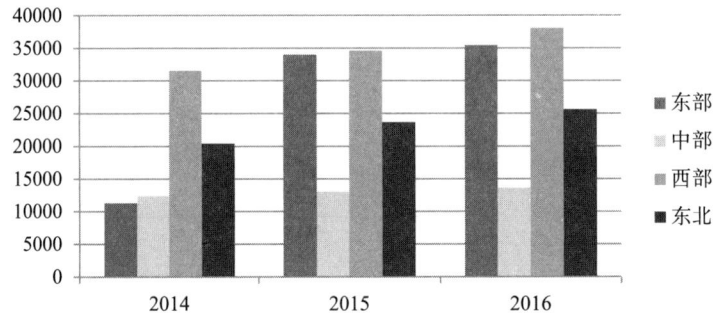

图84　分区域样本企业银行贷款平均规模（万元）

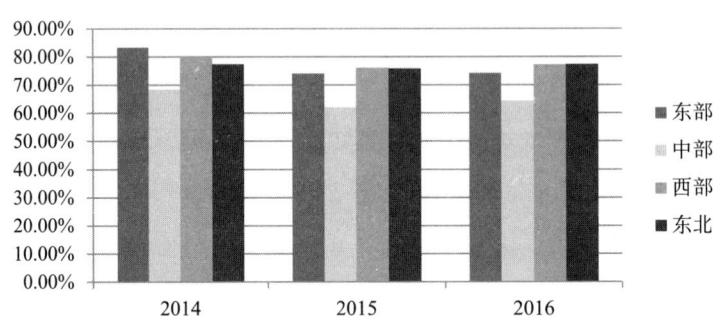

图85　分区域样本企业银行信贷融资占比

考察样本企业的债券融资，我们发现，从区域分布看，东部地区、西部地区单一企业的平均债券融资规模最大（图86）。尤其是，2015—2016年，东、西部地区单一企业平均债券融资规模倍增，超过7000万元。然而，同一时期，中部与东北地区单一企业平均债券融资规模相对较小，中部地区企业在4500万—6000万元之间，而东北地区企业2016年的平均债券融资规模仅为3215万元。但是，以资金规模计算的企业各类融资占比看（图87），中部地区企业债券融资占比却最低超过24%，最高达到28.07%（2015），这与中部地区企业银行信贷融资占比低恰好形成互补关系。其次是东部、西部地区，东北地区企业的平均债券融资规模仍是最少。出现这种结构性差异的原因是 2015 年以来，中部（如河南、山西）和东北地区（如吉林、黑龙江）银行业不良贷款集中暴露，不良贷款率陡升以及监管强化下的"压增量、减存量"迫使中部地区企业转向债券市场融资，其融资比重上升；而东北地区由于老重化工业的历史包袱，域内企业未能获得市场青睐，融资结构转型失败。

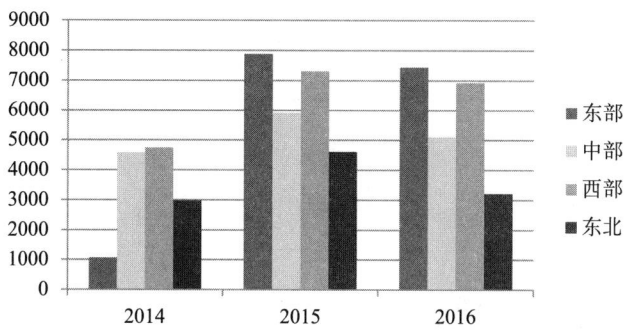

图 86　分区域样本企业债券融资平均规模（万元）

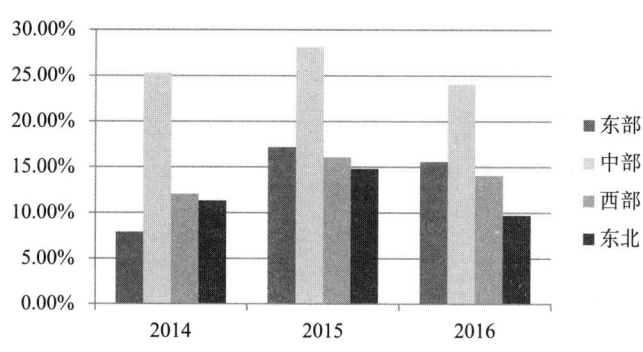

图 87　分区域样本企业债券融资占比

近年，新三板与区域股权交易市场的发展带动了我国企业股权融资的快速增长，不同区域样本企业的平均股权融资规模呈现显著的逐年增长趋势（图 88）。但是，由于股权融资涉及企业控制权的变化以及公司治理结构的规范调整，股权融资的隐性成本较高。因此，股权融资在企业各类融资方式中的占比仍是最低的。从区域分布看（图 89），东北地区单一企业平均股权融资规模最大，且股权融资规模占比较高。这一结构特征与样本企业中东北地区国有企业与大型企业占比较多可能具有一定的相关性：按融资规模计算，国有企业、大型企业仍然是企业上市与股权融资的主体。

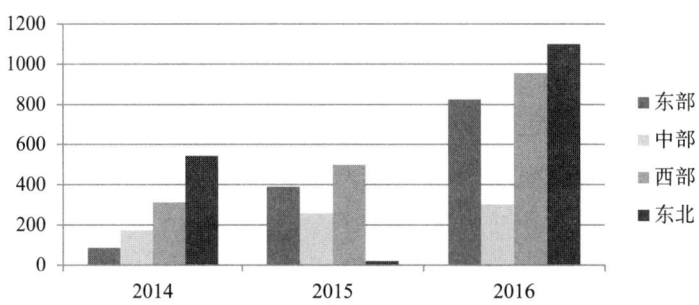

图 88　分区域样本企业股权融资平均规模（万元）

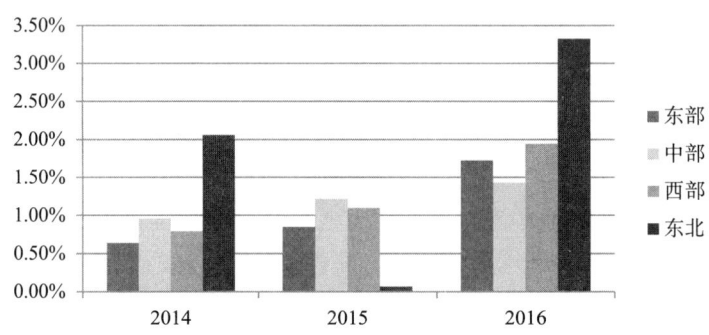

图 89　分区域样本企业股权融资占比

其他融资方式（信托、融资租赁、小贷、票据融资等）表现出中部地区的企业平均融资规模最小而占比最高的特征（图90、图91），这与样本企业中中部地区非国有企业占比较高，难以受到主流融资方式（银行信贷、企业上市）青睐，因而更多地采用其他融资渠道融资，从而表现出更明显的融资多元化特征。

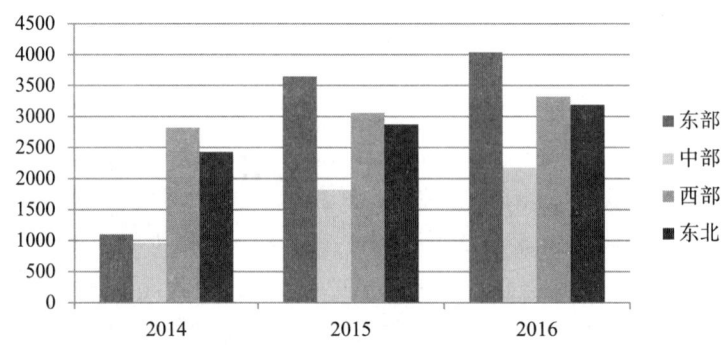

图 90　分区域样本企业其他融资方式平均规模（万元）

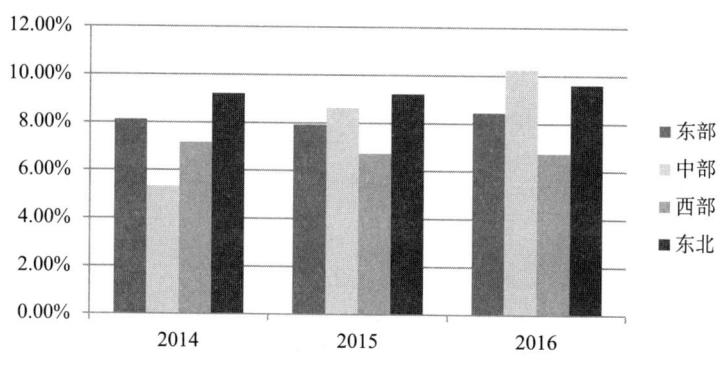

图 91　分区域样本企业其他融资方式占比

2. 企业融资成本的区域分布

从银行贷款渠道看，我国东部、中部、西部、东北地区企业的银行贷款利息成本呈现明显阶梯下降特征（图92），东部与中部地区企业各期限银行贷款加权平均利率约为7.09%和6.97%，明显高于西部和东北地区的6.41%和6.46%。这一区域分布特征与各区域样本企业中国有企业、大型企业占比存在一定关联性：区域样本企业中，东部、中部地区国有企业、大型企业的比重较低，而东北地区和西部地区国有企业、大型企业占比较高。由于国有和大型企业在银行信贷融资中占有明显的优势，信用等级高，融资规模大，拥有较强话语权，融资成本较低。

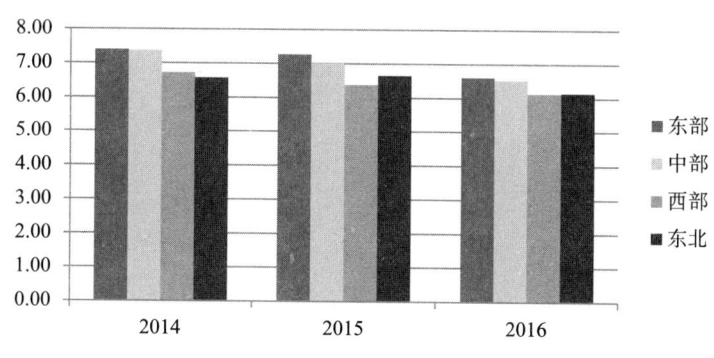

图 92　分区域银行贷款利息成本变化（%）

从债券融资渠道看，我国中部地区企业债券融资的利息成本最高，各年加权平均利率达到6%，其次是西部地区、东北地区，加权平均利率分别为5.32%和4.73%，东部地区最低，加权平均利率仅为3.61%（图93）。民营企业居多的中部地区债券融资利率上升主要拖累于中部地区银行不良贷款的集中暴露，企业债信评级下降，风险溢价上升。西部与东北地区则得益于大型企业较多而拉低了企业平均债券融资利率。东部地区企业则由于整体较好的经济效益，较高的债信评级以及资本市场的追捧，获得了较低的融资利率。

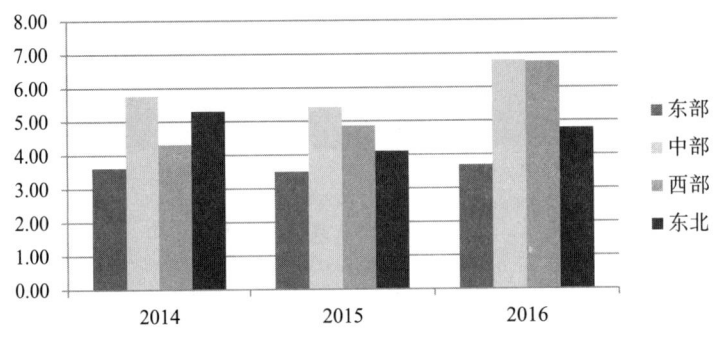

图 93 分区域债券利息成本变化（%）

样本企业中，股权融资成本的区域分布则呈现东部、中部、东北、西部阶梯上升局面（图94）。调研数据显示，2014—2016 年，东部地区企业股权融资的显性成本不到融资总额的 1%，而西部地区企业股权融资成本则高达融资额度的 3.77%。这一数据统计结果反映出：在民营企业较多的东部地区，股权融资市场更为活跃，融资中介服务市场竞争更为激烈，非上市企业的整体规范性更高，上市辅导的成本较低，因此股权融资成本总体也较低。

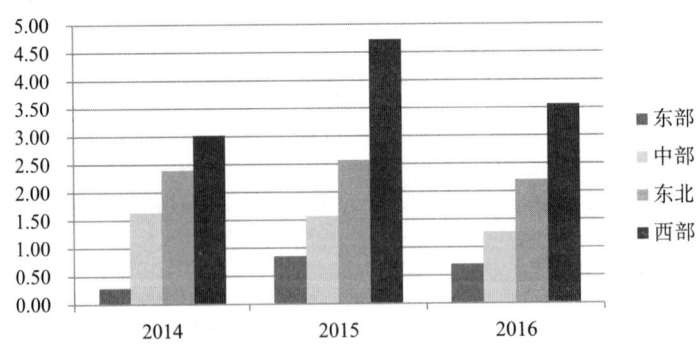

图 94 分区域股权融资成本变化（%）

其他融资方式融资成本的区域分布特征也呈现出股权融资成本相同的东部、中部、东北、西部阶梯上升分布特征，这充分表明了经济发达的东部地区，金融市场更为活跃，金融工具更为丰富，中介服务更为完善，企业融资的多元化选择更多。

从降成本政策成效看,融资工具和融资渠道的差异明显优于区域差异。从四大类融资渠道的数据分析看(表39),银行信贷渠道的降成本效应最为明显,东、中、西、东北地区均呈现银行信贷加权平均利率的总体下降;债券、股权以及其他融资渠道则受资本市场投资者预期、风险偏好等多重主观因素的交叉影响,自主性较强而政策性偏弱,降成本的政策效应不明显,有所反复。这一现象充分说明,我国资本市场的市场化程度日益提升,全国一体化的局面正逐步形成;银行信贷的政策性相对较强,可以更有效地服务于国家战略。

表39　　　　　　　　不同融资渠道分区域成本年度变化　　　　　　　　单位:%

	银贷				债券		
	2014年	2015年	2016年		2014年	2015年	2016年
东部	7.39	7.27	6.61	东部	3.62	3.50	3.69
中部	7.36	7.01	6.53	中部	5.77	5.43	6.81
西部	6.72	6.38	6.13	西部	4.32	4.87	6.76
东北	6.57	6.65	6.15	东北	5.30	4.11	4.79
	股权				其他		
	2014年	2015年	2016年		2014年	2015年	2016年
东部	0.29	0.86	0.70	东部	5.91	5.88	6.46
中部	1.65	1.58	1.28	中部	9.74	8.27	8.05
西部	3.02	4.73	3.56	西部	9.84	9.26	8.03
东北	2.40	2.57	2.21	东北	6.44	7.08	6.03

(三)实体企业融资成本的企业所有制差异

从融资渠道看,国有企业的平均融资规模显著高于民营企业(表40)。其主要原因在于国有企业中,大中型企业占比较大,因此,其平均融资规模也相对较高。但也在一定程度上反映出,国有企业比民营企业更有机会获得金融机构和金融市场的支持。

表40　　　　　　国有与民营企业各融资方式平均融资规模　　　　　　单位:万元

	国有企业		
	2014年	2015年	2016年
银行贷款	41063.73	45064.00	47528.33
债券融资	9783.57	13734.04	13012.17
股权融资	593.64	528.07	1369.94
其他融资	4288.54	5529.15	6235.19

续表

	民营企业		
	2014年	2015年	2016年
银行贷款	6152.02	6720.08	6867.58
债券融资	258.26	420.47	376.63
股权融资	44.34	76.89	71.23
其他融资	302.74	341.48	382.27

然而,从融资成本角度看(表41):在样本企业中,国有企业的银行贷款加权平均利率明显低于民营企业;但是,国有企业的债券融资、股权融资及其他融资方式的融资成本却高于民营企业。这一现象的出现可能主要源于近年来国企债券违约事件相继发生,刚性兑付神话已被打破,加之"去产能"政策等不利信号影响,投资者更为理性地看待国有企业的所有制背景,直接融资市场的透明度、公平性明显提升,民营与国有企业的资本市场地位日趋平等。

表41　　　　　国有与民营企业各融资方式平均融资成本　　　　　单位:%

	国有企业		
	2014年	2015年	2016年
银行贷款	6.13	5.91	5.26
债券融资	5.12	4.82	6.33
股权融资	1.98	2.63	2.55
其他融资	8.90	7.69	8.11
	民营企业		
	2014年	2015年	2016年
银行贷款	7.65	7.41	6.79
债券融资	3.87	3.96	3.83
股权融资	1.01	1.45	1.13
其他融资	7.38	7.32	6.88

从降成本的政策成效看,渠道差异明显强于所有制差异:从银行信贷渠道看,无论是国有企业还是民营企业,均得益于降成本政策,利息成本逐年下降;但是,债券、股权及其他融资渠道则表现不明显,有所反复。这一现象表明,在我国资本市场,企业所有制的隐性优势已逐渐被投资者理性看待,民营企业与国有企业日益获得更平等的市场地位。

（四）实体企业融资成本的企业规模效应

表 42 列示了不同规模企业各类融资方式的平均融资规模，可以看出，随着企业规模的减小，企业各类融资方式的平均融资规模也逐渐减少，递减速度几乎成数量级的阶梯变化，大型企业的平均融资规模显著大于其他规模企业。

表 42　　　　　　　　不同规模企业各类融资平均规模　　　　　　　　单位：万元

年份	企业债券				银行贷款			
	大型企业	中型企业	小型企业	微型企业	大型企业	中型企业	小型企业	微型企业
2014	125489.36	7503.63	2458.92	281.60	27838.58	312.61	26.05	0
2015	136801.00	7807.88	2937.45	357.42	39786.19	320.12	26.41	0
2016	141059.69	8016.82	3358.39	610.38	37691.55	237.43	41.04	0

年份	股权融资				其他融资方式			
	大型企业	中型企业	小型企业	微型企业	大型企业	中型企业	小型企业	微型企业
2014	1943.38	11.82	5.62	18.37	13153.44	501.73	93.62	26.75
2015	1846.29	31.82	9.49	16.90	16330.65	607.88	123.90	13.96
2016	4085.33	44.60	7.91	9.54	17929.74	718.14	142.22	12.73

从融资成本分析（表43），大型企业、小微型企业的银行贷款利率低于中型企业：2014—2016 年，大型企业银贷加权平均利率在 6.36%—6.92% 之间，小型企业在 6.34%—7.20% 之间，微型企业则在 6.0%—6.73% 之间，而中型企业在 6.81%—7.58% 之间，明显高于大型企业和小微企业。出现这一结构性特征的主要原因：一是样本数据统计的大型企业中，国有企业与民营企业的占比分别为 44.3% 和 42.1%，而其他规模企业，国有企业比重在 22%—27% 之间，民营企业的比重则在 64%—68% 之间。在银行信贷市场中，国有企业的固有优势和影响依然存在，同等条件下可以比民营企业获得较低的银行贷款利率，因此统计上显现出大型企业银行贷款加权平均利率较低；而小微企业受近年来金融支持小微企业发展政策的影响（例如银行业的"三个不低于"、财政风险补助），从中获得一定的实际利益，表现出小微企业贷款加权平均利率低于中型企业。此外，从期限结构看（表44），2014—2016 年小型、微型企业短期借款与长期借款的比重，则从 2014 年的 2:1 逐渐转变为 2016 年的 1:1 与 1:2，有助于消除小微企业普遍存在的因缺乏长期发展资金而短贷常用的现象，降低了小微企业频繁"过桥"贷款的成本压力。

表 43　　　　　　　大中小微型企业各类融资方式成本　　　　　　单位:%

	银行贷款			企业债券		
	2014 年	2015 年	2016 年	2014 年	2015 年	2016 年
大型企业	6.91	6.92	6.36	5.25	4.96	6.31
中型企业	7.58	7.13	6.81	4.71	4.42	4.88
小型企业	7.20	7.01	6.34	2.25	2.72	2.65
微型企业	6.08	6.73	6.00	0.00	0.00	0.00
	股权融资			其他融资方式		
	2014 年	2015 年	2016 年	2014 年	2015 年	2016 年
大型企业	2.35	2.65	2.43	8.77	6.07	7.31
中型企业	1.12	1.49	1.17	6.17	6.55	6.11
小型企业	0.86	1.44	1.27	8.41	7.95	7.69
微型企业	0.62	0.71	0.78	6.64	8.32	8.15

表 44　　　　　　　各类型企业短期与长期银行借款比重

		大型企业	中型企业	小型企业	微型企业
2014 年	短期	0.50	0.67	0.70	0.72
	长期	0.50	0.33	0.30	0.28
2015 年	短期	0.48	0.68	0.61	0.64
	长期	0.52	0.32	0.39	0.36
2016 年	短期	0.48	0.68	0.53	0.34
	长期	0.52	0.32	0.47	0.66

在直接融资市场，企业债券融资、股权融资显著表现出随企业规模的减小，各类融资方式的利息成本或融资费用也随之降低：大型企业债券融资加权平均利率在 4.96%—6.31% 之间，中型企业在 4.42%—4.88% 之间，小型企业在 2.25%—2.72% 之间；股权融资，大型企业融资费率在 2.35%—2.65% 之间，中型企业在 1.12%—1.49% 之间，小型企业在 0.86%—1.44% 之间，微型企业则在 0.62%—0.78%。出现这一现象的原因在以下几个方面：一是受近年来产能过剩与"去产能"政策影响，钢铁、煤炭、水泥、平板玻璃、冶金、造纸、纺织、船舶制造等大型企业的债项级别调低，风险溢价增加，发行利率上升。二是受市场分层因素的影响，大中型企业与小微企业的主要融资市场存在差异。例如，大中型企业主要在沪深 A 股市场融资，而小微企业则多在新三板和区域股权交易市场挂牌交易，而不同市场的上市门槛不同，企业上市前的准备和上市辅导的难度不同，中介机构的收费不同。因此，在条件较为严苛的 A 股市场融资，

大中型企业的融资费用也会相对较高。三是市场环境差异。在区域分布上，大中型企业在金融欠发达的西部和东北地区比重较高，而在金融较发达的东部地区，小微企业比重较高。更为活跃的金融市场为企业的融资提供了更为物美价廉的服务。因此，表现出小微企业的融资成本较低。

从降成本的政策成效看，同样存在渠道效果明显强于企业规模效应：银行信贷渠道的降成本政策效应更为显著，2014—2016 年，企业银行贷款的加权平均利率持续下降，而且中型和小型企业的降成本收效更为显著，大型与微型企业的政策效果次之。主要原因可能是大型和小微型企业原本利用固有优势和政策优惠条件，已经获利，降利空间有限；但是，中型企业缺乏自身财务及政策优势支持，基数较高，存在降息空间，因而政策效应也就更为显著。在债券、股权等其他融资渠道中，各规模企业降成本政策的获得感不强，效应不显著。

（五）实体企业融资成本的行业分布差异

实体企业所属行业差异对企业融资成本也具有一定的影响，行业自身的景气程度、政策调控倾向等因素均能影响银行、投资者对企业的放贷与投资决策。表 45 显示了此次调研的不同行业的样本企业各年各类融资方式的平均融资规模，可以看出，资本密集型行业，例如采矿业、交通运输业、能源生产业、制造业、房地产业等行业企业的各类融资方式的平均融资规模较大，基本都在亿元规模以上，例如采矿业企业的平均贷款规模达到 16 亿元以上；而住宿餐饮业、信息服务业等服务业的企业以及农林牧副渔业的平均融资规模则相对较小，基本在千万元规模水平变化。导致这一现象的主要原因是资本密集行业企业本身资产规模较大，资金需求较多，有足值的抵押资产，资信级别较高，符合银行授信条件，容易获得资本市场投资者青睐；而住宿餐饮业、信息服务等服务业企业则缺乏上述条件，难以获得银行与资本市场的更多关注。

对比 2014—2016 年各行业企业融资成本（表 46）发现：（1）2016 年各行业银行信贷利率在 6.2%—8.3% 之间，资本密集行业企业的贷款加权平均利率总体低于劳动密集型或轻资产的智力密集型服务业，但是部分受政策调控的行业，如产能过剩的制造业、杠杆率较高的房地产业，银行贷款利率也较高。(2) 除采矿业以及农林牧副渔业外，各行业债券融资利率整体低于银行贷款利率，平均利差达到 1.4%。(3) 除采矿业外，各行业股权融资费率在 1.1%—3% 之间，而采矿业股权融资费率在 6%—7.75% 之间。(4) 相比于债券融资，各行业之间，银行贷款的利率差异较小，银行贷款的利差通常在 2% 以下，贷款利率

表45　不同行业企业平均融资规模

单位：万元

		农、林、牧、渔业	采矿业	制造业	电力、热力、燃气及水生产和供应业	建筑业	批发零售业	交通运输、仓储和邮政业	住宿和餐饮业	信息传输、软件和信息技术服务业	房地产业	其他
2014年	银行贷款	3197.81	156603.67	13415.75	28433.75	9804.76	10014.83	52945.10	2204.25	1267.29	19729.05	8282.67
	债券融资	97.94	79356.30	1676.95	1670.17	552.59	538.46	11509.05	0.00	0.00	3103.68	794.70
	股权融资	2.15	1923.08	296.07	57.24	75.22	155.83	113.37	13.19	3.54	139.39	5.88
	其他融资	52.47	19748.18	1292.47	1975.01	320.06	1072.01	7136.27	75.13	6.94	1358.68	309.26
2015年	银行贷款	3803.53	161270.71	14142.10	32029.25	10883.24	10362.85	61892.09	2544.85	1241.48	22844.56	9743.61
	债券融资	99.48	101793.14	2771.29	1670.53	442.80	615.32	15706.93	0.00	1.74	3283.64	1412.77
	股权融资	12.74	3208.33	278.40	106.14	16.95	6.82	50.47	15.28	89.46	127.19	13.21
	其他融资	76.44	38387.17	1256.39	2383.05	659.53	840.52	8414.11	82.86	10.86	2617.18	336.34
2016年	银行贷款	3986.82	163122.94	14208.01	34017.55	12216.41	10389.00	61274.07	2627.60	1292.76	25781.83	11908.81
	债券融资	96.27	87420.11	2177.82	1830.34	674.42	570.18	19301.45	0.00	1.74	5751.43	1650.10
	股权融资	10.28	4723.08	597.98	70.93	72.12	4.46	1006.62	12.92	131.52	73.58	30.78
	其他融资	72.21	46840.34	1335.63	3687.93	892.26	1485.84	6589.65	94.88	17.86	3470.35	244.29

表46 不同行业企业各类融资方式平均融资成本

单位：%

		农、林、牧、渔业	采矿业	制造业	电力、热力、燃气及水生产和供应业	建筑业	批发零售业	交通运输、仓储和邮政业	住宿和餐饮业	信息传输、软件和信息技术服务业	房地产业	其他
2014年	银行贷款	7.001	6.347	7.554	6.813	7.689	6.443	5.996	7.560	6.812	6.771	6.726
	债券融资	5.592	4.758	4.705	2.662	3.664	4.052	2.782	0.000	0.000	3.200	4.179
	股权融资	2.000	6.208	1.312	0.000	1.073	1.752	0.000	0.500	0.000	2.061	1.326
	其他融资	7.787	13.773	6.859	8.861	8.063	4.663	8.501	24.150	10.000	12.652	6.209
2015年	银行贷款	6.623	6.022	7.336	6.731	7.016	6.361	6.105	7.629	6.940	6.439	6.619
	债券融资	6.657	3.182	4.686	6.871	4.697	4.227	3.263	0.000	3.958	3.157	2.778
	股权融资	1.773	7.751	1.459	0.000	0.000	1.500	2.551	0.500	0.000	2.601	2.620
	其他融资	9.576	12.017	6.091	8.007	4.225	4.660	9.796	21.351	4.609	12.438	6.714
2016年	银行贷款	6.761	5.663	6.662	6.090	6.067	5.606	6.169	6.297	8.306	6.785	6.274
	债券融资	6.980	7.560	5.263	2.237	4.671	5.328	3.964	0.000	4.652	2.641	4.951
	股权融资	1.877	6.563	1.457	0.357	0.000	1.127	1.376	1.048	0.833	2.531	1.130
	其他融资	11.508	10.203	6.275	9.156	3.571	4.456	9.519	18.904	0.258	12.857	6.214

的行业均值偏离程度即标准差基本在 1 以下，而企业债券融资的利率差则高达 4% 以上（2015 年），各行业利率的均值偏离程度则可高达 2 以上（2016）。这一特征也表现在股权融资方面，各行业企业股权融资成本差异相比银行信贷更大。这一现象表明直接融资市场的融资定价更为精准，企业之间的区分度更好，信息揭示能力更强，资源配置效率更高。（5）尽管整体上银行信贷市场的定价效率偏低，但是从历史变化看，2014—2016 年，各行业企业银行信贷利差正逐步提升，贷款利率的行业均值偏离程度从 2014 年的 0.53 上升到 2017 年的 0.73。银行信贷定价效率正逐年提升。

从降成本的政策成效看，渠道效应明显大于行业效应：各行业，银行信贷渠道的降成本政策效应最显著，贷款加权平均利率下降，而债券、股权等其他融资渠道，降成本政策效应并不显著；在银行信贷渠道中，重资产、现金流充裕的行业，降成本的政策效应更为显著，例如采矿、制造、能源供应、建筑、批发零售，而其他轻资产、现金流趋紧、受政策调控的产业则降成本政策效应受到一定影响。

（六）降成本政策效应的企业获得感差异

虽然降成本的客观政策成效已经显现，但是，各行不同类型企业对降低企业融资成本所带来的获得感并不一致。问卷调查数据显示：（1）在调研的样本企业中，有 43.7% 的企业认为目前已无融资困难，而认为依然存在"融资难、融资贵"的企业数量占比达到了 56.3%，即超过半数企业对政策成效的获得感不强。进一步考察融资贵的主要源头，有 84.1% 的企业认为利息费用高是导致融资贵的主要原因，26.2% 的人认为是中介机构服务收费高，26.9% 的人认为金融机构非利息收费高。（2）从区域分布看，东部、东北地区企业的获得感较大，有 50.1% 和 47.7% 的企业认为目前已无融资困难，西部地区其次，中部地区企业的获得感最低，仅有 32.4% 的企业认为目前无融资困难，这似乎与中部地区民营企业居多、经济效益总体偏差、银行信贷融资规模最小有一定直接关联，毕竟在银行信贷领域，所有制优势依然明显、机构政策性较强，而企业经营效益不佳对成本变化也更为敏感。（3）从所有制背景看，国有企业的获得感更大，调研数据显示，国有企业中，认为不存在融资困难的企业占比达到 52.1%，而民营企业中仅有 38.6% 的企业认为不存在融资困难，民营企业的获得感较低，进一步考察融资贵的原因，利息费用高仍占多数，达到 83.6%。（4）从企业规模看，大型企业、中型企业、小型企业、微型企业中，认为无融资困难的企业占比分别为41.6%、40.9%、42.8%和53%，微型企业的占比最高，企业获得感最大，而其他类型企业的获得感则相对较低。(5) 从企业所属行业角度看，在调研的各行业中，住宿餐饮业企业获得感似乎最大，在该行业中，认为目前无融资困难的企业数占比高达57.6%，其次是交通运输业、能源供应业、建筑业、批发零售业以及信息服务业，认为无融资困难的企业数占比在45%—50%之间，而农林牧副渔、采矿业、制造业、房地产业等行业企业的获得感最低，其占比基本均在39%以下。

（七）分析结论

上述分析表明，2014—2016年，无论是企业数量还是资金规模，我国企业外源融资的总体水平呈现上升趋势，但受货币信贷宏观稳中偏紧的影响，企业融资增速放缓。在各类融资方式中，银行借款依然是企业外源融资的最主要方式，债券融资、股权融资与其他方式融资（信托、融资租赁、小额贷款等）快速增长，资本市场满足优质企业融资需求的能力上迅速提升，但总体规模仍相对偏小。

企业外源融资成本总体呈现下降趋势，但不同融资渠道、不同类型企业（所属区域、企业所有权性质、企业规模大小、所属行业差异等）之间的融资成本差异明显。从银行贷款渠道看，我国东部、中部、西部、东北地区企业的银行贷款利息成本呈现明显阶梯下降特征，东北地区和西部地区因国有企业、大型企业占比较高，获得较低的银行贷款利率。从债券融资渠道看，中部地区企业债券融资占比最高，但因域内银行不良贷款的集中暴露、企业债信评级下降等因素影响而导致融资利率偏高。股权融资的货币化成本是样本企业各融资渠道中最低的，东部地区因民营企业较多、金融市场与中介服务机构活跃、企业整体规范性更好，股权融资成本也最低。其他融资渠道呈现出与股权融资成本相同的东部、中部、东北、西部阶梯上升的分布特征，充分表明了经济发达的东部及受辐射带动影响较大的中部地区，企业融资的多元化选择更多。企业所有制的差异对企业融资成本的影响依融资渠道的不同而不同：企业所有制背景带来的影响在银行信贷领域仍表现明显，国有企业的银行贷款加权平均利率明显低于民营企业；但是，国有企业在债券融资、股权融资等直接融资市场中的成本优势并不明显。企业规模对企业融资成本的影响较为复杂。样本数据显示，得益于国有企业的固有优势和金融支持小微企业的政策优势，我国大型企业、小微型企业的银行贷款利率低于中型企业。但是，受产能过剩与"去产能"政策、市场分层因素、区域金融环境等因素影响，在资本市场，企业债券融资、股权融资显著表现出随企业规模的减小，各类融资方式的利息成本或融资费用也随之降低。中型企业各类融资成本偏高，融资难、融资贵的问题正日益突出。从行业分布看，资本密集行业企业的贷款加权平均利率总体低于劳动密集型或轻资产的智力密集型服务业，但是部分受政策调控的行业，如产能过剩的制造业、杠杆率较高的房地产业，银行贷款利率也较高。各行业企业债券融资利率、股权融资成本均低于银行贷款融资，且行业之间的利率成本差异明显大于银行借款。

样本数据所揭示的2015年以来的"降成本"政策成效主要表现出以下特征：（1）政策效应的融资工具和融资渠道差异明显优于区域差异。样本数据显示，银行信贷渠道的降成本效应最为明显，东、中、西、东北地区均呈现银行信贷加权平均利率的总体下降；债券、股权以及其他融资渠道则受资本市场投资者预期、风险偏好等多重主观因素的交叉影响，自主性较强而政策性偏弱，降成本的政策效应在所有区域表现不明显，有所反复。（2）政策效应的渠道差异明显强于所有制差异：从银行信贷渠道看，无论是国有企业还是民营企业，均得益于降成本政策，利息成本逐年下降；但是，通过债券、股权及其他渠道融资的国有与民营企业，其政策获益并不明显。（3）政策效应的渠道差异明显强于企业规模效应：不论是大型、中型企业还是小型、微型企业，银行信贷渠道的降成本政策效应更为显著，这些规模不同企业获得银行信贷利率均呈现下降趋势，而且中型和小型企业的降成本收效更为显著。然而，在债券、股权等其他融资渠道中，不同规模企业的融资成本并没有呈现持续下降趋势，政策效应不显著。（4）政策的渠道效应明显大于行业效应。各行业企业银行贷款加权平均利率下降，而债券、股权等其他融资渠道，降成本政策效应并不显著；在银行信贷渠道中，重资产、现金流充裕的行业，降成本的政策效应更为显著，例如采矿、制造、能源供应、批发零售业等，而轻资产、现金流趋紧、受政策调控的产业则降成本政策的积极效应受到一定影响。（5）从企业获得感看，仍有超半数企业获得感不强；东部、东北地区企业的获得感较大，而中、西部地区企业获得感较低；国有企业的获得感更大，而民营企业的获得感较低；微型企业获得感最大，而中型企业获得感最低；农林牧副渔、采矿业、制造业、房地产业等行业企业的获得感最低。进一步考察融资贵的主要源头，绝大多数企业仍认为利息费用高是导致融资贵的最主要原因，中介机构与金融机构收费高也是重要影响因素。

这些现象充分说明：（1）银行信贷作为我国企业最主要的融资渠道，政策性较强，调控效果最好。从执行层面上看，银行信贷渠道可以更好付地服务于国家战略。但是，从市场效率而言，银行信贷的定价效率偏低，资源配置效果受到影响。这一问题随着利率市场化改革的深入正逐步改善。(2) 我国资本市场的市场化程度正日益提升,全国一体化的局面正逐步形成。直接融资市场的融资定价更为精准,企业之间的区分度更好,信息揭示能力更强,资源配置效率更高。(3) 随着国企债券刚性兑付神话破灭,投资者更为理性地看待所有制背景,国有企业在债券融资、股权融资等直接融资市场中的成本优势正逐步消散,民营企业在资本市场获得了更为平等的市场地位。(4) 在缺乏大型企业的背景优势、小微型企业的政策优势下,中型企业融资难、融资贵的问题日益突出。(5) 近年来,我国多层次资本市场建设取得初步成效,小型、微型企业获得了门槛更低的多元化直接融资渠道。

六、物流成本分析[①]

(一) 全国企业物流成本总体情况

在此我们选取单位物流成本率,分析企业物流成本情况。单位物流成本率 = 物流成本/综合成本费用 × 100%,用以评价企业物流成本占企业总成本的比重,一般作为考核企业内部的物流合理化或检查企业是否达到合理化目标。在此,我们分别用物流成本占营业成本比重和物流成本占综合成本费用[②]的比重这两个指标。由表47和图95中数据可见,无论是按照物流成本占营业成本比重还是占综合成本费用比重,2014—2016年,全国企业物流成本均呈上升趋势。其中,物流成本占营业成本比重平均增速为4.9%,物流成本占综合成本费用比重平均增速为3%。

表47　　　　　2014—2016年全国企业物流成本情况　　　　　单位:%

年份	物流成本占营业成本比重	物流成本占综合成本费用比重
2014	2.67	1.99
2015	2.80	2.05
2016	2.94	2.12

[①] 该部分共收到问卷共12339份,其中,按照行业类型和企业名称剔除交通运输、仓储和邮政业,并经过数据清洗,保留有效问卷11691份,据此展开分析。

[②] 这里的企业综合成本费用包含营业税金及附加和所得税。

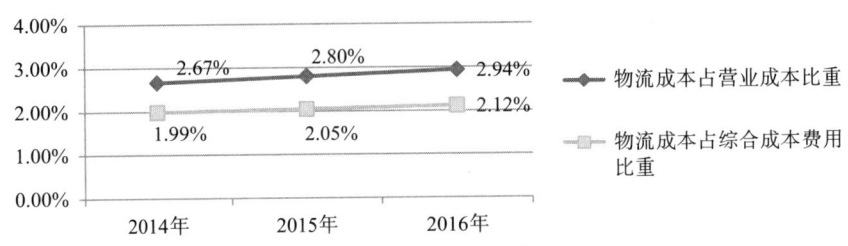

图 95　2014—2016 年全国企业物流成本情况

分地域来看，三年情况基本趋同，在此，我们以 2016 年为例。由表 48 和图 96 可见，西部地区物流成本更高一些，物流成本占营业成本比重和综合成本费用比重分别达到 3.79% 和 2.61%；东部物流成本最低，这两个比重分别为 2.52% 和 1.82%；中部和东北部物流成本居中。

表 48　　　　　　　　分地域企业物流成本情况　　　　　　　　单位：%

	东部	中部	东北	西部
2016 年物流成本和营业成本占比	2.52	3.15	3.49	3.79
2016 年物流成本和综合成本费用占比	1.82	2.32	2.43	2.61

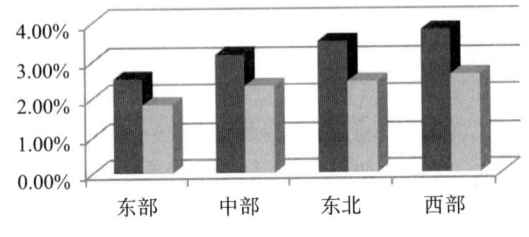

图 96　分地域企业物流成本情况

分行业来看，三年的情况基本趋同，在此，我们仍以 2016 年为例，由表 49 和图 97 可见，采矿业物流成本最高（物流成本占营业成本比重及占综合成本费用比重分别为 6.18% 和 3.95%），其次是电力、热力、燃气及水生产和供应业（两个比重分别为 3.52% 和 2.88%）。

（二）企业物流成本上升的因素分析

在物流成本问卷中，除客观数据题之外，我们也设计了主观题，以更全面分析企业的主观感受和判断。对于"贵企业在 2016 年来物流成本若上升，则导致上升的主要因素"一题的选择中，人工费用上涨占比最高，达 39.5%；其次为

表49　　　　　　　　　分行业企业物流成本情况　　　　　　　　单位:%

	农、林、牧、渔业	采矿业	制造业	电力、热力、燃气及水生产和供应业	建筑业	批发零售业	住宿和餐饮业	信息传输、软件和信息技术服务业	房地产业	其他
2016年物流成本占营业成本比重	2.84	6.18	2.84	3.52	2.00	2.37	2.39	2.01	2.11	3.69
2016年物流成本占综合成本费用比重	2.13	3.95	2.13	2.88	1.64	1.67	0.68	0.56	0.85	2.40

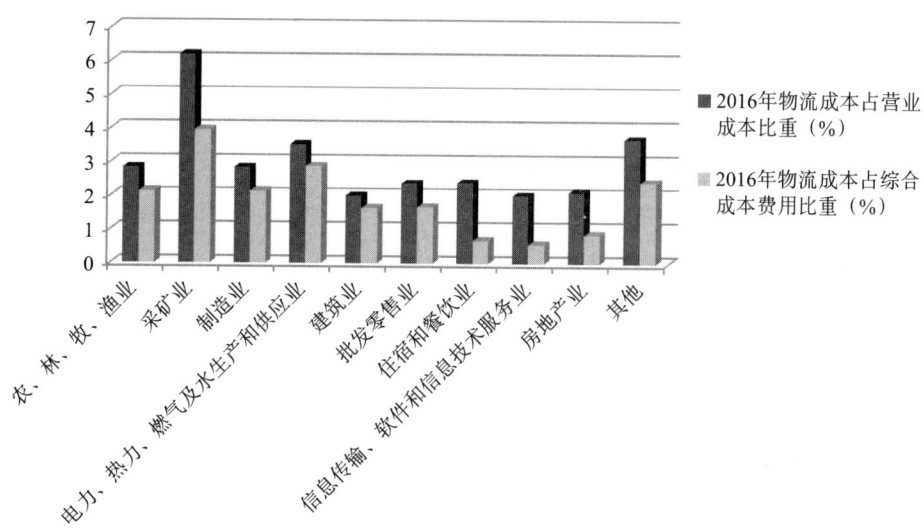

图97　分行业企业物流成本情况

燃油价格过快上涨,占比为18.5%,再次为车辆各项税费上涨、过路过桥费用及车辆保养维修费用上涨,三项加总占比为15.9%。见表50和图98。

表50　　　　　　　　　企业物流成本上升的因素

导致物流成本上升的主要因素	百分比(%)
人工费用上涨	39.50
燃油价格过快上涨	18.50
车辆保养维修费用上涨	4.60

续表

导致物流成本上升的主要因素	百分比（%）
过路过桥费用	5.20
空驶率较高	1.10
车辆各项税费上涨	6.10
其他因素	25.10

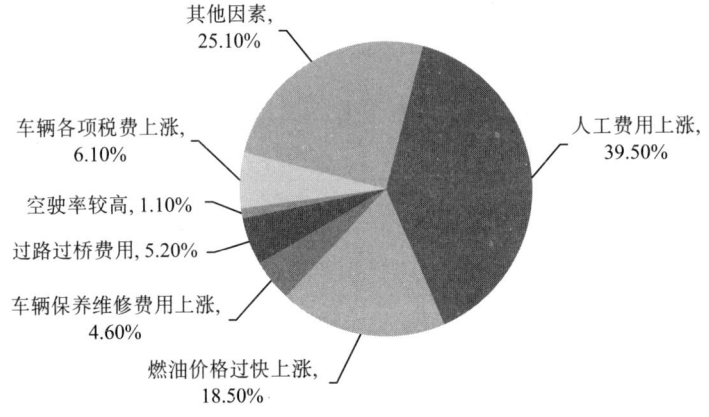

图98 企业物流成本上升的因素

（三）分析结论

1. 2014—2016年，全国企业物流成本呈逐年上升趋势。其中，物流成本占营业成本比重，三年的数值分别为2.67%、2.8%和2.94%，平均增速为4.9%；物流成本占综合成本费用比重，三年的数值分别为1.99%、2.05%和2.12%，平均增速为3%。

2. 分地域来看，西部地区物流成本最高，东部物流成本最低，中部和东北部物流成本居中。

3. 分行业来看，采矿业物流成本最高，其次是电力、热力、燃气及水生产和供应业，信息传输、软件和信息技术服务业物流成本最低。

4. 人工费用上涨和燃油价格过快上涨是企业普遍反映的导致物流成本上升的主要因素。选择"人工费用上涨"的企业达到39.5%，其次为"燃油价格过快上涨"，占比为18.5%，这两项合计达到58%。

七、企业税费情况的统计分析

（一）关于调查内容与分析指标的说明

1. 关于调查内容的说明情况①

本次调查问卷中"税费情况"，是指由企业缴纳给政府的税费，如所有的税收以及涉企行政事业性收费等。针对税收，共设计了五个指标，企业纳税总额以及税额较大的增值税、营业税、消费税以及企业所得税；由于涉企行政事业性缴费种类繁多，鲜有费额较大且多数企业均需缴纳的费种类，为此本次仅调查了规模较大、社会各界比较关注的四类缴费，分别是资源使用与环境保护类缴费、残疾人就业保障金、水利建设基金和环境治理保障金。需要说明的是，环境治理保障金不是本质上企业缴费，是企业所有、政府监管的资金，但因涉及金额较大，对企业现金占用问题较为突出，相应也对其进行了摸底调查。

其他涉企缴费是指收费主体不是政府、收入不纳入政府预算、但与政府有着千丝万缕联系、对企业形成一定压力的收费项目。本问卷中列示了多数企业可能涉及的主要项目，分别是诉讼费、会员费（协会、商会等）、报纸杂志费、企业捐赠支出、企业办社会支出等。

税费情况以数据调查为主，时间跨度为2014—2106年，同时设计了两道主观题，调查企业对税费负担的主观感受。

本部分共收回有效问卷12296份，涉及大、中、小微所有企业类型，行业范围覆盖农业、采矿、制造业、建筑、批发零售等11个大行业。样本企业填报的企业纳税总额3600亿元左右，占全国企业纳税总额的比重在3%左右，具体情况见表51。

表51　2014—2016年调查企业纳税总额及占全国企业纳税总额的比重

	2014年	2015年	2016年
样本企业纳税总额（亿元）	3544	3599	3651

---

① 本次调查问卷中，有三部分内容涉及企业税费情况，分别是"人工成本"中的"五险一金"、"税费情况"和"其他涉企收费情况"。其中，"五险一金"是企业"人工成本"的组成部分，不在本部分统计分析范畴。

续表

	2014 年	2015 年	2016 年
全国企业纳税总额（亿元）	113005	116304	120265
占比（%）	3.1	3.1	3.0

2. 关于分析指标的说明

从企业财务核算的角度看，企业缴纳的税费与企业成本的关系分为两类，一类是与企业成本无关的税费，另一类是与企业成本有关的的税费。以税收为例，增值税为价外税，独立于企业的成本收益，既不影响企业的收入，也不影响企业的成本，相应与利润也无关联；企业所得税不影响企业的收入和税前利润。其他税种均对企业成本有影响，分别在不同的会计中进行核算。如营业税、消费税被归集于营业税金及附加，车购税、城镇土地使用税因用途不同，既可能被归集于营业税金及附加科目，也可能被归集于管理费用、销售费用中。

鉴于本次调查是考察企业税费与企业成本关系，因此分析指标均采用相对指标，以从各个方面反映税费对企业经营的影响。

①税收分析指标

本次共使用 6 个指标对企业缴纳的税收情况进行分析，分别是：

指标 1：企业纳税总额/营业收入 ×100%

指标 2：（企业纳税总额 – 消费税）/营业收入 ×100%

指标 3：企业纳税总额与利润的比值 ×100%

指标 4：企业纳税总额/企业综合成本费用 ×100%

指标 5：企业所得税/利润总额 ×100%

指标 6：（增值税 + 营业税）/营业收入 ×100%

指标 1（企业纳税总额占营业收入的比重）是国内最常使用的指标，它反映了企业百元收入的纳税情况，即在实践中常听闻的"企业 100 元收入，交了多少多少税"。

由于消费税仅针对部分产品（行业）课征，且税率较高，若将其纳入，则会带来绝大多数企业纳税总额占营业收入比重的虚高。为此，指标 2 ［（企业纳税总额 – 消费税）/营业收入 ×100%］更能真实地反映绝大多数企业纳税总额占营业收入的比重。

利润是反映企业盈利能力的指标。指标 3（企业纳税总额与利润之比）可以反映企业利润与纳税之间的对比关系。值得说明的是，此处的利润为税前利润，即包含企业所得税的利润。

指标4（企业纳税总额占企业综合成本费用的比重）反映了企业纳税占企业成本费用的比重情况。此处的企业综合成本费用＝主营业务成本＋销售费用＋管理费用＋财务费用＋营业税金及附加＋企业所得税＋增值税。

需要说明的是，上述企业综合成本费用中重复计算了部分小税种。因为上述公式中企业缴纳税款总额中包含了企业上缴所有税种的税款，而营业税金及附加仅核算"营业税、消费税、城市维护建设税、资源税、土地增值税和教育费附加及地方教育费附加等"，仍有部分税款规模较小的税种，如车船使用税、车辆购置税等税款计入了前三项成本（主营业务成本、销售费用和管理费用中），相应出现小税种的重复计算。但因税款规模小，其重复计算带来的影响非常小，可以忽略不计。

指标5（企业所得税/利润总额×100%）体现了企业所得税与其税基的关系，从中可以反映中国企业所得税的实际有效税率。

指标6［（增值税收入＋营业税收入）/营业收入）×100%］反映了中国主要流转税与企业收入的关系。2016年5月1日后，增值税全部取代营业税，理论上而言，增值税是价外税，其负担通过层层转嫁，最终由消费者负担。但由于企业是增值税纳税人，在实践运行中，增值税仍然对企业经营形成一定影响，在一定时期内、一定程度上形成了企业负担，尤其在经济全球化的大背景、主要竞争对手美国企业无需缴纳流转税的情况下，更需要深入分析增值税（含营业税）[①]对企业经营的影响，为此设置指标6分析增值税与营业收入的关系。

②缴费指标的说明

企业缴费的统计分析主要采用各类缴费项目占营业收入和成本费用（主营业务成本＋三项费用）的比重来分析各项缴费对企业形成的负担以及发展态势。

（二）关于企业税收情况的统计分析[②]

本报告共采用六个指标对企业税收情况进行全方位、多层次、多视角的统计分析。同时，针对每个指标，又分地区、分企业规模以及分行业进行了统计分析。

1. 关于"企业纳税总额占营业收入比重"的情况分析

从调查数据看，我国"企业纳税总额占营业收入的比重"呈现出如下特征：

[①] 此处的增值税包括营业税，下文同。
[②] 所有结论均是基于样本企业得出。

第一，近6成样本企业"企业纳税总额占营业收入的比重"小于5%。

2014—2016年样本企业"企业纳税总额占营业收入的比重"的分布情况如表52所示。从表52中可以看出，近6成（58%）百元收入中纳税不足5元，绝大多数（90%以上）企业百元收入纳税不足15元，百元收入纳税超过25元以上的企业占比仅为4%左右。

表52　　　2014—2016年样本企业"企业纳税总额占营业收入的比重"的分布情况

年度	<5%	5%—15%	15%—25%	25%以上
2014	60.2%	30.4%	5.7%	3.7%
2015	58.4%	32.0%	5.8%	3.8%
2016	58.0%	31.8%	5.9%	4.3%

第二，近三年"企业纳税总额占营业收入的比重"均值在5.3%，且呈下降的趋势。西部地区最高，东部地区最低。

2014—2016年样本企业"企业纳税总额占营业收入的比重"如图99所示。从图中可以看出，全部样本企业纳税总额占营业收入比重"从2014年的5.32%下降至2016年的5.14%，三年均值为5.3%，总体呈下降趋势。为了更真实反映企业百元收入纳税情况情况，我们对剔除消费税后企业纳税额占营业收入的比重进行了分析（见图100），结果发现下降趋势更加明显，从2014年的4.63%下降至2016年的4.40%，每年降低0.1个百分点。

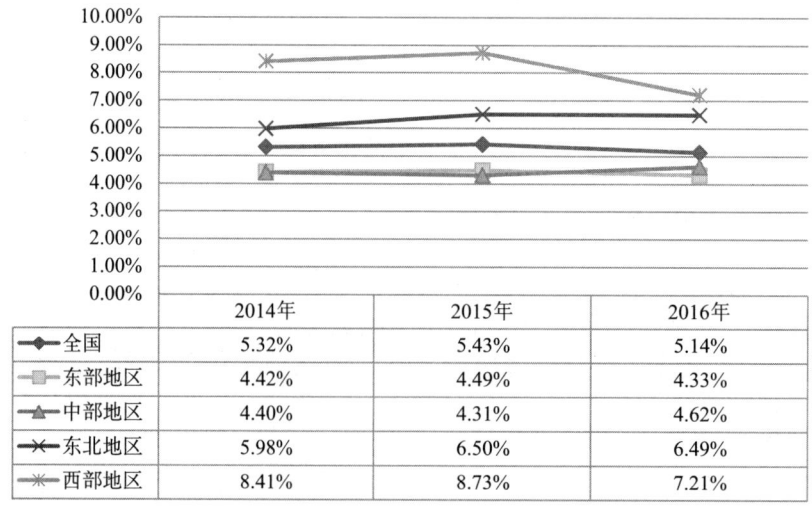

图99　2014—2016年样本企业"企业纳税总额占营业收入的比重"情况

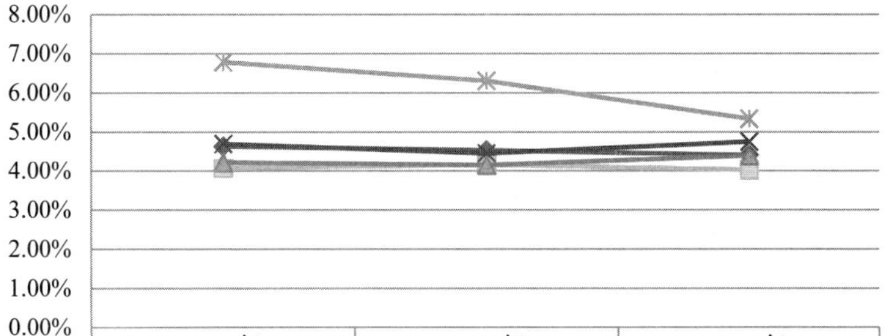

	2014年	2015年	2016年
全国	4.63%	4.53%	4.40%
东部地区	4.07%	4.15%	4.02%
中部地区	4.21%	4.14%	4.38%
东北地区	4.69%	4.45%	4.75%
西部地区	6.78%	6.30%	5.33%

图 100　2014—2016 年"企业纳税总额（不含消费税）占营业收入的比重"情况

分地区看，东部地区企业"企业纳税总额（剔除消费税）占营业收入的比重"最低（2016 年为 4.02%），西部地区最高（2016 年为 5.33%）。

第三，大型企业"企业纳税总额占营业收入的比重"最高，微型企业最低，二者相差 1.5 个百分点左右。中、小型企业的"企业纳税总额占营业收入的比重"呈上升态势。

分企业规模的"企业纳税总额占营业收入的比重"情况如图 101 所示。从中可以看出，2014—2016 年大型企业"企业纳税总额占营业收入的比重"分别为 5.66%、5.75% 和 5.37%，高出全部企业平均水平 0.3 个百分点左右，总体

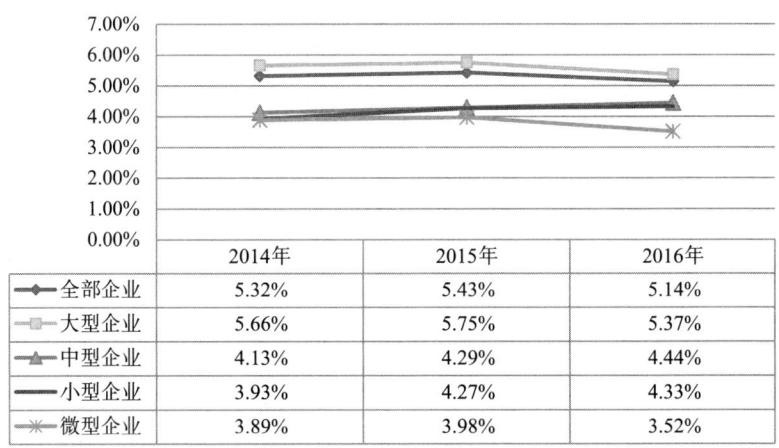

	2014年	2015年	2016年
全部企业	5.32%	5.43%	5.14%
大型企业	5.66%	5.75%	5.37%
中型企业	4.13%	4.29%	4.44%
小型企业	3.93%	4.27%	4.33%
微型企业	3.89%	3.98%	3.52%

图 101　2014—2016 年分企业规模"企业纳税总额（不含消费税）占营业收入的比重"

呈下降趋势。中型企业2014—2016年分别为4.13%、4.29%和4.44%，低于全部企业平均水平0.7—1.2个百分点，且呈上升趋势。小型企业分别为3.93%、4.27%和4.33%，低于全部企业平均水平0.7—1.4个百分点，且呈上升趋势。微型企业的比重分别为3.89%、3.98%和3.52%，低于全部企业平均水平1.5个百分点，且总体呈下降趋势。

第四，行业间"企业纳税总额占营业收入的比重"差异较大，差距在10%以上，最高的行业为房地产业，最低行业为农业。

2014—2016年各行业"企业纳税总额占营业收入的比重"情况如表53所示。从中可以看出，2014—2016年行业间差距较大，最高的行业为房地产业，分别为13.83%、12.12%和12.1%；最低的行业为农林牧渔业，分别为1.69%、1.66%和1.83%。两行业差距在10个百分点以上。

表53　2014—2016年各行业"企业纳税总额占营业收入比重"分布情况　　单位：%

	2014年	2015年	2016年	三年均值
全部行业	5.32	5.43	5.14	5.30
农、林、牧、渔业	1.69	1.66	1.83	1.73
采矿业	10.03	8.01	7.40	8.48
制造业	5.41	6.00	5.61	5.67
电力、热力、燃气及水生产和供应业	2.89	3.55	3.90	3.44
建筑业	3.50	3.51	4.02	3.68
批发零售业	1.99	2.41	2.52	2.31
交通运输、仓储和邮政业	6.07	6.09	5.22	5.79
住宿和餐饮业	7.92	7.95	6.61	7.49
信息传输、软件和信息技术服务业	4.42	4.40	4.75	4.52
房地产业	13.83	12.12	12.10	12.68
其他	5.77	5.69	5.19	5.55

从各行业"企业纳税总额占营业收入的比重"发展趋势看，升降不一。与2014年相比，2016年上升的行业有6个，下降的有5个。

2. 关于"企业纳税总额与利润之比"的情况分析

通过分析"企业纳税总额与利润之比"，可以考察企业缴纳税款与企业经营性资本收益之间关系，进而反映国民收入分配中政府与企业之间的分配关系。基于样本数据情况可以看出，近三年"企业纳税总额与利润的对比关系"呈现出以下特征：

第一,近三年"企业纳税总额与利润之比"均值为77.4%,2016年较2014年有较大幅度的下降。

2014—2016年"企业纳税总额与利润之比"如图102所示。从图中可以看出,2014—2016年样本企业"企业纳税总额与利润之比"分别为77.33%、82.46%和72.51%,三年均值为77.4%。这表明,企业在获得100元利润的同时,缴纳税收77.4元。相较于2014年,2016年企业百元利润少缴纳税5元。由于我国企业缴纳的流转税占比较高,流转税与利润无必然联系,"企业纳税总额与利润之比"下降意味着我国企业盈利能力在提升①。

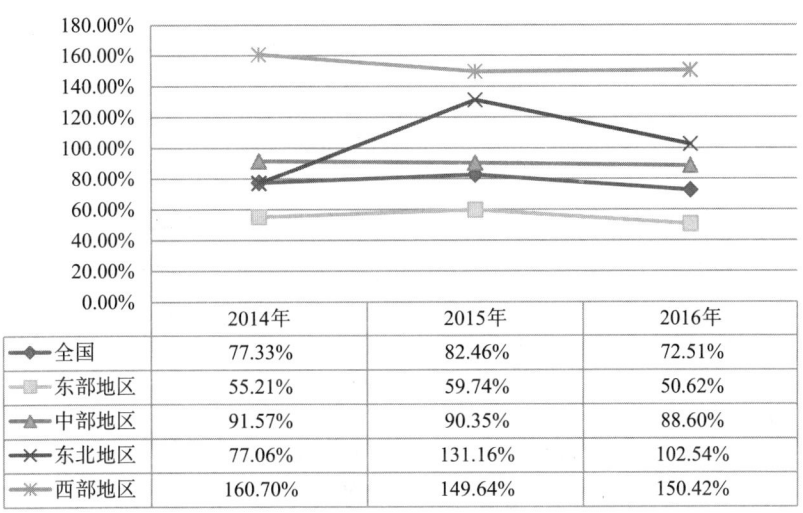

图102 2014—2016年分地区"企业纳税总额与利润对比关系"② 情况

第二,从分地区看,东部企业"纳税总额与利润之比"最低,西部最高,除东北地区外,其他地区均呈明显的下降趋势。

从图102可以看出,东部企业"纳税总额与利润之比"最低,2014—2016年分别为55.21%、59.74%和50.62%,低于全国平均水平20多个百分点。西部企业"纳税总额与利润之比"最高,分别为160.7%、149.64%和150%,是全国平均水平的近2倍。

从趋势上看,除东北地区外,其他地区"企业纳税总额与利润之比"均呈

---

① 总体而言,企业纳税总额与营业收入正相关,"企业纳税总额与利润的对比值"降低,意味着企业赚取100元利润收取的业务收入在降低,从而企业利润率(利润/营业收入)在提高。

② 为图示方便,"企业纳税总额与利润对比关系"采用百分比形式。

下降趋势。其中，西部地区降幅最大，2016年较2014年下降了10个百分点，降幅达6.4%。

第三，分企业规模看，大型企业"纳税总额与利润之比"最高，微型企业最低。

2014—2016年各种企业类型的"纳税总额与利润之比"如图103所示。从图中可以看出，2014—2016年，大型企业"纳税总额与利润之比"最高，分别为81.7%、87.77%和74.82%，三年均值为81.43%，比全部样本企业的平均值高出4个百分点左右。微型企业最低，2014—2016年分别为42.72%、42.09%和40.83%，三年均值为41.8%，低于全样本企业平均值30余个百分点，且呈下降趋势。

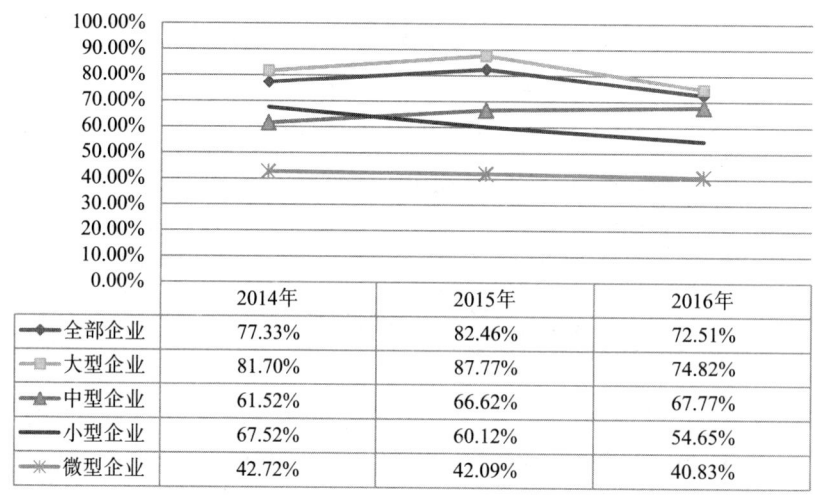

图103　2014—2016年分企业规模的"企业纳税总额与利润之比"

综上所述，不同规模的企业同样盈利100元，其税收成本相异。以2016年情况来看，按缴纳税收规模大小排序，分别为大型企业74.82元，中型企业67.77元，小型企业54.65元，微型企业40.83元。这一方面由于税制差异（如缴纳消费税的企业多为大型企业，中小微企业多为服务业，增值税税率较低）导致，另一方面也是近年来加大对小微企业所得税优惠的结果。

第四，行业间"企业纳税总额与利润之比"差异较大，2016年多数行业"企业纳税总额与利润之比"低于2015年。

2014—2016年行业间"企业纳税总额与利润之比"关系如表54所示。从表中可以看出，行业间差异非常大，从2015年建筑业的156.92%，到该年度农业的17.79%。

表54　2014—2016年分行业的"企业纳税总额与利润之比"　　　　单位:%

	2014年	2015年	2016年	三年均值
全部行业	77.33	82.46	72.51	77.43
农、林、牧、渔业	17.13	17.79	25.18	20.04
采矿业	182.88	316.18	149.97	216.34
制造业	99.40	103.73	95.63	99.59
电力、热力、燃气和水生产供应业	81.65	78.51	95.87	85.34
建筑业	156.60	156.92	158.34	157.29
批发零售业	65.63	82.58	84.56	77.59
交通运输、仓储和邮政业	46.41	48.97	34.29	43.22
住宿和餐饮业	121.06	108.88	91.23	107.06
信息传输、软件和信息技术服务业	48.86	60.26	49.72	52.95
房地产业	81.16	111.49	72.04	88.23
其他	38.03	41.69	36.41	38.71

从时间趋势上看，多数行业的"企业纳税总额与利润之比"呈现出下降趋势。如2016年，11个行业中"企业纳税总额与利润之比"低于2015年的行业有7个。

需要说明的是，2015年采矿业"企业纳税总额与利润之比"出现异常，高达316.18%，远高于2014年（182.88%）和2016年（149.97%），这与2015年煤炭行业产能过剩、利润大幅下滑有直接关系。

3.关于"企业纳税总额占企业综合成本费用比重"的情况分析

如前文所示，从企业角度而言，各项支出均为企业的成本，这既包括支付的原材料价款，也包括支付给职工的工资，还包括缴纳给政府的税费款项。通过对"企业纳税总额占企业综合成本费用的比重"的考察，可以看出企业所缴纳的税收占全部成本支出的比重情况。基于线上调查数据，可以看出：

第一，近三年"企业缴纳总额占企业综合成本费用的比重"均值为5.42%，总体上呈下降态势。

2014—2016年间"企业纳税总额占企业综合成本费用的比重"如图104所示。从图中可以看出，2014—2016年，全样本企业"企业纳税总额占企业综合成本费用的比重"分别为5.44%、5.52%和5.31%，三年平均为5.42%，与我们去年的测算情况基本吻合。从时间趋势上看，总体上呈下降趋势，2016年分别比 2015 年和 2014 年下降了 0.21 和 0.13 个百分点。

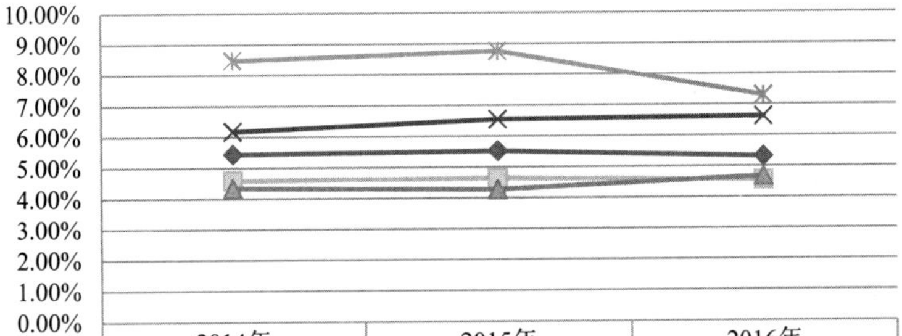

	2014年	2015年	2016年
全国	5.44%	5.52%	5.31%
东部地区	4.59%	4.64%	4.55%
中部地区	4.34%	4.28%	4.67%
东北地区	6.17%	6.54%	6.61%
西部地区	8.48%	8.76%	7.29%

图 104　2014—2016 年"企业纳税总额占企业综合成本费用的比重"情况

第二，分地区看，"企业纳税总额占企业综合成本费用的比重"东部地区最低，西部地区最高。

从图 104 中可以看出，2014—2016 年东部地区"企业纳税总额占企业综合成本费用的比重"分别为 4.59%、4.64% 和 4.55%，三年均值为 4.59%，为各地区之最低。2014—2016 年西部地区"企业纳税总额占企业综合成本费用的比重"分别为 8.48%、8.76% 和 7.29%，三年平均值为 8.18%，为各地区之最高，比东部地区高出 3.59 个百分点。

第三，分企业规模看，大型企业"企业纳税总额占企业综合成本费用的比重"最高，微型企业最低。

2014—2016 年间分企业规模的"企业纳税总额占企业综合成本费用的比重"情况如图 105 所示。从图中可以看出，2014—2016 年大型企业"企业纳税总额占企业综合成本费用的比重"分别为 5.79%、5.84% 和 5.54%，三年平均值为 5.72%，且呈逐步下降态势，为各地区之最低。微型企业 2014—2016 年分别为 4.47%、4.40% 和 4.23%，三年平均值为 4.37%，且呈下降态势。

第四，行业间"企业纳税总额占企业综合成本的比重"差异较大，最高为房地产业，最低为农林牧副渔业。

2014—2016 年各行业"企业纳税总额占企业综合成本费用的比重"情况如表 55 所示。从中可以看出，"企业纳税总额占企业综合成本费用的比重"最高

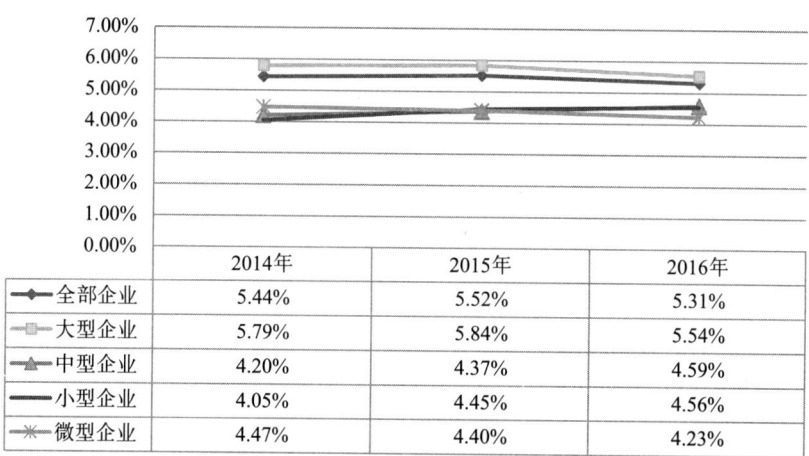

图 105　2014—2016 年分企业规模"企业纳税总额占企业综合成本费用的比重"情况

的行业为房地产业,三年均值为 15.38%;最低的行业为农业,三年均值为 1.89%,二者相差 13 个百分点以上。

表 55　　　　2014—2016 年各行业"企业纳税总额占企业
综合成本费用比重"情况

单位:%

	2014 年	2015 年	2016 年	三年均值
全部行业	5.44	5.52	5.31	5.42
农、林、牧、渔业	1.83	1.85	1.99	1.89
采矿业	9.74	7.59	7.02	8.12
制造业	5.42	6.00	5.74	5.72
电力、热力、燃气及水生产和供应业	2.89	3.56	3.89	3.44
建筑业	3.62	3.63	4.27	3.84
批发零售业	2.02	2.42	2.54	2.33
交通运输、仓储和邮政业	5.99	5.94	5.21	5.71
住宿和餐饮业	7.89	8.00	6.43	7.44
信息传输、软件和信息技术服务业	4.55	4.47	5.10	4.71
房地产业	16.46	14.03	15.66	15.38
其他	6.63	6.37	5.82	6.27

4. 关于"增值税[①]占营业收入比重"的情况分析

第一,85% 以上企业"增值税占营业收入比重"低于 6%,95% 以上企业低

---

① 此处增值税含营业税,下同。

于 11%。

样本企业"增值税占营业收入比重"的分布情况如表 56 所示。从中可以看出，95% 以上企业"增值税占营业收入比重"低于 11%。在此需要特别说明的是，指标"增值税占营业收入比重"不能与增值税税率做简单的比较，因为增值税（含营业税）实际缴纳情况不但与其销项税款（营业收入×适用税率）有关，还与其当年所取得的抵扣税款直接相关。同时，因增值税为价外税，该营业收入中不包含所缴纳的增值税（但包含营业税）。指标"增值税占营业收入比重"所表达的实际含义是"企业每收入百元，需要缴纳的增值税（含营业税）"。也就是说，我国 85% 以上企业，每取得 100 元营业收入，其缴纳的增值税（含营业税）低于 6 元，95% 以上企业缴纳的增值税（含营业税）低于 11 元。

表 56　2014—2016 年样本企业"增值税占营业收入比重"分布情况

年度	<6%	6%—11%	11% 以上
2014	87.2%	8.7%	4.20%
2015	86.1%	9.9%	4.00%
2016	84.8%	10.7%	4.50%

第二，近三年"增值税占营业收入比重"的均值为 2.36%，且呈现下降态势。

2014—2016 年间"增值税占营业收入比重"情况如图 106 所示。从图中可以看出，2014—2016 年间，"增值税占营业收入比重"分别为 2.38%、2.35% 和 2.34%，三年均值为 2.36%。从时间趋势上看，"增值税占营业收入比重"呈逐步下降趋势，从 2014 年的 2.38% 下降至 2016 年的 2.34%。

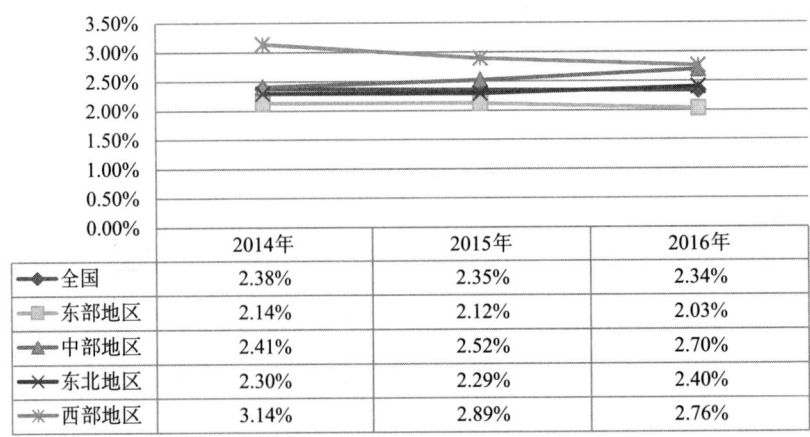

图 106　2014—2016 年"增值税占营业收入比重"情况

第三，分地区看，"增值税占营业收入比重"东部地区最低，西部地区最高。

如图106所示，2014—2016年间，东部地区"增值税占营业收入比重"分别为2.14%、2.12%和2.03%，三年均值为2.10%，为四地区最低。2014—2016年间，西部地区"增值税占营业收入比重"分别为3.14%、2.89%和2.76%，三年均值为2.93%，为四地区最高，高出东部地区0.83个百分点。

第四，分企业规模看，大型企业"增值税占营业收入比重"最高，微型企业最低。同时，中、小型企业"增值税占营业收入比重"呈上升趋势，而大、微型企业呈下降态势。

2014—2016年间分企业规模"增值税占营业收入比重"情况如图107所示。从图中可以看出，2014—2016年间，大型企业"增值税占营业收入比重分别为2.42%、2.36%和2.32%，三年均值为2.37%，为四类型企业最高。2014—2016年间，微型企业"增值税占营业收入比重分别为2.31%、2.34%和2.20%，三年均值为2.28%，为四类企业最低，低于大型企业0.11个百分点。

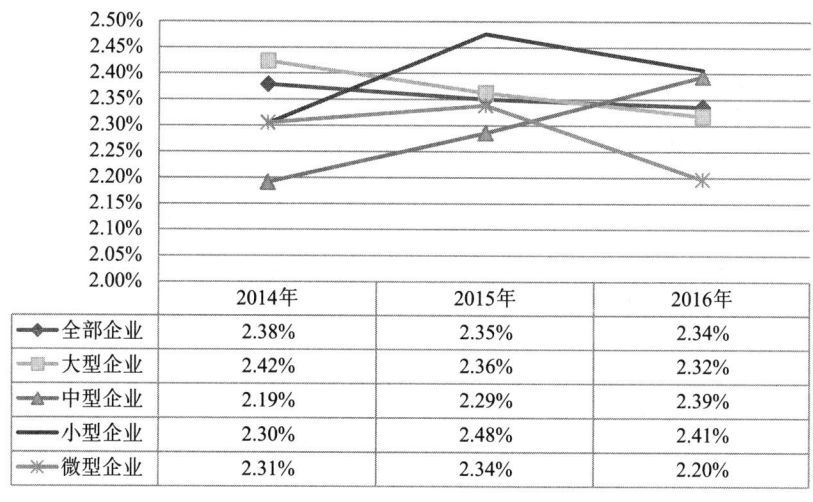

图107　2014—2016年分企业类型"增值税占营业收入比重"情况

从时间趋势上看，中（小）型企业"增值税占营业收入比重"呈上升趋势，从2014年的2.19%（2.3%）上升至2016年的2.39%（2.41%）；大（微）型企业"增值税占营业收入比重"呈下降趋势，从2014年的2.42%（2.31%）下降至2016年的2.32%（2.20%）。

第五，行业间"增值税占营业收入比重"差异较大，最高为房地产业，最低为农林牧副渔业。

2014—2016年各行业"增值税占营业收入比重"情况如表57所示。从中可以看出,"增值税占营业收入比重"最高的行业为房地产业,三年均值为4.69%;最低的行业为农业,三年均值为1.11%,二者相差3.78个百分点。

表57　　　　2014—2016年各行业"增值税占营业收入比重"情况　　　　单位:%

	2014年	2015年	2016年	三年均值
全部行业	2.38	2.35	2.34	2.35
农、林、牧、渔业	1.04	1.07	1.23	1.11
采矿业	4.55	3.67	3.90	4.04
制造业	2.25	2.36	2.30	2.31
电力、热力、燃气及水生产和供应业	1.77	2.15	2.32	2.08
建筑业	2.52	2.44	2.87	2.61
批发零售业	0.84	0.94	1.03	0.94
交通运输、仓储和邮政业	2.37	2.44	2.17	2.33
住宿和餐饮业	4.83	4.81	4.19	4.61
信息传输、软件和信息技术服务业	2.24	2.18	2.06	2.16
房地产业	5.43	4.62	4.03	4.69
其他	2.50	2.52	2.32	2.45

5. 关于"企业所得税占利润的比重"的情况分析

如前文所述,企业所得税税基是在会计核算中的"利润"基础上、依据企业所得税法的相关规定进行调整而得,因此企业会计核算中的"利润"指标是企业所得税税基的基础,相应指标"企业所得税占利润"的指标能反映企业所得税的实际税率,即国外文献中经常提及的"有效税率(Effective Tax Rate)"。基于线上调查数据,我们发现:

第一,35%以上企业"企业所得税占利润的比重"低于5%,50%以上企业"企业所得税占利润的比重"低于15%。

样本企业"企业所得税占利润的比重"的分布情况如表58所示。从中可以看出,35%以上企业"企业所得税占利润的比重"低于5%,50%以上企业"企业所得税占利润的比重"低于15%,且呈现出逐年上升的趋势。如该指标低于5%的企业占比从2014年的34.7%提高到2016年的35.7%;该指标低于15%的企业占比从2014年的50%提高到2016年的54.1%,两年间提高了4.1个百分点。

表58 2014—2016年样本企业"企业所得税占利润的比重"的分布情况

年度	<5%	5%—15%	15%以上
2014	34.7%	15.3%	50.00%
2015	35.0%	16.9%	48.10%
2016	35.7%	18.4%	45.90%

第二,近三年"企业所得税占利润的比重"的均值为17.94%,且总体上呈现出下降态势。

2014—2016年"企业所得税占利润的比重"情况如图108所示。从图中可以看出,2014—2016年,"企业所得税占利润的比重"分别为18.63%、18.81%和16.36%,三年均值为17.94%,低于企业所得税标准税率(25%)7个百分点,总体上呈下降趋势,三年间下降了2.27个百分点。

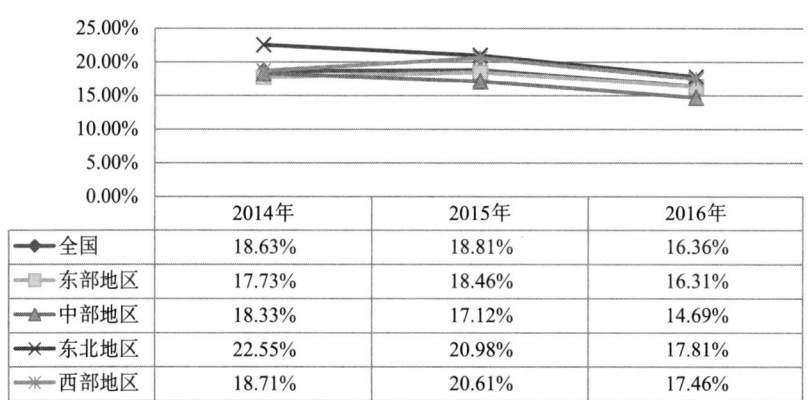

图108 2014—2016年"企业所得税占利润的比重"情况

第三,从分地区看,中部地区"企业所得税占利润的比重"最低,东北部地区最高。

图108中数据显示,2014—2016年间,中部地区"企业所得税占利润的比重"分别为18.33%、17.12%和14.69%,三年均值为16.71%,为四地区最低。东北地区"企业所得税占利润的比重"分别为22.55%、20.98%和17.81%,三年均值为20.45%,为四地区最高,平均高于中部地区1.11个百分点,2016年高于中部地区3.12个百分点。

第四,从企业规模看,大型企业"企业所得税占利润的比重"最高,微型企业最低。2016年,除小型企业外,其他类型企业"企业所得税占利润的比重"均有较大幅度的下降。

2014—2016年分企业规模"企业所得税占利润的比重"如图109所示。从图中可以看出,2014—2016年,大型企业"企业所得税占利润的比重"分别为19.19%、19.46%和16.18%,三年均值为18.28%,为四类型企业最高。2014—2016年,微型企业"企业所得税占利润的比重"分别为10.17%、10.36%和8.6%,三年均值为9.71%,为四类企业最低,低于大型企业9.57个百分点。

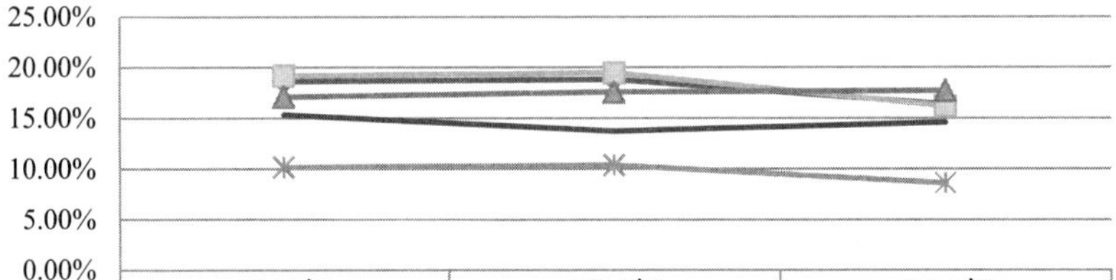

	2014年	2015年	2016年
全部企业	18.63%	18.81%	16.36%
大型企业	19.19%	19.46%	16.18%
中型企业	17.10%	17.58%	17.70%
小型企业	15.34%	13.72%	14.58%
微型企业	10.17%	10.36%	8.60%

图109　2014—2016年分企业类型"企业所得税占利润的比重"情况

从趋势上看,中(小)型企业"企业所得税占利润的比重"呈上升趋势,从2014年的17.1%上升至2016年的17.7%(14.58%);大、中、微型企业"企业所得税占利润的比重"呈下降趋势,从2014年的19.19%、15.34%、10.17%下降至2016年的16.18%、14.58%、8.60%。

2016年,除小型企业外,其他类型企业"企业所得税占利润的比重"均有较大幅度的下降。如大型企业比2015年下降了3.01个百分点,降幅达15.7%;微型企业比2015年下降了1.57个百分点,降幅达15.4%。

第五,行业间"企业所得税占利润的比重"差异较大,差距在20个百分点以上。

2014—2016年各行业"企业所得税占利润的比重"情况如表59所示。从中可以看出,"企业所得税占利润的比重"最高的行业为采矿业,三年均值为27.25%;最低的行业为农业,三年均值为4.42%,二者相差22.83个百分点。

表59　　2014—2016年各行业"企业所得税占利润的比重"情况　　　　单位：%

	2014年	2015年	2016年	三年均值
全部行业	2.38	2.35	2.34	17.94
农、林、牧、渔业	1.04	1.07	1.23	4.42
采矿业	4.55	3.67	3.90	27.25
制造业	2.25	2.36	2.30	16.54
电力、热力、燃气及水生产和供应业	1.77	2.15	2.32	22.72
建筑业	2.52	2.44	2.87	20.86
批发零售业	0.84	0.94	1.03	16.76
交通运输、仓储和邮政业	2.37	2.44	2.17	16.55
住宿和餐饮业	4.83	4.81	4.19	18.93
信息传输、软件和信息技术服务业	2.24	2.18	2.06	10.26
房地产业	5.43	4.62	4.03	25.90
其他	2.50	2.52	2.32	17.80

（三）关于行政事业性缴费和其他缴费情况的统计分析

在受调查企业中，有4000多家企业填报了"排污费"数据，有4500多家企业填报了"残疾人就业保障金"数据，有3500家企业填报了"水利建设基金"数据。

1. 关于行政事业性缴费情况的统计分析

关于行政事业性缴费涉及的企业户数、缴费金额及其营业收入和成本费用的比重情况见表60。从中可以发现：

● 缴纳排污费的企业户数、缴费金额及其占营业收入和成本费用的比重均呈上升态势。

● 缴纳矿产资源补偿费的企业户数、缴费金额及其占营业收入和成本费用的比重均呈下降态势。

● 缴纳探矿权、采矿权使用费的企业户数、缴费金额及其占营业收入和成本费用的比重2016年较2014年有所下降，但高于2015年。

● 缴纳残疾人就业保障金的企业户数、缴费金额及其占营业收入和成本费用的比重均呈上升态势，且增幅较为明显。

● 缴纳水利建设基金的企业户数、缴费金额呈上升态势，但缴费金额占营业收入和成本费用的比重均呈下降趋势。

- 缴纳环境治理保障金的企业户数呈上升态势，但缴费金额及其占营业收入和成本费用的比重均呈下降趋势。

表60　　　　　　　2014—2016年样本企业政府性收费缴纳情况

	排污费	矿产资源补偿费	探矿权、采矿权使用费	残疾人就业保障金	水利建设基金	环保治理保障金
填报户数—2014（户）	4064	281	174	4380	3450	552
填报户数—2015（户）	4206	253	162	4563	3454	562
填报户数—2016（户）	4307	241	182	4652	3521	573
填报金额—2014（万元）	196442.55	224232.55	124963.44	42968.72	120746.52	38068.70
填报金额—2015（万元）	216306.38	64362.70	108406.85	46006.43	129746.28	31823.32
填报金额—2016（万元）	242889.47	47084.63	123092.65	64051.76	131110.34	30271.35
占营业收入的比重—2014（%）	0.028961	0.033473	0.018624	0.006259	0.017765	0.005646
占营业收入的比重—2015（%）	0.032219	0.009640	0.016286	0.006803	0.019323	0.004748
占营业收入的比重—2016（%）	0.031173	0.006192	0.016314	0.008310	0.016175	0.003955
占企业成本的比重—2014（%）	0.030329	0.035054	0.019504	0.006555	0.018582	0.005912
占企业成本的比重—2015（%）	0.033517	0.010028	0.016942	0.007077	0.020102	0.004939
占企业成本的比重—2016（%）	0.032726	0.006500	0.017126	0.008723	0.016980	0.004152

2. 关于其他缴费情况的统计分析

关于其他涉企收费涉及的企业户数、缴费金额及其营业收入和成本费用的比重情况见表61。从中可以发现：

- 缴纳诉讼费的企业户数、缴费金额及其占营业收入和成本费用的比重均呈上升态势，且增幅明显。
- 缴纳协会、商会等会员费的企业户数呈上升趋势，但缴费金额及其占营业收入和成本费用的比重2016年较2014年有所上升，但低于2015年。
- 缴纳报刊杂志费的企业户数呈上升趋势，但缴费金额占营业收入和成本费用的比重有所下降。
- 支付企业捐赠支出的企业户数呈上升趋势，但缴费金额占营业收入和成本费用的比重均呈下降态势。
- 支付企业办社会支出的企业户数呈上升态势，但缴费金额及其占营业收入和成本费用的比重均呈下降态势。

表 61　　　　2014—2016 年样本企业其他涉企收费缴纳情况

	诉讼费	协会、商会等会员费	报纸杂志费	企业捐赠支出	企业办社会支出
填报户数—2014（户）	1554	3370	4442	2668	366
填报户数—2015（户）	1812	3573	4575	2620	381
填报户数—2016（户）	2036	3662	4615	2801	387
填报金额—2014（万元）	39251.58	24758.08	28614.16	103405.58	994880.58
填报金额—2015（万元）	43566.74	27800.36	28132.55	93937.74	990584.13
填报金额—2016（万元）	52092.44	26567.38	31240.16	119146.90	973800.62
占营业收入的比重—2014（%）	0.005722	0.003299	0.004190	0.014935	0.148583
占营业收入的比重—2015（%）	0.006291	0.003686	0.004174	0.013699	0.148740
占营业收入的比重—2016（%）	0.006697	0.003397	0.004103	0.015319	0.128967
占企业成本的比重—2014（%）	0.005993	0.003455	0.004388	0.015641	0.155603
占企业成本的比重—2015（%）	0.006545	0.003834	0.004342	0.014251	0.154734
占企业成本的比重—2016（%）	0.007031	0.003566	0.004307	0.016082	0.135391

（四）关于企业税费负担感受的调查分析

关于企业税（费）感受的调查，共设计了 2 道主观题，一道是调查企业对税费的感受，共列四个选项，分别为"较轻"、"负担合理"、"负担非常重"；另一道是税费负担重在哪里，共列三个选项，分别是"税收"、"各项收费"、"税费均重"。本次调查的统计情况如表 62 所示。从表中可以发现：

1. 企业对税费的总体感受

调查显示，就税费负担主观感受而言，无企业认为税费负担"较轻"，6.7% 企业认为税费负担"非常重"，51.5% 企业认为税费负担"合理"，41.8% 的企业认为税费负担"较重"。从分地区来看，认为企业"税费负担合理"占比最高的是东北地区；认为企业"税费负担较重"占比最高的是西部地区；认为企业"税费负担重"占比最高的是东北地区。从所有者性质来看，认为"税费负担合理"占比最高的是集体企业；认为企业"税费负担较重"占比最高的是外资企业；认为企业"税费负担重"占比最高的是外资企业。从分企业规模看，认为企业"税费负担合理"占比最高的是微型企业；认为企业"税费负担较重"占比最高的是大型企业；认为企业"税费负担重"占比最高的是大型企业。从行业来看，认为企业"税费负担合理"占比最高的是农、林、牧、副、渔业；

表 62　　2014—2016年样本企业税费负担感受的统计情况　　单位:%

		税费负担感受				税费负担重在		
		较轻	合理	较重	非常重	税收	收费	税费均重
	总体	0	51.5	41.8	6.7	46.6	14.3	39.2
所属区域	东部地区	0	50.6	43.4	6.0	47.1	12.7	40.3
	中部地区	0	53.1	40.6	6.2	49.6	15.0	35.4
	东北地区	0	55.2	35.9	8.9	39.6	16.5	43.9
	西部地区	0	48.7	43.0	8.3	44.3	17.0	38.8
经济类型	国有企业	0	52.7	40.5	6.9	49.6	11.5	38.9
	集体企业	0	61.8	31.3	6.9	49.2	10.9	39.8
	民营企业	0	51.2	42.2	6.6	45.7	15.4	38.9
	外资企业	0	46.0	47.0	7.0	42.9	15.5	41.6
企业规模	大型企业	0	43.2	48.5	8.4	49.0	7.2	43.8
	中型企业	0	44.1	48.1	7.8	47.2	12.9	39.9
	小型企业	0	54.0	40.1	5.9	46.3	15.6	38.1
	微型企业	0	65.3	29.2	5.6	43.0	21.3	35.7
行业	农、林、牧、渔业	0	70.6	25.4	4.0	40.9	22.7	36.4
	采矿业	0	32.7	50.6	16.7	25.7	18.6	55.8
	制造业	0	44.9	47.5	7.6	46.1	13.6	40.3
	电力、热力、燃气及水生产和供应业	0	59.1	36.6	4.3	50.8	12.2	37.0
	建筑业	0	47.5	46.0	6.6	48.7	12.5	38.7
	批发零售业	0	57.0	37.2	5.8	46.5	13.7	39.8
	交通运输、仓储和邮政业	0	55.9	37.6	6.6	47.0	11.6	41.4
	住宿和餐饮业	0	53.2	39.6	7.1	31.9	29.2	38.9
	信息传输、软件和信息技术服务业	0	56.1	39.9	4.0	58.6	14.3	27.1
	房地产业	0	43.6	49.8	6.5	56.1	4.9	39.0
	其他	0	58.9	35.3	5.9	47.9	16.0	36.0

认为企业"税费负担较重"占比最高的是采矿业;认为企业"税费负担重"占比最高的是采矿业。

2. 税费负担重在哪里

调查企业中46.6%的企业认为税费负担重在税收,39.2%的企业认为税费负担均重。其中，中部地区 49.6% 的企业认为"重在税收"，东北地区 43.9% 的企业认为"税费均重"，西部地区 17.0% 的企业认为"重在收费"；21% 的微型企业认为"重在收费"，高出平均水平 6.7 个百分点；55.8% 的采矿企业认为"税费均重"。

（五）分析结论

本次共收集到有效样本企业 12296 份，样本企业填报的企业纳税总额 3600 亿元左右，占全国企业纳税总额的比重在 3% 左右。总体而言，58% 以上样本企业的"企业纳税总额[①]占营业收入的比重"小于 5%，90% 以上样本企业小于 15%。其中，半数以上（51.5%）企业认为税费负担合理，认为负担较重的企业比例为 41.8%，无企业认为税费负担较轻；46.6% 的企业认为税费负担重在税收，39.2% 的企业认为税费负担均重，17.21% 的微型企业认为"重在收费"，高出平均水平 6.7 个百分点。具体而言：

1. 税收负担占比不高且近几年呈下降趋势

（1）近三年"企业纳税总额占营业收入的比重"均值为 5.3%，且有下降的趋势。

（2）近三年"企业纳税总额与利润之比"均值为 77.4%，2016 年较 2015 年有较大幅度的下降。

（3）近三年样本企业"企业纳税总额占企业综合成本费用的比重"均值为 5.42%，总体上呈下降态势。

（4）85% 以上企业"增值税占营业收入比重"低于 6%，95% 以上企业低于 11%。近三年"增值税占营业收入比重"的均值为 2.36%，且呈现出下降态势。

（5）35% 以上企业"企业所得税占利润的比重"低于 5%，50% 以上企业"企业所得税占利润的比重"低于 15%。

（6）分地区看，各项税收指标（除极少数外）均表现为西部地区最高，东部地区最低。分企业规模看，多数税收指标表现为大型企业最高，微型企业最低。分行业看，各项税收指标行业间的差异均较大，高者多为采矿业和房地产业，低者为农林牧副渔业。

2. 企业缴费部分上升、部分下降

（1）缴纳排污费的企业户数、缴费金额及其占营业收入和成本费用的比重

---

① 全国企业纳税总额 = 各年度全部税收收入 - 个人所得税。

均呈上升态势。

（2）缴纳诉讼费的企业户数、缴费金额及其占营业收入和成本费用的比重均呈上升态势，且增幅明显。

（3）缴纳协会、商会等会员费的企业户数呈上升趋势，但缴费金额及其占营业收入和成本费用的比重2016年较2014年有所上升，但低于2015年。

（4）缴纳报刊杂志费的企业户数呈上升趋势，但缴费金额占营业收入和成本费用的比重有所下降。

八、2016年"降成本"成效分析及未来诉求[①]

（一）降成本总体成效评价

2016年8月8日，国务院关于印发《降低实体经济企业成本工作方案的通知》（国发〔2016〕48号）（以下简称"降成本方案"）。各级地方政府也相继出台了相应的降成本的政策措施。本次问卷专门针对国务院降成本方案种涉及的六大成本（降低企业税费负担、降低企业融资成本、降低制度性交易成本、降低企业人工成本、降低企业用能用地成本、降低企业物流成本）在各企业落实的成效，分"非常好、好、一般、较差"四个层面进行评价。

1. 样本情况说明

由于不同企业对六大成本涉及面不同，如降低企业税费负担成效中，有76%的企业认为涉及，24%的企业认为不涉及，因此，以下对每项成本成效的评价均为选择涉及该成本的企业。六大降成本政策落实成效的企业样本情况如表63所示。

表63　　　　　　　　六大成本成效的企业样本情况

政策措施	是否涉及	计数（家）	比重（%）
降低企业税费负担	是	9301	76.0
	否	2937	24.0
	总计	12238	100.0

---

① 该部分共收到问卷共12339份，经过数据清洗，保留有效问卷12238份，据此展开分析。

续表

政策措施	是否涉及	计数（家）	比重（%）
降低企业融资成本	是	7015	57.3
	否	5223	42.7
	总计	12238	100.0
降低制度性交易成本	是	6458	52.8
	否	5780	47.2
	总计	12238	100.0
降低企业人工成本	是	6704	54.8
	否	5534	45.2
	总计	12238	100.0
降低企业用能用地成本	是	6481	53.0
	否	5757	47.0
	总计	12238	100.0
降低企业物流成本	是	6509	53.2
	否	5729	46.8
	总计	12238	100.0

2. 企业对于六大降成本成效的总体评价

对于降低企业税费负担的成效，26.4%的企业认为成效非常好，36.8%的企业认为成效好，34.8%的企业认为成效一般，2.1%的企业认为成效较差。可见，认为降低企业税费负担成效非常好和好的企业占到了63.2%，表明大多数企业认可国家对于降低税费负担的举措，减税降费取得了实质性效果。

对于降低企业融资成本的成效，认为非常好（25.4%）和好（33.6%）的企业占到了59%，只有3%的企业认为成效差，说明多数企业对于国家降低融资成本的举措表示认可。

对于降低制度性交易成本的成效，认为非常好（26.1%）和好（37.1%）的企业占到了63.2%，只有1.3%的企业认为成效差，说明国家降低制度性交易成本的举措获得了大多数企业的认可。

对于降低企业人工成本的成效，认为非常好（24.4%）和好（33.2%）的企业占到了57.6%，只有2.8%的企业认为成效差，说明超过半数的对于国家降低人工成本的举措表示认可。

对于降低企业用能用地成本的成效，认为非常好（26.3%）和好（34.5%）

的企业占到了60.8%，只有2.9%的企业认为成效差，说明国家降低用能用地成本的举措获得了大多数企业的认可。

对于降低企业物流成本，认为非常好（25.8%）和好（32.5%）的企业占到了58.3%，只有3%的企业认为成效差，说明超过半数的企业对于国家降低物流成本的举措表示认可。见表64和图110。

表64　　　　　　　企业对于六大降成本成效的总体评价

政策措施	企业选择	计数（家）	比重（%）
降低企业税费负担	非常好	2455	26.4
	好	3421	36.8
	一般	3233	34.8
	较差	192	2.1
	总计	9301	100.0
降低企业融资成本	非常好	1779	25.4
	好	2355	33.6
	一般	2674	38.1
	较差	207	3.0
	总计	7015	100.0
降低制度性交易成本	非常好	1687	26.1
	好	2394	37.1
	一般	2295	35.5
	较差	82	1.3
	总计	6458	100.0
降低企业人工成本	非常好	1636	24.4
	好	2228	33.2
	一般	2649	39.5
	较差	191	2.8
	总计	6704	100.0
降低企业用能用地成本	非常好	1702	26.3
	好	2233	34.5
	一般	2360	36.4
	较差	186	2.9
	总计	6481	100.0

续表

政策措施	企业选择	计数（家）	比重（%）
降低企业物流成本	非常好	1680	25.8
	好	2114	32.5
	一般	2517	38.7
	较差	198	3.0
	总计	6509	100.0

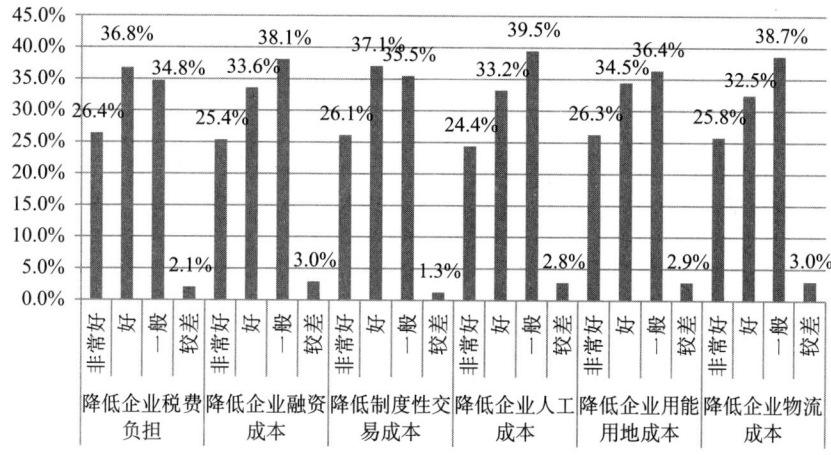

图110　企业对于六大降成本成效的总体评价

综合以上六大降成本举措取得成效来看，约有60%的企业对48号文所出台措施表示认可，认为效果一般的约占三成左右，只有极少数企业认为成效较差。由此可见，48号文在各地落地情况良好，企业可获得感较强，降成本举措取得阶段性效果。

（二）企业对降成本的进一步政策诉求

在我国依然面临经济新常态的背景下，供给侧结构性改革需继续推进，企业降成本依然任重道远。在"对于降成本政策中哪些还需要进一步完善"一题的选择中，企业的回答也充分证明了这一点。

从有效问卷结果来看（表65），有80.4%的企业认为需继续降低企业税费负担，52.7%的企业认为需进一步降低企业融资成本，26.3%的企业认为需继续降低制度性交易成本，44.7%的企业认为需进一步降低企业人工成本，41.6%的企业认为需继续降低企业用能用地成本，40.9%的企业认为需进一步降低物流成本（见图111）①。可见，进一步降低税费负担依然是大多数企业的诉求，进一步降低融资成本次之，对进一步降低制度性交易成本的要求最低。这一方面，反映出近来国家出台的简政放权和优化企业营商环境的改革取得了实质性成效，多数企业获得了实惠；另一方面，也反映了企业对政府降成本政策尤其是减税降费的依赖性。政府在制定降成本政策措施时需分清企业和政府的目标，各尽其力，打好"组合拳"。

表65　　　　　　　　降成本政策中还需要进一步完善的政策

政策措施	企业数量（家）	比重（%）
降低企业税费负担	9834	80.4
降低企业融资成本	6447	52.7
降低制度性交易成本	3214	26.3
降低企业人工成本	5465	44.7
降低企业用能用地成本	5090	41.6
降低企业物流成本	5009	40.9

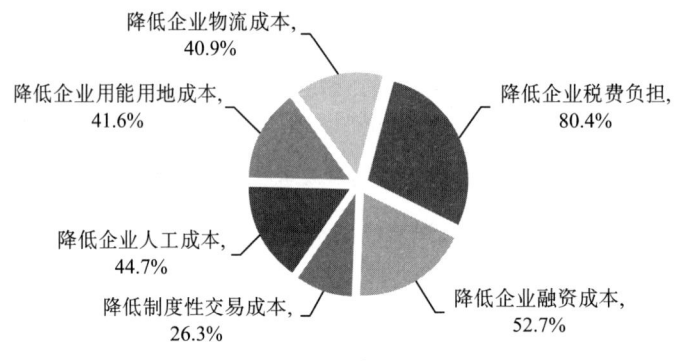

图111　降成本政策中还需要进一步完善的政策

（三）分析结论

1. 48号文在各地落地情况良好，企业可获得感较强，降成本举措取得阶段性效果。从六大成本取得综合成效来看，约有60%的企业对48号文所出台措施表示认可，认为效果一般的约占三成左右，只有极少数企业认为成效较差。

2. 企业对降成本政策还有进一步完善的诉求。其中，进一步降低税费负担的诉求占比最高，为80.4%；其次为进一步降低融资成本（52.7%）、降低人工

---

① 因本题在问卷设计为多项选择题，因此比重加总并非100%。

成本（44.7%）、降低用能用地成本（44.1%）和降低物流成本（40.9%），对进一步降低制度性交易成本的诉求占比最低（26.3%）。

附件：2017年度"降成本"调查问卷

企业名称：　　　　　　　　纳税人识别号：

＊所属省市（县）：
选择省　　　　　选择市　　　　　选择县

一、企业基本情况

1. 贵企业所有制性质：
- A. 国有企业
- B. 集体企业
- C. 民营企业
- D. 外资企业

2. 按照2016年营业收入数据，贵企业规模属于（划分标准见"问卷填写说明"）：
- A. 大型企业
- B. 中型企业
- C. 小型企业
- D. 微型企业

3. 贵企业行业类型［按照国民经济行业分类（GB/T 4754-2011）］：
- A. 农、林、牧、渔业
- B. 采矿业
- C. 制造业（再细化二级行业，点击此项，则显示下拉框）附后
- D. 电力、人力、燃气和水生产供应业
- E. 建筑业
- F. 批发零售业
- G. 交通运输、仓储和邮政业

- H. 住宿和餐饮业
- J. 信息传输、软件和信息技术服务业
- K. 房地产业
- U. 其他（请注明）：

二、营商环境情况

4. 贵企业对营商环境的总体评价：
- A. 满意
- B. 一般
- C. 较差
- D. 极差

5. 行政管理

（1）政府机关的政策和规章制度公开透明度：
- A. 较好
- B. 一般
- C. 较差

（2）行政机构办事程序简化情况：
- A. 较好
- B. 一般
- C. 较差

（3）企业与政府和监管部门打交道的综合成本：
- A. 较高
- B. 一般
- C. 较低

（4）国家法律规定外的收费、摊派、集资情况：
- A. 较多
- B. 一般
- C. 较少

6. 法律环境

（1）司法机构执法公正、高效情况：
- A. 较好
- B. 一般

- C. 较差

（2）法律纠纷诉讼成本：

- A. 较高
- B. 一般
- C. 较低

7. 市场环境

（1）政府市场准入限制情况：

- A. 较多
- B. 一般
- C. 较少

（2）地方政府地域性歧视情况：

- A. 严重
- B. 一般
- C. 较轻

8. 社团组织

（1）企业参加协会、商会、行会等社会团体并缴费情况：

- A. 较多
- B. 一般
- C. 较少

（2）协会、商会、行会对企业发展的帮助：

- A. 较大
- B. 一般
- C. 较小

9. 融资环境

（1）银行贷款的额外收费：

- A. 较多
- B. 一般
- C. 较少

（2）银行贷款的以贷转存、存贷挂钩情况：

- A. 较多
- B. 一般
- C. 较少

10. 生产基础条件

（1）电价及其基金性收费是否合理：

- A. 合理
- B. 一般
- C. 不合理

（2）公路、铁路、港口的制定经营、强制服务、强制收费情况：

- A. 较多
- B. 一般
- C. 较少

11. 信用环境

（1）当地经营环境诚信水平：

- A. 较高
- B. 一般
- C. 较低

（2）当地对企业专利技术、品牌的保护程度：

- A. 较好
- B. 一般
- C. 较差

三、企业生产经营及主要财务指标

12. 贵企业生产经营及主要财务指标

（1）生产经营指标（非负数）

	2014 年	2015 年	2016 年
设备利用率（%）			
劳动生产率（%）			
新增设备投资额（万元）			
研发支出（万元）			

注：研发支出 = 管理费用下的费用化研发支出 + 当年资本化的开发支出。

（2）主要财务指标

	2014 年	2015 年	2016 年
营业收入（万元）（非负数）			
营业成本（万元）（非负数）			

续表

	2014 年	2015 年	2016 年
销售费用（万元）（非负数）			
管理费用（万元）（非负数）			
财务费用（万元）			

	2014 年	2015 年	2016 年
营业税金及附加（万元）（非负数）			
投资收益（万元）			
利润总额（万元）			
负债总额（万元）（非负数）			
其中：流动负债总额（万元）			

	2014 年	2015 年	2016 年
资产总额（万元）（非负数）			
应收账款（万元）			
其中：1 年以上应收账款（万元）			
应付账款（万元）			
其中：1 年以上应付账款（万元）			

	2014 年	2015 年	2016 年
存货总额（万元）（非负数）			
无形资产（万元）（非负数）			
折旧总额（万元）（非负数）			

四、原材料及用能用地成本

13. 原材料成本（非负数）

原材料数据	2014 年	2015 年	2016 年
原材料总成本（万元）			

14. 用能用地成本（非负数）

	2014 年	2015 年	2016 年
用电支出（万元）			
用电成本（元/度）			
用地及房租总支出（万元）			

注：电力和电网企业不填第 1—2 栏，房地产开发企业不填第 3 栏。

五、人工成本

15. 人工成本及"五险一金"

（1）人工成本情况（非负数）

	2014 年	2015 年	2016 年
职工工资总额（万元）			
年末职工人数（人）			

（2）五险一金情况（非负数）

名　　称	2014 年	2015 年	2016 年
养老保险（万元）			
医疗保险（万元）			
失业保险（万元）			
工伤保险（万元）			
生育保险（万元）			
住房公积金（万元）			

（3）2016 年若人工成本上升，贵企业认为主要的原因是（多选，请按重要程度排列）：

- A. 物价上涨
- B. 企业难以招到合适员工
- C. 劳动力素质提升
- D. 地方政府上调最低工资标准
- E. 社会保障体系逐步健全
- F. 其他（请注明）

（4）2016 年贵企业人员结构的合理程度（可多选）：

- A. 管理人员、生产人员、技术人员结构基本合理
- B. 管理人员不足
- C. 生产人员不足
- D. 技术人员不足

六、融资成本

16. 融资情况及成本（非负数）

（1）2014 年至 2016 年的年末融资情况：

	2014 年	2015 年	2016 年
银行短期借款（万元）			
银行长期借款（万元）			
债券融资（万元）			
股权融资（万元）			
其他融资（万元）			

（2）2014 年至 2016 年的年末融资成本情况：

	2014 年	2015 年	2016 年
银行贷款利息（万元）			
债券融资利息（万元）			
股权融资成本（万元）			
其他融资成本（万元）			

注：股权融资成本指企业发行股票融资的承销费以及保荐、法律、会计等中介费用。

（3）贵企业 2016 年融资面临的主要问题是：

- A. 融资渠道少融不到资金，即融资难
- B. 融资成本（利息或收费）高，即融资贵
- C. 融资难且贵

七、物流成本

17. 物流成本统计

（1）贵企业 2016 年物流基本情况

物流基本情况（可多选）					
物流配送	□企业自营			□物流外包	
运输方式	□公路	□铁路	□水路	□管道	□空运

（2）贵企业 2014—2016 年物流成本（非负数）

	2014 年	2015 年	2016 年
物流成本总额（万元）			

（3）贵企业近年来物流成本若上升，则导致上升的主要因素：

- A. 人工费用上涨

- B. 燃油价格过快上涨
- C. 车辆保养维修费用上涨
- D. 过路过桥费用
- E. 空驶率较高
- F. 车辆各项税费上涨
- G. 其他因素

八、税费情况

18. 税收缴纳情况（非负数）

名称	纳税金额（万元）		
	2014 年	2015 年	2016 年
一、企业纳税总额（万元）			
其中：增值税（万元）			
营业税（万元）			
消费税（万元）			
企业所得税（万元）			
二、代（扣）缴个人所得税（万元）			

19. 2016 年贵企业政府性涉企收费情况（非负数）

	2014 年	2015 年	2016 年
一、资源使用与环保类收费			
（1）排污费			
（2）矿产资源补偿费			
（3）探矿权、采矿权使用费			
二、残疾人就业保障金			
三、水利建设基金			
四、环保治理保障金			

20. 贵企业对税费负担总体评价

（1）贵企业的税费负担感受：

- A. 较轻
- B. 负担合理
- C. 负担较重

- D. 负担非常重

（2）您认为企业税费负担重在：
- A. 税收
- B. 各项收费
- C. 税和费均重

九、其他涉企收费情况

21. 贵企业其他涉企收费和支出情况统计（非负数）：

名　　称	2014 年	2015 年	2016 年
诉讼费（万元）			
协会、商会等会员费（万元）			
报刊杂志费（万元）			
企业捐赠支出（万元）			
企业办社会支出（万元）			

注：企业办社会支出主要是指国有企业办医疗、教育以及"三供一业"（供水、供电、供热和物业费等）支出等，非国有企业不填此项。

十、2016 年降成本成效

22. 降成本总体成效评价

2016 年 8 月 8 日，国务院关于印发《降低实体经济企业成本工作方案的通知》（国发〔2016〕48 号）（以下简称"降成本方案"），请对国务院降成本方案在贵企业落实的成效，分"非常好、好、一般、较差"进行评价。

序号	政策措施	是否涉及	A. 非常好	B. 好	C. 一般	D. 较差
1	降低企业税费负担					
2	降低企业融资成本					
3	降低制度性交易成本					
4	降低企业人工成本					
5	降低企业用能用地成本					
6	降低企业物流成本					

23. 以下降成本政策中哪些还需要进一步完善（注：可多选）：
- A. 降低企业税费负担
- B. 降低企业融资成本

- C. 降低制度性交易成本
- D. 降低企业人工成本
- E. 降低企业用能用地成本
- F. 降低企业物流成本

24. 贵企业认为地方政府或国家除已有政策外，还应出台哪些"降成本"措施？有无其他补充意见？（限100字以内）

附：制造业二级科目

1. 食品制造业
2. 纺织业
3. 造纸和纸制品业
4. 石油加工、炼焦和核燃料加工业
5. 化学原料和化学制品制造业
6. 医药制造业
7. 橡胶和塑料制品业
8. 非金属矿物制品业
9. 黑色金属冶炼和压延加工业

10. 有色金属冶炼和压延加工业
11. 金属制品业
12. 通用设备制造业
13. 专用设备制造业
14. 汽车制造业
15. 电气机械和器材制造业
16. 计算机、通信和其他电子设备制造业
17. 其他

中国财政科学研究院 2017 年"降成本"问卷调查分析组
组长：傅志华
成员：徐玉德　韩晓明　程　瑜　梁　季
　　　封北麟　赵治纲　闫晓茗　夏　楸
执笔：徐玉德　韩晓明　程　瑜　梁　季　封北麟　赵治纲　夏　楸

2017年"降成本"东北调研组报告

对降成本政策的评估分析

——基于黑龙江、内蒙古的调研报告

2016年8月国务院印发了《降低实体经济企业成本工作方案》国发〔2016〕48号（以下简称48号文件），这是国务院为有效缓解实体经济企业困难、助推企业转型升级作出的重要决策部署，对有效应对当前经济下行压力，完成"三去一降一补"五大任务具有重要意义。48号文件是2015年中央经济工作会议明确企业"降成本"针对该项任务出台的第一个系统性文件，有必要认真、系统、完整地评估48号文件的实施情况。调研选取的黑龙江省和内蒙古自治区都是经济欠发达省份，也是资源性省份，区域内国有企业占比较高，经济下行压力下企业"降成本"也面临着前所未有的挑战。本次48号文件政策评估包含两个重点。第一，评估文件中所列"降成本"政策的有效性，什么政策能落地、什么政策难以有效实施？什么政策需要细化、什么政策需要配套支持？通过评估反馈进一步调整优化现有企业"降成本"政策体系。第二，评估48号文件落地实施的成效，在企业层面什么成本项目降下来了，什么成本项目没降下来？文件上的政策哪些执行到位了，哪些没有执行到位？地方政府是否有针对性地出台了符合区域特征的企业"降成本"举措？这些问题的有效评估直接影响到下一阶段企业"降成本"政策体系的调整完善，找准政策执行中的盲点，发挥好"降成本"工作中政府与市场、中央与地方的合力作用。

一、"降成本"48号文件政策有效性分析

国务院48号文件提出从2016年始用1—2年努力，降低实体经济企业成本

工作取得初步成效，3年左右使实体经济企业综合成本合理下降，实现企业盈利能力明显增强的中期目标任务。文件将实体经济企业成本细分为税费负担、融资成本、制度性交易成本、人工成本、用能用地成本以及物流成本六个重要项目，逐项确定目标，分解任务。

从执行效果反观48号文件的有效性，当前调研地区企业税费负担、社保缴费负担、用电成本等成本项目取得了较为明显的成效，也是当前实体经济企业成本整体下降的主要驱动力。企业税费负担和社保缴费负担依据的是自上而下的制度安排，中央政府已经制定好了下降的幅度，地方政府可选择的余地不大。企业税费负担下降对应的是财政税费收入下降，企业社保缴费负担下降带来的是社会保险基金企业承担份额下降，相应会增加政府支出责任，这两项成本下降都是以增加政府收支压力为代价的。在黑龙江和内蒙古两个调研省区，企业用电成本下降主要得益于制度创新、资源优势和政府补贴三个方面，用电成本的下降又反过来推动了高耗能产业集中，实现了要素价格引导生产力有序布局。客观来看，目前已取得一定成效的成本项目只是实体经济企业可降成本中的一部分，在相关成本项目所取得的成效基本实现了文件预期中的地方政府可操作、降本政策可落地、实施效果可检查。

在48号文件落地实施过程中也反映出一些问题有待进一步完善。

第一，"降成本"缺少一个整体协同工作机制。2015年底中央经济工作会议提出"三去一降一补"五大任务，这是基于对宏观经济运行形势的总体判断，完成这五大任务需要用整体观、系统观、辩证观来协同推进，在各个部门之间存在信息不对称的情况下选择各自为政的策略很难取得标本兼治的成效。调研省区所反映出来的上游煤炭等资源性产品"去产能"，直接导致中下游企业原材料采购成本上升，抵消企业成本下降，已经充分说明缺少整体协同工作机制可能会带来不同任务的掣肘。缺少整体协作机制使得地方企业"降成本"落入"就成本论成本"、"各扫门前雪"，让企业"降成本"这一系统工程缺乏整体思维、治理思维。

第二，企业"降成本"政策看似面面俱到，项项精准，但总体呈现碎片化，拼盘式的政策组合并没有瞄准关键问题。尽管48号文详细梳理了企业可以下降的六大成本构成，并逐一提出对策分解任务，省级和市级政府也在48号文件的基础上出台了本区域的"降成本"实施方案，地方政府在落实文件方面也颇为用心，也取得了一些成效，但是在实地调研过程中，我们还是发现地方政府"降成本"工作开展缺少有力抓手。虽然文件每一项成本构成地方都采取了措施,但企业的感受与政府的付出并不匹配。比如,一些地方政府按照48号文件提到的"合理降低企业人工成本"各项政策基本到位,但是所调研部分大型国有企业仍然感觉到"人工成本"不堪重负、难以为继。这是因为48号文件降低企业人工成本并没有真正触及导致国有企业沉重冗员成本的深层次矛盾。

第三,对一些长期困扰国有企业的体制机制问题,尚没有给出更有实效的改革举措破解制度困局。比如,剥离国有企业办社会职能和解决历史遗留问题,48号只是提出了"建立政府和国有企业合理分担成本的机制,坚持分类指导、分步实施,多渠道筹措资金,加快剥离国有企业办社会职能"等一些指导原则性和方向性思路,地方政府也只是对重点解困企业实施了剥离国有企业办社会职能改革,如黑龙江省在2016年底对一些煤炭企业实施了"三供一业"向地方政府分离移交工作,但是对于大多数的国有企业剥离办社会职能究竟"钱从哪来"、"人往哪去"等关键问题都没有给出清晰的制度安排。由此导致"改革任务有"、"承办部门有"、"时间目标有",但"怎么办"却让地方无所适从。

二、调研两省区地方政府"降成本"政策响应

2016年8月国务院"降成本"48号文件出台后,黑龙江和内蒙古两省区地方省市政府都相继出台了本省降低实体经济企业成本的实施方案或实施细则,以推动48号文件在区域内落地实施。见表1。

表1　　　　　省(区)、市"降成本"出台的政策文件

	出台(通过)时间	文件名称
黑龙江	2016年12月	黑龙江省降低企业制度性成本改革试点方案
	2017年2月	黑龙江省降低实体经济企业成本实施细则
大庆市	2016年10月	关于推进供给侧结构性改革的实施方案
	2016年5月	降成本实施方案(2016—2017年)
内蒙古	2016年9月	内蒙古自治区深入推进供给侧结构性改革着力做好降成本工作实施方案
呼和浩特市	2016年4月	呼和浩特市工业企业降成本工作实施方案
	2016年4月	呼和浩特市物流业降成本实施方案

(一)黑龙江省

黑龙江省人民政府在2016年12月出台了《黑龙江省降低企业制度性成本改革试点方案》,2017年2月又出台了《黑龙江省降低实体经济企业成本实施细则》。

《黑龙江省降低企业制度性成本改革试点方案》进一步理顺政府与企业的关系,规范企业"降成本"过程中政府能做什么?这一文件列出了地方政府三个方面的可以有所作为领域。第一,降低企业与政府有直接关系的成本。从简化审批、工商登记、事中事后监管、信用体系建设、分离企业办社会职能以及降低涉企税费等方面降低企业与政府的"交易费用"。第二,降低政府及所属垄断性机构确定的要素价格。从用能、用地、用钱等方面为企业降成本营造更为宽松、公平的竞争市场环境。第三,降低政府及所属垄断性机构确定的服务性价格。从清理规范中介服务、提升贸易便利化水平以及清理规范涉企收费等方面减轻企业负担。

《黑龙江省降低实体经济企业成本实施细则》是地方版的48号文件,文件的目标、任务、措施与国务院"降成本"文件一脉相承,基本呈现一一对应关系。从合理降低企业税费负担、有效降低企业融资成本、降低制度性交易成本、合理降低企业人工成本、进一步降低企业用能用地成本以及降低企业物流成本六个方面将具体降成本任务分解到具体部门。

(二)内蒙古自治区

内蒙古自治区人民政府在2016年9月13日出台了《深入推进供给侧结构性改革 着力做好降成本工作实施方案》的政策文件,从降低企业税负成本、涉企收费、融资成本、制度性交易成本、用能成本、用工成本、用地成本、物流成本、资金周转和企业内部挖潜十个方面提出了企业"降成本"举措,并将具体措施落实到省直部门。

内蒙古自治区依托在煤炭、风、光等发电资源禀赋上的优势,拥有全国唯一的省级供电公司,随着高耗能企业在内蒙古地区不断聚集,内蒙古"降成本"瞄准电价作为突破口之一,具体提出了五项举措。第一,持续推进电力多边交易和大用户直供电。扩大蒙西电网电力多边交易和蒙东电网大用户直供电规模,适度扩大交易电量;第二,对符合国家产业政策的传统优势产业和新兴特色优势产业生产用电,实施电价临时扶持补贴政策;第三,选择具备条件的工业园区开展增量配售电改革试点工作,通过特色工业园区电力体制改革试点;第四,对蒙西电网部分企业实施临时电价扶持政策;第五,对蒙西电网执行一般工商业用电价格的冷链物流冷库用电企业,在现行电价基础上每千瓦时降低0.15元,实现冷链物流冷库与大工业用电基本同价。

三、调研两省区"降成本"政策实施效果

2016年8月国务院"降成本"48号文件出台后,黑龙江省和内蒙古自治区企业"降成本"工作主要是围绕48号文件所列出的重点成本支出项目开展,具体的"降成本"政策执行成效可以一分为二的分析,既有成效较为明显的方面,也有因各种原因成效不显著的方面。

(一)成效较为明显的方面

1. 企业用电成本下降

两省区通过大用户直供、微电网、多边交易、政府让利等方式减轻辖区企业用电成本,一些高耗能企业电力外购成本明显下降。从调研情况看,企业用电成本下降从2015年以及2016年以来地方输配电价改革,企业用电成本下降的效果就逐步显现出来了。内蒙古自治区在2015年9月获得国家发改委批复,蒙西电网成为全国第一个省级输配电价改革试点,建立了全国第一个由发电、用户和电网三方共同参与的电力多边市场。

黑龙江省电力公司于2016年4月组建了黑龙江电力交易中心有限公司,通过建设功能完善的电力交易平台,以双边交易、撮合交易、挂牌交易等多种方式,为大用户提供直购电交易、发电权交易等服务。黑龙江电力交易中心有限公司已先后组织199家电力用户、295家发电企业在交易平台注册。2016年完成两批次供电直接交易,共成交160笔,成交电量39.1亿千瓦时,有效降低企业成本2.1亿元。见表2。

表2　　　　　　　　黑龙江和内蒙古用电成本下降情况　　　　　单位:亿元、元/千瓦时

	主要交易方式	主要受惠行业或企业	2016年降低企业成本	电价降低
黑龙江	大用户直接交易	园区高耗能企业	2.1	0.0537
内蒙古	多边交易	铁合金、电石、稀土	58.44	0.0744

数据来源:实地调研。

2. 企业失业、生育保险缴费率下调

2015年以来，人力资源社会保障部和财政部多次下发文件提出"阶段性"降低社会保险费率。人社部2016年36号文件对企业职工基本养老保险单位缴费比例限定在20%，失业保险总费率在2015年已降低1个百分点基础上可以阶段性降至1%—1.5%，同时要求各地要继续贯彻落实国务院2015年关于降低工伤保险平均费率0.25个百分点和生育保险费率0.5个百分点的决定和有关政策规定。从执行效果来看，黑龙江和内蒙古都达到了降低社会保险费率的要求。内蒙古自治区在2015年和2016年分别两次降低失业保险费率，保费费率由3%降低到1.5%，用人单位缴费费率为1%，共减少企业及个人缴费13.7亿元的基础上，相应国务院48号文件，在2017年自治区人力资源和社会保障厅、财政厅、地方税务局联合印发的《关于阶段性降低失业保险费率的通知》，明确自2017年1月1日起，全区失业保险费率在已经达到中央政策要求的基础上进一步阶段性降至1%。其中，用人单位失业保险费率由1%降至0.5%，职工个人失业保险费率维持0.5%不变。将企业负担的失业保险费率降至国家要求的浮动区间下限。见表3。

表3 两省区失业保险与生育保险用人单位缴费比率下降

		黑龙江	内蒙古	备注
失业保险	原有费率	1.5%	1%	内蒙古先后于2015年、2016年和2017年连续三次降低失业保险费率，费率由3%降低到1%，其中，用人单位缴费费率降为0.5%。2015年和2016年共减少企业及个人缴费13.7亿元。2017年第三次降费后，预计全年可为企业减少缴费7亿元。
	现今费率	1.0%	0.5%	
	费率下调幅度	33.3%	50%	
生育保险	原有费率	0.6%	—	生育保险基金合理结存量为相当于6至9个月待遇支付额。
	现今费率	0.5%以内	0.5%以内	
	费率下调幅度	16.7%		

数据来源：实地调研。

3. 企业税收负担降低

按照国务院的统一部署，黑龙江省和内蒙古自治区2016年都扎实开展了降低涉企税收负担工作。从降负总体规模来看，黑龙江省当年降低107亿元，内蒙古自治区当年降低467.7亿元。2016年，黑龙江省"营改增"为企业减轻税负51.8亿元，内蒙古自治区"营改增"为企业减轻税负60.9亿元。见表4。

表 4　　两省区 2016 年涉企税收负担降低规模　　　　　　单位：亿元

项目		黑龙江	内蒙古
营改增企业减负	小计	51.8	60.9
	少缴税收	20.7	15.7
	新增抵扣	31.1	45.2
落实税收优惠政策企业减负		55.2	406.8
合计		107	467.7

资料来源：实地调研。

4. 工业企业盈利能力提升

随着区域经济的逐步企稳，大宗资源产品价格回升，调研省区规模以上工业企业盈利能力提升较为明显。从黑龙江和内蒙古两个调研省份来看，2017年第一季度规模以上工业企业利润总额较去年同期有明显增加。据国家统计局统计数据，2017年第一季度全国规模以上工业企业实现盈利同比增长28.3%，黑龙江从去年同期亏损5.1亿元一举扭转为盈利142.1亿元，内蒙古2017年第一季度实现盈利397.7亿元，同比增长142.2%，增长幅度高出全国平均增幅4倍。在亏损方面，内蒙古同比减亏幅度与全国平均情况基本持平，黑龙江减亏幅度实现65.3%，远超全国平均27.3%的平均幅度。这反映出两省区经济运行中的主力军——规模以上工业企业的盈利能力的改善要快于全国平均水平。

5. 重点企业降成本初见成效

黑龙江和内蒙古拥有一些国家特大型、大型国有企业集团，比如黑龙江的大庆油田、龙煤集团、内蒙古的包钢集团等，这些大型企业受多种因素影响近年来纷纷陷入了经营困境，在"降成本"过程中政府"一对一"帮扶，重点企业降本增效出现成效。以内蒙古包钢集团为例分析。

包钢集团在2014—2016年三年里面临了最严峻的考验：连年巨额亏损，巨额刚性兑付、资金链几度欲断、生产经营遭遇前所未有的困难。内蒙古自治区人民政府出台了《关于推动包钢（集团）公司提质增效转型发展工作方案》，包头市人民政府出台了《支持包钢加快发展的总体方案》，包钢集团制定了《脱困发展转型升级工作落实方案》，政府与企业形成"降成本"合力，推动包钢扭亏。

包钢降成本首先降低燃煤采购成本，通过模拟化运算进行各种焦煤的优化组合，用低价的蒙古、乌海等煤炭替代减少山西高价煤用量，2017年第一季度仅降低山西焦煤采购一项，就节约1.7亿元。其次，在薄板轧钢生产环节鼓励技术创新，将降本指标与企业职工绩效考核挂钩，具体量化收入；重新修订绩效考评体系，从生产管理、成本管理、质量管理等方面评价各环节工作，实现降成本工作与职工收入挂钩。2017年，薄板厂6个生产区域共实施技术创新项目27个，预计全年可实现降成本超过5000万元。

2017年包钢共安排降本增效任务62.77亿元，一季度累计降本增效15.9亿元，超额完成了进度计划。在连续亏损3年后，包钢在2017年一季度迎来了扭亏为盈，实现营业收入137.58亿元，同比增加68.36亿元，增长98.76%；实现利润0.2亿元，同比增加14.6亿元①。

（二）降本成效不显著方面

1. 企业办社会成本负担沉重

东北地区大中型国有企业多，遗留下来的国有企业办社会成本负担十分沉重，"降成本"过程中分离企业办社会职能面临诸多压力和挑战，取得的成效并不明显。以黑龙江省为例。尽管黑龙江省在《降低实体经济企业成本实施细则》中明确提出：要加快剥离国有企业办社会职能。建立政府和国有企业合理分担成本机制，全面推进国有企业职工家属区"三供一业"分离移交，剥离企业办医疗、教育等公共服务机构；探索通过国有资本经营预算支出解决国有企业历史遗留问题；并提出推进鸡西市国有企业退休人员社会化管理试点。但是，剥离国有企业办社会职能改革进程进行的并不顺利。

黑龙江省大庆市自2004年开展中央企业分离办社会职能试点工作，共接收了125所全日制学校和9个管理机构，依据当时的经费开支中央财政核定中央经费补助基数为6.7亿元。但随着物价上涨以及教师工资上涨，截至2016年所接收的125所学校的年度运营经费已达19亿元，远远高于最初核定的6.7亿元。截至2016年末，大庆市财政局在中央核定的基数外，已经累计补贴接收企业办学超过40亿元。由此目前企业承担的"三供一业"等公共服务职能经办企业想脱手，但地方政府没有能力接手。据统计，黑龙江省大庆石油管理局下属的公交公司目前运营线路58条，运营车辆1600余台，日营运车次近万个，日运送乘客超过40万人次，是全省除哈尔滨公交总公司之外的第二大国有公交企业。此外，大庆石化公司矿区服务事业部还承担面积为895万平方米生活基地提供环境清洁、绿化服务；为3万余户家庭水、热、天然气等能源收费、结算管理；为559万平方米公园和道路等公共设施维护；为近30万居民提供医疗、预防、康复等

---

① 不负春光再出发——包钢集团实现首季"开门红"评述，内蒙古新闻网，www.nmgnews.com.cn。

保健服务；为 27 座文化体育场馆设施建设维护等服务职能等。这些公共服务开支最终都物化为企业生产经营成本支出。

2. 国企冗员导致劳动生产率提升困难重重

冗员是国有企业人力成本居高不下的主要原因，积重难返也使得降成本过程中企业劳动生产率提升面临着难以逾越的障碍。

（1）黑龙江省

某石油勘探企业——2014 年以来，该企业在员工总量减少 13200 余人、依法清退外雇用工 3400 余人、年均审批压缩外包业务用工 2000 余人、各单位内部挖潜调剂 7000 余人的基础上，目前仍有员工 23 万人、离退休人员 11.23 万人、有偿解除劳动合同人员 1.8 万人、退养家属 3.58 万人。

某制药企业——该企业在引进了国际先进生产设备后大幅提高一线生产环节的劳动生产率，但是由于没有解决国企养人的体制机制问题，甚至出现了一线生产员工与管理人员人数倒挂的现象。

（2）内蒙古自治区

某钢铁企业——2016 年底该企业总部职能部门有 18 个，集团公司处级职务干部超过 400 人。根据 2017 年 2 月该企业《瘦身健体组织架构和人力资源优化改革工作方案》的评估，18 个总部职能部门有 9 个计划被裁撤，比例高达 50%。2016 年，该企业实物劳动生产率为产钢 481 吨/人·年，远低于 600 吨/人·年以上的行业平均水平；人工成本居高不下，占总成本的比率为 12.88%。

四、调研两省区企业"降成本"存在的误区

（一）企业"降成本"就是政府"减收"

一直以来社会上普遍存在一种观点：给企业"减负"就是给政府"加压"，政府税费收入减下来了，企业成本自然也就降下来了。在东北地区，由于国有经济占比较大，这种观点更有市场，大中型国有企业"降成本"就更依赖"政府买单"。事实上，为了有效推动企业"降成本"任务顺利完成，在中央政府的引导下各级政府在"降成本"实施初期也连续年度实施或承诺大幅度减税和降费，为企业"降成本"开好局做出努力。然而，各级政府的率先垂范并没有形成政府与市场在"降成本"上的合力，反而加剧了企业"降成本"对政府"减收"

的依赖。客观地讲,政府的税收和收费是企业成本的一项重要组成部分,在"政府端"减少企业承担的税收和收费的种类和比例确实可以有效降低企业成本。但是,政府减税是有度的,政府施政效率的提升也是渐进的,公共服务供给能力提升和基础设施条件改善都有赖于政府财力保障,企业不可能存在于"无税空间"中,也等不来只有减税和降费的"降成本"。

(二) 企业"降成本"就是企业"解困"

调研过程中,很多调研企业把"降成本"简单理解为一时的"解困"。目前,黑龙江和内蒙古两省区一些企业受多种因素的影响陷入生产经营困境,宏观经济运行仍然没有完全摆脱下降通道的压制,很自然把企业"降成本"与企业"解困"联系在一起,寄希望通过"降成本"来摆脱企业当前面临的生产经营困境。地方政府确实有针对性地推出了"一对一"救助式帮扶,但这也造成了目前陷入困境的企业,特别是一些国有企业管理者对"降成本"的理解偏差,认为企业"降成本"只是发生在经济下行过程中的一项阶段性工作,一旦经济趋势向好,企业生产经营扭亏为盈,企业"降成本"的压力和动力也会随之消退。这是对"降成本"的狭义理解。这种误区的危害在于企业"好了伤疤就忘了疼",将"降成本"视同为临时降、降一时,并没有在市场竞争中真正树立降成本永无止境的理念,把成本控制贯穿于企业的全生命周期。

(三) 企业"降成本"就是"全成本"下降

一些企业管理人员不能正确认识成本,把"降成本"与"去成本"等同起来,在"降成本"过程中压减企业的全成本项目,在研发成本、环保成本等不能削减的成本项目上做文章。据调研,内蒙古90%的规模以上企业没有单独设立研发部门,每年自治区财政预算安排5亿元做科技重大专项的引导性投入,支持企业研发行为。但是,某些年份预算安排的研发扶持资金却花不掉,有些企业干脆就委托清华、上海等科研机构代为研究。这反映出调研省区企业对推动技术进步的研发投入明显不足,将企业"降成本"简单视同"全成本"下降的误区,没有看到企业环保成本增加是社会发展的必然趋势,研发支出增长是可以通过后期成本转化收回成本,这都是企业不应减、不可减的成本项目。在调研中,我们也发现有正面的案例,如大庆油田公司。大庆油田公司作为大型国有企业一直重视研发投入,目前设有超过2000人的研究院。正是以"三元复合驱"为代表的企业研发能力持续提升才有效支撑了大庆油田在资源衰减不利情况下保持年

3000 万吨的稳产高产。

（四）企业"降成本"只是微观层面"降成本"

许多地方政府和企业管理者都把企业"降成本"理解为会计学意义上的控制成本，纷纷在采购、生产、销售等环节压缩支出，也确实起到了降本增效的效果。但是，随着"降成本"工作的推进，企业管理者发现在现有体制机制下企业成本可降的项目越来越少，下降的空间越来越小，降成本的难度越来越大，有些成本项目明知偏高，可就是降不下来。企业还有一些成本项目也没有在账面上反映出来，比如陷入困境的东北国有企业对分流人员社会保障单位缴费的欠账。而且，一旦企业市场环境好了，产品订单多了，市场价格提高了，但上游原材料也涨了，企业用工成本也上去了，企业利润仍然没有太大的起色，仍然在"降成本"中挣扎。这反映出，现阶段的企业"降成本"更多地还只是停留在微观层面上发力，忽视了政府与市场、政府与社会等顶层制度的重塑。长此以往，企业"降成本"工作必然事倍功半，企业"降成本"也会陷入微观层面的"唯成本论"，就成本论成本的误区。

（五）国有企业"降成本"不解决"人浮于事"的问题

国有企业"降成本"远比一般企业"降成本"复杂和艰难。调研走访了若干家大中型国有企业，很多企业"降成本"都加大了生产设备的技改投资，甚至是从国外引进全套生产设备，通过提高企业生产的自动化水平来实现生产效率的提升。表面上看，车间一线生产员工很少，但是企业管理岗严重超编、还有大量待分流的富余员工，企业的实际劳动生产率仍然较低。国有企业"人浮于事"带来的是一系列的连锁反应：员工工资没有竞争力，难以吸引优秀人才；工资总额高又带来社保费用、税费负担高；富余人员多也加大了企业的管理成本；大量的技改投资没有真正提高企业劳动生产率，成本没有有效转化，企业又背负起了大量财务费用等等。所以，国有企业解困、降本、增效不能因为改革难度大就不触及"人"这一核心问题，恰恰应该以此为突破口打开国有企业"降成本"空间。

五、发挥政府与市场的合力推动企业"降成本"

"降成本"是市场经济下企业生存之道的应有之义，在我国经济进入新常态后被赋予了新的含义——通过企业成本下降推动供给侧结构性改革,这就意味着"降成本"是一项复杂的系统工程,并非"市场出清"就能顺利完成,需要遵循系统化、整体化改革的思路来推动。"降成本"过程中应该理清一些政府与市场关系的关键问题:什么企业值得降成本、什么企业不值得降成本?企业什么成本项目能降、什么成本项目不能降?降什么成本项目是零和博弈、降什么成本项目可以获得多赢局面?不分行业、不分企业、不分成本、不分主次、不讲先后,眉毛胡子一把抓,只会让"降成本"在当前复杂的经济形势下更难推进。最终完成"降成本"任务需要发挥好政府与市场的合力,用改革的思路推动宏观经济运行成本、企业生产经营成本、政府与企业交易成本的整体下降。

(一)建立企业"降成本"整体协调工作机制

48号文件全面揭开了全社会积极参与的企业"降成本"工作大幕,从政策实施绩效来看相关工作也只是刚刚破局,诸如分离企业办社会职能、富余人员转岗安置、研发能力提升等一些深层次的矛盾问题相继显现出来。解决这些问题需要建立更为紧密的工作机制,凝聚政府管理资源、调动企业积极性,形成内外合力、上下合力。首先,在顶层设计上突出协调推进,把"降成本"放入"三去一降一补"五大任务大格局中加以整体把握,依靠整体协调机制减少"降成本"过程中的零和博弈,从全社会角度实现企业成本净下降。其次,用辩证思维处理好企业不同成本项目间的内在联系,用跨部门的治理理念来破除当前"降成本"各管一摊、各减一块,通过整体协调工作机制实现各参与主体的信息共享,提高应对挑战的能力和效率。再次,通过整体协调工作机制实现在政府与企业之间、中央与地方之间、部门与部门之间的联动,循环推动企业"降成本",破解一时降、临时降的难题,激发各参与主体"降成本"的内生动力。

(二)以人工成本为核心推动国有企业"降成本"

人工成本的高低不仅仅关系企业利润水平,还会影响企业缴纳的税费负担、社保费用,以及企业的管理成本。由于历史的原因,东北地区国有企业吸纳了大量劳动力不充分就业,把人工成本降下来就更是成为推动国有企业"降成本"的有力抓手。解决国有企业"人浮于事"的问题关键是在体制机制上破除国有企业"只进不出",综合施策把企业富余人员分类归位。首先,在法律和人事管理制度上明确分流职工与企业完全脱离劳动关系,彻底斩断待企业效益好转后分流职工要求回流企业的渠道。其次,与在职职工和新录用员工签署规范的劳动合同，明确企业与个人的责任与义务，避免未来解除劳动合同可能带来的隐患。第三，国有企业分流人员以自主择业为主，设置重新就业过渡期，在过渡期内引导分流人员向民营经济和服务业就业转移，与此同时各级政府的公共投资和产业扶持政策都应对吸纳分流人员就业的产业和领域给予前瞻性扶持。第四，随着企业富余人员分流需要把相应的社会成本显性化，建议由各级政府参与共同负担一定比例的国有企业分流人员的社会保险缴费，稳定分流人员的未来收入预期。

（三）多方筹资解决"钱从哪里来"的问题

与"人往哪里去"直接相关的就是"钱从哪里来"的问题，而后续问题又是"钱往哪里去"。事实证明，企业分流富余人员后出现的回流问题都与安置成本不到位或达不到预期有直接关系。客观来看，企业富余人员分流必然带来企业人工成本社会化、显性化，由此带来的变化就是不能再用社会保障的低福利去替代企业"人浮于事"下的低工资，社会保障基金面临的压力是首当其冲的。建议建立"三位一体"的分流人员社会保障筹资模式。首先，在现有养老保险省级统筹管理框架下，提高中央财政对东北地区企业养老基金补助力度，并择机开展企业养老保险统筹层次上移的改革试点；其次，大力推动东北地区国有企业混合所有制改革，加大国有企业资产处置力度；第三，启动东北地区地方财政重整计划，树立"过紧日子"的理念，分阶段压缩地方各级政府的经常性支出和资本性支出，增加地方财政一般公共预算补助社会保险基金预算的力度。

（四）企业"降成本"的减法与产业转型培育增长新动能的加法并举

企业"降成本"针对的是现有产业、现有企业、现有成本项目做出的"降本增效"，在东北地区更多地是着眼于国有企业解困，是对机械、冶金、煤炭等传统产业进行的减负，这是通过做减法稳定区域经济增长形势。但是，如果只是在现有格局下做减法，没有产业转型后新动能的增量拉动会使得"降成本"成效大打折扣，这就需要传统企业"降成本"的减法与培育新兴高附加值产业的加法并举。首先，培育增长新动能要借力资源优势。东北地区和内蒙古拥有得天独厚的寒地资源、农业资源、旅游资源，利用好这些资源对人力资本没有过高的要求，就业吸附能力强，恰好与传统产业富余人员的分流安置形成互补，为解决国有企业"人工成本"这一核心问题提供了劳动力转移接续的可能。实际上，利用新兴产业吸纳劳动力就业要远比通过行政手段转移安置要牢靠平稳的多。其次，做大做强资源优势产业需要充分发挥政府与市场的合力。地方政府要有前瞻性思维，在基础设施公共投资布局、开拓市场的宣传投入、产业引导投资基金设立要掏出真金白银。在产业培育初期敢于承担风险，在产业成熟收获期甘于退出让利，让政府与市场在新旧产业接续、新旧动能转换过程中各司其职、各就其位。

（五）以务实的态度对待"降成本"过程中的分离企业办社会职能

东北地区大型国有企业多，企业发展初期因企设市、市企合一的案例不在少数，黑龙江的大庆市与大庆油田、双鸭山等城市与龙煤集团，内蒙古的包头市与包钢集团等都存在企业长期超负荷承担城市公共服务供给职能，在企业经营效益不佳甚至亏损的情况下企业承担公共服务的成本压力就凸显出来。分离企业办社会职能已经成为普遍的共识，国家还出台文件规定2018年底前彻底解决企业承担的"三供一业"问题。调研省区相继出台了一些文件，对一些特困企业也推进了相关改革，但是对于改革任务沉重的东北地区而言，当前需要对分离企业办社会困局有一个更为清晰务实的政策选择。第一，对于2004年改革没有到位的、没有条件使用者付费的公共服务事权回归地方城市政府，改变过去"基数补偿"一定终身的模式，建议由中央和省级政府参与部分比例的成本分担，比如厂矿集团所属的义务教育、公共卫生、公检法、民政、优抚等。第二，对于一部分公共服务有一定收益回报，但不足以覆盖成本支出，在对运营企业成本规制的基础上政府适度给予补助。比如大庆油田承担的城市公共交通服务，可以引入成本规制改革模式，政府规定票价，核定公交企业运营的人工成本、燃油成本、车辆折旧以及新开线路的成本分摊，并通过补助形式给与运营企业合理的利润空间。第三，对于那些收益回报能够完全覆盖成本的服务项目应该积极推向市场，引导社会资本积极参与服务供给。比如，供热、供气、供水等项服务。第四，企业承担的公共服务成本支出分阶段退出。当前在如何破解企业成本压力与地方财政收支矛盾双重叠加下，原企业承担的公共支出完全转移到哪一级政府都有困难，可以设置一定时间的过渡期，政府渐进式承接、企业渐进式撤出，确保改革平稳有序推进。

中国财政科学研究院2017年"降成本"东北调研组
    组长：刘尚希
    成员：韩晓明　张立承　程　瑜　施文泼　景婉博
    执笔：张立承

进一步降低企业税费负担的难点与对策
——基于内蒙古、黑龙江的调研报告

降成本是供给侧结构性改革五大任务的核心内容。2016年8月22日，国务院印发《降低实体经济企业成本工作方案》后，内蒙古自治区和黑龙江省按照中央部署，贯彻落实国家税制改革和税收优惠政策、研究制定符合本省（区）实际的减税降费政策，取得了一定成效，有力降低了企业税费负担。但是，两省区企业仍背负着较重的税费负担，一些减税降费政策的有效性和针对性不足，有待进一步完善。特别是黑龙江省，既是传统资源地区和老工业基地，经济内生增长动力不足；在国民经济中传统国有企业又占据主导地位，国企改革与脱困道阻且长。区域经济特征与体制机制矛盾交织下，在降低企业税费负担上存在不少痼疾和难点。进一步降低企业税费负担，需要从体制机制改革入手，结合区域经济结构特征，着力加强供给侧结构性改革，合理制定更具针对性和有效性的减税降费政策，从根本上激发企业自身发展和创新活力。

一、两省（区）减税降费举措及成效

2016年以来，内蒙古自治区和黑龙江省认真按照国务院《关于印发降低实体经济企业成本工作方案的通知》（国发〔2016〕48号）要求，先后出台了《内蒙古自治区党委、政府办公厅关于加快推进去产能去库存去杠杆降成本补短板工作的通知》（厅发〔2016〕4号）、《内蒙古自治区关于深入推进供给侧结构性改革着力做好降成本工作的实施方案》（内政发〔2016〕107号）、《黑龙江省降低企业制度性成本改革试点方案》（黑政办发〔2016〕142号）、《黑龙江省降低实体经济企业成本实施细则》（黑政规〔2017〕2号）等文件，贯彻落实各项降成本政策，切实减轻企业负担，合理降低企业成本。在税费成本方面，两省（区）采取的举措主要包括以下几方面：

一是全面推进营改增改革。按照国家统一部署，自2016年5月起将营改增试点范围扩大到建筑业、房地产业、金融业和生活服务业，并将所有企业新增不动产所含增值税纳入抵扣范围。2016年全年，内蒙古试点纳税人净减税15.7亿元，原增值税行业增加抵扣减税45.2亿元，合计减税60.9亿元。黑龙江省试点纳税人整体少缴税收20.7亿元，下游一般纳税人因进项税额抵扣范围扩大，累计新增抵扣税额31.1亿元，累计减税51.8亿元。

二是全面推进资源税改革。按照不增加企业负担原则，科学确定税率。2016年全年，内蒙古资源税完成88.1亿元，比上年同期减少0.2亿元，下降0.2%。黑龙江铜矿、石墨、石灰石等矿产资源企业入库资源税5917万元，较改革前减少2177万元，减负率26.9%。

三是贯彻落实税收优惠政策。落实好企业研发费用加计扣除、固定资产加速折旧、高新技术企业所得税优惠、小微企业增值税和企业所得税优惠等政策。2016年，内蒙古落实各项税收优惠政策减轻纳税人负担约406.8亿元，黑龙江减税约55.2亿元。

四是清理规范收费基金项目，减免部分涉企收费。按照财政部、国家税务总局相关要求，从2016年2月1日起，将新菜地开发建设基金、育林基金征收标准降为零，停止向散装水泥生产企业征收散装水泥专项资金；将免征教育费附加、地方教育附加的范围由现行按月纳税的月销售额或营业额不超过3万元（按季度纳税的季度销售额或营业额不超过9万元）的缴纳义务人，扩大到按月纳税的月销售额或营业额不超过10万元（按季度纳税的季度销售额或营业额不超过30万元）的缴纳义务人。从2016年5月1日起，对小微企业免征国内植物检疫费等18项行政事业性收费免征范围扩大到所有企业和个人。从2016年7月1日起，将全部资源品目矿产资源补偿费费率降为零，停止征收价格调节基金。

此外，2017年4月，黑龙江省对本省行政事业性收费和有关政府性基金政策进一步加以清理规范。黑龙江省财政厅、物价监督管理局印发了《关于进一步清理规范行政事业性收费和政府性基金政策的通知》（黑财综〔2017〕45号），一是规范行政事业性收费项目。自2017年5月1日起，停征两项涉企行政事业性收费；将各级人防部门收取的人防工程使用费转为国有资产有偿使用收入,不再作为行政事业性收费管理;将省以下住建部门收取的 5 项补偿类收费统一合并为 2 项。二是减征地方水库移民扶持基金。自 2017 年 5 月 1 日起至 2020 年 12 月 31 日止,将地方小型水库移民扶助基金征收标准由 0.5 厘/千瓦时降低为 0.3 厘/千瓦时。三是降低行政事业性收费标准。自 2017 年 5 月 1 日起,降低人防部门收取的防空地下室易地建设费收费标准,其中:人防一类重点城市按现行标准降低 25%,二、三类防空重点城市和其他市县按现行标准降低 30%。上述措施实施后,预计年减轻社会负担约 1 亿元。

五是阶段性降低社会保险费率。内蒙古于 2015 年 10 月已在全区范围内全面降低工伤保险行业费率和生育保险费率,工伤保险平均下调比例已达 0.25 个百分点,达到国家降费标准。生育保险费率调整到用人单位工资总额 0.5% 以内。自 2016 年 5 月 1 日起,内蒙古失业保险费率在 2015 年已降低 1 个百分点基础上阶段性降至 1.5%。其中,用人单位失业保险费率由 1.5% 降至 1%;职工个人失业保险费率维持 0.5% 不变,降低费率的期限暂按两年执行。黑龙江从 2015 年起,将工伤保险单位平均缴费费率由 1.17% 降至 0.75%;生育保险单位缴费费率由 0.5%—1% 降至 0.5%(含 0.5% 以下);失业保险单位缴费费率由 2% 降至 1.5%。2016 年又将失业保险单位缴费费率再降 0.5 个百分点至 1%。

六是加快剥离国有企业办社会职能、"三供一业"分离移交和厂办大集体改革,减轻企业负担。为加快剥离国有企业办社会职能和解决历史遗留问题,2016 年黑龙江省政府印发了《国有企业职工家属区"三供一业"分离移交的工作方案》、《加快剥离国有企业办社会职能和解决历史遗留问题的实施方案》、《未参保厂办大集体解除劳动关系人员基本养老保险折算抵销操作办法》和《未参保厂办大集体解除劳动关系人员基本养老保险欠费折算抵销标准计算办法》等 4 个文件,规范全省国有企业相关改革工作。在省政府协调推动下,龙煤集团四个矿业公司与四煤城政府正式签署"三供一业"交接协议,2016 年底正式完成龙煤集团矿区"三供一业"分离移交。据测算,移交后可为龙煤集团分流在册职工 3637 人,每年降低成本 3.75 亿元。全力推进全省厂办大集体改革。截至 2017 年 3 月末,全省企业范围界定、人员身份认定等工作总体完成,共界定厂办大集体改革企业 3200 户,在册职工 48.65 万人。已发放经济补偿金财政补贴资金 43.05 亿元,惠及 2549 户、33.95 万人;核销及折算抵销养老保险 33.57 亿元,惠及 1953 户、19.12 万人。

二、两省（区）在降低税费成本上存在的难点

尽管在中央统一部署下，两省（区）都制定了相应的减税降费政策，为降低企业税费成本做了应尽的努力。但受区域经济特征和体制机制等诸多因素影响，两省（区）政府和企业在税收、涉企收费、社保缴费、历史负担等诸多方面仍存在不少矛盾和困难。

1. 受区域经济结构和企业特征影响，黑龙江省部分企业营改增后税负不减反增，企业增值税税负偏高

营改增是我国近年来税制改革的重头戏，也是减税降费整体效果最为突出的一项政策。自2012年营改增改革试点启动以来，截至2016年底，全国已累计减税12000多亿元。从两省（区）营改增情况来看，大部分企业的税负都有所下降，但黑龙江省仍有部分煤炭、地方铁路、航运等老国有企业税负不降反增。如黑龙江省某铁路集团从2014年1月1日起实施营改增后，由按运输收入的3%缴纳营业税改为按运输收入的11%计算缴纳增值税销项税额，由于企业可抵扣进项税额小，企业不仅没降低税负，反而税负有所增加。2014年至2016年三年企业实际缴纳增值税及附加1523万元，而按营改增前计算只要缴纳1073万元，三年累计多缴纳税金及附加450万元。考察其税负增加背后的因素，除了因政策执行上有瑕疵、企业部分购进成本无法取得增值税专用发票进行抵扣外，更重要的原因与当地区域经济结构及企业特征密不可分：一是固定资产存量大，更新慢。老国有企业大多集中在重工业领域，固定资产比重高，且大量固定资产在营改增之前购置。由于经济增长乏力，企业效益下滑，无力进行设备更新，导致新增可抵扣项目较少；二是人工成本畸高。老国有企业人员负担高，冗员问题严重，但国有企业又承担着各种社会责任，不得不继续养人。如调研中发现，黑龙江省某集团现有在职员工1.8万人，其中管理人员与一线工人比值为2:1。据企业反映，按现有生产规模，实际可压缩60%以上的用工人数，特别是管理人员。由于人员工资属于企业增值部分，是增值税的税基，高企的人工成本不仅推高企业生产成本，压缩企业进行设备更新技术创新的空间，降低企业生产效率，也造成了较高的增值税负担。

2. 涉企行政事业性收费清理基本到位，但垄断性行业经营服务性收费、红顶中介收费等问题依然严重，有待进一步清理

经过中央数次对涉企收费项目的清理规范后，目前中央和两省（区）批准设立的涉企行政事业性收费项目数量已经大大减少，且保留的这些涉企行政事业性收费大多为资源保护类、公共设施损坏、占用补偿类以及一些涉及公共安全的检验检测类收费，应该说继续清理规范的空间已经不大。但是，垄断性行业经营服务性收费、红顶中介收费等问题依然严重，应该是下一步清理的重点。如黑龙江省某航运集团反映，财税〔2017〕20号文明确规定从2017年4月1日起停征了检验检疫费、船检费等涉企行政性收费，有利于降低航运企业的经营成本，但检验检疫部门收取的消毒费、船员卫检证费尚未列入取消或停征目录中。目前黑龙江省外贸运输船舶都要收取消毒费，货运船舶消毒费是每一航次收一次，客运船舶是每艘船舶每天收费一次。以黑河港务局为例，2016年支付的消毒费达11万元。据企业反映，此收费为企业性收费，收费的企业原为检疫部门下办企业，现已与检疫部门脱离。但此收费与检验检疫捆绑收费，收费单位不提供收费依据，也不公示。如果船舶不消毒，检疫部门不放行。投入外贸运输船舶的船员每年还需要办理一次卫生检疫证，检验检疫部门每年收取船员卫检证费为每人355元，黑河港务局2016年支付的船员卫检证费约2.6万元。再如红顶中介问题。据内蒙古某企业反映，在企业项目建设中，作为项目审批的前置条件，各类中介评审名目繁多、金额较大，主要涉及节能、安全、环境、地价、房屋、消防等中介机构编制的报告15个以上，这些报告基本上全部要经过专家组或中咨公司的评审，中介评审收费高，提高了企业建设成本，影响了项目建设进度。以该企业为例，一、二、三期建设项目各类中介评审收费46项，涉及能评（135万）、安评（135万）、环评（179万）、水评（218万）、危评（150万）、雷评（13.5万）等等，累计收费金额达1300多万，占全部三期项目建设费用的四分之一左右。

3. 企业养老保险缴费比例较高，企业负担沉重，但老工业基地养老金支付压力同样沉重，降低社保费率左右为难

社会保险费率高，企业负担沉重，是调研地区企业普遍反映的问题。目前两省（区）社会保险总费率约39%，其中单位缴纳费率约28%。在社会保险中，企业负担最重的是养老保险，目前两省（区）养老保险企业缴费比例为20%，相比之下，东部地区诸多省份已经普遍将养老保险企业缴费比例从20%下调到19%或18%，浙江省企业缴费比例仅为14%，广东省企业缴费比例仅为13%—15%。近两年来，两省（区）工伤保险、生育保险和失业保险费率都有所下调，企业成本有所降低，但受益较小。且"五险一金"以社会平均工资为基数，随

着社会平均工资的逐年增长,也弱化了降低工伤、失业、生育保险费率的政策效果,企业实际承受的社会保险负担仍然沉重。特别是对黑龙江省老国有企业来说,社保负担显得格外沉重。传统老国有企业,人工成本占企业成本费用总额比例较大,由于社保费用随工资水涨船高,企业人工成本加剧放大,使老国企竞争力减弱。老国有企业的平均工资普遍低于省社平工资,进一步降低职工工资不太现实,不涨工资留不住人才,与国家全面奔小康目标也不相符。但是要涨工资的话,企业又承受不了社保费缴费压力,陷入两难境地。

从地方政府来看,同样面临着社会保险的收支困境。目前养老等社会保险尚未实现全国统筹,社会保险从主体而言主要是省级乃至市级政府的责任。在黑龙江省和内蒙古包头市等老工业基地,困难企业多,退休人员多,社保收不抵支的情况突出。以包头市为例,退休人员以每年近2万人的速度增加,企业参保职工与离退休人员抚养比达到1.83∶1,高于全国和内蒙古自治区平均水平,企业养老保险负担重,养老金支付压力逐年增大。同时企业退休人员养老金已连续12年调整,养老保险待遇刚性支出只增不减。从2016年看,全年征缴企业养老保险费48.99亿元,支出企业养老金88.85亿元,当期缺口39.88亿元,依靠中央和自治区转移支付资金支持。因此,对老工业基地来说,期待通过降低社保费率来降低企业用工成本的空间十分有限。

4. 黑龙江省国有企业办社会职能和历史遗留问题迟迟未能解决,企业背负沉重历史包袱,竞争力严重不足

企业办社会和历史遗留问题是长期困扰国有企业发展的难点问题。作为最早进入和最晚退出计划经济的地区之一,黑龙江省国有企业办社会职能和历史遗留问题尤为突出,企业办社会规模大、业务杂、从业员工和服务受众数量多、诉求多,大量离退休人员仍由企业内部管理,由此产生的体制结构调整、经营机制转换、富余人员安置、业务资产处置、改革成本分担等矛盾问题诸多。如大庆油田公司承担的企业办社会职能涵盖物业与公用事业(物业服务、民用水电暖供应)、社会公益性事业(道路清扫养护、公共交通、文体业务、保险、托幼服务等)、离退休及医疗卫生等公共服务,用工总量35218人,大庆油田每年需补贴70多亿元。黑龙江省铁路集团承担企业办社会职能一直无法移交。地方铁路公安系统作为省公安厅直属第五分局,公安人员有正式编制和警衔,但其人工成本和经费却一直由企业承担,自2003年以来累计支付费用支出3028万元,企业已无力承担。黑龙江航运集团目前在册职工2000余人,而退休人员达5000余人,目前黑龙江省还没有实现离退休人员社会化管理,企业每年要为退休人员担负冬

季取暖费近800万元，以及下放地方前离退休人员的统筹外工资（原交通部行业统筹与地方统筹差额部分）约200万元，两项费用合计近1000万元。另外企业还要承担2003年1月1日以后退休的职工独生子女一次性补助待遇3000元，精简下放人员生活补助费，建国前老工人、建国前老军人、抗美援朝时期参军复员人员享受的生活补助费和特殊待遇，老干部医疗费用包干等费用。哈药集团截至2016年底，尚有离退休人员12380人，自2005年8月至2016年底，集团累计为其承担的各项费用共3.6亿元，其中，退休补贴费1.7亿元，取暖费8570万元，福利费7932万元。按照平均寿命计算，预计集团未来仍要承担5.1亿元的相关费用。龙煤集团员工医疗、工伤、失业、生育等目前仍实行企业内部保险，并承担养老保险的经办业务，离退休人员管理仍由企业负责。2016年省政府已制定了《分离龙煤集团及其矿业公司社会保险管理职能，实施退休人员社会化管理服务指导意见》（黑政办发〔2016〕30号），明确2017年10月底完成分离移交。但现在最大问题是，由于企业经营困难、资金短缺，造成企业欠缴保险费用、医疗保险等基金账户未做实，成为移交的最大障碍。国有企业作为市场主体，背负着如此沉重的社会和历史负担，与民营企业和新兴市场主体的竞争力显然无法相比。

5. 去产能和降成本紧密相连，但困难企业去产能面临巨大的职工安置和债务处置压力，难以推进，企业无法轻装上阵

去产能也是降成本的重要一环。落后产能和"僵尸"产能占用了企业大量的内部资源，降低了资源使用效率，拖累企业高效生产和创新发展步伐。去除落后产能和"僵尸"产能，于企业而言是刮骨疗伤，以短痛换取长远发展空间。近几年按照国家统一部署，两省（区）煤炭、钢铁去产能工作有序推进，相关企业通过去产能优化了产能结构，提升了经营效益。但对一些困难企业而言，去产能虽是降成本的长效机制，在短期内却面临着巨大的成本压力，单凭企业自身无力推进。龙煤集团是煤炭行业最为困难的企业之一，据该集团估算，集团因去产能要退出原有存量产能，涉及安置人员5.5万人，其中工伤残人员多达1.1万人，需要支付提前退养补偿、转移安置补偿、解除劳动合同经济补偿等安置费用111亿元，人均将近20万元，与国家奖补政策差距很大，安置职工与处置职工债务的资金缺口严重。此外，关退煤矿的债务如何处理也是问题。龙煤集团退出煤矿的债务由金融债务、拖欠职工债务、欠缴社会保险费、其他债权人债务组成，总额近80亿元。在龙煤集团现有高负债的情况下，如果由集团承担全部退出煤矿的债务，很可能将企业主体压垮；而由于煤矿不是独立法人，没有特殊政

策的话，也难以走破产程序来处置债务。

6. 资源枯竭地区可持续发展压力大，有待进一步的税收政策扶持

黑龙江省和内蒙古自治区都属于资源型地区，经过长期开采，部分地区的资源已经面临枯竭。这其中最典型的是大庆油田。大庆油田发现于1959年，1960年开发，是我国目前最大的油田。57年来，大庆油田已经累计探明石油地质储量64.71亿吨，生产原油23.06亿吨，上交税费及各种资金2.6万亿元。截至2016年，大庆油田剩余可采储量3.08亿吨，可采储量采出程度88.21%；2016年生产原油3656万吨，综合含水94.08%。油田已经整体进入特高含水、特高采出程度的"双特高"开发阶段，开采难度越来越大，而后备资源接替不足。尽管资源面临枯竭，开采成本越来越高，但是原油作为国家战略性资源，仍具有较高的开采价值近年来大庆油田也加大了技术创新步伐，开发了三元复合驱采油技术，确保油田能得到有效开发。

资源枯竭地区的可持续发展殊为不易，需要相关政策的有力配合，但目前的税收政策对资源枯竭地区的扶持力度并不足。资源税虽然对衰竭期矿山有减征的优惠政策，但大庆长垣处于"双特高"阶段的老油田并未能享受到这一优惠。三元复合驱采油技术是油田特高含水后期一项有效的、不可替代的大幅度提高采收率技术，但其配套生产开发成本是水驱和聚合物驱的2—3倍，高昂的成本阻碍了这一技术的大规模应用，有必要通过税收政策对该技术的推广应用加以扶持。

三、进一步降低企业税费负担的政策建议

基于两省（区）在企业税费负担上存在的困难和矛盾，并结合我国供给侧结构性改革的深入推进，当前仍有必要进一步深化税费制度改革，着力化解企业"痛点"，消除企业发展面临的外部障碍，为企业创新发展打造良好的制度环境。

1. 当前仍应坚持全面减税降费的政策导向不变，着力降低企业不合理的税费负担，但同时也要加强减税降费政策的预期管理和效果评估

当前我国面临的国际国内经济形势仍然十分严峻。从国际来看，美国总统特朗普就任后明确表示要实施一系列减税措施，英国已经拟定下调企业所得税率，新一轮国际减税浪潮近在眼前，对此我国需要未雨绸缪，主动作为，以应对外部竞争。从国内来看，在我国经济进入新常态、企业发展面临外部瓶颈制约的情况

下，也需要进一步深化改革，牢牢把握供给侧结构性改革这个"牛鼻子"，坚持全面减税降费的政策导向不变，千方百计减轻企业不合理的税费负担，降低企业成本，提高实体经济供给能力。对地方政府而言，面对经济下行压力影响和财政收支矛盾，更要保持定力，避免涸泽而渔。要不折不扣落实好国家现行的一系列税收优惠政策，确保各项税费扶持政策落实到位，坚决遏制各种乱收费，坚决不收过头税，将税收红利实实在在地交给投资者和企业，让市场主体有切实的获得感。

但是，同样需要明确的是，减税降费并非是永无止境的。一方面，减税降费的规模要受政府公共服务供给水平和公共风险可承受能力的制约，不能因过度减税降费影响公共服务供给水平和质量，更不能因此而造成公共风险，影响社会稳定和国家安全。这就要求从宏观层面对减税降费政策做好预期管理，在年度预算编制和中长期财政规划中确定好减税降费规模。另一方面，减税降费政策的有效性也需要认真审视。并非所有的企业都需要减税降费政策的支持，政策支持也并非对所有企业都有效。特别是对于某些僵尸企业，不恰当的减税降费政策反而可能刺激其长期存在，无法及时出清。政策效果强弱还具有时效性。在经济困难时期，通过相应的减税降费政策可以帮助企业渡过难关，但如果政策执行期限过长，政策效果也会大打折扣，甚至可能造成企业对政策的过度依赖，反而削弱企业的自我发展能力。因此，在微观层面，要在事中事后做好减税降费的政策评估，跟踪考察政策的执行情况，及时进行调整，并考虑建立相应的退坡机制。

2. 考虑区域经济特征，进一步优化各项税收制度和政策，增强税收政策的针对性和有效性

当前一方面要继续贯彻落实好营改增、资源税改革、简化增值税税率结构等各项税制改革措施以及已有和新出台的各项税收优惠政策，充分释放改革红利，降低企业负担。另一方面，要充分考虑区域经济特征，进一步优化各项税收制度和政策，增强税收政策的针对性和有效性，使税收政策更好为地方经济发展服务。

一是进一步落实和完善全面推进营改增试点政策，优化营改增的制度设计和征收管理办法，细化、明确可抵扣项目范围。规范优化征管服务措施，加大对企业的纳税辅导力度，帮助企业实现应抵尽抵，充分释放税改红利。

二是对大庆等资源枯竭地区制定进一步的税收扶持政策。将大庆长垣处于"双特高"阶段的老油田产量纳入尾矿管理，给予资源税税率减半征收的优惠政策；借鉴美国扶持三次采油技术的税收优惠政策，在"十三五"期间对采用三

元复合驱技术生产的原油，因采用该技术所发生成本的 15% 可在当前企业所得税前扣除。

三是贯彻落实好企业兼并重组的各项税收优惠政策，切实消除企业去产能过程中的税收障碍。

四是鼓励地方用好地方税权，根据本地实际情况，在地方税收管理权限范围内尽最大努力减轻企业税收负担。内蒙古自治区可用好国家赋予民族自治地区的特殊税收政策，在所得税减免、增值税起征点、相关业态扣税标准等方面，最大限度地落实国家赋予自治区的税政权限。比如，按照规定减免非公有制经济企业所得税地方分享部分，增值税起征点执行国家规定的最高上限，重点群体创业就业扣税标准提高到国家规定的上限等等。黑龙江省在当前经济困难时期，针对企业反映比较突出的城镇土地使用税负担重的问题，可研究落实在地方权限范围内，合理调整全省城镇土地使用税土地等级范围和分等税额标准，降低企业城镇土地使用税税收负担。

3. 严格落实收费减免政策，加大对垄断性行业经营服务收费、红顶中介收费等不合理收费的清理力度

毫无疑问，涉企收费和政府性基金等税外负担已经成为企业税负感重的主要原因。在当前仍需下大力气加以规范和清理，特别是各种不规范、不合理的收费项目。

一是要严格落实国家已出台的各项清理规范政府性基金和取消或停征涉企行政性收费政策。全面取消规范政府性基金，进一步减少行政性收费项目、降低收费标准，结合本地区实际削减地方设立的涉企行政性收费，切实减轻企业负担。在执行过程中要注意对取消的涉企行政性收费项目进行监督检查，跟踪检查政策落实情况。

二是加强涉企经营服务性收费和行政审批事项清单的衔接，大幅减少涉企经营服务性收费，全面清理取消各类中介服务违规收费。进一步规范中介服务机构服务和评审项目、程序、收费标准，加大监督检查力度。放宽中介服务机构市场准入条件，增加中介服务机构主体供给，消除行政垄断土壤。对涉企行政审批前置中介服务收费进行逐项清理，制定并公布目录清单。对环评、安评、地震安全性评价、压力管道和压力容器检测等评估事项实行最高限价；对稳评、防洪评价、日照分析等无收费依据的项目，原则上不向企业收费，由设定部门负责。

三是要及时编制年度行政事业性收费项目目录清单。结合当年国家和地方行政事业性收费项目目录调整变动情况，实行滚动管理，实时更新目录清单，详细

公开收费项目、收费标准、收费依据和收费范围等相关收费管理信息，加大宣传力度。

4. 改革社会保险缴费制度，适度降低企业社会保险负担

较高的社会保险费率已经成为企业不轻的负担，在经过社会保险费率两次下调后，失业、工商和生育保险费率继续下调的空间已经很小，且即使下调，对减轻企业负担力度也不大。目前社会保险负担最重的养老保险，还有一定的下调空间，但养老保险缴费的另一头则是退休职工的基本生活保障。因此，要适度下调养老保险费率，应该注意要确保养老金足额支付为前提。对此我们建议，一是改革养老保险的缴费结构，适度下调企业缴费比例，上调个人缴费比例。这有利于降低企业缴费压力，但为了防止缴费负担过度转移给职工，应辅以薪资调整方案，确保劳动者收入不下滑。二是在适度下调企业养老保险费率时，综合考虑多种措施，如同时实行养老保险全国统筹，划转部分国有资产补充养老保险基金等，以弥补企业养老保险费率下调对基金的冲击。

5. 建立公平合理的资金分担机制，加快剥离国有企业社会负担和解决历史遗留问题，公平各类企业竞争基础

按照国务院2016年印发的《加快剥离国有企业办社会职能和解决历史遗留问题工作方案》（国发〔2016〕19号）要求，2020年前要基本完成剥离国有企业办社会职能和借鉴历史遗留问题。从黑龙江的情况来看，面临的最大的问题是缺乏充足的资金来源，而背后的矛盾更在于中央政府、地方政府和国有企业三者之间缺乏合理的资金分担机制。考虑到老工业基地和传统国有企业在历史上的贡献，建议政府更多地承担起剥离企业办社会职能和解决历史遗留问题所需的资金责任，中央政府承担多一些，地方政府承担少一些，国有企业适当承担一些，尽快推进国企改革，减轻企业负担，进而把国有企业打造成真正能自负盈亏的市场主体。

6. 政府通过财税政策可以助力企业降低成本，但企业要加强自身创新能力建设，这才是降成本的根本之策

政府减税降费政策可以助力企业降低成本，但这可能是雪中送炭，也可能只是锦上添花。而且，缓解实体经济困难并不等于解救每一个企业。减税降费政策能影响的只是企业的外部成本，有些企业，即使不收一分税，也不一定能盈利。在市场经济中，企业要存活和发展，关键还在于企业自身的努力，特别是积极进行科技创新、转型升级、节能降耗、优化管理，如此才能真正降低成本、提高效益。如内蒙古明拓集团铬业科技公司，长期专注清洁、节约、智能化的冶金技术研发,在 2012 年引进了获得"欧洲环保奖"和芬兰"清洁技术奖"的奥图泰公司 SBS 带式铬矿球团、大型 OPK 预热式密闭矿热炉高碳铬铁生产技术,并与国内 CCHP 冷热电三联供技术与智能化管理技术结合,于 2014 年 3 月建成了世界最大、最先进的高碳铬铁清洁生产装置。经过运行三年来的实践,项目能耗比国家标准降低 20%、排放减少 60%,每吨高碳铬铁生产成本比国内一般企业低 645 元,真正达到高产、高效、低污、低耗,在国内市场竞争中立于不败之地。再如包头铝业有限公司,近年来全面实施市场化改革,用改革破除体制机制上的障碍,激发内生动力;实行科技创新策略,坚持驱动引领,持续优化各项生产技术指标;全力推进结构调整、转型发展,2015 年在铝行业中率先实现了全面扭亏为盈。2016 年包铝实现营业收入 64.67 亿元,上缴税费 4.37 亿元,盈利 10.6 亿元,创下了包铝建企 58 年来最好成绩,成为中国铝业公司电解铝系统成本最低、竞争力最强的企业。上述两家企业,正是企业以创新降成本的最好例证。

中国财政科学研究院 2017 年"降成本"东北调研组
组长:刘尚希
成员:韩晓明 张立承 程 瑜 施文泼 景婉博
执笔:施文泼

降低制度性交易成本的思考

——基于内蒙古、黑龙江的调研报告

制度性交易成本也称之为体制性成本,主要是指企业因遵循政府制定的各种制度、规章、政策而需要付出的成本。1937 年,著名经济学家罗纳德·科斯在《企业的性质》一文中首次提出"交易费用"的思想,认为交易费用决定了企业的存在,企业采取不同的组织方式最终目的是为了节约交易费用。这取决于两个方面,一方面是企业"内化"市场交易成本的能力大小,如企业较强的创新能力能降低市场交易成本;另一方面是外部交易费用的高低,即企业各种名目的"费",如超过企业的"内化"能力,企业家就会放弃"交易",从而导致企业不再增长扩大,甚至失去企业生存的价值。可以说,企业的广义交易费用就是一系列制度成本,包括信息成本、谈判成本、界定和控制产权的成本、监督成本和制度结构变化的成本,通俗地说,除了那些与企业生产经营直接相关的物质成本,其他的都是企业的制度性成本。

与原材料和人工成本等显性成本相比,制度性交易成本种类繁多、弹性较大,暗藏着"灰色地带",可谓是"牵一发而动全身"。除了制度性交易成本本身之外,融资成本、人工成本、物流成本、用能用地成本等企业其他成本中,都夹杂着制度性因素,这些成本中有相当一部分也可算作广义的制度性交易成本。本届政府近年力推简政放权、商事制度改革以及重点清理乱收费等,并取得了明显成效,但改革的"最后一公里"现象依然存在。2016 年 8 月国务院公布的《降低实体经济企业成本工作方案》(国发〔2016〕48 号文,以下简称 48 号文)中,着力降低制度性交易成本已被明确列为重要政策目标。李克强总理在年前主持召开的座谈会上,也明确表示:今年要在降低收费等非税负担方面让企业有切身感受。可见，降低制度性交易成本已经到了分秒必争的时候了。基于此，2017年3—5月，中国财政科学研究院"降成本"调研东北组选取内蒙古、黑龙江两省，对企业制度性交易成本进行深度调研，以期以点带面，对企业制度性交易成本做深度剖析，找出解决之策。

一、内蒙古、黑龙江降低制度性交易成本的举措与成效

从调研情况来看，内蒙古、黑龙江采取了行之有效的创新措施，企业普遍反映制度性交易成本有所降低。

（一）内蒙古降低制度性交易成本的举措与成效

2016年以来，内蒙古先后出台了《关于加快推进去产能去库存去杠杆降成本补短板工作的通知》《关于深入推进供给侧结构性改革着力做好降成本工作的实施方案》等一系列政策性文件。从目前落实的情况看，已经产生了良好的效果。其中，在降低企业制度性交易成本方面的措施与成效主要包括以下几个方面。

1. 持续推进行政审批制度改革

内蒙古要求各盟市、旗县（市、区）按时编制和公布权力清单，消除权力设租寻租空间。加快推进行政审批标准化建设，积极探索行政审批二维码、条形码管理，大力推进"互联网+政务服务"，推广网上审批和网上办事，实现自治区本级行政审批部门全覆盖。从2016年8月31日起，内蒙古全面实行全区企业"五证合一、一照一码"以及个体工商户"两证整合"登记模式，实现了工商注册"零收费"，切实为企业提供了便利。

2. 进一步简化企业投资项目核准程序

2016年，内蒙古制定了《内蒙古自治区政府核准投资项目管理办法》和《内蒙古自治区企业投资项目备案管理办法》，明确将项目核准前置条件缩减为"两项半"，即只保留规划选址、用地预审两项前置条件，对重特大项目将环评作为前置条件，其他审批事项实行并联办理，并对时限作出要求。这两个《办法》的出台，将对简化程序、明确时限，进一步压缩审批环节，提高审批效率，提升投资项目核准和备案规范化、便利化水平，激发市场投资活力起到积极的作用。

3. 加快清理行政审批中介服务事项及收费

2016 年 5 月，内蒙古向社会公布了全国首张省级行政审批中介服务事项清单——《自治区本级行政审批中介服务事项清单》。同时，按照自治区政府的工作部署，各盟市行政审批中介服务事项清单已于 2016 年底前完成并公布，各旗县行政审批中介服务事项清单 2017 年 6 月底前也基本完成。中介服务事项清单的公布明确了中介服务收费的合法性，最大限度地缩小政府定价范围，充分发挥了市场配置资源的决定作用，减少了政府及政府部门对中介服务市场的不当干预。通过给予中介服务机构定价权限，让企业可以根据市场变化及时调整收费标准，增强了企业公信力和竞争力。

（二）黑龙江降低制度性交易成本的举措与成效

48 号文出台后，黑龙江省在注重与国家文件相衔接基础上，结合黑龙江省实际细化了措施，突出可操作性，在降低企业税费负担、融资成本、制度性交易成本等八个方面提出了 42 条具体措施，并于 2017 年先后出台了《降低实体经济企业成本实施细则》《黑龙江省降低企业制度性成本改革试点方案》等重要文件。在降低企业制度性交易成本方面的措施与成效主要包括以下几个方面。

1. 加大行政审批制度改革力度

一是提高审批和服务效率。2015 年底，黑龙江在全国较早建成了全省投资项目在线审批监管平台，实现了所有投资项目在线办理，限时办结，依法监督，层层监察，2016 年共在线审批、核准、备案项目 7800 多个。开通了"黑龙江公共资源交易网"，建成了全省公共资源交易平台体系。二是优化企业投资项目相关审批程序。按照黑龙江省政府"多取消、审一次、真备案"的要求，进一步清理规范投资建设项目报建审批事项。2016 年精简了投资项目准入阶段手续，只保留选址意见、用地预审和重特大项目的环评审批作为前置条件。项目备案不再作为办理相关手续前置，改为开工前办理。目前，正在组织清理规范投资项目报建审批事项，拟由 75 项减少到 53 项，打通投资项目开工前"最后一公里"。三是部分市区实行"负面清单"管理，如哈尔滨新区（松北核心区），企业投资类事项的审批环节由 35 个减少到 20 个，企业在哈尔滨新区办理行政审批事项，只要不在"负面清单"范围内就无需审批，可直接备案。

2. 继续清理规范行政权力中介服务

2016 年 11 月，黑龙江省政府颁布了《关于清理规范一批省政府部门行政权力中介服务事项和行政许可事项的决定》，共清理规范了 68 项省政府部门行政权力中介服务事项。2017年2月,在印发《降低实体经济企业成本实施细则的通知》中,又进一步提出全面清理规范行政权力中介服务。大幅压减各类行政审批前置中介服务事项,法定中介服务事项实施目录清单管理,无法律法规依据的全部取消。取消政府部门设立的区域性、行业性或部门间中介服务机构执业限制、限额管理。制定完善中介服务规范和标准。

3. 深化工商登记注册制度便利化改革

为了营造宽松便捷的准入环境,整合统计登记证,实现由"四证合一、一照一码"向"五证合一、一照一码"的转变。推进整合个体工商户营业执照和税务登记证,只需填写"一张表"、向"一个窗口"提交"一套材料",即可办理工商及税务登记。完善便捷有序的市场退出机制,推进企业和个体工商户简易注销登记等改革试点。探索企业登记全程电子化和电子营业执照工作。推进企业名称登记制度改革,实施企业名称全程电子化办理。进一步依法依规放宽住所(经营场所)登记条件,在科技产业园区、孵化器等区域实行企业集群登记。支持小微企业发展和大学生创业。黑龙江省小微企业名录库于2016年12月正式上线运行,并已收录小微企业数百万户。

二、制度性交易成本的表现形式及存在的问题

通过调研,对制度性交易成本的表现形式进行梳理,分为政策规章类、政府监管类、政府服务类三种。

(一) 政策规章

1. 缺乏相关政策规章或政策规章不合理

调研中发现,部分社会经济关键领域的法律法规、政策规章制定不合理、不完善或者根本缺乏相关制度,捆住了市场正当竞争的手脚,导致企业生产、经营、交易的不确定性增加,无形中推高企业成本。例如,用电企业反映较多的两部制电价计费方式的调整问题。在经济形势较好时,企业满负荷运营,这一问题并不突出,但在经济下行以及去产能背景下,部分企业产量下降后基本电价的问题则逐渐凸显出来。深化电力改革相关政策规章的缺失、滞后和不合理,导致企业用能成本难以下降。

2. 有政策规章,但落不了地或基层执行不到位

对国家或省里出台的宏观性政策，地方相关部门如果不能及时吃透、消化，可能导致企业拿着上头的文件却处处碰壁，或即使基层能执行也执行得不到位，致使政策落不了地，交易成本降不下来。例如，国务院 2011 年出台了支持内蒙古发展的《国务院关于进一步促进内蒙古经济社会又好又快发展的若干意见》（国发〔2011〕21 号）文件，明确鼓励内蒙古可以尝试使用未利用土地，适当增加土地利用年度计划特别是未利用地计划指标，但执行中由于相关配套制度空缺，导致企业对未利用土地的用地依旧难批。

3. 不同部门制定的某些政策规章相互冲突或政策不稳定

政策不协调、不配套、部门之间政策打架也是制度性交易成本居高不下的原因。当前，各个领域改革的任务较重，需要部门之间有效联动，而实际中，部分部门出台文件不配套，给地方造成不少困惑。另外，部分政策不稳定，调整频繁，易产生较大的市场波动，使得企业没有稳定预期，给企业战略和经营带来一定的不确定性，不足以引导企业长期行为，导致制度性成本升高。

（二）政府监管

自 2003 年以来，世界银行每年发布一期《营商环境报告》，截至 2016 年 11 月，一共发布了 14 期，主要分析了 190 个国家（地区）的营商环境，并作出排名和解释。世界银行《2016 年营商环境报告》表明，在 189 个经济体中，我国营商环境仅排在第 84 位。此外，该报告还跟踪记录了世界各国政府如何监管营商环境的改善。世界银行指出，编制《营商环境报告》的目的不是减少监管而是从企业的角度看如何改善监管。现实中确实还存在很多因为政府监管的缺位、越位、错位而引发的企业制度性交易成本升高的情况。

1. 政府监管缺位

由于政府监管缺位，部分行业、领域的标准、规范没有及时更新或根本没有建立相关的标准，标准落后于产业的发展，配套设施建设和服务体系没有跟上，在某些产业环节或发展阶段对企业的发展形成掣肘，导致企业在低水平层次竞争，产品附加值低。

2. 政府监管越位

经过降税清费措施，政府乱收费几乎绝迹，但各种中介评估费用依然比较高，政府对此的监管尚未到位。以内蒙古某高新技术企业为例，一、二、三期建设项目各类中介评审收费 46 项，涉及能评（135 万）、安评（135 万）、环评（179 万）、水评（218 万）、危评（150 万）、雷评（13.5 万）等等，累计收费金额达1300多万，占全部三期项目建设费用的四分之一左右。

3. 政府监管错位

部分地方建立的审批平台、审批大厅，只是将原先分散在各部门的行政审批事项和权力"集中"到一个场所。有些审批事项"合并"后，新承接的部门无法胜任原部门的管理职能。有企业反映，合并后的新部门只能解答原属于本部门的问题，而涉及原属于其他部门的问题，申请人还需到原相关部门咨询。此外，以往是"谁审批谁监管、谁主管谁监管"，如今审批权"相对集中"，然而目前部分地方行政审批部门与职能部门的协调对接不够，易出现权责不清、相互推诿、监管错位。

（三）政府服务

1. 政府服务越位

降成本的过程是优化资源配置的过程，而资源配置的优化是要让市场起决定性作用，因此，企业是降成本的主体，政府可通过更好发挥自身作用，为市场机制的有效运行创造良好的环境和条件。调研发现，不少企业把降成本简单理解为"政府为企业解困"，寄希望通过降成本来摆脱企业当前面临的生产经营困境，一些地方政府确实也推出了"一对一"救助式帮扶政策。因存在制度性成本，政府出台一些政策措施是必要的，但是如果不能与企业创新管理结合，单纯以帮扶方式降成本，可能会导致降成本表面化，不该降的降了，该降的没有降下来，同时也会造成企业对政府的依赖，改变企业对政府的预期和企业的努力程度，企业坐等政府来帮助降成本。这样长期来看，有可能带来更大的成本。

2. 政府服务缺位

政府服务缺位主要表现在，政府该为企业设立的一些平台没有设立，如公共资源交易平台、社会信用信息平台等，加大了企业的时间成本、搜寻成本，这也是制度性交易成本升高的一个原因。黑龙江在这方面做的较好，为了提高审批和服务效率，已建好全省投资项目在线审批监管平台，提高了投资项目在线办理的效率，并建成全省公共资源交易平台体系，逐步实现各项招标实现全流程电子化。但全国来看，还有不少省市未建立相关平台。

3. 政府服务错位

由于前几年机构改革滞后，部门设置不再是一一对应的关系，导致上级政府简政放权的有些职能找不到具体承办的部门，且很多事项又需要多部门协同办理，因而造成了职责划分不清晰、部门分工不明确、业务流程不合理、工作标准不完善等现象。有些事项看似几个部门都在管,却找不到最后拍板决策的部门或人员;而有些事项,相关部门的办事人以"没有收到相关文件,也没有接到相关通知"等为由回复企业,使得不少企业在接洽事务时耗费了大量的人力和时间成本。

三、制度性交易成本形成的原因分析

(一) 受计划经济体制影响较深、市场化程度不高

一国或地区的经济并不是土地、技术、劳动力、资金等生产要素的简单叠加。为什么一些国家或地区富裕而一些国家或地区贫困?生产要素并不能完全解释。新制度经济学家经过大量的对比研究得出结论,发展中国家和地区的贫穷在相当程度上是因为交易费用或者经济运行费用十分高昂。如果经济运行费用是高昂的,那么整个经济体系就不可能获得良好的经济绩效。美国经济学家诺斯度量了53个国家的交易费用以及每年对经济增长的影响后认为:"我们可以这样区分高收入国家和低收入国家,每一笔交易需要较少费用的国家是高收入国家,反之则是低收入国家[①]"。可见,越是市场经济发达的国家或地区,企业制度性交易成本越低。内蒙古和黑龙江地区市场化程度相比东部沿海地区而言总体不高,要素市场发育不够完善,企业制度性交易成本相对较高。

(二) 国企冗员严重,人工成本和管理成本居高不下

作为老工业基地,黑龙江和内蒙古大型国有企业较多,有很多企业退休职工几乎是在职职工人数的一半,甚至更多。如黑龙江某煤炭企业,现有在职职工24万人,离退休职工18万人,每年产煤5000多万吨,人均约250吨,而全国煤炭行业平均水平是人均产煤500—600吨。煤炭开采成本之所以高,其中很大一部分来自人工成本,该企业的吨煤成本中职工薪酬几乎占了一半。企业冗员严重,导致人工成本和管理成本高企。

[①] (美) 科斯、诺思等著,(法) 克劳德·梅纳尔编,《制度、契约与组织——从新制度经济学角度的透视》,经济科学出版社2003年版,第50—52页。

(三)传统产业和资源型产业比重高,国有经济比重大,新兴产业发展滞后,转型升级、结构调整难度大

以黑龙江为例。大庆"打喷嚏",全省就"感冒",这是对黑龙江企业状况的形象写照。黑龙江现有13个地级市,除了1个油城大庆,还有4个煤城、2个"林城",没上"榜单"的哈尔滨、齐齐哈尔等,则是集中了一批历史悠久、产业传统的大型国企的老工业基地。这些产业多为传统的资源型国有产业,占比已达80%左右,其中能源工业的占比达到54%。与之形成鲜明对比的是,新兴产业发展缓慢,大数据、云计算、互联网+等前沿产业发展相对滞后,2016年,全省高技术制造业增加值仅占全省规模以上工业的4.9%。随着能源、资源、气候、环境等瓶颈制约问题的日益严重,依靠资源要素投入和低人力成本比较优势支撑发展的模式越来越难以为继。尤其是当国际市场出现需求低迷之际,作为中国能源和重化工业最密集的区域之一,"结构之痛"在黑龙江表现的尤为明显,如何破除"资源诅咒",进一步推进工业化进程,是资源型产业占比较高省市转型升级的关键。

(四)"投资不过山海关"困境仍在,民营经济成长缓慢

"投资不过山海关"是对东北地区民营投资的形象说法,"政府太强、市场太弱"也是不少人对东北投资营商环境的直观感受。以黑龙江为例,近年来民营经济与其过去相比虽然有了长足进步,在若干领域有竞争优势,但与其他地区横向比较、与其具备的潜力比较,发展还有明显差距,整体发展不够充分。且民营企业则多是国有企业的"配套"或"龙套",它们与国企之间形成的生态不仅是生产经营上的依附关系,体制上的"寄生"关系也十分明显。

究其原因,一是思想观念陈旧。主要表现为小富即安,制度规则契约意识欠缺导致法制意识不足,作为市场经济本质特征的竞争意识和消费者评价导向不强,对新的经济思想、新的商业模式、新技术革命不够敏感等。二是体制机制不规范。主要表现为对现代企业制度运用程度不够,改制企业实质性改革还不到位。三是与成熟的市场经济地区比,商业文化中存在值得总结和改进的因素。主要表现为企业与政府关系过于简单,一些企业片面地理解与政府的关系就是获得资金和资源支持;信用意识还要进一步强化;不愿意挣小钱,不注重小钱可以形成的大积累等。四是政府在优化发展环境方面还存在差距。主要表现为官本位思想还比较重,靠权力和过多的行政环节增加企业负担,过去有的乱作为、现在有的不作为,利用权力干预企业采购、招标、建设及合作者选择现象还在一定程度上存在。

(五)国企办社会职能剥离和历史遗留问题呈现刚性,改革进展缓慢

剥离企业"办社会"职能,是国企公平参与竞争、真正成为市场主体、实现公共服务专业化的内在要求,也是国有企业深化改革的一项重要内容。目前,内蒙古和黑龙江地区国有企业占比大,部分老国有企业仍存续有大量的办社会职能和一些历史遗留问题,这类制度性交易成本像"滚雪球"一样越积越多,大大加重了企业降本增效、转型发展的难度。如内蒙古包头某国有企业自建设以来,一直承担着教育、医疗卫生、广播电视、公安等政府职能,以及供热、供水、环卫物业管理等公共服务职能。随着国企改革的深入和国家政策的调整,企业办社会职能逐步移交地方政府管理。在接收企业办社会职能过程中,由于地方财政困难,没有能力承担如此沉重的政社性支出,存在诸多矛盾和问题。再如黑龙江大庆某国有企业,现有职工 23 万余人,需剥离 3.5 万人,2004 年确定的剥离成本到现在已翻了几倍。仅以教育一项为例,2004 年确定的移交成本是 6.7 亿元,而 2016 年当地政府接收学校所需财政投入 19 亿元。随着"三供一业"工作继续推进,移交当地政府的企业办社会职能越来越多,地方财政无力承接。

四、基于调研引发的关于降成本的深层次思考

(一)成本是一个相对的、中性的概念

会计学将成本理解为:为了达到某一特定目的而做出的牺牲,可通过为之所失去的或放弃的资源来计量。经济学将成本理解为:生产过程中所投入和使用生产要素的价格。可见,无论是会计学意义上的成本还是经济学意义上的成本都不是贬义词,而是一个相对的、中性的概念。成本和收益、利润不能割裂来看,没有无本的买卖,问题是如何收回成本,或者说以最小的成本获得最大的收益。

(二)降成本要有"历史观"

自有企业那天起,成本就"如影随形"。从历史的角度看,成本并不是一直在上升,也不是一直在下降,因为不同时期不同阶段企业面临的环境不同,企业

成本有升有降是客观状态。如过去一提到中国的比较优势，就会说中国人工便宜，人工成本是优势；但在当前高科技产业盛行、制造业进入2.0时代，人工优势已不再，甚至变成了劣势。因此，降成本应历史地看。

（三）降成本要有"整体观"

这可从两个方面来理解，一是降成本本身各类成本之间的问题。成本的问题在某种意义上是一个分配的问题，比如人工成本对企业来说是成本，对劳动者来说就是收入；原材料成本对下游来说是成本，对上游来说又是收入；融资的财务费用对实体企业来说是成本，对金融企业来说是收入。所以从微观来看，它体现为一个要素的收入分配问题，这边降了，那边就少了。如果仅仅是从会计角度从微观角度去看待降成本，就很可能成为一个"翘翘板"，按下葫芦浮起瓢。所以，各类成本之间是一个整体，降成本需系统推进。

二是降成本与"去产能、去杠杆、去库存"之间的问题。供给侧结构性改革中"三去一降一补"，都是和成本关联在一起的。如"去产能"，即产能严重过剩，是因为有大量的无效成本，是不能带来增值的；"去杠杆"，即杠杆率很高，意味着财务费用很重，成本可能就上去了；"去库存"，说明库存很多，导致资金周转慢，成本也上去了。从经济学的角度来说，由这些问题导致的成本是机会成本，实际上是资源错配的成本，大量宝贵的社会资源消耗在低效或无效成本的企业里。如产能过剩，产能不能有效地发挥出来，说明资源没有充分有效的利用，是资源错配；再如杠杆率高，实际上资金的配置出了问题；还有研发的短缺导致成本的增值效率低，企业没有新技术、新产品、新工艺，过程消耗就高，成本的增值率或者说转化率就低。这样的成本就是低效成本，甚至可以说是无效成本。因此，降成本要有整体观，要与去产能、去杠杆、去库存和补短板相结合。

（四）降成本要有"科学性"

目前从中央到地方，均出台了降成本措施。但措施出台的步骤大都是一上来就分到各个部门，定时间、定任务，分部门要求地方落实。这种"拼盘式"政策制定方式，虽有助于明确各个部门的责任，但也在一定程度上降低了政策决策的统筹性和科学性，导致有些政策与地方和企业的实际需求不甚吻合，企业的获得感不强。此外，成本不可能降为零，有些成本是企业必须承担的，如环保成本、养老成本、研发成本等。政府降成本是要降低那些企业通过市场竞争和自身努力不能降低的成本。如不合理的税费成本、用能用地成本，尤其是制度性交易成本，只有依靠政府深化改革，调整制度、政策，才有可能为企业减负。

（五）降成本要有"预期性"

由于企业面临的环境因素中充满不确定性和各种变化，会导致企业作出错误的判断而致使成本上升，因而政府的一项重要作用就是要稳定预期。政府如果缺位而导致企业没有良好预期，研发就会缺乏动力，成本转化率就会降低、产品附加值也会降低，企业消化成本能力就会减弱。而稳定预期就是要稳定政策，因为任何一项政策的变化，都会引起整个经济社会的连锁反应，如各个行业、各个企业之间各种比价关系的变化、利益关系的变化、风险配置的变化等等，而我们对现有的政策所产生的影响路径难以像医疗上的"靶向治疗"那样精准把控。当然，稳定不是消极的稳定，是对应于化解经济社会中的各种不确定性，即降低风险的整体水平。这样风险转化的成本就可以大大降低，整个经济社会的制度性成本就能够真正下降。这一方面，需要政府全力推进相关的制度改革，切实降低企业综合负担；另一方面，更需要通过企业自身不断的创新，提升自身创造附加值的能力，来扩大消化成本的能力。

五、降低制度性交易成本的路径选择

降成本，政府和企业的基本目标是一致的，但需分清各自的作用边界。对于企业而言，主要是降微观层面的成本，不断增强自身的创新能力和盈利能力，提高成本转化率和附加值。对于政府而言，则主要是降宏观层面的成本，核心即降低制度性交易成本，通过全面深化改革推进制度创新，为市场机制的有效运行营造良好的环境，以实现整个行业企业成本的合理化和最优化，提高整个经济社会的运行效率。

（一）制定和明确市场规则，稳定政策预期，提高经济社会运行的整体效率

一是提高地方治理能力，促进社会经济持续发展和社会良性治理。从区域发展的角度来看，地方治理能力的良性发展是经济社会持续发展、社会良性治理的基础和保障，需要从优化地方治理能力入手，改善企业的经营环境，降低制度性交易成本。就内蒙古、黑龙江而言，其治理存在的问题表现为受计划经济体制影响较深，市场化程度不高，政府开放意识不足，管理效率有待提高。必须将转变观念放在首位落到实处，破除惯性思维、路径依赖，创新工作方式方法，创新工作思路理念，推动传统产业在改革中升级，加快新兴产业在推进中成长，实现资源型省份的跨越式发展。

二是政府需制定和明确市场规则。政府作为市场规则的制定者、执行者和裁判者，需要把规则制定好、执行好并监管好，以形成对企业的有效激励机制，为市场竞争创造良好的环境，降低制度性交易成本。

三是政府要有长期打算。从广义上看，土地、人力、能源、物流、融资等成本都与政府有关，政府的管制会导致其价格扭曲，因此这些成本中的一部分应都属于制度性交易成本的范畴，而制度性交易成本是企业自身努力无法降低的。内蒙、黑龙江地区制度性交易成本高有历史原因，是长期积累的结果。要从根源上降低这种成本，政府要有长期打算。政府不仅应当从战略层面找准定位，更应加大政策引导力度，稳定政策预期，使企业找准发展方向，构建长远战略规划。解决这一问题首先需要从政府从体制机制入手，完善制度的顶层设计，将政策措施和全面深化改革深度契合，既要为改革争取时间，也要着力推动改革。

（二）完善制度的顶层设计，做好改革政策协调

通过政策规章建立起来的制度可以系统地防止非效率，任何国家、社会运行都需要一定的制度。合理的制度能降低企业的交易成本，而不合理的制度抬高企业的成本。为了达到综合降成本的目标，政府应通过法律健全权力清单制度、明确政府的职责边界，理顺政府和市场的关系，完善制度的顶层设计，加强统筹规划，全力协调推进相关的体制机制改革。

一是推动深化国企改革。内蒙、黑龙江的特点是产业结构偏重，国有经济比重较高，解决国企改革历史遗留问题更是无法回避的首要改革问题。因此，必须加强制度的顶层设计，以盘活国有资产为目标深化国企改革。第一，紧紧围绕服务国家战略优化国有资本重点投资方向和领域，更多投向公共服务、前瞻性战略性产业、科技创新、生态环保、国家安全等重点领域；第二，将部分国有资本和部分国企红利划归社保基金，合理解决国企职工养老金历史欠账问题；第三，推进混合所有制改革，探索实行员工持股，鼓励社会资本参与国企改革；第四，采取兼并重组、债务重组和破产清算等方式让僵尸企业退出市场，尽快剥离企业办社会、厂办大集体等国企非主业。

二是做好各项改革政策的协调、衔接。解决企业综合负担重的问题不仅仅是

降税清费的问题,还和社保体制改革、金融体制改革、电力体制改革等改革密切相关。如果各项改革不全面推进,依靠现有的下调一点税率、降低一点社保缴费比例等,不可能使企业有长远、稳定利润。应改善各部门在税费、能源、融资、投资、社保等重点领域各自为政开展治理的现状,加强部门联动和降成本政策的协调,对各省有关部门提出明确工作要求和任务目标,切实保障政策落到实处,真正发挥政策的预期效果。

(三) 让市场机制发挥决定性作用与更好发挥政府作用相结合

对于降成本而言,应明确企业的市场主体作用,让市场机制发挥决定性作用,最终需落脚到增强企业内生动力上来。具体来说,企业应不断增强创新能力和盈利能力,提高成本转化率和附加值。这就需要增强企业的市场主体意识,以增强可持续发展能力和核心竞争力为根本目标,提高盈利能力,达到消化成本的目的。

政府则需要通过全面深化改革推进制度创新,形成激励机制,让企业发挥其作为市场主体的主观能动性。一是要矫正政府"缺位"和"越位"现象,同时相应"补位"和"退位",注重从宏观角度为企业创造健康运行的良性环境和合理机制,通过制度来引导企业的行为,发挥好政府的市场维护、市场引导、市场培育等方面的作用。二是妥善处理中央和地方以及地方各级政府之间的关系,通盘考虑,调动各方面积极性,以全面深化改革为统领,统筹政府改革、市场改革和社会改革,在全社会形成改革合力。三是政府各部门加强协调,加强降成本政策的顶层设计和统筹规划,明确降成本的基本目标,构建长效机制。

(四) 完善社会信用体系建设,为企业参与公平市场竞争创造良好的制度环境

社会信用体系建设是政府治理能力现代化的一项重要内容,对于创新社会治理方式、转变政府职能、加强事中事后监管意义重大。近年来,内蒙古、黑龙江对社会信用体系建设高度重视,结合推进"放管服"改革,在推动社会信用体系制度、基础和能力建设方面取得积极进展和显著成效。但社会信用体系建设涉及征信、管信和用信等社会生活等各方面,涉及政府、企业和个人,内容多,工作量大。内蒙古、黑龙江下一步降低制度性交易成本应以征信系统建设为基础,以信用信息应用为重点,以落实产权保护制度为抓手,大力推进社会信用体系建设,为企业参与公平市场竞争创造良好的制度环境。

一是完善社会信用平台建设。建设和完善各种项目在线审批监管平台、公共

资源交易管理平台和各级政务服务平台,建成社会信用信息共享系统,方便企业和个人通过信息共享系统实现信息查询、项目申请等,降低企业搜寻成本、信息成本。二是落实产权保护制度。2016年11月发布的《关于完善产权保护制度依法保护产权的意见》是以最高形式的文件发布的一个顶层设计,第一次提出所有产权形式都要全面保护、平等保护、依法保护,并且有很多具体的意见。在内蒙古、黑龙江,要落实好产权保护制度,重点是逐一解决以往产生的与产权相关的历史案件,稳定企业的产权安全预期。同时,政府需加强自身守信践诺,加强对知识产权的保护,鼓励创新经济的发展。

（五）将降成本与产业转型升级和政府体制机制改革相结合

从企业来说,"打铁还需自身硬",降成本既不能坐等政府来帮扶,应努力通过自身的技术创新、产品创新、工艺创新来提高盈利能力;也不能把降成本孤立起来,必须与产业的变化、技术的变化、业态的变化、模式的变化等结合起来,要看到大势,顺势而为,尤其是在全球化时代,更应学会借势,把降成本内嵌于产业转型升级之中,搭上"产业革命"的顺风车,借力于"一带一路",占领国际市场且保持长久的市场地位,提高企业盈利能力和竞争力。

政府也不能以静态的眼光看待降成本,而应以动态的眼光去制定降成本的政策,并进行体制机制的改革。降成本不是救死扶伤,更不是保护落后,政府的降成本举措要尊重市场规律,以引导为主,推动实现企业市场竞争和优胜劣汰。要把政府营造良好外部环境与发挥企业主观能动性、促进企业转型升级结合起来,坚持企业主体,激发企业规范治理、修炼内功和转型升级的内生动力,通过产业创新、转型、升级,提高投入产出比,提升产业附加值,提升品牌质量,提高竞争实力。

中国财政科学研究院2017年"降成本"东北调研组
  组长：刘尚希
  成员：韩晓明　张立承　程　瑜　施文泼　景婉博
  执笔：程　瑜　景婉博

成本结构与降成本

——内蒙古、黑龙江企业降成本调研报告

2016年,中央经济工作会议明确提出"三去一降一补"5大任务,8月进一步出台《国务院关于印发降低实体经济企业成本工作方案的通知》(国发〔2016〕48号),有针对性地提出企业降成本的思路和政策。在当前经济形势出现一定程度下滑的背景下,企业成本现状如何?深入贯彻中央政策,落实完成5大经济任务,切实降低实体经济企业成本的进展效果怎么样?降成本政策目标与企业发力之间能否相互促进,还存在哪些现实困难?下一步各方如何找准切入点,继续推进降成本工作,实现宏微观经济形势扭转向好等等都是关系政策走向,企业发展的重要问题,需要切实摸清理顺。

2017年4月,中国财政科学研究院东北地区降成本调研组对内蒙古、黑龙江两省的部分地区和企业进行了集中调研,与政府部门、行业协会、代表性企业进行了座谈,并深入到一线了解企业的成本负担情况和对降成本政策的实际需求。同时,中国财科院针对企业成本情况在全国范围内开展了大型调查问卷活动,全面收集企业成本负担方面的一手资料。

本文是在这次调研的基础上完成的调研报告,旨在通过研究企业成本结构和成本关系,分析各成本之间的相互影响机理,对降成本问题进行深入剖析,从优化成本结构降成本的角度理顺企业内外部环境对降成本的影响关系,为下一步各级政府政策措施的出台,企业优化管理、有效实现降本增效提供参考建议。

一、企业成本结构及"投入—产出"关系分析

研究企业的降成本和经营发展情况,离不开对成本和收入两方面的分析,也离不开对企业经营周期内各环节的协调、衔接状况的分析,更需要结合企业管理水平的改善来分析。

企业成本投入是一个持续不断的过程,成本投入的目的是为了生产出可供在市场销售的产品和服务。不同行业、不同地区、不同业态、不同产品、不同竞争力,甚至不同所有制的企业,成本投入的特点都存在差异。而且,企业成本投入的种类和金额往往需要根据企业的发展战略、生产策略和内外部经营环境进行动态调整。对成本的深层次认识,需要进行理论分析和实践应用的有机结合,既要能够从实质上认识问题,又要能够贴合实际提出解决问题的措施。

通常,在企业经营状况良好的时期,收入增长较快,成本压力较小,资金充裕,企业能够有机会进行大幅度的研究开发或产能扩张投资,并可能增加杠杆。相反,在企业经营状况困难的时期,收入出现下降,成本压力增大,资金紧张,企业会缩减研究开发或产能扩张投资,并实行去杠杆策略。因此,要深入、动态剖析企业经营过程中的各项成本并有成效降低成本,就需要全面梳理成本关系,找到对企业经营、发展影响较大的核心成本,从而找到企业科学合理降成本的策略。

(一) 成本流分析

本文认为,企业的成本流是企业经营周期内的全部成本种类、成本关系和成本金额的总和,是企业经营的总投入。企业的成本流覆盖企业经营的方方面面,从全过程角度看有涵盖企业全过程的成本,主要包括:人工成本、财务成本、管理成本。从分阶段角度看主要包括:研发阶段的成本、采购阶段的成本、生产制造阶段的成本以及销售与售后阶段的成本,各阶段成本构成各有侧重(见图1)。

基于此,本研究根据各类成本对企业影响的重要性程度,将成本分为两大类:核心成本和其他成本。其中,核心成本特指具有战略意义、对企业经营具有重大影响、通常覆盖经营全过程的成本,其他成本是在经营各阶段具有主要影响的成本。我们认为,对核心成本的科学管理往往有助于实现对其他成本的管理,从而在整体上实现企业降成本的目标。具体看,全过程成本由于影响范围广、影

响时间长、管理控制具有全局性，应当属于核心成本，阶段性成本则具有一定的阶段性侧重特点，属于其他成本，但这种划分主要是界定理论关系，具有相对性，因此，对企业而言，其他成本也十分重要。

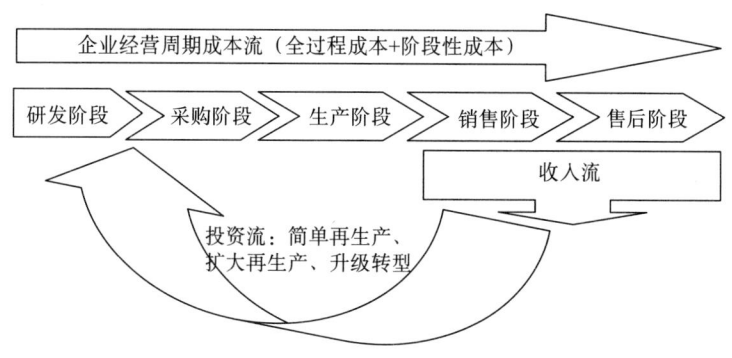

图1 企业成本、收入、投资转化关系图

1. 全过程成本分析：核心成本构成及作用

从企业经营的全过程看，人力资源、资金和管理是贯穿始终的投入，无论企业现状如何，处于何种行业，提供何种产品和服务，处于怎样的生命周期阶段，对于人才管理、资金管理和管理方法创新的需求都是永恒的话题，是企业增进核心竞争力、实现生存和发展的基本能力要求。企业在人力资源、资金和管理方面的成本投入，在企业成本结构中处于核心位置。

（1）人力资源管理是企业成本管理的基本方面

人工成本是当前降成本讨论中的热点问题和核心内容之一。在市场经济条件下，企业拥有专业能力胜任、创新能力强的人才和团队，是发展的重要条件。而且，从企业经营各个阶段看，人工成本都是主要的组成部分，对人工成本的科学有效管理会影响到企业经营的方方面面。人工成本是核心成本，人工成本的大小、构成反映了企业管理的水平和先进程度，对于企业的经营和发展起到非常重要的作用，甚至成为决定企业能否正常营业的关键因素。

从我们调研的情况看，很多老国有企业的人工成本对企业经营效益、升级转型影响大，在企业成本结构中处于核心地位，甚至是决定性地位。这些企业往往冗员多、效率低，人工成本比重高，人力资源管理难度大，而且这些成本很难降下来，一些企业即使短期内能够实现减员，长期看，由于体制原因，依然存在减员回归企业、人工成本再次升高的制度性风险。特别是一些特大型企业的减员安置困难，甚至会对地方政治安定产生影响。形成鲜明对比的是，一些市场化经营做的好的企业,如一些改制企业、民营企业,人力资源配置体系灵活,人员配备合理,不存在冗员问题,企业经营具有活力,能够很好的根据市场情况进行自身调整,竞争力和整体效益较好,生存发展能力较强。

因此,做好人工成本的管理工作,合理降低人工成本,积极推进企业人员结构优化,进而拉动企业整体战略的规划与实施,是内蒙古、黑龙江等地国有企业、资源型企业需要在战略层面上考虑的问题。

(2) 资金管理是企业成本管理的重要方面

企业资金管理包括两方面:融资管理和用资管理,即资金取得的管理和资金使用的管理。对于企业而言,低成本、充足地取得经营所需的资金是企业进行持续经营的基本条件,能不能获得充足的现金流,以及能不能低成本地获得资金,在一定程度上是关系到企业生死攸关的大事,"现金为王",资金的流入管理十分重要。企业对于取得资金成本的管理,一方面需要通过与资金市场、金融企业之间的谈判、协调实现,另一方面,需要通过内部的资金调剂实现。企业资金的使用管理也十分重要,资金合理、高效使用,有助于配合企业战略的推进、满足经营管理各个环节的需要,提升企业竞争力。

从资金成本与人工成本的关系看,由于很多企业人工成本偏高,资金用于人工成本支出的比重较大,有些企业甚至通过高成本获得资金来发放工资,进一步加重了融资负担,而且,资金难以通过有效的再生产过程实现有效循环,大大降低了资金使用效率。因此,作为企业成本结构中的核心成本,加强对资金成本的管理,盘活资金,提高资金使用效率,将资金更高效地投放到研发、生产、销售过程中,是降成本需要考虑的重要方面。

从我们调研的情况看,内蒙古、黑龙江的很多企业存在资金紧张,周转困难等问题,这些企业往往融资渠道单一,从资本市场获取资金的能力有限,通过上下游产业链等创新方式融资的尝试很少,而且当地信用环境也对企业融资产生不利影响,企业融资量少,资金缺口大,成本高,在当前市场资金普遍收紧的条件下,资金越来越成为影响这些企业升级转型,进一步发展的制约性因素。

(3) 管理方法创新是企业成本管理的必经途径

现代管理方法的发展和丰富,为企业更好地运用资源提供了多种可实现途径,战略管理、成本管理、财务管理、销售管理等领域诸多新理念和方法的提出和应用,使企业能够结合自身的实际情况选择适当的管理方法实现管理现代化转型,通过管理理念更新、组织架构整合、业务流程重塑、信息化改造等变革手段适应市场化经营,实现战略发展目标。在这个过程中,企业管理成本的合理支出为企业全面创新提供了必要条件，也为成本管理提供了支撑。

从管理成本与人工成本的关系看，有效的管理能够有效降低人工成本，特别是在市场化条件下，企业掌握用人权，可以依据企业战略和市场变化进行人员调整，实现对人工成本的科学管理。但从调研的一些国有企业看，人员固化现象严重，对人员的管理更多地是在现有人员结构的基础上进行，管理效力很难发挥出来，而且，对现有人工成本的管理要耗费更多的管理成本。

从管理成本与资金成本的关系看，有效的管理能够有效降低资金成本，当前较为普遍的财务公司、内部银行、资金集中管理、产业链金融等创新方式都是通过先进的管理思想和管理技术实现企业整体资金成本的降低。

从管理成本与阶段性成本的关系看，企业先进的管理思想贯穿企业经营的方方面面，现代战略成本管理更是企业基于战略目标对各阶段、各类成本做出的整体性、全局性规划，管理水平的高低对成本结构产生深远影响。

从我们调研的情况看，目前经营状况较好的一些企业都普遍运用了科学管理、精细化管理等现代管理方法，将战略管理、成本管理、运行管理、绩效管理等方法运用到企业生产管理的全过程，特别是一些转制企业更是把现代管理方法嵌入企业生产经营的方方面面，有效提升了企业的市场竞争力和成本控制能力，增加了企业经营的灵活性，能够积极应对内外部环境变化，保障经营的持续性和效益性。

可见，企业在管理创新方面的成本投入，是长远发展的重要基础，也应当在企业成本结构中处于基础性重要地位，是企业的核心成本。

2. 阶段性成本分析：主要成本构成及作用

企业的经营是一个环环相扣的过程，生产经营各个阶段的侧重点不同，成本构成和所发挥的作用也存在较大差异。对于企业各个生产经营环节而言，抓住阶段性重点成本，是优化成本管理的关键，也是降成本要考虑的主要因素。

（1）研发阶段的成本

企业研发阶段的成本属于战略成本范畴。该阶段成本支出对于企业而言意义重大：一方面，研发成本的支出为企业未来的长远发展奠定基础，成为企业提升核心竞争力的必要条件，另一方面，研发技术也在很大程度上设定了企业未来成本支出的大致框架，可以说，从根本上决定了企业的成本水平和收益格局。

在研发阶段，企业的成本支出主要包括两方面：设备材料成本和人工成本。该阶段的设备材料与生产制造阶段存在很大差异，通常具有更高的技术含量和先进性，投入资金的金额也较高。研发阶段的人工成本支出则更为重要，特别是掌握先进技术的专业人员成为影响研发工作成功与否的关键性因素，人工成本支出十分重要，在企业成本中的占比日益增大。

从我们调研的情况看，研发投入对企业的影响十分明显。很多企业由于经营状况不好，纷纷缩减了研发投入，经营处于勉强维持的境地，失去了对未来发展的把控能力，在价格、市场等方面没有发言权，常常受到来自上下游的挤压，原材料价格高，产品售价低，利润空间一压再压，甚至出现大额亏损。而在研发方面大力投入的企业，常常能够占领行业或产品的制高点，竞争力强，利润空间大，企业发展趋势好。

（2）采购阶段的成本

在企业产品和服务的成本中，原材料成本往往占有很大的比重，原材料成本形成于采购阶段，主要包含两方面：原材料买价和物流成本。在企业充分参与市场竞争的条件下，原材料的价格由市场决定，企业通过采购管理可以对采购价格产生一定影响，但影响有限。如果进行战略管理规划，充分利用产业链管理实现上中下游一体化，就可以在很大程度上参与原材料价格的确定，降低原材料购入成本。

从我们调研的情况看，很多企业的物流成本由集团管理体制决定，或者由国内外市场确定，一定程度上也取决于地域性物流管理水平和信息化水平的高低，除了伊利、蒙牛等处于国际排名前列的企业外，企业在现行制度下进行成本管理的空间相对比较小，但创新空间依然较大。

（3）生产制造阶段的成本

生产制造阶段的成本是企业成本的核心内容，通常包括设备成本、原材料成本、人工成本、能源成本等。对于企业而言，该阶段的成本支出通常占总成本支出的比重大，是成本管理的主要环节，也是降成本的关键着力点。从生产的角度看，该阶段的成本支出，决定了产品和服务的质量和竞争力，也在一定程度上决定了企业实现收入的能力和经营的效益。

该阶段，管理水平的高低直接影响成本支出水平和产品质量，因此，很多企业通过组织和生产流程再造，实现低投入、高效率、高质量的生产。其中，设备成本、原材料成本、人工成本可以通过内部整合和资源优化配置实现成本的降低，能源成本则更多地需要通过与供应企业之间的谈判、协调实现。

从我们调研的情况看，企业在生产制造阶段的成本管控属于传统的管理范畴，各个企业都有多年的探索和经验，在当前降成本的政策下也进行了不同程度的变革，取得了一些成果，但依然存在创新管理空间。

（4）销售与售后阶段的成本

在销售与售后阶段，企业的成本支出主要包括：销售费用、税费、物流成本以及产品保修费用。其中，宣传推广费用是顺利实现销售和资金回流的必要开支，是建立品牌、增进核心竞争力的有力保证，产品保修费用是建立市场形象、巩固和进一步开发市场的基本条件，因此，这两个环节的支出不是越少越好，而是要与所形成的效果进行比较，企业成本管理的重点是投入能够有效支撑销售和市场拓展。

从我们调研的情况看，在经济新常态背景下，很多企业遇到了销售"瓶颈"，市场空间缩小，产品销售不畅，价格下滑，竞争力降低，极大地影响了企业整体的经济效益。因此，如何有效增加销售与售后成本投入，为企业回流资金，也是成本管理的挑战之一。

（二）投资与"投入—产出"分析

从企业经营的完整过程看，成本管理的目标是如何更好地实现资金回流和价值创造，因此，分析成本是一个方面，另一个方面，对资金投入的分析和管理也是必要的。

1. 投资流分析：战略决策决定未来

企业通过销售与售后阶段取得收入流，实现了成本回收、资金流入和价值增值，这些资金又通过再生产过程进入下一次循环，这个投资过程实现了投资流和收入流的紧密衔接。企业投资的过程是资金使用的过程，通常有几种方式：简单再生产、扩大再生产、产品升级转型、多元化经营等。简单再生产投资属于企业的日常管理范畴，遵循的基本原则是提高投资效率，实现更高产出，内容包括材料采购、人工投入、设备投入、能源投入、销售售后投入等。现代管理方法的丰富与发展，对简单再生产投资管理过程提出了优化要求，企业可以通过组织整合、业务流程再造等过程实现简单再生产投资管理效率的提高，以较少管理成本的增加实现"降本增效"的结果。

企业的扩大再生产、产品升级转型、多元化经营投资则属于战略管理和资本管理范畴，往往投资金额大、周期长，投资决策复杂，对企业发展影响深远。这些资本性投资的顺利实施会在短期内增加成本，但长远看，能够增加企业的核心竞争力，实现技术创新，扩大产能、降低成本，提高产品、服务质量、拓展市场，有助于实现战略目标。在充分参与市场竞争的环境中，企业日益重视对扩大再生产、产品升级转型、多元化经营投资的应用与论证，不断提高投资的有效性。

从我们调研的情况看,经营业绩较好的企业,投资往往处于良性循环过程,而经营困难的企业,资金困难,投资意愿大幅度下降,投资减少,特别是升级转型方面的投资很少,未来发展的空间进一步被压缩。因此,企业在投资方面的管理有待进一步加强。

2. 投入—产出分析:企业效益空间的决定

从价值形成过程分析企业经营的各个环节,这些环节可以分为两类:研发阶段、采购阶段、生产制造阶段是价值形成(价值创造)阶段,销售与售后阶段是价值实现阶段。从投入—产出角度看,前者是投入阶段,后者是产出阶段。企业的成本支出是全过程的,其投入的数量和效率决定了产出的质量,而产品、服务质量以及相应销售、售后环节的有效配合,成为企业收回投资,创造效益,实现价值增值的关键因素。从企业经营环节看,销售与售后阶段是收入产生、资金流入的主要阶段,但之前的各个环节的工作及质量也是决定企业销售目标实现的基础性因素,可以说,企业整体的组织、管理和协调是收入实现的基础,因此,成本投入的数量、质量、效率决定了企业收入实现的程度。

具体分析,企业研发投入决定了未来产品、服务的工艺、技术、市场前景和总成本的边界与基本构成,设备投入、人工成本决定了产品、服务的总体质量和核心竞争力,管理成本决定了战略规划、组织制度、管理创新、管理效率和管理成效。

从我们调研的情况看,效益较好的企业,如伊利、蒙牛等,就是在企业战略的引领下,实现了各类资源、资金投入的组合效益优化,通过科学、合理的投资,提升了技术和管理水平,增加了产品品种,提高了产品质量,不断增强和拓展核心竞争力,走上了国内、国际领先的发展道路,实现了"投入—产出"的良性循环和高收益。

二、内蒙古、黑龙江企业降成本现状

(一) 企业成本现状情况

从内蒙古的情况看,不同行业企业生产成本各不相同,即使是同一行业中的不同企业,受地域、管理和劳动力等因素影响,其生产成本也不尽相同,主要工业行业总体情况见表1。

表1　　　　　内蒙古2015年主要工业行业成本占比情况

行业		总成本占主营业务收入比例	原材料成本占比	劳动力成本占比	物流成本占比	用电费用占比	财务成本占比	上缴税金占比
煤炭		116.2%	17.8%	14.6%	18.7%	2.5%	9.3%	11%
电力		84.5%	42%	10.6%	0	0.9%	22.6%	9.7%
钢铁		109.5%	52.5%	4.7%	2.6%	23.2%	10.2%	9.7%
有色	电解铝	98%	58%	5%	0.5%	32%	1.8%	2.3%
	其他	100.9%	71.8%	4.6%	0.7%	8.9%	1.8%	2%
装备制造		104.7%	73.6%	5.3%	0.5%	0.7%	1.4%	10.5%
农畜产品加工		96.2%	68.4%	5.1%	0.5%	1.5%	2.6%	6%
化工		106.8%	52.9%	4.8%	2.2%	12.3%	6%	6.3%
建材	水泥	128.1%	47.7%	2.4%	0.7%	9.5%	10%	11.8%
	其他	95.2%	40.4%	13.3%	1.2%	7.4%	7.7%	3.3%
建筑安装		85.3%	54.9%	10.8%	0.7%	0.1%	1.2%	5.6%
制药		98.2%	34.5%	17.1%	0.7%	5.6%	1.3%	13.7%

注：1. 单项成本占比按照各企业各项成本占总成本比例进行平均计算。
　　2. 该表数据根据向12个盟市130家企业发放调查问卷取得。
资料来源：内蒙古政府研究室专题调研组调研报告。

从2015年的情况看，内蒙古规模以上工业企业每百元主营业务收入中，成本占84.5元，同比增加2.3元，说明内蒙古工业企业平均成本有所上升。部分行业的成本占比较高，已经超过主营业务收入，出现"倒挂"现象，其中煤炭和水泥行业成本占主营业务收入比例高达116.2%和128.1%，充分表明"降成本"、"去产能"任务的紧迫性和就艰巨性。具体分析成本情况，存在以下特点：

原材料成本是各行业（除煤炭行业）成本中最大的支出项。不少企业的大宗原材料成本高于其他地区，主要原因是内蒙古地处偏远、运费较高，从而增加了企业的原材料成本。另外，受当前经济形势影响，部分原材料市场厂停产半停产，导致下游行业企业原材料供给不足，价格上涨。

劳动力成本上升的主要原因是社保费用增加。近两年，自治区政府已经降低了工伤、失业和生育保险缴费比例，但社保缴费比例仍在38.7%—41.4%。另一方面，内蒙古社会平均工资水平较高，间接抬高了社保缴费标准。

部分行业物流支出比重大。煤炭、PVC、陶瓷、钢铁等大宗产品生产行业的物流支出较大，尤其是产品运距超过 500 公里后，物流费用占到总成本一半以上，物流成本负担较重。

财务成本普遍较高，且融资困难。电力、煤炭、钢铁等行业投资巨大，财务和折旧成本相应较高，尤其是部分发电企业和煤炭企业短融长投，利率高达 15% 左右。从电力行业融资成本来看，贷款利率一般还要上浮 10%—20%，煤炭和钢铁企业受产能过剩影响更是很难从银行贷到款。除以上行业外，广大中小微企业也面临融资贵的问题，中小微企业贷款成本主要包括贷款利率、贷款担保及其他费用，融资成本远远高于基准利率。

税费成本依然是企业较重的负担。不少企业目前各项税费负担仍然较重，尤其是煤炭资源税、土地使用税以及部分行政事业性收费、涉企服务收费较高。参与调查的 80% 以上煤炭企业认为内蒙古煤炭资源税过高。目前，内蒙古煤炭资源税税率为 9%，几乎接近最高值，而陕西是 6%、宁夏 6.5%、甘肃 2.5%、山西 8%、新疆 6%、青海 6%、东三省均为 2%。在目前煤炭产能过剩、市场竞争激烈的态势下，内蒙古煤炭资源税税率高于周边各省区，不利于区域竞争。

用电成本处于较低水平，但成本优势正在弱化。电解铝、钢铁、化工等行业用电支出较高。目前，内蒙古多数电解铝项目，部分钢铁、化工项目都拥有自备电厂。从全国来看，目前内蒙古高载能行业平均电价仍然处于较低水平，但与国内其他省区的差距正在缩小，电价成本优势正在逐步弱化。

从黑龙江的情况看，成本负担更重一些，特别是人工成本、财务成本、物流成本、原材料成本等，由于受到传统计划经济体制和特殊地理条件的影响，问题积累较多，降成本困难更大一些。

（二）企业降成本的措施及效果评估

1. 政策性降成本措施

从内蒙古和黑龙江的情况看，政策性降成本措施主要包括：

政策性降低税费成本。内蒙古政府全面清理涉企收费，组织梳理各级收费目录清单，严格执行定价行政审批前置服务收费目录清单，履行第三方机构收费项目标准清单公示制度。黑龙江也大力执行税费减免政策，呼和浩特市 2015 年以来，共为企业减免各类税费基金约 83.55 亿元，大庆市全面推进了营改增改革，税负稳中有降，结构性减税明显，同时积极落实清理收费政策，目前，涉及实体企业受非的项目仅保留公路车辆通行费、污水处理费、水资源费和防洪工程维护管理费。

政策性降低用能、用地成本。内蒙古积极贯彻落实自治区电力扶持综合政策，将一批战略性新兴产业列入电力扶持范围，享受电价优惠。目前，单晶硅、多晶硅、蓝宝石、碳化硅等新兴产业和新能源电动汽车充电纳入自治区电价扶持范围，享受每度0.26元的电价优惠政策。大庆下调非居民和车用天然气价格，进一步降低工业企业用气价格，降低工商业企业取暖价格。同时，内蒙古和黑龙江正在探索工业用地弹性出让供地制度，放宽高新技术产业项目用地标准，降低企业用地成本。

政策性降低劳动力成本。内蒙古和黑龙江均下调了社保费率，包括降低养老和医疗保险的缴费费率、降低失业保险费率，采用调整部分地区社平工资标准等方法，为企业降低人工成本。

政策性降低物流成本。内蒙古通过完善物流基础设施、整合物流资源要素等措施降低物流成本，积极推进城乡物流配送网络体系建设，发展农村电商物流，实施物流业态提升工程，整合全物流资源要素，建设基于新能源电动车配送的全链条物流配送基础设施，减少中间流通环节，降低企业物流成本。黑龙江出台商贸物流政策规划，推动商贸物流信息服务平台建设，开展物流仓储数据信息采集工作，加快省内商贸流通行业的创新发展，积极降低企业物流成本。

政策性降低财务成本。内蒙古阿拉善盟建立企业贷款激励机制，对银行贷款增量、直接融资增量等予以奖励。鼓励、引导金融机构不抽贷、不压贷，延长贷款期限，降低贷款上浮利率。积极推进企业上市融资工作，设立专项扶持资金，支持企业上市。对一些成长性好、具有发展潜力的企业，通过政府提供担保、股权合作等多种方式帮助企业融资，有效降低企业融资成本。大庆市健全金融组织体系，增强融资担保功能、建立产业投资基金，加快企业上市（挂牌）步伐，推进社会信用体系建设，提高全社会诚信意识和信用水平，营造诚信氛围，促进金融市场健康发展。

政策性增加财政补贴。内蒙古加大财政扶持资金投入，主要用于贷款贴息、上市补贴和表彰奖励等支出，同时设立创新奖励扶持资金，促进创新和成果转化。加大对小微企业资金补贴力度，鼓励大众创业、万众创新。

推进剥离国有企业办社会功能。呼和浩特市完成了全市国有企业办社会职能和历史遗留问题情况的调查工作，积极推进了厂办大集体的改革工作。大庆加快剥离企业办社会功能，稳妥推进驻庆企业"三供一业"分离移交前期工作。

2. 企业降成本措施

从我们调研的情况看，企业降成本的做法主要包括：

有计划进行人员分流。黑龙江某煤炭集团2016年进行了两次大规模的组织转岗分流工作人员，共分流富余人员4万人，截至2016年底，在册员工和在岗员工分别比上年减少6.16万人和4.17万人，两次人员分流为该集团改革脱困起到了积极的促进作用。

加强金融管理。伊利、蒙牛采用财务公司方式进行资金集中管理和配置，保障了企业集团的资金使用量，提高了资金的使用效率，降低了资金使用成本，增强了企业适应市场变化的能力。

精细化管理降成本。部分企业推行了现代化管理手段，实行全员、全要素、全过程精细管理，强化费用控制，具体做法包括：坚持材料物资招标、集中采购，有效降低物资采购成本，如黑龙江某航运集团在船舶建造设备采购过程中，多方询价、比价，在人民币贬值的情况下，2016年采购价格平均下降3.5%；强化科学管控，降低物料消耗，如黑龙江某煤炭集团通过材料井口超市、井下库房、修旧利废等方式，2016年节约大宗材料3.5亿元；严格费用支出，降低管理费用，如黑龙江某铁路集团严控非生产支出，管理费用2016年同比下降8.94%。加大应收账款清收力度，减少企业资金占用成本，某煤炭集团2016年清回陈欠4.38亿元；控制销售费用支出，创新营销模式，如黑龙江某医药集团合理压缩渠道层级、提升物流运输效益，深入实施以利润为中心的考核体系，优化人员配置，调整营销策略，降低销售费用支出，优化生产工段管理，推进生产考核销售绩效闭环管理，按贡献和责任提升员工薪酬及奖励，清理不必要人员，建立集团招标采购中心，整合各企业采购职能，对供应商、招标采购全过程进行统一管理，节约采购成本。

优化产业结构。黑龙江某医药集团围绕"去库存、去产能、降成本"，对集团内个企业生产分工重新实施规划，通过关停、内部转移、对外战略合作等方式整合生产资源，实现产业结构转型升级，同时，果断停产亏损产品，产品盈利能力不断增强。引进先进设备提高生产效率，实行质量防控。

企业创新降成本。黑龙江某集团创新供水工程项目管理方式，实行概预算规范管理、动态管理、闭环管理，2016年节约工程成本2亿元。黑龙江某建设集团充分运用"互联网+成本管理"理念，形成"优揽、细算、精管、足收"的全周期施工成本管理，避免跑、冒、滴、漏现象的发生。

提质增效、转型升级降成本。黑龙江国资委企业全力推动提质增效、转型升级，增收入、减成本、控亏损，企业成本费用高企状况得到有效控制，2016年，出资企业收入增速高于营业成本4.5%，控制亏损成效显著。

（三）企业管理典型案例分析

1. 伊利的品质管理

共享经济时代的到来，使资源的整合与共享成为企业发展的必然要求。伊利以品质管理思想为基础形成了独具伊利特色的管理模式，为中国企业管理创新开辟了新思路。伊利集团坚持以品质为企业永恒的信条，从服务、极致、创新、共赢四个维度全方位构建品质企业，引领行业最大限度实现资源的整合与优化配置，更好的满足消费者需求。

创新思维是伊利品质管理思想的重要组成部分。以创新思维为指引，伊利从消费者需求出发，结合自身实践升级创新战略，将创新范围扩大到整个产业链，建立起了覆盖上、中、下游全产业链的创新体系，形成了全链创新战略，推动品质升级，构筑企业核心竞争力，以实现与消费者和产业链合作伙伴共享创新价值，带领中国乳业实现转型升级。目前，伊利的高科技、高附加值产品占比已经高达40%，居业内首位，这凸显了伊利创新的成果。

除了用创新为品牌建设提供不竭动力外，伊利始终坚持品质思想，树立品牌根基。伊利将"品质"放在企业发展最重要的位置上，坚持做"有品质的品牌、有品质的产品和有品质的员工"三位一体的"品质企业"。在这样的理念驱动下，伊利全方位构建品质企业，设置了以"国家法定标准线、严于国标线的内控线、严于内控线的预警线"三条线为内容的质量内控标准，生产出了高质量的产品，持续赢得消费者信赖。

2. 大庆油田的降本增效管理

从2014年起，大庆油田全面持续深入实施开源节流降本增效活动，突出关键领域，深挖内部潜力，注重抓好油气生产、提质增效、市场开发等重点工作，取得积极成效。

首先，配套完善体制机制，激发企业内在动力。一是完善工效挂钩和薪酬激励机制。推进落实制度改革，强化薪酬导向，严格工效挂钩政策，全面推行要素量化考核，通过加大总量调控力度，搞活内部分配等措施，建立了工资总额与效益、成本和工作量等关键指标挂钩的薪酬分配机制，做到重业绩、讲回报、强激励、硬约束，实现员工收入随企业效益剩下浮动，能增能减的灵活、动态调整的体制机制。二是推动资本化和市场化。近两年，大庆电力集团抓住国家电力体制改革的契机，成立具有配网的售电公司，赢得购电价格主动权，并获得集团重组改制上市的批复。同时,大庆油田积极探索混合所有制改革、开展多元化经营和与民企的合作,在市场化、社会化发展方面取得重要进展。三是经营自主权试点工作,针对下属企业制定政策,促进下属企业(包括建筑公司、医院、电力公司、文化集团下属公司、技术监督中心等)进行相关流程和制定的调整,转变经营机制,激发企业活力,增强企业发展能力。

其次,增强企业精准化管理能力,有效控制成本。2016年,大庆通过实施精准开发,成本得到有效控制,在油水井增加7000余口的情况下,成本反而下降14.8亿元。他们的具体做法包括:一是优化市场化运行控本增效,通过优化生产组织运行模式,创新工作方式,持续推进一体化组织,采用工厂化、专业化、标准化的管理模式,强化生产组织运行,降低生产投资,单井投资降幅达38%。二是实施立体节能控本增效,通过实施调整系统运行方式,合理分配用电负荷等节能改造工程,降低用电总量。三是创新管理手段控本增效,通过技术手段,降低能源消耗和设备维修费用,同时劳动强度,节约用料成本,保护生态环境。

再次,积极拓展外部市场,提升创收创效水平。持续扩大拓展市场的力度,加快"走出去"步伐。以大庆油田为例,在国际油田开发和技术服务市场,保持了较高的份额,国内市场开发也实现突破。

最后,强化经营管理,增强企业管控能力。大庆油田企业管理科学化、规范化水平持续提高,管理体系有效运行。他们开展了管理体系审核,针对制度、流程、标准化、合规管理等问题,运用PDCA循环管理办法不断改进提高,实现闭环管理。大庆油田的管控重点环节包括:一是加大投资控制力度,严格项目前期论证和经济评价,核减投资高、低效、无效产能,以及内部收益率不达标产能项目,加大标准化设计力度,按照"一次投资足,运行成本低"的原则,加强方案设计的优化简化,确保技术适用、经济最优、运行维护成本低。二是有效控制成本上升,全面实施低成本发展战略,加强成本管控,深入开展经营分析,积极落实增效措施,促进发展质量效应进一步提升。推进两级集中采购,提高集中采购效率效益,制定修旧利废成本及超额利润奖励政策,年均创效3亿元以上。三是严格控制用工总量,积极推进业务结构调整和专业化管理,不断优化人力资源配置,开展岗位优化、内部挖潜调剂盘活、清退外雇用工等工作,强化外包审批控制,严控劳务外包支出,有效控制用工规模,大幅节约用工成本。2014年以来,总量减少1.32万人。

三、企业降成本过程中面临的困难和问题分析

在政府与企业的共同努力下，内蒙古、黑龙江的企业降成本工作取得了一定进展，但一些根本性问题依然亟待解决。

（一）企业内外部环境影响因素分析

企业的生存发展，离不开所处行业和市场的有影响和制约，同时也与企业自身的体制机制、战略定位、产业结构、产品成本等诸多因素相关。企业面临的种种问题，主要来自内外部两方面的不利因素。

从企业外部环境看，影响因素主要包括：国家宏观经济下行压力较大，环境变化给企业经营发展带来一定影响；市场尚不规范、市场格局分化、市场秩序调整，市场竞争压力加大等。

从企业内部环境看，影响因素主要包括：历史原因形成的债务、包袱、冗员等问题严重；企业投资增速放缓，新产品支撑力不足，发展动力不足；企业精英人才缺乏，专业人才储备不足，人才支撑体系尚未建立起来；应收账款风险、合作经营风险、法律诉讼风险不同程度存在；体制机制不活、内生动力不足、思想僵化、管理粗放等问题依然存在；部分企业管理者驾驭市场经济的能力、专业知识、市场竞争意识有待提高；传统板块优先发展与行业市场新业态、新模式、新技术的要求还存在较大差距，新兴板块引领作用尚未发挥出来等。以黑龙江某医药集团为例，由于集团前期项目投资严重失误，不仅损伤当年现金流，而且每年产生大量折旧费用、房产税、土地使用税、闲置土地占用费、能源费用等，蚕食经济效益增量，成为发展的包袱。

（二）企业面临的困难和问题

从我们调研的情况看，企业降成本过程中面临的困难和风险主要可以归纳为以下几方面：

1. 国有老企业矛盾多，承担社会责任成本重

在内蒙古和黑龙江，国企的共性问题不同程度存在，包括体制机制不够灵活，组织结构不够合理，发展空间严重受损，部分业务产业集中度不高，自我发展能力不强等。而且，传统国有企业，人工成本占比大，职工平均工资低于社平

工资，进一步降低成本不现实。同时，退休人员成本大，取暖费、统外费等支出高，负担重。黑龙江国资委14户出资企业每年承担退休人员取暖费、统筹外等各种成本费用近4亿元，某煤炭集团承担着大量破产矿经费缺口，某油田承担着物业、公安、医疗、教育以及消防等企业办社会职能，现有职工23万余人，离退休人员11.23万人，有偿解除劳动合同人员1.8万人，退养家属3.58万人。2016年，大庆市在推进驻庆企业"三供一业"分离移交前期工作过程中遇到诸多问题：由于该市企业办社会规模大、业务杂，从业员工和服务受众数量多、诉求多，由此产生的体制结构矛盾、经营机制转换、富余人员安置、业务资产处置等矛盾问题诸多，企业自身难以解决，不仅需要地企双方积极协商，更需要上级部门给予大力支持。黑龙江某煤炭集团存在解决破产矿遗留问题和社保退管机构移交问题过程中，费用缺口严重，国家核定给该集团18个破产矿五项经费32.9亿元，但截止2015年末累计发生78.2亿元，超支45.3亿元。此外，该集团员工医疗、工伤、失业、生育等仍实行企业内部保险，并承担养老保险的经办业务，离退休人员管理仍由企业负责，虽已有政策明确2017年10月完成移交，但仍存在较大困难：一是企业欠缴巨额保险费用；二是当地政府采取提高费率的办法力求收支平衡，加重了企业缴费负担。

2. 税改后部分企业税负仍较重

黑龙江省国有企业中的一些煤矿、地方铁路、航运等老企业，固定资产比重高、回收周期长，而且固定资产多是在营改增之前增加，享受不到增值税进项税抵扣政策红利。内蒙古部分地方政府收取耕地占用费（14—30元/平方米）、土地使用税（3—9元/平方米）、房产税（房产总价×90%×1.2%）、城市土地使用税（2—4元/平方米）太高，土地使用税和房产税每年都收取，企业难以承受，尤其是资源型企业税率较高，改为计价征收后（煤炭价格的9%收取），税赋没有减少反而增加，企业反映较为强烈。

3. 企业对政策的了解不够

尽管地方政府相关部门制定了政策，也对国家和省、自治区的相关政策通过多种媒介、采取多种渠道进行了宣传和公开，但宣传深度和广度依然不够，存在企业对政策不了解等问题，尤其是部分中小微企业负责人对于相关政策不够了解，使有些惠企政策成为摆设，无法落到实处。

4. 企业融资困难的问题依然存在

对很多企业而言，贷款程序多、周期长、门槛高、融资贵等问题依然存在，尤其是民营企业、中小企业、季度性农畜产品加工企业和"三高"企业较为严重。由于这些企业抵押物评估率低、融资能力差，评估费、公证费、保险费、基准利率上浮等费用大大增加了企业负担，融资成本高达30%。

5. 制度性成本依然偏高

企业项目建设前置各种评价、评审、验收等手续复杂繁琐、费用高、企业难以承受。如环境评价、安全评价、水土保持、水资源论证、节能评估、环境监理、防雷防空等多种相关评价评审，每个都需要数万至数十万元，提高了企业建设成本，影响了企业建设进度。

6. 社会保险负担较重问题依然严重

内蒙古和黑龙江地方政府都针对企业五险中工伤保险、生育保险、失业保险都降低了费率，但养老、医疗两个额度较大的险种并未降低费率（费率的管理权限在中央），经测算，企业缴付五项保险的支出占企业人工成本的近40%，企业反映缴交负担较重，申请缓缴的情况较多。另外，"五险一金"以社会平均工资为基数缴费，社会平均工资逐年增长，也将工伤、生育、失业保险降低费率的政策效果抵消掉了，企业五项社会保险缴纳的保险费实际没有降低。

四、优化企业成本管理的政策建议

基于以上分析，我们从两方面提出了企业降本增效、激发动力活力、增强竞争力的政策建议：一方面是对政策环境改善的建议；另一方面是对企业完善自身管理体系，提高管理水平，改进管理效果的建议。

（一）从企业成本管理要求看宏观政策环境的改善

在我们调研的过程中，企业对政府政策、体制机制优化等方面的需求十分迫切。具体包括：

原材料、电力价格形成机制的优化与市场化。随着国家"去产能"政策的实施，煤炭价格上涨幅度大，能源价格随之上涨，企业原材料、能源成本支出急剧增加，企业成本压力增大。同时，企业用电价格存在体制机制不顺的问题，加快电力体制改革，采取市场手段降低用能成本也是企业的迫切需求。

政府有针对性地采取补贴性政策予以支持。近年来，随着环保工作不断深入和广泛地开展，很多公司环保投入逐年增加，企业的支出压力不断加大，企业希望政府政策适当倾斜，如对环保项目出台一定的优惠政策，给予补助或适当减少相关税费。对于国有企业，由于历史遗留问题多，企业也希望国家给予一定的政策倾斜，如出台退休人员深化管理的政策，把退休人员的社会保险和福利管理纳入社会化管理中，减轻企业负担。

区分国有企业功能予以政策支持。对国有企业细分功能，区别充分参与市场竞争、承担部分公益功能和全公益功能的类别，对承担部分公益功能的国有企业，可以考虑采取政府购买服务的方式给予补贴，保障企业的正常运转。

政策引导改善融资环境。拓宽基础设施的融资渠道，降低融资成本，吸引社会资本投入基础设施建设。政府推动改善地域性信用环境，创造宽松的融资环境，实质性降低融资成本。

（二）企业优化成本管理的措施

1. 通过内部价值管理降成本：基于企业价值链的成本管理

就企业而言，每种产品从其最初的原材料投入至到达最终消费者手中，要经过无数个相互联系的作业环节，这些环节称为作业链。作业链既是产品的生产过程，又是价值形成和增值的过程，从而形成价值链。企业内部可分解为许多单元价值链，每个价值链既会产生价值，也要消耗资源，进行价值链分析，可以确定单元价值链上的成本与效益。如果企业价值链上的所有活动的累计总成本小于竞争对手时，就具有了战略成本优势。企业基于价值链的成本管理就是围绕不同的战略目标进行价值作业之间的权衡、取舍，调整各价值链之间的关系，确定扬长避短的策略，争取成本优势，达到降成本的目标。运用价值链成本管理方法能够改变传统企业成本管理的僵化弊端，识别具有成长性但易被忽视的成本项目，从而找出降低成本的突破口。

企业价值链成本管理是基于企业对自身条件的认识和分析进行的，企业应当深入分析从投资立项、研究开发、设计到生产和销售的各个环节，收集、分析和利用价值链上各个环节的成本信息以支持价值链的构建和优化。价值链构建的本质是核心企业确定价值链空间跨度（业务范围），对企业内部流程进行重组，对流程中的各项作业进行优化设计，消除不增值作业，提高各项作业的价值增值程度。

2. 通过跨企业价值管理降成本：基于行业价值链的成本管理

与企业价值链成本管理相对应的，是行业价值链成本管理，也称供应链成本管理，即企业从行业角度，从战略的高度看待自己与供应商和经销商的关系，利用行业价值链优化降低成本的方法。构建行业价值链时，每一个企业均位于某行业价值链中的某一段，与上下游企业发生业务关联。基于行业价值链的成本管理是一种跨企业的成本管理，即在战略成本管理过程中，企业突破自身价值链的限制，把自己置于行业价值链中，从战略高度进行分析，判断是否可以利用上、下游价值链的统一优化进一步降低成本，或者调整企业在行业价值链中的位置及范围，以取得成本优势，降低供应链中的多余成本。

行业价值链成本管理的实质是一种基于企业上下游企业的联动成本管理机制，核心企业确定价值链空间跨度（业务范围）、选择战略合作伙伴，组建价值链联盟，并在必要时对战略合作伙伴关系进行动态调整，利用成本信息构建和优化价值链。

行业价值链成本管理的难度要远大于内部价值链成本管理，有效的行业价值链成本管理取决于以下要素的综合作用：企业整体的战略观念、公平竞争的市场、有序的法制环境、上下游企业间良好的信用、顺畅的信息沟通渠道以及高效数据处理系统等。从东北地区现在的情况看，产业链短、且多处于上游是制约很多大型企业发展的一个重要因素，即使能够做好内部价值链成本管理，"独善其身"，也很难在国内外竞争环境中保持长久的竞争力，只有实现上下游企业核心业务的整合，降低企业间交易成本，才能够增加抵御风险的能力。因此，我们认为，注重打造推行行业价值链成本管理的外部环境，促进地区内企业之间、与地区外企业之间的业务联合，是激发企业经营活力、创造力的重要改革方向。

3. 通过经营周期的动态拓展降成本：基于生命周期战略的成本管理

生命周期理论认为，任何产品从导入市场到最终退出市场都是一个有限的生命周期，这个周期可以分为导入期、成长期、成熟期和衰退期。在不同的阶段，企业会面临不同的机会和挑战，采取不同的阶段性策略。

基于产品生命周期战略的企业战略成本管理体现了动态的、纵向的企业成本管理理念：在导入期和成长期，企业以提高市场份额为战略目标，可加大成本投入，并牺牲一部分短期收益和现金流量；在成熟期，以巩固现有市场份额和维持现有竞争地位为战略目标，重视和保持低成本，实现大量现金流入；在衰退期，以预期收益和现金流量最大化为战略目标，进一步降低成本。

当前，基于产品生命周期战略的企业战略成本管理已经较为普遍，对于内蒙古、黑龙江的企业来讲，应当更多关注产品取得阶段和产品处置阶段的成本管理，这主要包括两层含义：一是确保企业转型、产品升级换代基本战略的正确性和可行性，选准产品发展方向，集中力量投入研发费用，通过增量投入实现企业升级转型；二是具体分析企业现有设备及产能，在合理预判未来市场的走向及企业发展方向的前提下，主动"降产能"，把不符合产业升级趋势的相关设备、人员纳入处置过程。

4. 通过增收入降成本：企业基于定价权的策略

定价策略是企业在充分考虑影响企业定价的内外部因素的基础上，为达到企业预定的经营目标而采取的价格策略。商品和服务的价格形式不仅受价值、成本和市场供求关系的影响，还受市场竞争程度和市场结构的制约。企业基于产品定价权进行战略规划，通过制定适当的产品价格，最大化企业利益，提高利润空间，达到通过提高收入降成本的目标。企业有多种定价策略，但最佳的方式是通过创新提升产品技术含量，通过高品质创造高附加值，从而获得产品市场定价的主导权，为企业创造较大的利润空间。

5. 通过精益化管理降成本：企业内部管理机制的优化

企业精益化管理是全方位的管理优化，包含一整套的制度、方法、组织、流程和信息交流机制。具体包括：建立健全降成本工作协调机制，加快实施转型升级降成本专项行动；建立健全成本管理体系，实行低成本领先战略，提升企业价值创造能力；努力探索成本管理工具、方法、成效性，借助信息技术加大成本管理力度，精确控制成本，真正将成本管理嵌入到价值链的各个环节，全方位降低成本，提高企业整体盈利能力；建立企业成本监测预警机制，提高降成本措施的可操作性和落地率；国家在出台减税、降费等政策举措后，企业应加强学习，学好用足政策，加快实现提质增效、可持续发展概念转变，提高核心竞争力。

此外，企业还有应当通过创新经营手段，全面开展提质增效，围绕加强创新驱动、加快转型升级、不断提高内部管理质量和效率；通过科学制定采购、生产计划、合理安排采购、生产进度、科学调度、综合平衡库存、努力减少流动资金占用、研究材料价格趋势、结合期货价格采取主动措施平抑价格波动等措施降低生产成本；通过密切关注资金变化，通过资金集中管理调剂余缺，充分利用直接融资等方式降低资金成本；通过积极引进、培养技术人才和管理人才，充分发挥人力资本的作用，促进研发成果的形成和转化，提升企业核心竞争力，实现降本增效。

中国财政科学研究院"降成本"东北调研组
组长：刘尚希
成员：韩晓明　张立承　程　瑜　施文泼　景婉博
执笔：韩晓明

2017年"降成本"中部调研组报告

关于河南、江西、湖南降低实体经济企业成本的情况调研

2016年8月国务院印发《降低实体经济企业成本工作方案》，开展降低实体经济企业成本工作，是党中央、国务院为有效缓解实体经济企业困难、助推企业转型升级做出的重要决策部署，对有效应对当前经济下行压力、增强经济可持续发展能力具有重要意义。为了贯彻落实中央经济工作会议精神，了解实体经济企业现实状况和需求，考察《降低实体经济企业成本工作方案》的实施情况及政策效果，中国财政科学研究院中部调研组分赴河南、江西和湖南三省，针对供给侧结构性改革任务中的"降成本"问题进行实地调研。现将有关情况汇总如下：

一、河南、江西和湖南三省整体经济情况

（一）宏观层面

1. 经济增速持续低迷

经济危机爆发以来，全球经济持续低迷，国际市场需求疲软，国内经济结束两位数增长，进入"中高速"阶段。总需求低迷和产能过剩并存的格局难以出现根本改变，经济运行将长期处于"L"型走势。在此经济"新常态"下，中部三省GDP增速持续下滑，自2014年起，三省GDP增速进入个位数时代。近三年，河南、江西、湖南三省GDP增速分别下降0.8、0.7和1.6个百分点，其中，2016年湖南省经济增速低于8%。2017年一季度，河南、江西经济开局平

稳、稳中有进。其中，江西主要经济指标增幅继续保持在全国"第一方阵"，实现"开门红"。湖南省经济运行总体良好，进入4月份后部分指标出现回落（见表1）。

表1　　　　　　　2012—2017年一季度中部三省GDP增速

年份	河南		江西		湖南	
	GDP（亿元）	增速	GDP（亿元）	增速	GDP（亿元）	增速
2012	29810.1	10.1%	12948.5	11.0%	22154.2	11.3%
2013	32155.9	9.0%	14338.5	10.1%	24501.7	10.1%
2014	34939.4	8.9%	15708.6	9.7%	27048.5	9.5%
2015	37010.3	8.3%	16723.8	9.1%	29047.2	8.6%
2016	40160.0	8.1%	18364.4	9.0%	31244.7	7.9%
2017（1—3月）	9392.2	8.0%	4318.6	9.0%	7051.11	7.4%

资料来源：根据三省统计局发布《国民经济和社会发展统计公报》整理。

2. 工业经济效益继续下滑

工业是中部三省经济的重中之重，随着整体市场需求持续走弱，近年来，河南、江西、湖南三省规模以上工业企业增速持续下滑。2016年数据表明，三省规模以上工业企业增速小幅震荡，但总体平稳，江西省全年平均增速9%，河南、湖南分别为8%和7%，江西省规模以上工业企业整体情况优于其他两省。进入2017年一季度，河南全省规模以上工业增加值增长8.0%，增速同比提高0.3个百分点，与去年全年持平，高于全国1.2个百分点。江西规模以上工业增加值1850.6亿元，按可比价格计算，同比增长9.1%，增速比去年全年提高0.1个百分点，高于全国2.3个百分点。湖南全省规模工业增加值同比增长7.3%，增速较上年同期加快1.1个百分点，较上年全年加快0.4个百分点；其中，3月份增加值同比增长8.6%，比1—2月加快2.3个百分点。从上年一季度以来的历月增加值增速看，2016年3月份和1—3月的增速均创最高水平（见图1）。

3. 财政收入增长由中高速转向低速

2012—2016年，河南全省财政总收入分别比上年增长15.1%、12.3%、11%、8.1%、5.6%，整体下降了9.5个百分点。全省一般公共预算收入分别比上年增长18.5%、18.3%、13.4%、9.9%、8%，整体下滑10.5%。江西、湖南财政总收入也分别下滑20.4%、20.2%；一般公共预算收入下降30.7%和9.8%。值得关注的是，江西省一般公共收入在2016年出现负增长。

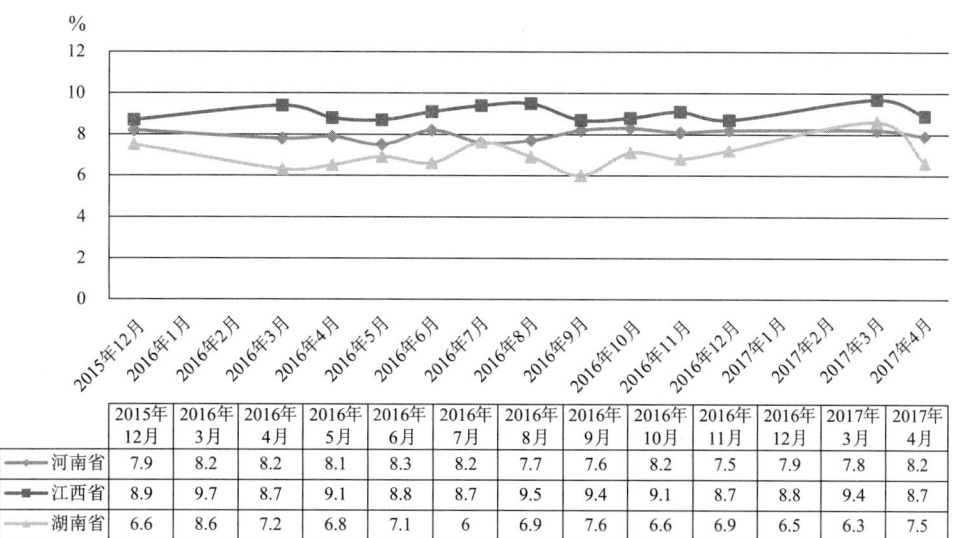

图 1　2015—2017 年一季度中部三省规模以上工业增加值月同比增速

资料来源：根据三省统计局发布《国民经济和社会发展统计公报》整理。

进入 2017 年一季度，河南、江西省财政总收入增长 11.6%，连续三个月保持两位数增长。1—4 月，湖南省完成一般公共预算收入 1599.87 亿元，同比增长 10.37%，其中，地方收入 965.79 亿元，同口径增长 13.53%（剔除"营改增"收入划分体制调整因素）。从趋势来看，前 4 月湖南省财政收入累计分别增长 15.74%、10.64%、12.54% 和 10.37%，总体呈回落态势（见表 2、表 3）。

表 2　2012—2017 年一季度中部三省财政总收入规模及增速

年份	河南		江西		湖南	
	财政总收入（亿元）	增速	财政总收入（亿元）	增速	财政总收入（亿元）	增速
2012	3282.8	15.1%	2046	24.4%	2931.8	16.2%
2013	3686.8	12.3%	2357.1	15.2%	3307.3	12.6%
2014	4094.8	11.0%	2680.5	13.7%	3629.7	9.5%
2015	4427.0	8.1%	3021.5	12.7%	4008.1	10.2%
2016	4707.0	5.6%	3143	4.0%	4252.1	6.0%
2017（1—3 月）	958.9	11.6%	958.9	11.6%	1219.96	12.5%

资料来源：根据三省统计局发布《国民经济和社会发展统计公报》整理。

表3　2012—2017年一季度中部三省一般公共收入规模及增速

年份	河南		江西		湖南	
	一般公共预算收入（亿元）	增速	一般公共预算收入（亿元）	增速	一般公共预算收入（亿元）	增速
2012	2040.6	18.5%	1371.9	30.2%	1776	17.1%
2013	2413.1	18.3%	1620.2	18.2%	2023.6	13.5%
2014	2738.5	13.4%	1881.5	16.1%	2259.9	11.3%
2015	3009.7	9.9%	2165.5	15.1%	2513.1	11.1
2016	3153.5	8.0%	2151.4	-0.7%	2697.9	7.3
2017（1—3月）	632.7	0.3%	632.7	0.3%	746.36	8.4%

资料来源：根据三省统计局发布《国民经济和社会发展统计公报》整理。

4. 财政收入结构不合理

从财政收入总体结构来看，税收收入比重整体下降，非税收入比重上升。2012—2016年，河南、江西、湖南三省税收收入占一般公共预算收入的比重分别下降3.6%、2.3%和5.04%。其中，湖南省税收收入占一般公共预算收入的比重，相较于河南、江西而言，基数低，下降快（见表4）。

表4　2012—2017年第一季度中部三省一般公共预算收入结构

年份	河南		江西		湖南	
	税收收入占比	非税收入占比	税收收入占比	非税收入占比	税收收入占比	非税收入占比
2012	72.0%	28.0%	80.7%	19.3%	62.54%	37.46%
2013	73.0%	27.0%	81.2%	18.8%	64.13%	35.87%
2014	71.2%	28.8%	81.3%	18.7%	63.64%	36.36%
2015	69.8%	30.2%	78.5%	21.5%	60.73%	39.27%
2016	68.4%	31.6%	78.4%	21.6%	57.50%	42.50%
2017（1—3月）	76.2%	23.8%	76.2%	23.8%	—	—

资料来源：根据三省年度财政预算执行情况、统计局发布《国民经济和社会发展统计公报》整理。

河南全省全年地方财政总收入4706.96亿元，一般公共预算收入3153.45亿元，增长8.0%，其中税收收入2158.39亿元，增长8.9%，占一般公共预算收入的68.4%。

江西全省税收收入1471.1亿元，下降3%。其中：增值税（含改征增值税）

378.8亿元，增长57.4%，营业税282.9亿元，下降43.2%，增值税增长较快，营业税下降较多，主要是2016年5月1日起全面推开"营改增"试点，且中央与地方增值税收入划分比例由75%：25%改为50%：50%；企业所得税166.2亿元，增长5.7%；个人所得税49.8亿元，增长17.4%；契税和耕地占用税226.3亿元，增长1.7%；其他税收收入367亿元，增长3.2%。非税收入680.4亿元，增长4.9%。

湖南全省税收收入3105.5亿元，同比增长2.7%；纳入一般公共预算的非税收入1146.6亿元，增长16.1%，剔除按中央规定转列一般公共预算的5项政府性基金31亿元后增长12.9%。受税收增速下滑影响，非税收入占地方收入的比重有所提高，为42.5%，剔除政府性基金转列因素后为41.8%。主体税种中，增值税和营业税合计1229.9亿元，增长4.9%，在"营改增"减税背景下依然实现一定增长，主要是5月1日改革全面推开前，各级普遍加大了营业税的清缴力度；消费税632.7亿元，下降4.6%，企业所得税431.4亿元，增长2%。

5. 财政收支矛盾尖锐

在经济整体下滑的大环境下，财政收入增速减缓，征收难度不断加大，部分支出结构固化，加剧了财政收支矛盾。中部三省当前在推动供给侧结构性改革，促进结构调整和转型升级、落实积极的财政政策，调整收入分配、发展教育事业、提高养老保险和城乡低保、提高新农合和城镇居民医保财政补助水平、落实强农富农政策，支持补齐农业农村短板，修建保障性住房、保障和改善民生等方面，需要大量财政资金投入，加上加快产业机构调整和转型升级，推进重大基础设施项目建设，偿还到期地方政府性债务等，财政收支矛盾日趋尖锐。2015—2016年，中部三省一般公共预算收入和公共预算支出增长率均下降，但公共预算支出增速大于公共预算收入增速（见表5）。

表5 2015—2016年中部三省一般公共预算支出和一般公共预算收入增速对比

省份	2015年			2016年		
	公共预算支出（亿元）	公共预算支出增长（%）	公共预算收入增长（%）	公共预算支出（亿元）	公共预算支出增长（%）	公共预算收入增长（%）
河南	6806.5	12.9	9.9	7456.6	9.4	8
江西	4419.9	13.8	15.1	4619.5	4.7	-0.7
湖南	5684.5	13.3	11.1	6337	10.6	6

资料来源：根据三省统计局发布《国民经济和社会发展统计公报》整理。

(二) 中观层面

通过对中部地区三省经济增速、工业经济效益、财政收支等方面的统计数据分析,在宏观层面对三省的整体经济运行情况有了初步的了解。进一步的,从产业层面对中部三省的经济结构进行细化和考察。

1. 河南产业结构不断优化

从产业层面上看,2012—2016 年间,河南省第一产业增速下降 0.3 个百分点,第二产业增速下降 4.2 个百分点,第三产业增速上升 0.7 个百分点。其中,2016 年第一产业增加值 4286.30 亿元,增长 4.2%;第二产业增加值 19055.44 亿元,增长 7.5%;第三产业增加值 16818.27 亿元,增长 9.9%;三次产业结构为 10.7∶47.4∶41.9。纵观近五年三次产业结构的比例,第一产业比重略有下降,第二产业比重大幅减少,第三产业的比重显著提高 11.2%(见表 6)。

表 6　　　　　　　　2012—2017 年一季度河南各产业增速

年份	第一产业 增加值（亿元）	增速	第二产业 增加值（亿元）	增速	第三产业 增加值（亿元）	增速	三次产业结构
2012	3772.3	4.5%	17020	11.7%	9017.6	9.2%	12.7∶57.1∶30.2
2013	4059.0	4.3%	17806	10.0%	10290	8.8%	12.6∶55.4∶32.0
2014	4160.8	4.1%	17903	9.6%	12876	9.4%	11.9∶51.2∶36.9
2015	4209.6	4.4%	18189	8.0%	14611	10.5%	11.4∶49.1∶39.5
2016	4286.3	4.2%	19055	7.5%	16818	9.9%	10.7∶47.4∶41.9
2017（1—3月）	634.7	3.8%	4729.7	7.1%	4027.9	9.9%	6.7∶50.4∶42.9

资料来源:根据河南省统计局发布《国民经济和社会发展统计公报》整理。

2. 江西产业结构转型增速

江西省近五年第一产业增速下降 0.5%,第二产业增速下降 4.6 个百分点,第三产业增速上升 2.5 个百分点,其中,近两年江西省第三产业增速均保持两位数增长。2016 年产业结构更趋协调,第三产业增加值增长 11.0%,比上年加快 0.9 个百分点,比一季度、上半年、前三季度分别加快 0.8、0.5 和 0.5 个百分点,占 GDP 的比重比上年提高 1.3 个百分点,对 GDP 增长的贡献率达 47.8%,比上年提高 12.3 个百分点,与 2012 年相比,第三产业在三产总的比重提高 5.9%(见表 7)。

表7　　　　　　　2012—2017年一季度江西各产业增速

年份	第一产业		第二产业		第三产业		三次产业结构
	增加值（亿元）	增速	增加值（亿元）	增速	增加值（亿元）	增速	
2012	1520.2	4.6%	6967.5	13.1%	4460.8	9.5%	11.7:53.8:34.5
2013	1636.5	4.6%	7671.4	11.7%	5030.6	9.1%	11.4:53.5:35.1
2014	1683.7	4.7%	8388.3	11.1%	5366.6	8.8%	10.7:53.4:35.9
2015	1773.0	3.9%	8487.3	9.4%	6463.5	10.0%	10.6:50.8:38.6
2016	1904.5	4.1%	9032.1	8.5%	7427.8	11.0%	10.4:49.2:40.4
2017（1—3月）	285.7	4.1%	2248.3	8.4%	1784.6	10.7%	6.6:52.1:41.3

资料来源：根据江西省统计局发布《国民经济和社会发展统计公报》整理。

3. 湖南产业结构好中趋优

与河南、江西两省相比，湖南省第三产业在三产中的比重一直处于领先位置。2012—2015年间，第三产业的比重从39%上升到46.3%，具有明显的结构性优势。分析近五年各产业的增速变化不难看出，湖南省第一产业增速略有上升，第二产业增速下降了近一半，第三产业增速持续五年实现两位数增长。2016年第一、二、三产业对经济增长的贡献率分别为4.8%、37.0%和58.2%，第三产业贡献率比上年提高4.3个百分点（见表8）。

表8　　　　　　　2012—2017年一季度湖南各产业增速

年份	第一产业		第二产业		第三产业		三次产业结构
	增加值（亿元）	增速	增加值（亿元）	增速	增加值（亿元）	增速	
2012	3004.2	3.0%	10506	12.8%	8643.6	12.2%	13.6:47.4:39.0
2013	3099.2	2.8%	11517	10.9%	9885.1	11.4%	12.7:47.0:40.3
2014	3148.8	4.5%	12482	9.3%	11418	11.1%	11.6:46.2:42.2
2015	3331.6	3.6%	12955	7.4%	12760	11.2%	11.5:44.6:43.9
2016	3578.4	3.3%	13181	6.6%	14485	10.5%	11.5:42.2:46.3
2017（1—3月）	495.0	7.4%	2959.5	6.6%	3596.6	8.8%	7.0:42.0:51.0

资料来源：根据湖南省统计局发布《国民经济和社会发展统计公报》整理。

（三）微观层面

宏观经济的整体情况，是微观企业的集中反映，而微观企业的表现，构成了宏观经济政策制定和执行的基础。规模以上工业企业是一省经济的重要支柱,是财政收入的重要来源,对于中部三省整体经济情况的考察,最终落脚到企业层面,是对宏观经济整体运行分析的细化与聚焦。

1. 河南规模以上工业企业总体情况

近五年,河南省规模以上工业企业的数量稳步攀升,资产负债率维持在47%上下波动,利息支出不断增加,企业毛利率五年累积下滑2.45%。至2015年,全省范围内亏损企业数量增多,亏损企业占总企业数的比重从4.44%上升到5.06%,平均每个亏损企业年亏损3800万元(见表9)。

表9　　　　　　2012—2016年河南省规模以上工业企业总体数据

指标	2012年	2013年	2014年	2015年	2016年
企业单位数(个)	19237	20573	21748	22892	—
亏损企业单位数(个)	854	940	1031	1158	—
企业资产总计(亿元)	35174.81	43431.82	50540.15	55710.97	59165.50
企业负债合计(亿元)	18087.58	21050.58	23717.27	26189.58	28132.47
企业主营业务收入(亿元)	52276.38	59975.16	68037.47	73365.96	79195.7
企业主营业务成本(亿元)	44546.45	51549.68	58959.69	63992.81	69430.08
企业利息支出(亿元)	582.61	619.7	683.15	700.5	—
企业营业利润(亿元)	3998.42	4520.71	4928.83	4917.87	—
企业利润总额(亿元)	4016.39	4543.07	4946.19	4900.6	5174.14
亏损企业亏损总额(亿元)	280.14	251.07	285.45	444.67	—

资料来源:国家统计局、河南省统计局《国民经济和社会发展统计公报》整理。

2016年全省规模以上工业企业资产总计59165.50亿元,同比增长8.0%;负债合计28132.47亿元,增长10.2%;资产负债率47.5%。实现主营业务收入79195.70亿元,同比增长7.9%;发生主营业务成本69430.08亿元,增长8.1%。实现利润总额5174.14亿元,同比增长6.4%,增速较上年同期加快6.5个百分点,居全国第8位。全省工业企业主营业务收入利润率6.53%,每百元主营业务收入中的成本87.67元,每百元资产实现的主营业务收入146.4元,人均主营业务收入113.3万元。产成品存货1678.36亿元,同比增长4.4%,存货周转天数8天;企业应收账款5745.29亿元,同比增长15.4%,应收账款平均回收期23.3天。

2. 江西规模以上工业企业总体情况

2012—2016年间,江西规模以上工业企业增加2889家,企业资产负债率持续降低,毛利率逐年下降。至2015年底,累积下滑1.47个百分点。企业支出利息上涨14.65%。2016全年规模以上工业企业实现主营业务收入35518.7亿元,同比提高4.3个百分点、比上年增长8.6%;实现利润总额2399.4亿元,增长11.9%,同比大幅提高9.5个百分点。主营业务收入超百亿元的企业13户。2016年末,规模以上工业产成品存货合计863.4亿元,增长7.8%,同比回落3.6个百分点。产成品存货周转天数为8.7天,下降0.1天,资金压力得到一定程度缓解。2016年,亏损企业共563户,较上年减少243户,亏损企业占比5.57%,数量明显下降。从亏损额看,企业亏损总额为71.8亿元,增长11.9%,亏损企业平均年亏损额1275万元(见表10)。

表10　2012—2016年江西省规模以上工业企业总体数据

指标	2012年	2013年	2014年	2015年	2016年
企业单位数(个)	7217	8126	8996	9941	10106
亏损企业单位数(个)	516	528	599	806	563
企业资产总计(亿元)	11967.66	14057.87	16061.44	19217.51	—
企业负债合计(亿元)	6653.96	7662.16	8403.6	9599.03	—
企业主营业务收入(亿元)	22533.38	27035.11	31077.54	32954.82	35518.7
企业主营业务成本(亿元)	19500.87	23502.37	27270.11	29005.57	—
企业利息支出(亿元)	162.36	181.28	198.63	186.15	—
企业营业利润(亿元)	1500.02	1816.53	2124.51	2071.25	—
企业利润总额(亿元)	1506.51	1802.24	2130.41	2114.65	2399.4
亏损企业亏损总额(亿元)	66.51	69.92	46.49	64.16	71.8

资料来源:国家统计局、江西省统计局《国民经济和社会发展统计公报》整理。

进入2017年一季度,江西规模以上工业企业发展环境持续优化,完成主营业务收入8433.0亿元,增长17.4%,实现利润总额501.1亿元,增长18.9%,主营业务收入利润率5.9%,较上年同期提升0.1个百分点。企业利息支出继续回落。一季度,全省规模以上工业企业利息支出37.5亿元,下降4.7%。

3. 湖南规模以上工业企业总体情况

2012年以来,湖南省规模以上工业企业数量小幅增加,资产负债率维持在52%—55%之间,企业利息支出缓慢增长。盈亏方面,受宏观经济形势影响,规模以上企业毛利率从20.19%下滑至15.56%。亏损企业数量小幅上涨,到2015年底,亏损企业占总企业数分别为5.65%、5.31%、6.00%、6.75%。2015年亏损企业平均年亏损1969万元(见表11)。

表 11　　2012—2016 年湖南省规模以上工业企业总体数据

指标	2012 年	2013 年	2014 年	2015 年	2016 年
企业单位数（个）	12785	13598	13723	13992	—
亏损企业单位数（个）	722	722	824	944	—
企业资产总计（亿元）	17784.25	20050.53	22025.57	23575.75	—
企业负债合计（亿元）	9821.07	11082.18	11688.15	12240.94	—
企业主营业务收入（亿元）	27823.31	31854.65	33489.43	35410.45	37686.47
企业主营业务成本（亿元）	22205.58	25797.74	27737.94	28807.96	31823.09
企业利息支出（亿元）	307.38	332.63	368.04	376.71	—
企业营业利润（亿元）	1942.34	2115.46	1765.92	1868.56	—
企业利润总额（亿元）	1790.96	2047.87	1688.3	1808.7	—
亏损企业亏损总额（亿元）	125.66	66.44	117.55	185.89	—

资料来源：国家统计局、湖南省统计局《国民经济和社会发展统计公报》整理。

2016 年以来，随着工业品价格环比总体波动上涨、同比下跌幅度收窄，以及降低实体经济企业成本等政策举措实施效果的显现，企业盈利状况整体有所好转。盈亏相抵后，2016 年全省规模工业企业累计实现利润 1620.52 亿元，增长 4.5%，较上年增幅提升 4.2 个百分点，全年基本呈现震荡上行，年末回落的态势。每百元主营业务收入中的成本为 84.44 元，主营业务收入利润率为 4.30%。

二、调研地区降成本的政策措施及取得的成效

（一）调研地区降成本的政策措施

1. 降低企业税费负担的政策措施

在降低企业税收负担上，江西省先后提出落实 13 项税收优惠政策，河南省提出落实 7 项税收优惠政策。两省落实的税收优惠政策都包括国家规定的全面营改增、高新技术企业、研发费用加计扣除、小微企业、固定资产加速折旧、企业兼并重组等税收优惠政策，但也有所区别。如河南省提出扩大全省农产品增值税进项税额核定扣除试点行业范围；江西省提出降低企业二手设备交易税费成本、降低房地产企业的土地增值税负担、对困难企业实行税费缓收政策。在内容上，两省提出的落实税收优惠政策都多于国发〔2016〕48 号文中营改增、研发费用

扣除的内容。湖南省 2016 年在贯彻落实国家降税政策的基础上，在其颁布的《2017 年降低实体经济企业成本实施方案》进一步明确提出，全面落实高新技术企业税收优惠、企业研发费加计扣除政策、固定资产加速折旧所得税政策、支持企业兼并重组税收优惠政策、小微企业税收优惠政策等税收优惠政策；对符合产业政策、有较好发展前景、一时遇到较大困难的企业，依法依规实行税费缓收政策等。

在降低收费负担上，两省都根据国家要求提出了降低涉企收费，包括清理规范行政事业性收费和政府性基金，为了落实中央规定的取消行政事业性收费和清理政府性基金等，河南省专门出台《推进供给侧结构性改革降成本专项行动方案》，从税负、用电、融资、社会保险、资源使用、行政费用、物流费用、出口通关、中介费用、检验检测等 10 大领域制定实施 50 条政策措施，其中专门就降低和规范企业通关、中介费用、检验检测成本方面的相关费用进行了明确。江西省政府印发了《关于降低企业成本优化发展环境的若干意见》，提出了 80 条具体政策措施，其中专门提出暂停对企业征收防洪保安资金（地方政府性基金）、清理规范涉企经营服务性收费项目、社会团体收费，三年内免收探矿权使用费和土地出让金改征国有资本金等收费政策。湖南省于 2016 年 4 月和 8 月分别出台《降低实体经济企业成本工作方案》和《关于进一步降低实体经济企业综合成本实施方案》，其中 8 月份出台的方案降低了 17 项涉企行政事业性收费和经营服务性收费，同时清理了各类电子政务平台收费。

2. 降低企业融资成本的政策措施

在降低企业融资成本方面，河南省出台了包括降低贷款中间环节成本、清理纠正金融服务不合理收费、降低小微企业融资成本、降低外贸企业收汇融资风险、降低企业融资租赁成本、加强银担合作和畅通企业多元化融资渠道 7 条政策。江西省出台了 13 条降低企业融资成本的政策，包括：建立财政性资源与信贷政策挂钩的激励机制；督导银行业金融机构优化企业贷款流程；鼓励银行业金融机构提供信用贷款等融资服务；完善财园信贷通、财政惠农信贷通等政府、银行、企业合作长效机制；加大对小微企业、三农等薄弱环节和重点领域的信贷支持；对县城、乡镇、贫困地区的金融机构管理开辟绿色通道、对不良贷款比率实行差异化考核；支持民间资本发起设立相关金融机构；扩大企业融资渠道；建立健全省、市、县三级政府出资的融资担保机构；加大银行业收费清理工作督查力度、规范企业融资过程中的中介机构收费行为；推广"无间贷款"、"连连贷"等业务模式；扩大抵（质）押资产范围等。湖南省 2016 年在相关政策文件中明确提出,畅通信贷资金向实体经济融通机制,降低贷款中间环节成本;加大银行中间业务等收费清理整顿力度,取消不合理收费;加快发展本土特色中小金融机构,引导金融机构增设分支机构和营业网点;完善政策性融资担保体系,加快发展直接融资,拓宽企业融资渠道;健全覆盖全省的政策性融资担保体系,省财政视各地"财银保"等政策性融资担保体系与金融联动工作机制推进情况和服务中小微企业、创新创业型企业的实效,给予适当奖励等。

3. 降低企业人工成本的政策措施

河南省主要着眼于降低社会保险费成本,包括优化社保险种结构、阶段性降低社会保险费率、降低住房公积金缴存比例、继续实施失业保险稳岗补贴政策和允许困难企业暂缓缴纳社会保险费,以及完善最低工资标准调整和农民工工资保证金制度等7条政策,进一步降低企业人工成本。江西省也提出了7条降低企业人工成本的政策措施,除了阶段性降低社会保险费、阶段性适当降低住房公积金缴存比例等政策外,还涉及职工教育经费支出的企业所得税和引进海外高层次人才的资助政策等。湖南省则在贯彻落实国家降低社保缴费率和缴费基数政策的基础上出台了多项降低人工成本的措施,包括对符合条件的困难企业,经批准可以缓缴基本养老保险费,缓缴期限一般不超过一年,经省人民政府批准可适当延长,缓缴期间,免收滞纳金,记录个人权益;积极研究探索增强劳动力市场灵活性,支持企业根据经营实际采用多种用工形式;对采取有效措施稳定职工队伍的用人单位给予稳岗补贴,"三类企业"由失业保险基金按照不超过用人单位上年度缴费总额的50%给予补贴,其他用人单位按照不超过上年度缴费总额的40%给予补贴。同时提出"大力推进户籍制度和事业单位改革,加快形成统一开发、竞争有序的劳动力市场体系;将外来务工人员纳入当地教育、基本医疗卫生等公共服务覆盖范围,降低劳动力自由流动的成本;根据产业发展和市场需求,提高劳动者的技能水平和就业能力,破解结构性缺工矛盾等"。

4. 降低企业用能用地成本的政策措施

在降低用能用地成本方面,河南省重点制定了降低企业用电价格、全面实行电力直接交易、简化企业用电程序和深化电力体制改革等降低用电成本的4条政策,同时针对土地等资源制定了降低用地成本、降低用气成本、实施资源税改革、降低资源使用收费等5条降低资源使用成本的政策措施。江西省制定了有关降低用成本的7条政策,降低用地成本的4条政策,以及涉及矿业企业的1条政策,主要包括完善两部制电价用户基本电价执行方式,放宽基本电价计费方式变更周期,基本电价按变压器容量或最大需量计费,由用户选择;放宽减容(暂停）期限限制，减容（暂停）设备自设备加封之日起，减容（暂停）部分免收基本电费；简化企业用户电力增容、减容、暂停、变更等办理手续，缩短办理时限；开展大用户优化用电服务，免费为企业提供优化用电建议书，合理配置变压器容量等。湖南省则要求通过利用扩大大用户直供电规模及范围、购进省外低价电等市场手段降低电价，停征大工业用户城市公用事业附加费，降低水电上网电价，实行过渡电价政策等；推进电力、天然气等领域改革，非居民用气大户的天然气价格在国家政策核定的价格基础上实行下浮，下浮幅度由双方协商确定；新增非居民用户管道燃气庭院管网设施建设费中包含的主干管网设施建设费在现有基础上降低30%；完善煤电价格联动机制和峰谷电价政策，合理降低一般工商业、中小微企业用电价格；推进电力直接交易，扩大市场化交易比例；简化增容、减容、暂停、变更用电等办理手续，缩短办理时限。同时出台允许招拍挂后采用分阶段出让，鼓励采取长期租赁、先租后让、租让结合等出让方式；保障物流企业用地需求，科学合理确定物流用地容积率等进一步降低用地成本的政策措施。

5. 降低企业物流成本的政策措施

在降低企业物流成本上，河南省制定了降低物流企业成本、降低交通运输收费、完善城市配送车辆管理政策和降低铁路运输成本4个方面的政策措施。江西省制定了11条降低企业物流成本的政策，其中包括允许物流企业各地分支机构在省内汇总缴纳增值税、省内异地开具增值税专用发票、降低省内货运车辆保险费等政策。两地的政策各有侧重点。湖南省在落实国家增加物流企业增值税可抵扣项目等政策基础上，对港口、机场、铁路经营性收费项目及物流车辆超载、违章等处罚标准和执法行为进行了全面规范，禁止指定经营、强制服务、强行收费行为；发展多式联运，加强信息资源共享，降低运输车辆空驶率；缩短超大超限关键设备道路运输审批时间；合理减少配送车辆进城限制，优化城市配送车辆通行管理、停靠管理等。另外为进一步降低货运车辆通行费用，从2016年10月1日起，全省对使用"湘通储值卡"结算的合法装载货运车辆，享受车辆通行费九折优惠，时限暂定一年等。

6. 降低制度性交易成本的政策措施

国发〔2016〕48号文中提出的降低制度性交易成本主要包括：打破地域分割和行业垄断，加强公平竞争市场环境建设；深化"放管服"改革，为企业创造更好的营商环境；加快社会信用体系建设，加强知识产权保护；提升贸易便利化水平，合理降低服务收费标准；加快剥离国有企业办社会职能和解决历史遗留问题,减轻企业负担。在这4个方面的内容中,地方主要是从推进行政审批广告、降低行政费用成本、降低中介机构收费等着手降低制度性交易成本。河南省降低制度性交易成本的政策涉及到降低行政费用成本、降低中介费用成本、降低企业通关成本和降低检验检测成本等方面。江西省降低制度性交易成本的政策主要体现在优化发展环境上,包括提高行政服务效率、完善市场监管体系、打造良好营商环境。其后,又补充了提升贸易便利化水平等方面的政策措施。湖南省则从进一步降低涉企行政事业性收费(四大类)、降低涉企经营服务性收费(六大类)、清理规范行政审批中介服务和推进行业协会商会脱钩、清理电子政务平台收费等方面出台了相关的降低制度性交易成本的政策措施。相对而言,河南省、湖南省的政策措施较为明确,直接针对制度性交易成本中的几类主要成本,而江西省的政策措施范围更为全面,是从优化发展环境的角度来设计政策措施。

7. 其他降成本政策措施

江西省在优化发展环境的政策措施上,专门出台了《关于进一步降低企业成本优化发展环境的若干政策措施》,提出了在上述六大领域成本之外的部分降成本政策措施。一是10条降低企业财务成本的政策措施,这与国发〔2016〕48号文中提出的提高企业资金周转效率的要求是一致的。二是支持企业内部挖潜的4条政策措施。三是帮助企业开拓市场的4条政策措施。四是健全企业守信联合激励和失信联合惩罚制度的政策措施,比如对获得县级以上"守合同重信用"公示资格的企业,在政府采购、工程招投标、投融资、土地出让、荣誉授予、行政许可、资质审核等方面,同等条件下予以优先;限制相关失信主体参与政府采购活动等。湖南省也提出了完善鼓励、支持企业技术创新和转型升级政策;引导企业通过管理创新、技术创新,精益生产降低成本;加快推进"互联网+"行动,利用现代信息技术等手段实现企业内部管理升级,创新企业营销模式等鼓励企业内部挖潜的政策措施。

(二) 调研地区降成本取得的成效

降低企业成本、减轻企业负担,是深入推进供给侧结构性改革、加快振兴实体经济的重要内容。从全国来看,降成本作为2016年的五大任务之一取得了显著成效。营改增试点全面推开,全年减税超5000亿元。而除了税收之外,企业生产经营过程中的其他成本,也正在一些地方加速降低。降成本直接关系到企业的经营成本,更成为推动供给侧结构性改革、强化实体经济竞争力的重要手段。各级政府正努力找准痛点、克服难点,加大涉企收费清理工作检查力度,确保清费政策落到实处，立足降本增效，激发实体经济活力。从降成本政策的实际执行看，调研地区的降成本政策大都得到了各地各部门的贯彻实施，取得了较好的成效，为调研地区应对经济下行压力、保持经济较快增长发挥了重要作用。

1. 河南省降成本取得的成效

河南省发改委会同省直有关部门对《河南省推进供给侧结构性改革降成本专项行动方案》中能够予以目标量化的措施，进行了汇总测算，2016年能够给企业减少成本约830亿元左右。

（1）税负成本有所下降。河南财税等部门认真落实7条税收优惠政策，全面推开"营改增"试点政策平稳运行，测算为企业减税超过240亿元。

（2）社会保险费成本降低。一是社会保险费率阶段性降低。2016年5月1日起，企业职工基本保险单位缴费比例已由20%降为19%，该省参保的11.7万家企业全部享受到这一政策红利等。二是住房公积金缴存比例降低，困难企业以及依法批准缓缴养老和失业保险金的企业，可以申请降低住房公积金缴存比例或者缓缴；三是落实失业保险稳岗补贴政策，完善农民工工资保证金制度。对上年度不裁员或少裁员的企业，每年可按不超过该企业及其职工上年度实际缴纳失业保险费总额的50%，由失业保险基金给予稳岗补贴。截至2016年底，全省共清理出应取消的保证金15类，共计6.09亿元；清理出有关部门或建设单位未按时返还和超额收取（预留）的投标、履约、工程质量和农民工工资保证金共计12.99亿元。

（3）用电用能成本进一步降低。一是用电成本初步降低。全省一般工商业及其他用电价格自2016年1月1日起降低5.57分/千瓦时，降幅居全国第3位。二是用气用地等成本略有下降。比如工商业销售气价每立方米降0.7元。三是根据国家统一部署，实施资源税改革，资源税"税费平移"的目标基本实现，没有增加企业负担。

（4）企业融资成本进一步下降。2016年大型银行减少收费项目55个，降低收费标准169个，手续费及佣金收入同比减少1.8%。银行业净息差降至2.81%，同比下降0.55个百分点；银担合作得到加强。2016年，全省329家融资担保机构累计服务中小微企业1.96万户、提供担保2.85万笔、金额729.59亿元，同比分别增加18%、14%、3%；企业多元化融资渠道进一步畅通。2016年新增上市公司2家、募集资金35亿元；15家上市公司通过非公开发行股票融资286.28亿元，4家通过发行股份购买资产并配套募集资金融资110.01亿元。新增新三板挂牌公司147家，全年有75家新三板挂牌公司完成增发88次，共募集资金29.56亿元。共有31家公司成功发行公司债产品，募集资金534.44亿元。22家企业通过股权交易中心实施融资28次，融资2.63亿元。成功发行企业债券8只，融资105.7亿元。

（5）物流及企业通关成本下降。一是物流企业成本降低。企业进项抵扣项目不足问题在税制设计上基本得到解决。所得税方面将汇总纳税企业的分支机构资格确认由审核确认事项变更为备案事项。截至目前，在该省设立法人企业的郑州铁路局、河南邮政物流速递有限公司、河南省顺丰速运有限公司等37户分支机构实行了汇总缴纳企业所得税。物流企业自有的大宗商品仓储设施用地，减按所属土地等级适用税额标准的50%计征城镇土地使用税的税收优惠政策。二是交通运输收费下降。2016年累计全省高速公路运输鲜活农产品、运输联合收割机（插秧机）、普通邮政车分别减免车辆672万、42万、3万辆。组织甩挂运输试点企业开展通行费减免申请工作，2016年10家甩挂运输试点企业的197辆甩挂运输车辆享受该政策。三是铁路运输成本降低。武汉铁路局、郑州铁路局认真落实国家铁路运价下浮政策。其中郑州铁路局2016年批复货物运价下浮项目296个，运价下浮项目共完成2055.9万吨，新增货源815万吨。四是企业通关成本降低。通过推广应用电子口岸平台、简化通关手续、深化一体化大通关改革等举措，2016年郑州关区单月的无纸化率保持在98%以上，高于95%左右的全国水平，一体化出口货物平均通关时间缩短60%左右；对进出口环节查验没有问题的企业，由财政负担吊装移位仓储费用，目前在郑州铁路口岸先期开展试点等。

（6）行政及其他涉企收费下降明显。一是行政费用成本降低，体现在：行政审批制度改革深入推进，全年减少行政许可、行政处罚、行政确认等各类行政职权70项、子项36项；省发改委将65项报建审批事项整合为42项，梳理取消由核准前办理改为开工前办理的环境影响评价、节能审查意见等核准申报材料95项，优化申请人提交的项目申报材料31项，精简优化申报材料近30%；实施外商投资企业备案制改革，对经营范围中不涉及国家规定实施准入特别管理措施的外商投资企业，其设立及变更登记，不再需要商务部门前置审批，改为工商部门直接登记，登记后企业向商务部门备案，外商投资企业设立及变更审批事项减少95%以上（2016年10月1日起）。二是涉企收费水平降低。比如，育林基金征收标准降为零；自2016年5月1日起现行对小微企业免征的18项行政事业性收费的免征范围扩大到所有企业和个人；2016年10月起，全面实施了企业登记"五证合一、一照一码"，简化了企业办事程序，提交材料较改革前减少85%，由原来平均20多个工作日缩短到平均5个工作日；环保部门所有编制环境影响登记表的建设项目均由审批制改为备案制，据统计全省各级环保部门每年减少审批数目约5000件；调整了建设项目环评文件分组审批权限，省级环保部门审批数同比减少60%，全省99%以上的项目都由地方环保部门负责等。三是中介服务性费用成本下降明显。截至2016年底，省辖市本级和省直管县（市）清理规范行政审批中介服务工作也已完成。据统计，省直清理规范的中介服务事项中，有31项不再要求申请人提供相关材料，改为由审批部门根据审批工作需要自行委托有关机构开展技术性服务；省发展改革委规范委托投资咨询评估工作，明确审批部门组织的评审发生的费用，由评审单位承担；从严设立政府定价管理的行政审批中介服务收费项目、行政审批前置服务收费项目，推进中介服务市场化；建立收费目录清单管理制度，公布政府定价的涉企行政审批前置经营服务收费目录清单。四是检验检测成本降低。对同一生产企业委托进行产品质量检测，年度内达到10个批次以上的，核定收费标准降低20%；对餐饮业电梯、安全阀的检验检测费降低10%收取；对新开办的小微企业2年内委托的产品质量，检验费用降低50%收取；取消了棉花质量检验师执业资格考试收费、于珠宝玉石质量检验师执业资格考试收费、注册计量师资格考试收费；对生产企业委托的电焊机等15类产品免收检验费；对首次送检免收产品质量检验费用，对大学生创业的企业免收当年委托的产品质量检验费用；免收工业产品许可证审查费等。

2. 江西省降成本取得的成效

面对经济下行压力，江西省委省政府围绕"降成本、优环境、解难题"，为企业降成本、解难题、出实招，千方百计破解企业发展难题。自2016年5月降成本优环境专项行动开展以来，通过出台两批共100多条含金量高的政策，各地各部门精心组织实施。据测算，2016年5月以来各项惠企政策的落实，为全省规模以上工业企业节约成本约320亿元。2016年全年江西省规模以上工业企业每百元主营业务收入成本综合下降了0.3元，其中规模以上工业企业每百元主营业务收入中的成本比专项行动启动时下降了0.9元。全省38个行业大类中，有31个行业每百元主营业务中的成本较前5个月下降，下降面达81.6%。2016年融资成本也不断下降，全省规模以上工业企业利息支出下降7.9%，连续21个月负增长。全年为企业减负500亿元以上。

降成本专项行动推动了企业经营状况持续好转、发展环境进一步改善，激发了微观经济主体的活力。2016年全省规模以上工业企业实现主营业务收入35518.7亿元，增长8.6%，同比提高4.3个百分点；实现利润总额2399.4亿元，增长11.9%，同比大幅提高9.5个百分点。与此同时，政府补贴有所增加，2016年，全省规模以上工业企业补贴收入增长12.5%，占利润总额比重2.3%。其中，非公有工业补贴收入增长35.4%，高于全省平均水平22.9个百分点；小型企业受益明显，增长95.5%，同比提高18.1个百分点。

此外，为了提升政府部门管理效率和精准度，该省还组织开发了江西省企业精准帮扶APP平台，借助互联网技术，打通层级信息壁垒，实现了政策发布和问题收集、处理、办结全过程的网络化、常态化管理。截至去年年底，通过线上线下两个渠道，共收集企业反映问题1630个，其中1280个问题得到有效解决、销号，办结率78.5%。

3. 湖南省降成本取得的成效

2016年4月和8月，湖南省相继发布了关于降低实体经济企业成本工作方案等相关政策文件，提出了合理降低税费负担、有效降低融资成本、合理降低企业人工成本、进一步降低用能用地成本、较大幅度降低物流成本、鼓励企业内部挖潜等8条措施。截至2016年1至11月，规模以上服务业平均税负为3.3%，同比下降0.5个百分点；规模以上工业企业利息支出下降7.4%，每百元主营业务收入中的成本同比下降0.1元，企业利润增速下半年呈现了回升势头。仅2016年8月份出台的方案就降低了17项涉企行政事业性收费和经营服务性收费，同时清理了各类电子政务平台收费，仅此每年即可为企业减负约11.5亿元。该省长沙市2016年本级为企业降费减负约6.43亿元，其中行政事业性收费预计减收2.65亿元，政府性基金预计减收3.78亿元；长沙高新区信息产业园还为公司提供了5000多平方米的场地，免除租金3年，每年为公司节省了270多万元的场地开支等。通过落实降费减负政策，大部分企业税费、要素成本、企业经营性成本、制度性交易成本得到降低，实现发展减负、松绑，企业内生动力和创造活力充分激发，有效对冲了经济下行压力。

政策释放的红利直接减轻了企业负担，仅2016年湖南省国税局落实支持高新技术企业、节能环保、三农、小微企业、金融资本市场等政策就减免税369.97亿元，落实增值税固定资产进项抵扣，共计减免税收305.79亿元。全年湖南省重点税源企业因"营改增"增加进项税额累积抵扣10.15亿元，全省试点纳税人的平均税负为2.77%，98%的试点纳税人税负下降或持平，营改增减税降负效应显著。营改增减税111.68亿元，落实支持高新技术企业、节能环保、小微企业等政策共减免税369.97亿元。享受到"营改增"政策红利的长沙通程控股股份有限公司，2016年5月旗下5家酒店行业实行"营改增"后，流转税的同比税负率由2015年的5.65%下降为2016年3.97%，仅流转税一项企业就减少税费支出300多万元。

2016年省国税局全面推行营改增、持续落实各项税收优惠政策，用一串串税收数据，帮助企业破冰解难，为实体经济发展注入源头活水。尤其是作为一项普惠性财税改革，营改增的深入推进不仅直接减轻了企业税负、增加了企业现金流，而且为企业发展、增加收益提供有力保障。2016年湖南互联网和相关服务、软件和信息技术服务营业收入分别增长59.1%和56.3%。而且"营改增"税制给企业带来的一系列减税效应，正是这些节税红利促进促进企业加快升级、设备更新换代，让企业产品、业务模式创新有了资金支持。也将持续给经济发展带来动力，让企业有更多的剩余资金用于投资、创新、转型。2016年全省创新引领动能增强，高新技术产业实现增加值6859.2亿元，增长16%，占GDP比重达到22%，同比提高0.8个百分点。高技术服务业、生物与新医药技术、电子信息技术等领域产品增加值分别增长25.1%、21%和16.2%。除了政府提供更好的降成本环境之外，企业自身也在积极转型。比如，湖南省的三一重工，通过创新和信息化手段，将生产、服务的流程优化，采取基于大数据的智能服务，及时预测客户设备故障，精准掌握需求，就近匹配有服务能力的设备，节省了服务成本，大大提高了效率。

在减税降费的过程中，湖南省政府及有关部门及时转变职能，着力破除体制机制障碍，清理规范行政许可事项，简化行政审批程序和手续，提升办事效率。比如，长沙市全面清理规范涉企收费，市本级取消、免征及降标收费项目40多项，规范取消行政审批中介服务事项40多项；省国税局及时制定方案，抓培训辅导，出台优化营改增服务"25条"措施，完善后续管理办法，使企业在较为完整的增值税抵扣链条下减轻负担。为落实国务院和省政府有关做好出口退税工作支持外贸发展的工作部署，从2015年起，该省国税局将所有生产企业的出口退税审批权下放到县、市、区局，符合下放条件的8个县、市、区局也获得外贸出口企业的出口退税审批权。出口企业可以就近进行出口退税申报，且由于审批层级减少，出口退税进度进一步加快。2016年共为2242户出口企业办理97.05亿元出口退税。同时税务机关进一步优化服务、简政放权政策的落实，让湖南省企业从中尝到了"甜头"。比如，湖南省茶叶公司根据国家税务总局公告，部分出口货物由征税调整为免税，企业申报退税期限也得到放宽。出口业务办理减少退税管理层级，简化出口退税的手续，税务机关在1—2个工作日内就要完成审批，开具退还书，退税时间大幅缩短，也确保了公司茶叶收购资金的周转需要；

从 2015 年至 2016 年，该公司共办理退税业务 33 笔，共计退税金额 6200 万元。

三、调研地区"降成本"仍存在的问题分析

（一）相关降成本政策同质化严重，缺乏长期的统筹规划，部分地区或领域的降成本政策力度有待加大

首先，从调研地区出台的降成本政策体系来看，主要是针对中央明确的降成本的六大领域进行进一步的细化，因而降成本政策体系还缺乏整体规划，导致不同政策之间、政策和预期目标之间协同性不足。同时，由于时间要求，对于部分领域的降成本政策研究还不足，出台了一些试点性质的政策，存在着政策不稳定、临时性的特点，长期性的降成本政策有待加强。而且有许多的政策是属于国家层面已出台的政策措施，如在降低税负成本方面，尽管部分地区提出的落实税收优惠政策数量较多，但实际上只是列举和落实国家已有的税收优惠政策规定。还有部分政策属于多年以来一直在提的政策内容，如在企业多元化融资渠道方面的鼓励企业在境内外上市、挂牌融资、扩大债务融资工具发行规模等政策措施，并没有降低企业成本的一些新的路径和措施。地方真正从本地实际情况出发，按照"因地制宜"原则制定的降成本政策措施较少，地区之间的政策高度类似。同时，地方出台的真正有利于降低本地企业负担的政策措施有待加强，缺乏有抓手的实质性降成本措施。

其次，由于很多政策属于对国家层面的政策的落实，忽视了对原有政策的调整完善，因而部分领域的降成本政策力度不大。当然，这其中有地方政府受相关政策制定权限影响的原因，例如在税收优惠政策方面，地方拥有的税权较少，还需要中央在总体上就税费、社会保障收费等方面加大降成本的力度。但地方在已有权限范围内制定相关降成本的力度还需要进一步加大，包括地方涉企业收费、制度性交易成本（行政审批和中介收费等）和垄断性成本等方面。例如，地方受收入等因素影响，在地方政府性基金上改革力度较小，调研地区只有江西省暂停对企业征收防洪保安资金。

再次，地方降成本政策的贯彻落实需要进一步加强。企业享受优惠政策的门槛高、程序多、成本高，特别是牵涉多个部门的政策，协调难度大，缺少清晰的办事指南，职能界定不清，拖沓扯皮现象时有发生。这些因素造成部分降成本政

策难以发挥预期的作用。而且在实际操作中,企业在税费等方面仍感到有进一步降成本的空间,收费基金清理和改革力度还有待加大。虽然各地从2015年以来已出台很多降本政策措施,覆盖面也很广,但有的市县还存在政策理解不精准、落实不到位等问题,也有的政策措施较为分散、力度不大,外界对减负期待仍较高。湖南多家工程机械企业负责人表示,企业的税负还是比较重,对工程机械设备存在提前缴税、重复征税等问题,增加了企业成本,希望税收政策能进行调整。

(二)营商环境虽有较大改善但仍有待进一步完善,制度性交易成本仍是各地企业持续永续发展的壁垒

一个国家或地区的经济增长,除了取决于其市场主体的生产率、科技创新能力等硬件外,还取决于政府公共服务的效率、法制环境、社会经济环境等。近两年来,各级政府大力推进简政放权、放管结合和转变职能等一系列改革举措,激发了市场活力和社会创造力。但是从调研地区的实际情况来看,各地在政务效率、公共服务、法治秩序等方面存在的问题,概括而言,主要表现在以下几个方面:一是各项审批改革有所推进,且审批改革、审批服务及落实不到位。调研和座谈发现,各地行政审批事项清理不到位,仍有一些行政审批事项该取消未取消,该下放未下放、该承接的未承接好,且存在将一般的事项下放,"含金量"高的事项想方设法留在本部门的现象;部门内部各处(科、股)相对集中的行政审批职能改革不到位,进驻各级行政服务中心不到位,授权窗口不到位,"体外循环"现象仍然存在等,这与中央的要求相比还存在较大差距。二是各地市场秩序仍有待进一步规范。企业失信成本低,不正当竞争和行业垄断现象仍然存在;诚信制度建设不完善,缺乏刚性制度推动;一些部门存在监管力量薄弱、监管设施落后、监管水平不高的问题,对企业的监管还存在较大的漏洞;中介组织在维护市场秩序中的作用未能得到充分发挥。三是政府服务效率和水平有待加强。有的地方虽然专门设立了投资服务中心、企业服务中心、园区管委会等服务机构,却依然存在服务不到位、便利性不够等情况;投资项目审批机制尚不健全,部分项目建设过程中土地保障不到位、审批程序复杂、办理用地手续时限较长,影响企业投资进度,一批项目更是因要素制约被迫推迟开工或建设工期,部分投资项目立项程序复杂,手续无法简化,部分项目在立项、可研、环评、选址、征地等阶段停留时间较长,对项目进度产生明显影响;金融部门对企业尤其是中小企业的扶持力度还比较弱;政府退税、退费不是着眼企业需要,仍有推迟兑现甚至不兑现的现象等。四是对国务院及省、市、县各级政府已出台的降成本的改革措施落实仍不够到位，政府失信的现象偶有发生，扶持面上企业尤其中小企业的政策仍然偏少。而且一些政策从中央到地方，经过层层审批传达，流转时间过长，给基层和企业预留时间短，经常出现文件到、期限过的现象。

营商环境不优已经成为转型综改、创新驱动的瓶颈制约，成为市场主体和人民群众反映强烈的突出问题，致使制度性交易成本偏高的问题难以从根本上得到解决。一是直接性的制度性交易成本成为各地企业持续永续发展的壁垒。以制度性交易成本带来的人工成本增加为例，内陆地区"五险一金"的缴费比例和缴费基数普遍比沿海城市高，如江西省的社保缴费比广东省深圳、东莞都高，严重制约了沿海产业向江西的转移。根据国家部署，江西省从2016年5月1日起两年内，将城镇职工基本养老保险单位缴费比例由现行的20%降至19%，将失业保险费率由现行的2%降至1%，总体来讲对企业降低了成本，但由于社平工资和最低工资标准每年都有所增加，企业的缴费基数不断提高，因此效果不明显。二是不同经济主体间制度性交易成本差别较大。国有企业和民营企业、大中型企业和小微企业、内资企业和外资企业等各类经济主体面临着不同的制度环境，制度性交易成本存在着明显的差别。如国有企业和大中型企业是银行信贷资金的主要流动方向，其在融资过程中的制度性交易成本较低；而民营企业和小微企业融资就较为困难，面临较高的制度性交易成本。相对内资企业，外商投资企业在申报科技专项扶持资金、技改贴息、研发资助、对外援助资格等方面受到限制，部分为降低企业成本的政策不是要求中方控股，就是要求不能有外资股份，对于外资企业存在"玻璃门"、"弹簧门"现象，外资企业难以享受政策实惠。三是改革过程中政府部门职责不明确也增加了制度性交易成本。由于前几年机构改革之后，对部门的设置进行了较大的调整，各级政府之间的部门设置不再是一一对应的关系。这就导致上级政府简政放权的有些职能找不到具体承办的部门，再加上很多事项又需要多部门协同办理，因而造成了职责划分不清晰、部门分工不明确、业务流程不合理、工作标准不完善等现象，致使有些事情，相关部门的办事人员既没有收到相关文件，也没有接到相关通知，难以及时处理。政府服务意识不到位与工作效率不高，尽管没有直接让企业付出真金白银，但也耗费了大量的人力、物力、财力和时间成本，无形中增加了制度性交易成本。此外，由于近年来上级政府大量简政放权，宣布失效或新发布的政策性文件较多，在大量文件失效的情况下，下级政府在执行过程中未能及时组织相关承接部门及人员进行专业化、系统化和规范化的培训又进一步增加了制度性交易成本。

(三) 减税降费力度逐渐加大但企业的获得感或感受不强

为了进一步激发企业活力,近年来从中央到地方出台了一系列帮助企业降成本的举措,包括减税、下调电力成本、降低社保缴费率、取消政府性基金、降低住房公积金等多项举措,调研地区出台的降成本政策措施都实现了对企业一定规模的减负。但是从整体上看,受当前宏观经济不确定、经济下行压力加大等多方面因素影响,部分企业的减负感受并不充分,甚至有的企业负担感加重。例如,在经济下行情况下,企业经营困难,在降低税费负担等政策措施上的减负具体到单个企业可能并不明显。调研过程中发现,近三年16家调研企业中有9家企业税费支出金额上涨,涨幅最大的一家达8倍之多,平均涨幅约10.98%;7家税费支出下降的企业跌幅最大为8.55%,平均下跌2.81%。但16家企业中,有9家企业营业收入承担的税费比下降,降幅最大达11.01%,平均降幅为2.27%,7家税费与营业收入比重上涨的企业中,涨幅最大为10.95%,平均涨幅为3.62%。造成如此大的分歧的原因可能在于,2016年下半年我国全面实行"营改增",增值税的纳税额取决于是否获得抵扣凭证,由于企业经营的业务千差万别,而不同行业抵扣链条的完整性不同,因而,导致部分企业降税费后的获得感存在明显差异。比如,目前我国现行税收政策规定,一般纳税人购进的"旅客运输服务、贷款服务、餐饮服务、居民日常服务和娱乐服务"不得从销项税额中抵扣。这种"一刀切"的做法尽管方便征管,但也割裂了抵扣链条、扭曲了税收公平原则。另外,由于部分企业成本结构因素的差异,现行降成本还难以达到企业的需要。例如,洛阳中硅高科技有限公司是多晶硅生产企业,影响其成本最大的就是电费成本,但从企业了解到,即使河南省对中硅企业给予最优惠的0.5元每度电的特殊电费政策,该电费价格与新疆、内蒙古等地区的电费价格(0.2—0.3元每度电)相比还是过高,因而企业难以与这些地区的同类企业进行竞争。

(四) 企业内部经营管理水平不容乐观,自主创新能力和意愿不强,提高了资金占用成本或抑制了单位产品成本的降低

1. 存货周转率慢,应收账款增加,提升了资金占用成本

调研中9家企业存货周转率下降,降幅最大达6.61%,平均下降1.85%。近三年河南、江西调研企业存货占营业收入的比重呈上升趋势,两省营业收入承担的存货比重分别为22.43%和20.23%。存货占营业收入的比重升高,说明企

业因存货导致的资金占用增加。存货周转慢则表明企业产品销售周期长，导致企业大量营运资金被存货占用，增加了企业的资金占用成本，降低了资产的周转能力和盈利能力。为了应对我国经济下行的大背景下市场需求减少导致大部分企业存货积压，部分企业采取赊销的营销模式，使得企业销售状况转好，存货周转率有所回升，但是企业完成的销售不能及时带来货款回收，被客户占用了大量资金，应收账款不断上升，营业周期延长，进而影响了企业资金循环，使大量的流动资金沉淀在非生产环节上，致使企业现金短缺，甚至影响到企业工资的发放和原材料的购买等正常生产经营活动，有时企业不得不举债经营，此举反而增加了企业的财务费用。赊销模式下企业现金流从被存货占用变为客户占用，实际上反而进一步增加了企业的资金成本，严重时还可能会涉及诉讼，使企业疲于应付或陷入难以自拔的境地，增加了坏账的风险。另外，由于企业的物流与资金流不一致，势必产生没有现金流入（销售已经成立）但必须上缴销售税金及预缴年内所得税等问题，由此也占用了企业大量的流动资金，进而推高了企业的运营成本。而且有时企业应收账款规模过大，造成企业互相拖欠，"三角债"急剧膨胀，致使银行借款可能无法及时足额偿还，银行呆账加大，恶化银企关系，这也为企业未来融资行为埋下了隐患。

2. 研发投入差异明显，企业自主创新能力或意愿不强，抑制了单位产品成本的降低

研发为企业发展和核心竞争力的形成提供不竭的动力。统计数据显示，2015年全国研发经费投入总量已成为仅次于美国的世界第二大研发经费投入国家，已达到中等发达国家水平，但是与美国、日本、德国等发达国家相比，基础研究占比（5.1%）与发达国家15%左右的水平仍有不小距离，研发投入效率还有待进一步提升。通过对调研企业资本化和费用化的研发支出数据的分析发现，尽管16家企业中研发支出金额上涨的有9家，平均上涨48.88%；下降的有4家企业，平均降幅为7.1%。研发投入占营业收入的比重上涨的有7家企业，平均上涨13.22%；比重下降的有6家企业，平均下降0.66%（计算中剔除异常样本）。河南、江西和湖南三省研发投入占营业收入的均值分别为3.72%、4.24%和3.33%。调研中有3家企业连续3年无研发投入，其所属行业分布在电子设备制造、汽车配件制造和金属制造，且都属为民营小型企业和微型企业。经调研了解，研发零投入的3家企业主要从事简单的零部件制造，或为大型企业承接订单外包服务，企业自身品牌价值低，市场占有率和认可度不高。近年来毛利率持续下滑，现金持有紧张，员工流失频繁，加之我国目前的知识产权保护法律法规仍

不够完善、投入资金约束、研发成功率偏低等，企业不愿在研发上进行大量投入。从全国来看，我国规模以上工业企业研发投入约占销售收入的0.9%，发达国家企业的这一比例在2%以上。行业不同，企业研发投入强度也会有所不同，软件开发、汽车制造等行业投入相对较高，一般加工制造业、食品加工业等投入相对较低。研发投入在企业间、行业间差异明显，优势企业通过研发不断巩固优势，维持领先；劣势企业无心研发，无力投入，并最终导致"创新能力不足、缺乏持续的核心竞争力"的恶性循环。

四、我们的看法与建议

（一）综合推进和深化改革，营造良好的营商环境，构建降低制度性交易成本的长效机制

近年来各级政府在加强公平竞争市场环境、法制环境建设以及积极推进行政审批制度改革、加强知识产权保护、提升贸易便利化水平等方面做了大量工作，但是政府服务意识不到位、工作效率不高等营商环境不完善问题，仍耗费了大量的人力、物力、财力和时间成本，直接或间接增加了企业的制度性交易成本。在"三去一降一补"的政策实施过程中，不能单纯地通过减税降费等来获取企业短期效益的提升，而应需要更多地关注于制度性交易成本所带来的企业绩效的下降或效率的损失。因此，如何打造一流营商环境，吸引各类高端资源要素集聚和配置，充分激活市场主体，成为各地主动适应经济新常态，推进产业转型升级的必然选择。目前出台的众多临时性政策仅是降成本的权宜之计，综合推进和深化行政、司法、社保、国有企业等各项改革，才是解决问题的关键。

一是以建设法治政府、诚信政府、廉洁政府、服务型政府为目标，进一步理顺政府和市场关系，着力解决政府直接配置资源、管得过多过细以及职能超位、缺位、不到位等问题。深入推进简政放权、放管结合、优化服务改革。规范行政权力运行，加快推进政府机构、职能、权限、程序、责任法定化，推进政府事权规范化、法治化。健全依法决策程序机制，明确规范行政程序主体、重大行政决策程序。严格行政执法责任追究，大力弘扬营和宣传商法治精神，努力形成崇尚法治、依法经营、自觉维护法律权威的营商意识和氛围。

二是以提高政务透明度、政府工作效率和政策稳定性为目标，对照中央或省级政府关于取消、下放、转移行政审批事项的文件，全面清理现有行政审批事项，不打折扣地确保中央及各级政府的行政审批改革措施落到实处；继续深化地方权限范围内的行政审批制度改革，大幅压减各类行政审批前置中介服务事项，逐步实行全国统一的市场准入负面清单制度；彻底清理和整顿长期困扰企业的安全、质检、土地、规划、环境、消防、能耗、职业卫生等各种中介、评估、收费；厘清行业协会商会与行政机关职能边界，清理"二政府"违法违规强制企业付费参加考核评比、表彰、赞助捐赠等。全面推进政务公开，创新政府管理服务方式，科学整合政府机构职能，及时培训政府相关部门工作人员，推行网上审批和办事，优化业务办理流程与网上大厅服务功能，形成以行政服务中心为主体，网上办理为载体，两者互相融合的政务服务体系，切实提升行政服务中心窗口服务效率，提高政府公共服务能力和水平。

三是加强行政效能监察，尤其是对重点涉企审批服务岗位工作效能的实时监督。加大审批窗口和行政机关内部效能监察力度，强化对行政机关工作人员履职过程、实绩和效果的综合考评；完善行政过错责任追究制度，加大对行政不作为、乱作为、慢作为以及严重损害企业和群众利益等行为的行政问责和责任倒查力度；充分发挥纪检监察机关、新闻媒体、社会组织、群众舆论等的监督作用。高度重视并及时解决企业反映的问题，组织力量整治社会经济法制环境，确保中央及各级地方政府的各项降成本政策措施真正落到实处。

四是继续加强和完善信用体系建设。加强知识产权保护，加大对专利、注册商标、商业秘密等方面知识产权侵权假冒行为的打击力度，减少利用行政手段干预经济活动，降低企业维权成本等。深入推进综合执法改革，严格规范公正文明执法，减少对企业和市场主体正常生产经营的干扰。完善企业、个人、政府信用信息统一征集平台和信用信息共享机制，建立黑名单制度和市场退出机制，强化政务诚信、商务诚信、社会诚信和司法公信建设，推进信用产品社会化应用，优化社会信用环境，建设诚信政府、信用社会。加强信用监管，建立完善守信联合激励和失信联合惩戒制度，全面提升政府公信力和企业诚信水平。

五是培育发展和规范管理社会组织。培育具备多元化市场服务功能的行业协会、咨询、评估、造价以及商会等社会中介组织，加强对各类中介组织的监督管理，规范服务和收费行为，发挥社会组织在市场与政府间的桥梁作用。

（二）及时评估现行降成本政策，适时出台或调整相关政策

"降成本"的相关政策措施，部分政策属于长期政策，部分政策属于临时措施。总体上，结合财税体制改革，"降成本"需要成为一种长效机制，而不是临时性措施，避免出现反弹。例如，在企业税收政策上，应建立税收调控的长效机制，而不是大量的临时性减免政策。同时，降成本是一个综合性的系统工程，在国内目前的经济社会形势下，降低实体经济企业成本将是一个较长的过程，并涉及到多方面的利益关系。在此过程中，既需要根据经济社会形势的发展变化对降成本政策的总体方向和目标及时进行调整，也需要结合降成本政策的实践情况对部分政策适时进行完善。对此，国发〔2016〕48号文中也提出"适时评估总结和推广经验"。因此，应着眼于有利于规范政府收入和供给侧改革的角度来推进"降成本"改革，通过阶段性地对降成本政策的评估和完善，以及综合性改革和持续性改革，将众多临时性的降成本政策措施明确下来，使其确定为基本制度和长效机制的部分，从而形成有利于实体经济企业健康运行的良好外部环境。

就当前地方降成本政策力度不足的情况而言，则需要适时出台和调整降成本的相关政策，加大政策力度。一是在中央层面，需要加大相关降成本政策的力度。例如，结合国家降低企业税费负担的政策方向，进一步出台相关政策措施，让企业得到想要的税费优惠政策。这就要求能够对现行政策进一步进行完善，目前国家已经有了一些进一步减税降费的政策措施，如研发费用加计扣除的加大抵扣比例，完善小型微利企业的所得税政策等，但还可以进一步结合经济社会形势和企业的需求，继续完善现行税收制度和政策。同时，中央所确定的全国性政策，需要适当考虑地方的实际情况。例如，在降低养老保险费率等社保收费方面，就需要考虑地方的承受能力，经济状况好的地区，降社保费容易，而经济落后地区则存在困难。因此，中央制定相关政策时需要避免"一刀切"，应给予地方更多的选择权，让各地根据实际情况进行选择。二是在地方层面，地方除了落实中央的降成本政策外，还需要以地方有权限的降成本领域为重点，结合地方实际情况，探寻进一步降成本的政策领域和空间，体现在中央降成本政策基础上的地方增量。

（三）减税有度降费有限，加强企业内部管理才是降成本的第一要义，而提升企业自主创新能力则是重中之重

降融资成本与资产泡沫、降税负与财政收入减少、降低劳动力成本与扩大内需等存在一定矛盾。虽然在简政放权、推动要素改革和发展直接融资等方面仍有操作的空间外，但"减税有度降费（五险一金等）有限"。降成本的第一要义应从企业自身出发，加强企业自身管理能力建设，提高生产效率、改善生产工艺、实现产品升级、建立企业核心竞争力。企业应通过加强存货管理，减少资金占用，在控制成本与售罄风险之间寻找平衡；提高应收账款管理，加速货款回笼，避免商业信用绑架，降低违约风险，在营销模式与占领市场之间寻求平衡；控制财务风险，提升资本结构质量，提高总资产与净资产的回报率，在投资回报与资本成本之间实现价值最大化；立足主业培育核心竞争力，实现核心利润持久增长，使资产结构与利润结构匹配，在经营主导与投资活动之间寻求平衡，等等。比如，企业通过对市场用户资信程度的调查分析可以去判定客户的信用等级，然后以此决定是否给予信用优惠，同时建立与完善应收账款管理责任制度与监控体系，将应收款项回收与企业各业务部门的业绩考核及奖惩挂钩，强化应收账款跟踪管理服务和资金回笼动态考核，按照"谁经办、谁催收、谁负责"原则，加大清欠力度，提高应收账款收回率，加快企业的资金循环，提高资金利用效率，进而降低企业资金占用成本，提高企业经济效益。

研发投资作为企业实现可持续发展的一项重要投资行为，则有助于提升企业自主创新能力和创造附加值的能力，扩大消化成本的能力。统计数据显示，2015年全国研发经费投入总量已成为仅次于美国的世界第二大研发经费投入国家，已达到中等发达国家水平。2016 年全社会 R&D 支出已达到 15440 亿元，占 GDP 比重为 2.1%，其中企业占比 78% 以上，全年研发费用加计扣除政策直接为企业减免税收约 760 亿元。但是与美国、日本、德国等发达国家相比，基础研究占比（5.1%）与发达国家仍有不小距离，研发投入效率还有待进一步提升，实现进入创新型国家前列的目标任务依然艰巨。我国政府把创新驱动确立为经济转型升级过程中一项重要的国家战略，企业作为创新主体，在推动国家技术进步中扮演着重要角色。在此过程中，政府需要加大投入和引导，联合各方力量，采取多种形式，充分发挥科研院所和高等院校的积极性，加强关键启动型技术如纳米技术、生物技术、材料科学与工程、先进制造、信息通信技术等属于前沿领域的基础研究。比如，通过补贴配套政策鼓励企业加大在创新方面的投入；根据企业的具体情况给予不同比例的浮动补贴，加大对重点行业企业创新补贴幅度，鼓励企业对能源减排型和环境友好型的新产品、新技术、新工艺的开发和引进；完善面向中小企业的补贴体系，通过财政项目拨款、研发投资加计扣除和银行贷款贴息等方式扶持中小企业的专利产出活动等。持续加强基础前沿研究，增强企业原始创新能力和关键共性技术突破，推动产业向价值链中高端迈进，不断改革工艺方法、工艺流程或生产工具，不断创造新材料和新的产品结构，持续提高劳动效率，全面改善企业生产过程的各项经济指标，有效地降低企业的成本。

（四）抓好降成本政策的贯彻落实，加大监督检查力度，避免政策流于纸面，确保各项政策真正"惠及"纳税人

尽管国家和地方在降成本方面都制定了大量的政策措施，但政策出台的数量在实践中可能并不是降低企业负担的核心因素，政策的贯彻落实才是关键因素。无论是中央制定的降成本政策在地方的贯彻落实，还是地方制定的降成本在基层的贯彻落实，都需要制定相关的制度和机制进行保障，从而能够使降成本的预期减负成为真正的减负，避免政策流于纸面。在贯彻、落实和执行降成本政策措施的过程中，应加强对各级政府及相关部门监督、检查、指导和考核，注重过程监管，根据工作进度定期进行跟踪调度和督促检查，做到各个环节无缝衔接：一是针对每条措施，明确具体的监督、检查、指导和考核的责任部门和责任人；二是制定具体的可操作的执行措施的绩效评价标准；三是在执行过程中加强业务指导，并实行定期和不定期的监督、检查；四是制定具体的考核奖惩措施和时间节点要求，并据此对相关执行部门及人员进行严格考核和奖惩。监督过程中应对工作不力、进展缓慢的，进行通报批评；对推诿扯皮、消极应付、拖着不办，造成严重后果的，严肃追究责任；对确实无法单独解决的问题，有关部门要及时报送，上级有关部门应及时研究、协调、解决。在此过程中尤其应加强对企业反映强烈的涉企收费的监督，严禁在存贷款利率以外附加条件、支付费用，加大对违规收费行为的查处力度，严格防范并严厉惩处金融机构"断贷"、"抽贷"行为；坚决取消不合理的各级地方政府权限内决定的涉企收费项目，降低收费偏高项目收费标准，减少企业存续期内经营上的非生产成本，落实扶持中小微企业税收减免、缓交政策措施，如，减免或降低企业出入境检疫检验费；缩短企业出口退税期限等，确保各项降成本政策措施真正"惠及"纳税人。

中国财政科学研究院 2017 年"降成本"中部调研组
组长：白景明
成员：徐玉德　许　文　何　平　梁　强　夏　楸　龙海红
总纂：白景明　徐玉德

中部地区降成本政策的评估分析

为贯彻落实中央关于推进供给侧结构性改革和降低实体经济企业成本的决策部署，全国各地自2016年以来也积极出台降成本的政策措施。为深入了解各地降成本政策措施的制定、效果和存在问题等实施情况，中国财政科学研究院专题组赴河南和江西二省对"降成本"情况进行了实地调研。现将有关情况汇总如下。

一、调研地区出台的降成本政策情况

为贯彻落实中央关于推进供给侧结构性改革的决策部署，江西省和河南省分别于2016年4月和6月制定了本省的降成本政策文件。

江西省在《关于降低企业成本优化发展环境的若干意见》中，明确了包括落实税收优惠政策、降低涉企收费、降低融资成本、降低人工成本、降低用能用地成本、降低物流成本、降低财务成本等七个方面的60条降低企业成本政策，以及提高行政服务效率、完善市场监管体系、支持企业内部挖潜、帮助企业开拓市场、打造良好营商环境等五个方面20条优化发展环境政策措施。其后，结合国务院2016年8月的《关于降低实体经济企业成本工作方案》（国发〔2016〕48号），江西省在《关于进一步降低企业成本优化发展环境的若干政策措施》中又提出了20条新政策措施，是全国出台措施最多、力度最大的省份之一。河南省则在《推进供给侧结构性改革降成本专项行动方案》中，就降低税负、用电、融资、社会保险、资源使用、行政费用、物流费用、企业通关、中介费用、检验检测等 10 大领域成本提出了一揽子 50 条政策措施。下面结合国发〔2016〕48 号文,对江西省和河南省出台的降成本政策措施进行分析。

(一)调研地区制定的降成本政策措施

1. 降低企业税费负担的政策措施

在降低企业税收负担上,江西省先后提出落实 13 项税收优惠政策,河南省提出落实 7 项税收优惠政策。两省落实的税收优惠政策都包括国家规定的全面营改增、高新技术企业、研发费用加计扣除、小微企业、固定资产加速折旧、企业兼并重组等税收优惠政策,但也有所区别。如河南省提出扩大全省农产品增值税进项税额核定扣除试点行业范围;江西省提出降低企业二手设备交易税费成本、降低房地产企业的土地增值税负担、对困难企业实行税费缓收政策。在内容上,两省提出的落实税收优惠政策均多于国发〔2016〕48 号文中营改增、研发费用扣除的内容。

在降低收费负担上,两省都根据国家要求提出了降低涉企收费,包括清理规范行政事业性收费和政府性基金,除了落实中央规定的取消行政事业性收费和清理政府性基金外,河南省专门就降低和规范企业通关、中介费用、检验检测成本方面的相关费用进行了明确。江西省则提出了暂停对企业征收防洪保安资金(地方政府性基金)、清理规范涉企经营服务性收费项目、社会团体收费,三年内免收探矿权使用费和土地出让金改增国有资本金等收费政策。

2. 降低企业融资成本的政策措施

在降低企业融资成本上,河南省出台了包括降低贷款中间环节成本、清理纠正金融服务不合理收费、降低小微企业融资成本、降低外贸企业收汇融资风险、降低企业融资租赁成本、加强银担合作和畅通企业多元化融资渠道 7 条政策。江西省出台了 13 条降低企业融资成本的政策,包括:建立财政性资源与信贷政策挂钩的激励机制;督导银行业金融机构优化企业贷款流程;鼓励银行业金融机构提供信用贷款等融资服务;完善财园信贷通、财政惠农信贷通等政府、银行、企业合作长效机制;加大对小微企业、三农等薄弱环节和重点领域的信贷支持;对县城、乡镇、贫困地区的金融机构管理开辟绿色通道、对不良贷款比率实行差异化考核;支持民间资本发起设立相关金融机构;扩大企业融资渠道;建立健全省、市、县三级政府出资的融资担保机构;加大银行业收费清理工作督查力度、规范企业融资过程中的中介机构收费行为;推广"无间贷款""连连贷"等业务模式；扩大抵（质）押资产范围等。

3. 降低企业人工成本的政策措施

在降低企业人工成本上，河南省主要着眼于降低社会保险费成本，包括优化社保险种结构、阶段性降低社会保险费率、降低住房公积金缴存比例、继续实施失业保险稳岗补贴政策和允许困难企业暂缓缴纳社会保险费，以及完善最低工资标准调整和农民工工资保证金制度等7条政策。江西省也提出了7条政策，除了阶段性降低社会保险费、阶段性适当降低住房公积金缴存比例等政策外，还涉及职工教育经费支出的企业所得税和引进海外高层次人才的资助政策等。

4. 降低企业用能用地成本的政策措施

在用能用地成本上，河南省重点制定了降低企业用电价格、全面实行电力直接交易、简化企业用电程序和深化电力体制改革等降低用电成本的4条政策，同时针对土地等资源制定了降低用地成本、降低用气成本、实施资源税改革、降低资源使用收费等5条降低资源使用成本的政策措施。江西省制定了有关降低用电成本的7条政策，降低用地成本的4条政策，以及涉及矿业企业的1条政策。

5. 降低企业物流成本的政策措施

在降低企业物流成本上，河南省制定了降低物流企业成本、降低交通运输收费、完善城市配送车辆管理政策和降低铁路运输成本4个方面的政策措施。江西省制定了11条降低企业物流成本的政策，其中包括允许物流企业各地分支机构在省内汇总缴纳增值税、省内异地开具增值税专用发票、降低省内货运车辆保险费等政策。两地的政策各有侧重点。

6. 降低制度性交易成本的政策措施

河南省降低制度性交易成本的政策涉及降低行政费用成本、降低中介费用成本、降低企业通关成本和降低检验检测成本等方面。江西省降低制度性交易成本的政策主要体现在优化发展环境上，包括提高行政服务效率、完善市场监管体系、打造良好营商环境。其后，又补充了提升贸易便利化水平等方面的政策措施。比较看，河南省的政策措施较为明确，直接针对制度性交易成本中的几类主要成本，而江西省的政策措施范围更为全面，是从优化发展环境的角度来设计政策措施。

国发〔2016〕48号文中提出的降低制度性交易成本主要包括：打破地域分割和行业垄断，加强公平竞争市场环境建设；深化"放管服"改革，为企业创造更好的营商环境；加快社会信用体系建设，加强知识产权保护；提升贸易便利化水平，合理降低服务收费标准；加快剥离国有企业办社会职能和解决历史遗留问题，减轻企业负担。在这4个方面的内容中，地方主要是从推进行政审批广告、降低行政费用成本、降低中介机构收费等着手降低制度性交易成本。

7. 其他降成本政策措施

江西省在优化发展环境的政策措施上，还提出了在上述六大领域成本之外的部分降成本政策措施，一是10条降低企业财务成本的政策措施，这是与国发〔2016〕48号文中提出的提高企业资金周转效率的要求是一致的；二是支持企业内部挖潜的4条政策措施；三是帮助企业开拓市场的4条政策措施。

（二）调研地区出台降成本政策的特点

调研地区出台的降成本政策措施，具有以下一些特点：

1. 调研地区出台的降成本政策方案能较好地符合中央要求

河南省和江西省能够根据中央明确根据降成本的基本要求，结合地方情况制定降成本的具体政策措施，较好地贯彻落实中央关于推进供给侧结构性改革和降低实体经济企业成本的决策部署。

2. 调研地区的降成本政策内容覆盖面广，有所扩展

从降成本政策的范围看，河南省和江西省的降成本政策都能够覆盖国发〔2016〕48号文中企业税费负担、企业融资成本、制度性交易成本、企业人工成本、企业用能用地成本、企业物流成本等降成本的主要内容。其中，河南省的政策范围相对偏窄，集中在六类企业成本上。而江西省的降成本优环境的政策内容较为全面，提出的具体政策措施数量较多。还包括国发〔2016〕48号文所提出的在6类成本之外的一些政策内容，如提高企业资金周转效率和鼓励引导企业内部挖潜等方面。由于国发〔2016〕48号文的发布时间晚于两地的政策发布，江西省还根据国发〔2016〕48号文要求对降成本政策措施进行了补充。

3. 调研地区的降成本政策有所差别，各有特色

从调研地区降成本政策的措施看，在政策的分类和具体政策内容上，各地之间也存在着差异。如河南省对制度性交易成本的分类更为细化，在6类成本的基础上细化为10类成本；江西省也在6类成本基础上有所细化，如提出了降低企业财务成本的政策措施。同时，两个省份的部分降成本政策措施，都在国家统一的政策基础上，结合地方实际情况进行了创新。

二、调研地区降成本政策的实施效果和主要问题

（一）降成本政策的实施效果情况

国发〔2016〕48号文中对降成本提出了阶段性的目标，即"经过1—2年努力，降低实体经济企业成本工作取得初步成效，3年左右使实体经济企业综合成本合理下降，盈利能力较为明显增强。"

在调研地区的降成本行动方案的制定中，河南省明确了降成本的预期目标，主要为：力争经过1—2年努力，降成本工作取得初步成效，3年左右使实体经济企业生产经营成本明显下降，企业税费负担合理减轻，融资成本降到全国平均水平，资源使用成本进一步下降，物流成本较大幅度降低，企业发展环境明显改善，盈利能力显著增强。可以看到，其目标要求与国务院要求基本一致。江西省的降成本行动方案未明确目标。

从降成本政策的实际执行看，两个地区的降成本政策都得到了各地各部门的贯彻实施，取得了较好的成效，为两个调研地区应对经济下行压力、保持经济较快增长发挥了重要作用。其中，河南省发改委会同省直有关部门对《河南省推进供给侧结构性改革降成本专项行动方案》中能够予以目标量化的措施，进行了汇总测算，预计2016年能够给企业减少成本约830亿元。江西省通过出台两批共100条含金量高的政策，据测算，这些政策每年将为江西企业减负超过500亿元。2016年江西省规模以上工业企业每百元主营业务收入成本综合下降了0.3元。

下面以河南省为例，来具体分析其各个领域的降成本政策成效情况。根据河南省发改委提供的资料可知，河南省降成本专项行动方案的绝大多数政策措施得到各地各部门的贯彻实施，在所要降低的10大领域成本方面都取得了较好成效。

1. 降低税负成本

（1）财税等部门认真落实7条税收优惠政策。（2）全面推开"营改增"试点政策平稳运行，测算每年将为企业减税超过240亿元。

2. 降低用电成本

（1）全省一般工商业及其他用电价格自2016年1月1日起降低5.57分/千瓦时，降幅居全国第3位。（2）完善峰谷分时电价政策，将尖峰电价暂按高峰

电价执行,全省执行峰谷分时电价的企业每千瓦时平均降低1.42分。(3) 2016年电力直接交易电量270亿千瓦时,涉及106家电力用户,涵盖冶金、有色、建材、化工、制药、石油、电子、机械、造纸等多个行业;放宽用户执行两部制电价、减容、报停的时间界限。(4) 基本电费计费方式变更周期从按年调整为按季变更,用户最大需量核定值变更周期由按半年调整为按月变更,提高办电效率,高压客户平均接电时间缩短33%。(5)《河南省电力体制综合改革试点方案》电力体制改革综合试点方案获得国家批复。

3. 降低融资成本

(1) 银行业服务收费持续下降,2016年大型银行减少收费项目55个,降低收费标准169个,手续费及佣金收入同比减少1.8%。银行业净息差降至2.81%,同比下降0.55个百分点。(2) 小微企业金融服务有所改善,国开行、中行、华夏等银行积极为小微企业提供良好金融服务。(3) 银担合作得到加强。2016年,全省329家融资担保机构累计服务中小微企业1.96万户、提供担保2.85万笔、金额729.59亿元,同比分别增加18%、14%、3%。(4) 企业多元化融资渠道进一步畅通。2016年新增上市公司2家、募集资金35亿元;15家上市公司通过非公开发行股票融资286.28亿元,4家通过发行股份购买资产并配套募集资金融资110.01亿元。新增新三板挂牌公司147家,全年有75家新三板挂牌公司完成增发88次,共募集资金29.56亿元。共有31家公司成功发行公司债产品,募集资金534.44亿元。22家企业通过股权交易中心实施融资28次,融资2.63亿元。成功发行企业债券8只,融资105.7亿元。

4. 降低社会保险费成本

(1) 社会保险费率阶段性降低。2016年5月1日起,企业职工基本保险单位缴费比例已由20%降为19%,我省参保的11.7万家企业全部享受到这一政策红利。失业保险费率在2015年3月1日起降低1%的基础上再降低0.5个百分点,其中单位缴费比例由1.5%降为1.2%,个人缴费比例由0.5%降到0.3%。(2) 住房公积金缴存比例降低。目前全省基本不存在缴存比例高于12%的单位和个人,困难企业以及依法批准缓缴养老和失业保险金的企业,可以申请降低住房公积金缴存比例或者缓缴。(3) 落实失业保险稳岗补贴政策。对上年度不裁员或少裁员的企业,每年可按不超过该企业及其职工上年度实际缴纳失业保险费总额的50%,由失业保险基金给予稳岗补贴。(4) 完善农民工工资保证金制度。截至2016年底,全省共清理出应取消的保证金15类,共计6.09亿元;清理出有关部门或建设单位未按时返还和超额收取(预留)的投标、履约、工程质量和农民工工资保证金共计 12.99 亿元。

5. 降低资源使用成本

（1）用地成本。选取濮阳在全省率先推行先租后让工业用地弹性出让制度试点，2016 年 10 月成功挂牌弹性出让两宗工业用地。（2）用气成本。出台了工商业销售气价调整方案，每立方米降 0.7 元。放开了液化气、煤制气、储气设施、化肥用气价格。（3）改善公共资源交易管理制度。省公共资源交易平台于 2016 年 6 月底上线运行，目前已实现了国家、省、市、县四级平台纵向贯通，工程建设项目招投标、矿业权出让、国有产权交易、政府采购、医药集中采购等逐步进入统一的公共资源交易平台进行交易。（4）根据国家统一部署，实施资源税改革，资源税"税费平移"的目标基本实现，没有增加企业负担。

6. 降低行政费用成本

（1）推进行政审批制度改革。全年减少行政许可、行政处罚、行政确认等各类行政职权 70 项、子项 36 项。2016 年扩大行政审批标准化试点范围，确定 18 个省辖市、34 个县（市、区）行政服务中心作为行政审批标准化试点。（2）简化企业投资项目审批流程。省发展改革委将 65 项报建审批事项整合为 42 项，提升企业申报项目便利性。梳理取消由核准前办理改为开工前办理的环境影响评价、节能审查意见等核准申报材料 95 项，优化申请人提交的项目申报材料 31 项，精简优化申报材料近 30%。实施外商投资企业备案制改革，自 2016 年 10 月 1 日起，对经营范围中不涉及国家规定实施准入特别管理措施的外商投资企业，其设立及变更登记，不再需要商务部门前置审批，改为工商部门直接登记，登记后企业向商务部门备案，外商投资企业设立及变更审批事项减少 95% 以上。（3）降低涉企收费水平。育林基金征收标准降为零。散装水泥专项资金并入新型墙材专项基金，预拌混凝土、预拌砂浆、水泥预制件列入新型墙体材料目录，纳入新型墙体材料专项基金支持范围。自 2016 年 5 月 1 日起现行对小微企业免征的 18 项行政事业性收费的免征范围扩大到所有企业和个人。2016 年全省减免残保金的小微企业共有 45 万多家。截至目前，我省正在执行的政府性基金项目 21 项、行政事业性收费项目 105 项，其中涉企行政事业性收费 74 项，未新增一项涉企收费项目。（4）深入推进商事制度改革。2016 年 10 月起，全面实施了企业登记"五证合一、一照一码"，企业办理相关手续由五个部门五个窗口分别申办变成"单一窗口"一家申办，简化了企业办事程序，原来平均 20 多个工作日缩短到平均 5 个工作日，提交材料较改革前减少 85%。从 2016 年 12 月起，个体工商户登记实行了营业执照和税务登记证"两证整合"。（5）推进安全生产与职业卫生

"三同时"一体化审批。2016 年 7 月起全省各级安全监管部门已停止受理建设项目职业病危害预评价报告审核（备案）、职业病危害严重的建设项目职业病防护设施设计审查、建设项目职业病防护设施竣工验收的申请。（6）进一步优化环评审批流程。探索园区审批制度改革，实施规划环评与项目环评联动管理，对高质量完成规划环评的园区，简化区内建设项目环评内容。2016 年 11 月 1 日起，环保部门所有编制环境影响登记表的建设项目均由审批制改为备案制，据统计全省各级环保部门每年减少审批数目约 5000 件。调整了建设项目环评文件分组审批权限，省级环保部门审批数同比减少 60%，全省 99% 以上的项目都由地方环保部门负责。优化建设项目"三同时"管理，取消建设项目试生产审批事项，项目建成后直接申请环保竣工验收。

7. 降低物流成本

（1）降低物流企业成本。企业进项抵扣项目不足问题在税制设计上基本得到解决。所得税方面将汇总纳税企业的分支机构资格确认由审核确认事项变更为备案事项。截至目前，在我省设立法人企业的郑州铁路局、河南邮政物流速递有限公司、河南省顺丰速运有限公司等 37 户分支机构实行了汇总缴纳企业所得税。物流企业自有的大宗商品仓储设施用地，减按所属土地等级适用税额标准的 50% 计征城镇土地使用税的税收优惠政策。（2）降低交通运输收费。2016 年累计全省高速公路运输鲜活农产品、运输联合收割机（插秧机）、普通邮政车分别减免车辆 672 万、42 万、3 万辆。组织甩挂运输试点企业开展通行费减免申请工作，2016 年 10 家甩挂运输试点企业的 197 辆甩挂运输车辆享受该政策。（3）完善城市配送车辆管理政策。（4）降低铁路运输成本。武汉铁路局、郑州铁路局认真落实国家铁路运价下浮政策。其中郑州铁路局 2016 年批复货物运价下浮项目 296 个，运价下浮项目共完成 2055.9 万吨，新增货源 815 万吨。

8. 降低企业通关成本

（1）推广应用电子口岸平台。（2）简化通关手续。河南国际贸易"单一窗口"（2016 版）已于 2016 年 12 月整体上线运行，建成了服务全省的跨境电商通关服务平台，建立新型物流通关模式。（3）深化一体化大通关改革。郑州海关进一步拓展和深化区域通关一体化改革，2016 年郑州关区单月的无纸化率保持在 98% 以上，高于 95% 左右的全国水平，一体化出口货物平均通关时间缩短 60% 左右。（4）降低进出口环节费用。对进出口环节查验没有问题的企业，由财政负担吊装移位仓储费用，目前在郑州铁路口岸先期开展试点。

9. 降低中介费用成本

（1）清理规范行政审批中介服务。省级集中清理规范行政审批中介服务工作于 2016 年 8 月完成，省级共梳理出行政审批中介服务事项 315 项，清理规范后保留 84 项，不到申报总数的三分之一。截至 2016 年底，省辖市本级和省直管县（市）清理规范行政审批中介服务工作也已完成。据统计，省直清理规范的中介服务事项中，有 31 项不再要求申请人提供相关材料，改为由审批部门根据审批工作需要自行委托有关机构开展技术性服务。（2）加强中介服务机构监管。省发展改革委制定实施《委托投资咨询评估暂行管理办法》，规范委托投资咨询评估工作，明确审批部门组织的评审发生的费用，由评审单位承担。（3）规范中介服务收费。从严设立政府定价管理的行政审批中介服务收费项目、行政审批前置服务收费项目，推进中介服务市场化。建立收费目录清单管理制度，公布政府定价的涉企行政审批前置经营服务收费目录清单。

10. 降低检验检测成本

（1）对同一生产企业委托进行产品质量检测，年度内达到 10 个批次以上的，核定收费标准降低 20%；对小微企业生产许可证产品检验费、强制计量器具检定费降低；10% 收取；对餐饮业电梯、安全阀的检验检测费降低 10% 收取，对新开办的小微企业 2 年内委托的产品质量，检验费用降低 50% 收取。（2）取消棉花质量检验师执业资格考试收费、于珠宝玉石质量检验师执业资格考试收费、注册计量师资格考试收费。对生产企业委托的电焊机等 15 类产品免收检验费；对首次送检免收产品质量检验费用，对大学生创业的企业免收当年委托的产品质量检验费用；免收工业产品许可证审查费。计量检定时间由 20 日缩短至 10 日。

（二）调研地区降成本政策存在的主要问题

从河南省和江西省降成本政策的制定和实施情况看，还存在以下一些主要问题。

1. 政策缺乏统筹规划，存在临时性的特点

现行两个调研地区出台的降成本政策体系，主要是针对中央明确的降成本的 6 大领域进行进一步的细化，因而降成本政策体系还缺乏整体规划，导致不同政策之间、政策和预期目标之间协同性不足。同时，由于时间要求，对于部分领域的降成本政策研究还不足，出台了一些试点性质的政策，存在着政策不稳定、临时性的特点，长期性和制度化的降成本政策有待加强。

2. 现行降成本政策的政策同质化严重，含金量有所不足

从两个调研地区出台的降成本政策措施看，有较多的政策是属于国家层面已出台的政策措施，如在降低税负成本方面，尽管部分地区提出的落实税收优惠政策数量较多，但实际上只是列举和落实国家已有的税收优惠政策规定。还有部分政策属于多年以来提出已久的政策内容，如在企业多元化融资渠道方面的鼓励企业在境内外上市、挂牌融资、扩大债务融资工具发行规模等政策措施，并没有降低企业成本的一些新的路径和措施。地方真正从本地实际情况出发，按照"因地制宜"原则制定的降成本政策措施较少，地区之间的政策高度类似。同时，地方出台的真正有利于降低本地企业负担的政策措施有待加强，缺乏有抓手的实质性降成本措施。

3. 部分领域的降成本政策力度有待加大

由于很多政策属于对国家层面的政策的落实，忽视了对原有政策的调整完善，因而部分领域的降成本政策力度不大。当然，这其中有地方政府受相关政策制定权限影响的原因，例如在税收优惠政策方面，地方拥有的税权较少，还需要中央在总体上就税费、社会保障收费等方面加大降成本的力度。但地方在已有权限范围内制定相关降成本的力度还需要进一步加大，包括地方涉企业收费、制度性交易成本（行政审批和中介收费等）和垄断性成本等方面。例如，地方受收入等因素影响，在地方政府性基金上改革力度较小，调研地区只有江西省暂停对企业征收防洪保安资金。

4. 地方降成本政策的贯彻落实需要进一步加强

企业享受优惠政策的门槛高、程序多、成本高，特别是牵涉多个部门的政策，协调难度大，缺少清晰的办事指南，职能界定不清，拖沓扯皮现象时有发生。一些政策从中央到地方，经过层层审批传达，流转时间过长，给基层和企业预留时间短，经常出现文件到、期限过的现象。这些因素造成部分降成本政策难以发挥预期的作用。同时，部分政府部门在降成本改革中还存在着主动服务意识不强、不愿担责的问题。如通过简政放权，企业的制度性交易成本明显下降，但实际中办事难等问题仍未能得到彻底解决。

5. 多方面因素影响，企业对降成本政策的感受不充分

尽管从整体上看，调研地区出台的降成本政策措施都实现了对企业一定规模的减负。但受多方面因素影响，部分企业的减负感受并不充分。例如，在经济下行情况下，企业经营困难，在降低税费负担等政策措施上的减负具体到单个企业可能并不明显。同时，部分企业由于成本结构因素的差异，现行降成本还难以达到企业的需要。例如，洛阳中硅高科技有限公司是多晶硅生产企业，影响其成本

最大的就是电费成本，但从企业了解到，即使河南省对中硅企业给予最优惠的0.5元每度电的特殊电费政策，该电费价格与新疆、内蒙古等地区的电费价格（0.2—0.3元每度电）相比还是过高，因而企业难以与这些地区的同类企业进行竞争。

三、对进一步完善降成本政策的认识和建议

结合河南省和江西省实施降成本政策的实践情况，对进一步完善降成本政策提出以下认识和建议。

（一）及时评估和完善现行降成本政策，构建降成本政策的长效机制

"降成本"的相关政策措施，部分政策属于长期政策，部分政策属于临时措施。总体上，结合财税体制改革，"降成本"需要成为一种长效机制，而不是临时性措施，避免出现反弹。例如，在企业税收政策上，应建立税收调控的长效机制，而不是大量的临时性减免政策。同时，降成本是一个综合性的系统工程，在国内目前的经济社会形势下，降低实体经济企业成本将是一个较长的过程，并涉及多方面的利益关系。在此过程中，既需要根据经济社会形势的发展变化对降成本政策的总体方向和目标及时进行调整，也需要结合降成本政策的实践情况对部分政策适时进行完善。对此，国发〔2016〕48号文中也提出"适时评估总结和推广经验"。因此，应着眼于有利于规范政府收入和供给侧改革的角度来推进"降成本"改革，通过阶段性地对降成本政策的评估和完善，以及综合性改革和持续性改革，将众多临时性的降成本政策措施明确下来，使其确定为基本制度和长效机制的部分，从而形成有利于实体经济企业健康运行的良好外部环境。

（二）适时出台和调整相关政策，加大降成本的政策力度

针对现行地方降成本政策力度不足的情况，需要适时出台和调整降成本的相关政策，加大政策力度。一是在中央层面，需要加大相关降成本政策的力度。例如，结合国家降低企业税费负担的政策方向，进一步出台相关政策措施，让企业得到想要的税费优惠政策。这就要求能够对现行政策进一步进行完善，目前国家已经有了一些进一步减税降费的政策措施，如研发费用加计扣除的加大抵扣比例，完善小型微利企业的所得税政策等，但还可以进一步结合经济社会形势和企业的需求，

继续完善现行税收制度和政策。同时，中央所确定的全国性政策，需要适当考虑地方的实际情况。例如，在降低养老保险费率等社保收费方面，就需要考虑地方的承受能力，经济状况好的地区，降社保费容易，而经济落后地区则存在困难。因此，中央制定相关政策时需要避免"一刀切"，应给予地方更多的选择权，让各地根据实际情况进行选择。对此，2017年6月发布的《关于做好2017年降成本重点工作的通知》（发改运行（2017）1139号）中已经进一步在降低各项成本上提出了新政策和要求。二是在地方层面，地方除了继续落实中央的降成本政策外，还需要以地方有权限的降成本领域为重点，结合地方实际情况，探寻进一步降成本的政策领域和空间，体现出在中央降成本政策基础上的地方增量。

（三）将降低制度性交易成本作为未来降成本政策的重点

从现行降成本的政策范围看，未来降成本政策空间最大的领域还是制度性交易成本，相对于其他较为明确的企业成本负担，制度性交易成本更多的属于隐形成本，是改革难度较大的降成本领域，也是政府大有作为的降成本政策领域。例如，在降低制度性交易成本方面，商事制度改革需要进一步深化，包括中介服务收费的中介服务机构执业行为规范，行政审批过程中委托开展的技术性服务活动的服务费用政府采购服务制度完善等。对此，中央和地方还需要进一步深化"放管服"改革，为企业打造更好的营商环境。2017年6月，国务院办公厅印发了《全国深化简政放权放管结合优化服务改革电视电话会议重点任务分工方案》（国办发〔2017〕57号），这将为企业制度性交易成本的进一步降低奠定基础。

（四）抓好降成本政策的贯彻落实，避免政策流于纸面

尽管国家和地方在降成本方面都制定了大量的政策措施，但政策出台的数量在实践中可能并不是降低企业负担的核心，政策的贯彻落实才是关键因素。无论是中央制定的降成本政策在地方的贯彻落实，还是地方制定的降成本在基层的贯彻落实，都需要制定相关的制度和机制进行保障，从而能够使降成本的预期减负成为真正的减负，避免政策流于纸面。

中国财政科学研究院2017年"降成本"中部调研组

组长：白景明

成员：徐玉德　许　文　何　平　梁　强　龙海红　夏　楸

执笔：许　文

构建标本兼治的降制度成本综合政策体系
——基于中部地区企业成本调研的思考

一、新时期下降低制度性交易成本的重要性

制度性交易成本是指因政府的各种制度工具所带来的成本，即企业在遵循政府制定的一系列规章制度时所需付出的成本。在制度经济学中，判断制度优劣的最重要标准是其能否有利于市场交易的发生与深化，在这个过程中，制度性交易成本发挥了至关重要的作用。若制度性交易成本较低，则相关制度有利于交易市场的容量最大化和经济发展的进一步深化；否则，相关制度不利于市场交易的发生和深化，需要通过体制改革、政策调整等方式对制度加以完善，以减少制度性交易成本，从而实现市场经济的健康发展。

为此，党中央和国务院对如何降低制度性交易成本高度重视：2015年，中央经济工作会议提出"要降低制度性交易成本，转变政府职能、简政放权，进一步清理规范中介服务"；2016年，中央经济工作会议再次指出"要降低各类交易成本特别是制度性交易成本，减少审批环节，降低各类中介评估费用"；2016年，国务院印发《降低实体经济企业成本工作方案》，提出了3年左右实现"制度性交易成本明显降低。简政放权、放管结合、优化服务改革综合措施进一步落实，营商环境进一步改善，为企业设立和生产经营创造便利条件，行政审批前置中介服务事项大幅压缩，政府和社会中介机构服务能力显著增强"的目标任务，还指出降低制度性交易成本应"打破地域分割和行业垄断，加强公平竞争市

环境建设"、"深化'放管服'改革,为企业创造更好的营商环境"、"加快社会信用体系建设,加强知识产权保护"、"提升贸易便利化水平,合理降低服务收费标准"及"加快剥离国有企业办社会职能和解决历史遗留问题,减轻企业负担"。最近几年,国务院、中央各部委、各级地方政府多次发布相关政策,凸显了降低制度性交易成本的重要性。

随着供给侧结构性改革日益深入、全面深化改革步入攻坚期和深水区,降低制度性交易成本的重要性更是与日俱增,能否切实有效的降低制度性交易成本,对于消除经济发展壁垒、顺利实现全面小康,具有不可或缺的作用,主要表现在以下几个方面:

(一)降低制度性交易成本是供给侧结构性改革的核心内容

相比于凯恩斯主义需求侧投资、消费、出口"三驾马车"的逆周期调节,供给侧管理更多的是通过优化发展环境释放红利。供给侧改革的理论源自经济学界的供给学派,其认为,宏观调控政策的重点应该放在刺激生产上,供给侧改革的典型做法是减税和减少政府对经济生产的干预。因此,推行供给侧改革的核心是降低企业制度性交易成本,包括各种税费、融资成本、交易成本等,帮助企业降低杠杆率,减轻负担,提高竞争优势,同时还能提升资金的供给效率。

降低制度性交易成本有利于增强企业创新能力、提高供给质量与效率、改善供给结构,最终提高全要素生产率。制度性交易成本是企业盈利所需面临的主要关卡,特别是对于新兴产业及小微企业来说,经营之初的高税费压力以及融资难、融资贵等问题经常会拖累企业发展,转变政府职能、降低制度性交易成本则能够减少政府对于企业经营的干预,激发企业发展活力。

(二)降低制度性交易成本是降低企业总体成本的重要环节

首先,制度性交易成本自身就是企业成本的直接组成部分(见图1),尤其是企业的税费负担在其总成本中占比较大,直接关系到企业竞争能力的强弱和赢利水平的高低。降低制度性交易成本有利于直接降低企业总成本,提高企业的竞争能力和赢利水平。

其次,在融资成本、人工成本、物流成本、用能用地成本等其他企业成本中,也夹杂着许多制度性因素,这些成本中有相当一部分也可算作广义的制度性交易成本。如社保缴费政策对人工成本、土地政策对用能用地成本、金融政策对融资成本等均会产生重要的影响,因此,制度性交易成本和其他企业成本环环相

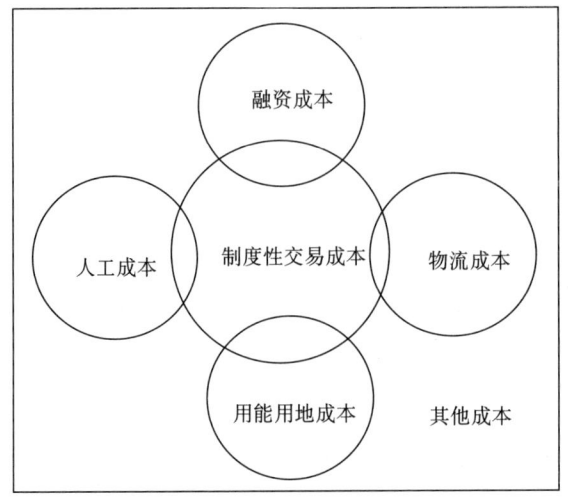

图 1　企业成本构成

扣，事关企业降成本工作全局，降低制度性交易成本是确保"降成本不反弹"的关键实招。

此外，制度性交易成本还存在很强的隐蔽性，除了表现出直接成本的特征，在很多时候更是呈现出一种机会成本的性质，难以统计和估量。在企业降成本过程中，制度性交易成本这样的隐性成本往往容易受到忽视，而能否有效降低制度性交易成本，直接关系到企业降成本能否避免"虚降实高"的现象。

（三）降低制度性交易成本是促进政府职能转变的有力推手

加快政府职能转变、建设服务型政府，降低制度性交易成本首当其冲。制度性交易成本是企业自身努力无法降低的成本，只有依靠政府深化改革，调整制度、政策，才有可能为企业减负。在供给侧改革进程中，降低企业制度性交易成本，迫切需要通过结构性减税、简政放权、放松管制等改革，优化政府管理，提高政府管理的效率，可以倒逼政府公共服务职能的转变。

（四）降低制度性交易成本是经济动力顺利转换的关键要素

我国经济发展进入新常态，传统增长动力减弱，面临经济增长不断减速的严重挑战。要适应和引领新常态，应探寻新的增长动力，其中关键在于降低制度性交易成本、并以此提高全要素生产率及其对经济增长的贡献份额。

我国已经处于中等偏上收入阶段，人口红利开始消失，储蓄率和资本报酬率的下降成为不可避免的趋势,其对经济增长的贡献不再能保持原有的水平;劳动力数量逐渐变为负增长,而人口抚养比则已经跨过了从下降到提高的转折点,因此,这两个变量对经济增长的贡献也将转正为负。为此,传统的依靠土地、资本和劳动为基础的投入驱动型经济增长已难以为继,而以科技创新和体制创新为基础的创新驱动型经济增长才是未来的发展方向。创新驱动型经济增长的核心是全要素生产率的提高,除了传统的土地、资本和劳动投入,更重要的还包括生产技术的进步、管理的创新、制度的优化等,降低制度性交易成本就是其中一个关键性因素。

二、制度性交易成本的三维结构分析

制度性交易成本种类繁多、性质各异,为认识制度性交易成本的总体状况、聚焦主要问题、提出针对性的降成本举措,首先要把握制度性交易成本的结构特征。可以采用三维属性描述一项制度性交易成本的主要特点(见图2)。

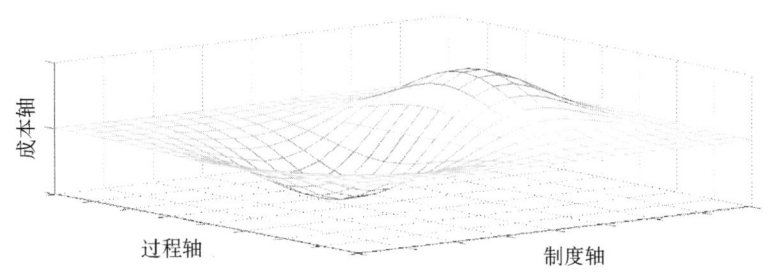

图2 制度性交易成本的三维结构

第一维是制度属性,表示该项制度性交易成本是由何种类型的制度产生,可分为宏观调控制度、微观管理制度和微观管制制度三大类。宏观调控制度以维护经济秩序和改善经济环境为目标,广泛地调节和影响各交易环节及对象的交易秩序,进一步又可细分为财政政策、货币政策、经济立法、产业政策等;微观管理制度是政府作为出资人直接干预国有企业重大经营决策的外部治理手段,以实现政府的政策目标,进一步又可细分为国有企业的各项管理制度;微观管制制度是政府依据相关法规管制企业经济行为、防止市场机制失灵的手段,主要影响市场交易行为,进一步又可细分为市场准入、价格管制、知识产权管制、环境管制等。

第二维是过程属性,表示该项制度性交易成本是在制度运行过程中哪个阶段产生的,可分为审核阶段、执行阶段、督查阶段、验收阶段等,随具体制度的不同,各个阶段都可能产生相关的交易成本。

第三维是成本属性,表示该项制度性交易成本属于何种类型,可分为直接成本、间接成本、机会成本、隐性成本、或有成本等。直接成本是制度直接给企业带来的成本负担,能够直观的采用货币形式、根据明确的法定标准加以衡量,如各类税费等;间接成本是制度虽然没有明确对企业进行收费,但企业却因为相关规定要承担其他费用,如要求第三方检测时企业要承担检测费等;机会成本是制度导致企业未能从事或不能很好从事某项活动而造成的损失,如企业因准入限制不能经营某项业务,相当于损失了相应的利润;隐性成本是企业为争取制度优势而付出的额外花费,如灰色支出等;或有成本是因未来制度存在较大不确定性而可能带来的企业成本增加,如原有优惠政策到期后若不再继续,则会加大企业成本。

根据上述三维属性即可对各项制度性交易成本进行分类(见表1),以不同维度作为坐标轴,将不同制度性交易成本绘制到三维坐标系中便可直观地判断制度性交易成本中各类成本的分布情况和总体特征,并据此得到相关制度的优化方向。

表1　　　　　　　　　　制度性交易成本的三维分类

维度	一级分类	二级分类
制度维度	宏观调控制度	财政政策
		货币政策
		经济立法
		产业政策等
	微观管理制度	国有企业的各项管理制度
	微观管制制度	市场准入
		价格管制
		知识产权管制
		环境管制等
过程维度	审核阶段	
	执行阶段	
	督查阶段	
	验收阶段等	

续表

维度	一级分类	二级分类
成本维度	直接成本	税费负担等
	间接成本	时间成本、第三方评估费用等
	机会成本	资格审核等
	隐性成本	灰色支出等
	或有成本等	未来制度不确定性等

三、当前制度性交易成本面临的突出问题及其成因

（一）突出问题

1. 制度性因素已成为进一步降成本的最大制约

在当前利率和物价水平较低的背景下，利息成本、原材料成本等市场性成本所占比重相对下降，而制度性交易成本所占比重则相对上升。能否有效降低制度性交易成本，已成为能否有效降低企业总成本的决定因素。同时，随着企业降成本政策力度的不断加大，企业税费负担、融资成本、人力成本、用能用地成本、物流成本等各项成本均有所下降，然而，在这些成本当中，仍然或多或少的存在难以化解的制度性壁垒，对相关成本的进一步降低产生了严重阻碍。如对于融资成本，受相关制度规定制约，许多小微企业符合银行要求的担保物、抵押物不足，贷款利率基本上要上浮30%—40%甚至更高。除了正常缴纳利息外，银行还要向企业收取贷款承诺书费、贷款安排费、融资安排费、贷款顾问（咨询）费、授信额度管理费、贷款合同文体工本费、贷款意向书费、抵押物管理费等名目繁多的费用。在利息成本之外，制度性交易成本明显加重了小微企业的成本负担，在一定程度上限制了小微企业的快速发展。再如在当前国家对企业社保缴费的规定下，社保缴费比例和缴费基数较高，且社平工资和最低工资标准每年都有所增加，企业的缴费基数不断提高，明显增加了企业人工成本。

2. 非直接制度性交易成本未能有效下降

近两年，减税降费力度不断加大，制度性交易成本中的直接成本下降明显。2016年仅"营改增"就为企业减税超过5000亿元，2017年预计全年为企业就减税超过1万亿元。然而，与直接成本相比，间接成本、机会成本、隐性成本等

其他非直接成本却难有改观。虽然受缺乏计量手段、难以获取数据等因素的影响，非直接成本下降程度未能精确判定，但从实际调研中企业反映的情况来看，效果还有待提高。

例如，土地政策收紧给企业带来了较大的时间成本。近年来，受用地政策收紧等因素影响，工业项目建设用地指标较紧，部分项目建设过程中土地保障不到位、审批程序复杂、办理用地手续时限较长，影响企业投资进度，一批项目更是因要素制约被迫推迟开工或建设工期。从目前情况看，部分工业园区（开发区）落户项目开工建设限制因素仍是无建设用地，一方面拆迁安置、占补平衡等政策处理难，导致征地工作进展缓慢；另一方面，一些地方年度用地指标已经用完，许多后续项目土地指标难以落实，造成项目迟迟无法动工建设。

又如部分投资项目立项程序复杂，手续无法简化，不能实现真正意义上的并联审批，特别是土地使用指标和项目环保评审及施工许可证等必要审核文件的办理，部分项目在立项、可研、环评、选址、征地等阶段停留时间较长，对项目进度产生明显影响，甚至导致项目最后难以落实。

3. 不同经济主体间制度性交易成本差别较大

国有企业和民营企业、大中型企业和小微企业、内资企业和外资企业、内陆企业和沿海企业等各类经济主体面临着不同的制度环境，制度性交易成本存在着明显的差别。如国有企业和大中型企业是银行信贷资金的主要流动方向，其在融资过程中的制度性交易成本较低；而民营企业和小微企业融资就较为困难，面临较高的制度性交易成本。相对内资企业，外商投资企业在申报科技专项扶持资金、技改贴息、研发资助、对外援助资格等方面受到限制，部分为降低企业成本的政策不是要求中方控股，就是要求不能有外资股份，对于外资企业存在"玻璃门"、"弹簧门"现象，外资企业难以享受政策实惠。内陆地区"五险一金"的缴费比例和缴费基数普遍比沿海城市高，显著加大了内陆企业的人力成本，严重制约了沿海产业向内陆地区的转移。

4. 改革过程中出现新的制度性交易成本

一是政府部门职责不明确增加了制度性交易成本。由于前几年机构改革之后，对部门的设置进行了较大的调整，各级政府之间的部门设置不再是一一对应的关系。这就导致上级政府简政放权的有些职能找不到具体承办的部门，再加上很多事项又需要多部门协同办理，因而造成了职责划分不清晰、部门分工不明确、业务流程不合理、工作标准不完善等现象。有些事情看似几个部门都在办，却找不到最后拍板决策的部门或人员；而有些事情，相关部门的办事人员既没有收到相关文件,也没有接到相关通知,难以及时处理。这使得不少企业在办理相关事项时不知所措,耗费了大量的人力、物力、财力和时间成本,无形中增加了制度性交易成本。

二是培训不及时增加了制度性交易成本。政府部门不少业务涉及的专业性、政策性、制度性、法律性的知识较多,如果不经过专业化、系统化和规范化的培训,很难熟悉业务和掌控尺度。由于上级政府大量简政放权,宣布失效或新发布的政策性文件较多,如国务院从 2015 年起对新中国成立以来的国务院文件进行全面清理,2016 年 6 月 15 日前宣布失效 489 份国务院文件,2016 年 6 月 15 日又宣布失效并停止执行 506 份国务院文件,在大量文件失效的情况下,下级政府在执行过程中必然存在明显的滞后性,其培训难以及时跟进。下级政府未能及时组织相关承接部门及人员进行专业化、系统化和规范化的培训,导致部分办事人员对业务不熟悉。

(二) 问题成因

1. 制度设计不够科学

部分制度在设计时存在以下问题:制度设计的程序不够健全;制度设计过程容易受到部门利益的影响或者强势利益集团的干扰;不符合市场经济规律;守法和执法成本过大,难以实施,强制实施将会损害社会主体的利益,或者损害公共利益;利益关系失衡,公平正义缺失;忽略了制度的整体性、系统性、配套性,在维护一部分人利益的时候,忽视相关群体利益的均衡。

2. 制度执行不够到位

一是部分制度公开透明度不足,缺乏宣传,导致企业难以了解制度具体要求,加大守法成本。

二是制度执行时不是以服务企业发展、解决企业问题为中心,存在不同部门怕麻烦、不敢承担责任、相互推诿的现象。

三是部分制度不够规范,"天窗"和"后门"较多,行政人员在执行过程中自由裁量权过大,容易钻空子,造成效果不好或灰色交易等问题。

四是部分行政人员思想意识尚未转变,时间观念不强,办事效率不高。自中央推出《八项规定》之后,使政府部门的有些人员受到了较大的约束,失去了可观的"灰色收入",内心有抵触情绪;再加未认真学习和领会习总书记的一系列讲话精神,未深刻认识到政府正在转变职能,公务员是全心全意为人民服务的公仆的内涵,因而在业务上不学习、不钻研,在工作上不积极、不主动,致使其时间观念淡薄，办事效率不高。

3. 制度优化不够及时

一是督查不到位。在贯彻、落实和执行降低制度性交易成本的具体方案、目标和措施的过程中，监督、检查、指导和考核是非常重要的。如果督查不到位，指导不及时，考核不过硬，必然造成执行不力，落实不彻底。首先，缺乏针对每条措施的明确的监督、检查、指导和考核的责任部门和责任人；其次，缺乏具体的可操作的执行降低制度性交易成本措施的绩效评价办法；最后，缺乏具体的考核奖惩措施和时间节点要求。

二是缺乏制度问题的反馈机制。制度中存在的问题难以向有关部门反映，即使反映了也未能有效处理。

三是缺乏制度的动态调整机制。随着时间推移和形势变化，原有制度不适合实际情况而出现的问题会不断积累，若不能及时对制度作出优化调整，已不适宜的制度必将增加交易成本。

四、现有降低制度性交易成本的政策举措

（一）简政放权

1. 取消、下放审批权限

江西省按照"法定职责必须为、法无授权不可为"要求，2016年以来，省本级共取消和下放行政审批事项364项，精简比例达56%。同时，全面取消非行政许可审批事项，有效解决了政府干预过多、市场准入门槛过高、行政性垄断过多等制约经济发展活力的难题，为创业创新释放更大空间。

河南省持续精简本级行政许可事项，对确实需要下放给基层的审批事项，在人才、经费、技术、装备等方面予以保障，确保基层接得住、管得好。对相同、相近或相关联的审批事项，一并取消或者下放。

2. 简化规范审批手续

江西省最大程度减少项目核准前置条件，只将规划选址、用地预审两项作为项目核准的前置审批条件，并将18项企业经营自主权事项取消，大幅减少了项目核准申报手续。

河南省对确需保留的行政审批事项，统一审批标准，简化审批手续，规范审

批流程。所有行政审批事项都要严格按法定时限做到"零超时"。

湖南省进一步深化"先照后证"改革，将原来的 5 项前置审批事项改为后置审批；在"五证合一"基础上，全面推行"多证合一"；逐步推行企业登记全程电子化。

3. 建立绿色通道

江西省对于国家鼓励的高技术、高附加值、低消耗、低排放等推动科技进步、优化存量、调整产品结构的项目以及淘汰落后、兼并重组、技术升级改造等有利于结构调整、环境改善和普惠民生的省重点项目和战略新兴产业项目，依据《江西省环保厅落实重大产业项目绿色通道工作方案》和《关于贯彻实施〈江西省人民政府关于推进江西战略性新兴产业超常规发展的若干意见〉等两个文件的意见》等规范性文件，全部纳入环保评审绿色通道。通过采取增加联审会召开次数、规范项目环评监测速度、加快初审意见出具、简化环评审批前置条件等措施，使环评审批时限大为缩短，重大项目审批时限缩短为 10 个工作日，比法定时间缩减了四分之三以上。

(二) 加强制度规范

江西省规范权力运行流程，清理规范审批中介事项。目前，江西省建立各级政府行政权责清单，推进各类事项在大厅和政务服务网集中办理，实现企业群众办事"一站式、一单清"；推进网上并联审批和"一口受理"，省本级审批事项平均办理时限由 23.6 个工作日减至 13.8 个工作日；全面推进"五证合一"登记模式，企业市场准入环节的审核时间由原来的近 20 个工作日减至 3 个工作日，多地实现当日申请、当日办结；晒出省市县三级中介服务清单，凡是无法律、法规、规章依据的中介服务事项及收费一律取消，有效降低了企业制度性交易成本。

(三) 创造良好经营环境

江西省加强事中事后监管，规范市场秩序。全省已实现市场和质量监管部门机构名称、执法文书、执法标识、受理平台、教育培训五个"统一"，市场监管体制得到理顺；推进"双随机一公开"机制，突出信息化监管手段运用，国家企业信用信息公示系统（江西）首个通过国家部委验收并投入使用；选择南昌县等 4 个县（市、区）开展相对集中行政许可权改革试点，积极探索"审管分离"模式下"宽进严管"的市场准入机制，营造良好的营商环境。

(四) 开展企业帮扶活动

江西省积极开展领导挂点、干部下企、专家帮扶、金融帮扶、产业链对接五大精准帮扶活动，36位省领导率近4000名市县领导干部、1.3万余名各级机关干部分别联点帮扶1.4万余家规上企业，推动增加企业授信8700亿元。

(五) 运用先进技术手段

运用互联网+、电子信息管理系统、在线政务平台等先进的技术手段，能够有效克服传统行政过程当中信息不流畅、行政效率较低、时间成本过大等缺陷，有效降低制度性交易成本。

江西省推进省、市、县三级发改委联网审批，实施即时电子监察，实现公众网上实时查询审批进程，做到公开、透明、高效。

河南省将把保留的投资项目审批事项全部纳入全省投资项目在线审批监管平台，实行"一站式"网上审批。扩大"三证合一"覆盖面，推进整合个体工商户营业执照和税务登记证，实现只需填写"一张表"、向"一个窗口"提交"一套材料"，即可办理工商及税务登记。加快推进工商登记全程电子化、名称登记、放宽住所条件、简易注销登记等改革试点。

湖南省积极运用物联网、云计算、大数据等技术，实施智能监管。比如说，使用智能化执法终端，实现监管和执法办案的全程信息化，提高市场监管效能；整合抽查抽检、网络市场监测、违法失信、投诉举报等相关信息，加强监管风险监测研判，做到早发现、早预警。

五、降低制度性交易成本综合政策体系的构建

当前降低制度性交易成本政策虽然力度较大，也取得了一定的成效。但从整体上看，各项政策缺乏系统性的综合考虑，大多是为了针对具体制度的现有问题而采取的一种"治标"行为，难以从制度体系内在的运行机制着手，把握制度性交易成本的核心根源。为切实有效降低制度性交易成本，防止其反弹，应构建一套"标本兼治"的综合政策体系，从制度运行的深层机制出发，彻底断绝形成制度性交易成本的土壤，做到既能有效解决眼前问题，有的放矢地降低现有制度交易成本，又能理顺制度运行机制，未雨绸缪地化解新制度交易成本的产生。

（一）治标之策——降低现有制度成本

通过对当前制度性交易成本突出问题的分析，在企业降成本工作中，要重点关注降低制度性交易成本、特别是降低其中的非直接成本问题，充分化解企业各类成本中的制度性壁垒，有效消除不同经济主体之间的制度性差异，尽量避免在改革过程中产生新的制度性交易成本，可以考虑以下几条举措：

1. 加大减负力度

一是积极落实现有降低制度性交易成本政策。严格按照《降低实体经济企业成本工作方案》（国发〔2016〕48号）、《全国深化简政放权放管结合优化服务改革电视电话会议重点任务分工方案》（国办发〔2017〕57号）、《关于做好2017年降成本重点工作的通知》（发改运行〔2017〕1139号）等重要文件的要求，打破地域分割和行业垄断，加强公平竞争市场环境建设；深化"放管服"改革，为企业创造更好的营商环境；加快社会信用体系建设，加强知识产权保护；提升贸易便利化水平，合理降低服务收费标准；加快剥离国有企业办社会职能和解决历史遗留问题，减轻企业负担。

二是摸清企业各类成本中的制度性因素，降低广义制度性交易成本。广义制度性交易成本既包括现有降成本政策中明确的制度性交易成本，还涵盖企业其他各类成本中由制度性因素造成的部分。建立制度性交易成本清单制度，列举企业税费负担、融资成本、人力成本、用能用地成本、物流成本等各项成本中的制度性因素，谋划针对性的解决方案。当前企业各类成本中需要重点关注的制度性因素如下：

企业税费负担方面，应及时完善"营改增"相关政策，确保所有行业税负只减不增；落实好研发费用加计扣除政策，修订完善节能环保专用设备税收优惠目录；扩大行政事业性收费免征范围，清理规范涉企收费；取消减免一批政府性基金，扩大小微企业免征范围。

企业融资成本方面，应督促银行业金融机构依法合规收费，制止不规范收费行为；完善证券交易所市场股权融资功能，规范全国中小企业股份转让系统（"新三板"）发展，规范发展区域性股权市场和私募股权投资基金；改革完善公司信用类债券发行管理制度，合理扩大债券发行规模，提高直接融资比例。

企业人工成本方面，应适当降低企业社保缴费比例；完善住房公积金制度，规范和阶段性适当降低企业住房公积金缴存比例；完善最低工资调整机制；推进户籍制度改革，实现居住证制度全覆盖，将外来务工人员纳入当地教育、基本医疗卫生等公共服务覆盖范围,降低劳动力自由流动成本。

企业用能用地成本,应放开能源竞争性领域和环节价格管制,形成充分竞争的机制;加快推进电力体制改革,合理降低企业用电成本;完善土地供应制度,降低企业用地成本。

企业物流成本方面,应健全现代物流标准体系,强化物流标准实施;合理确定公路运输收费标准,规范公路收费管理和监督执法;规范机场铁路港口收费项目,清理不合理服务收费。

三是既要注意可采用货币计量的、显式的直接制度性交易成本的降低,更要关注难以计量的、隐性的、或有的等非直接制度性交易成本的降低。建立制度间接成本、机会成本、隐性成本、或有成本等非直接成本的调查统计机制和问题反馈机制,针对其中问题研究可行的应对措施。

2. 确保制度公平

放宽对于不同经济主体的不公平制度约束,为国有企业和民营企业、大中型企业和小微企业、内资企业和外资企业、内陆企业和沿海企业等各类经济主体创造相同的良好制度环境,充分激发各个经济主体的发展活力。

3. 完善配套改革

一是明确政府相关部门的工作职责。作为政府来说,第一,应明确相关责任部门和协作部门的工作职责;第二,应对相关职能制定科学、合理的管理流程,并设计管理流程图;第三,应制定相关的工作标准或管理标准;第四,应将上述相关部门的工作职责、管理流程图和工作标准等在网上公示。如此,既能使相关部门及人员知道做什么、怎么做、做到什么程度,避免职责不清、分工不明、职责交叉,又能使企业在经办的过程中做到心中有数。这对提升工作效率和服务质量大有裨益。

二是对相关部门及人员进行及时培训。对于上级政府简政放权所下放的职能、废除失效政策性文件的相应清理、新发布的政策文件等,应对相关承接部门及人员进行专业化、系统化和规范化的培训,使他们尽快熟悉和掌握相关的专业性、政策性、制度性、法律性知识,才能更好更快地胜任工作。至于培训方式,可采用请进来、送出去和自己组织培训等方式。而培训内容,应包括相关职能的业务范围、业务内容、涉及理论、处理原则、处理方式、处理方法、尺度掌控技巧等。请熟悉相关业务的领导、专家或学者进行授课。只有对相关承接部门及人员及时进行业务培训,才能使他们更好地为企业服务。

（二）治本之策——完善制度运行机制

1. 重视制度设计

良好的制度设计应遵循以下原则：

第一，制度合规律。法律法规、政策措施属于上层建筑的范畴，上层建筑必须与经济基础相适应。良法善治，必定要符合经济社会发展的客观规律。立法的过程，制定政策措施的过程，就是根据经济社会发展规律，对社会关系进行调整，规定社会主体行为准则的过程。法律法规、政策措施如果违背经济社会发展规律，必将或早或迟阻碍经济社会发展，甚至将经济社会发展引入歧途。当前制度性交易成本偏高的一个重要原因就是因为行政许可过多过滥，政府干预市场过多，行政权力介入资源配置，市场配置资源的基础性作用得不到充分发挥，不符合市场经济规律。

第二，制度有效率。好的制度还必须是有效率或者说有效益的制度。按照成本收益法则，一项好的制度产生的效益，应当大于社会主体为遵守这一制度所付出的成本和政府执行这一制度的成本相加的总和。

第三，制度公正。好的制度还必须符合公平正义的要求。制度设计者在调整社会关系时，一定要注意均衡各方面的利益，体现社会的公平正义。如果利益关系失衡，公平正义缺失，必定会引发社会矛盾。

第四，制度成系统。好的制度还必须充分考虑整体性、系统性、配套性。制度都有其产生的背景，也与其他一些制度有关联，任何一项具体的制度都是不可能独立存在的。忽略了制度的整体性、系统性、配套性，任何制度实施起来效果都不会好。

第五，制度可执行。真正好的制度一定是可执行的制度。可执行性要求权利义务清晰、程序设置合理。

基于以上原则，在制度设计过程中，要重视制度设计者的自身建设，保证制度设计者有公正的立场、有相应的能力；要建立制度设计中的回避制度，制度设计者与制度执行者相分离，不能让部门利益、强势集团利益左右制度设计；要完善制度设计中的公众参与制度，通过公开征求意见、听证等程序，保证制度的公平公正；要建立制度设计评估论证制度，通过成本效益分析、风险评估、专家论证等方法，保证制度的科学合理；要完善制度设计程序，通过严密的程序，来保证制度设计的合法性、有效性；要健全制度设计的监督制度，制度设计的过程、结果都要公开，接受社会监督，制度设计的结果要报备，使错误的制度能够得到及时纠正。

2. 加大宣传力度

精准发力，提高宣传针对性。政府机关深入企业，开展政策宣传，使落实工作更加贴近民心；创新形式，增强宣传生动性。充分用好用活部委、省、市、局门户网站、微信、短信、QQ 平台等各类宣传平台，充分借助网络、新闻媒体、政务服务厅公告等媒体优势和力量，采取原文发布、政策解读、视频专访等多种形式加强政策宣传。

3. 提高运行效率

一是提升相关部门及人员的工作效率。要提升相关部门及人员的工作效率，关键还要从意识、思想方面着手。其一，应加强行政人员的思想教育工作，找到"病根"，开对"处方"；其二，应组织行政人员认真学习和领会习总书记的一系列讲话精神；其三，应使行政人员深刻认识到，目前政府正在转变职能，正在朝"服务型政府"转化，这是大势所趋。

二是加强监督、检查和考核。没有考核，就没有压力；没有压力，就没有动力。因而在贯彻、落实和执行降低制度性交易成本措施的过程中，政府相关部门应加强监督、检查、指导和考核。其主要办法如下：针对每条措施，明确具体的监督、检查、指导和考核的责任部门和责任人；制定具体的可操作的执行措施的绩效评价标准；制定具体的考核奖惩措施和时间节点要求；在执行过程中加强业务指导，并实行定期和不定期的监督、检查；根据绩效评价标准和时间节点要求，对相关执行部门及人员进行严格考核，且兑现奖惩措施。

三是建立制度的后评估制度和及时反馈调整机制，通过后评估及时发现问题，不断完善制度。

中国财政科学研究院 2017 年 "降成本" 中部调研组

组长：白景明

成员：徐玉德　许　文　何　平　梁　强　夏　楸　龙海红

执笔：梁　强

河南、江西、湖南三省企业税费负担调研报告

2015年12月中央经济工作会议把"降成本"列为2016年经济工作五大任务之一,明确提出要帮助企业降成本。2016年8月,国务院印发《降低实体经济企业成本工作方案》,对开展降低实体经济企业成本工作进行全面部署。"降成本"顶层设计明晰后,各地方政府积极响应,相应配套措施陆续出台。截至目前,降成本工作已经开展一年多,各地就"降成本"出台的政策落实情况如何,企业还有哪些诉求是当前社会各界比较关注的问题,为此,2017年4—5月,课题组就企业税费负担问题调研了河南、江西、湖南三个省份。

一、三省为降低企业税费负担采取的措施及成效

为贯彻落实中央有关降成本的工作部署,2016年,湖南省人民政府办公厅印发了《关于进一步降低实体经济企业综合成本实施方案》(湘政办发〔2016〕62号),江西省人民政府出台了《关于进一步降低企业成本优化发展环境的若干政策的通知》(赣府发〔2016〕44号)。为降低企业成本,三省政府都采取了一系列组合拳。在降低企业税费负担方面,各省政府在按照中央相关部署扎实稳妥落实的同时,还结合本省实际情况出台了若干具有针对性的政策措施,将优化企业发展环境、降低企业税费负担的目标落到了实处,成效显著。

(一)全力推进营改增工作

营改增全面实施以来,江西省赣州市税务局通过深入企业耐心辅导,帮助纳

税人精准掌握政策规定，使企业充分享受到了营改增带来的减税福利。统计数据显示，从2016年5月至2017年4月，营改增实施一年中，江西省赣州市四大行业（建筑业、房地产业、金融业、生活服务业）营改增纳税人入库增值税与同期入库营业税相比，税收收入减少26.6亿元，降幅达41.8%。四大行业税负均不同程度下降，其中住宿餐饮等生活服务业减负最为明显，综合税负下降至1.5%。以赣州某国际酒店为例，一年来，该公司营业收入约为5000万元，取得租金、水电、农产品等进项税额208万元，缴纳增值税后，实际减税180余万元，比缴纳营业税减少近70%。在减税的同时，企业的内部管理也更加规范了。由于增值税抵扣机制作用，企业为了充分享受改革红利，倒逼自身进行变革，大多数企业进一步规范了财务管理，积极取得进项抵扣，不但使企业管理更加规范，还促进了市场运行机制和秩序的完善，进一步营造了诚信纳税的社会环境。

（二）积极落实税收优惠政策

2016年以来，湖南省国税系统支持节能环保、安全生产、固定资产加速折旧、软件产业和集成电路产业发展等促进工业投资和技术改造企业所得税优惠政策，共减免企业所得税17.2亿元，落实研究开发费用加计扣除政策优惠金额93.2亿元，真正将税收优惠政策落到了实处。为了帮助纳税人更好的了解政策、用好政策，针对纳税人关注的研发费用加计扣除、固定资产加速折旧等税收政策，还制作了统一培训课件，以及固定资产加速折旧管理软件税企共用系统等。

（三）阶段性降低社会保险费率

2016年，国务院常务会议审议通过了《人力资源社会保障部、财政部关于阶段性降低社会保险费率的通知》，从2016年5月1日起两年内，将阶段性降低企业职工基本养老保险单位缴费比例。政策发布后，河南省政府积极执行，已按照政策规定，单位缴费比例从20%降低至19%。经过测算，缴费比例下降使每月全省社保收入减少1.64亿元，2016年5—12月共减少收入13.12亿元，占2015年养老保险缴费收入的2.04%，不会影响基金的稳定运营。在失业保险方面，为进一步减轻企业负担，增强企业活力，河南省人社厅和财政厅联合印发《关于阶段性降低失业保险费率的通知》，决定从2017年1月1日起，河南省失业保险总费率再降低0.5个百分点，由此前的1.5%降至1%。其中，单位缴费比例由 1.2%降为 0.7%，降低 0.5 个百分点，个人缴费比例维持目前的 0.3%不变。降低费率的期限执行至 2018 年 4 月 30 日。经省人社厅测试，此次降低失业保险费率，每年可为用人单位减负 10 亿元以上。同样的，湖南、江西两省份养老保险和失业保险费率也分别下调至 19%和 1%。

（四）全方位清理涉企收费

2016 年，湖南省发改委、财政厅对涉企经营服务性收费和行政事业性收费进行清理。从 2016 年 3 月 20 日起，先后分 5 批取消、停征、降标和放开 88 项涉企收费，其中取消和停征 18 项、降标 47 项、放开 23 项，为全省企业减负约 28.06 亿元。在清理收费的同时，对行政事业性收费实行目录清单管理，完善公示制度，提高收费政策的透明度。对已取消或免征的收费项目开展"回头看"，防止乱收费现象反弹。2017 年 1 月，江西省出台了行业协会商会与行政机关脱钩实施方案，明确提出全省行业协会商会要与行政机关脱钩，让"红顶中介"摘帽，并确定 19 个业务主管单位推荐的 26 个行业协会商会作为第一批试点单位。脱钩内容包括机构、职能、资产、财务、人员、党建、外事所有涉及机构运营的方方面面，实现了行政机关与行业协会商会的真正切割，从根本上解决行业协会商会借用行政资源乱摊派、乱收费等行为。

二、三省份在降低企业税费负担中遇到的问题

近几年，各省份为降低企业税费负担，优化企业生存环境做了很多努力，出台了很多政策。但是，调研中发现，对于现行的税收政策，企业仍然有很多不满意的地方。深入分析发现，不满意的原因既有企业对税制结构、税收政策的误解，还有现行政策本身不完善所导致的。

（一）我国宏观税负水平并不高，企业税费负担重有税制结构造成的错觉

1. 经济下行过程中，企业税负敏感度增加，且间接税为主体的税制结构导致企业税负感加重

一直以来，我国涉及企业的两大主要税种的税制改革，即增值税和企业所得税改革体现的都是普遍性减税和结构性减税相结合的政策导向，中国宏观税负也一直趋于稳定，但是为何企业感觉税负越来越重，究其原因，主要是企业

经营环境发生了翻天覆地的变化,盈利水平逐渐降低,税费负担越来越被企业所感知。

近年来,我国经济发展的基础条件发生了重大变化,生产要素成本快速上升,土地成本、劳动力成本、资本成本等大幅提升,原有的低成本优势逐渐降低甚至消失。而同期,世界经济格局也在发生变化,发达国家的再工业化和我国周边国家的工业化进程对中国制造提出了挑战。在生产成本不断攀升,产品订单不断下降的双重夹击下,我国制造业企业的盈利能力逐渐减弱,利润大幅降低,此时,税收负担逐渐凸显出来。企业最直观的感受是,即使企业亏损仍要缴纳增值税和消费税等各项税收,似乎这些税收掠夺了其最后一丝利润,调研中就有企业提出这一问题。

实际上,这种认识是有误区的。在我国,增值税、消费税和关税等属于间接税。间接税缴纳时,纳税义务人并不是税收的实际负担人,纳税义务人是通过提高价格或收费标准的方式将税款附加在所售商品的价格中。也就是说,理论上间接税并不会给企业带来额外负担。当然,实践中,有些情况下,间接税因为不能全部转嫁给购买方,的确也会有一部分无法转嫁的税负留在企业内部,作为成本给纳税企业造成一定负担,但企业承担的只是一部分,绝非有些企业认为的全部承担。我国是以间接税为主体的税制结构,2016 年税收收入中,间接税占比 60%,直接税占比 40%。①间接税占据了税收收入中的绝大部分。间接税因为占比高格外引人关注,也由此导致了间接税比重过大使企业在生产经营中直接感受到的负担更重。

2. 我国 90% 税收收入的纳税主体是企业,容易造成企业不满

2012—2015 年,中国大口径宏观税负②接近 30%,远低于发达国家 42.8% 的平均水平,也低于发展中国家 33.4% 的平均水平;中口径宏观税负③ 23.4% 左右,低于 2014 年 OECD 国家 35.5% 的平均水平;小口径宏观税负④ 18.5% 左右,低于 2013 年发达国家 25.9% 和发展中国家 20.4% 的平均水平。可见,不论按照哪种指标计算宏观税负,我国宏观税负水平均不高。但是,宏观税负水平不高,企业却仍感觉税负沉重,是因为我国税收缴纳主体主要为企业。当前,我国共有 18 个税种,这其中,增值税、消费税、企业所得税、城市维护建设税等 15 个税

---

① 发达国家的直接税比重一般在 50%—60%,美国、加拿大甚至超过 70%。
② 大口径宏观税负,按照 IMF 统计口径测算,即政府全部收入占 GDP 的比重。
③ 中口径宏观税负,按照 OECD 测算口径,即税收收入和社会保障缴款之和占 GDP 比重。
④ 小口径宏观税负,税收收入占 GDP 比重。

种主要由企业缴纳，个人所得税、房产税和车辆购置税主要由个人缴纳。2016年，企业主要缴纳的这15种税收占全部税收的90%，个人主要缴纳的3种税收占全部税收的比重合计仅为10%。税收主要由企业缴纳，虽不代表税负的承担者也是企业，但是企业作为纳税主体，从自己口袋拿钱缴纳税费的直观体验是税收负担重。

（二）财税政策不完善，各地执行标准不统一

1. 财税政策不完善

现有财税政策在对产业的扶持和引导方面有盲点，是调研过程中一些企业反映的问题。以河南省水泥窑协同处置固体废物为例。在现有的水泥窑生产设施基础上，通过稍加改造可建成生活垃圾预处理系统，即处置生活垃圾不再需要填埋场和焚烧炉，用改造过的水泥窑即可。与传统填埋、焚烧处理方式相比，水泥窑协同处置生活垃圾技术可行、节能环保、经济合理，优势明显。目前，各省份对于水泥窑协同处置固体废物的补贴标准不统一。河南省开展水泥窑协同处置垃圾的企业只能获得每吨50—70元的生活垃圾处置费用，而实际上企业处置每吨垃圾的成本为150—200元，同样的，发电企业焚烧处理每吨垃圾却能获得约200元的政策补贴。焚烧处理有财政补贴，更精细化的水泥窑协同处理反倒补贴不足。对此，水泥企业表示不满意，盼望尽快出台水泥窑协同处置固体废物的财税支持政策，加快水泥行业转型升级，使水泥企业逐步成为低碳环保型企业。

在税收征管方面，调研企业也提出了一些不满意的地方。例如，河南中船重工725所在青岛、厦门、武汉等地均有不动产租赁业务，由于国税和地税纳税人信息不能共享，武汉地方税务局要求企业必须办理临时税务登记，如果照做，就会出现一个法人多个纳税主体的现象。因此，企业建议，应该进一步完善跨区经营国地税资源和信息共享，使企业税务信息能够实现跨省域信息共享，优化地方税种的征管方式。

2. 税收政策执行标准不统一

税收政策执行中，有些政策的执行尺度是需要由税务机关根据实际情况自行裁量的，由此就出现了对待相似问题各地执行标准不一致、或者同一地区不同企业执行标准不一致、甚至同一企业不同时期执行标准不一致的现象。比如，依据《财政部、国家税务总局关于全面推开营业税改征增值税试点的通知》规定，单位或者个体工商户向其他单位或者个人无偿提供服务视同销售，且税务机关有权

按照一定方法确定销售额。由此，企业集团内部，关联企业互相拆借资金时，即使关联方之间没有发生利息往来，税务机关也有权按照同期同类银行贷款利率计算利息收入，作为增值税的计税依据。然而，这项政策在具体执行时，按照何种方式计算利息收入，税务机关有很大的自由裁量权。

（三）社保缴费负担依然较重，各地社保费率不一致导致中部地区产业承接受阻

1. 社保缴费负担依然较重

调研过程中发现，社保缴费负担重，可以说是企业降成本中呼声最集中的领域，几乎每一家企业都提到了这一问题。以郑州日产企业有限公司为例，从2010年至今，公司经营基本持平，但人工成本总额增幅却达到62%，而员工可分配收入并没有明显增长。企业承担的人工成本中，个人和企业以"五险一金"的形式缴纳给社保的比例为52.9%，以个人所得税的形式缴纳到税务局的比例有6.1%，这两项合计占到人工成本的59%，员工获得的可支配收入仅占人工成本的41%。也就是说，员工每取得1元收入，企业需要付出的成本为2.44元，成本结构严重失衡。过高的社保比例，成为企业沉重的负担，也严重稀释了员工的可支配收入，降低了员工的实际消费能力。

小微企业社保缴费负担重更是制约小微企业做大做强的关键因素。调查中发现，小微企业税费负担率高于大中型企业，并且，正是社保缴费拉高了小微企业的税费负担率。我们曾经根据营业收入规模，将企业划分成10000万元以上、2000万—10000万元、300万—2000万元和300万元以下四种类别，并分别计算各类别企业税费负担情况。结果发现，随着企业规模的减小，收费占税费的比重在逐渐增加。具体的，10000万元以上企业收费占税费的比重为19.15%，2000万—10000万元企业为26.49%，300万—2000万元企业为33.63%，300万元以下企业为40.79%。表明随着营业收入的减少，收费占税费负担的比重增高，即规模越小的企业收费负担越重，而收费当中的大头就是社保缴费。

2. 三省社保费率高导致产业承接受阻

另外，各地社保缴费基数和费率不一致，降低了中部省份承接外省产业转移的优势。湖南的"五险一金"社保缴费基数和费率要比广东高。从缴费基数上看，九兴控股有限公司东莞总部企业社保缴费基数最低为1470元，低于湖南最低2002元的缴费基数；从缴费费率上看，养老、失业、工伤、医疗四项保险，企业在东莞的缴费费率分别为13%、0.5%、1%、2.3%，而在湖南的缴费费率分别为19%、1%、1%、8%，除工伤保险相同外，其他三项保险

湖南省均高于东莞市。江西省也存在同样情况，江西省外商投资企业主要承接沿海特别是广东的产业转移，社保缴费比例高于深圳、东莞，严重制约了沿海产业向江西转移。

（四）国家实施了大量减税降费政策，但效果有折扣

近年来，国家频频出台减税降费措施，但企业仍然普遍反映税负感很重，表明大量减税降费政策并没有取得预期效果。

1. 政策设计有缺陷

税收优惠政策在设计方面存在一些不合理的地方，比如政策适用门槛高，许多企业无法达到要求。以国家为促进小微企业发展出台的税收优惠政策为例，政策出台后，能够享受这些政策的小微企业比例不高。究其原因，就是与相关税收优惠政策设置的政策条件有关，例如，小型微利企业要求同时符合应纳所得税额、资产规模与从业人数三项条件，要求较为严格，使多数企业被排除在享受低税率优惠政策之外。

另外，优惠政策大多是临时性的，尽管可以通过政策延续继续给予优惠，但与长期性政策相比，不利于企业制定长期规划和进行相关决策。比如，支持小微企业的税收优惠政策中，除了企业所得税对小型微利企业的优惠税率、增值税对小规模纳税人的征收率、增值税的2万元起征点等政策属于长期性税收政策外，其他大多数政策属于反周期的带有优惠期限的临时性政策。又如，新能源企业补贴政策。长沙比亚迪有限公司反映，2016年底国家重新调整了新能源企业补贴政策，其中新能源客车调整幅度最大，退坡幅度由原规划实施的20%大幅下降至50%—70%，各项技术指标与安全技术条件的要求也大幅提升，超出行业正常承受能力。虽然政策意图是提高行业集中度，促进优胜劣汰，但因没有有效的缓冲期、调整期，短期给整个客车行业带来巨大压力。

2. 政策通道不顺畅

政策传递通道不畅通是税收优惠政策没有起到预期效果的重要原因。政策传递通道不畅通的原因是多方面的，既有一些政策从中央到地方，经过层层审批传达，流转时间过长的因素；又有某些基层税务人员素质不高，没有掌握优惠政策的内涵和细则的因素；还有企业财务人员自身素质不高，对本企业应该享受哪些税收优惠不了解，对新政策没有及时关注到或者干脆看不懂政策的因素。

3. 政策落实有偏差

在优惠政策执行和税收征管中，政策无法落地、操作偏差等问题，也会使减

负效果打折扣。享受优惠政策的程序多、成本高，特别是牵涉多个部门的政策协调难度大，缺少明晰的办事指南，职能界定不清，拖沓扯皮现象时有发生。比如，一项税收优惠政策需要由政府其他部门来认定资质或者审批，那么这个政府部门的办事效率就严重影响了政策的实施效果和进度。这些因素都造成企业对惠企政策缺乏应有的关注，争取优惠政策的积极性大大降低。中国联合水泥集团公司反映，随着经济下行和减税降费，一些地方财政压力加大，造成企业不能足额及时享受财税优惠政策。长沙比亚迪汽车有限公司也反映了相同问题。因全国"骗补调查"，2015年度新能源汽车国补资金清算款直到2016年底才下达，并且经过省市区各级部门的逐级下拨程序，直到2017年4月份，款才终于到达公司账上。各级部门拨款手续繁杂、周期长，给企业增加了无谓的负担和压力。

三、降低企业税费负担的政策建议

（一）理性看待税收负担

以增值税为例，现在对增值税税负的认识存有学理性偏差。突出表现有两点：一是把销项税率视为实际税负率；二是把税负率上升视为绝对不良现象。前者在专业人士范围内基本被否定，但后者甚至影响了专业人士的认识。这对政策制定极为不利，必须予以澄清。从学理角度看，增值税税负率上升有两种情况是不良现象：一是可抵扣的进项税受种种不正常因素，如不能取得增值税专用发票等，影响可抵扣金额使得实际上缴税收增加；二是标准税率升高导致税负率上升。除此之外，在税率不变情形下，税负率上升反而是企业向好的表现。增值税税负率的计算方法是应交增值税（销项税额减进项税额）除以销售收入，将公式进行变形①后可以发现，当销项税率和进项税率不发生变化时，增值税税负率提高有三种情况。一是销售收入提高而采购成本不变导致税负率上升；二是销售收入不变而采购成本下降导致税负率上升；三是销售收入增加而采购成本下降导致税负率上升。可见，上述三种情况下，企业经营情况变好是税负率上升的原

---

① 增值税税负率 $= \dfrac{\text{销项税额} - \text{进项税额}}{\text{销售收入}} \times 100\% = \dfrac{\text{销售收入} \times \text{销项税率} - \text{采购成本} \times \text{进项税率}}{\text{销售收入}} \times 100\% = \left(\text{销项税率} - \dfrac{\text{采购成本}}{\text{销售收入}} \times \text{进项税率} \right) \times 100\%$ 。

因。分析现实也可以印证，经营情况好的企业增值税税负率往往是逐步上升的，只是在经济下降下行期企业税负率是下行的。近年来我国经济增长率下调且结构转变加快，税负率下调的制造业企业往往是产能过剩行业企业，而税负率上升的则是高新技术企业为多，比如医药制造业等。究其原因，就是增值税的机理是对增值额课税，好企业增值额多弱势企业增值额少，税负率上升反而是好事。如果人们能从这种学理认识出发去看待增值税对企业税负的影响，就可以理解并支持改革。2017年7月1日后，我国增值税税率并为三档，即17%、11%和6%。制造业维持17%高档税率。值得注意的是，简并税率后，把供水、供气等行业降为11%的税率虽然减轻了该行业税收负担，但反过来又提高了采购这些低税负行业产品的企业增值税税负率。这可能会引起一些人的误解，对此，我们应当从理论上给予引导解释。

（二）充分发挥税收政策补短板的作用

我国正处在制造业转型升级的关键阶段。中国作为一个工业品出口大国不可能总是依赖价格优势来维持出口，趋势向好且内需强劲的产品长期被外资企业掌控已使一些内资企业濒于崩溃，制造业转型升级是国内外产业竞争压力下企业寻求发展的必由之路。中国企业正自发地寻求突围之路，很多企业宁可牺牲短期利益也要增大研发投入，实现转型升级。与此同时，政府也力促供给侧结构性改革。但应看到，政府政策必须顺应市场潮流和矫正市场偏差。进一步说，在确定税收政策时，市场愿意做、大力做的事政府应放手，市场做不好或制度条件差的事政府要给予政策支持，就是说政府必须补短板。

（三）适度降低社保缴费比例，可考虑实施"阶梯型"社保政策

1. 适度降低社保缴费比例

社保政策方面，目前国家只是暂时调低了社保缴费比例，未来，想要做到社保缴费比例保持或者降低到一个更低的水平，可以从以下两个方面入手。

一是五种社保缴费统筹使用。劳动者在生产生活中，可能面临各种风险，国家根据风险的性质设计了养老、医疗、工伤、失业和生育保险。一直以来，这五项保险都有单独的税率，分别缴纳进入不同的基金账户。其中，养老保险和医疗保险账户结余数额一般处在一个较安全的边界内，而工伤、生育和失业保险因支出规模小于收入规模有大量结余，基金未能得到充分使用。未来，可以探索将五个基金账户统筹使用，缓解养老保险支付压力的同时提高资金使用效率。

二是尽快建立养老保险的全国统筹机制。养老保险基金贫富不均的现象在全国非常普遍，经济发达的城市，养老金有大量结余，经济欠发达的城市，养老金入不敷出。如果养老金实现全国统筹，局部地区养老金捉襟见肘的局面将不再出现，并且养老金缴费率也可以在这种真实需求数据下得到科学合理的测算。

2. 实施"阶梯型"社保政策，降低小微企业社保缴费负担

小企业是创新的重要力量，能够为大公司提供源源不断的创新技术和人才。并且，通过扶持发展在细分行业处于领先地位的企业，还有可能使其逐渐发展成为行业中的领军企业。

社保缴费是构成小企业税费负担的重要组成部分。社保缴费基数要求以本市上一年职工月平均工资的60%作为基数下限，以湖南省为例，2016年度全市职工月平均工资为4491元，按最低的60%比例计算出的社保缴费基数为2695元。同期，湖南省最低工资水平为每月1390元（含社保缴费）。小企业的工资水平一般较低，所以很多小企业的工资水平可能在1390元到2695元之间，但是社保缴费必须按照2695元计算，高于实际工资数值，给企业造成了较重的负担。

目前，我国正处在制造业转型升级的大趋势下，从产业革命的一般规律看，制造业转型升级势必使一部分人转入其他行业。为此，税收政策应着力扩大第三产业就业，特别是鼓励小微企业吸容就业。因此，务必将降低小微企业社保缴费负担作为扶持小微企业发展的一项重要政策来抓，降低小微企业的用工成本。可以探讨实施"阶梯型"社保政策，对于一定规模以下的小微企业采取低缴费率或低缴纳基数的社保缴费政策，降低社保缴费给企业带来的压力。

（四）合理使用税收优惠政策，处理好税收优惠截止的后续衔接问题

1. 合理使用税收优惠政策

其一，政策设计方面。有些企业认为需要财政减税扶持的事项，可以通过调研评估后考虑给与相应支持。河南省地处京津冀大气污染传输通道中，为治理污染，从2016年11月9日起至2017年3月15日止，河南省水泥行业按照省工信委、省环保厅要求连续停窑四个多月。停窑期间，一方面，市场断供、外省水泥大量进入，造成客户丢失，给该省水泥行业带来经济损失。另一方面，对该省水泥工业就业情况影响较大。国有企业在连续长期停窑停产过程中，能够保障职工的基本工资，停窑停产期间开展职工培训及设备检修工作，职工队伍基本稳定。

民营企业情况比较严峻，在连续长期停窑停产过程中，许多企业停发职工工资，造成职工大量流失，而恢复生产时又遇到了招工难的问题。因此，停窑给水泥企业带来了严重的损失。企业认为，损失的形成是在严格执行国家规定，配合国家环境治理过程中造成的，国家应该在一定程度上给予企业税收方面的优惠或减免，以此弥补企业损失，降低企业负担。

其二，政策传递方面。通过创新政策传导形式，增强宣传生动性。综合运用门户网站、主流新闻媒体、短信、微信、税企QQ群等媒介，线上线下联动，向目标群体精准推送政策，并加强政策解读。

其三，政策落实方面。税务机关要按行业、税种分类统计落实税收优惠政策的经济数据，开展政策效应、经济效应分析，为后续决策提供参考。通过有效的信息传递通道，及时了解企业在使用税收优惠政策中面临的问题，并及时妥善解决。

2. 处理好税收优惠截止的后续政策衔接问题

税收优惠政策的临时性给企业制定长期规划带来不便，为了解决这一困扰，在税收优惠政策执行截止前，应制定好税收优惠政策截止后的后续政策衔接问题。以国家对新能源汽车的补贴计划为例，2020年将完全取消财政购置补贴。为了使新能源企业在国家补贴取消后仍能持续健康发展，做好后补贴时代政策衔接，采取更积极的鼓励政策提拉市场，是建立新能源汽车市场化发展的长效机制。比如，可以建议出台非补贴性的"功能性政策"，包括碳排放政策、燃料消耗量限值政策、零排放积分政策，以及购车许可、限制行驶、过桥费、过路费、停车费、税收之类的政策组合，使市场产生稳定的预期。再如，延长车辆购置税减免政策，可延续到2025年，甚至是2030年。还有，减免新能源企业的消费税，特别是插电式混合动力车。总之，扶上马，送一程，这样才能够让新能源汽车得到更持续健康的发展。

（五）加强地方主体税源管理，壮大地方税收来源渠道

税收是把双刃剑，在降低企业税费负担的过程中，如果地方经济总量不变，地方财政收入减少就是必然发生的事情了。因此，地方政府在降低企业税费负担的同时，要加强地方主体税源管理，壮大地方税收来源渠道。通过做大经济总量，转型升级，为下一步培育高质量税源夯实基础。统计数据显示，河南省第三产业税收贡献已经连年高于第二产业，积极培育和扶持第三产业是增加税收收入的关键。今后，河南省应大力发展高成长性服务业，结合国家"一带一路"和

"自贸区"战略,充分利用河南省区位、资源、市场、人才优势,围绕现代物流、科技研发、信息咨询等现代服务业和房地产、电子商务和教育培训等能够形成消费热点的新兴产业发展,吸引各种资源要素积聚。

中国财政科学研究院 2017 年"降成本"中部调研组
组长:白景明
成员:徐玉德 许 文 何 平 梁 强 夏 楸 龙海红
执笔:何 平

中部地区企业运营状况与成本构成分析

开展降低实体经济企业成本工作,是党中央、国务院为有效缓解实体经济企业困难、助推企业转型升级做出的重要决策部署,对有效应对当前经济下行压力、增强经济可持续发展能力具有重要意义。目前中央及各级地方政府的降成本举措更多的是基于减税降费视角且也已取得了一定的成效。实际上,企业是国民经济的细胞和市场经济活动的主体,也是社会生产和流通的直接承担者,如何从企业内部采取有效措施去降低运营成本更是一个值得认真思考和审慎决策的关键性问题。为了了解实体经济企业现实运营状况,考察实体经济企业成本构成情况,中国财政科学研究院中部组分赴河南、江西和湖南三省进行了实地调研。现将有关情况汇总如下。

一、调研地区工业企业总体情况

经济危机爆发以来,全球经济持续低迷,国际市场需求疲软,国内经济结束两位数增长,进入"中高速"阶段。总需求低迷和产能过剩并存的格局仍未发生根本改变,经济运行将长期处于"L"型走势。在此经济"新常态"下,中部三省GDP增速持续下滑,自2014年起,三省GDP增速进入个位数时代。随着整体市场需求持续走弱,三省规模以上工业企业增速持续下滑。

(一)河南规模以上工业企业总体情况

近五年,河南省规模以上工业企业的数量稳步攀升,资产负债率维持在

47%上下波动,利息支出不断增加,企业毛利率五年累积下滑2.45%。至2015年,全省范围内亏损企业数量增多,亏损企业占总企业数的比重从4.44%上升到5.06%,平均每个亏损企业年亏损3800万(见表1)。

表1　　　　2012—2016年河南省规模以上工业企业总体数据

指标	2012年	2013年	2014年	2015年	2016年
企业单位数(个)	19237	20573	21748	22892	—
亏损企业单位数(个)	854	940	1031	1158	—
企业资产总计(亿元)	35174.81	43431.82	50540.15	55710.97	59165.50
企业负债合计(亿元)	18087.58	21050.58	23717.27	26189.58	28132.47
企业主营业务收入(亿元)	52276.38	59975.16	68037.47	73365.96	79195.7
企业主营业务成本(亿元)	44546.45	51549.68	58959.69	63992.81	69430.08
企业利息支出(亿元)	582.61	619.7	683.15	700.5	—
企业营业利润(亿元)	3998.42	4520.71	4928.83	4917.87	—
企业利润总额(亿元)	4016.39	4543.07	4946.19	4900.6	5174.14
亏损企业亏损总额(亿元)	280.14	251.07	285.45	444.67	—

资料来源:国家统计局、河南省统计局《国民经济和社会发展统计公报》整理。

2016年全省规模以上工业企业资产总计59165.50亿元,同比增长8.0%;负债合计28132.47亿元,增长10.2%;资产负债率47.5%。实现主营业务收入79195.70亿元,同比增长7.9%;发生主营业务成本69430.08亿元,增长8.1%。实现利润总额5174.14亿元,同比增长6.4%,增速较上年同期加快6.5个百分点,居全国第8位。全省工业企业主营业务收入利润率6.53%,每百元主营业务收入中的成本87.67元,每百元资产实现的主营业务收入146.4元,人均主营业务收入113.3万元。产成品存货1678.36亿元,同比增长4.4%,存货周转天数8天;企业应收账款5745.29亿元,同比增长15.4%,应收账款平均回收期23.3天。

(二)江西规模以上工业企业总体情况

2012—2016年间,江西规模以上工业企业增加2889家,企业资产负债率持续降低,毛利率逐年下降。至2015年底,累积下滑1.47个百分点。企业支出利息上涨14.65%。2016全年规模以上工业企业实现主营业务收入35518.7亿元,同比提高4.3个百分点、比上年增长8.6%;实现利润总额2399.4亿元,增长11.9%,同比大幅提高9.5个百分点。主营业务收入超百亿元的企业13户。

2016年末，规模以上工业产成品存货合计863.4亿元，增长7.8%，同比回落3.6个百分点。产成品存货周转天数为8.7天，下降0.1天，资金压力得到一定程度缓解。2016年，亏损企业共563户，较上年减少243户，亏损企业占比5.57%，数量明显下降。从亏损额看，企业亏损总额为71.8亿元，增长11.9%，亏损企业平均年亏损额1275万元（见表2）。

表2 2012—2016年江西省规模以上工业企业总体数据

指标	2012年	2013年	2014年	2015年	2016年
企业单位数（个）	7217	8126	8996	9941	10106
亏损企业单位数（个）	516	528	599	806	563
企业资产总计（亿元）	11967.66	14057.87	16061.44	19217.51	—
企业负债合计（亿元）	6653.96	7662.16	8403.6	9599.03	—
企业主营业务收入（亿元）	22533.38	27035.11	31077.54	32954.82	35518.7
企业主营业务成本（亿元）	19500.87	23502.37	27270.11	29005.57	—
企业利息支出（亿元）	162.36	181.28	198.63	186.15	—
企业营业利润（亿元）	1500.02	1816.53	2124.51	2071.25	—
企业利润总额（亿元）	1506.51	1802.24	2130.41	2114.65	2399.4
亏损企业亏损总额（亿元）	66.51	69.92	46.49	64.16	71.8

资料来源：国家统计局、江西省统计局《国民经济和社会发展统计公报》整理。

进入2017年一季度，江西规模以上工业企业发展环境持续优化，完成主营业务收入8433.0亿元，增长17.4%，实现利润总额501.1亿元，增长18.9%，主营业务收入利润率5.9%，较上年同期提升0.1个百分点。企业利息支出继续回落。一季度，全省规模以上工业企业利息支出37.5亿元，下降4.7%。

（三）湖南规模以上工业企业总体情况

2012年以来，湖南省规模以上工业企业数量小幅增加，资产负债率维持在52%—55%之间，企业利息支出缓慢增长。盈亏方面，受宏观经济形势影响，规模以上企业毛利率从20.19%下滑至15.56%。亏损企业数量小幅上涨，2012—2015年，亏损企业占总企业数分别为5.65%、5.31%、6.00%、6.75%，其中2015年亏损企业平均年亏损1969万元（见表3）。

随着工业品价格环比总体波动上涨、同比下跌幅度收窄，以及降低实体经济企业成本等政策举措实施效果的显现，2016年企业盈利状况整体有所好转。盈亏相抵后，2016年全省规模工业企业累计实现利润1620.52亿元，增长4.5%，

表 3   2012—2016 年湖南省规模以上工业企业总体数据

指标	2012 年	2013 年	2014 年	2015 年	2016 年
企业单位数（个）	12785	13598	13723	13992	—
亏损企业单位数（个）	722	722	824	944	—
企业资产总计（亿元）	17784.25	20050.53	22025.57	23575.75	—
企业负债合计（亿元）	9821.07	11082.18	11688.15	12240.94	—
企业主营业务收入（亿元）	27823.31	31854.65	33489.43	35410.45	37686.47
企业主营业务成本（亿元）	22205.58	25797.74	27737.94	28807.96	31823.09
企业利息支出（亿元）	307.38	332.63	368.04	376.71	
企业营业利润（亿元）	1942.34	2115.46	1765.92	1868.56	
企业利润总额（亿元）	1790.96	2047.87	1688.3	1808.7	
亏损企业亏损总额（亿元）	125.66	66.44	117.55	185.89	

资料来源：国家统计局、湖南省统计局《国民经济和社会发展统计公报》整理。

较上年增幅提升 4.2 个百分点，全年基本呈现震荡上行，年末回落的态势。每百元主营业务收入中的成本为 84.44 元，主营业务收入利润率为 4.30%。

二、三省调研企业财务情况分析

本课题组赴河南、江西和湖南三省对制造业企业进行了调研，获取样本如下[①]：河南 6 家（大型企业 1 家，中型企业 2 家，小型企业 3 家）、江西 6 家（大型企业 1 家，中型企业 2 家，小型企业 2 家，微型企业 1 家）、湖南 4 家（上市公司）。行业覆盖：汽车、金属制造、非金属矿物制造、通用设备、专用设备、化工、医药和纺织等。其中，外企 2 家、国企 3 家、民企 11 家。在规模、行业和企业性质上覆盖全面，具有一定的代表性[②]。

（一）三省调研企业财务比率分析

1. 河南省调研企业近三年财务比率分析

通过对河南省 6 家企业进行实地调研获取的信息，囿于部分数据的获取性，我们从企业的偿债能力、营运能力和盈利能力三个方面，对企业近三年的经营状

[①] 因部分数据属企业内部管理资料，应企业要求省去真实名称，以字母代替。
[②] 需要说明的是，本报告的关注点并非某一企业财务报表分析，而是通过财务数据分析了解企业的财务状况和成本构成，寻找企业间的共同问题。

况进行财务分析。

偿债能力是反映企业用现有资产偿还债务的能力的比率，是分析企业目前是否存在不能偿还债务的风险。其中，流动比率反映其运用流动资产偿还流动负债的能力[1]。资产负债率用来评价企业长期偿债能力和继续举借债务的能力，也是衡量企业财务风险的主要指标，是对企业负债状况的总体反映。利息保障倍数也是评价企业的偿债能力，与流动比率和资产负债率不同在于，前述比率是评价企业偿还债务本金的能力，而利息保障倍数则是评价企业每年支付利息和固定支出的能力。数据显示，2014—2016年调研的6家企业流动比率下降的幅度大于增加幅度[2]，经验证据表明，该指标保持在2:1左右较为适宜。资产负债率方面，6家企业近三年同样存在大幅上涨和小幅回落的趋势，除一家企业以较低的资产负债率持续经营外，其余企业资产负债率维持在30%和70%两档。相对于该省规模以上工业企业资产负债率的平均水平47%来说，中小企业的负债率达70%风险较高。就利息保障倍数而言，河南省调研企业中有4家无银行借款，利息支出为0，其余两家的利息保障倍数均大于1，表明企业的财务成果能够回报债权人所要求的风险补偿。同时，调研发现无银行借款的四家企业，都认为无融资压力。结合资产负债率不难发现，无借款的高资产负债率企业，很大程度是由于应付账款与预收账款形成的负债。

营运能力是企业的经营运行能力，即企业运用各项资产以赚取利润的能力。衡量企业营运能力的常用指标有：存货周转率、应收账款周转率、总资产周转率等。这些比率揭示了企业资金运营周转的情况，反映了企业对经济资源管理、运用的效率高低。存货周转率反映企业销售存货的速度。存货水平过高会占用企业宝贵的资金，形成低效率资产，降低企业的资产周转率和盈利率；存货过低可能出现满足不了销售的情况，同样会影响企业的盈利能力。应收账款周转率反映企业从客户那里以现金形式回收货款的能力，应收账款周转率越高，说明企业的销售收入质量越好，资金被客户占用的时间越短。总资产周转率可以粗略的计量企业资产创造收入的能力，反映企业管理层管理企业资产的能力。数据表明，近三年调研中的6家企业，存货周转率普遍下降，说明企业销售存货的速度不断减慢，造成这一现象的原因是由于整个市场需求疲软、产品滞销，造成企业大量资

---

[1] 流动负债具有偿还期不确定的特点，流动资产具有容易变现的特点，满足流动负债的偿还需要，因此，流动比率是分析短期偿债能力的最主要指标。

[2] 由于调研中没有获得企业货币资金的存量，因此在计算流动比率时减少了对流动资产的计入，使得整体比例较低，而货币资金具有最强的偿债能力，因而该指标在此仅有一定的参考意义。

金被货物占用,降低了企业的资产周转能力和盈利能力。从应收账款周转率来看,6家企业中有3家企业应收账款周转率小幅震荡,2家应收账款周转率三年累积上升和下降约13%,1家上涨4.21%,结合存货周转的情况可知,其中一家企业销售产品的速度减慢,但销售收入的质量提高,另两家销售不容乐观,且销售后回款质量恶化,说明企业产品销售前景不好,运用赊销模式维持经营,导致资金被客户大量占用,增加了企业的资金成本和压力。与本省规模以上工业企业的平均水平相比,中小企业应收账款周转率整体低于规模以上工业企业。通过对企业的总资产周转率分析可以发现,三年间总资产周转率存在不同程度的下滑,与以上分析结论吻合。

盈利能力是企业得以保值增值的关键,对于债权人和投资者,盈利能力是资金提供者取得回报的前提。企业拥有足够的利润,就可以偿还债务、支付股利和进行投资等。评价企业盈利能力的指标有很多,毛利率用来计量管理者根据产品成本进行产品定价的能力,可以粗略衡量企业的盈利能力。总资产报酬率(ROA)不考虑利息费用和纳税因素,只考虑经营情况时,管理层对能够运用的所有资产管理好坏的程度[1]。分析被考察企业近三年的数据可知,在2014—2016年间,多数企业毛利率提升较大而个别企业毛利率小幅下滑,总体来说毛利率的提高大于毛利率的下降。就ROA而言,6家企业中除一家总资产报酬率显著提高达9.37个百分点以外,企业总资产报酬率的变化不大,整体表现均衡。值得注意的是,有三家企业出现毛利率与ROA反方向变动,其中两家毛利率上升的同时,ROA下降,在其他条件保持不变的情况下,可以推测企业日常经营中的管理能力下降,导致期间费用增加,在没有银行借款的情况下,更能说明上述观点(见表4)。

2. 江西省调研企业近三年财务比率分析

企业偿债能力方面,2014—2016年间,江西省被调研的6家企业流动比率普遍回升,但回升幅度较小,一家企业下降了0.5个百分点[2]。对企业资产负债率总体分析发现,6家企业中只有一家企业资产负债率下降了13.47%,其余5家企业资产负债率均不同程度的有所上升,涨幅最大的三家分别上涨了15%、14.57%和13.47%,三年间资产负债率都呈两位数增长,其余两家的增长速度

---

[1] 即管理层利用企业现有资源创造价值的能力。
[2] 由于调研中没有获得企业货币资金的存量,因此在计算流动比率时减少了对流动资产的计入,使得整体数值较低,在此,该指标仅有一定的参考意义。

表4　　河南省调研企业近三年（2014—2016年）财务比率

名称	指标	企业	2014年	2015年	2016年	名称	指标	企业	2014年	2015年	2016年
偿债能力	流动比率（估算）	A	0.26	0.36	0.49	营运能力	存货周转率	A	4.39	4.70	3.84
		B	3.05	2.48	1.67			B	1.74	1.39	0.85
		C	0.50	0.52	0.50			C	4.86	3.18	3.71
		D	1.79	1.52	1.38			D	4.15	6.54	4.24
		E	4.85	7.06	3.65			E	8.07	7.01	1.46
		F	0.68	1.14	1.03			F	6.91	7.11	4.76
	资产负债率	A	74.22%	68.13%	65.55%		应收账款周转率	A	5.40	5.97	5.22
		B	26.61%	29.22%	44.09%			B	0.59	0.41	0.40
		C	70.66%	77.11%	79.38%			C	20.95	8.29	7.28
		D	31.70%	33.23%	30.39%			D	1.52	1.49	1.62
		E	3.66%	2.07%	4.36%			E	4.01	3.89	8.22
		F	30.96%	20.68%	28.63%			F	8.34	10.74	21.36
	利息保障倍数	A	无借款	无借款	无借款		总资产周转率	A	0.47	0.66	0.77
		B	无借款	无借款	无借款			B	0.40	0.26	0.24
		C	2.49	1.21	1.89			C	1.45	0.95	0.93
		D	无借款	无借款	无借款			D	0.65	0.65	0.52
		E	无借款	无借款	无借款			E	0.50	0.39	0.25
		F	2.18	1.38	5.53			F	0.90	1.14	1.34
盈利能力	毛利率	A	24.82%	30.93%	34.01%	盈利能力	ROA	A	2.95%	9.20%	12.32%
		B	46.34%	41.91%	45.63%			B	8.72%	2.63%	3.09%
		C	22.02%	23.39%	25.17%			C	9.14%	4.81%	3.56%
		D	24.69%	25.49%	34.51%			D	1.37%	1.94%	2.93%
		E	14.22%	19.00%	26.37%			E	-1.06%	0.40%	-4.73%
		F	20.00%	18.17%	18.00%			F	4.72%	2.99%	5.66%

数据来源：根据调研企业提供数据整理。

也高达9.64%和7.2%。值得注意的是，有三家企业资产负债率都超过了80%，就单一指标而言，应特别关注这些企业的财务风险。同时，江西省通报该省相同时期规模以上工业企业资产负债率持续下降，而调研中的民营小型企业、民营微型企业与规模以上工业企业的整体情况相反。就利息保障倍数来看，调研企业中有三家企业该指标出现下滑，两家企业有所回升，其中一家企业因出现大幅亏损导致利息保障倍数为负，其余企业的利息保障倍数尽管有所回落但均大于1，说明企业还有举债的空间。而大幅亏损的企业，其资产负债率高达85.11%，对其偿债能力应引起足够重视，可能存在较大的财务风险。调研发现无借款的企业目前并无融资需求，同时，企业对于所处的融资环境感觉满意，并未存在"存贷挂钩"等现象。

在营运能力方面,近三年被调研企业存货周转率普遍下降,下降幅度分别在 2.47%、1.49% 和 1.04%,而该指标略有回升的企业上升幅度微弱,仅 0.47% 和 0.06%。存货周转率的下降,反映出这些民营小、微企业销售产品的速度在放缓,导致企业资金被存货积压,给资金形成一定压力,也降低了企业的周转能力和盈利能力。从销售回款的角度看,企业应收账款周转率相对于存货周转率波动较大,6 家企业中有 3 家企业存在不同程度的下降,其余 3 家企业该指标出现提升。结合企业存货周转率不难发现,个别企业采取赊销的营销模式,使得存货周转率有所回升,但销售并未取得货款,客户占用了企业大量资金。调研中某企业存货周转率和应收账款周转率出现"双降",表明该微型企业销售存货的速度下降,同时销售所形成的收入并没有转化为现金的流入,从一个侧面反映了小微企业在经济下行的背景下经营更加艰难。通过调研企业的总资产周转率的分析也发现,企业管理层管理企业资产的能力下降,再次印证分析结论。

对调研企业盈利能力的相关指标分析发现,近三年企业毛利率略有回升,回升幅度约 2%,个别企业的毛利率下降 19.61%,而某企业的毛利率长期维持在 64% 以上,说明不同企业的产品存在降价的空间差异较大。6 家企业中有一半的企业 ROA 提高,结合毛利率的涨幅分析表明,个别企业毛利率的提高并没有带来资产报酬率的提高,而毛利率下降的企业,其 ROA 下降的幅度更大,这从一个侧面反映了企业对于管理费用、销售费用和财务费用的管理,对盈利能力的提升至关重要(见表5)。

3. 湖南省调研企业近三年财务比率分析

由表6可知,在企业偿债能力方面,湖南省调研的 4 家企业流动比率近三年呈逐年提升态势,涨幅最大为 0.67,最小为 0.22,说明企业运用流动资产偿还流动负债的能力有所提高。然而,4 家企业中只有一家企业的流动比率高于 2∶1,其余 3 家企业的流动比率还有待提高。从资产负债率可以看出,企业长期偿债能力和继续举债的能力普遍增强,企业财务风险下降。与湖南省 2016 年规模以上工业企业的资产负债率相比,被调研企业的该指标与规模以上工业企业基本持平,或优于规模以上工业企业。从利息保障倍数来看,调研的 4 家企业存在严重分化,其中两家近三年利息保障倍数高达 40.64 和 38.89,其余两家企业利息保障倍数为负。

营运能力方面,调研的 4 家企业在存货周转率指标上表现良好,从 2014—2016 年,企业存货周转率普遍改善,说明企业销售存货的速度越来越快,这样

表5　　　　江西省调研企业近三年（2014—2016年）财务比率

名称	指标	企业	2014年	2015年	2016年	名称	指标	企业	2014年	2015年	2016年
偿债能力	流动比率（估算）	A	0.53	0.92	0.57	营运能力	存货周转率	A	无存货	无存货	1.21
		B	0.83	0.69	0.75			B	4.01	4.36	2.97
		C	1.66	1.36	1.15			C	5.97	2.11	3.50
		D	1.50	1.57	1.58			D	7.20	6.33	5.71
		E	0.69	0.52	0.80			E	2.83	3.38	3.30
		F	0.29	0.34	0.36			F	2.87	3.26	2.93
	资产负债率	A	70.54%	55.22%	85.11%		应收账款周转率	A	3.90	3.08	9.94
		B	77.66%	81.03%	84.86%			B	74.19	1373.89	275.08
		C	13.07%	23.41%	22.71%			C	2.91	3.28	3.80
		D	75.00%	77.78%	80.00%			D	13.00	11.20	10.71
		E	53.61%	60.09%	40.14%			E	14.50	9.75	12.48
		F	43.65%	42.56%	43.95%			F	41.68	15.82	16.08
	利息保障倍数	A	9.71	9.07	-9.58		总资产周转率	A	1.45	1.56	0.53
		B	2.95	1.87	1.81			B	2.57	2.67	2.01
		C	无借款	3.00	3.20			C	0.45	0.47	0.53
		D	16.00	16.22	25.00			D	3.25	3.11	3.00
		E	无借款	无借款	无借款			E	1.09	0.97	1.05
		F	1565.66	89.10	17.89			F	0.77	0.68	0.51
盈利能力	毛利率	A	21.89%	14.23%	2.28%	盈利能力	ROA	A	12.76%	21.06%	-11.65%
		B	4.86%	8.49%	7.17%			B	9.08%	7.24%	5.23%
		C	20.00%	20.00%	20.00%			C	2.90%	3.49%	3.63%
		D	30.77%	32.14%	33.33%			D	40.00%	41.44%	62.50%
		E	29.02%	30.04%	31.54%			E	15.89%	15.67%	17.62%
		F	65.29%	64.68%	64.74%			F	8.88%	7.16%	7.24%

数据来源：根据调研企业提供数据整理。

表6　　　　湖南省调研企业近三年（2014—2016年）财务比率

名称	指标	企业	2014年	2015年	2016年	名称	指标	企业	2014年	2015年	2016年
偿债能力	流动比率	A	0.80	0.90	1.12	营运能力	存货周转率	A	1.85	2.37	2.22
		B	1.90	2.91	2.55			B	4.90	5.09	4.99
		C	0.74	1.23	1.41			C	5.05	6.48	7.65
		D	1.02	1.54	1.24			D	14.42	13.97	14.13
	资产负债率	A	68.63%	64.97%	58.15%		应收账款周转率	A	10.56	26.03	40.03
		B	37.83%	28.40%	31.27%			B	24.63	22.11	21.41
		C	55.00%	44.15%	57.58%			C	5.38	7.33	9.54
		D	45.71%	32.24%	36.86%			D	138.95	129.14	106.16

续表

名称	指标	企业	2014年	2015年	2016年	名称	指标	企业	2014年	2015年	2016年
偿债能力	利息保障倍数	A	-38.11	10.25	40.64	营运能力	总资产周转率	A	0.36	0.50	0.52
		B	23.37	33.51	-24.39			B	1.06	0.98	0.99
		C	-1.18	3.44	-8.89			C	0.37	0.35	0.38
		D	3.36	4.63	38.89			D	3.18	2.45	2.48
盈利能力	毛利率	A	51.64%	55.23%	52.57%	盈利能力	ROA	A	-14.67%	4.22%	8.43%
		B	48.00%	46.40%	45.08%			B	5.96%	3.66%	5.77%
		C	16.70%	11.39%	5.64%			C	-1.04%	2.51%	-5.01%
		D	9.12%	9.67%	9.47%			D	6.11%	5.04%	5.99%

数据来源：根据调研企业提供数据整理。

可以减少库存商品对资金的积压。4家企业中有3家应收账款周转率不断提高，最大涨幅达29.47%。结合存货周转率来看，调研中的多数企业销售存货的速度加快的同时，产生的现金能力不断提高，反映出企业在产品市场上的地位。同时，调研企业中还存在1家企业该存货周转率和应收账款周转率"双降"，意味着该企业的销售竞争力下滑。从总资产周转率的角度看，与前述分析基本吻合。

盈利能力方面，调研的4家企业中有2家企业近三年毛利率小幅提升或下滑，但毛利率的绝对数仍处于52.57%和45.08%的高位，企业的降价空间或盈利空间较大。另外2家企业，个别企业毛利率三年累积下降11.06个百分点，盈利压力巨大。结合ROA指标来看，毛利率处于高位的两家企业中，某企业在毛利率小幅变动的情况下，实现了ROA累积增长23.1%，再一次说明提高企业对于期间费用的管理，能够有效地提高企业盈利能力。

（二）财务状况质量分析

企业的财务质量是企业财务状况按照账面金额进行运转或分配的质量，包括资产质量、资本结构质量、利润质量、现金流量质量等方面。资产质量是资产在特定的经济组织中，满足该组织对其未来预期效用的质量，包括资产的变现质量、增值质量、被企业在未来进一步利用的质量以及与其他资产组合增值的质量；资本结构质量是企业资本结构与企业当前以及未来经营和发展活动相适应的质量；利润质量主要涉及企业利润的形成过程、利润结构以及利润结构的质量等方面；现金流量质量是企业的现金流能够按照企业的预期目标进行良性运转的质量。鉴于本次调研所关注的问题，以及数据的可得性，本节仅以湖南省调研的4家上市企业为例，对企业财务质量状况的某些方面进行分析，需要说明的是，以下分析重点获取 4 家企业存在的共同问题，而非单一企业的财务状况。

表 7　　　　湖南省调研企业财务状况质量相关指标（2016 年）

企业	经营性资产	投资性资产	核心利润	投资收益	资产报酬率	资本成本	经营活动现金流	非现金消耗性成本
A	59045.64	0.00	2351.47	2.04	8.43%	1.15%	-3251.39	1562.64
B	269506.76	4534.60	18673.71	1058.62	5.77%	2.14%	14087.93	5354.22
C	354345.49	11005.98	-19134.77	-3350.09	-5.01%	0.96%	-19263.35	11342.18
D	332601.00	15128.63	30815.77	-1124.69	5.99%	2.88%	35583.50	16434.16

资料来源：根据调研企业提供数据整理。

注：经营性资产 = 货币资金 + 商业债权 + 存货 + 固定资产 + 无形资产；投资性资产 = 交易性金融资产 + 可供出售金融资产 + 持有到期投资 + 长期股权投资；核心利润 = 营业收入 - 营业成本 - 营业税金及附加 - 期间费用；非现金消耗性成本 = 无形资产摊销 + 待摊费用 + 固定资产折旧 + 预提费用。

从资产质量的结构来看，湖南省调研的 4 家企业，经营性资产占总资产的绝大部分比重。就 2016 年的数据而言，其比重分别为 100%、98.35%、96.99% 和 95.65%，可以判断 4 家企业都属于以经营为主导的企业。这决定了对企业利润做出主要贡献的应该是其自身的经营性资产，核心利润而非投资收益应成为利润的主要来源。从表 7 中可知，调研的 4 家企业核心利润与投资收益的比分别为 1150.4、17.64、5.71、和 -27.40，这说明企业的核心利润远大于其投资收益，其中，对于核心利润为负的亏损企业，经营性活动带来的亏损是投资活动带来亏损的 5 倍；对于投资收益为负，核心利润为正的企业来说，二者的比反映了企业经营活动的盈利能力是其投资带来损失的 27 倍。由此可知，上述 4 家企业资产结构与利润结构相匹配。

从资本结构的质量来看，本报告关注资本成本的水平与企业资产报酬率的对比关系。企业的资本成本包括债务成本和权益成本，在债务成本中，根据债务期限的结构划分为短期债务成本和长期债务成本。计算企业资本成本采用加权资本成本（WACC）模型，其中，短期债务的利率按照 2016 年央行一年期贷款利率 4.35% 计算，长期债务的利率按照五年内期贷款利息利率 4.75% 计算。对于权益资本成本的计算，已有文献共有约 12 种计算方法，为简化分析，本文借鉴 Francis et al.（2005）以及新夫和陈冬华（2009）的做法，利用企业年度市盈率的倒数来估计权益资本成本，计算结果见表 7。由数据可知，调研的 4 家中，3 家企业的资产报酬率大于资本成本，这表明，企业在向资金提供者支付报酬以后使企业的净资产得到增加，规模得以扩大。余下的 1 家企业资产报酬率小于资本成本，且资产报酬率为负，则企业的资本结构将导致企业的净资产萎缩，也就是说，企业的资本结构质量较差。

表8　湖南省调研企业近三年（2014—2016年）核心利润　　单位：万元

企业	2014年	2015年	2016年
A	-6183.49	3324.97	2351.47
B	12356.04	8953.89	18673.71
C	-6323.98	-9089.84	-19134.77
D	18805.88	22543.49	30815.77

资料来源：根据调研企业提供数据整理计算而得。

从企业利润质量来看，核心利润是企业经营发展的关键，是企业经营活动基本盈利能力的表现，也在一定程度上反映了企业消化成本能力的强弱。表8中列示了调研的4家企业在2014—2016年间核心利润的情况，从图1可以直观看到4家企业的核心利润变化趋势截然不同。A企业的核心利润在2015年实现了扭亏为盈，并在后一年小幅下跌。B企业的核心利润一直大于0，三年中有小幅回落，总体呈上升状态。C企业的核心利润逐年下滑，且连续三年核心利润小于0，而D企业的核心利润近三年一直保持稳步上升，在2016年实现了大的提高。由此可知，C企业的经营活动不能给企业带来核心利润，企业前景黯淡；D企业的经营活动持续带来较好的收益，未来前景乐观。A虽然企业实现了扭亏为盈，然而经营活动的盈利能力有待提升；B企业的经营活动长期为企业带来核心利润，在2016年经济持续下行的背景下，仍然能摆脱前一年度经营业绩下滑的趋势，并取得较好的涨幅，说明该企业的经营活动具有一定的市场竞争力。

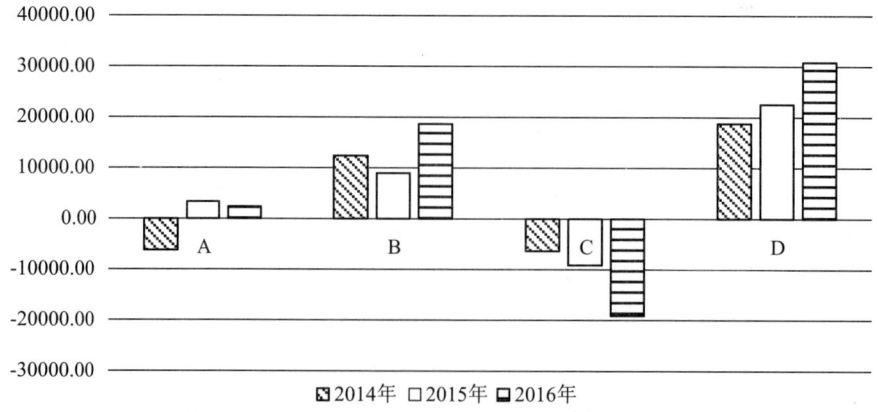

图1　湖南省调研企业近三年（2014—2016年）核心利润变化图

从现金流量的质量来看，调研的 4 家企业中，2 家企业的经营活动现金流小于 0，意味着企业通过正常的生产经营活动所带来的现金流入量，不足以支付因上述经营活动而引起的货币流出，企业势必要消耗现存货币积累，挤占原本可以用于投资活动的现金，寻求额外融资或拖延债务来解决，由此可能引起资金成本上升。另 2 家企业的经营活动现金流大于 0，并在补偿当期的非现金消耗性成本后仍有剩余，意味着企业通过正常的生产经营活动所带来的现金流入量，不但能够支付因经营活动而引起的货币流出、补偿全部当期的非现金消耗性成本，而且有能力支付现金股利，或为企业的投资等活动提供现金流量的支持。

三、三省调研企业成本费用结构分析

通过对中部地区三省调研企业的财务状况进行分析，总体掌握企业近三年经营的财务成果，并对企业财务状况质量深入考察，在对企业形成整体认识的基础上，对调研企业的成本费用进行结构分析，挖掘影响企业成本的结构性因素。

（一）调研企业营业成本、存货及税费总体情况

企业在生产经营过程中，需要不断投入各种资源，制造业企业为生产产品从原材料的买入到加工、生产、完成销售的整个过程，投入的资源集中体现为结转后的营业成本。它归集了生产产品发生的主营业务成本和其他业务成本。存货则包含了日常经营活动中，持有的产成品或商品，处在生产过程中的在产品、在生产过程或提供劳务过程中的耗材，包括各类原材料、在产品、半成品库存等。因此，营业成本和存货，反映了企业以生产销售相关的两大类投入。以营业成本核算的投入，反映了企业已完成销售的产品成本，而存货则反映未完成购、产、销整个链条的企业投入。由此可知，二者对制造业企业来说，是投入成本的重要构成。税费部分涵盖了企业当年纳税总额以及所有涉企收费，集中反映了企业承担税费的水平，是构成企业成本的又一重要因素，也是实体企业突出反映的问题。因此，我们从营业成本、存货和税费三个方面，考察企业成本的总体情况。

1. 河南省调研企业营业成本、存货及税费总体情况

营业成本方面，在河南省调研的 6 家企业中，多数企业的营业成本近两年增速回落，其中一半的企业营业成本呈负增长，即营业成本绝对值下降。营业成本的比较，是为衡量企业盈利能力做基础，结合前述表 4 中毛利率指标可知，企业

营业成本增速放缓或绝对值下降，毛利率普遍提高，表明企业营业成本在营业收入中的占比有所下降。

从存货来看，调研企业的存货在近三年存在不同程度的增加，存货的增速也在迅速提高，存货的增加导致更多资金的占用，提高了企业现金的压力和资金占用成本。表4通过存货周转率指标表明企业近年来销售产品的速度减慢，存货增加，资金占用问题加剧。从营业收入的角度看，存货与营业收入的比值，反映企业当期获得的营业收入中，平均存货占收入的比重，从一个侧面衡量了存货资金的占用情况。6家调研企业中，有5家企业近三年存货占营业收入的比重不断上涨，涨幅最大达39.76%（见图2），整体来看，6家企业三年间存货占营业收入比重的均值为22.43%。

表9　河南省调研企业营业成本、存货及税费总体情况

	企业	2014年			2015年			2016年		
		金额（万元）	增速	行业均值（万元）	金额（万元）	增速	行业均值（万元）	金额（万元）	增速	行业均值（万元）
营业成本	A	25775.33	—	28159.55	34266.59	32.94%	26722.12	43016.66	25.54%	27831.92
	B	6659	—		4459	-33.04%		3677	-17.54%	
	C	31148	—		26006	-16.51%		29804	14.60%	
	D	6698	—		6959	3.90%		4917	-29.34%	
	E	3347	—		2452	-26.74%		1410	-42.50%	
	F	2804.1	—		3630.24	29.46%		5115.16	40.90%	
存货	A	5874.41	—	6018.78	7285.99	24.03%	5965.58	11203.35	53.77%	6885.84
	B	3820	—		3213	-15.89%		4330	34.77%	
	C	6410	—		8172	27.49%		8023	-1.82%	
	D	1614	—		1064	-34.08%		1160	9.02%	
	E	415	—		350	-15.66%		965	175.71%	
	F	406	—		510.28	25.68%		1074	110.47%	
税费	A	581.8	—	986.88	3020.38	419.14%	1012.50	5523.28	82.87%	1236.81
	B	2259.2	—		1525.3	-32.48%		1972.05	29.29%	
	C	2279	—		1652.5	-27.49%		2466	49.23%	
	D	672.5	—		847.5	26.02%		566.5	-33.16%	
	E	55.2	—		90.3	63.59%		78.3	-13.29%	
	F	10.45	—		18.17	73.88%		22.47	23.67%	

注：税费包含企业缴税和涉企收费；资料来源：根据调研企业提供数据整理。

"税费"是近年来企业集中反映的问题,也是社会舆论普遍关心的话题①。表9列出了近三年企业税费的绝对值和变化幅度,总体来看,有两家企业税费增幅为负,即相关支出的绝对值下降;另两家企业增速大幅减小,说明税费支出的增加额逐年减少;同时,有两家企业的税费增速增大,但增幅的比例相对于下降企业的增速变化来说幅度偏小。

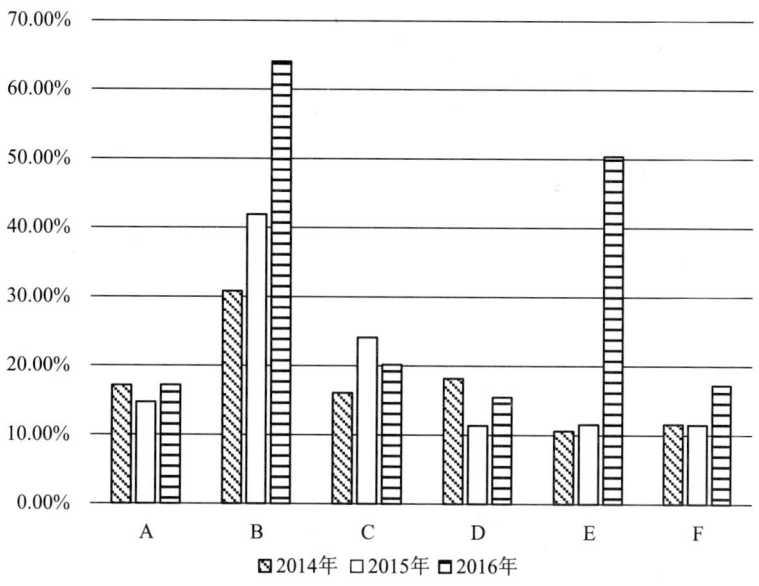

图2 河南调研企业存货与营业收入比

与此同时,税费与营业收入的比重,是衡量企业缴纳的税费占营业收入的多少,可以直观的反映企业承担税费的水平高低。从趋势上看,2014—2016年,三家企业税费占营业收入的比重不断攀升,其余三家企业变化较小(见图3)。将6家企业三年税费与营业收入取均值后占比约为7.44%。由于2016年5月全面推开"营改增",部分企业在增值税抵扣链条上尚未完善,业务上存在磨合空间,导致纳税额在年度间波动较大,但从纳税的绝对值和增幅来看,整体反应出"营改增"降低了企业承担税费的水平,并且税费的均值处于相对合理区间。

---

① 该指标包含了企业在一个会计年度缴纳的所有税金和所有涉企收费,涵盖了政府性涉企收费和其他涉企收费与支出。

降成本：2017年的调查与分析

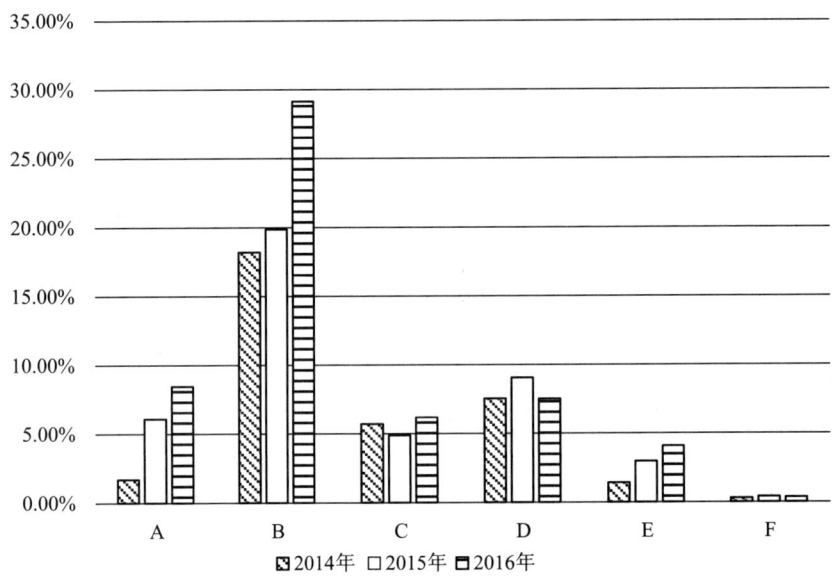

图3　河南调研企业税费与营业收入比

2. 江西省调研企业营业成本、存货及税费总体情况

表10　江西省调研企业营业成本、存货及税费总体情况

企业		2014年			2015年			2016年		
		金额（万元）	增速	行业均值（万元）	金额（万元）	增速	行业均值（万元）	金额（万元）	增速	行业均值（万元）
营业成本	A	603	—	8596.08	808	34.00%	8846.04	515	-36.26%	9533.07
	B	82731.92	—		97183.2	17.47%		96632.11	-0.57%	
	C	400	—		480	20.00%		560	16.67%	
	D	180	—		190	5.56%		200	5.26%	
	E	13968	—		14273	2.18%		14186	-0.61%	
	F	3907	—		3849.66	-1.47%		3635.67	-5.56%	
存货	A	0	—	1911.83	0	—	2010.12	424	—	2330.40
	B	20645.71	—		22311.56	8.07%		32559.53	45.93%	
	C	67	—		228	240.30%		160	-29.82%	
	D	25	—		30	20.00%		35	16.67%	
	E	4935	—		4229	-14.31%		4295	1.56%	
	F	1359.15	—		1179.78	-13.20%		1239.51	5.06%	

续表

企业		2014 年			2015 年			2016 年		
		金额（万元）	增速	行业均值（万元）	金额（万元）	增速	行业均值（万元）	金额（万元）	增速	行业均值（万元）
税费	A	119	—	997.64	150.2	26.22%	942.65	67	-124.18%	1118.65
	B	217.12	—		431.88	98.91%		363.79	-18.72%	
	C	8	—		10	25.00%		6	-66.67%	
	D	89.4	—		94.4	5.59%		99.4	5.03%	
	E	2072.5	—		3225	55.61%		2126.4	-51.66%	
	F	1867.74	—		1957.72	4.82%		2155.87	9.19%	

注：税费包含企业缴税和涉企收费；资料来源：根据调研企业提供数据整理。

通过江西省调研企业数据（表10）发现，调研企业的营业成本基本处于下降态势，其中三分之二的企业进入2016年后营业成本出现负增长，说明企业的营业成本额低于上一年度。结合表5中毛利率指标发现，除个别企业外，其余企业营业成本下降，毛利率略有提升，说明企业的盈利能力有所改善，营业成本在营业收入中的占比下降。

存货方面，调研企业的存货量在三年间基本属于上涨趋势，个别企业存货量下降但幅度有限，存货的增加占用了现金流，使得企业需要投入更多的资金进入运用。结合表5数据可知，企业存货周转率下降，销售产品的速度放缓，最终导致资金被存货积压，给资金形成一定压力，降低了企业的周转能力和盈利能力。从营业收入对比的角度看，有4家企业存货与营业收入的比值上涨，上涨幅度差异明显，分别为80.46%、7.53%、9.46%和2.05%。2家企业存货与营业收入的比值下降，降幅较小。总体上看，近三年调研企业存货占营业收入的比重呈上升趋势，资金链占用情况有所提高，综合6家企业的情况计算可知，企业平均存货占营业收入的比重约为20.23%（见图4）。

"税费"方面，由于2016年实行了增值税改革，对于整个财税体制和企业纳税具有重大影响，同时，一大批减费政策出台。因此，我们重点观察2015—2016两年的税费变化。调研的6家企业中，有三分之二的企业税费支出呈负增长态势，也就是说当年所交税费低于上年。剩余两家企业中一家税费增速相对于2014年变化不大，另一家增速上涨4.87个百分点。从税费占营业收入的比重来看，由图5可知，4家企业税费占营业收入的比重下降，下降幅度分别为2.7%、0.74%、1.25%和0.27%。其余两家企业一个增幅微弱月0.1%，一个回落到三

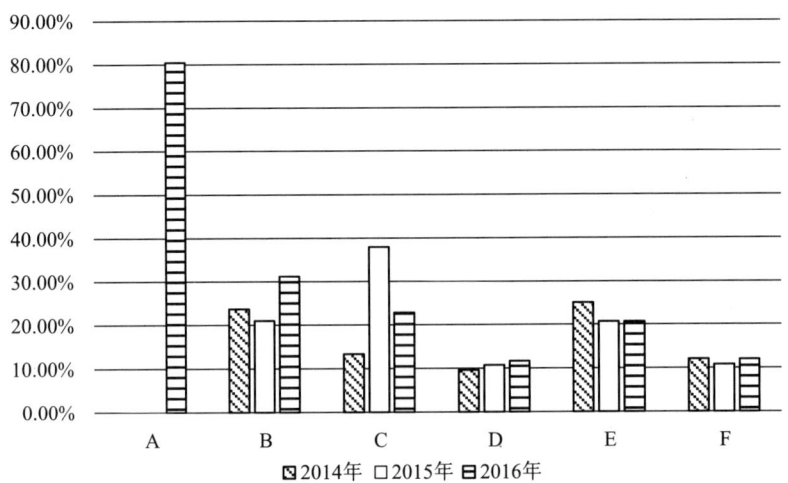

图 4　江西调研企业存货与营业收入比

年前水平。整体来看，近三年6家企业税费占营业收入的比重约13.47%，企业承担的税费水平下降，税费占营业收入的比处于合理期间，并未如社会舆论猜测的税费水平高。

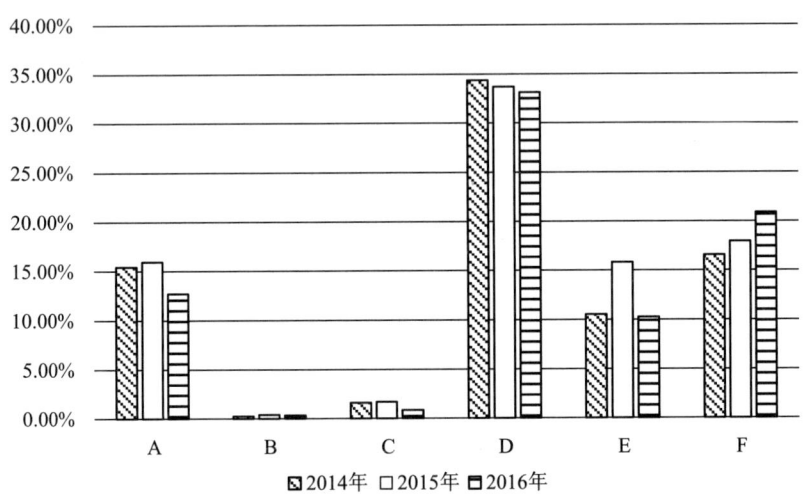

图 5　江西调研企业税费与营业收入比

3. 湖南省调研企业营业成本、存货及税费总体情况

从营业成本来看，湖南省调研企业在2014—2016年期间，大部分企业营业成本增速扩大，个别企业有所下降（见表11）。结合表6中毛利率指标可知，在营业成本加速上涨的同时，毛利率出现了不同程度的下滑。尽管个别企业的营业

成本增速下降约 20%，但毛利率的改善不大。

表 11　　　　湖南省调研企业营业成本、存货及税费总体情况

	企业	2014 年			2015 年			2016 年		
		金额（万元）	增速	行业均值（万元）	金额（万元）	增速	行业均值（万元）	金额（万元）	增速	行业均值（万元）
营业成本	A	9822.91	—	52274.09	13195.90	34.34%	56153.22	15056.17	14.10%	62147.18
	B	114109.18	—		131150.78	14.93%		157332.39	19.96%	
	C	71198.38	—		99663.03	39.98%		160424.24	60.97%	
	D	915117.92	—		850291.10	-7.08%		985019.16	15.84%	
存货	A	4201.96	—	6863.47	6922.70	64.75%	7651.45	6666.92	-3.69%	8106.29
	B	24320.82	—		27227.57	11.95%		35846.03	31.65%	
	C	14610.71	—		16155.92	10.58%		25806.23	59.73%	
	D	71449.00	—		50293.84	-29.61%		89151.21	77.26%	
税费	A	5595.11	—	5786.52	4945.75	-11.61%	6211.26	5250.06	6.15%	7135.14
	B	22986.00	—		29753.51	29.44%		26103.42	-12.27%	
	C	3959.71	—		2651.11	-33.05%		6330.80	138.80%	
	D	10481.60	—		7741.90	-26.14%		9585.12	23.81%	

注：税费包含企业缴税和涉企收费；资料来源：根据调研企业提供数据整理。

从存货来看，四分之三的企业存货增速上涨，存货的绝对数大幅提升，个别企业出现小额负增长。结合表 6 存货周转率指标可知，近三年湖南省调研企业存货周转率整体处于上升趋势。也就是说企业存货和存货周转率都在小幅增加，这意味着企业营业成本的增速大于存货，销售商品速度略有提高。从营业收入对比的角度看，近三年 4 家企业中的 3 家存货与营业收入的比值上涨，幅度为 0.32%、1.43% 和 1.1%，1 家企业比重下降 1.92%。调研企业平均存货占营业收入的比例为 13.93%（见图 6）。

税费方面，从绝对值来看，2015 年企业缴纳税费比 2014 年有所下降，2016 年出现回升。比较近两年的增速变化发现，2015 年有 3 家企业税费增速负增长，进入 2016 年后，负增长的三家企业缴纳税费开始提速，而上年度未发生负增长的企业增速开始回落且也出现负增长。税费的绝对值与增速与企业的经营成果有着密切的关联，通过税费与当年营业收入比可以明显发现，2014—2016 年 4 家调研企业税费与营业收入的占比均呈下降趋势，下降幅度为 11.01%、1.36%、0.91%、0.16%。这表明近年来企业营业收入承担的税费水平不断下降，税费压

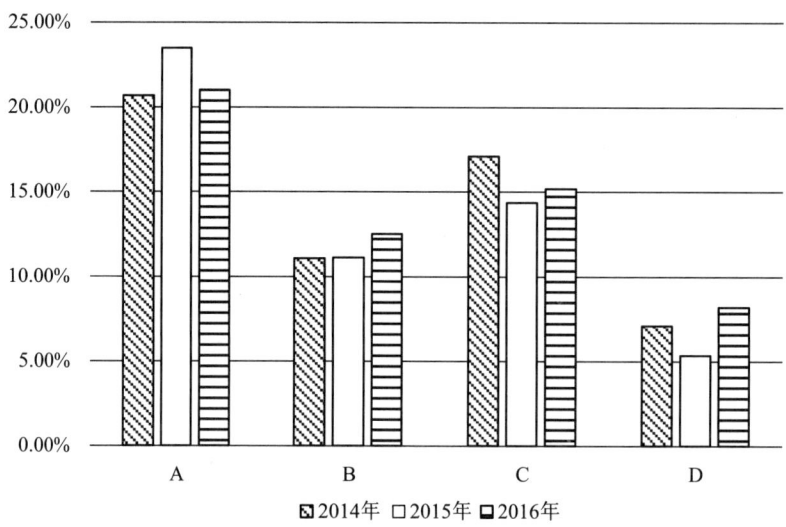

图 6 湖南调研企业存货与营业收入比

力减缓。计算 4 家企业三年平均税费与营业收入占比的均值为 8.84%。与河南省调研企业基本持平，尽管均值的大小取决于调研样本的选取。需要说明的是，由于样本选取过程中本调研小组并未依据企业税费水平进行样本筛选，调研结果具有一定的随机性和代表性，同时，该值的大小低于市场研究机构通过行业税收收入占行业 GDP 的比重来衡量的企业宏观税负（见图 7）。

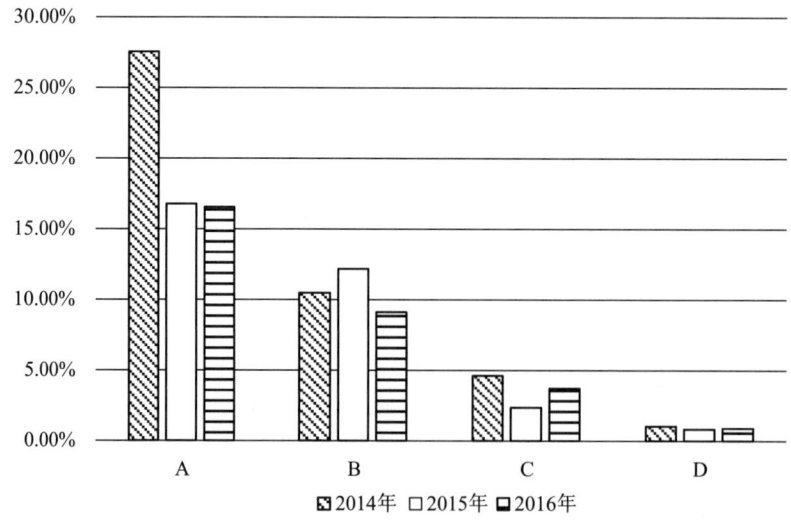

图 7 湖南调研企业税费与营业收入比

（二）用料用能成本分析①

对制造业企业而言，原材料是企业生产的基础，各种能源消耗（如水、电、煤、气、油）是生产的必要条件。用料用能的成本是企业生产成本的主要构成部分，很大程度上决定了企业利润的高低，是营业成本的细化。因此，在分析企业成本构成时，有必要对这一因素进行考察。

1. 河南省调研企业用料用能成本分析

表12　　　　　　　　　河南省调研企业用料用能成本

	企业	2014年			2015年			2016年		
		金额（万元）	增速	行业均值（万元）	金额（万元）	增速	行业均值（万元）	金额（万元）	增速	行业均值（万元）
原材料总成本	A	15153.87	—	22095.37	19914.24	31.41%	20058.28	25908.13	30.10%	22078.80
	B	6982	—		3575	-48.80%		4558	27.50%	
	C	17518	—		14411	-17.74%		16243	12.71%	
	D	327	—		355	8.56%		306	-13.80%	
	E	2700	—		2000	-25.93%		1500	-25.00%	
	F	2384	—		3086	29.45%		4348	40.89%	
用电支出	A	4013.44	—	13460.33	5295.26	31.94%	13611.28	5847.95	10.44%	13307.50
	B	48	—		27	-43.75%		26.5	-1.85%	
	C	742	—		600	-19.14%		558	-7.00%	
	D	247	—		194	-21.46%		154	-20.62%	
	E	656	—		863	31.55%		330	-61.76%	
	F	6	—		15	150.00%		40	166.67%	
用地支出	A	0	—	1041.89	0	—	1028.83	0	—	1021.22
	B	32.4	—		32.4	0%		32.4	0%	
	C	0	—		0	—		0	—	
	D	0	—		0	—		0	—	
	E	14	—		14	0%		14	0%	
	F	282	—					0	—	

资料来源：根据调研企业提供数据整理。

---

① 因数据收集原因，本部分仅分析河南和江西两省的调研企业用料用能情况。

表 12 列示了河南省调研企业用料用能成本情况。由表可知，调研企业原材料成本绝对值在近三年整体趋势不同，其中两家企业上涨幅度较大，其余 4 家企业有所下降。从原材料成本的增速来看，整体呈上升趋势，多数企业原材料成本的增速或持续上涨，或增长后平稳，部分企业原料成本的增速在 2015 年出现回落，进入 2016 年后增速回暖。原材料的成本决定了企业利润的高低，也是企业生产经营预算和决策的重要依据，将原材料的成本与营业收入进行比较发现，6 家企业中有 4 家企业原材料占营业收入的比重上涨，涨幅为 11.14%、0.4%、9.13% 和 1.69%。有 2 家企业的该指标分别下降了 4.46%、3.07%。说明企业的营业收入中，用于原材料采购的支出整体在上升，6 家企业原材料占营业收入的均值为 47.44%（见图 8）。

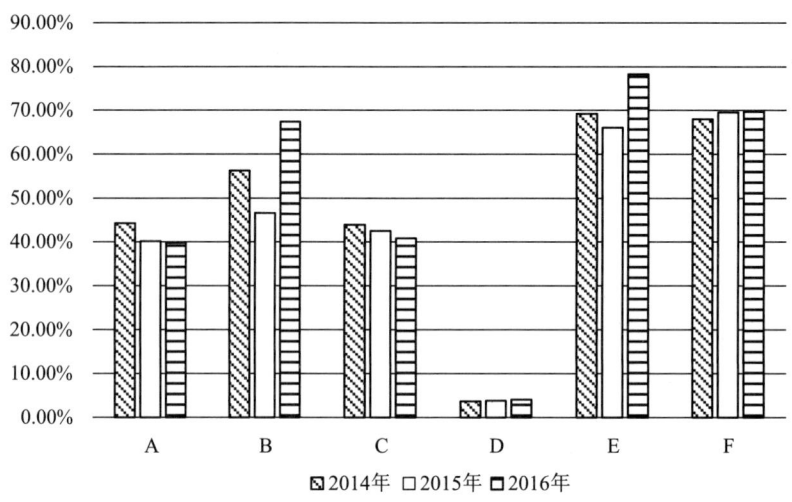

图 8　河南调研企业原材料总成本与营业收入比

用电支出方面，调研的 6 家企业中，有 4 家企业在 2014—2016 年间支出减少，其余两家明显升高。从支出增速来看，支出减少的 4 家企业近年来都出现了负增长，2 家企业的增速存在明显差异，其中一家企业增长速度有所回落，另一家持续上涨。与原材料成本支出一样，用电支出与企业的生产经营情况有着密切联系，分析用电支出与营业收入的比值来看，4 家企业的用电支出与营业收入占比小幅上涨，涨幅均在 0.5 个百分点以内，其余 3 家企业的比重处于持续下降或回落趋势。调研企业三年平均用电成本占营业收入的比重为 6.01%（见图 9）。

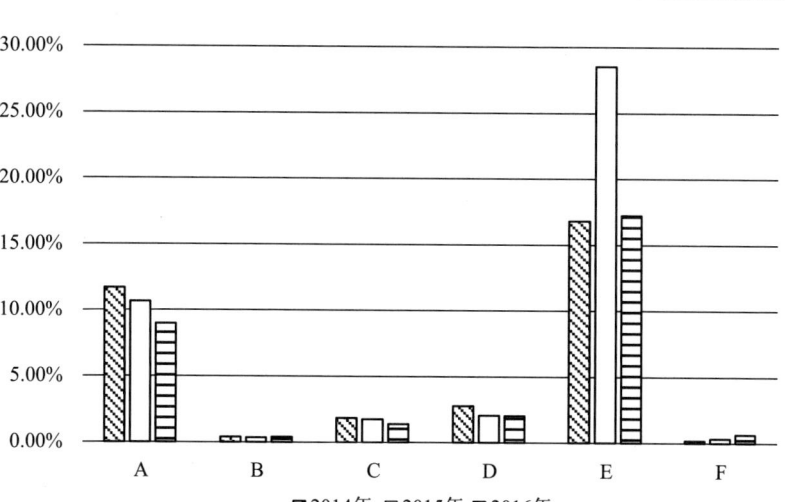

图9 河南调研企业用电支出与营业收入比

用地支出核算企业的工业用地成本,包括修建厂房和车间的征地补偿费、安置补偿费、青苗和附着物补偿费,以及拆迁补偿费和各项税费。在调研的企业中,企业用地成本大多一次性投入和计量,以后年度的持续性支出一般为租用车间费用,以及少部分厂房维修扩建费用,从时间上看用地成本具有阶段性。通过表12可知,调研的6家企业中有一半的企业近三年没有用地支出,1家企业的用地支出在2013年一次性支出后,并无后续花销。因此,在时间上不具有连贯性,无法进行纵向比较。调研中的2家企业持续三年保持等额的用地支出,将用地支出与营业收入进行相比后发现,其中一家企业用地支出占营业收入的0.4%左右,另一家企业随着营业收入的下降,该比值三年为0.36%、0.46%、0.73%,逐渐上升。

2. 江西省调研企业用料用能成本分析

表13列示了江西省调研企业用料用能成本情况。原材料成本方面,大多数企业的原材料支出增加,除一家企业相对于2014年支出减少外,其他企业支出额都大于三年前的支出。从成本变动的增速来看,调研中一家企业的原材料支出负增长,其余企业的支出增速不断提高,或经2015年提速后稍有回落,总体来看,近三年企业在原材料上的支出和支出增速都有扩大。结合企业营业收入分析发现,2014—2016年间,企业原材料总成本占营业收入的比重变化为40.04%、-4.86%、3.14%、7.18%、-13.79%、2.08%,由图10不难看出,4家企业原材料占营业收入的比重不断上涨,两家企业原材料支出比重下降,其中一家经

表 13　　　　　　　　　　　江西省调研企业用料用能成本

	企业	2014 年			2015 年			2016 年		
		金额（万元）	增速	行业均值（万元）	金额（万元）	增速	行业均值（万元）	金额（万元）	增速	行业均值（万元）
原材料总成本	A	0	—	6116.57	0	—	6463.13	211	—	7539.23
	B	78590.04	—		82507.48	4.98%		89021.54	7.90%	
	C	350	—		425	21.43%		512	20.47%	
	D	120	—		140	16.67%		160	14.29%	
	E	10707	—		8781	-17.99%		8417	-4.15%	
	F	3977.1	—		3709.7	-6.72%		3857.5	3.98%	
用电支出	A	60	—	713.39	52	-13.33%	720.38	68	30.77%	556.37
	B	1696.05	—		1946.71	14.78%		1977.91	1.60%	
	C	9	—		10	11.11%		11	10.00%	
	D	10	—		11	10.00%		12	9.09%	
	E	928	—		903	-2.69%		793	-12.18%	
	F	282.8	—		269.9	-4.56%		241.7	-10.45%	
用地支出	A	12	—	254.34	12	0.00%	288.14	5	-58.33%	420.47
	B	1529.27	—		80.79	-94.72%		542.23	571.16%	
	C	0	—		0	—		0	—	
	D	5	—		5	0%		5	0%	
	E	0	—		0	—		0	—	
	F	0	—		0	—		0	—	

资料来源：根据调研企业提供数据整理。

2015 年大幅下降后开始回升，另一企业下降的幅度也在逐年递减。6 家企业三年原材料与营业收入的比重均值为 50.11%。

用电支出方面，调研的 6 家企业中，有 4 家企业的用电支出金额不断上涨，同时，每年的增速变化也有回落趋势，也就是说，近三年企业在用电方面的支出金额不断增加，但这种增加的速度有所减缓。其余两家企业的支出出现小幅下降，然而，这种下降的趋势还在不断加大。通常情况下，企业用电支出与企业的生产紧密联系，在价格变化不大的条件下，用电量的多少是宏观经济分析中衡量经济好坏的先行指标之一。从企业层面来看，在用电成本的单价不变的情形下，有可能是企业产量下滑的表现。将用电支出与营业成本结合分析发现，有 2 家企业用电支出占营业收入的比重提高，其余企业该指标都不同程度的下降，降幅在

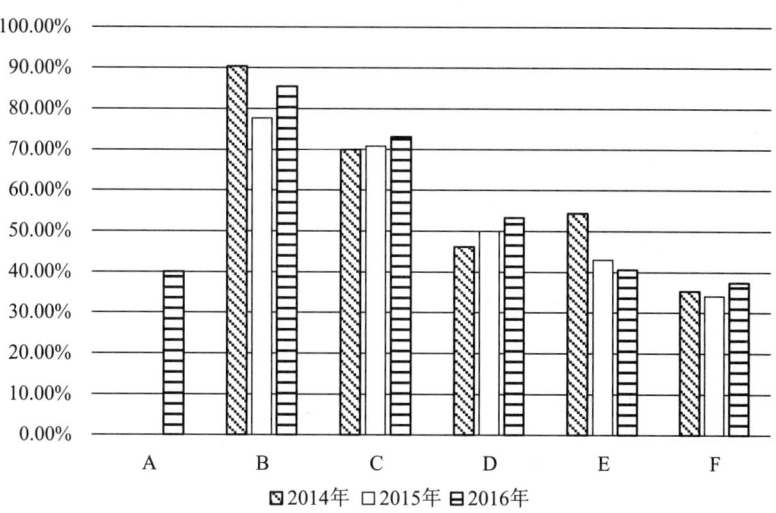

图 10　江西调研企业原材料总成本与营业收入比

1个百分点以内。上涨的两家企业中,一家增幅0.15%,变动较小;另一家企业在上年回落后出现大幅提升,三年累积提高了5.13%。总的来说,2014—2016年企业营业收入中,用于用电支付的成本有所下降或基本持平,调研企业三年用电支出占营业收入的比重均值为3.83%(见图11)。

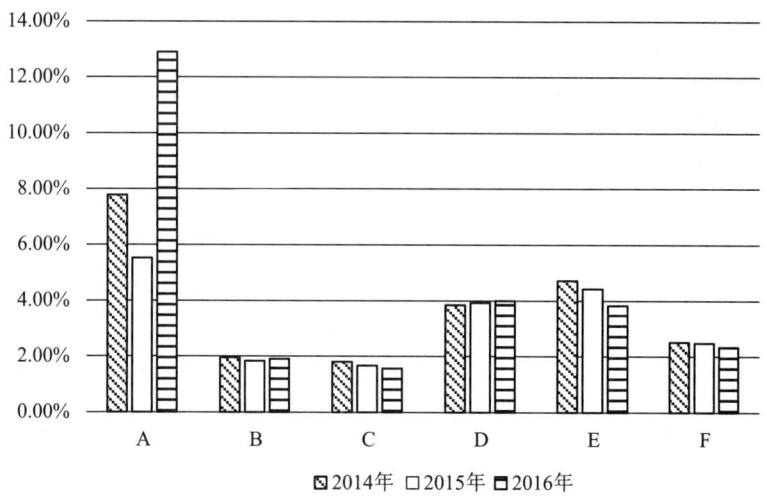

图 11　江西调研企业用电支出与营业收入比

用地支出方面,正如前述分析,企业的用地支出具有间断性,纵向可比性不强。在江西省调研的6家企业中,有3家企业持续三年存在用地支出,其中一家支出额三年不变，另外两家变动较大。结合营业收入来看，两家企业用地支出占营业收入的比重持续下降，另一家企业的该指标变动较大。3 家企业用地支出与营业收入年平均值分别为 1.26%、0.79% 和 1.79%。这表明企业营业收入中，用于用电支出的比例约为 1.28% 左右①。

（三）人工成本分析

人工成本是企业成本的重要组织部分，对于制造业企业来说，大量的员工服务于企业生产、采购、销售等部门，工人的工资成为人工成本的关键。近年来，我国人口老龄化问题日益严重，年龄结构分布不均衡，劳动力供需之间的矛盾日趋突出，客观上导致企业用工难、成本高的现状，同时，社会保险缴费负担高是调研企业普遍反映的问题。因此，本节将对调研企业得人工成本进行分析。

1. 河南省调研企业人工成本分析

表 14　　　　　　　　　河南省调研企业人工成本

	企业	2014 年			2015 年			2016 年		
		金额（万元）	增速	行业均值（万元）	金额（万元）	增速	行业均值（万元）	金额（万元）	增速	行业均值（万元）
职工工资总额	A	4615.61	—	1203.32	6261.36	35.66%	1265.01	7596.27	21.32%	1350.46
	B	1960	—		1570	-19.90%		1434	-8.66%	
	C	3370	—		3356	-0.42%		3421	1.94%	
	D	1052	—		931	-11.50%		783	-15.90%	
	E	230	—		240	4.35%		278	15.83%	
	F	280	—		320.00	14.29%		465	45.31%	
人均工资	A	5.02	—	3.54	5.41	7.77%	3.74	6.53	20.70%	3.85
	B	7.10	—		8.05	13.38%		8.59	6.71%	
	C	4.08	—		4.14	1.47%		4.65	12.32%	
	D	2.06	—		2.45	18.93%		2.95	20.41%	
	E	5.11	—		5.33	4.31%		5.79	8.63%	
	F	5.09	—		5.33	4.72%		6.64	24.58%	

---

① 注：在湖南省调研过程中，由于未获得 4 家调研企业的原材料总成本、用电支出及用地支出，因此，本节略去对湖南省调研企业的用料用能成本分析。

续表

企业		2014年			2015年			2016年		
		金额（万元）	增速	行业均值（万元）	金额（万元）	增速	行业均值（万元）	金额（万元）	增速	行业均值（万元）
五险一金	A	648.10	—	222.72	925.58	42.81%	225.47	1161.94	25.54%	246.80
	B	115.80	—		114.70	-0.95%		111.90	-2.44%	
	C	476.00	—		584.00	22.69%		619.00	5.99%	
	D	727.00	—		590.00	-18.84%		453.00	-23.22%	
	E	68.14	—		86.64	27.15%		92.00	6.19%	
	F	12.75	—		12.75	0.00%		23.37	83.29%	

资料来源：根据调研企业提供数据整理。

表14列示了河南省调研企业的人工成本情况。从职工工资总额来看，调研的6家企业中，有4家企业近三年支付的职工工资总额呈上升趋势，2家企业支付的职工工资总额逐年下降。从工资变化的增速来看，工资总额下降的2家企业出现较大幅度的负增长，多数企业工资总额不断增加的前提下，增速不断提高，说明近年来企业支付职工工资的成本呈阶梯状攀升。与企业营业收入相比发现，三家企业工资总额占营业收入的比重下降，降幅为1.81%、1.4%和0.53%。比重上涨的3家企业涨幅分别为5.41%，0.15%和8.62%。这一结果说明，企业的营业收入中，用于支付职工工资的比例在企业间出现分化。6家企业工资总额占营业收入的比重均值为11.41%（见图12）。

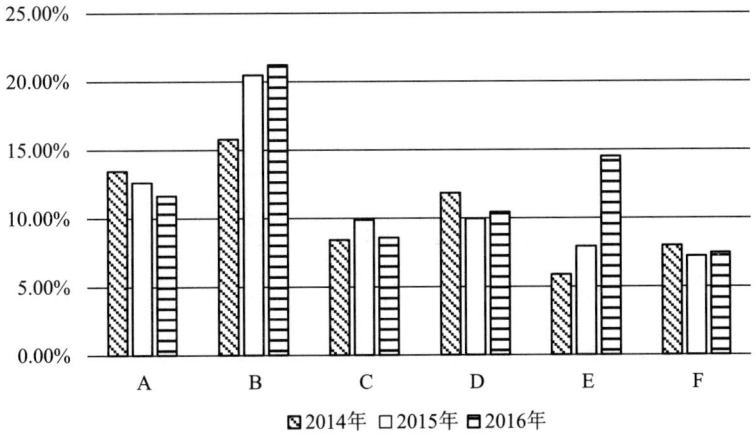

图12 河南调研企业职工工资总额与营业收入比

职工工资的总额与企业员工的数量有着密切的关系，人均工资是人工成本变化的直观表现。经调研数据测算，调研中的 6 家企业人均工资全都出现上涨。尽管增幅的大小各异，但连续三年人均工资增长并未出现回落的迹象。这一调研结果与国家统计局发布的规模以上工业企业制造业城镇单位就业人员平均工资近三年的变化趋势一致。

在五险一金方面，2014—2016 年企业支付职工五险一金的金额普遍上涨，6 家企业中有 4 家企业支付五险一金的成本上升，且上升幅度较大，其余 2 家企业出现负增长现象，其中一家企业累计下降了 37.69%。从变化的增速来看，五险一金的增速有所回落，也就是说，五险一金增加的幅度有所控制。对于五险一金负增长的企业来说，增速还在不断加大。将五险一金与营业收入进行比较发现，除 2 家企业五险一金与营业收入的占比下降以外，4 家企业的该比值不断上升，上升幅度为 0.72%、0.36%、3.06% 和 0.01%。（见图 13）。结合五险一金的绝对数与增速可知，企业支付五险一金的金额整体上普遍上涨但上涨的速度有所回落，相对于企业的营业收入来说，企业的五险一金占营业收入的比重对于大多数企业来说还呈上升趋势。说明企业的营业收入中支付五险一金的压力近三年还在提升，计算可得，6 家企业五险一金占营业收入的比重均值为 2.5%。

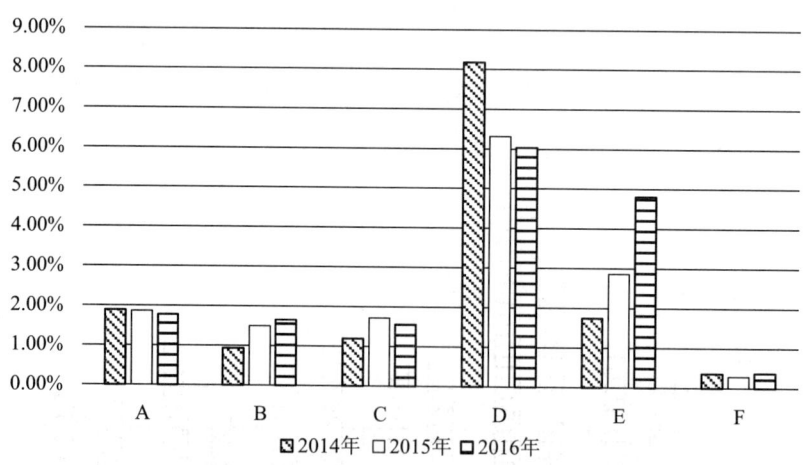

图 13　河南调研企业五险一金与营业收入比

2. 江西省调研企业人工成本分析

表 15 列示了江西省调研企业人工成本的情况。由表可知，近三年企业职工工资总额普遍上涨，涨幅分别为 34.72%、40.1%、7.5%、13.33%、14.29%，

表15　　　　　　　　　江西省调研企业人工成本

企业		2014年			2015年			2016年		
		金额（万元）	增速	行业均值（万元）	金额（万元）	增速	行业均值（万元）	金额（万元）	增速	行业均值（万元）
职工工资总额	A	288	—	503.75	451	56.60%	571.98	388	-13.97%	631.98
	B	1284.84	—		1747.72	36.03%		1800	2.99%	
	C	40	—		43	7.50%		43	0.00%	
	D	150	—		160	6.67%		170	6.25%	
	E	2408	—		2698	12.04%		2752	2.00%	
	F	1920.84	—		1837.14	-4.36%		1654.26	-9.95%	
人均工资	A	2.34	—	3.45	3.58	52.99%	3.71	3.70	3.35%	3.92
	B	4.24	—		5.66	33.49%		5.75	1.59%	
	C	3.33	—		3.58	7.51%		3.58	0.00%	
	D	3.00	—		2.91	-3.00%		2.83	-2.75%	
	E	6.02	—		6.58	9.30%		6.55	-0.46%	
	F	4.56	—		5.47	19.96%		5.11	-6.58%	
五险一金	A	39.90	—	34.44	56.60	41.85%	44.12	51.10	-9.72%	50.41
	B	322.69	—		381.24	18.14%		491.77	28.99%	
	C	9.00	—		10.00	11.11%		11.00	10.00%	
	D	13.40	—		17.20	28.36%		20.80	20.93%	
	E	518.00	—		532.00	2.70%		547.00	2.82%	
	F	282.99	—		332.29	17.42%		351.15	5.68%	

资料来源：根据调研企业提供数据整理。

只有一家企业下降了13.88%。从变化的增速来看，大部分企业上涨的速度出现回落，个别企业出现负增长，这说明企业的工资成本持续上涨，进入2016年来上涨的趋势开始减缓，部分企业的工资支出出现下降。将企业工资总额与营业收入相比发现，一半的企业职工工资总额占营业收入的比重有所增加，增幅分别为36.31%、0.25%和1.04%。比重下降的3家企业，降幅为1.86%、1.03%和1.02%。总的来看，江西省调研企业中，个别企业职工工资占营业收入的比重显著上涨，其他企业的增幅变化微弱，比值下降的企业效果相对明显。6家企业工资总额占营业收入的比重均值为24.73%，观察数据结构可知，样本中个别企业的比值过高，提高了整体均值水平（见图14）。

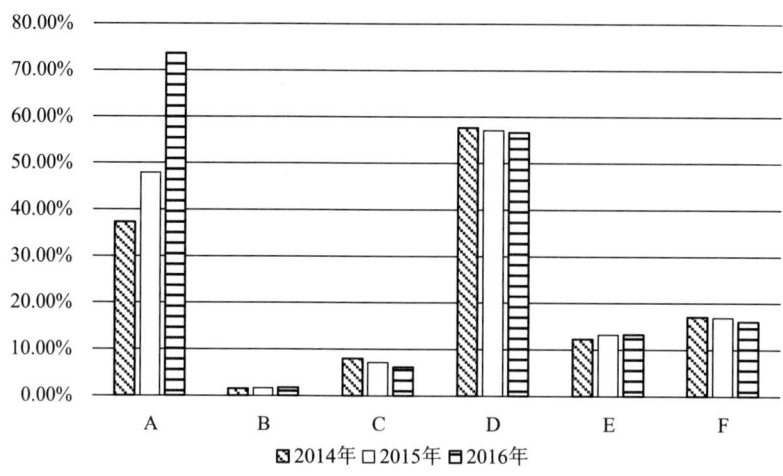

图14 江西调研企业职工工资总额与营业收入比

从人均工资来看，企业人均工资在近三年的变化出现分化，一半的企业人均工资上升，上升幅度分别为1.36%、1.51%和0.53%，其余三家企业人均工资下跌幅度为0.25%、0.17%、0.15%，从数值上看上涨额略高于下降额。与国家统计局公布江西省规模以上制造业企业人均工资相比，规模以上企业人均工资上升的幅度更大。

通过表15中五险一金的数据发现，企业支付的五险一金在2014—2016年间不断上涨，涨幅分别为28.07%、52.40%、22.22%、55.22%、5.60%、24.09%，从上涨的增速来看，一半的企业由于前期增长过快，增速有所回落，其余企业五险一金基本保持增速或继续上涨。由此可知，企业近三年五险一金的成本大幅提升，并且这种提升的趋势在部分企业还在延续。考察五险一金与营业收入的占比发现，5家企业该比值逐年上涨，个别企业五险一金占营业收入的比值上涨显著。整体上说明企业近年来承担的五险一金占营业收入的比重不断增加，企业来自五险一金的成本压力增大。调研企业五险一金占营业收入的比重均值为3.46%（见图15）。

3. 湖南省调研企业人工成本分析

表16列示湖南省企业人工成本的情况。职工工资方面，2014—2016年间调研的4家企业职工工资总额持续上涨，涨幅分别为55.28%、25.24%、43.03%、12.89%，由此可知，企业职工工资总额大幅上涨。进一步分析工资总额变化的增速发现，尽管部分企业工资总额增速相对于2015年来说有所放缓，总体上仍保持较快的增长速度。通过工资总额与营业收入的占比可知，三年间有3家企业

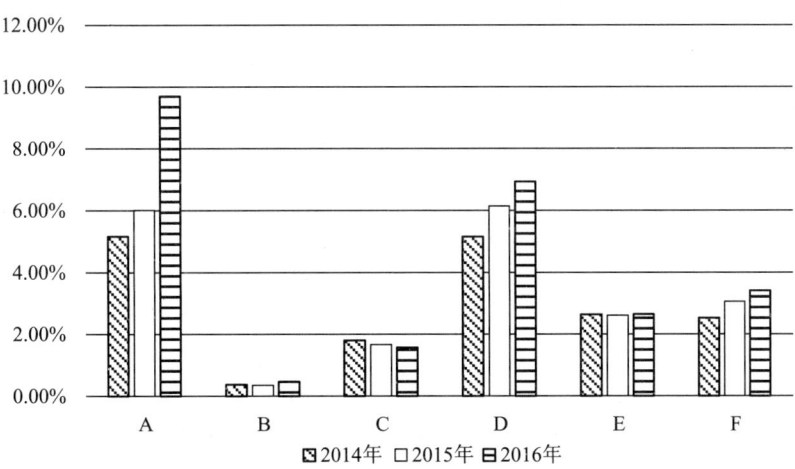

图 15 江西调研企业五险一金与营业收入比

表 16　　　　　　　　　湖南省调研企业人工成本

	企业	2014 年			2015 年			2016 年		
		金额（万元）	增速	行业均值（万元）	金额（万元）	增速	行业均值（万元）	金额（万元）	增速	行业均值（万元）
职工工资总额	A	7486.56	—	14621.41	9030.59	20.62%	19705.95	11625.24	28.73%	28351.17
	B	25331.53	—		28320.29	11.80%		31724.10	12.02%	
	C	15026.02	—		18992.38	26.40%		21492.38	13.16%	
	D	48427.51	—		45417.70	-6.22%		54670.90	20.37%	
人均工资	A	4.53	—	4.96	5.51	21.80%	5.63	6.42	16.37%	6.57
	B	5.64	—		6.59	16.85%		7.33	11.24%	
	C	6.33	—		7.30	15.28%		7.43	1.85%	
	D	7.45	—		6.47	-13.12%		8.05	24.34%	
五险一金	A	1171.29	—	2120.12	1222.52	4.37%	2660.30	2658.67	117.47%	4025.87
	B	4427.45	—		4809.86	8.64%		5510.02	14.56%	
	C	1515.60	—		2052.61	35.43%		2902.01	41.38%	
	D	5311.76	—		5458.30	2.76%		5795.35	6.17%	

资料来源：根据调研企业提供数据整理。

的占比变化较小，幅度均在0.5个百分点以内。个别企业占比减少较为显著。总的来说，企业营业收入需要承担的工资总额在近三年变化不大，个别企业有下降趋势。4家企业工资总额占营业收入的比重均值为16.67%（见图16）。

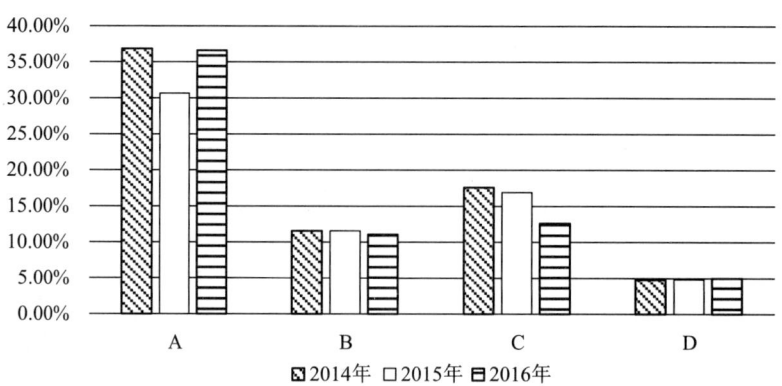

图 16　湖南调研企业职工工资总额与营业收入比

人均工资数据表明，4 家企业的人均工资存在不同程度的上升，增幅分别为 41.72%、29.96%、17.38%、8.05%，增长显著。从变化的增速上看，三家企业的人均工资上涨速度有所放缓，个别企业因上一年度工资存在下滑，进入 2016 年后修复性增长，表现为增速较快。

五险一金方面，企业的相关支出金额逐年递增，变化显著，三年累积增长幅度分别为 126.99%、24.45%、91.48 和 9.1%。从变化的增速来看，2015—2016 连续两年增速不断扩大，说明企业近年来五险一金的支出不断增加，且增加的速度持续扩大。将企业五险一金的支出与营业收入相比发现，仅有一家企业比值上涨了 2.61 个百分点，其余企业五险一金的支出成本与营业收入占比几乎不变。这说明尽管五险一金的支出额在大持续大幅提升，但相对于当年营业收入来说，负担的压力程度并未明显增加。企业间五险一金占营业收入的比重均值为 2.6%（见图 17）。

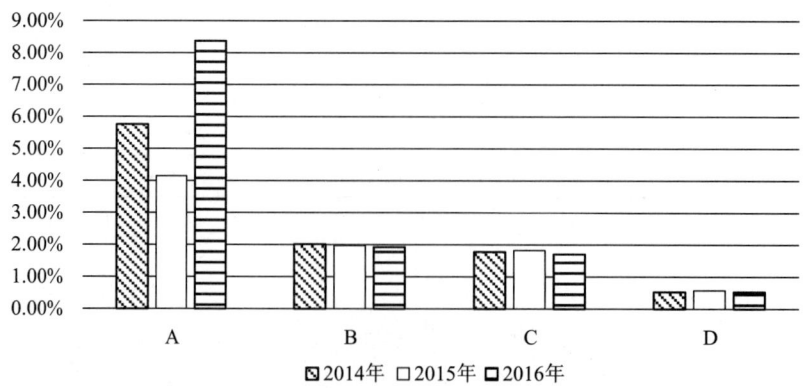

图 17　湖南调研企业五险一金与营业收入比

(四) 物流成本分析

物流成本是指产品的空间移动或时间占有中所耗费的各种活劳动和物化劳动的货币表现。具体的说，它是产品在实物运动过程中包装、搬运装卸、运输、储存、流通加工等各个活动中所支出的人力、物力和财力的总和。调研过程中我们主要统计的是交通运输、仓储、装卸、搬运、流通加工等方面的成本。根据调研三省 16 家企业的物流成本情况，统计如表 17 所示。

表 17　　　　　　　　中部地区三省调研企业物流成本

	调研企业	2014 年			2015 年			2016 年		
		金额（万元）	增速	行业均值（万元）	金额（万元）	增速	行业均值（万元）	金额（万元）	增速	行业均值（万元）
河南物流成本总额	A	568.95	—	483.31	835.68	46.88%	462.28	1257.46	50.47%	494.40
	B	119.6	—		86.1	-28.01%		76.7	-10.92%	
	C	2824	—		2429	-13.99%		3185	31.12%	
	D	194	—		218	12.37%		135	-38.07%	
	E	345	—		254	-26.38%		216	-14.96%	
	F	96	—		123	28.13%		175	42.28%	
江西物流成本总额	A	0	—	124.55	0	—	134.63	73	—	147.79
	B	1200	—		1300	8.33%		900	-30.77%	
	C	12	—		15	25.00%		20	33.33%	
	D	1	—		1.1	10.00%		1.2	9.09%	
	E	2	—		30	1400.00%		6	-80.00%	
	F	87.61	—		71.73	-18.13%		73.89	3.01%	
湖南物流成本总额	A	196.36	—	2185.17	124.39	-36.65%	2274.36	170.77	37.29%	2412.48
	B	4581.62	—		5023.48	9.64%		5184.19	3.20%	
	C	1157.50	—		1217.56	5.19%		1278.16	4.98%	
	D	3954.02	—		3895.62	-1.48%		4216.80	8.24%	

资料来源：根据调研企业提供数据整理。

从物流成本的金额来看，河南省调研的 6 家企业，近三年有一半的企业物流成本增加，增幅分别为 121%、12.78% 和 82.29%，变动幅度较大，另外 3 家企业物流成本下降分别为 35.87%、30.41% 和 37.39%。从以上变动幅度不难发现，物流成本上涨的企业，涨幅较大，变化不均。物流成本下降的企业，三年平均下调30%以上。从物流成本的增速上看，成本上涨的企业增速持续扩大，而物流下降的企业，下调的速度呈逐步放缓的趋势。将企业物流成本与当年营业收入进行比较发现，尽管物流成本的支出金额有增有减，但物流成本占营业收入的比重基本上涨呈上升态势，涨幅为0.27%、0.17%、0.93%、2.44%和0.07%。调研企业物流成本占营业收入的比重均值为4.1%。

江西省6家企业近年来物流成本表现为，4家企业物流成本上升，2家企业成本下降，除一家企业物流成本前期为零以外，其余各家上涨幅度分别为66.67%、20%和200%，增长的幅度较大，差异明显。分析发现，物流成本下降的2家企业下降幅度为25%和15%。这一增幅趋势与河南省调研企业情况大致相同。从物流成本变动的增速上看，成本上升的企业增速持续稳定，个别成本下降的企业变动速度也略有回升。与营业收入作为参考发现，企业物流成本占营业收入的比重不尽相同，比重上升最大为0.46个百分点，比重下降最大为0.52个百分点，剔除前期物流成本为零的企业后，5家企业三年物流成本占营业收入的比重平均变化在0.02%。总的看来，江西省调研企业物流成本增减差异明显，但物流成本占营业收入的比例变化较小，调研企业的平均涨幅仅有0.02%，调研企业物流成本占营业收入的比重均值为1.59%。

湖南省调研企业的物流情况是，近三年4家调研企业中，物流成本上涨的有3家，上涨幅度分别为13.15%、10.42%和6.65%。1家调研企业物流成本下降了13.03%。从变动增速上看，物流成本上涨的企业增速有所放缓，物流成本下降的企业在进入2016年后增速也急剧拉升，相比2014年还存在较小差异。将物流成本与企业营业收入相比发现，4家企业物流成本占营业收入的比重都呈下降趋势，降幅分别为0.43%、0.28%、0.6%、0.01%。可以看出，虽然2014—2016年湖南省调研企业物流成本普遍上涨，但增速下降。与此同时，营业收入用于承担的物流成本的比重在逐年下降，平均下降幅度约0.33%。物流成本占营业收入的比重均值为1.02%。

（五）期间费用分析

期间费用是指不受企业产品产量或产品销量增减变动影响，不能直接或间接归属于某个特定对象的各种费用。这些费用容易确定其发生期间和归属期间，但很难判其归属对象，因而在发生的当期从损益中扣除。我国财务制度将期间费用分为财务费用、销售费用和管理费用。财务费用核算企业为筹集生产经营所需资金发生的费用，销售费用是企业在销售商品和材料、提供劳务的过程中发生的费用。管理费用则是企业行政管理部门为管理和组织企业生产经营活动而发生的各项费用支出。以下将对调研企业的三大期间费用进行分析,考察各项期间费用的变化情况以及营业收入程度期间费用的压力。

1. 河南省调研企业期间费用分析

表18　　　　　　　　　　河南省调研企业期间费用

调研企业		2014年			2015年			2016年		
		金额（万元）	增速	行业均值（万元）	金额（万元）	增速	行业均值（万元）	金额（万元）	增速	行业均值（万元）
财务费用	A	-16.39	—	858.57	125.4	-865.10%	876.38	150.42	19.95%	810.50
	B	-31	—		-11	-64.52%		4.4	-140.00%	
	C	1012	—		1426	40.91%		805	-43.55%	
	D	25	—		20	-20.00%		43	115.00%	
	E	-28	—		126	-550.00%		-135	-207.14%	
	F	70.1	—		95.85	36.73%		65.3	-31.87%	
销售费用	A	1871.29	—	900.71	3263.54	74.40%	998.88	4404.42	34.96%	1076.42
	B	3.5	—		3.4	-2.86%		3.4	0.00%	
	C	3120	—		3063	-1.83%		4589	49.82%	
	D	388	—		368	-5.15%		257	-30.16%	
	E	406	—		346	-14.78%		289	-16.47%	
	F	297.9	—		382.11	28.27%		467.75	22.41%	
管理费用	A	4352.9	—	1377.67	5483.51	25.97%	1415.69	6867.5	25.24%	1684.03
	B	3873	—		2723	-29.69%		2488	-8.63%	
	C	3300	—		3360	1.82%		3509	4.43%	
	D	1714	—		2076	21.12%		1980	-4.62%	
	E	256	—		311	21.48%		331	6.43%	
	F	224.3	—		283.1	26.21%		357.88	26.41%	

资料来源：根据调研企业提供数据整理。

表18列示了河南省调研的6家企业期间费用情况。财务费用方面,调研的6家企业中有3家企业财务费用曾经为负,表明当年企业的利息收入、汇兑收益大于相应的支出额。综合3年的财务费用分析发现,1家企业3年来财务费用表现为资金流入,且收益大涨3.82倍。对于财务费用流出的5家企业,其中3家财务费用增加,增加幅度分别为1017.75%、114.19%和72%。其余2家企业财

务费用减少，减少幅度为20.45%和6.85%。值得注意的是，由于企业前期财务费用为净流入，而后期表现为费用的流出，导致三年平均增幅提升异常。剔除财务费用净流入的3家企业后，将企业财务费用支出与营业收入比较发现，企业营业收入承担财务费用的支出比重下降的2家企业分别下降了0.51%、0.95%，1家企业承担费用比重上涨了0.19%。综合来看，调研的6家企业财务费用占营业收入的比重为1.52%。

销售费用方面，调研的6家企业中，有3家企业销售费用上涨，涨幅分别为135.37%、47.08%、57.02，另外3家企业的销售费用下降，降幅为2.86%、33.76%和28.82%。从变化速度来看，上涨的3家企业增速减缓，仍然维持较高的水平，销售费用下降的3家企业中，有2家下降速度继续扩大。通过销售费用与营业收入的比发现，4家企业销售费用占比不断提升，增幅为1.3%、0.02%、3.71%和4.69%，说明4家企业销售费用占营业收入的比重还在持续加大。比重下降的2家企业下降幅度为0.94%和1%。综合6家企业销售费用占营业收入的比重为均值为6.7%。

管理费用方面，6家调研企业中只有1家企业三年平均管理费用减少了35.77%，其余5家企业管理费用分别增加了57.77%、6.33%、15.52%、29.3%和59.55%，费用的增减变化较为明显。从变化的增速来看，费用下降的企业下降的幅度有所减慢。费用上升的5家企业中，2家上升幅度基本维持不变，1家小幅增加，2家增幅减缓。将管理费用与营业收入比较后发现，4家企业近三年管理费用占营业收入的比重基本呈上升趋势，剩余两家费用占比下降2.16%和0.66%。整体看来，调研企业营业收入承担的管理费用的比重约为15.85%。

2. 江西省调研企业期间费用分析

表19列示了江西省调研的6家企业期间费用情况。财务费用方面，近三年有2家企业财务费用分别上涨了71.43%、45.94%，2家企业分别下降了31.18%和39.16%。剩余2家企业中，1家近三年增幅不变，另一家企业近两年涨幅为零。从费用变化的增速来看，费用上涨的2家企业在2015年增速达到100%和49.9%，进入2016年后开始回落，并出现负增长。费用下降的2家企业增速正负交替。结和企业营业收入来看，3家企业财务费用占营业收入的比重上涨，增幅为1.37%、0.26%和2.14%。其余三家企业费用占比小幅下跌，幅度均在1个百分点以内。综合6家企业财务费用在营业收入中的比重均值为1.58%。

销售费用方面，2014—2016年间，调研中的2家企业销售费用上涨，涨幅

表19　　江西省调研企业期间费用

调研企业		2014年			2015年			2016年		
		金额（万元）	增速	行业均值（万元）	金额（万元）	增速	行业均值（万元）	金额（万元）	增速	行业均值（万元）
财务费用	A	7	—	142.92	14	100.00%	142.98	12	-14.29%	143.88
	B	1023.88	—		1534.78	49.90%		1494.28	-2.64%	
	C	0	—		15	—		15	0%	
	D	5	—		5	0%		5	0%	
	E	526	—		358	-31.94%		362	1.12%	
	F	139.37	—		151.18	8.47%		84.79	-43.91%	
销售费用	A	0	—	548.72	0	—	648.67	0	—	694.13
	B	44.43	—		21.79	-50.96%		43.77	100.87%	
	C	25	—		28	12.00%		45	60.71%	
	D	10	—		10	0%		10	0%	
	E	225	—		206	-8.44%		237	15.05%	
	F	3655.7	—		3937.74	7.72%		3230.4	-17.96%	
管理费用	A	98	—	414.51	137	39.80%	475.98	120	-12.41%	501.21
	B	949.14	—		5863.78	517.80%		4913.5	-16.21%	
	C	43	—		46	6.98%		45	-2.17%	
	D	30	—		35	16.67%		40	14.29%	
	E	2160	—		2518	16.57%		2417	-4.01%	
	F	2087.49	—		1887.76	-9.57%		1812.76	-3.97%	

资料来源：根据调研企业提供数据整理。

达80%和5.33%，2家企业销售费用分别下降了1.49%和11.6%。其余两家销售费用3年保持不变，其中一家无销售费用，在以下的均值计算中剔除。从销售费用变动增速来看，除1家企业连续两年增速不断扩大外，其余企业在三年间增速正负交替，为企业主动管理销售费用、平滑波动的结果。通过销售费用与营业收入的比值发现，3家企业销售费用占营业收入的比重下降了0.01%、0.51%和1.14%，1家企业费用占比上涨了1.43%。6家企业在三年间营业收入承担的销售费用均值为8.68%。

管理费用方面，调研的6家企业中，有5家企业近三年管理费用明显上涨，涨幅分别为22.45%、417.68%、4.65%、33.33%、11.9%，有1家企业出现管理费用下降13.16%。从费用变化的增速上看，5家管理费用上涨的企业增速下降,而管理费用下降的企业减速放缓。将管理费用结合企业营业收入分析发现,有4家企业三年来管理费用占营业收入的比重呈上升趋势,分别上涨了10.8%、3.63%、1.79%、0.69%。另外2家企业管理费用占比下降了2.17%和0.96%。整体上看,6家企业管理费用的成本占营业收入的比重约为11.66%。

3. 湖南省调研企业期间费用分析

表20　　　　　　　　　湖南省调研企业期间费用

	调研企业	2014年			2015年			2016年		
		金额（万元）	增速	行业均值（万元）	金额（万元）	增速	行业均值（万元）	金额（万元）	增速	行业均值（万元）
财务费用	A	219.30	—	1876.32	241.78	10.25%	1523.49	126.41	-47.72%	1176.76
	B	526.25	—		271.72	-48.37%		-682.66	-351.24%	
	C	2028.34	—		2335.21	15.13%		2549.95	9.20%	
	D	5752.77	—		4186.81	-27.22%		674.87	-83.88%	
销售费用	A	4998.57	—	25931.44	4624.13	-7.49%	26842.77	6585.58	42.42%	30994.82
	B	72488.29	—		80182.75	10.61%		86189.94	7.49%	
	C	3912.78	—		4264.55	8.99%		6015.51	41.06%	
	D	39047.87	—		34907.88	-10.60%		38716.32	10.91%	
管理费用	A	11077.68	—	15737.86	7693.86	-30.55%	16274.48	6795.48	-11.68%	17777.3125
	B	17655.30	—		21612.23	22.41%		21592.27	-0.09%	
	C	14394.81	—		14830.51	3.03%		19107.11	28.84%	
	D	27981.46	—		29089.33	3.96%		31174.11	7.17%	

资料来源：根据调研企业提供数据整理。

表20列示了湖南省调研的4家企业期间费用情况。财务费用方面,近三年有2家企业财务费用分别下降了42.36%、88.27%,1家企业财务费用从净流出变为净流入,流入额是流出额的1.3倍。从财务费用变化的增速来看,费用下降的2家企业2016年均出现大幅负增长,费用上涨的企业增速也在逐年递减。财务费用实现由负变正的企业,负增长的速度成本扩大。由上述数据可知,调研的4家企业财务费用正在逐年下降,费用上涨的企业增速也呈放缓趋势。将财务费用与营业收入相比可知,4家企业三年的财务费用占比都成下降趋势,下降幅度为0.68%、0.48%、0.87%、0.51%。尽管比重下降的幅度微弱,但预示着企业来自财务费用的压力不断减小。经测算,调研企业近三年的营业收入承担财务费用比为0.83%。

销售费用方面，2014—2016年间，调研中的3家企业销售费用上涨，涨幅达31.75%、18.9%和53.74%，1家企业销售费用下降了0.85%。从销售费用变动的增速来看，费用上涨的3家企业中，2家企业增速不断提高，1家企业增速有所下降。费用下降的1家企业增速也由负变正，变动幅度与前期下降幅度基本持平。通过销售费用与营业收入的比值发现，4家企业销售费用占营业收入的比重全部下降，下降幅度为3.86%、2.95%和1.04%和0.32%。这表明调研企业近三年销售费用占营业收入的比重出现不同程度的下降，企业销售费用的压力有所减缓。4家企业在三年间营业收入承担的销售费用均值为15%。

管理费用方面，调研的4家企业中，有3家企业近三年管理费用明显上涨，涨幅分别为22.3%、32.74%、11.41%，有1家企业出现管理费用大幅下降38.66%。从费用变化的增速上看，管理费用上涨的2家企业增速不断扩大，其余1家进入负增长阶段，幅度为0.09%。而管理费用下降的企业连续两年负增长，负增长的力度有所减小。将管理费用结合企业营业收入分析发现，有3家企业三年来管理费用占营业收入的比重呈下降趋势，分别降幅分别为33.13%、0.51%、5.6%。仅有1家企业管理费用占营业收入的比重略有增加，增幅为0.09%。总的看来，4家企业管理费用占营业收入的比重约为14.71%。

（六）研发支出分析

研发支出是指企业在研究与开发过程中所使用资产的折旧、消耗的原材料、直接参与开发人员的工资及福利费、开发过程中发生的租金以及借款费用等。研发为企业发展和核心能力的形成提供不竭的动力。囿于目前财务准则的要求，现行的财务报表中对研发支出的披露只报告研发支出中的资本化金额，对于费用化金额则计入到各种费用科目，无法直观的了解企业在研究和开发阶段的投入。通过调研获取企业在研究和开发阶段的总支出，能够全面了解企业在研究与开发方面的投入力度。

表21列示了河南、江西和湖南三省调研企业的研发支出情况。河南省调研的6家企业中，有5家企业研发支出金额上涨，涨幅分别为83.06%、376.37%、0.45%、86.23%、59.55%。仅有1家企业在上一年度研发支出上涨33倍后，2016年投入回落至2014年水平。从研发支出的增速来看，投入上涨的5家企业中，有1家企业投入增速不断扩大，2015年增速在18.52%的基础上，第二年继续保持54.46%的高增长。有3家企业经过前期快速上涨之后，增速开始放缓。个别企业的增速表现为震荡上升。

表 21　　　　　　　　　中部地区三省调研企业其他成本

调研企业		2014年			2015年			2016年		
		金额（万元）	增速	行业均值（万元）	金额（万元）	增速	行业均值（万元）	金额（万元）	增速	行业均值（万元）
河南研发支出	A	1391.91	—	439.39	1649.71	18.52%	496.65	2548.1	54.46%	568.38
	B	1346	—		6759	402.15%		6412	-5.13%	
	C	1327	—		1141	-14.02%		1333	16.83%	
	D	363	—		607	67.22%		676	11.37%	
	E	1	—		33	3200%		1	-96.97%	
	F	157.01	—		232	47.76%		250.51	7.98%	
江西研发支出	A	0	—	167.03	0	—	223.29	0	—	224.08
	B	39.6	—		4888.96	12245.86%		3596.24	-26.44%	
	C	0	—		0	—		0	—	
	D	0	—		0	—		0	—	
	E	804	—		835	3.86%		759	-9.10%	
	F	713.31	—		588.98	-17.43%		671.2	13.96%	
湖南研发支出	A	436.60	—	6625.48	481.46	10.28%	7329.61	595.12	23.61%	7508.44
	B	4822.90	—		6469.00	34.13%		6389.79	-1.22%	
	C	7710.98	—		10381.69	34.64%		11108.66	7.00%	
	D	8731.31	—		7624.26	-12.68%		7876.85	3.31%	

注：研发支出包括资本化、费用化两类支出。数据来源：根据调研企业提供数据整理。

江西省调研的6家企业中，有一半的企业近三年研发投入为零，有2家企业研发支出金额下降，降幅分别为5.6%和5.9%，仅有1家企业投入上涨，涨幅高达8981倍。从变化的增速来看，投入下降的2家企业近两年变化方向处于调整阶段，或先增后减，或先减后增。投入金额大幅上涨的企业增速开始缩减。

湖南省调研的4家企业中，有3家企业平均三年投入涨幅达36.31%、32.49%和44.06%。仅有1家企业研发投入出现下滑，下降幅度为9.79%。从变化的增速来看，投入上涨的3家企业中，有1家企业连续两年增速不断提高，增幅为10.28%、23.61%，其余2家投入上涨的企业，在经过2015年的投入上涨之后，增速开始回落。而投入下降的企业，增速也由负转正。

结合企业当年营业收入来看，河南省6家企业研发投入占营业收入的比重普遍上涨，涨幅为89.96%、0.02%、4.92%、0.03%，其余两家企业分别下降了

0.15%和0.46%。由此可知，调研的6家企业在近三年中，有4家企业研发投入占营业收入的比重小幅变化。1家企业在营业收入下滑的情况下大幅增加研发投入，使得投入占营业收入的比重迅速拉升。剔除该企业对均值的影响，整体来看，河南省调研的5家企业研发支出占营业收入的比重均值为3.72%。江西省的6家企业中，剔除3家零投入企业后，有2家企业研发支出占营业收入的比重上涨，涨幅分别为3.4%和0.17%，1家企业占比下降0.43%，三家企业研发投入占营业收入的比重均值为4.24%。湖南省调研情况为，4家企业中仅有1家企业研发投入占营业收入的比重上涨0.03个百分点，其余3家企业的比重均不同程度下降，下降幅度为0.27%、2.49%和0.14%。也就是说，湖南省调研的4家企业尽管研发投入逐年加大，但投入占营业收入的比重整体下滑。4家调研企业研发投入占营业收入的均值为3.33%。

总的看来，河南、江西、湖南三省调研的16家企业，研发投入占营业收入的比重江西最高，河南其次，湖南略有差异。其平均投入比重为营业收入的4.24%、3.72%和3.33%。

四、发现的问题与政策建议

（一）调研发现的问题

1. 企业负债率居高易引致融资成本升高、融资难度加大的隐患

调研发现，近三年企业资产负债率居高，且有不断上升趋势。16家调研企业中5家企业平均资产负债率高于70%，其中2家企业资产负债率高于80%。据国家统计局数据显示，河南、江西、湖南三省规模以上企业近三年平均资产负债率为47.4%、52.02%和53.33%。近一半的调研企业资产负债率高于本省规模以上企业平均资产负债水平。企业是创造利润、就业、创新、经济增长的根基，企业负债率过高一方面会引发中国实体经济根基脆弱和产业空心化风险，另一方面也会降低企业的资信度，影响到金融部门对企业的信用评价，导致其融资能力下降或提高企业资金成本，降低企业的盈利水平和持续竞争能力。而且税务、政府和行业监管部门、其他债权人等，会据此对企业的财务状况做出"失当"的评价，甚至采取对企业不利的举措，从而影响到企业的信誉和社会形象，最终影响到企业的生存和发展。

2. 存货周转率慢，资金占用严重

在国内需求不足，国外市场疲软的大环境下，多数企业存货增加、存货周转率下降。调研中 9 家企业存货周转率下降，降幅最大达 6.61%，平均下降 1.85%。近三年河南、江西调研企业存货占营业收入的比重呈上升趋势，两省营业收入承担的存货比重分别为 22.43% 和 20.23%。存货占营业收入的比重升高，说明企业因存货导致的资金占用增加。存货周转率反映了企业销售效率和存货使用效率。在正常情况下，如果企业经营顺利，存货周转率越高，说明企业存货周转得越快，企业的销售能力越强。营运资金占用在存货上的金额也会越少。存货周转慢则表明企业产品销售周期长，导致企业大量营运资金被存货占用，增加了企业的资金占用成本，降低了资产的周转能力和盈利能力。

3. 商业信用泛滥，销售不容乐观

在我国经济下行的大背景下市场需求减少导致大部分企业存货积压，销售缓慢，增加了存货对资金的占用。赊销活动作为企业营销的一种手段，则有利于企业的长远经济利益，维护持久的客户合作关系。因此，部分企业采取赊销的营销模式，使得企业销售状况转好，存货周转率有所回升，但是企业完成的销售不能及时带来货款回收，被客户占用了大量资金，应收账款不断上升，营业周期延长，进而影响了企业资金循环，使大量的流动资金沉淀在非生产环节上，致使企业现金短缺，甚至影响到企业工资的发放和原材料的购买等正常生产经营活动，有时企业不得不举债经营，此举反而增加了企业的财务费用。赊销模式下企业现金流从被存货占用变为客户占用，实际上反而进一步增加了企业的资金成本。调研中了解到不少企业并非主动采取赊销，而是客户故意拖欠货款形成的商业债权，属于商业信用绑架行为。这不仅增大了债权人的资金压力，还有损企业上下游间的合作关系，严重时还可能会涉及诉讼，使企业疲于应付或陷入难以自拔的境地，增加了坏账的风险。而且有时企业应收账款规模过大，造成企业互相拖欠，"三角债"急剧膨胀，致使银行借款可能无法及时足额偿还，银行呆账加大，恶化银企关系，这也为企业未来融资行为埋下了隐患。另外，由于企业的物流与资金流不一致，势必产生没有现金流入（销售已经成立）但必须上缴销售税金及预缴年内所得税等问题，由此也占用了企业大量的流动资金，进而推高了企业的运营成本。

4. 税费因企而异，感知各有不同

近三年，16 家调研企业中有 9 家企业税费支出金额上涨，涨幅最大的一家达 8 倍之多，平均涨幅约 10.98%；7 家税费支出下降的企业跌幅最大为

8.55%，平均下跌 2.81%。表面上看，调研中的多数中小企业税费支出增加，且增加幅度是减少幅度的 4 倍左右（见表 9—11）。然而，税费支出的多少取决于企业的经营状况，从税费占营业收入的比重来看，16 家企业中，有 9 家企业营业收入承担的税费比下降，降幅最大达 11.01%，平均降幅为 2.27%，7 家税费与营业收入比重上涨的企业中，涨幅最大为 10.95%，平均涨幅为 3.62%。造成如此大的分歧的原因可能在于，2016 年下半年我国全面实行"营改增"，增值税的纳税额取决于是否获得抵扣凭证，由于企业经营的业务千差万别，而不同行业抵扣链条的完整性不同，因而，导致部分企业降税费后的获得感存在明显差异。比如，目前我国现行税收政策规定，一般纳税人购进的"旅客运输服务、贷款服务、餐饮服务、居民日常服务和娱乐服务"不得从销项税额中抵扣。这种"一刀切"的做法尽管方便征管，但也割裂了抵扣链条、扭曲了税收公平原则。

5. 财务费用下降，"融资难、融资贵"的环境依旧

调研 16 家企业中有 7 家企业财务费用上涨，平均上涨 53.77%；8 家企业财务费用下降，平均下跌 38.04%（见表 18—20，计算中剔除财务费用由负转正和由正转负样本，以排除对整体均值的影响）。从财务费用占营业收入的比来看，河南财务费用占营业收入比重下降的 2 家企业分别下降了 0.51%、0.95%，1 家企业费用比重上涨了 0.19%。江西 3 家企业比重上涨，增幅为 1.37%、0.26% 和 2.14%。其余 3 家小幅下跌，跌幅在 1 个百分点以内。湖南 4 家企业三年的财务费用占比都成下降趋势，下降幅度为 0.68%、0.48%、0.87%、0.51%。数据表明，中部三省调研企业财务费用普遍下降，企业营业收入承担财务费用的压力有所下降。

然而，调研中实体经济企业普遍反映"融资难、融资贵"问题仍比较突出，具体表现为：融资渠道单一；中小企业放款难、银行内部审批程序复杂，尤其是银行要求贷款企业资产抵押的标的高。个别地方还存在"存贷挂钩"现象，迫使有融资需求的小微企业通过第三方进行贷款，或求助民间融资，增加了融资成本。总体来说，与过去融资环境相比，融资贵的现象虽有所好转，但融资难的现状依旧。这一方面是由于在经济增长有下行压力、结构调整处于关键时期、企业经营困难有所加大的情况下，部分企业特别是小微企业对融资成本的承受能力有所降低，小微企业信贷需求显示出持续疲弱的态势。另一方面则是由于在当前货币政策收紧的大背景下，金融机构为避免给自身造成信贷损失，制定了一系列信贷风险防范措施以强化信贷管理，使得信贷准入门槛增高，导致中小企业融资的

难度进一步加大。

6. 研发投入差异明显，优劣地位固化严重

研发为企业发展和核心竞争力的形成提供不竭的动力。通过对调研企业资本化和费用化的研发支出数据的分析发现（见表21），16家企业中研发支出金额上涨的有9家，平均上涨48.88%；下降的有4家企业，平均降幅为7.1%。研发投入占营业收入的比重上涨的有7家企业，平均上涨13.22%；比重下降的有6家企业，平均下降0.66%（计算中剔除异常样本）。河南、江西和湖南三省研发投入占营业收入的均值分别为3.72%、4.24%和3.33%。调研中有3家企业连续3年无研发投入，其所属行业分布在电子设备制造、汽车配件制造和金属制造，且都属为民营小型企业和微型企业。经调研了解，研发零投入的3家企业主要从事简单的零部件制造，或为大型企业承接订单外包服务，企业自身品牌价值低，市场占有率和认可度不高。近年来毛利率持续下滑，现金持有紧张，员工流失频繁，加之我国目前的知识产权保护法律法规仍不够完善、投入资金约束、研发成功率偏低等，企业不愿在研发上进行大量投入。从全国来看，我国规模以上工业企业研发投入约占销售收入的0.9%，发达国家企业的这一比例平均为2%。行业不同，企业研发投入强度会有所不同。研发投入在企业间、行业间差异明显，优势企业通过研发不断巩固优势，维持领先；劣势企业无心研发，无力投入，并最终导致"创新能力不足、缺乏持续的核心竞争力"的恶性循环。

（二）政策与建议

1. 提高自身管理能力是企业降本增效的基础和第一要义

有效的成本控制是企业生存、发展和获利的核心手段。然而，仅仅认识到企业的运营成本与企业的生存发展息息相关是不够的，如何采取措施去降低运营成本，这是一个需要有关决策部门和企业高层管理人员必须认真思考和审慎决策的关键性问题。事实上，降融资成本与资产泡沫、降税负与财政收入减少、降低劳动力成本与扩大内需等存在一定矛盾。虽然在简政放权、推动要素改革和发展直接融资等方面仍有操作的空间，但是"降税有度降费（五险一金等）有限"。降成本的第一要义应从企业自身出发，加强企业自身管理能力建设，提高生产效率、改善生产工艺、实现产品升级、建立企业核心竞争力。企业应通过加强存货管理，减少资金占用，在控制成本与售罄风险之间寻找平衡；提高应收账款管理，加速货款回笼，避免商业信用绑架，降低违约风险，在营销模式与占领市场

之间寻求平衡；控制财务风险，提升资本结构质量，提高总资产与净资产的回报率，在投资回报与资本成本之间实现价值最大化；立足主业培育核心竞争力，实现核心利润持久增长，使资产结构与利润结构匹配，在经营主导与投资活动之间寻求平衡，等等。比如，企业通过对市场用户资信程度的调查分析可以去判定客户的信用等级，然后以此决定是否给予信用优惠，同时建立与完善应收账款管理责任制度与监控体系，将应收款项回收与企业各业务部门的业绩考核及奖惩挂钩，强化应收账款跟踪管理服务和资金回笼动态考核，按照"谁经办、谁催收、谁负责"原则，加大清欠力度，提高应收账款收回率，加快企业的资金循环，提高资金利用效率，进而降低企业资金占用成本，提高企业经济效益。

2. 优化社会信用环境和融资环境建设，构筑企业降本增效的制度环境

（1）强化社会征信体系建设并实现信息共享，切实降低交易成本，提高企业违约或失信成本。在全社会建立涵盖企业基本信息、安全生产、产品质量、诚信交易、违法违规等信息征信系统，构筑完善的社会信用体系，促进公共管理水平提升和交易成本下降，实现社会运行效率倍增，避免人力、物力浪费。同时，政府制定具有约束力的法律法规，加强政策实施的监督力度，对于失信行为绝不能姑息，并且在全社会范围内公布企业有关的诚信档案，用法律的手段来规范诚信档案，对企业的失信行为加以严厉惩处，提高企业违约或失信成本。在此过程应注重强化对企业的诚信档案进行定期的评估，引入信用等级机制，促使诚信档案管理工作成为企业的日常重要工作之一；支持和鼓励行业组织工作，帮助其完善各方面的诚信管理条例，发挥行业组织对企业信用的监督作用；完善行业组织运作机制，建立统一的行业规范，健全诚信档案体系，改变以往政府在档案建设中的主导地位，发挥行业组织的诚信档案管理作用，提高各大企业征信积极性；鼓励社会监督企业信用行为，对于失信行为要积极检举揭发，促进企业规范其市场行为，提高市场信誉；打造企业诚信档案信息平台，在全行业和全社会范围内实现诚信档案的共享。

（2）改善融资环境助推企业永续发展。对企业"融资难、融资贵"的局面，可以通过进一步完善主板、中小板、创业板、全国中小企业股份转让系统、地方产权交易中心等股权转让系统相关制度建设，建立和发展多层次的股权资本市场，满足不同企业的股权融资需求；丰富债券市场品种，降低中小企业债券发行门槛，积极发展针对中小企业的集合债券、信贷资产支持债券、私募债券、集合票据等债券品种，培育和推动企业债券市场发展；借鉴欧洲经验，推进中小企业

贷款证券化业务，成立中小企业贷款证券化平台，促进中小企业贷款证券化，扩大中小企业的融资来源；探索建立投贷联动融资机制，由商业银行为客户提供信贷支持、风险投资或私募基金为企业提供股权融资服务，以"股权+债权"模式为处于初创期或成长期的中小科技型企业提供融资的模式；鼓励提高信用贷款比例支持或受信额度，大力发展应收账款融资等新型融资方式，积极推广专利权质押、商标权质押等融资创新；加快落实小微企业风险补偿资金奖励政策，支持市县建立小微企业贷款风险补偿资金，鼓励银行业金融机构加大对小微企业贷款力度；推动小微企业贷款担保风险补偿资金政策尽快落实，充分发挥政府奖励资金的引导作用，鼓励各地担保机构与银行开展合作，适当降低银行贷款利息和担保机构担保费率，减轻小微企业融资成本，比如，归集部分财政资金建立中小企业信贷风险补偿金、中小企业还贷周转金、中小企业贷款担保公司等中小企业贷款增信机构，与商业银行形成合理的风险共担机制，提高商业银行发放小额信贷的积极性。金融监管部门可以考虑逐渐放松成立地区性中小银行的限制，鼓励民营资本进入银行业，扩大中小型商业银行的数量，打破国有大银行垄断的格局，鼓励地区性商业银行或贷款公司利用其拥有的信息优势，设计符合本地区产业特色的金融产品，有效搭建供需"桥梁"，切实改善实体经济企业融资环境，解决不同企业融资需求。

3. 完善营改增税收政策及抵扣链条，让"减税红利"真正惠及纳税人

作为结构型减税的重要举措，营改增通过将不动产纳入抵扣范围以及实现增值税对货物和服务的全覆盖。"营改增"之后，决定企业纳税水平的关键点在于是否取得抵扣凭证。由于中小企业和服务行业、金融业的经营业务，决定了企业在购买商品和服务时很难取得相应的抵扣凭证，导致中小企业"营改增"获利感不强。加之"营改增"之后企业"税收筹划"空间减小，部分企业纳税不减反增。另外，多档税率的存在也容易扭曲增值税抵扣链条，导致全要素生产率损失，不符合税收公平的基本原则。事实上"营改增"不仅可以有效完善增值税抵扣链条，避免重复征税，直接为企业减轻税费负担，而且还可以有效促进企业技术创新和企业间的分工协作，促进企业转变发展方式和经营模式，有力推动了我国经济从传统制造业向现代服务业和高端制造业的转型升级，快速推进我国经济结构调整，同时有利于发挥市场在资源配置中的决定性作用，营造公平、中性的税收环境，为市场主体创造良好的营商环境，激发企业活力。因此"营改增"的目的并不仅仅是为了降低企业纳税水平。政府部门应进一步减少增值税税率档次，简并税率，增强税收中性。税务机关应进一步优化营改增纳税服务，尤其是

简化增值税专用发票的代开、认证和纳税申报程序，从而为完善抵扣链条、降低税负和纳税人遵从成本奠定基础。另外，应尽快完善和研究出台"营改增"抵扣项目的具体可行的操作办法，进一步完善抵扣链条。例如，对于购买旅客运输服务而言，如非直接用于职工福利和个人消费，而是用于单位员工调研、考察和项目洽谈等直接与生产经营有关的活动，则应允许抵扣。以此确保"营改增"这项普惠性政策落到实处，降低纳税人税负，切实减轻企业成本，让营改增的"减税红利"真正惠及纳税人。

4. 支持研发创新才是降本增效的持久致胜法宝

研发投资是企业实现可持续发展的一项重要投资行为。统计数据显示，2015年全国研发经费投入总量已成为仅次于美国的世界第二大研发经费投入国家，已达到中等发达国家水平。2016年全社会R&D支出已达到15440亿元，占GDP比重为2.1%，其中企业占比78%以上，全年研发费用加计扣除政策直接为企业减免税收约760亿元。但是与美国、日本、德国等发达国家相比，基础研究占比（5.1%）与发达国家仍有不小距离，研发投入效率还有待进一步提升，实现进入创新型国家前列的目标任务依然艰巨。比如，美国、日本和韩国等发达国家对基础研究的投入规模（以基础研究经费占R&D总投入的比例来衡量）基本保持在13%—17%之间，法国与德国在20%左右。我国政府把创新驱动确立为经济转型升级过程中一项重要的国家战略，企业作为创新主体，在推动国家技术进步中扮演着重要角色。除了基础研究主要由政府来主导，有关科研院所和研究机构来承担外，应用研究和实验发展应主要以企业为主体，我国应进一步鼓励企业积极开展科技研发，特别是应重点开展战略性新兴产业的应用研究，包括节能环保产业、新一代信息技术产业、生物制药、高端装备制造业、新能源、新材料应用等。在此过程中，政府应加大投入和引导，联合各方力量，采取多种形式，充分发挥科研院所和高等院校的积极性，加强关键启动型技术如纳米技术、生物技术、材料科学与工程、先进制造、信息通信技术等属于前沿领域的基础研究。比如，通过补贴配套政策鼓励企业加大在创新方面的投入；根据企业的具体情况给予不同比例的浮动补贴，加大对重点行业企业创新补贴幅度，鼓励企业对能源减排型和环境友好型的新产品、新技术、新工艺的开发和引进；完善面向中小企业的补贴体系，通过财政项目拨款、研发投资加计扣除和银行贷款贴息等方式扶持中小企业的专利产出活动等。持续加强基础前沿研究，增强企业原始创新能力和关键共性技术突破，推动产业向价值链中高端迈进，不断改革工艺方法、工艺流程或生产工具，不断创造新材料和新的产品结构，持续提高劳动效率，全面改善企业生产过程的各项经济指标，提升企业自主创新能力和创造附加值的能力，扩大消化成本的能力，有效地降低企业的成本。

中国财政科学研究院 2017 年"降成本"中部调研组
组长：白景明
成员：徐玉德　许　文　何　平　梁　强　夏　楸　龙海红
执笔：徐玉德　夏　楸

2017年"降成本"西部调研组报告

西部降低实体企业成本政策评估报告

降低实体经济企业成本,是供给侧结构性改革的重要内容,是改善供给能力、增强实体经济活力的重要举措。2015年11月党中央、国务院明确供给侧结构性改革五大重点任务,2016年出台具体降成本工作方案(下称国发48号文),各地积极出台政策措施、完善工作机制,打出降低实体企业成本"组合拳",形成降成本政策合力。政策实施一年多,效果如何,如何改进进一步提升政策效果,带着这些问题,2017年4月,中国财政科学研究院调研组专赴云南、广西实地调研"降成本"政策效果,发现两地降成本政策取得积极效果,但仍面临一些深层次矛盾和问题,需要政府降本施策与企业创新提效两端发力,合力推动解决。

一、降低实体企业成本政策情况

(一)中央层面降低实体企业成本的政策

党的十八届五中全会提出:"开展降低实体经济企业成本行动,优化运营模式,增强盈利能力。限制政府对企业经营决策的干预,减少行政审批事项。清理和规范涉企行政事业性收费,减轻企业负担,完善公平竞争、促进企业健康发展的政策和制度",从总体上为推进供给侧改革、降低实体企业成本进行了部署。国发〔2016〕48号文指出,降低实体经济企业成本要在坚持全面系统推进和抓住关键环节、解决当前问题与着眼长远发展、支持企业发展与实现优胜劣汰、降低外部成本与企业内部挖潜、降低企业成本与提高供给质量相结合的基础上,经过1—2年努力,取得降低实体经济企业成本工作的初步成效,经过3年左右使实体经济企业综合成本合理下降,盈利能力较为明显增强。具体来说,要合理降低企业税费负担、有效降低企业融资成本、着力降低制度性交易成本、合理降低企业人工成本、进一步降低企业用能用地成本、较大幅度降低企业物流成本、提高企业资金周转效率、鼓励引导企业内部挖潜,同时落实降成本工作配套措施、建立健全降成本工作推进机制,为降低实体企业成本提出了目标任务和具体要求。2017年6月22日,国办发《国务院办公厅关于全国深化简政放权放管结合优化服务改革电视电话会议重点任务分工方案的通知》,就促进降低就业创业门槛、各类市场主体减负、为激发有效投资拓空间、为公平营商创条件等提出了具体要求。2017年6月16日发改委、工信部、财政部、人民银行四部委发布《关于做好2017年降成本重点工作的通知》,为2017年降成本提出目标任务和要求。据不完全统计,国发48号文出台之后,与降成本相关的国发文4个,国办发文7个,部委层面发文70多个,为降低实体企业成本从不同部门、不同领域提出了具体落实措施。

(二)地方层面降低实体企业成本政策

党中央、国务院明确供给侧改革包括降成本在内的五大任务后,又出台48号文明确了降成本具体工作方案,各地省(区)委、省(区)政府高度重视,先后出台相应制度、文件推进实体企业降成本,并结合部门文件要求提出了具体措施。云南、广西两省(区)的省(区)委、省(区)政府高度重视降成本工作,把降低实体经济企业成本作为推进供给侧结构性改革的重点内容,出台多项政策文件确保降成本工作落到实处。云南省相继印发《关于稳增长开好局若干政策措施的意见》(云政发〔2016〕19号)提出22条供给侧结构性改革政策措施,印发了《云南省推进供给侧结构性改革的总体意见(2016—2018年)》和去产能、去库存、去杠杆、降成本、补短板5个实施意见,印发《云南省降低实体经济企业成本实施细则(试行)》提出了10个方面69条具体措施,2017年印发了《云南省人民政府关于稳增长开好局若干政策措施的意见》(云政发〔2016〕111号)、《云南省人民政府关于印发2017年经济工作重点任务责任分解方案》(云政发〔2017〕3号)等文件,将降低实体企业成本、深化供给侧结构性改革列为2017年全省经济工作的头号重点任务,纳入各地、各部门年度综合考核和督查的重点内容,明确了责任事项、责任目标、责任部门,组建八个稳增长督查组定期实地开展督查,确保各项任务落实到位,加强降成本工作的监测分析和统筹协调推进,3月份启动了降低实体经济企业成本监测报告制度,4月份建立了由40个省级部门和单位参加的降低实体经济企业成本联席会议制度。广西出台《广西壮族自治区人民政府关于降低实体经济企业成本若干措施的意见》（桂政发〔2016〕20号），从制度性交易成本、税收负担、用工成本、融资成本、用能成本、物流成本六大方面发力，降低实体经济负担。此外，两省（区）地方政府和各主管部门也出台相应的政策，如云南出台《云南省进一步深化电力体制改革方案试点通知》、《关于降低和免收部分涉企行政事业性收费的通知》，广西柳州印发《柳州市加强要素保障、减轻企业成本负担实施方案》的通知等，深入落实降成本任务。

二、实体企业降成本效果显著，仍有深层、隐性问题待深化解决

2016年，云南、广西两省（区）积极贯彻落实中央和地方的稳增长决策部署，深入推进供给侧结构性改革，大力开展降低实体经济企业成本专项行动，通过建立机制、简政放权、深化改革，降低制度性交易成本、税费成本、用工成本、融资成本、用能成本、物流成本，切实减轻企业负担，工业呈现出稳中向好、稳中有进、稳中有优的发展态势。总体来看，2016年云南省共为企业减负近834.79亿元，其中降低制度性交易成本24.22亿元，降低用能用地成本126.1亿元，降低物流成本30.74亿元，降低税收负担515.1亿元，降低社会保险费成本29.56亿元，降低人力资源成本16.05亿元，降低财务成本93亿元，减负总额位居全国前列。2016年广西规模以上工业亏损企业数同比下降2.7%，企业亏损面同比下降2.0个百分点，亏损企业亏损总额同比下降30.3%；营业利润同比增长10.2%，比营业成本高0.5个百分点；各项降成本举措共为企业降低成本约300亿元。两省（区）降低实体企业成本取得了积极成效，但也存在一些矛盾和体制机制的制约因素，具体情况如下：

（一）制度性交易成本"明负"降低显著，"隐负"仍难根除

两省区通过行政审批、商事制度等系列改革，制度性交易成本降负明显，效率提升积极。但是由于西部地区市场经济不发达，政府服务意识和市场主体的现代意识不够，仍存在中介服务"联姻"公权力的隐性交易成本。

1. 行政审批服务效率提升显著，"显性"成本降负明显

两省（区）积极深化"放管服"改革，重点围绕投资、生产经营、市场准入、资质资格、进出口、创新创业等领域，着力降低制度性交易成本，取得明显效果。

一是推进行政审批制度综合改革，压减各类行政审批前置中介服务事项，取消无法律法规依据的行政审批事项。压缩现有行政审批事项、审批流程、环节和条件，简化办事流程，严格按承诺时限办理所有行政审批，初步建立"精简、规范、优质、高效"的行政审批及公共服务体系；编制和公开办事指南和业务手册，简化重组审批要素，优化再造审批流程，细化量化裁量标准，建立公开透明、规范高效、便民利民、监督有效的行政审批标准体系；积极贯彻落实国务院《企业投资项目核准和备案管理条例》，运用项目在线监管平台，推行并联审批，提高审批效率，等等，通过一系列审批综合改革提高效率。如广西，实行免收注册登记费用，推行"六证合一、一照一码"登记改革，放宽住所登记条件，全面实施企业简易注销登记改革，降低企业退出市场成本。

二是积极推进相对集中行政许可权改革。如广西指导南宁、柳州、梧州、北海、防城港、钦州6个试点市研究制定相对集中行政许可权改革试点工作并按照相关规定报审，南宁、柳州2市于2015年底前获批设立市级行政审批局，其余4市于2017年3月底前获批设立市级行政审批局，并正式启动运转。

柳州市2015年推进相对集中行政许可权改革工作，组建柳州市行政审批局，除市公安局、国土局、规划局的行政许可暂不划转市行政审批局实施外，原市发改委、工信委等35个部门（单位）的行政许可事项全部划入市行政审批局实施。行政审批局推行"一局一章管审批、一清一消减事项、一厅一网联办事、一审一管明职责、一窗一结提效率、一员一库核踏勘"6个"1+1"运行模式，通过进一步优化和规范行政审批流程，实现了"一个窗口受理、一站式办理、一条龙服务"的服务模式。2016年，柳州市行政审批局清理规范涉企服务收费情况见表1。

三是两省（区）深入清理规范行政许可事项。广西、云南分别取消和调整省级行政许可事项691项（见表2）、48项，行政许可外的行政确认等行政职权9项、24项，清理规范中介服务事项193项①（见表3）、133项，并梳理汇总拟保留的行政审批中介服务项目目录，目前为85项，推动全区各地各部门开展中介服务去行

---

① 广西2016年分2批清理规范行政审批中介服务事项193项，主要集中在市场主体投资与建设工程许可、企业和个人资质资格认定、行业准入等领域，涉及发展改革、教育、国土资源等34个部门（系统）的117项行政审批。

政化工作，"先照后证""五证合一""一照一证"等商事制度改革不断深化。

表1　　　　　　　　2016年柳州市清理涉企服务收费情况

事项	年度为企业节约成本（万元）
清理115个审批环节的评审、评估、核查等涉企费用，保留技术审查、论证、评估、鉴证、咨询等59类中介服务，由政府买单	200
取消7项审批收费	300
清理10项审批前置收费，交由原审批部门管理	>3000

资料来源：柳州市行政审批局，2017年4月。

表2　　　　　　　　广西清理规范行政审批事项情况

		2016年		2017年	
		事项类别	事项数量（项）	事项类别	事项数量（项）
取消事项		投资类	11		
		生产经营类	121	生产经营类	21
		市场准入类	27		
		资质资格类	52	资质资格类	7
		进出口类	14	进出口类	2
		创新创业类	8		
		其他类	24	其他类	9
		合计	257	合计	39
下放事项		生产经营类	4	生产经营类	4
		资质资格类	5	资质资格类	5
		合计	9	合计	9
调整事项		合计	434		

资料来源：广西壮族自治区编办，2017年4月。

表3　　　　　　　　广西清理规范行政审批中介服务事项情况

类别	事项内容	事项数量（项）
1	不再要求申请人提供相关评估、论证、鉴定、证明等材料或者不再作为行政许可的受理条件。	93
2	不再要求申请人提供相关材料，改为由审批部门根据审批工作需要自行委托有关机构开展技术性服务，或者改由相关行政主管部门依法验验或通过其他方式获取相关信息，或者由审批部门加强监管、制定标准、严格审核。	50

续表

类别	事项内容	事项数量（项）
3	仍需由申请人提供相关材料，但申请人可以按照审核要求自己编制，也可以委托有关机构编制，审批部门不得以任何形式要求申请人必须委托特定中介机构提供服务，同时保留审批部门现有的技术评审评估或者现场核查。	49
4	待涉及的行政审批事项取消后相应取消该中介服务事项。如待"农药临时登记初审（农药和肥料登记的子项）"行政审批事项取消后，将相应取消"农药产品化学分析、毒理学试验、药效试验、环境影响试验、残留试验"中介服务事项。	1

资料来源：广西壮族自治区编办，2017年4月。

四是贯彻落实国家规定取消、免征、降低、停征行政事业性收费政策。从全国情况看，无论是中央还是地方，行政事业性收费从2014年开始呈下降趋势，如图1所示。调研两省区同样加强落实相应措施，如云南降低了22项涉企行政事业性收费标准和5项涉企经营服务性收费标准，取消省定行政事业性收费13项。

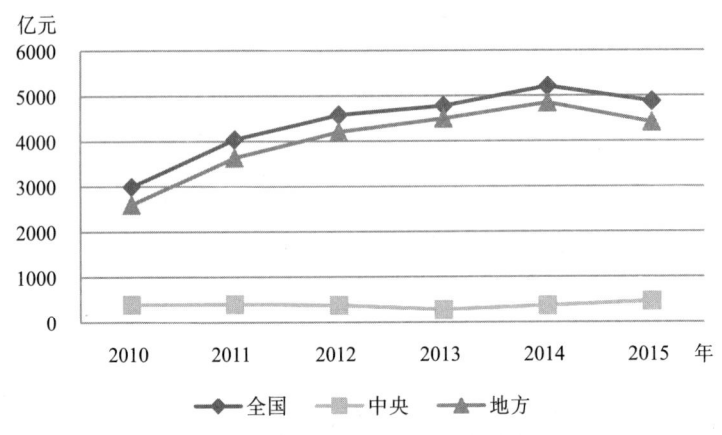

图1 全国行政事业收费变化情况

数据来源：国家统计局官网。

五是开展价格专项监督检查，严肃查处不执行国家改革政策、擅自涨价、提前或推迟调整价格及各种乱收费的行为，切实为企业发展清费减负。

六是实行差别化排污收费政策，云南对企业污染物排放浓度值低于国家和地方规定的污染物排放限值50%以上的，减半征收排污费。

七是由政府承担评估成本，对企业中介服务免费，例如云南改革中对环境等一些前置性评估对企业免费。

2. 部分中介服务收费极力挂钩行政审批权，隐性成本难根除

隐性制度性交易成本是指由于体制机制问题而造成的经济、时间和机会等各种成本，是各个领域内种类繁多、弹性较大的"灰色地带"。企业反映的隐性制度性交易成本中较为突出的是依托行政审批的中介服务型收费问题（如表4所示）。一是中介服务虽是市场化行为，但与行政审批仍有千丝万缕的联系，具有一定垄断属性。审批事项下放后，很多前置性的审批或许可需要做安全、质检、土地、规划、环境、消防、能耗、职业卫生等方面的评估检测，以前评估由政府部门或事业单位承担，现在由第三方机构进行评估、认证、检测，属市场化行为。但这种第三方评估机构因特定人员或其他因素仍与行政审批机关有某种潜在关联，表面是竞争关系，实则非"它"莫属，其收费也不会低。二是一些垄断行业如消防、电力等，前置性的中介服务收费一般高出实际成本相当比例，而且缺乏收费谈判空间。三是一些行业协会确定的中介收费标准偏高，给地方执行机构非常大的空间。如有地方铁路安全监测的中介透露，行业确定的收费标准实际上只要一半就能保证中介机构运行。

表4　　　　　企业反映的降低制度性交易成本方面存在的问题

序号	企业反映的问题
1	经营性收费和中介收费清单和标准尚未明确。
2	个别权力部门或垄断部门仍存在强制服务并收费过高等现象，如消防检测费、消防培训费、消防设施维保费、质监部门的各项检验检测费、高速公路通行费、律师服务、法院诉讼等方面的收费标准过高，防雷检测过于频繁（一年两检）等。
3	上岗证类别多，收费表准高，复审或重新办理频繁。上岗证主要包括电梯安全管理员证、建（构）筑物消防员上岗证、电工进网作业许可证、电工上岗证、高处作业（高处安装、维护、拆除作业）、应急救护员资格证、健康证、特种作业操作证（低压电工、焊工、高处）、行政执法证、无损检测证等。某轨道交通企业员工上岗办证较多。在考虑了一岗多证、协调安排的情况下，员工的年上岗办证费用为153万元，领取证人次为2578人次，平均每人次办证费用为536元。
4	物价部门核准的检测价格收费，校准费没有明确标准，存在讨价还价现象。
5	一些涉企收费项目如"岗位安全培训"、"员工健康体检"存在强制培训或收费过高的情况。

续表

序号	企业反映的问题
6	在建筑、消防、环保、车管、交通、安检等行业普遍存在企业在办理行政审批时经常会遇见到指定的中介机构或服务机构办理业务或出具证明材料，由于选择面小，收费明显高于市场行情，给企业带来的费用负担不小。
7	货物进出口检验检疫服务收费不透明、不规范。表面上取消了原来的检验检疫费，相关服务转由社会机构提供，但检验并没有减少，企业负担并没有减轻，相反，手续更趋复杂，成本更高。
8	驾驶员资格培训被垄断经营。从事货船驾驶上岗前必须经过培训，当地只指定1家培训机构，造成培训费用高涨（由原来的1000元/人涨至目前4000元/人），进而推高人工成本。
9	缩小政府定价范围后，在市场决定价格机制完善的过程中，招投标代理服务费、房地产经纪服务费、卫生委托检验检测费等部分放开价格与收费有可能在一段时期内出现上涨并加重企业负担的情况。

资料来源：调研中获取。

3. 行政权衔接需加强，简政放权卡壳"最后一公里"问题仍存在

部门之间工作衔接不够，直接影响"放管服"改革举措的落实，也影响降低制度性交易成本各项改革的实效。(1) 实行"六证合一、一照一码"，相关证照整合后，申请人只需到工商一个窗口办理，工商负责采集六部门所需信息。但是，对申请人提出的"六证"相关问题，工商部门只能解答本部门的问题和涉及其他部门的一些基本问题，更深层次的问题，申请人还需到相关部门咨询。(2) 实行行政审批集中试点的城市专门设立了行政审批局，在实际操作中，事前的行政审批相对集中了，因各部门的职能没有大的调整，部门之间衔接协调不够，各自从部门利益出发，各行其是，事中、事后的监管存在扯皮现象，加重企业负担。(3) 部门之间协调不够，重复执法，加重了企业负担。以道路运输执法为例，目前，对货运车辆可以行使执法权的部门不仅有交警、路政、运管，还包括高速公路管理、城管、工商、卫生、动物检疫等多个部门，罚款部门多，执法行为不规范，罚款依据不统一，各自罚款互不相认，只能叠加。

商事制度改革是一项综合性、法规性、专业性很强的工作，根据"一万小时"定律，熟练掌握某个工作岗位要求、高效工作必须要在一个岗位连续工作4年以上。商事制度改革后，部分基层窗口出现了人员数量不足、经验不足等问题。工商管理体制实施分级管理后，各市、县对基层工商队伍进行了人员调整。随着商事制度改革的不断深入，窗口工作量在不断增大，业务内容也在不断更

新。基层窗口出现了人员数量不足、工作经验不足等问题,难以满足市场主体数量井喷式增长的业务需求。在调研中,我们了解到,一些简政放权举措卡壳在'最后一公里'问题仍然存在。上面政策和下面落实'两张皮'的现象仍然存在。企业拿着红头文件找不到庙门,给企业增加了不少成本。审批权从国家层面下放到省、市、区,但审批事项往往没有减少,基层办事人员少,办事效率比较低,办理能力有限甚至缺乏,部分权力下放后"接不住"或"不想接"。有时甚至导致好政策成了"空头支票"。企业有时甚至要耗费更多的时间和精力"扯皮"。

另外,严格的行政追责与改革管理也存在一定的冲突性。部门责任意识强是好事,但是,如果部门都以自己部门风险责任最小化为出发点,进行管理和考虑问题,势必要增加一些担保、证明或证据等,必然会导致实体部门企业增加相应的成本,甚至影响办事效率或是事情的可办程度。更有甚者,如果不同部门要求的证据、证明如果是互为条件的,那么就会使实体企业办事陷入尴尬的境地。

4. 法律法规修改不及时,部分行业标准不明确,影响改革实效

从目前实施情况看,一些行政审批项目取消、下放后,相关法律、法规的修改完善没跟上,导致基层在实际工作中难以操作。取消的项目虽然自行制定了事中事后的监管配套措施,但行业管理标准不明确,容易将部门利益、个人利益渗透其中,容易在后续监管中拥有更大的自由裁量权,可能滋生权力寻租。例如,企业简易注销登记改革突破了现有法律框架,表现在:一是在简易注销程序上以企业自治加承诺为核心,省略对清算程序审查,虽然简化了注销的登记程序,但事实上突破了《公司登记管理条例》及《合伙企业登记管理办法》《个人独资企业管理办法》等多部法规对注销程序的规定;二是有关企业简易注销的规定层级不高,仅是国家工商总局独家根据国务院的文件精神制定下发指导意见和技术方案,缺乏更完善的法律法规支撑。

(二)税费降本总体显著,政策效果不均恐难免

1. 降税费效果显著,成为实体企业降成本的政策主体

税费措施是降成本的主要措施。通过全面推进"营改增",打通企业抵扣链条,增加企业增值税进项抵扣,是流转税方面措施减负;通过规模以下高新技术企业给予研发经费加计扣除、所得税优惠等措施,促进实体企业减负。同时,停免征部分政府性基金,实施涉企收费清单管理,两省(区)均进一步扩大部分政府性基金免征范围,包括将教育费附加、地方教育费附加、水利建设基金的范

围,由现行按月纳税的月销售额或营业额不超过 3 万元的纳税义务人,扩大到按月纳税的月销售额或营业额不超过 10 万元的纳税义务人,对符合条件的困难企业依法依规享受"减、免、缓";停征价格调节基金,广西将新菜地开发建设基金、育林基金征收标准降为零,整合征收对象相同、计征方式相同、资金用途相似的基金(包括散装水泥专项资金并入新型墙体专项资金,停止向水泥生产企业征收散装水泥专项资金),等等,上述一系列税收改革和税费优惠大幅降低了企业的税费负担。云南省降低企业负担中,超 60% 是税收降负。截至 2017 年 3 月,云南省已累计为企业减轻税费 597.55 亿元(国税 442.5 亿元,地税 134.87 亿元)。在政府推进企业降低成本负担中,营改增是重要举措。以广西柳州市的情况为例,截至 2017 年 3 月底,柳州市新增营改增试点纳税人共 21343 户,累积入库增值税 9.3 亿元,营改增的减税面达到 90% 以上,户数占全市营改增 89% 的小规模纳税人全面受惠,累积减税 8300 万元,接近增值税的一成。另外从全国及调研两省区看,降成本政策出台后,税负降低明显(如图 2 所示)。

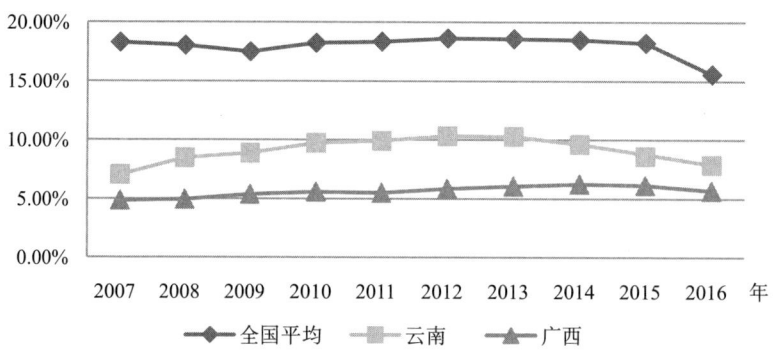

图 2 云南广西与全国税负对比

资料来源:国内生产总值、地区生产总值数据、税收收入数据来源于《中国统计年鉴》(2016)、国家统计局官网、广西新闻网、会计网。

2. "营改增"局部企业税负不降反增,部分税收优惠宣传不够影响企业享受

营改增后,工业企业整体税负降低,但是公路运输业、建筑业局部反映税负上涨。运输业税负上涨原因主要是上游发票获取困难,如人工费用等无法抵扣。广西柳州五菱物流 2016 年企业缴纳的增值税较营改增前的营业税增加 338.4 万元,上涨幅度为 82.7%,税负率由税改前的 4.2% 上升至 6.0%;广西震洋物流集团税负由 3.6% 上升至 9%。建筑业成本中,占比较大的直接工资和借款利息两部分,不能进行进项税抵扣,以及部分建筑项目无法选择简易计税,享受过渡

性政策扶持,造成实际税负上升。

同时,为了促进实体企业降成本出台了不少税收优惠政策,但是由于政策宣传不够或是渠道不够通畅,导致一些符合政策的企业不能及时熟悉掌握政策,从而没有及时享受到政策的优惠,影响了政策效果。

(三) 多方合力降低融资成本效果积极,企业融资"难""贵"问题依然突出

1. 政府多部门、多渠道合力降低企业融资成本

两省(区)支持资本市场发展,拓宽企业直接融资渠道,深挖企业融资潜力,降低企业融资成本。一是支持企业直接融资。2016 年广西财政累计拨付奖补资金 7000 万元对 372 家企业运用资产证券化等新型融资工具融资进行奖励,以支持企业开展直接融资。在政策引导下,当年全区新增上市公司 1 家,新增新三板挂牌公司 29 家,新增区域性股权市场挂牌企业 1337 家,同比增长 134%。全区资本市场直接融资规模 2000 亿元,占金融融资总量的 40%,缓解了企业过度依赖间接融资的困境。二是大力疏通间接融资梗阻,发挥信贷间接融资的主渠道作用。2016 年广西财政安排资金 1 亿元,奖励 123 家银行、35 家保险、8 家资产管理公司、661 家小额贷款公司,激励金融机构扩大供给。三是积极发挥政策性融资性担保和再担保公司的作用。广西建立"4321"融资担保代偿分担机制,按照政府性融资担保机构、广西再担保有限公司、银行业金融机构、融资担保业务发生地的市或县级财政 4:3:2:1 的比例分担代偿责任。四是通过建立财政资金池或通过优化贷款结构等举措,降低融资成本。云南省通过信用再担保有限责任公司、各级政府出资为主的融资担保机构,服务小微企业、"三农"和民营经济发展;广西通过贷款期限调整、循环贷款等还贷续贷方式减轻企业还款压力,降低企业"过桥"融资成本。

从效果来看,2016 年广西全区金融领域融资总量为 5056 亿元,同比增长 9%。从降成本的效果来看,广西全区金融机构贷款加权平均利率为 5.49%,同比下降 78 个基点,低于全国平均水平,为企业节约利息成本约 61 亿元。以柳州市为例,全市银行业金融机构人民币贷款加权平均利率为 5.59%,同比下降 0.76 个百分点,为企业节约利息成本 5.68 亿元,全年各季度均保持低于 6% 以下的水平,为 2009 年来的最低点。而截至 2017 年 3 月,云南省已累计为企业降低财务成本 113.15 亿元。

2. 中小微企业融资"难""贵"问题依然突出

小微企业经营管理水平低、抗风险能力弱、生命周期短、固定资产较少等自

身特点决定了其在信贷资源分配中处于劣势地位。各金融机构大力保障项目贷款需而形成对短期贷款和票据融资规模的挤出，对需求"短、频、快"贷款的小微企业融资形成了较大压力。一是因为受到资产状况的影响，小微企业贷款投放量增速降低。以柳州市为例，2014年以来，柳州市发生多起贷款违约事件，银行不良贷款率上升。2016年末，柳州市不良贷款26.52亿元，比年初增加1.02亿元，小微企业不良率为4.02%，高于各项贷款不良率2.26个百分点。金融机构基于风险防控的考虑，收紧或取消信用保证贷款等业务，对小微企业融资的支持力度有所收缩。二是小微企业吸纳资金渠道少。现在无论是国有商业银行还是地方法人融资机构普遍对小微企业发放贷款持谨慎态度，大部分的小微企业主要依靠自身积累、民间借贷筹措资金，能从银行贷款的企业不到30%。而民间借贷利率高，导致企业投资成本上升，大大缩小了企业的盈利空间，从而影响了大量小微企业的生存能力和竞争能力。

调研中反映，融资成本高主要体现在财务成本和时间成本上。一是贷款财务成本高（如表5所示）。一方面，银行对中小企业贷款利率上浮一般为10%—30%，但往往上浮更大甚至达到40%—75%，实际利率在7%左右。更为主要的是各种中间费用名目繁多，收费高，抬高了融资成本。目前区内与企业贷款相关的中间环节费用包括公证费、资产评估费、财产保险费、工商查询费、抵押登记费、代理服务费、环评费、审计费等十余种。中小企业贷款除银行利息外需要支付2%—3%担保费、0.15%—0.5%的评估费，0.2%—0.8%的保险、律师、公证费，中间环节费用约占贷款本金的3%—4%。除此之外，企业在融资过程中，除要支出直接融资成本外，有时还要承担一些隐性成本或间接成本。例如，企业为和银行或信贷员搞好关系而购买的理财或公关费用等。二是时间成本高。市级银行贷款审批权限较低，大额贷款需自治区级银行审批通过后才能放款，银行在对企业信贷授信审批上，手续仍然比较复杂，银行自企业贷款项目受理、贷款授信审批和贷款发放，需要经过相当多程序的调查、审核和评价，银行从与企业接触到发放贷款一般需3到4个月甚至更长时间。贷款办理周期过长给企业带来资金方面巨大压力，同时也会导致企业错过商机。

表5　　　　　　　　某企业的贷款成本与销售平均利润率比较

银行贷款基准利率	4.35%
利率上浮	1.35%
担保费用	2.2%

续表

评估机构费用	0.15%—0.5%
保险、律师、公证等费用	0.2%
过桥费	3%
企业商务成本	1.0%
累计贷款成本	12.25%—12.6%
销售平均利润率	11%

数据来源：调研获得的材料。

3. 防风险强化监管进一步加剧小微企业融资难问题

2017年是国家防范系统性金融风险的关键年份，银监会密集出台了《商业银行表外业务风险管理指引（修订征求意见稿）》、《银行业金融机构全面风险管理指引》（银监发〔2016〕44号）、《中国银监会关于银行业风险防控工作的指导意见》（银监发〔2017〕6号）等一系列监管政策，加大对银行表内、表外业务的监管力度，对风险防范具有重要意义，但也对资金面构成一定的冲击。在银监会加强风险防控之前，尽管融资有难度，但小微企业表外融资尚有空间。但是在银监会密集出台风险管理防控的背景下，商业银行对小微企业的表外融资业务大幅收窄，小微企业表外融资业务更加艰难，客观上加剧了小微企业融资难、融资贵的困境。这里不是说方风险措施不对，但是增加小微企业融资难、融资贵的问题却是事实。

（四）人工成本降负力度大，社保平衡"雪上加霜"，西部因补贴而压力感反映并不强

1. 阶段性降低社保费率全面落实

在降低企业用工成本方面，两地主要措施是阶段性降低企业缴纳社保费率，压缩企业人工成本。一是阶段性降低企业职工基本养老保险单位缴费比例。广西、云南按照中央统一规定将费率普降至19%，广西还区分不同类型产业园区分别降至16%和14%，并允许困难企业暂缓缴纳养老保险费。二是阶段性降低职工医疗保险缴费比例，广西区级城镇职工基本医疗保险单位缴费比例有8%降低至7%。三是降低失业保险费率。广西从原来的2%的费率水平降低至1%，云南则是现降至1.5%，2018年4月再降至1%。四是降低生育、工伤保险费。两省（区）生育保险费由原来的0.5%—1%降至0.5%以内，广西、云南工伤

保险费实际平均费率分别由原来的1%、0.93%降至0.75%。五是降低住房公积金缴存比例。云南引导企业根据自身生产经营状况在5%—12%之间自行确定合适的住房公积金缴存比例，生产经营困难的企业可经单位职工代表大会或工会讨论通过后申请降低缴存比例至5%或者缓缴住房公积金，此项措施已降低住房公积金缴存1.72亿元。2016年云南社保降费累计为企业减负33.23亿元；广西以柳州市为例，自政策实施以来全市累计降低企业职工基本养老保险费2.73亿元、失业保险费1.72亿元、生育保险费7582万元、工伤保险费2498万元，并暂缓了柳钢集团等52家企业3亿元的缴费。

2. 社保基金可持续压力凸显，西部因补贴而压力感反映并不强

对我国社保基金体系而言，隐性债务偿还不到位以及人口老龄化对基金财务冲击日益凸显，阶段性降低社保费率虽对企业降成本效果明显，但对整个社保体系而言无疑使饮鸩止渴。企业职工基本养老保险基金收支缺口进一步增大，社会保险基金安全压力日益增加，财政兜底的风险进一步增大。广西柳州市养老保险基金结余由2011年的52.19亿元下降到2016年的31.71亿元，降幅达39.24%，基金可支付月数由2011年的24.57个月下降到2016年的4.81个月，基金支撑能力明显下降。矛盾的是降低养老缴费率的前提是保障支付9个月，而降费后支付能力不到9个月。另一方面，两省对经营困难的企业允许暂缓缴纳养老保险费也会对养老基金产生不利影响。

但是，由于西部地区社会保障享受更多的中央转移支付，所以社保降费对财政的压力感反映并不是太强。

（五）多措并举降低物流成本，但多头执法和安全作业要求提升存潜在增本因素

调研两省区地处中国西南的内陆地区，物流成本有西部显著特点。本身地形因素影响就导致交通基础设施建设成本高于东部地区，交通设施建设运营企业弥补成本的收费必然就会高于东部地区；同时，西部地区省份产业链不是很完整，不少企业的原材料需要从外省购入，产成品的市场也在省外，因此导致其物流链条较长、物流成本偏高，运输方式以公路为主，叠加交通部对超载、超宽等的管制，使得企业控制物流成本的难度增加。调研地区还是积极出台措施，降低物流成本，但是也有一些因素导致物流成本上升。

1. 多措并举降低物流成本取得积极效果

一是通过推动改革创新降低物流业制度性交易成本、加强物流基础设施建设

促进流通成本下降、合理减轻物流企业非税负担、增强物流企业发展动力、整合要素资源、推进物流信息标准化等多方面发力，力促物流降本增效。二是加强路地、路企战略合作，为企业量身定做个性化、专业化的物流解决方案。推进物流标准化试点，加强物流设施设备、信息平台和服务规范标准化体系建设，提升试点城市间和试点企业间的互联互动、资源共享水平，稳步提高物流服务能力和运行效率。三是制定体现区域特色的政策降低物流成本。如广西落实《广西北部湾经济区港口物流发展补助实施细则》等政策，云南严格落实鲜活农产品"绿通车"政策，降低企业物流成本。四是推进多式联运，特别是公路联运，降低物流成本。广西积极向上级部门申报燃油补贴资金共计12761.37万元（公交企业补助5597.14万元/年，出租车企业3752.10万元/年，农村客运3412.13万元/年），并加强包括支持多联联运转运设施建设，大力协调推进物流站场建设，以提升货物中转效率、优化物流配送。五是推进政府公共物流信息向市场开放和共享，提高企业装载降低物流成本。从效果来看，截至2017年3月，云南省实现物流成本占试点企业营业收入比例平均下降2个百分点，累计降低企业物流成本37.30亿元（其中公路22.52亿元、铁路14.78亿元）。

2. 多头执法、"双限"规定增加物流成本

一是多头执法管理。交通执法权分散在各级交通运输管理、公路管理、农村公路管理、道路运输管理以及省高速公路管理等部门，行政处罚、行政强制、监督检查等职能存在交叉重叠。[①] 不同管理部门因执行的处罚标准不同、工作流程不同、执法权交叉重叠，造成企业的一项交通违法行为交警、公路管理部门多重罚款现象时有发生，客观增加了企业的物流成本。二是国家规范交通安全的"双限"治理导致物流成本抬升。2016年发布的《车辆运输车治理工作方案》规定，自2016年9月起全面禁止"双排车"通行，"双限"造成运输车装载量锐减，大幅增加了企业的运输成本。昆明云内动力股份调研情况显示，国家对重型车辆超载进行限制后，原来总质量可以达到55吨的车，目前限制在49吨，导致单车载货量下降6吨，运输成本上升近30%。上汽通用五菱汽车数据显示，因限制"双排车"通行导致企业利润减少约40%，按230万运输台量计算将增

---

① 从《道路交通安全法》与《公路法》的法条来看，职能交叉明显。以治超为例，《道路交通安全法》中的超载、超宽、超高、超长，与《公路法》中所称超限、超高、超长、超宽，分别做出了不同的规定，交警路政都具有对上述违法行为的管理与处罚权。

加运输成本21.5亿元。

(六) 用能降本改革进展积极,但垄断体制仍是重要障碍

1. 发挥西部资源优势大力降低电力成本,直供电交易取得突破

西部地区资源特别是水电资源优势为直供电改革奠定了基础,两省(区)通过深化电力体制改革,减免电企、生产企业相关电力费用,降低企业用能成本。一是免收新增电力用户临时接电费用,改进企业减产通产期间基本电费计费方式,继续实施临时丰枯水期季节性电价,开展峰谷分时电价政策试点,降低高可靠性用电费用,大力降低企业用电成本。二是推进电力市场化改革和电力直接交易。① 广西2016年累计开展4批电力直接交易,并将水电、核电也纳入电力直接交易范畴,参与的用电企业132家,交易规模约14亿千瓦时,占当年全社会用电量的10.4%,全年降低企业用电成本约16亿元。云南截至2017年3月共降低企业用能成本104.61亿元。包括全面落实输配电价改革措施,核减云南电网输配电成本30亿元,购销价差每千瓦时降低1.65分。2016年参与电力市场化交易的电量规模近590亿千瓦时,分别占全社会划入工业电量的41.83%和58.83%,减轻企业用电负担90.3亿元,每度电平均降低0.13元。

2. 供电市场垄断制约成本下降

在降成本措施中,降低用电成本举措包括降低电价和收费标准、扩大直购电试点、加快输配电价改革等措施,对降低企业用电成本效果显著。目前试点中的直供电政策深受企业欢迎,但是受电网企业独家垄断买卖电力格局、利益藩篱难以突破的影响,这一政策仅仅处于试点阶段,额度有限。更为突出的是,直供电交易对企业用电规模和用电数量有着严格限定,如果企业用电规模达不到规定标准,就需支付额外支付较大成本,甚至得不偿失。

三、关于降低实体企业成本政策效果的本质认识

降低实体企业成本对于有效缓解企业困境、助推企业转型升级、应对经济下行压力、推动经济行稳致远意义重大。调研看降成本效果明显,但降成本空间从

---

① 2016年6月,广西电力交易中心正式成立,成为全国第一个涵盖了发电企业、用户代表、地方电网、第三方机构等多方市场主体参股的电力交易中心,负责独立开展电力交易运作。

哪里来，实质是什么。通过调研我们认为：政策空间来自政企之间、企企之间、以及企业内部，本质无外乎当前政府减收增支对企业让利，实为政企之间的转移；要么是政府当前减收而未来增支，实质是负担的后移；要么是生产链条上企业的此增彼减，实为负担平移；再有就是企业内部创新提效实现降本。不断是怎么移，都是存量的调整，唯有企业挖潜增效，才是增量改善。

（一）财政减收增支使企业降负是主体，本质是政府对市场"让利"

从降成本所涉及的六大成本来看，多数成本与政府有着或多或少的联系，而企业负担和财政收入在既定资源下存在着此消彼长的关系，降低企业负担将直接导致财政收入减少。以云南省为例（见图3），降企业成本总量60%以上是税收负担，社保降费缓缴等政策是以财政未来增支为代价的，约占降成本的5%，制度性交易成本约占降成本的3%，此外，考虑到其他几项降成本政府也有减收，或取消收费以财政增支为代价，可以判断，实体企业降低的成本中，以政府减收增支为代价的远超过70%，本质上是市场成本向政府成本的转换，真正体现了政府的"让利"。

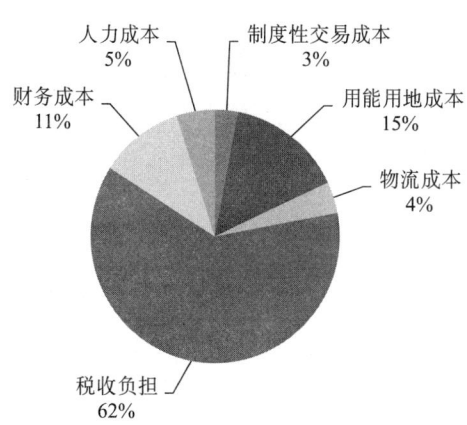

图3　2016年云南省降成本结构图

其中，税费、制度性交易成本降低，是政府减收增支的结果，企业负担减少就是政府税收减少或是支出增加，实质是政企之间的成本转移。需要注意的是，为了推进降成本，一些中介服务"有偿"改"免费"而由，财政承担成本，有逆市场化嫌疑，中介服务市场化提供是改革大势所趋。有的地方为降企业成本，把原来已经市场化提供的中介服务进行免费服务，这些提供免费服务的机构人员就不得不由财政供养，实际也是以财政支出增加为代价的，本质是市场化改革的退步。

由于社保体系财务平衡因老龄化冲击和隐性债务等问题本已平衡吃紧,未来压力越来越大,所以,现在的社保阶段性缴费降低是以未来财政增支为交换的,实质是负担的后移。

(二) 企业间让利降本,实为链条上企业此增彼减的成本平移

从生产链条看,下游环节企业付出的成本,对上游企业而言是经营收入。因此,对处在生产链条上下不同环节的企业间让利减负,实际上是生产链条上不同企业成本负担的此增彼减。像物流、电力、融资成本等,一端企业成本负担的下降是以另一端企业收入下降为代价的。降物流成本意味着物流企业收入下降,降电力成本意味着发电企业收入要降。这部分成本的降低在某种意义上是生产链条上不同企业成本负担的再分配,双方呈现出"零和博弈"的特点。

(三) 企业内部创新提效,核心是生产效率提升、增量改善

例如,经营状况良好的企业对税负负担痛苦感并不强,相比之下经营不善的企业则感觉税负沉重。许多企业主动进行结构优化升级,在经济下行压力下经济效益仍然能够保持一定的增长率,降成本去产能压力不大。因此,降成本过程中,企业自身内部挖潜提质增效,提高生产效率,是企业发展的原动力。通过技术创新和管理进步提高企业生产效率才是根本解决之道。企业成本负担的高低和企业的生产效率密切相关,生产效率高的企业对成本上升有着更高的容忍水平。企业自身的提质增效降低的成本难以估计,但对企业经营能力提升具有重要作用,也给我们一些启示。政府要正确区分经济周期问题和企业运营问题,精准制定降成本政策。如果是经济周期引发的问题,降成本政策措施应当阶段性帮助企业度过难关;但如果是企业经营的问题,应当着重建立长效机制提高企业生产效率。

2016年昆明云内动力股份有限公司采取的降成本措施,注重企业内部挖潜提质增效,提高企业生产效率。主要包括:做大做强精品配件,打造精品配件品牌;加强服务网络建设,推进区域服务代理,提升服务能力;抓产品质量,加强对设计、质量和生产过程的控制,加强供应商整合力度,加强对生产过程的控制等等。2016年在全国生产环境不利的情况下,依然实现扭亏为盈。

(四)政府机构职能不改,养机构、养人压力终究会发生异变

既然实体企业降成本主要是通过政府减收增支实现的,政府收入又是与养人、养机构密不可分的。财政减收增支是使企业成本下降了,但是原来这部分收入供养的机构和人员要求还在,他们存在就需要做事,这就需要经费来源,一个渠道堵了,他们必然会想别的办法,所以财政增收减支,但政府机构职能改革,机构、人员不减,"养机构""养人"压力不变,政府成本主体部分需求没有削减,最终必然迫使政府这些部分开辟其他收入来源,导致社会变相负担各种显性或者隐性成本,进而导致降成本发生异变,侵蚀降成本的长期效果。

四、完善实体企业降成本政策的建议

根据调研情况及分析,完善实体企业降成本政策建议如下:

(一)转变政府职能瘦身提效,为降成本营造财政空间和奠定长效基础

1. 推进政府职能转型瘦身,将降低制度性交易成本落到实处

建立与市场经济体制相适应的行政管理体制,是降低企业成本的治本之道。部门及部门内部机构的设置要根据改革和管理的需要及时优化调整,不能只增不减,徒增财政供养压力。改革需新增的职能,该强化就强化,而该调整、归并的职能,该减少的人员,必须精简到位,以减轻财政供养压力,为降成本做实财政空间。

2. 明确政府职能边界及权力清单等,斩断市场化中介收费与"公权力"的关系

建立健全权力清单制度,理顺政府和市场的关系。减少行政审批事项,简化审批流程,明确收费目录清单。在提升办事效率的同时,组织行政审批中介服务收费清理,从严设立政府定价或纳入行政事业性收费管理的行政审批中介服务收费项目,推进行政审批中介服务收费市场化改革,建立行政审批中介服务收费目录清单管理制度。要进一步健全公权力运行的制约和监督机制,切实消除一些改革为市场化中介服务收费的项目。在调研中我们发现,一些收费仍然与原有的"权力"部门有着千丝万缕的联系,导致已经市场化的服务收费仍具有垄断属性,加重企业负担。

3. 以企业和公众满意度为导向,大力建设服务型政府

进一步转变政府职能,加快建设服务型政府,形成统一的"公共服务型"政府理念。简政放权,不仅仅要看下放了多少审批事项,取消了多少收费项目,还要看改革后企业申请开办时间压缩多少、项目审批提速多少、群众办事方便多少。同时,加快电子政务公共服务平台建设。加快形成权界清晰、分工合理、权责一致、运转高效、法治保障的地方政府机构职能体系,同时加强新闻舆论和社会监督。推进政务公开,打通"信息孤岛",使企业和公众了解、监督、评价政府服务,提升政府服务效能。

(二) 深化改革打破垄断,消除降成本制度机制障碍

1. 要破除电网领域的垄断,建立用电市场化价格形成机制

降企业用电成本关键在于破除电网领域长期存在的垄断,鼓励社会资本进入组建配售电主体,赋予电力用户用电选择权。现阶段,可以先行开展售电侧市场改革试点,从而形成售电市场化竞争,并进一步提升售电增值服务能力和售电服务质量。在此基础上加快推进输配电价改革进程,提前开展输配电成本监审,核定电网准许收入和输配电价。此外,建议进一步扩大电力直接交易试点、扩大直供电比重,总结大用户直供电试点经验,在保证利益合理分配和维护良好市场交易秩序的基础上,严把节能减排环保等准入关口,扩大直供电试点范围,促进供电企业间竞争,提高电力企业服务质量。

2. 加快推进能源管理体制及价格改革,降低用能成本

加快能源管理体制机制改革,要理顺能源上下游企业利益关系,进一步发挥能源价格传导机制,降低用能成本。要放开具备竞争条件的商品和服务价格,出台和完善促进节能环保的电价、供热价格等政策,以更大的勇气突破利益藩篱,减少行政审批,真正发挥市场在能源资源配置中的决定性作用,发挥市场主体的活力。

3. 改善用地管理方式,降低用地成本

合理调剂安排使用计划指标,削减土地闲置严重地区的供地指标,增加高效利用土地区域的供地指标。完善用地使用制度和转让模式,在"招拍挂"基础上,允许采取弹性出让年限、先租后让、租让结合、分阶段出让、分期供应等供地形式,降低工业企业用地成本。

(三) 健全创新金融体系,切实服务中小微企业融资

1. 创新金融体系,优化金融结构

"嫌贫爱富"是市场经济运行的特点。中小微企业由于风险高,可供抵押资产少等特点,融资成本高,融资相对较难,这也是市场化运作的客观现实。所以,政府支持中小微企业融资发展,应在现有金融体系的基础上,一是创新专门服务中小微企业的政策性银行,真正体现政策的扶持;二是促进专门服务中小微企业的金融机构发展,针对中小微企业风险高、抵押资产少等特点设计相应的贷款融资业务,切实帮助中小微企业解决融资难、融资贵问题;三是完善资本市场,加大对中小企业上市融资的扶持力度。同时创新发展金融工具,提高直接融资的比例,推动企业加权平均资本成本的下降,为去杠杆赢得时间。要立足于企业本身可以利用吸收的风险资本,通过私募股权基金、主板上市融资、配股或者增发、重大资产重组、新三板挂牌融资等方式来拓宽融资的渠道。

2. 推动金融服务、工具创新,降低非利息融资成本

一是政府出资建立资金池,帮助困难企业实现"过桥"贷款,降低成本。二是政府创新建立相应保险体系,解决中小微企业抵押资产等的担保问题,加快落实小微企业风险补偿资金奖励政策,支持市县建立小微企业风险补偿资金,鼓励银行业金融机构加大对小微企业贷款力度。推动小微企业贷款担保风险补偿资金政策尽快落实,充分发挥政府奖励资金的引导作用,鼓励各地担保机构与银行开展"政、银、担、企"合作,适当降低银行贷款利息和担保机构担保费率,降低小微企业融资成本。通过增信等多种方式帮助中小微企业解决融资问题。三是鼓励金融机构创新科技服务,积极发展科技企业专利保险、信贷保证保险、产品研发责任保险等各类科技保险,并由财政按险种对科技保险给予一定比例的保费补贴。四是要大力推动金融服务优化,优化企业贷款流程,切实缩短续贷平均审批时间,提高效率,降低非利息融资成本。

(四) 短期长期统筹考量,有效化解社保可持续压力

1. 划拨国有资产充实社保基金,扩大全国社会保障储备基金

根据我国养老保险制度改革的方向,立足精算平衡和国有资本存量实际,加快推动划转实施方案出台,并按计划分步骤加紧实施,维持社保基金的可持续运转,减少社保基金对财政的负担。同时,建议加快推进社保全国统筹,建立全国统筹协调的社保机制,为经济发展相对落后的省区降低社会保险费提供统一的政

策空间。

2. 加强企业薪酬管理，健全绩效挂钩机制

企业薪酬工资要与经营业绩挂钩，形成一定的激励约束机制。薪酬工资应该是能上能下，不能只增不减。政府应当制定合理的政策来调整初次分配格局，关注弱势群体劳动报酬的增长，通过技术进步、管理创新、产品结构调整等来提高劳动生产率以持续增加员工的劳动报酬。一方面，政府应促进工资指导线更加科学化，可以在原有的劳动生产率、物价指数的基础上，增加反映市场供求、经济景气程度、城镇化程度等因素指标，全面细致反映在不同生产率情况下合理的工资水平；另一方面，要逐步推广对实际劳动生产率和劳动生产率实际增速的使用，以反映劳动要素实际产出与实际回报的关系，并尽快加强行业劳动生产率的计量与分析。

3. 适当修改劳动合同法，增强劳动力市场弹性

劳动合同法作为一项重要的劳动市场制度，需要根据形势的需要进行一定的调整，在保护职工合法权益的基础上，给予用工者合法的灵活聘用权限，增强劳动力市场弹性。

（五）完善税种优化税制，在税制优化中实现税收减负

1. 提高直接税比重，完善税制结构

税制中间接税比重过高容易增加企业税痛感，导致企业盈利降低，减弱国内商品在国际市场中的竞争力。而直接税缴纳对企业盈利敏感，相比于间接税，直接税更能发挥经济自动稳定器的作用。目前，我国的税收体制以间接税为主，直接税在税收总额中占比低。因此，要通过完善直接税体系、提升直接税所占比重，在优化税制的动态调整中实现企业税收减负。

2. 落实好国家税制改革和税收优惠政策，适当调整部分税负

一要落实全面实施"营改增"改革要求，确保所有行业税负只减不增，对于制度性增加税负的行业或企业应该研究相应的应对措施。二是确实落实相关税收优惠政策。如所得税优惠政策，落实企业研发费用加计扣除政策，加大政策宣传力度，让更多的企业、更多的研发活动、更多的研发费用支出能够享受到国家的税收优惠扶持，鼓励各类型企业重视研发，提升创新能力。再如，落实企业重组改制税收优惠政策，企业通过合并、分立、出售、置换等方式，转让全部或者部分实物资产以及与其相关联的债权、负债和劳动力的，涉及的货物转让不征增值税，涉及的不动产、土地使用权转让暂不征收增值税，对于该享受的过渡期优

惠政策，地方政府一定要坚决贯彻落实，避免政策扭曲影响改革红利释放。推进涉企收费改革，加快"清费立税"工作，保持企业合理的负担水平，可借鉴一些地方的实践经验，出台减轻企业负担政策措施目录清单，切实为企业减负。同时对符合条件的股权和资产收购交易，在计算缴纳企业所得税时，可做特殊性税务处理，对股权支付部分暂不确认所得或损失。企业整体改制涉及的国有土地、房屋权属转移、变更的，可暂不征收土地增值税，承受方免征契税，符合条件的企业因改制签订的产权转移书据免征印花税。此外，适当降低纳税人城镇土地使用税负担，在一定期限内（如三年），各地政府可根据本地实际情况，在现行税额幅度内，提出降低城镇土地使用税适用税额标准的意见，报有关部门批准后执行。

3. 进一步加强税收征管信息化的建设，优化纳税服务

进一步加强税收征管信息化的建设，并结合信息化管理的需要进行征管流程和机构设置方面的调整。针对纳税人类型和行业产业特点，完善企业纳税人分类管理，加强对自然人的税收征管制度建设，提高对行业产业的专业化管理水平。大力推广网上办税，积极推行企业涉税事项全域通办，优化办税流程。简并申报缴纳次数，对增值税小规模纳税人实行按季缴纳增值税，对小型微利企业实行按季预缴企业所得税。

中国财政科学研究院2017年"降成本"西部调研组
负责人：傅志华
成　员：赵福昌　石英华　李成威　李　铭　黄燕飞　田　远
主要执笔人：赵福昌

宏观视角的降成本政策评估
——基于西部地区"降成本"调研的深度思考

为降低实体经济企业运行成本,近年来国家出台了一系列政策措施,2016年国务院还专门制定了《降低实体经济企业成本工作方案》。同时,各地结合自身情况,也出台了相应的降成本政策措施。本报告结合西部地区广西、云南两省(区)"降成本"的调研情况,从宏观层面对国家出台的降低实体经济企业成本的政策措施进行分析、评估和思考。

一、"降成本"政策评估应以推动制度创新和降低宏观风险为基本标准

对"降成本"的政策进行分析有多个角度。从系统论的角度出发,从整体上对降成本政策措施进行分析评估,有利于全面把握降成本与宏观风险和改革创新的关系。

(一)从总体上来看,企业"运行成本"取决于"宏观风险"和"制度创新"

从会计涵义来说,成本是生产和销售一定种类与数量产品以耗费资源用货币计量的经济价值。这是从微观角度对成本的定义,这个定义并没有揭示成本的宏观决定因素。从宏观角度来说,成本取决于整个社会的风险状况。也就是说宏观风险会内化到企业运行过程当中,决定企业的总体运行成本状况。当前我们已经进入风险社会,整个经济社会的不确定性会被放大,行为方式也会发生转变,会

导致企业运行成本急剧上升。例如产能过剩的消化、生态环境的保护和老龄化社会的逼近等各种风险和不确定性都会转化或抬高企业的运行成本。这也就解释了为什么我们进入了一个高成本时代。

要总体上降低企业的运行成本,就必须降低整个社会的风险水平,而要降低风险水平,就要加快改革,促进制度创新。只有"制度创新"与"宏观风险"形成良好的匹配关系,才能降低整个社会的不确定性和风险水平,使整体成本得以下降。见图1。

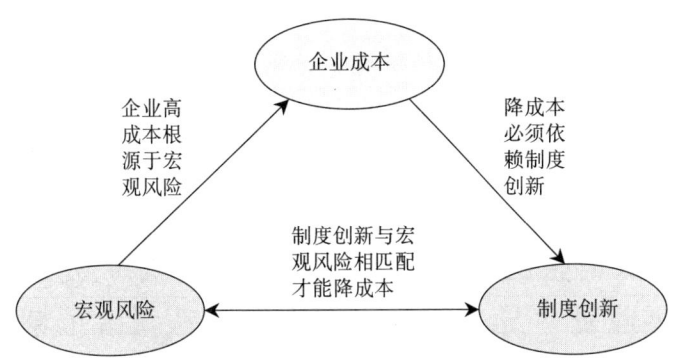

图1 "企业成本"与"宏观风险"和"制度创新"的关系

与降低"宏观风险"相关的"制度创新"旨在提升全社会三个方面的效率:一是结构优化效率,主要包括产业结构在内的经济结构的优化;二是要素配置效率,即要素配置是否能适应经济转型和发展的要求,是推动还是阻碍了经济的转型和发展,当前与企业运行成本特别密切的要素主要包括资金(金融)要素、人才(劳动力)要素和能源(电力)要素等;三是政府服务效率,臃肿、官僚的政府机构必然伴随着高昂的社会成本,所以提高政府服务效率是推动制度创新降低宏观风险的重要组成部分。

(二)"降成本"政策评估应以推动制度创新和降低宏观风险为依据

根据上述企业"运行成本"与"宏观风险"和"制度创新"的关系可以看出,降低企业运行成本的关键在于通过制度创新降低宏观风险。因此,对"降成本"的政策进行评估,也应从这个视角进行观察。"降成本"政策是否有效或者是否可持续有效,要看这些政策是否真正通过制度创新,达到降低宏观风险的目标。评估的框架包括以下几个方面:

第一,"降成本"政策措施是真正降低了宏观风险达到降成本的目标,还是通过宏观风险的转化,只是暂时性降成本措施。有的措施只是将短期风险转化为长期风险,或将公共风险转化为财政风险。由于并非制度创新,宏观风险并没有得到有效化解,只是以另一种形式存在或者暂时隐藏起来,将来还是会冒出来,因此这种类型的降成本措施必将难以可持续。

第二,"降成本"政策措施是否着眼于通过制度创新提高全社会的结构优化效率、要素配置效率和政府服务效率等。不以制度创新来提高结构优化效率、要素配置效率和政府服务效率的降成本措施难以成为根本的降成本措施,很可能是宏观风险的转移或后移。

依据上述框架,结合地方调研情况,下面从降低企业税费负担、降低企业融资成本、降低电力成本、降低制度性成本、降低企业人工成本以及总体评价等几个方面对国家"降成本"政策进行评估。

二、降低企业税费负担成效明显,但须警惕无原则的"零收费"导致财政大包大揽及违背改革精神

对于降低企业税费负担,国发48号文提出了四方面的措施:一是全面推开营改增试点,确保所有行业税负只减不增;二是落实好研发费用加计扣除政策,修订完善节能环保专用设备税收优惠目录;三是扩大行政事业性收费免征范围,清理规范涉企收费;四是取消减免一批政府性基金,扩大小微企业免征范围。从调研情况看,上述措施基本得到落实,成效也较为显著。但有一个突出的问题是,"一刀切"式的清理收费而不加以区分,一味追求所谓"零收费"会导致财政的大包大揽的回头,也违背了改革精神。

(一)减税效果明显,但增加财政压力

受结构性减税政策(特别是营改增政策及西部大开发等政策)影响,绝大部分企业(包括部分物流企业,如广西震洋物流)税负降低。云南省降低企业负担中,超过60%是税收降负。截至2017年3月,云南省已累计为企业减轻税费597.55亿元(国税442.5亿元,地税134.87亿元)。在政府推进企业降低成本负担中,营改增是重要举措。以柳州市的情况为例,截至2017年3月底,柳州市新增营改增试点纳税人共21343户,累积入库增值税9.3亿元,营改增的减税面达到90%以上,户数占全市营改增89%的小规模纳税人全面受惠,累积减

税 8300 万元，接近增值税的一成。广西自 2013 年至 2016 年 10 月，四大行业减税面不断扩大；营改增试点至营改增全面推开，全省减税企业 26 万户，降低税额 7.1 亿元。

（二）无原则的"零收费"导致财政大包大揽，违背改革精神

从降低非税负担调研情况来看，广西、云南积极出台政策，停免征部分政府性基金收费，实施涉企收费清单管理，为企业降负，取得了很好的成效。但调研中也了解到，由此可能产生另一个问题。就是有些收费项目是基于使用者付费产生的，收费以提供服务为基础，用于弥补提供收费的成本，且收费是有特定对象的。这些收费项目也在清理收费项目中得到清理，但是相应的服务并没有取消。原本应该由公益性服务机构（相当于所谓的二类公益事业单位）通过收取使用者费提供的服务，全部由财政来承担，由财政来养人养机构，这实际上背离了事业单位改革的精神。例如，广西在减免部分特种设备检验检测、计量检定项目收费等 9 项涉企行政事业性收费项目，停免征部分政府性基金，减免燃气综合治理服务费、征地劳务费等 18 项涉企经营服务性收费和中介服务收费项目的基础上，自 2016 年 4 月 1 日起，自治区级设立的城市园林绿化补偿费、城市绿化用地面积补偿费等 2 项，全部予以免征，自此，广西实现地方性涉企行政事业性收费"零收费"。

再如，昆明市环保局 2016 年起取消了建设项目环境影响评估费，该收费属于经营服务性收费项目。为此昆明市财政需要另行安排专项资金用于开展此项工作，2016 年安排 360 万元，2017 年安排 450 万元。

三、金融要素配置效率没有得到有效改善，中小企业面临"死亡融资"风险

对于降低企业融资成本，国发 48 号文提出了六方面的措施：保持流动性合理充裕，营造适宜的货币金融环境；降低融资中间环节费用，加大融资担保力度；完善商业银行考核体系和监管指标，加大不良资产处置力度；稳妥推进民营银行设立，发展中小金融机构；大力发展股权融资，合理扩大债券市场规模；引导企业利用境外低成本资金，提高企业跨境贸易本币结算比例。上述措施虽然有一定的效果，但由于金融配置效率没有发生根本变化，企业融资成本并没有得到有效降低，从调研的情况来看也存在同样的问题。一些地方和企业反映，"死亡

税率"并不符合现实情况,但"死亡融资"问题是客观存在的。

(一) 企业融资渠道较为单一

调研中了解到,绝大多数企业融资渠道较为单一。对于大多数企业来说,直接融资难度大。更多地通过银行、小贷公司、私人借贷弥补发展资金短缺的问题。目前,无论是国有商业银行还是地方法人融资机构普遍对中小企业发放贷款持谨慎态度,大部分的中小企业主要依靠自身积累、民间借贷筹措资金,能从银行贷款的企业不到30%。而民间借贷利率高,导致企业投资成本上升,大大缩小了企业的盈利空间,从而影响了大量中小企业的生存能力和竞争能力。如物流行业,根据全国相关数据,仅运费垫资一项,每年带来6000亿元的融资需求,但只有不到5%是通过银行贷款方式得到解决,而成本较高的自筹资金、民间借贷、应收账款保理成为这部分资金的主要来源。

(二) 存在"死亡融资"现象

调研中反映,融资成本高主要体现在财务成本和时间成本上。一是贷款财务成本高。一方面,银行对中小企业贷款利率上浮一般为10%—30%,但往往上浮更大甚至达到40%—75%,实际利率在7%左右。更为主要的是各种中间费用名目繁多,收费高,抬高了融资成本。目前区内与企业贷款相关的中间环节费用包括公证费、资产评估费、财产保险费、工商查询费、抵押登记费、代理服务费、环评费、审计费等十余种。中小企业贷款除银行利息外需要支付2%—3%担保费、0.15%—0.5%的评估费、0.2%—0.8%的保险、律师、公证费,中间环节费用约占贷款本金的3%—4%。见表1。

表1　　　　某企业的贷款成本与销售平均利润率比较

银行贷款基准利率	4.35%
利率上浮	1.35%
担保费用	2.2%
评估机构费用	0.15%—0.5%
保险、律师、公证等费用	0.2%
过桥费	3%
企业商务成本	1.0%
累计贷款成本	12.25%—12.6%
销售平均利润率	11%

数据来源:调研获得的材料。

除此之外，企业在融资过程中，除要支出直接融资成本外，有时还要承担一些隐性成本或间接成本。例如，企业为和银行或信贷员搞好关系而购买的理财或公关费用等。二是时间成本高。市级银行贷款审批权限较低，大额贷款需自治区级银行审批通过后才能放款，银行在对企业信贷授信审批上，手续仍然比较复杂，银行自企业贷款项目受理、贷款授信审批和贷款发放，需要经过相当多程序的调查、审核和评价，银行从与企业接触到发放贷款一般需3到4个月甚至更长时间。贷款办理周期过长给企业带来资金方面巨大压力，同时也会导致企业错过商机。

当然，出现上述情况，责任也并非在银行。调研中银行也反映，中小微企业贷款的呆坏账比例抬高，因此涉及中小微企业的贷款更为谨慎，利率等成本也更高。所以观察出现这一问题的原因应该从整个金融体系所形成的金融生态环境来看。大量的中小微企业得不到发展所需要的资金，应该是整个金融生态环境出现了问题，或者说当前的金融体系不能适应当前经济发展的需求，才导致出现"死亡融资"的现象。解决的办法就是推进金融体系制度创新，对金融体系进行系统性重构，形成促进包括中小微企业能各取所需的融资生态环境。

四、"直供电"改革为规避电力体制垄断问题找到一个出口，降低电力成本措施具有改革的示范效应

对于降低企业用能用地成本，国发48号文提出了三方面的措施：加快推进能源领域改革，放开竞争性环节价格；加快推进电力体制改革，合理降低企业用电成本；完善土地供应制度，降低企业用地成本。从调研情况来看，能源领域改革和电力体制改革对于企业降低用能用电成本效果明显。特别是"直供电"改革为规避电力体制垄断问题找到一个出口，降低电力成本措施具有改革的示范效应。

（一）"直供电"改革受到欢迎

破除电网领域的垄断，建立用电市场化价格形成机制，对于普遍降低企业用电成本和推动供给侧结构性改革就具有重大意义。降企业用电成本关键在于破除电网领域长期存在的垄断，举措包括降低电价和收费标准、扩大直购电试点、加快输配电价改革等措施，这对降低企业用电成本效果显著。广西2016年累计开

展 4 批电力直接交易，并将水电、核电也纳入电力直接交易范畴，参与的用电企业 132 家，交易规模约 14 亿千瓦时，占当年全社会用电量的 10.4%，全年降低企业用电成本约 16 亿元。云南省形成了"一个平台，两个主体，三个市场，四种模式"的电力市场格局。一个平台即电力交易服务平台，主要包括交易机构和交易系统，交易机构由政府主导，接受全面监督；两个主体即用售电主体和购电主体；三个市场即可进行电力交易的省内市场、西电东送市场、清洁能源市场；四种模式即直接交易、集中竞价交易、挂牌交易、合约转让交易四种模式，市场主体可自主选择参与的市场和交易模式。2016 年云南实际参与申报和交易的用电企业达到 3757 户，全年累计成交电量 590 亿千瓦时，参与交易的用电企业电价较目录电价平均每千瓦时降价 0.153 元，累计为工业企业减少电费成本支出 90.3 亿元。截至 2017 年 3 月，在昆明电力交易中心注册并参与交易的发电企业（售电主体）有 134 家水电企业、184 家风电光伏发电企业和 11 家火电企业，装机规模达到 6411 万千瓦，占全省电网统调装机的 91%。在交易中心注册并参与交易的用电企业（大工业用户）超过 3000 户，在交易中心注册并公示的售电公司共 22 家。2017 年省内市场电力市场化交易电量将超过 600 亿千瓦时，预计达到 650 亿千瓦时左右。

（二）电力改革还需进一步突破

目前试点中的直供电政策深受企业欢迎，但是受电网企业独家垄断买卖电力格局、利益藩篱难以突破的影响，这一政策仅仅处于试点阶段，额度有限。更为突出的是，直供电交易对企业用电规模和用电数量有着严格限定，如果企业用电规模达不到规定标准，就需额外支付较大成本，甚至得不偿失。还需进一步推进改革，释放红利。

五、通过降社保费率降低人工成本从长远来看是风险的后移，并非长久之计

对于降低企业人工成本，国发 48 号文提出了三方面的措施：降低企业社保缴费比例，采取综合措施补充资金缺口；完善住房公积金制度，规范和阶段性适当降低企业住房公积金缴存比例；完善最低工资调整机制，健全劳动力市场体系。从目前各地情况来看，通过阶段性降低企业社保缴费比例，是降低企业人工

成本的主要政策措施。我们分析，这一措施短期来看，能在一定程度上缓解企业的压力，但长远来看，是风险的转换或后移，并非长久之计。

（一）阶段性降费力度较大

地方调研情况反映，在降低企业用工成本方面，主要措施是阶段性降低企业缴纳社保费率。如广西、云南按照中央统一规定将企业职工基本养老保险单位缴费率降至19%，广西还区分不同类型产业园区分别降至16%和14%，并允许困难企业暂缓缴纳养老保险费。医疗、失业、工伤和生育保险等费率也有不同程度降低。2016年云南社保降费累计为企业减负33.23亿元；广西柳州市自政策实施以来全市累计降低企业职工基本养老保险费2.73亿元、失业保险费1.72亿元、生育保险费7582万元、工伤保险费2498万元，并暂缓了柳钢集团等52家企业3亿元的缴费。

（二）降费措施存在巨大隐患

对我国社保基金体系而言，隐性债务偿还不到位以及人口老龄化对基金财务冲击日益凸显，阶段性降低社保费率虽对企业降成本效果明显，但这种措施从长远来看是风险的后移或公共风险向财政风险的转化。一方面，这种做法会加剧财政风险。企业职工基本养老保险基金收支缺口进一步增大，社会保险基金安全压力日益增加，财政兜底的风险进一步增大。例如，广西柳州市养老保险基金结余由2011年的52.19亿元下降到2016年的31.71亿元，降幅达39.24%，基金可支付月数由2011年的24.57个月下降到2016年的4.81个月，基金支撑能力明显下降。矛盾的是降低养老缴费率的前提是保障支付9个月，而降费后支付能力不到9个月。另一方面这种暂缓缴纳的做法也会留下很多后患，例如暂缓缴纳的以后是否需要补缴，补缴是否会进一步加剧企业成本压力等等，都是需要考虑的现实问题。

（三）企业获得感并不强

从企业的角度来看，降低社保缴费率的获得感也并不是十分明显。例如，广西力源宝科技有限公司反映，2016年基本养老费用由原来的20%降低至19%，降低了一个百分点，企业人均减少费用开支27.5元；失业保险费企业承担部分由原来的3%降低至2%，个人承担部分由原来的1%降低至0.5%，企业及员工节约费用41.25元，两项小计节约68.75元，按照政策实施3个月300人计算，共计减少费用61875元,仅占企业上缴税费的0.63%,对企业减负作用不明显。

六、各地为降低制度性交易成本有各种尝试,但着眼于提高政府服务效率的根本性措施还不够

对于制度性交易成本,国发48号文提出了三方面的措施:打破地域分割和行业垄断,加强公平竞争市场环境建设;深化"放管服"改革,为企业创造更好的营商环境;加快社会信用体系建设,加强知识产权保护;提升贸易便利化水平,合理降低服务收费标准;加快剥离国有企业办社会职能和解决历史遗留问题,减轻企业负担。根据调研情况,应该说各地为降低制度性交易成本有各种尝试,但着眼于提高政府服务效率的根本性措施还不够。

(一)"放管服"改革不断深化

调研了解到,广西、云南两地着眼于降低制度性交易成本,积极深化"放管服"改革,重点围绕投资、生产经营、市场准入、资质资格、进出口、创新创业等领域出台相关各种措施。2016年广西、云南分别取消和调整省级行政许可事项691项、48项,行政许可外的行政确认等行政职权9项、24项,清理规范中介服务事项193项、133项,并梳理汇总拟保留的行政审批中介服务项目目录。广西推动全区各地各部门开展中介服务去行政化工作,"先照后证""五证合一""一照一证"等商事制度改革不断深化。

(二)集中行政许可权改革的成效有待长远观察

调研了解到,广西和云南积极推进相对集中行政许可权改革,如广西指导南宁、柳州、梧州、北海、防城港、钦州6个试点市研究制定相对集中行政许可权改革试点工作并按照相关规定报审。如柳州市开展推行相对集中行政许可权改革工作,组建柳州市行政审批局,除市公安局、市国土局、市规划局的行政许可暂不划转市行政审批局实施外,原市发改委、工信委等35个部门(单位)的行政许可事项全部划入市行政审批局实施,通过进一步优化和规范行政审批流程。这种做法实现了"一个窗口受理、一站式办理、一条龙服务"的服务模式,确实方便了办事程序。但是这种做法也有值得考虑的地方,如单独成立的审批局只管审批,监管以及其他事务还在其他业务局承担,能否真正提高企业办事的效率还

需要长远观察。降低企业制度性交易成本的根本措施在于精简政府服务机构、改变官僚体制，以此提高政府服务效率。如果不是以此为根本出发点，是很难达到降低制度性交易成本的目标。

（三）政府治理方式不改变，很难达到降低宏观风险和社会成本的目标

十八届三中全会强调要推进国家治理方式的现代化，而政府治理的现代化则是国家治理现代化的重要组成部分。但我们的政府应对社会事务的时候，还更多地停留在过去的管理思维，而不是治理的思维。在处理社会事务时，强调"层层落实责任"，这本身并无可厚非。但是由于治理上的理念和手段没有形成，"层层落实责任"变成"层层推卸责任"或者"层层加强队伍"。例如，调研中了解到，某城市由于反恐和治安管理任务重，为了达到不出现治安管理事故的目标，正在讨论是否全市运行的所有地铁每节车厢配两名警察（或辅警）。如果真的这样下来，全市要增加几百甚至上千警力，而所需的资金则全部需要财政负担。类似的情况很多，如果地方财政困难，而各单位强调自己的责任需要加强队伍，则所需的资金有可能由企业或社会来负担。所以说，治理的方式不发生根本性变化，是很难达到降低宏观风险和社会成本的目标。

七、总体来看，应警惕"降成本"仅异化为宏观风险转移或延后，根本措施在于深化改革推进制度创新

综上所述，当前国家和各地出台的一系列降成本措施，确实对于降低实体经济运行成本起到了作用。一些地方坚持把降低实体经济企业成本作为推进供给侧结构性改革的重点内容来抓实抓好，主动作为，精准发力，通过建立机制、简政放权、深化改革，降低用能用地、物流、税收、社会保险费、人力资源、财务成本，打好降低成本"组合拳"，切实减轻企业负担，为企业松绑，全力促进经济持续健康发展（参见表2）。但是客观理性来看，这些"降成本"或减负措施有的仅是风险的转化或后移。例如，其中的降低制度性交易成本主要计算的是减少收费的成本，但如上分析，其中一些收费的取消是通过财政全额负担来实施的，此外降低企业税收负担、社保缴费负担和降低人力资源成本也是将公共风险转化财政风险，或者将短期的风险向长期风险转化。真正着眼于推进制度创新来实现的长远和根本性降本减负措施明显不足。

表 2　　　　　　　　　云南省为企业减负情况　　　　　　　　单位：亿元

	2016 年	2017 年 1 季度
降低制度性交易成本	24.22	0.39
降低用能用地成本	126.1	20.61
降低物流成本	30.74	6.56
降低税收负担	515.1	82.24
降低社会保险费成本	29.56	5.39
降低人力资源成本	16.05	
降低财务成本	93	25.74
其他	0.02	0.58
合计	834.79	141.51

资料来源：云南省发改委。

要从根本上降低企业的运行成本，做些风险转移的文章只是短期措施，长远来看必须着眼于降低整个社会的风险水平。因为只有"制度创新"与"宏观风险"形成良好的匹配关系，才能降低整个社会的不确定性和风险水平，使整体成本得以下降。这就要求进一步加快改革，推进制度创新，提升全社会的结构优化效率、要素配置效率和政府服务效率。

（一）加快经济结构调整，提升结构优化效率

实体经济企业运行成本高，一个重要的因素是全社会的产能闲置。当然短期、局部的产能闲置或短缺是市场周期性调整的合理情形，但长期的和全局的产能闲置意味着沉没成本和人员闲置，成本自然就会高。同时产能过剩也意味着产品过剩，产品过剩则库存就会增加，而库存高产品不好卖，企业回款也就困难，应收账款就会增加，企业财务费用就高，成本也就高。提升结构优化效率，主要包括推进产业结构在内的经济结构的优化，去产能是其中的一个组成部分。

（二）深化要素市场化改革，提升要素配置效率

金融方面，最大的问题是金融生态体系出现问题导致金融与实体经济的脱节，只有完善金融生态体系，力促金融回归为实体经济服务，才能从根本上降低融资成本。要破除垄断、鼓励竞争，放宽业务准入限制，允许小微金融机构开展小额票据贴现业务，拓宽小微金融机构的发展空间。要推进资产证券化市场的规范化、常态化发展，开拓融资新渠道。要加快金融现代化建设，优化金融结构，提高金融服务创新创业、服务企业国际化经营水平。同时，进一步清理规范金融领域的各类不合理收费，规范担保公司等中介金融机构的收费定价行为，继续治理金融机构不合理收费和高收费行为。互联网金融崭露头角，助解企业融资难题。破除传统金融垄断，推进互联网金融发展，完善小微金融服务体系也是大有可为的。这一点广西够力金融公司的做法值得推广。该公司率先进入广西互联网金融行业"十亿元俱乐部"，截至 12 月末，累计撮合融资 11.78 亿元，为 908 个企业融资项目解决资金问题；2015 年 4 月开业至 2016 年 12 月末累计融资 15.86 亿元，共为 1233 个企业融资项目解决资金难题，融资项目逾期率与坏账率均为 0，成为金融新兴业态引人注目的亮点之一。

电力方面，建议进一步扩大电力直接交易试点、扩大直供电比重，促进电企之间竞争，提高电力企业服务质量。

（三）进一步推动政府机构精简，提升政府服务效率

建立与市场经济体制相适应的行政管理体制，是降低企业成本的治本之道。部门及部门内部机构的设置要根据改革和管理的需要及时优化调整，不能只增不减，徒增财政供养压力。要进一步推进政府机构改革，以政府职能转变为基础，在科学合理地界定政府与市场边界的前提下，进一步推进政企分开、政资分开、政事分开，把应交给市场来调节的领域交出去，充分发挥社会团体、行业协会、商会和中介机构的作用。与此同时，政府应该管的事情一定要管好，在继续抓好经济调节、市场监管的同时，更加注重社会管理和公共服务，把公共资源更多地向社会管理和公共服务倾斜，更多地放在促进社会事业发展和建设和谐社会上。在推动政府机构精简的同时，建议进一步推进"放管服"改革，增强实体经济的经济自主权，尽量减少用行政手段甚至不用行政审批等手段来限制或制约实体经济的发展。同时，应积极探索政府管理和治理体制机制改革，以着眼于化解宏观公共风险为管理和治理的目标，创新管理和治理的方式。

中国财政科学研究院 2017 年"降成本"西部调研组
负责人： *傅志华*
成　　员： *赵福昌　石英华　李成威　李　铭　黄燕飞　田　远*
主要执笔人： *李成威*

广西、云南降低企业制度性交易成本的调研思考

制度性交易成本是企业运营中因遵循政府制定的一系列规章、制度、政策而造成的经济成本、时间成本和机会成本等各种成本。对企业而言，这些成本是由政府规制造成的成本。从理论上讲，制度性交易成本可以分解为两部分，有的是必须遵循的合理制度造成的交易成本，这部分应该是企业合理承担的制度性交易成本，一般不宜降低，如与维护市场秩序相关的制度性交易成本；有的是不合理制度造成的交易成本，属于超额制度性交易成本，这部分成本应该降低。这也是探讨降低制度性交易成本的重点，也是改革的重点。超额制度性交易成本是企业自身努力无法降低的，只有依靠政府深化改革，调整制度与政策，才有可能为企业减负。自2015年中央经济工作会议提出"降成本"等五大任务以来，降低制度性交易成本的成效如何，还存在哪些问题，围绕上述问题，我们在广西、云南两省区进行了调研。报告是在两省调研的基础上，立足西部，对制度性交易成本进行分析。

一、降低制度性交易成本取得明显成效

制度性交易成本是个普遍问题，在市场化程度、开放度相对较低的西部尤为突出。在西部各省，表现也各不相同。自2015年11月党中央、国务院明确供给侧结构性改革五大重点任务以来，云南、广西两省高度重视"降成本"工作，坚持把降低实体经济企业成本作为推进供给侧结构性改革的重点内容，主动作

为。通过建立机制、简政放权、深化改革,降低制度性交易成本已有成效明显的探索。

(一) 云南

经过一年多降成本工作努力,云南省降低制度性交易成本取得明显成效,为实体经济企业发展营造了便捷高效的制度环境。据统计,2016年云南省共为企业减负近834.79亿元,其中,降低制度性交易成本24.22亿元。2017年一季度云南省共为企业减负141.51亿元,其中,降低制度性交易成本0.39亿元。

1. 完善工作保障机制,形成降成本工作合力

紧紧围绕"三去一降一补"五大重点任务,云南省于2016年2月制定印发了《关于稳增长开好局若干政策措施的意见》(云政发〔2016〕19号),提出22条供给侧结构性改革政策措施。2016年5月印发了《云南省推进供给侧结构性改革的总体意见(2016—2018年)》和去产能、去库存、去杠杆、降成本、补短板5个实施意见。2016年9月,国务院《降低实体经济企业成本工作方案》印发后,及时研究制定《云南省降低实体经济企业成本实施细则(试行),结合云南省实际,提出了10个方面69条具体措施。2017年印发了《云南省人民政府关于稳增长开好局若干政策措施的意见》(云政发〔2016〕111号)、《云南省人民政府关于印发2017年经济工作重点任务责任分解方案》(云政发〔2017〕3号)等文件。将包括降成本在内的深化供给侧结构性改革总体工作列为2017年全省经济工作的第一项重点工作任务和"一把手"工程,纳入各地、各部门年度综合考核和督查的重点内容,明确了责任事项、责任目标、责任部门,组建八个稳增长督查组定期实地开展督查,确保各项任务落实到位。加强降成本工作的监测分析和统筹协调推进,3月份启动了降低实体经济企业成本监测报告制度,4月份建立了由40个省级部门和单位参加的降低实体经济企业成本联席会议制度。

2. 持续深化"放管服"改革,降低企业制度性交易成本

(1) 推进行政审批制度综合改革,压减各类行政审批前置中介服务事项,取消无法律法规依据的行政审批事项。压缩现有行政审批事项、审批流程、环节和条件,简化办事流程,严格按承诺时限办理所有行政审批,初步建立"精简、规范、优质、高效"的行政审批及公共服务体系。编制和公开办事指南和业务手册,简化重组审批要素,优化再造审批流程,细化量化裁量标准,建立公开透明、规范高效、便民利民、监督有效的行政审批标准体系。选取10个县市区,

围绕土地利用规划、拆迁安置、环境治理、扶贫救灾、就业社保等开展政务公开标准化规范化试点。

（2）深入清理规范行政许可事项，取消和调整省级行政许可事项48项、行政许可外的行政确认等行政职权24项，清理规范中介服务事项133项；不断深化"先照后证""五证合一""一照一证"等商事制度改革，截至2017年4月底，全省共对41.6万户企业颁发换发加载统一社会信用代码的"一照一码"营业执照，占全省企业的78.08%，国税系统"五证合一、一照一码"新增主体户数达163193户。

（3）加大反垄断执法力度，加强知识产权保护，开展守信联合激励和失信联合惩戒制度，加快推进国际贸易"单一窗口"建设和云南电子口岸建设等。

（4）取消、免征、降低、停征行政事业性收费政策。降低了22项涉企行政事业性收费标准和5项涉企经营服务性收费标准，取消省定行政事业性收费13项。自2016年1月1日起，对省人民政府制定项目标准的涉企行政事业性收费和中央政府制定项目、省人民政府制定标准的涉企行政事业性收费，降低收费标准30%。自2016年6月1日起，对房屋所有权登记费、防空地下室易地建设费、城市道路占用挖掘费、船舶登记费、公路路产损坏赔偿清理费、出入境汽车运输管理有关单证工本费、公共资源交易综合服务费等7项涉企行政事业性收费项目的收费标准降低30%。对工业园区内的企业，免收省级及省以下政府本级收入的涉企行政事业性收费。2016年，对省人民政府定价的省司法厅、省交通运输厅、省气象局、省地震局4个部门的5项涉企经营服务性收费标准降低20%。2017年1—3月减免特种设备检验检测费、计量检定、注册验资费等2214万元，免征森林植被恢复费1681万元。停征价格调节基金，每年为企业减轻负担10亿元。实行差别化排污收费政策，对企业污染物排放浓度值低于国家和地方规定的污染物排放限值50%以上的，减半征收排污费。

（5）开展价格专项监督检查，严肃查处不执行国家改革政策、擅自涨价、提前或推迟调整价格及各种乱收费的行为，切实为企业发展清费减负。2017年1—3月，全省共查处各类价格违法案件50件，实施经济制裁总金额603万元，其中：退还用户金额439万元，没收违法所得156万元。

（二）广西

广西认真贯彻落实党中央、国务院关于推进供给侧结构性改革重要部署，着力抓好去产能、去库存、去杠杆、降成本、补短板五大重点任务，印发实施了

《关于降低实体经济企业成本若干措施的意见》（桂政发〔2016〕20号），深入推进企业降成本工作。据不完全统计，2016年全区共为企业降低成本约300亿元。采取有力措施，降低制度性交易成本取得明显成效。这方面的成效可从企业的反映得到印证。调研中，企业普遍反映，经过这几年对涉企收费的清理和对乱收费行为的查处，变相乱收费行为得到有效制止。调查样本中99%以上的企业反映不存在乱收费、乱摊派问题或问题不明显。广西柳州市的一项调研显示，没有发现社会团体强制企业入会收取会费，强制参加会议、培训、展览、评比、表彰等收取费用的现象，也没有行业协会商会依靠代行政府职能或利用行政资源擅自设立收费项目、提高收费标准的问题。

1. 加大行政审批事项清理力度，破除制约企业和群众办事创业的体制机制障碍

进一步清理规范行政审批事项。2016年分4批取消下放和调整了700项行政审批事项，其中，取消257项（其中涉企事项213项），下放9项（其中涉企事项8项），调整434项。2017年拟取消39项（其中涉企事项28项），下放9项事项。其中清理规范事项最多的为生产经营类、资质资格类事项。详见表1。

表1　广西清理规范行政审批事项情况

		2016年		2017年	
	事项类别	事项数量（项）	事项类别	事项数量（项）
取消事项	投资类	11		
	生产经营类	121	生产经营类	21
	市场准入类	27		
	资质资格类	52	资质资格类	7
	进出口类	14	进出口类	2
	创新创业类	8		
	其他类	24	其他类	9
	合计	257	合计	39
下放事项	生产经营类	4	生产经营类	4
	资质资格类	5	资质资格类	5
	合计	9	合计	9
调整事项	合计	434		

资料来源：广西壮族自治区编办，2017年4月。

进一步完善行政审批事项目录，探索建立目录管理制度。在对行政审批事项

摸底核实的基础上，形成《广西壮族自治区行政许可事项目录》，区各级实施行政许可事项共 782 项（根据国发〔2017〕7 号文调整后为 743 项），其中中央指定地方实施行政许可事项 767 项（根据国发〔2017〕7 号文调整后为 728 项），广西设定实施事项 15 项。研究起草了全区行政审批事项管理制度，对行政审批事项目录清单实行动态化管理。

2. 探索推行试点市相对集中行政许可权改革

选取南宁、柳州、梧州、北海、防城港、钦州 6 市开展相对集中行政许可权改革试点。南宁、柳州 2 市于 2015 年底前获批设立市级行政审批局，其余 4 市于 2017 年 3 月底前获批设立市级行政审批局，并正式启动运转。

柳州市 2015 年推进相对集中行政许可权改革工作，组建柳州市行政审批局，除市公安局、国土局、规划局的行政许可暂不划转市行政审批局实施外，原市发改委、工信委等 35 个部门（单位）的行政许可事项全部划入市行政审批局实施。行政审批局推行"一局一章管审批、一清一消减事项、一厅一网联办事、一审一管明职责、一窗一结提效率、一员一库核踏勘"6 个"1＋1"运行模式，通过进一步优化和规范行政审批流程，实现了"一个窗口受理、一站式办理、一条龙服务"的服务模式。2016 年，柳州市行政审批局清理规范涉企服务收费情况见表 2。

表 2　　　　　　2016 年柳州市清理涉企服务收费情况

事　　项	年度为企业节约成本（万元）
清理 115 个审批环节的评审、评估、核查等涉企费用，保留技术审查、论证、评估、鉴证、咨询等 59 类中介服务，由政府买单	200
取消 7 项审批收费	300
清理 10 项审批前置收费，交由原审批部门管理	>3000

资料来源：柳州市行政审批局，2017 年 4 月。

3. 清理规范行政审批中介服务事项，进一步减轻企业负担

清理规范行政审批中介服务事项。2016 年分 2 批清理规范行政审批中介服务事项 193 项，主要集中在市场主体投资与建设工程许可、企业和个人资质资格认定、行业准入等领域，涉及发展改革、教育、国土资源等 34 个部门（系统）的 117 项行政审批。清理规范行政审批中介服务事项情况详见表 3。

表 3　广西壮族自治区清理规范行政审批中介服务事项情况

类别	事项内容	事项数量（项）
1	不再要求申请人提供相关评估、论证、鉴定、证明等材料或者不再作为行政许可的受理条件。	93
2	不再要求申请人提供相关材料，改为由审批部门根据审批工作需要自行委托有关机构开展技术性服务，或者改由相关行政主管部门依法审验或通过其他方式获取相关信息，或者由审批部门加强监管、制定标准、严格审核。	50
3	仍需由申请人提供相关材料，但申请人可以按照审核要求自己编制，也可以委托有关机构编制，审批部门不得以任何形式要求申请人必须委托特定中介机构提供服务，同时保留审批部门现有的技术评审评估或者现场核查。	49
4	待涉及的行政审批事项取消后相应取消该中介服务事项。如待"农药临时登记初审（农药和肥料登记的子项）"行政审批事项取消后，将相应取消"农药产品化学分析、毒理学试验、药效试验、环境影响试验、残留试验"中介服务事项。	1

资料来源：广西壮族自治区编办，2017 年 4 月。

梳理汇总拟保留的行政审批中介服务项目目录，规范管理行政审批中介服务事项。编制了《第一批拟保留的行政审批中介服务事项目录》，组织各市县、自治区各有关部门公示清理规范后拟保留的行政审批中介服务事项目录清单，广泛征求社会意见后作相应调整。目前拟保留的行政审批中介服务事项共 85 项。

推动行政审批中介服务去行政化工作。将推进行政审批中介服务去行政化工作与取消下放行政审批事项、分类推进事业单位改革、推进行业协会商会与行政机关脱钩、推进党政机关事业单位和群团组织与所属企业脱钩等工作结合起来，要求审批部门所属事业单位、主管的社会组织及其举办的企业，不得开展与本部门行政审批工作相关的中介服务。

4. 推行工商管理制度改革，降低市场准入和退出成本

免收注册登记费用。停止收取企业注册登记费、个体户注册登记费，进一步降低市场准入成本，减轻市场主体负担。据不完全统计，自 2013 年 1 月 1 日至 2016 年 2 月 5 日止，广西全区新登记公司制企业 186338 户，新增注册资本 11768 多亿元，按法定 0.8‰ 的登记费收取比例，仅此一项就为企业减负 9.4 亿元。柳州市全面停止收取注册登记费，企业档案查询费，自停收注册登记费以来，共为企业节约设立成本 1723.42 万元，为企业节约档案查询费 31.42 万元。

推行"六证合一、一照一码"登记改革。广西是全国五个全面实施"六证

合一"的省（自治区）之一。自2016年10月1日起，在全区工商系统全面推进"六证合一、一照一码"登记改革，启动"一套材料、一表登记、一窗受理"的工作模式，将工商营业执照、组织机构代码证、税务登记证、社保登记证、统计登记证和印章刻制证明合为"一照"，受理业务办结时限由五个工作日压缩为三个工作日，让群众少跑路、少填表、少折腾，办理相关证照的时间由原来需1个多月缩短至3天以内，极大地节省了企业设立的时间成本和经济成本。截至2017年3月31日，全区共发放"六证合一、一照一码"营业执照98174户。

放宽住所登记条件，降低企业经营成本。简化住所（经营场所）登记手续，释放住所资源，降低创业成本。允许"一址多照"、"一照多址"、"住改商"、"商务秘书企业"住所托管，为创业者节约了房租投资成本，特别是为小微企业、新兴业态等创业者提供了有力支持，大大降低企业准入要求和准入成本，进一步激发市场发展活力。柳州市融水县一个体户一直登记装饰材料销售经营部，但由于门面没有房产证等相关手续，一直没有办理执照。在注册窗口咨询得知《办法》实施后，放宽了经营场所的登记要求，其门面登记问题马上得到解决，提交相关申请材料后个体户当场领取了名称为"融水县融水镇忠园室内装饰材料经营部"的营业执照。柳北区两家企业申请在同一地址开办两本公司经营执照。这两家企业原来是做贸易的，由于业务发展的需要，需从事矿业、园林工程设计等行业，按照原来的经营场所登记管理规定需要再租用两个经营场所，现在在同一地址就可以办理了，为企业大大节约了费用。

全面实施企业简易注销登记改革，降低企业退出市场成本。2017年3月1日，广西在全区范围内全面实行企业简易注销登记改革。简化优化了注销程序，简化了公告方式，将在原省级报刊公告（300元/次）改为在国家企业信用信息公示系统（广西）公告，节约了公告费用。精简了登记材料，简化了申请环节，取消了企业到税务部门办理清税证明的中间环节。企业简易注销登记改革实施以来，极大地便利了有关申请人，得到广泛赞誉。截至2017年4月7日，共有948家企业申请了简易注销公告。

5. 着力降低行政事业性等项目收费，全面实现地方性涉企行政事业性收费"零收费"

广西在减免部分特种设备检验检测、计量检定项目收费等9项涉企行政事业性收费项目，停免征部分政府性基金，减免燃气综合治理服务费、征地劳务费等18项涉企经营服务性收费和中介服务收费项目的基础上，自2016年4月1日起，免征自治区级设立的城市园林绿化补偿费、城市绿化用地面积补偿费等2项收费。柳州市严格落实国家、自治区清理行政事业性收费情况见表4。清理后柳州市政府性基金科目13项，保留政府性基金科目、行政事业性收费共83大项，149个细项。经统计，柳州市2016年年均减免政府性基金及行政事业性收费约3230万元。

表4　　　　　　　　　　广西柳州市清理行政事业性收费情况

事项类别	事项内容	数量
取消全国性行政事业性收费	征地管理费、保存人事关系及档案费、办理户口变更更正和机动车驾驶培训许可证收费；对小微企业免征部分行政事业性收费。包括土地登记费、船舶港务费、国内植物检疫费、动物及动物产品检疫费、组织机构代码证书费、环境监测服务费、计算机软件著作权登记费、森林植物检疫费、新药审批费等。	42
暂停征收部分涉企收费	包括采矿登记费、企业注册登记费、个体工商户注册登记费、工业产品许可证审查费、出口商品检验检疫费；对企业免征城市园林绿化补偿费、城市绿化用地面积补偿费。并降低部分质检行政事业性收费标准。	7
对小微企业免征的行政事业性收费的范围扩大到所有企业和个人	包括国内植物检疫费、兽药审批费、进口兽药许可证、审批费、《兽药规范》和兽药专业标准收载品种生产审批费、生产兽药品种注册登记费、拖拉机号牌（含号牌架、固定封装置）费、拖拉机行驶证费；拖拉机登记证费、拖拉机驾驶证费、拖拉机安全技术检验费、船舶登记（含变更登记）费、社会公用计量标准证书费、标准物质定级证书费、国内计量器具新产品型式批准证书费、修理计量器具许可证考核费、计量考评员证书费、计量授权考核费、林权勘测费。	18

资料来源：柳州市财政局，2017年4月。

6. 推进国际贸易"单一窗口"建设

广西是西部地区首个启动并成功上线运行"单一窗口"的省份。"单一窗口"一期于2015年底在海港口岸上线运行，将海关、检验检疫、边检、海事以及港务、码头、监管场所的相关业务流程通过信息化手段进行优化整合。"单一窗口"船舶申报环节将原来的194项申报数据整合为65项，并一次性录入，操作时间由3—5小时缩短为1小时以内；船舶申报与放行环节由7小时缩短至2小时以内。此外，因工作量减少和无纸化作业，人工成本、交通成本可以有效节约30%—50%。经过一年的推广应用，目前占绝大部分业务量的80多家船舶代理企业在广西单一窗口公共信息平台完成注册，使用"单一窗口"进行进出境船舶申报率达80%以上，位居全国前列，应用效果不断显现。2016年"单一窗口"二期重点围绕便利陆路口岸运输车辆备案、申报、查验等通关环节开展项目建设,进一步减轻企业负担,减少企业成本。

二、降低制度性交易成本面临新问题

从两省调研情况来看,降低制度性交易成本取得明显成效,但仍然存在一些困难和问题,主要表现在以下几个方面。

(一)降低制度性交易成本仍有空间,改革成效仍需进一步的观察

调研中,一些企业反映的问题表明降低制度性交易成本的改革成效仍需进一步的观察,降低制度性交易成本仍有空间,现行的制度环境与实体经济企业经营需求和期望有很大差距,亟待通过深化改革推动。柳州市工信委的一项调查显示,企业最希望国家出台的政策,除了"减税"、"降低融资成本和拓展融资渠道","降低企业用能、用地成本"之外,还希望"取消不必要的审批手续、降低制度性交易成本"。部分企业反映,涉企收费仍然存在种类多、标准高,企业负担沉重的问题。企业反映问题详见表5。

表5　　企业反映的降低制度性交易成本方面存在的问题

序号	企业反映的问题
1	经营性收费和中介收费清单和标准尚未明确。
2	个别权力部门或垄断部门仍存在强制服务并收费过高等现象,如消防检测费、消防培训费、消防设施维保费、质监部门的各项检验检测费、高速公路通行费、律师服务、法院诉讼等方面的收费标准过高,防雷检测过于频繁(一年两检)等。
3	上岗证类别多,收费标准高,复审或重新办理频繁。上岗证主要包括电梯安全管理员证、建(构)筑物消防员上岗证、电工进网作业许可证、电工上岗证、高处作业(高空安装、维护、拆除作业)、应急救护员资格证、健康证、特种作业操作证(低压电工、焊工、高处)、行政执法证、无损检测证等。某轨道交通企业员工上岗办证较多。在考虑了一岗多证、协调安排的情况下,员工的年上岗办证费用为153万元,领取证人次为2578人次,平均每人次办证费用为536元。
4	物价部门核准的检测价格收费,校准费没有明确标准,存在讨价还价现象。
5	一些涉企收费项目如"岗位安全培训"、"员工健康体检"存在强制培训或收费过高的情况。

续表

序号	企业反映的问题
6	在建筑、消防、环保、车管、交通、安检等行业普遍存在企业在办理行政审批时经常会遇见到指定的中介机构或服务机构办理业务或出具证明材料,由于选择面小,收费明显高于市场行情,给企业带来的费用负担不小。
7	货物进出口检验检疫服务收费不透明、不规范。表面上取消了原来的检验检疫费,相关服务转由社会机构提供,但检验并没有减少,企业负担并没有减轻,相反,手续更趋复杂,成本更高。
8	驾驶员资格培训被垄断经营。从事货船驾驶上岗前必须经过培训,当地只指定1家培训机构,造成培训费用高涨(由原来的1000元/人涨至目前4000元/人),进而推高人工成本。
9	缩小政府定价范围后,在市场决定价格机制完善的过程中,招投标代理服务费、房地产经纪服务费、卫生委托检验检测费等部分放开价格与收费有可能在一段时期内出现上涨并加重企业负担的情况。

资料来源:调研中获取。

(二)法律法规修改完善不够及时,部分行业标准不明确,影响改革实效

从目前实施情况看,一些行政审批项目取消、下放后,相关法律、法规的修改完善没跟上,导致基层在实际工作中难以操作。取消的项目虽然自行制定了事中事后的监管配套措施,但行业管理标准不明确,容易将部门利益、个人利益渗透其中,容易在后续监管中拥有更大的自由裁量权,可能滋生权力寻租。例如,企业简易注销登记改革突破了现有法律框架,表现在:一是在简易注销程序上以企业自治加承诺为核心,省略对清算程序审查,虽然简化了注销的登记程序,但事实上突破了《公司登记管理条例》及《合伙企业登记管理办法》《个人独资企业管理办法》等多部法规对注销程序的规定;二是有关企业简易注销的规定层级不高,仅是国家工商总局独家根据国务院的文件精神制定下发指导意见和技术方案,缺乏更完善的法律法规支撑。

(三)部门之间、上下级之间的工作衔接尚需加强,一些简政放权举措卡壳在'最后一公里'问题仍然存在

部门之间工作衔接不够,直接影响"放管服"改革举措的落实,也影响降低制度性交易成本各项改革的实效。(1)实行"六证合一、一照一码",相关证照整合后,申请人只需到工商一个窗口办理,工商负责采集六部门所需信息。但

是，对申请人提出的"六证"相关问题，工商部门只能解答本部门的问题和涉及其他部门的一些基本问题，更深层次的问题，申请人还需到相关部门咨询。（2）实行行政审批集中试点的城市专门设立了行政审批局，在实际操作中，事前的行政审批相对集中了，因各部门的职能没有大的调整，部门之间衔接协调不够，各自从部门利益出发，各行其是，事中、事后的监管存在扯皮现象，加重企业负担。（3）部门之间协调不够，重复执法，加重了企业负担。以道路运输执法为例，目前，对货运车辆可以行使执法权的部门不仅有交警、路政、运管，还包括高速公路管理、城管、工商、卫生、动物检疫等多个部门，罚款部门多，执法行为不规范，罚款依据不统一，各自罚款互不相认，只能叠加。

商事制度改革是一项综合性、法规性、专业性很强的工作，根据"一万小时"定律，熟练掌握某个工作岗位要求、高效工作必须要在一个岗位连续工作4年以上。商事制度改革后，部分基层窗口出现了人员数量不足、经验不足等问题。工商管理体制实施分级管理后，各市、县对基层工商队伍进行了人员调整。随着商事制度改革的不断深入，窗口工作量在不断增大，业务内容也在不断更新。基层窗口出现了人员数量不足、工作经验不足等问题，难以满足市场主体数量井喷式增长的业务需求。在调研中，我们了解到，一些简政放权举措卡壳在'最后一公里'问题仍然存在。上面政策和下面落实'两张皮'的现象仍然存在。企业拿着红头文件找不到庙门，给企业增加了不少成本。审批权从国家层面下放到省、市、区，但审批事项往往没有减少，基层办事人员少，办事效率比较低，办理能力有限甚至缺乏，部分权力下放后"接不住"或"不想接"。有时甚至导致好政策成了"空头支票"。企业有时甚至要耗费更多的时间和精力"扯皮"。

（四）相关部门之间的信息协同度、共享度不高

政务信息存在"多龙治水"局面。部门间信息化水平不一致，使用的软件互不兼容，相关平台间的沟通、对接难度较大，实现信息互联共享和联合惩戒还存在不少困难。不同部门间信息壁垒尚未打破，部门之间的信息共享程度低，特别是核心数据交换共享共用不够，大数据利用水平和能力有待提高，影响制度性交易成本的降低。

（五）降低实体经济企业成本与增加政府财政收入面临双重压力

降低制度性交易成本，在全部降成本举措中，总体占比较小，但是随着

"降成本"深入推进，降低制度性交易成本，取消一些行政事业性收费后，在一定程度上减少了地方财政收入。一些审批事项下放、收费取消后，原先依靠那部分收费收入作为公用经费补充的事业单位面临缺少经费的困境，必要的经费需要政府一般公共预算提供，进一步加大财政支出压力，会产生新的矛盾和问题。如云南的环保部门取消收费后，体现在环保部门预算中的运行经费增加了。再如广西自2016年1月起，由环保厅审批且由自治区环保技术中心组织技术评估的建设项目，不再由企业承担评审会专家审查费用，由同级财政承担；2016年10月1日起，不再要求申请人提供建设项目竣工环境保护验收监测报告（表）或调查报告（表），改由区财政厅委托有关机构进行环境保护验收监测或调查，所需经费由财政承担。这些支出的增加进一步加剧财政收支矛盾。云南、广西两省区经济体量小，产业结构层次低，财政收入基础薄弱，补短板任务繁重，亟需在降低企业成本和增加财政收入上找到新的平衡。

三、几点思考与建议

对广西、云南两省区降低制度性交易成本的举措、成效及存在问题的深入思考和研究，引发对降低制度性交易成本的反思，目前实行的举措是否真正有效，降低的成本转嫁到哪里了，谁能真正受益，怎样才能真正降低制度性交易成本。这些反思并不仅仅局限于调研省份，也是对市场化程度、开放程度较低的西部地区的反思，更大程度上也是对处于经济社会转轨、逐步实现国家治理体系和治理能力现代化的我国相关制度和政策的反思。

（一）应避免"运动式"的降低制度性交易成本引发的问题和风险

从2001年到2012年国务院先后发起六批针对现有行政审批事项的改革，共取消和调整行政审批项目2497项，占原有总数的近七成。2013年以来国务院分9批审议通过取消和下放的国务院部门行政审批事项共618项，其中取消491项、下放127项。降低制度性交易成本的力度不可谓不大。从各级政府官方提供的相关信息来看，降低制度性交易成本改革活动确实删减了数目可观的审批项目，并且优化了部分行政审批程序，改革取得明显成效。数量确实是衡量改革的显性要素，但不能过分强调数量，应避免运动式的降成本可能引发的问题和风险。

1. 运动式的降成本忽视了长效机制的构建,可能诱发一些部门造假,导致改革倒退

运动式的降低制度性交易成本忽视了长效机制的构建,不仅不能从实质上解决问题,还可能诱发一些部门造假,导致改革倒退,陷入权力精简膨胀循环的怪圈。在简政放权过程中,如果简单地以取消行政审批事项的数目论英雄,搞排名,每月跟踪进度,可能催生和诱发造假。一些地方和部门为应付上级精简审批事项的目标,对行政审批事项可能存在"放小不放大、放虚不放实、放责不放权、明放暗不放"之类的现象,甚至通过行政审批事项"打包"、"拆分"、"拼装"、"合并"处理,只取消含金量不高的审批事项、"不痛不痒"、细枝末节的项目,甚至是"僵尸事项"(即在实施过程中基本没有业务甚至根本没有相对人申请的事项)、主体转移或改头换面为"核准"、"备案"、"服务""委托""交办"事项等方式而玩弄数字游戏,这样会使降低制度性交易成本成为走过场,实现形式上的简政放权,而不是实质意义上的向市场和社会分权,激发市场活力和社会创造力。一旦这项举措不再实施,极有可能导致原来取消、下放的审批权力自我强化,取消下放的审批事项"死灰复燃"。

2. 运动式的降成本可能与全面依法治国相矛盾

过度重视简政放权的事项数量和完成进度,一些地方和部门甚至按月排名,按月考核降低制度性交易成本进度的做法,部门为了应付任务考核,出台部门文件作为政策措施的依据,这些文件可能突破了正在实施的法律法规框架。例如,在下放、取消行政审批事项实施过程中,企业简易注销登记改革突破了现有法律框架,表现在简易注销程序上以企业自治加承诺为核心,省略对清算程序审查,虽然简化了注销的登记程序,但事实上突破了《公司登记管理条例》、《合伙企业登记管理办法》及《个人独资企业管理办法》等多部法规对注销程序的规定。我国正在全面推进依法治国,建设法治政府要求政府在组织设置、人员配备、权力运用、职责履行的全领域、全过程中将法治作为最高原则,严格依法行政,各项工作都在法治轨道上运行,受法律规制。因此,应避免运动式的降成本可能引发的与全面依法治国精神相矛盾的问题与风险。

3. 运动式的降成本可能诱发新的不公平

政府收费主要是使用者为交换公共部门所提供特殊商品和服务而进行的支付。政府收费不同于税收,一般与享受政府提供的特殊商品和服务有关,具有直接对应性,"谁使用,谁付费"更能体现公平。取消或免征部分行政事业性收费后,原先的"谁使用,谁付费"、"谁污染、谁付费"的机制不复存在,但这部

分政府职能或中介延伸履行的职能如果没有取消，相应的职能履行所需支出，则改为政府一般公共预算支出，意味着享受政府提供特殊服务的使用者应承担的成本改由纳税人承担，这违反了公平原则，可能诱发新的不公平。

（二）有效降低制度性交易成本要靠政府的真正"瘦身"

降成本主要是降低制度性交易成本。与实体经济企业的原材料成本、人工成本、物流成本、用能成本等相比，制度性交易成本占比较小。对实体经济企业而言，降低企业制度性交易成本，得到的直接经济回报并不显著。但是，降低企业制度性交易成本，能够减少政府对企业经营的干预。有效地激发企业活力，增强企业创新能力和竞争力，提高供给质量与效率，改善供给结构。

从短期看，自上而下的推行行政审批制度改革，简政放权、放管结合、优化服务，可以明显降低制度性交易成本。但是，如果取消下放审批事项后，不进行机构撤并、职能转变，就为审批事项的"死灰复燃"留下了空间。如果政府的管制能力、管制水平和管制权力没有因为审批事项的精简而缩小，简政放权改革就远未达到所追求的效果，可能出现审批事项"死灰复燃"，陷入权力精简——膨胀——再精简——再膨胀的循环怪圈的风险。

从长期看，降低制度性交易成本，不是调控问题，而是治理层面的问题。因此，应避免短期行为长期化。有效降低制度性交易成本，要靠政府科学厘清权力边界，真正转变职能，改革机构，政府由"全能政府"向"有限政府"蜕变，真正实现政府的"瘦身"。建立政府权力清单和责任清单。在审批事项取消下放的同时，撤销或调整相关机构和职能，将原审批机构的工作重心转向本行业发展战略、发展规划、相关政策和行业标准的制定和实施。通过还权于市场、社会和地方，最大限度地激发各类市场主体的创新创造活力，不断完善市场准入负面清单，逐步实现"法无禁止即可为"。

（三）需警惕设立行政审批局短期的改革成效异化为下一步深化改革的障碍

在日益深化"放管服"改革，让市场在资源配置中起决定性作用和更好地发挥政府作用的背景下，专门设立行政审批局，可能与改革的总体趋势相背，不仅不能真正有效降低企业的制度性交易成本，而且，行政审批局短期的改革成效是否会异化为下一步深化改革的障碍，值得引起重视。

1. 将分散在各部门的行政审批事项和行政审批权力集中到一个部门行使，实际上是对"存量"事项和审批现状的认同，是存量审批事项和审批权力在政府内部、部门之间的平移，并不是政府向市场转移、让渡审批权力。专门成立一个机构，集中负责行政审批，改变了原先行政审批分散在各部门的隐秘性，似在进一步凸显行政审批的合法性和重要性，而不是向市场释放简政放权的信号。

2. 这种行政审批权力的集中，更多的体现为一种物理上的集中，或形式上的集中，实际的权力配置格局没有大的改变。设立行政审批局，将部门前置审批事项集中到同一部门，但事中、事后监管仍由各业务部门负责，这可能带来业务审批与监管相互脱节的问题，可能实现"一个印章管审批"，但难以实现"一个部门管到底"。如果包括行政审批局在内的所有部门都要刷存在感，办事的企业可能因此又多了一个"婆婆"，增加了制度性交易成本。

3. 这种行政审批权力的集中，短期看，在事前审批阶段，在一定程度上可以为办事的企业节省人力、时间成本。但是，随着互联网+电子政务的发展，电子政务的覆盖范围将迅速扩大，工商年检、税务申报、企业注册等越来越多的事项可以在线申请、在线审核办理、在线公告、备案，不再需要企业人员亲自到现场办理，集中办公的行政审批局的效应将大大削减。

4. 专门设立行政审批局，审批事项的权力高度集中，成为行政审批的"超级局"，这种制度安排本身不会自行压缩权力寻租的空间，堵塞权力寻租的漏洞，可能会因为审批与监管的脱节而产生更多的权力寻租，制度性交易成本可能不降反升。

（四）全面深化改革，提升政府的有效治理能力

有效降低制度性交易成本，需要全面深化改革。推动事业单位改革，促进社会治理主体朝着多元化的方向良好发展。

1. 通过政府购买服务改革支持事业单位分类改革和转型发展

通过政府购买服务改革支持事业单位分类改革和转型发展，推动政府职能转变，深化简政放权、放管结合、优化服务改革，增强事业单位提供公共服务能力。（1）承担高等教育、非营利医疗等公益服务，可部分由市场配置资源的公益二类事业单位，可以作为政府购买服务的承接主体。现由公益二类事业单位承担并且适宜由社会力量提供的服务事项，应当纳入政府购买服务指导性目录，并根据条件逐步转为通过政府购买服务方式提供。公益二类事业单位承担并且适宜由社会力量提供的服务事项，应当将财政拨款改为政府购买服务，可以由其行政主管部门直接委托给事业单位并实行合同化管理。（2）生产经营类事业单位可以作为政府购买服务的承接主体，在参与承接政府购买服务时，应当与社会力量平等竞争。(3)可将从事环保、建筑等专业技术评估的事业单位与政府脱钩，依托专业技术优势，组建成立公司，按照市场规则开展中介服务业务。

2. 培育发展社会组织，推动社会组织管理改革

培育发展社会组织，推进社会组织的自治性，激发其活力和创造性，推动社会组织管理改革，强化各类组织的公共服务意识，推动行业组织规范、公开、高效、廉洁办事。促进社会治理主体朝着多元化的方向良好发展，健全社会治理的自我净化机制。

3. 加强宏观政策绩效评估，重视宏观经济政策实施带来的成本

宏观政策实施带来的成本也是制度性交易成本。政府的宏观调控政策在刺激需求的同时，也会引发其他问题，如推动了生产要素价格上涨。降低制度性交易成本，要重新思考产业政策如何设计，避免产业政策导致的误导，产能过剩，政府政策失效带来的成本。减少涉企政策性补贴，加强宏观政策绩效评估，加强供给侧结构性改革相关配套政策、制度的顶层设计，提高政策协调性，搞好配套衔接，发挥政策和制度整体功能。建立营商环境竞争力、制度竞争力的评价指标体系。开放经济条件下，营商环境竞争力体现一国的制度竞争力，而制度竞争力是国家竞争力的重要方面。应在提高国家制度竞争力的角度看待降低制度性交易成本，建立营商环境竞争力、制度竞争力的评价指标体系。

4. 推动大数据建设，加强部门之间的信息共享

加大信息技术的融合纽带作用，实施行政审批的集中化2.0版本的改革。应在当下集中审批模式基础上，基于统一高效和服务便民的原则，精简、整合和重构审批权力和审批机构，借助"互联网+"和云技术，通过电子政务方式创新，实现审批运行过程的重塑与再造。在企业注册登记及各类监管、信用信息等基础数据互联互通的基础上，寻求监管信息的协同办理，同网运行。建立个人信息共享机制，消防、卫计委、防疫、人社等部门共同研究对员工上岗证种类及人数配置的合理化方案，建立审核验证信息平台，避免员工在一定期限内工作岗位流动后的重复办证。

参考文献：

[1] 国务院审改办, 2013年以来国务院已公布的取消和下放国务院部门行政审批事项,《人民日报》, 2017年2月10日。

[2] 胡厚翠, 深化行政审批"放管服"改革：合肥的实践与思考, 哈尔滨市委党校学报

2017年1月。

[3] 盛小伟，设立行政审批局，能解决存在的问题吗?，《中国工商报》，2017年1月25日。

中国财政科学研究院2017年"降成本"西部调研组
负责人：傅志华
成　员：赵福昌　石英华　李成威　李　铭　黄燕飞　田　远
主要执笔人：石英华

"降成本"西部(广西、云南)调研税费负担分报告

一、全国及调研地区税负变化情况分析

为客观、系统剖析此次"降成本"西部调研广西、云南税费[①]负担的实际情况,本报告采集 2006 至 2016 年,全国及云南、广西两省(区)GDP、税收收入、分税种收入、重点行业税收收入及涉企行政事业性收费等数据并结合调研中部分企业的财务数据,对近十年来全国宏观税负、地区税负、产业税负、重点行业税负、企业税负、全国及调研地区涉企行政事业性收费数据做了计算和比较分析,以合理判断"三去一降一补"、营改增等降本减负政策的实施效果及未来改革方向。

(一)全国宏观税负总体情况分析

本报告首先通过计算税收收入占 GDP 比重对我国宏观税负进行基本分析。税收收入总量有不同统计口径的差别,如财政部门的统计口径是冲减出口退税的税收净收入数[②],而税务部门的统计口径是指税务部门征收入库的税收收入,不

[①] 我国法律法规明确认可的涉企收费主要有政府性基金、行政事业性收费、经营服务性收费,本报告中"费"主要指涉企行政事业性收费。
[②] 该口径在《中国统计年鉴》和《中国财政年鉴》中使用。

包括关税、船舶吨税、耕地占用税①和契税报告税收收入总量采用财政部门的税收收入口径进行计算，未将社会保险基金收入纳入税收收入进行分析。

1. 宏观税负指标计算分析

根据表1和图1所示，不考虑社会保险基金收入，2006—2016年我国宏观税负水平约处于16%—19%区间内，平均约为17.48%。2009—2013年，宏观税负呈现逐步提高的趋势，由2009年的17.48%提高到2013年的19.43%；自2013年起宏观税负水平逐年下降，由19.43%下降到15.57%。

表1　　　　　　　　　全国宏观税负水平计算　　　　　　　　单位：亿元

年份	税收总收入	GDP	税收总收入占GDP比重
2006	34804.35	210871.0	16.51%
2007	45621.97	249529.9	18.28%
2008	54223.79	300670.0	18.03%
2009	59521.59	340506.9	17.48%
2010	73210.79	401202.0	18.24%
2011	89738.39	472881.6	18.98%
2012	100614.28	518942.1	19.34%
2013	110530.70	568845.2	19.43%
2014	119175.31	636138.7	18.73%
2015	124922.20	685505.8	18.22%
2016	115878.00	744127.0	15.57%
平均	—	—	17.48%

数据来源：《中国统计年鉴》(2016)，财政部、国家统计局官网。税收收入口径是冲减出口退税的税收净收入数。

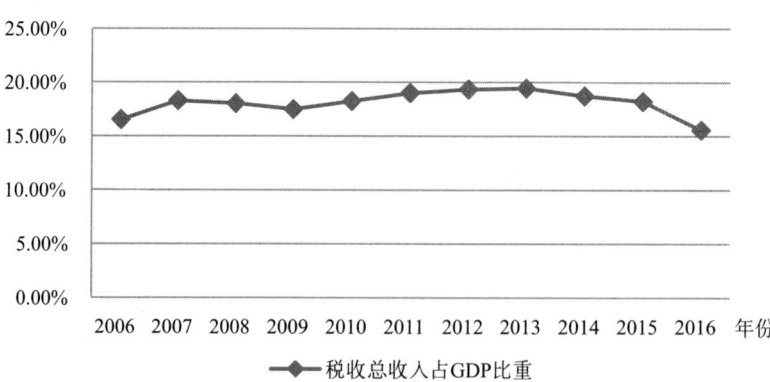

图1　全国宏观税负水平变化情况

---

① 在农业税改革前还不包括农业税、农业特产税、牧业税，该口径在《中国税务年鉴》中使用。

2. 主要税种收入变化情况分析

为从税制结构上对我国宏观税负水平进行进一步分析,现计算、分析2006—2016年我国主要税种收入占GDP比重的变化情况。

表2　　　　　　　　　我国主要税种收入占GDP比重

年份	增值税	营业税	消费税	企业所得税
2006	6.06%	2.43%	0.89%	3.34%
2007	6.20%	2.64%	0.88%	3.52%
2008	5.99%	2.54%	0.85%	3.72%
2009	5.43%	2.65%	1.40%	3.39%
2010	5.26%	2.78%	1.51%	3.20%
2011	5.13%	2.89%	1.47%	3.55%
2012	5.09%	3.03%	1.52%	3.79%
2013	5.06%	3.03%	1.45%	3.94%
2014	4.85%	2.80%	1.40%	3.87%
2015	4.53%	2.82%	1.54%	3.96%
2016	5.47%	1.54%	1.37%	3.88%

数据来源:据《中国财政年鉴》(2016)及财政部网站相关数据计算。

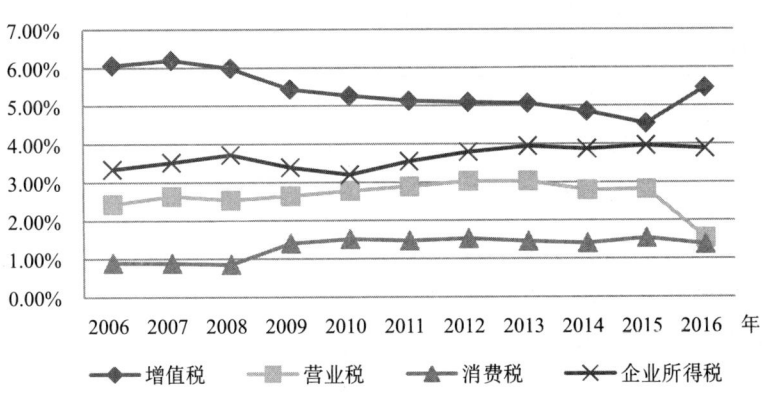

图2　主要税种占GDP比重

根据表2和图2所示,2006—2016年期间,中国主要税种收入占GDP的比重总体相对稳定,但各税种具体增减变化差异较大。2007—2015年,增值税占比逐年下降;受营改增影响,2016年增值税占比显著上升,营业税占比显著降低。2010—2016年,企业所得税占比逐年增长,2016年占比略有降低。10年间消费税占比虽略有降低但总体变化趋势较平稳。

3. 产业税负变化情况

判断国家税负水平合理与否的一个重要视角是比较产业税负差异变化情况。根据表3、图3相关数据所示，我国税收收入主要来自于第二、三产业源自第一产业的税收收入很少，第一产业税负极低。2006—2016年十年间，我国二、三产业的税负高于宏观税负水平，第三产业的税负上升较快，已逐年超越第二产业。

表3　　　　　　　　产业税负变化情况　　　　　　　　单位：%

年份	第一产业	第二产业	第三产业
2006	0.06	20.53	17.66
2007	0.05	20.70	20.22
2008	0.38	20.57	20.63
2009	0.16	21.20	20.02
2010	0.19	21.78	21.46
2011	0.17	22.59	22.37
2012	0.22	23.31	24.11
2013	0.28	22.71	24.05
2014	0.35	22.08	22.65
2015	0.29	21.91	22.26
2016			

说明：表中的税负 = 产业或行业的税收总额/GDP。

资料来源：根据《中国税务年鉴》税收数据及《中国统计年鉴》GDP数据进行计算。

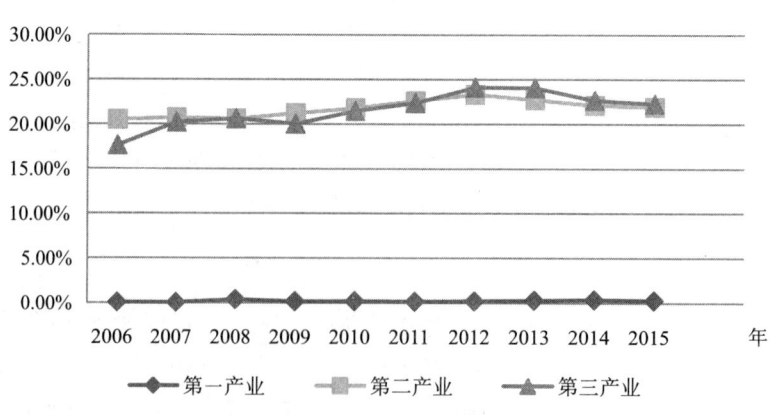

图3　产业税负变化情况

受统计数据获取所限，暂未取得2016年产业税负所有数据。从政府部门官网公布的信息来看，2016年第二产业税收收入比2015年下降，第三产业税收收入增长6.6%，比全国税收收入增速高3.3%，比第二产业税收收入增速高7.3%；第三产业税收收入占税收收入的比重为56.5%，比第二产业占比高13.2%。第三产业新增税收收入超过了全部新增税收收入，为全部新增税收收入的109.5%[①]。

4. 重点行业税负变化情况

在行业税负变化分析上，选取采矿业、制造业、电力、燃气及水的生产和供应业、建筑业、交通仓储邮电通信业、金融业、房地产业、批发零售业等进行比较。根据表4、图4所示，行业间的税负差别较大。交通仓储邮电通信业和建筑业的税负较低。房地产业和金融业的税负较高。其他行业的税负在20%—29%之间。自2012年起，除房地产业，电力、燃气及水生产和供应业、制造业、金融业、批发零售业税负出现，明显下降趋势。

表4　　　　　　　　　　重点行业税负情况　　　　　　　　　　单位：%

年份	采矿业	制造业	电力、燃气及水的生产和供应业	建筑业	交通仓储邮电通信业	金融业	房地产业	批发零售业
2006	23.90	20.79	24.42	13.23	7.57	24.99	22.99	30.28
2007	24.52	21.01	24.47	13.19	7.66	31.61	25.55	29.82
2008	21.86	20.98	30.82	12.53	9.26	38.80	26.63	29.55
2009	21.76	22.25	28.06	13.05	8.62	34.52	25.87	30.84
2010	23.02	22.64	26.18	14.25	9.22	29.65	30.09	32.38
2011	23.97	23.68	25.78	15.22	9.64	31.80	32.35	32.56
2012	25.59	23.98	28.67	16.89	9.16	35.84	42.07	22.38
2013	25.04	22.38	25.52	17.06	9.18	28.74	43.24	28.20
2014	23.99	21.73	27.49	17.39	5.63	30.56	43.73	26.50

资料来源：《中国税务年鉴》、《中国统计年鉴》、统计局官网。

（二）调研省区税负情况分析

我国地区间税负水平存在较大差异，2005年以后，云南的税负水平位列全国第六位左右，广西税负水平远低于云南[②]。就此次调研情况来看，2006年至

[①] 国家统计局官网 http://www.stats.gov.cn/tjsj/sjjd/201701/t20170122_1456772.html。
[②] 《进一步深化中国税制改革研究》，第十四页，亚行课题报告，2012年12月。

降成本：2017年的调查与分析

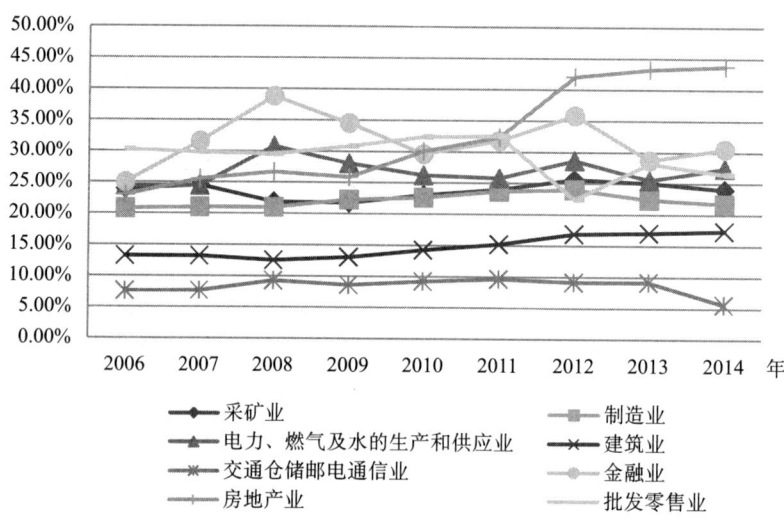

图4　重点行业税负变化情况

2015年广西、云南税负水平一直低于全国税负水平，最低时低于全国税负水平13%左右（见表5）；受营改增等减税政策影响，2013年特别是2014年之后，广西、云南税负水平呈现下降趋势（见图5-1），特别是2015年、2016年，下降趋势更为明显①，与全国宏观税负整体下降保持同步。另外，从调研地区降成本的成效来看（见图5-2），2016年云南省62%的降本减负来源于降税负。

表5　2007—2016年云南、广西地区税负与全国税负比较　　单位：%

	2007年	2008年	2009年	2010年	2011年	2012年	2013年	2014年	2015年	2016年
全国	18.28	18.03	17.48	18.25	18.34	18.62	18.57	18.50	18.22	15.58
云南	7.03	8.47	8.88	9.72	9.92	10.32	10.27	9.62	8.89%	7.89
广西	4.85	4.94	5.38	5.58	5.50	5.85	6.06	6.24	6.14	5.68

资料来源：国内生产总值、地区生产总值数据、税收收入数据来源于《中国统计年鉴》（2016）、国家统计局官网、广西新闻网、会计网。

---

① 2016年广西、云南税收收入（不含出口退税数）数据来源分别是：广西新闻网 http://www.gxnews.com.cn/staticpages/20170123/newgx5885cdce-15894089-1.shtml、会计网 http://www.kuaiji.com/weixin/3365033。

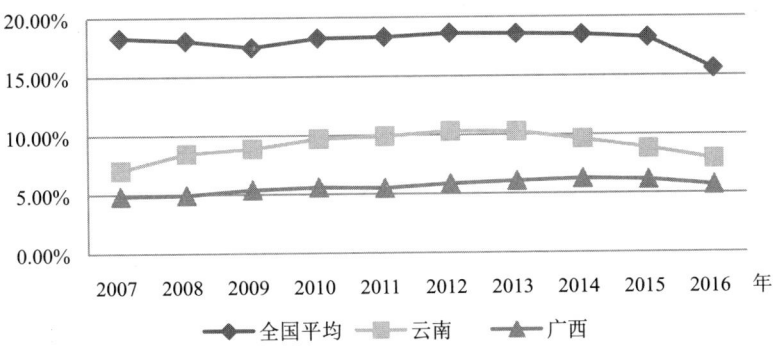

图 5-1 云南、广西与全国税负对比

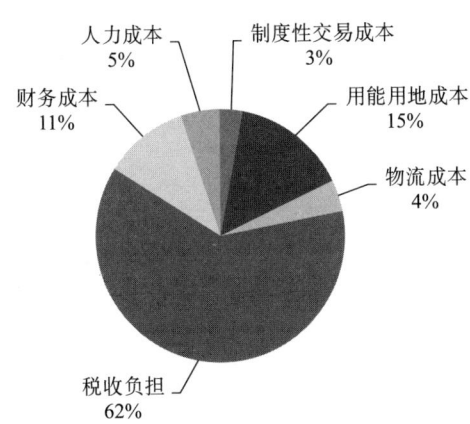

图 5-2 2016 年云南省降成本效果结构图

数据来源：云南省财政厅。

（三）重点调研企业税负情况分析

1. 云内动力

2016 年"营改增"后可以认证抵扣增值税进项税额增加约 176 万元，通过研发费用加计扣除政策的享受，全年累计加计扣除减税 200 万元，2016 年公司整体税负率 3.57%。自 2016 年 1 月昆明市土地使用税税率调整以来，公司土地使用税税率从每平方米 5 元至每平米 10 元，年纳税额从 297.2 万元上升至 594.4 万元。自新厂区投产以来，公司每年应纳缴纳房产税税额 849.02 万元。2016 年共计缴纳增值税税金 10683 万元，对应缴纳城市维护建设税、教育费附加及地方教育费附加 1281.96 万元。根据表 6、图 6 所示，受营改增等减税政策的影响，自 2008 年至 2016 年云内动力企业整体税负呈现下降趋势。

降成本：2017年的调查与分析

表6　昆明云内动力股份有限公司每百元收入税负及利润总额情况表

年份	税负	利润总额	税负增长率	利润总额增长率
2008	3.73	12.33		
2009	5.91	8.38	58.45%	-32.04%
2010	4.66	6.6	-21.15%	-21.24%
2011	3.54	0.8	-24.03%	-87.88%
2012	3.96	2.26	11.86%	182.50%
2013	5.49	7.19	38.64%	218.14%
2014	5.59	8.16	1.82%	13.49%
2015	2.92	7.46	-47.76%	-8.58%
2016	3.45	7.34	18.15%	-1.61%

数据来源：调研企业提供。

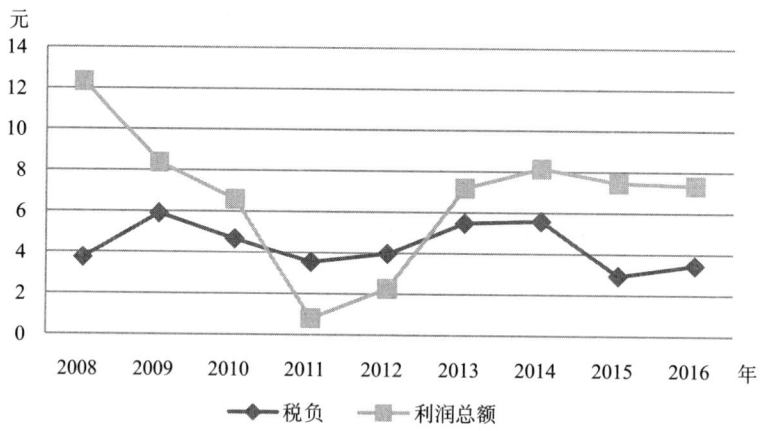

图6-1　每百元收入成本图

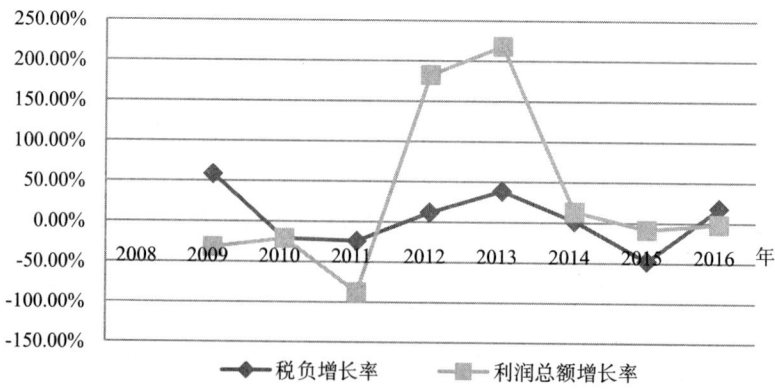

图6-2　税负与利润总额增长率变化图

2. 昆明电机厂

根据表 7、图 7 所示，昆明电机厂成本构成中营业成本占比较高。近两年增值税税负较平稳，2016 年比 2015 年略有增加。

表 7-1　　　　　　　　　　2016 年主要经济指标表　　　　　　　　单位：万元

项目	2016 年	2015 年	增长率
营业收入	25214	30379.36	17.00%
实现税金	1438.46	1449.8	-0.78%
其中：实现增值税	1133.69	1194.37	-5.08%
实现利润	-12832	-8867.98	44.70%
实现利税	-11394.14	-7418.17	53.60%
增值税税负	4.50%	3.93%	14.36%

数据来源：调研企业提供。

表 7-2　　　　　　　　　　　2016 年成本费用表

| 项目 | 2016 年 | | 2015 年 | | 变化率（%） |
	数值（万元）	百分比（%）	数值（万元）	百分比（%）	
成本费用总额	35641.15		40694.83		-12.42%
营业成本	30138.76	84.56%	35201.95	86.50%	-14.38%
销售费用	1853.99	5.20%	1440.26	3.54%	28.73%
财务费用	55.85	0.16%	286.33	0.70%	-80.49%
管理费用	3322.59	9.32%	3616.11	8.89%	-8.12%
营业税金及附加（占成本费用）	269.96	0.76%	150.18	0.37%	79.76%

数据来源：调研企业提供。

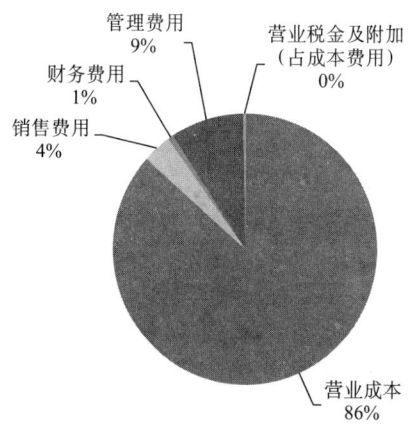

图 7-1　2015 年各项费用占比

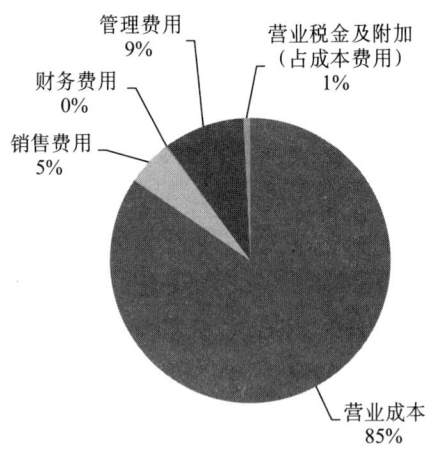

图 7-2 2016 年各项费用占比

3. 通用五菱（柳州）

根据表 8、图 8 所示通用五菱（柳州）2015 年、2016 年两年期间，增值税税负 30% 左右，2016 年较 2015 年略有增长。税收占企业总经营成本的比重较小。

表 8　　　　　　　2015—2016 年税收收入汇总表　　　　　　单位：亿元

项　　目	2016 年	2015 年	同比增长
增值税	30.53	30.08	1.50%
消费税	29.29	25.19	16.30%
附加税（城建/教育附加/防洪费）	8.61	7.96	8.10%
其他税费	1.29	1.21	6.90%
税收（不含企业所得税）	70.01	65.2	7.40%
总税收（含企业所得税）	81.12	77.78	4.30%
税收（不含企业所得税）占总经营成本比重	7.10%	7.50%	-5.30%
总税收（含企业所得税）占营业收入比重	7.80%	8.40%	-7.70%

数据来源：调研企业提供。

4. 广西南南铝业加工公司

南南铝是科技创新型装备制造企业。2016 年实现营业总收入 25.794 亿元，同比增长 148%。全年实现利润总额 1197 万元，比去年同期 106.64 万元增长 10 倍。目前采购进口设备形成增值税留抵约 3 亿元，加上国内设备部分留抵税约 5 亿元。2016 年缴纳房产、土地税等 1153 万元。根据表 9、图 9 所示，企业成本

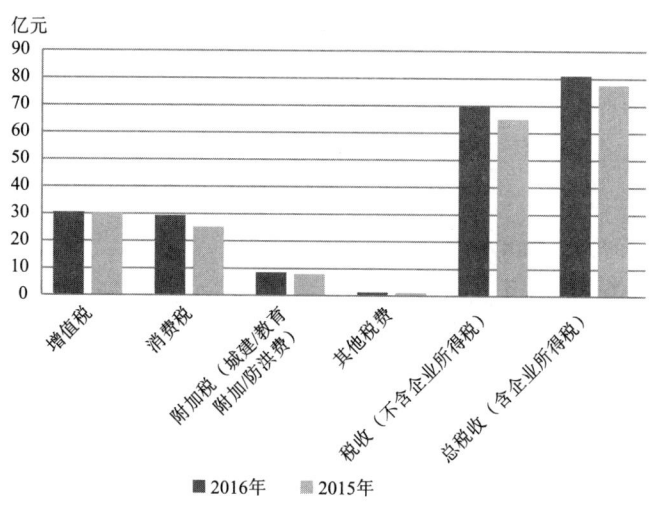

图 8　2015、2016 年各项税收对比图

构成中占比最高的是原材料成本。增值税税款留抵较大。

表 9　　　　　南南铝加工公司 2016 年税负情况表　　　　　单位：万元

税种	房产、土地税	增值税留抵税额		企业所得税
		采购进口设备形成的增值税留抵额	国内设备部分留抵增值税	
	1153	30000	50000	299.25
营业总收入	257490			
比重	0.45%	11.65%	19.42%	0.12%

数据来源：调研企业提供。

注：利润总额 = 1197 万元，不考虑纳税调整，企业应纳所得税 = 1197 × 0.25 = 299.25 万元，企业所得税负 = 299.25/257940 = 0.12%。

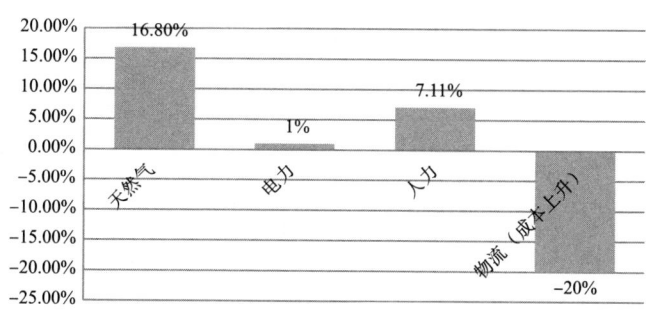

图 9 - 1　政策调整后成本下降幅度

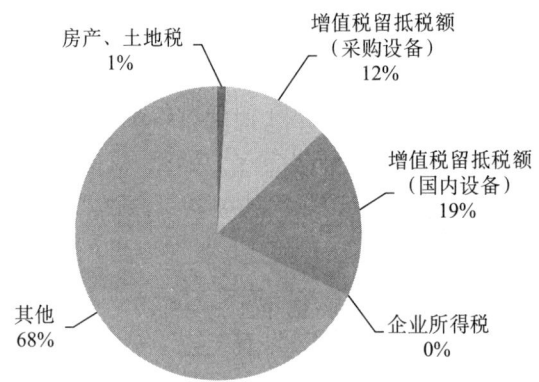

图 9-2 2016 年各税种比重

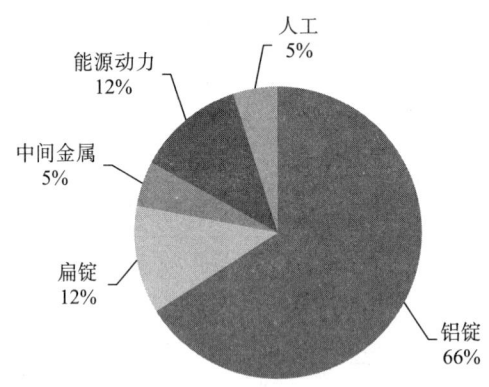

图 9-3 2016 年成本构成情况

二、全国及调研地区涉企行政事业性收费情况分析

随着营改增等结构性减税政策的全面推进，企业的实际税负有了明显下降。但企业税感却没有完全与实际税负保持同步。调研中，很多企业反应："税"降但"负"未降，"减税"之后"税感"依旧强烈。究其原因，"税感时代""税感焦虑"的症结，更多的缘由于"费"——涉企行政事业性收费是造成企业"税感"负担重的主要因素。我国法律法规明确认可的涉企收费主要有政府性基金、行政事业性收费、经营服务性收费。涉企行政事业性收费归属于一般公共预算收入科目—103 非税收入—04 行政事业性收费收入中，数目种类繁杂。自2015 年 12 月中央经济会议提出"三去一降一补"以来，降税减费成为 2016 年

及今后一个时期的重要任务。2017年,李克强总理在十二届全国人大五次会议上指出:"要大幅降低非税负担。取消或停征中央涉企行政事业性收费35项,收费项目再减少一半以上,保留的项目要尽可能降低收费标准。各地也要削减涉企行政事业性收费。"在此次调研中,我们重点关注、分析了广西、云南两省(区)涉企行政事业性收费情况。

(一)全国涉企行政事业性收费变化及趋势

从全国范围来看:2010年至2015年,我国行政事业性收费总体规模约为4000亿元[1](如表10和图10所示)。总体来看,收费总数虽呈现增长趋势,但与2010年之前年度相比,增长幅度较较小;主要原因是:我国自2008年以来,先后取消、停征和减免182项中央级设立的涉企行政事业性收费,金额达1780亿元。纵深来看,2010—2014年,行政事业性收费呈现逐步提高的趋势,但增速逐渐放缓,主要原因是政府逐步落实对涉企行政事业性收费的清理,其中2011年宣布取消31项收费,2012年宣布取消253项收费;2015年收费下降至4873.02亿元,则可以说明2011年和2012年宣布取消的收费项目已逐步落实,清理涉企行政事业性收费初步取得成效。另外,自2015年起,我国加大涉企行政事业性收费清理力度,截至2017年,已清理54项收费,可以预见涉企行政事业性收费会继续下降。

表10–1　　　　2010—2015年全国行政事业性收费情况表　　　　单位:亿元

年份	全国	中央	地方
2010	2996.39	396.02	2600.37
2011	4039.38	404.02	3635.36
2012	4579.54	377.2	4202.34
2013	4775.83	278.48	4497.35
2014	5206	365.63	4840.37
2015	4873.02	460.94	4412.08

数据来源:国家统计局官网。

表10–2　　全国性及中央部门2014—2017年涉企行政事业性收费项目情况表

年份	2014	2015	2016	2017
当年项目数	87	75	75	33

---

[1]　国家统计局官网。

续表

年份	2014	2015	2016	2017
当年减少数		12		42

数据来源：国家统计局官网。

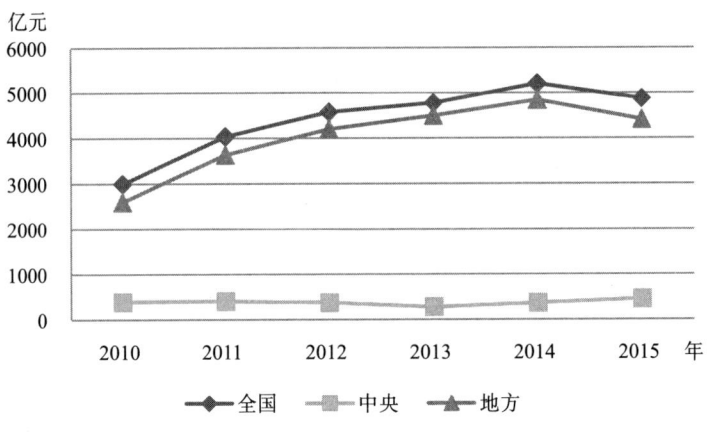

图10　全国行政事业收费变化情况

（二）调研地区涉企行政事业性收费情况

1. 广西

根据表11和图11所示，广西涉企行政事业性收费总体规模增长幅度较小，平均约为102亿元，进一步来看，收费于2012年开始下降，下降幅度达23亿元，初步证明广西全区清理费用取得实效。另外，2016年广西公布四项清理行政事业收费政策，在为企业减负2.12亿元的同时，实现对自治区级涉企行政事业性收费全面免征，可以预测2017年广西涉企行政事业性收费下降幅度会继续增大。

表11-1　　　　2010—2015年广西行政事业性收费情况表　　　　单位：亿元

年份	2015	2014	2013	2012	2011	2010
金额	97.81	114.04	120.22	121.45	95.6	65.07

数据来源：国家统计局官网。

表11-2　　广西2014—2017年涉企行政事业性收费项目情况表　　单位：亿元

年份	2017	2016	2015	2014
当年项目数	35	61	79	88

续表

年份	2017	2016	2015	2014
当年减少数	26	18	19	—

数据来源：财政部官网、中国海关总署官网、广西财政厅网站。

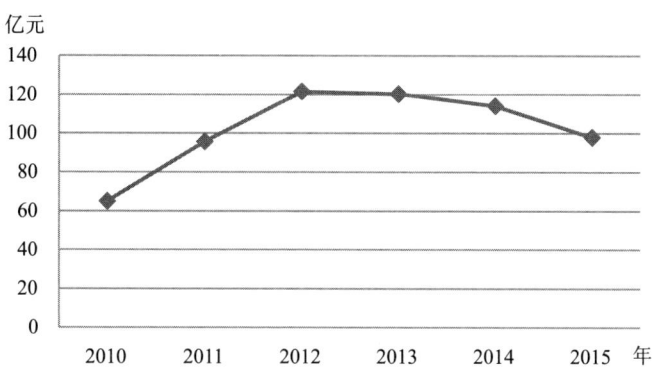

图 11　广西行政事业性收费变化情况

2. 云南

根据表 12 和图 12 所示，云南省涉企行政事业性收费总体呈增长趋势，于 2014 年达到顶峰后开始下降，平均规模约为 73 亿元。受统计数据所限，无法列出 2016 年云南涉企行政事业性收费数据，但从其公布政策来看，云南省清理涉企行政事业收费项目集中在交通方面。值得注意的是，云南省规定从 2016 年 10 月 1 日起，一律取消省定的涉企行政事业性收费后，财政厅联合省发改委公布的首先取消的 4 项涉企行政事业性收费中有 3 项直接涉及道路交通方面，分别是公路路产损坏赔偿清理费、公路路产占用费和出入境汽车运输管理有关单证工本费，可以预见云南省企业物流成本将会有所下降。

表 12 - 1　　　　2010—2015 年云南行政事业性收费情况表　　　　单位：亿元

年份	2010	2011	2012	2013	2014	2015
金额	33.49	54.18	66.27	84.69	103.58	95.74

数据来源：国家统计局官网。

表 12 - 2　　　云南省 2016、2017 年涉企行政事业性收费降低费用标准项目数

年份	2016	2017
降低费用标准（30%）项目数	7（另：4 项取消）	9

数据来源：财政部官网、中国海关总署官网、云南省财政厅网站。

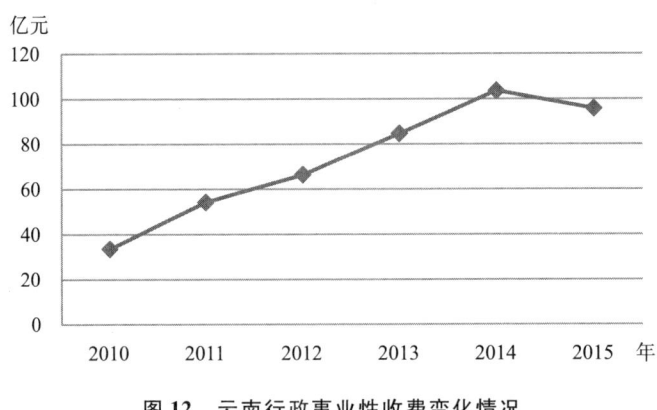

图 12　云南行政事业性收费变化情况

三、调研地区减税降费政策实施效果及突出问题

(一) 减税降负是主体,"营改增"后局部行业企业税负不降反增

营改增后,打通企业抵扣链条,增加企业增值税进项抵扣,规模以下高新技术企业给予研发经费加计扣除,对符合条件的困难企业依法依规享受税收"减、免、缓"等一系列税收改革和税收优惠大幅降低了企业的税费负担。以广西为例,自 2013 年至 2016 年 10 月,四大行业减税面不断扩大;营改增试点至营改增全面推开,全省减税企业 26 万户,降低税额 7.1 亿元。截至 2017 年 3 月底,柳州市新增营改增试点纳税人共 21343 户,累积入库增值税 9.3 亿元,营改增的减税面达到 90% 以上,户数占全市营改增 89% 的小规模纳税人全面受惠,累积减税 8300 万元,接近增值税的一成。云南省降低企业负担中,超 60% 是税收降负。截至 2017 年 3 月,云南省已累计为企业减轻税费 597.55 亿元(国税 442.5 亿元,地税 134.87 亿元)。2016 通过营改增减税 34.9 亿元,西部大开发税收优惠政策,企业所得税 15% 受惠企业多。

在政府推进企业降低成本负担中,营改增是重要举措。营改增后,工业企业整体税负降低,但是公路运输业、建筑业局部反映税负上涨。运输业税负上涨原因主要是上游发票获取困难,如人工费用等无法抵扣,如当期无新购置固定资产抵扣项,则当期增值税税负会明显增加。如广西柳州五菱物流,广西震洋物流集团等。建筑业成本中,占比较大的直接工资和借款利息两部分,不能进行进项税抵扣，以及部分建筑项目无法选择简易计税，享受过渡性政策扶持，造成实际税负上升。营改增后部分行业企业税负上升有现行税制设计的原因，更多的则属于政策镇痛期短期效应。

（二）政府性基金停免等政策落实较好，但涉企收费仍加重企业负担

调研地区对实体经济降成本、税款缓缴等政策执行、落实较好。广西、云南积极出台政策，停免征部分政府性基金收费，为企业降负。首先，广西、云南两地均进一步扩大部分政府性基金免征范围，包括将教育费附加、地方教育费附加、水利建设基金的范围，由现行按月纳税的月销售额或营业额不超过3万元的纳税义务人，扩大到按月纳税的月销售额或营业额不超过10万元的纳税义务人，对符合条件的困难企业依法依规享受"减、免、缓"。其次，广西、云南两省均停征价格调节基金，广西将新菜地开发建设基金、育林基金征收标准降为零。再次，广西积极整合征收对象相同、计征方式相同、资金用途相似的基金，包括散装水泥专项资金并入新型墙体专项资金，停止向水泥生产企业征收散装水泥专项资金。但在调研中，反应部分涉企收费项目仍存在重复征收、征收比率高等的情况也较为突出，如较多企业反应水利建设基金（有的地方是防洪费）适用比率过高（财税2014122号文）。

（三）部分科技创新装备制造企业增值税留抵税款偏高

我国实施振兴装备制造业发展的产业政策，装备制造生产企业关键大型成套设备进口享受国家增值税进口免税政策（税总〔2005〕197号、财关税〔2014〕2号等文），按照财政部、发改委、工信部、海关总署、税总《关于调整重大技术装备进口税收政策的通知》要求，新申请享受政策的企业应在每年11月1日至30日向当地省级信息化主管部门申报。部分企业因政策调整或对具体政策的不了解造成了新办企业增值税留抵过高，占用流动资金过大，影响生产经营的困难。如广西南南铝业加工公司，现采购进口设备形成增值税留抵近3亿，加上国内设备部分留抵增值税约5亿。对于处于起步期的科技创新装备制造业而言，增值税留抵税款偏高，占用企业流动资金，影响企业生产经营。

四、对企业减税降费的思考与认识

(一) 理性认识"降税负"和结构性减税

自 1994 年实行分税制改革至今,我国建立了以流转税为主体的中央地方分级财税体制。降低实体经济运行成本,提升企业和市场创新的活力,结构性减税是其中一项重要举措。结构性减税的内涵是有增有减的税收政策调整。"减"是减掉不利于企业和经济发展的不合理税费负担;而"增"是为了"稳财政、稳增长"[1]。本届政府减税力度空前大,已实施的减税政策涉及行业面非常广,惠及企业众多,主要集中在营改增、支持和促进技术创新、重点群体创业、就业有关的税收优惠政策、促进中小微企业发展的税收政策、支持环保和新能源发展的税收优惠政策、鼓励企业加大研发投入的所得税优惠政策、鼓励企业固定资产加速折旧的优惠税收优惠政策、鼓励企业兼并重组的税收优惠政策、金融保险业营业税优惠政策、鼓励农村金融发展的税收优惠政策、鼓励文化产业发展的税收优惠政策、上市公司股息红利差别化的个人所得税政策、涉企收费专项清理规范工作等近 20 个方面。在经济下行周期,企业和国家要共同面临和承担的不仅有经济风险,更有环境资源、财政收支、金融等诸多风险。在减税的同时必须考虑到公共财政运行的基本保障。调研中,仍有部分企业不能对结构性减税形成正确的认识与评价。税负问题只是中国经济的一个方面,更重要的是改革的步伐要跟上企业转型升级的进度[2]。

(二) 厘清直接税与间接税对企业税负的实际影响

直接税与间接税的划分以税收负担能否转嫁为标准的。直接税的纳税义务人同时是税收的实际负担人,纳税人不能或不便于把税收负担转嫁给别人的税种。属于直接税纳税人,纳税人和实际税收承担者一致。在我国现行税制设计中,所得税、房产税等税种是直接税。间接税对商品和劳务征税,纳税义务人与税负实际承担者不一致。我国现行税制中,增值税、营业税、消费税、关税等税种为间

---

[1] 刘尚希,《减税增税的逻辑》,中国财经报,2015.6.30。
[2] 刘尚希,《死亡税率的税法太夸张》,中国改革论坛,2016.12.22。

接税。在增值税进销项链条连环抵扣的计税模式中,只要抵扣的链条不发生中断,企业就会把在生产经营环节承担的税负向销售的下游环节转嫁。一般情况下,在企业成本会计合算中,增值税(增值税一般纳税人不符合进项税额抵扣条件、小规模纳税人购进货物的除外)是不直接计入生产成本的。因此,在调研中,有的企业强调增值税税负重、增值税加大了企业成本的说法是片面的。

(三) 甄别"税感"与"费感"以对症"减负"

长期以来,名目繁多的收费使许多企业不堪重负。随着营改增等结构性减税政策的全面推进,我国宏观税负水平呈现较明显的逐年下降趋势,2016年比2015年下降3个百分点;2014年以来,第二、三产业税负水平逐年下降;采矿业、制造业、交通运输、邮电等行业税负水平趋于下降;广西、云南两调研省(区)地区税负水平逐年下降;调研中绝大部分企业反应税负降低明显。税负降了,但企业的税感依然强烈,究其原因,涉企行政事业性收费成为造成企业"税感"负担重的重要因素。"降税"的同时应更重视"减费",落实好中央关于进一步清理取消涉企行政事业性收费的各项政策。除取消或停征中央涉企行政事业性收费,减少涉企收费的自由裁量权,快清理地方涉企行政事业性收费。

(四) 明辨企业"税感"以消除"税感焦虑"

正如判断一国的宏观税负水平高低一样,由于影响因素众多,运用任何单一的方法来评价一国宏观税负水平都可能存在一定的片面性,需要从多个角度进行综合分析和判断。对企业税费负担的判定也不能简单的唯一而论,需要立足税制结构本身,也需要考虑经济发展周期对大部分企业生存环境的影响,考虑企业自身的所处行业是否属于淘汰落后产能的所在,更需要综合评价企业自身的科研创新能力和产品、市场竞争力,否则容易造成"税感焦虑"的错误惯性思维。"在不同时期,企业感受到的税负压力有所不同。处在经济上升阶段时,企业的产能利用率高、利润丰厚,承受税负的能力就强。在经济下行时期,企业面临产能过剩、劳动力成本提高、附加值降低、利润变薄等诸多困难,承受税负的能力自然随之下降。"[①]

[①] 刘尚希,《死亡税率的税法太夸张》,中国改革论坛,2016.12.22。

(五) 关注减税降费后的财政支出压力

调研中我们发现，云南、广西两省区通过减税，对降低企业成本取得了明显的效果，但财政收支矛盾也开始凸显。以云南为例，降企业成本总量60%以上是税收负担，企业负担减少就是政府税收减少或支出的增加。2014年2月，财政部、国家税务总局出台文件，对100w千万以上的大型水电站超过税负8%，15年超过12%实施即征即退。政策涉及云南和四川省较多，其中对云南影响较大，云南省共有11个大型水电站符合政策，至2017年4月，共退库65.51亿元，截至2017年年底，云南全省预计总共退税80亿元。对省级财政而言压力较大。广西的情况也类似，2016年，受营改增等一系列税收减免力度增加、中石油项目自营加工量减少及压减非税收入规模等因素的叠加影响，整体财政收入增速为1985年以来的最低值，仅为5.2%，同比降低2.7%。税收收入同比增长为4.6%，同比回落3.1%，其中一般公共预算收入中的税收收入同比增长0.4%，接近0增长，而一般公共预算支出增长10%，同比增速回落7.1%。在实现降成本目标的过程中，广西省财政收支矛盾也愈见凸显。一是财政支出迅速增长一部分来源于政府为完成降成本目标，结构性减税与政府收入稳定增长的矛盾；二是在税收收入增长乏力的情况下，既要实现财政收入平稳增长又要同时有效控制非税收入占比不能过高的矛盾；三是财政自给率逐步降低的矛盾（2016年广西财政自给率仅为34.8%）随着税收收入减少和部分行政事业收费、间接收费及服务性收费等费用由政府负担等财政支出规模扩大，加之老龄化社会带来的养老负担及劳动力供应等问题，对广西本就较为依靠中央转移支付、地方政府债券收入、调入资金等的财政运行带来了更大的压力和更突出的风险，财政收支平衡难度进一步加大。

（六）理性对待减税降费的政治目标——政府不应"溺爱"、企业不应"巨婴"

1. 管住政府"闲不住"的手

长期以来，在政府主导要素和资源配置的经济体内部，经济运行的制度成本过高、"摩擦系数过大"，这是个不争的事实。一些行政主管部门拥有对各项经济活动绝对准入条件。无所不在的管制和准入限制，制约了企业经营的积极性和创业活力。另一方面，随着降低企业成本负担政策规模的进一步扩大，一些部门和地方政府或迫于政绩压力，或出于积极作为之好意，难免一次次将政府职能带入对市场和企业的干预中。而管住政府"闲不住"的手即使降低制度性交易成本中的重要一环，也是降低行政成本、时间成本的重要环节。通过深化"放管服"改革，处理好政府与市场的关系，同时明确、协调政府部门之间的权责界限，在保证各项制度的权威性与法律监管的基础上，保证政府部门之间对企业的"服务不越界"、"好意不重复"，避免出现"溺爱"的尴尬局面，以及从前种种"挤牙膏"、"发糖果"式象征性政策落地难的负效应，真正梳理明晰部门权责清单，激发市场热情。从而真正做到释放市场活力，解放发展生产力。

在当前经济增速放缓的新常态下，政府更需要调整好从"万能政府"向"权责一致，有权不任性"的新型服务型政府转变的心态。在淡化权力意识、公开权责清单，挤压"黑箱操作"和寻租空间的同时，以更加理性、严谨的态度对待增强服务能力、拓宽服务范围的政府职能转型过程。

2. 警惕名粹主义对财政的倒逼趋势

完成降成本的目标，更需要保证财政的宏观调控地位。目前降成本政策在多数企业都取得了良好的效果，但是，部分企业有所求必诉之政府，希望政府为其托底，慢慢习惯于钝化自身创新改革的发展，如"巨婴"一般，将自身利益等诉求寄诸于政府；而一些地方政府或迫于政绩、社会等方面的压力而去设法满足，这样一来，降成本就变成了政府单方面无休止地为企业让利，一方面使本就捉襟见肘的财政收入进一步缩水，另一方面托底带来的财政支出增长给政府带来更大的财政压力，形成财政风险。因此，需要理性对待企业的诉求，理顺财政空间和企业诉求以及减税之间的关系，从长远规划上，防止民粹主义对政府调控力形成实质性的威胁，同时，因地制宜的针对各地区行业间发展不平衡问题的矛盾，分别对于政府可以解决的问题、企业应自身解决的问题、行业整体问题和地域性问题精准发力，提升企业竞争力，才能"找准池塘放好水养对鱼"，使政府财政收入实现实质性增长。

五、推进企业减税降费的政策建议

降低实体经济运营成本，为企业减负要多措并举。要在优惠税制中实现减税降负，在三档税率基础上进一步减并增值税税率，适度降低制造业税负，同时要进一步落实研发费用加计扣除政策，研究高新技术企业优惠政策，"降税"与"减费"并重，打造涉企行政事业性收费地方、中央"一张网"。

（一）提高直接税比重，完善税制结构

间接税主要存在于商品价格中，依附于商品流转，容易出现重复征税问题。而直接税缴纳对企业盈利敏感，相比于间接税，直接税更能发挥经济自动稳定器的作用。目前，我国的税收体制以间接税为主，直接税在税收总额中占比低。因此，要通过完善直接税体系、提升直接税所占比重，实现企业税收减负。

（二）严格落实中央减税降费政策，避免政策扭曲

全面实施"营改增"，确保所有行业税负只减不增。全面落实企业重组改制税收优惠政策，企业通过合并、分立、出售、置换等方式，转让全部或者部分实物资产以及与其相关联的债权、负债和劳动力的，涉及的货物转让不征增值税，涉及的不动产、土地使用权转让暂不征收增值税。对于该享受的过渡期优惠政策，地方政府一定要坚决贯彻落实，避免政策扭曲影响改革红利释放。同时推进涉企收费制度改革，加快"清费立税"工作，保持企业合理的负担水平。加快推进地方出台涉企行政事业收费清单，避免收费项目改头换面、卷土重来，切实为企业减负。

（三）降税率、减费目，降低制造业企业税费负担

针对我国增值税税率档次过多难以充分发挥增值税中性特点，同业不同策，增加征管成本的弊端。财政部、国家税务总局发布《关于简并增值税税率有关政策的通知》（财税〔2017〕37号），自2017年7月1日起，简并增值税税率结构，取消13%的增值税税率。现有增值税税率将由由四档减至17%、11%与6%三档。这在一定程度上降低了部分行业的增值税税负，降低了民众生活成本。但原适用13%税率的行业较窄，主要包括农产品（含粮食）、自来水、暖气、石油液化气、天然气、食用盐、农机、饲料、农药、图书、报纸等。对制造业降税负没有明显改善。制造业是我国实体经济的重要构成部分，是降本减负的主要载体，虽然近年来我国制造业税负总体上呈现下降趋势，制造业负担税收（不含消费税）占主营业务收入的比重由2012年的1.46%下降到2016年的1.22%，制造业负担税收（不含消费税）占商业利润的比重由2012年的26.05%下降到2016年的22.88%。但总体来看，我国制造业投入产出效率较低，增加值率约为美国、德国、日本等发达制造业国家的二分之一。长远来看，仍存在降税的必要性。同时，制造业企业生产链条较长，涉及审批、资格认定、检测测试等环节收

费项目较多，涉企行政事业性收费负担较重，应进一步清理、精简收费目录，予以减负。

（四）落实研发费用加计扣除政策，研究高新技术企业优惠政策

切实贯彻落实企业研发费用加计扣除政策，让更多的企业、更多的研发活动、更多的研发费用支出能够享受到国家的税收优惠扶持，鼓励各类型企业重视研发，提升创新能力。同时对符合条件的股权和资产收购交易，在计算缴纳企业所得税时，可做特殊性税务处理，对股权支付部分暂不确认所得或损失。企业整体改制涉及的国有土地、房屋权属转移、变更的，可暂不征收土地增值税，承受方免征契税，符合条件的企业因改制签订的产权转移书据免征印花税。此外，适当降低纳税人城镇土地使用税负担，在一定期限内（如三年），各地政府可根据本地实际情况，在现行税额幅度内，提出降低城镇土地使用税适用税额标准的意见，报有关部门批准后执行。

（五）进一步加强税收征管信息化的建设，优化纳税服务

进一步加强税收征管信息化的建设，并结合信息化管理的需要进行征管流程和机构设置方面的调整。针对纳税人类型和行业产业特点，完善企业纳税人分类管理，加强对自然人的税收征管制度建设，提高对行业产业的专业化管理水平。大力推广网上办税，积极推行企业涉税事项全域通办，优化办税流程。简并申报缴纳次数，对增值税小规模纳税人实行按季缴纳增值税，对小型微利企业实行按季预缴企业所得税。

（六）"降税"与"减费"并重，打造涉企行政事业性收费地方、中央"一张网"

我国2017年政府收支分类科目一般公共预算收入科目—103 非税收入—04 行政事业性收费收入中，李克强总理提出要求取消或停征中央涉企行政事业性收费35项，实际取消数目为42项。除此之外，全国性及中央部门和单位涉企行政事业性收费项目还有33项（截至2017年4月）。2017年6月10日，国务院常务会议决定：进一步清理企业政府性收费，中央设立的行政事业性收费由185项减少到51项。虽然各个省区也对地方设立的行政事业性收费进行了清理和规范，但地方性涉企行政事业性收费项目差异较大，重复收费现象，收费项目改头换面、卷土重来时有发生。行政类收费项目减少，但依托行政职权向企业征收的中介服务收费增加了；政府定价的经营服务收费项目减少了，但依托垄断地位的不合理收费抬头了。应尽快建立但距离打造全国"一张网"降低企业负担，应"降税"与"减费"并重，除取消或停征中央涉企行政事业性收费，要加快地方要削减涉企行政事业性收费的程序，加快建立涉企行政事业性收费全国"一张网"，在现有分级管理、分级公布的基础上，将地方、中央涉企行政事业性收费目录清单在财政部等相关政府部门的官网定期公开。

中国财政科学研究院 2017 年"降成本"西部调研组
负责人：傅志华
成　员：赵福昌　石英华　李成威　李　铭　黄燕飞　田　远
主要执笔人：李　铭　田　远

西部地区企业的运行情况分析

西部调研组本次选择了广西壮族自治区和云南省两地开展实地调研，本文将简要介绍分析两个地区的经济发展状况和产业特点，总结两地在降成本方面的一些做法，并以调研中实地考察的企业为例，分析企业采取积极降低成本的一些有效做法，并在此基础上从宏观和微观角度提出一些降低企业成本的建议和思考。

一、云南省的经济发展情况和企业运行情况

（一）云南省总体发展情况

云南省地处中国西南内陆地区，国土总面积39.41万平方千米，占中国国土总面积的4.1%，居第8位，2015年末，全省常住人口4741.8万人。是中国通往东南亚、南亚的门户，拥有国家一类口岸16个、二类口岸7个。近年来，云南在建设中国—东盟自由贸易区、实施"一带一路"战略和长江经济带建设的推动下，公路、铁路、航空和水运网络日趋完善，初步形成通往东南亚、南亚国家的三条国际大通道。烟草加工业、生物资源开发创新产业、旅游业、矿产业、水电为主的电力产业是其主要产业。

云南省2014—2016年一些主要经济数据如表1至表3所示。

表1　云南省2014—2016年主要经济数据①

	2014年	2015年	2016年
GDP（亿元）	12814.59	13717.88	14869.95
GDP增速（%）	8.1	8.7	8.7
人均GDP（元）	27264	29015	31265
CPI较上年涨跌幅（%）	2.37	1.89	1.50
PPI较上年涨跌幅（%）	-3.24	-5.12	-2.40
财政收入（亿元）	3160	3250.02	3385
城镇登记失业率（%）	3.98	3.96	3.6
农业总产值（亿元）	3261	3383.09	3633.12
农业总产值增速（%）	6.1	6.0	6.1
工业增加值（亿元）	3898.97	3925.18	4000.30
工业增加值增速（%）	7.2	6.7	6.5
固定资产投资（亿元）	11073.86	13069.39	15662.49
固定资产投资增速（%）	15.1	18.0	19.8
金融业增加值（亿元）	876.73	981.86	1091.40
金融业增加值增速（%）	14.9	13.5	10.3
贷款余额（亿元）	15585.46	20842.86	23056.28
人民币贷款余额增速（%）	13.86	15.9	10.6

表2　云南省2014—2016年三个产业增加值

年份	第一产业增加值（单位：亿元）	同比增长（%）	第二产业增加值（亿元）	同比增长（%）	第三产业增加值（亿元）	同比增长（%）
2014	1991.17	6.2%	5281.82	9.1%	5541.6	7.4%
2015	2055.71	5.9%	5492.76	8.6%	6169.41	9.6%
2016	2195.04	5.6%	5799.34	8.9%	6875.57	9.5%

表3　云南省2014—2016年主要工业产品数据

产品名称	单位	2014年 产量	同比增长%	2015年 产量	同比增长%	2016年 产量	同比增长%
发电量	亿千瓦小时	3247.21②	16.6	2352.40	0.22	2469.50	7.3
其中：水电	亿千瓦小时	1885.77	26.7	1978.93	4.94	2061.51	7.1

① 数据来源：经济发展与统计公报、WIND数据。两者如有差异，以经济发展与统计公报为主。
② 根据前后年份数据推测，本年度发电量应该是2347.21，表中数据来源于云南省统计局披露的数据。

续表

产品名称	单位	2014		2015		2016	
		产量	同比增长%	产量	同比增长%	产量	同比增长%
火电	亿千瓦小时	390.51	-16.9	264.84	-32.18	236.34	-12.4
铁矿石原矿量	万吨	2869.68	-9.5	2650.37	-7.6	2335.05	-11.9
粗钢	万吨	1689.07	-10.4	1418.08	-16.0	1417.33	-0.1
钢材	万吨	1935.05	-5.8	1695.37	-12.4	1654.65	-2.4
十种有色金属	万吨	320.43	6.7	332.83	3.9	355.48	6.8
其中：铜	万吨	50.95	6.1	54.52	7.0	60.83	11.6
原铝	万吨	100.01	6.8	120.03	20.0	128.46	7.0
铅	万吨	45.18	-9.2	34.58	-23.5	34.89	0.9
锌	万吨	111.18	15.2	113.88	2.4	120.55	5.9
锡	万吨	9.77	7.1	8.46	-13.4	9.76	15.3
硫酸（折100%）	万吨	1371.43	2.8	1416.95	3.3	1298.53	-8.4
烧碱（折100%）	万吨	24.03	-4.2	21.16	-11.9	24.71	16.8
化肥（折100%）	万吨	314.94	-6.8	334.41	6.2	271.70	-18.8
卷烟	万箱	769.61	1.6	780.73	1.4	747.38	-4.3
成品糖	万吨	249.66	5.6	249.58	0.0	220.77	-11.5
精制茶叶	万吨	13.19	12.6	14.23	7.9	15.00	5.4
中成药	万吨	4.56	19.8	4.98	9.3	5.62	12.7
自来水	亿立方米	5.85	21.8	5.97	2.1	6.58	10.1
机制纸及纸板	万吨	46.58	12.4	58.89	26.4	78.46	33.2
水泥	万吨	9492.64	5.4	9305.31	-2.0	10963.53	17.8
平板玻璃	万重量箱	1082.35	8.6	605.57	-44.1	364.77	-39.8
人造板	万立方米	320.16	7.9	341.95	6.8	312.02	-8.8
发电设备	万千瓦	94.04	21.9	93985.00	-0.1	59.19	-37.0
变压器	万千伏安	1997.67	16.6	1837.20	-8.0	1786.95	-2.7
汽车	万辆	14.00	3.7	13.40	-4.3	15.15	13.1

从以上数据可以看出，云南省过去三年经济运行总体运行平稳。连续三年GDP增速保持在8%以上，第三产业的比重较之往年有所上升，产业结构正处在不断地调整之中，主要工业品产量多个品种同比下降幅度较大。2015年的经济数据较之2014年度，下降明显，多项数据在2016年度显著回升。

云南省过去三年总体发电量保持平稳，水电占比在80%以上①，水电发电比例三年平稳上升，但是火力发电一直处于下降趋势中。

（二）云南省的主要产业和运行特点

1. 主要产业

过去三年，云南省的主要产业运行情况如下所述：

农业经济平稳增长，连续三年农业总产值增速均高于6%，云南省高原特色现代农业实现了稳中向好、提质增效。其中烟叶、核桃、咖啡的面积和产量继续保持全国第一，蔬菜、茶叶、油料、水产品实现较快增长。

工业生产保持稳定，近年来除烟草工业、黑色金属冶炼和延压加工业增速有明显下降外，其他行业实现平稳增长，其中采矿业增长较快，拉动效果显著。全省固定资产投资保持高位平稳增长态势。近三年固定资产投资增速分别为15.1%、18.0%、19.8%，投资规模持续扩大。

金融运行情况总体平稳，连续三年云南省金融业增加值增速均在10%以上，尽管在2016年金融业增加值以及存贷水平有所回落，但近三年的总体运行较为平稳。

2. 云南省各产业运行特点

工业经济保持平稳增长压力较大，一是国有控股工业企业经济效益仍不乐观，2016年国有企业亏损面达到28.18%。二是部分重点州（市）增速较低。其中昆明、玉溪、昭通、大理等州（市）的工业低速增长对全省工业发展的势头影响较大。

房地产开发投资下行压力较大，部分州（市）商品房销售不旺。2016年，丽江、临沧、红河、德宏、怒江5个州（市）商品房销售面积同比下降。

全省对外贸易面临较多的困难和挑战，发展环境尚未得到明显改善，进出口总额增速持续下滑。2015年全省出口完成166.26美元，同比下降11.5%，2016年出口额降幅达25.6%。

受市场需求不足、投资意愿下降的影响，2016年民间投资的增速持续负增长。2016年，全省完成民间投资5380.39亿元，同比下降4.1%，增速较同期回

---

① 云南省在推动电力市场化交易方面做了大量工作，丰富的水电资源有利于云南省推动市场化电力交易，根据云南省提供的资料，2016年参与电力市场化交易的电量规模近590亿千瓦时，占全社会用电量1410.52亿千瓦时的41.83%，占工业总用电量1002.86亿千瓦时的58.83%，帮助企业节约用能成本近百亿元。

落12.5个百分点,低于全省固定投资增速23.9个百分点。民间投资占全部投资的比重为34.4%,较同期下降8.5个百分点。

(三) 云南省上市公司的主要财务数据

截至2017年5月,云南省共有上市公司32家,其中在上海证券交易所上市企业12家,深圳主板上市企业8家,中小板上市企业10家,创业板上市企业2家。相对东部省份,上市企业家数偏少。在这32家上市公司中,既有云南白药这样净资产收益率在20%以上的优秀企业,也有ST昆机、ST景谷这样连年亏损的企业,从2014—2016年度的财务数据看,得益于过去几年的去产能政策,云南省的资源型企业效益有所回升,有几个企业已经从亏损变成盈利。

从云南省32家上市公司的主要财务报表数据(表4)可以看出,其盈利性一般,例如净资产收益率的平均值不高,中值低于一年期银行贷款利率,销售毛利率也一般。有的企业资产负债率很高(最高值超过100%),利息保障位数可以说明支付利息能力不强[①]。

表4　　　　　　　　云南省上市公司主要财务指标

财务指标	中值	平均值	最大值	最小值
净资产收益率ROE(平均)2014年报　%	4.93	-3.86	24.80	-138.11
净资产收益率ROE(平均)2015年报　%	4.38	2.93	22.51	-32.55
净资产收益率ROE(平均)2016年报　%	4.39	2.01	20.03	-70.59
销售毛利率(TTM)2014年报　%	23.21	24.23	75.14	-12.28
销售毛利率(TTM)2015年报　%	24.36	22.05	75.33	-20.41
销售毛利率(TTM)2016年报　%	22.98	23.80	79.86	-13.53
资产负债率2014年报 %	48.84	52.95	98.51	9.77
资产负债率2015年报 %	50.49	55.32	134.47	10.77
资产负债率2016年报　%	50.16	50.01	94.73	8.27
EBITDA/利息费用2014年报 单位:倍	3.57	-13.11	161.42	-760.71
EBITDA/利息费用2015年报 单位:倍	2.40	8.40	163.44	-57.91
EBITDA/利息费用2016年报 单位:倍	4.30	25.77	537.22	-50.33

数据来源:根据WIND数据整理。

---

① 全省32家上市公司的具体财务数据参见附录1和附录2。

(四) 云南省降成本典型性措施

1. 增加直供电改革,降低用电成本

云南省充分发挥电力资源丰富的优势,在严格执行国家输配电价政策的情况下,鼓励有条件的电力用户与发电企业直接交易,扩大电力市场化交易规模,完善丰枯峰谷分时电价政策,除居民生活、农业生产和公益性服务用电对应的保障性上网电量继续执行政府定价外,其余通过协商、市场竞价确定;对未参与电力市场化交易的工商业用户,以年为周期自主选择执行平水期峰谷分时电价或继续执行丰枯峰谷分时电价。鼓励符合国家产业政策、环保要求的工业企业全电量和符合条件的一般工商企业参与市场化交易,鼓励组建售电公司帮助小企业、分散企业参与电力市场化交易。推进售电侧改革,有序放开配电网业务,多途径培育市场主体,完善配电业务管理制度,探索社会资本投资配电业务的有效途径。实施基本电价计费方式变更周期、放宽减容(暂停)期限限制、暂缓收取省重点建设项目临时接电费、减免企业自备发电机组系统备用费和对110千伏以下中小用电企业。开展天然气管输价格成本监审,合理制定天然气管输价格,推动非居民用天然气的直接交易,努力扩大天然气总利用量,努力降低企业用气成本。

持续深化电力体制改革,降低企业用能成本。2016年云南省共降低企业用能成本104.61亿元。2016年参与电力市场化交易的电量规模近590亿千瓦时,占全社会用电量1410.52亿千瓦时的41.83%,占工业总用电量1002.86亿千瓦时的58.83%,减轻企业用电负担90.3亿元,每度电平均降低0.13元,高于其他省区每千瓦时降低0.05元的标准,2017年1—3月,完成省内电力市场化交易149.7亿千瓦时,为企业降低用电成本13.79亿元。落实煤电价格联动和硅电价格联动机制,完善丰枯分时电价政策,降低一般工商业用电价格,每千瓦时累计降价1.1分。优化用电服务,帮助企业合理配置变压器容量,将企业基本电费计收方式的选择由半年调整为每月,最大限度降低大工业用户综合用电成本。依托中缅管道天然气优势,对非居民用气实行门站价格联动机制,实施了天然管输成本监审,确保企业用气价格进一步下降。

2. 多种方式组合帮助企业控制融资成本

云南省相对东部省份来说金融业不那么发达,以资源型、原料型产业为主,在当前资源型产业产能过剩,国家信贷政策和直接融资政策不鼓励的情境下,企业本身资产负债率不理想、经济周期下行、利率市场化并且利率处于加息周期的情况下,企业改善资产负债比率,降低融资成本,并非易事。

云南省推动建立了重点项目投资基金、重点产业发展基金、交通发展基金，承接国家中小企业发展基金落地云南，支持重大基础设施建设和重点发展产业融资，降低贷款中间环节费用。出台了《关于推进政策性融资担保体系建设的意见》，8个州市建立了政府性融资担保机构，实施"两个10万元"微型企业培育工程贷款担保和持续改善小微企业金融服务，通过担保、增信和贴息等措施引导银行机构优化信贷投向，进一步强化了对重点产业和项目的信贷支持。大力发展多层次资本市场，每年预算安排3000万元资金对全省企业新增上市和成功挂牌、发行债券、可转债、中期票据、短期融资券的企业给予以奖励扶持。继续推进政府置换债券发行，2016年至今累计发行置换债券2258.4亿元，降低资金使用成本近72亿元。加大清偿地方政府拖欠工程款力度、全面清理建筑业企业在工程建设中所需缴纳的各类保证金，帮助企业提高资金周转效率。

3. 交通运输管理措施的实施，增加了企业的物流成本

云南地处中国西南的内陆地区，产业链不是很完整，不少企业的原材料需要从外省购入，产成品的市场也在省外，因此导致其物流链条较长、物流成本偏高，运输方式以公路为主，叠加交通部对超载、超宽等的管制，使得企业控制物流成本的难度增加。

云南省加强路地、路企战略合作，推进物流标准化试点，加强物流设施设备、信息平台和服务规范标准化体系建设，提升试点城市间和试点企业间的互联互动、资源共享水平，稳步提高物流服务能力和运行效率。严格落实国家和云南省的鲜活农产品"绿通车"政策，实施降低跨境物流成本政策，开展无轨地区与昆明铁路局联合启动公铁联运主题营销活动，在有关州市召开主题营销推介会，构建符合当地产业发展的公铁联运模式。积极推动中越国际铁路联运，协调争取铁路运价下浮，通过议价方式对符合中国铁路总公司议价政策规定的运输产品给予铁路运价下浮优惠。

4. 在地方财力可支撑情况下，努力降低人工成本

云南是西部欠发达省区，现行的社保基金统筹能力和公积金缴交比例均处于全国较低水平，通过降低五险一金缴纳比例帮助企业降低人工成本的幅度有限。云南在地方财力能够承受的范围内，暂时性降低企业社会保险的缴纳比例。

调研中我们也了解到不少管理水平较高的企业一直在采取多种措施提升生产效率，降低生产成本和管理成本，升级创新产品，通过增加附加值方式降低成本与销售收入的比例。

二、广西壮族自治区经济发展情况和企业运行情况

(一)广西经济总体发展情况

广西壮族自治区(本文简称广西)位于中国南部,总面积23.6万平方公里,2016年末,全区常住人口4838万人。广西是中国西部地区唯一沿海、沿江、沿边的省区;广西位于中国西南经济圈、华南经济圈与东盟经济圈、处于横贯中国东部、南部、西部的泛珠江三角区域与东盟自由贸易区两大市场的结合部和中心位置,是中国与东南亚国家唯一有陆地和大海相连的省区,是中国西南最便捷的出海通道。2004年起,由中国与东盟10国共同主办的中国—东盟博览会每年在广西南宁举办,广西成为连接中国与东盟市场的重要枢纽。

广西农作物主要有水稻、甘蔗、花生、麻类、烟草等,是中国蔗糖生产的主要基地。矿产资源种类繁多,储量丰富,素有中国"有色金属之乡"的美称,是中国重点有色金属产区之一,已发现矿种145个,探明储量的有97种,探明产地1067处,有64种矿产保有储量位于全国前10位,其中锰、锡、砷、膨润土等14个矿种的储量居中国首位。铝土矿探明储量6.5亿吨,远景储量10亿吨。平果铝是中国最大的铝业基地。广西河流众多,水能资源蕴藏量大,理论蕴藏量2133万千瓦,可开发装机容量1751万千瓦。海洋资源:广西北部湾海域面积12万平方公里,海岸线长1595公里,天然良港众多,有防城港、北海、钦州、铁山港、珍珠港五大港口。

广西同时享受民族区域自治政策、西部大开发政策、沿海地区开放政策和边境开放政策等,这在中国各省区市中是少有的,为广西发展提供了优越的政策环境。

(二)广西的主要产业和运行特点

2016年,广西千亿元产业达到10个(食品、冶金、汽车、机械、石化、电子信息、建材、有色金属、造纸与木材加工、电力),两千亿元的产业有7个(食品、冶金、汽车、机械、石化、电子信息、建材)。食品产业产值达到3821.71亿元,是广西第一个三千亿元产业。

2016年全年粮食生产平稳,畜牧业生产形势基本稳定;工业生产运行平稳,

企业效益较快增长；固定资产投资缓中趋稳，房地产开发投资快速增长；财政收入保持增长，金融稳定运行；居民消费价格涨势温和，工业生产者出厂价格月度同比由降转升。

经济运行中存在的问题主要有：

工业投资和民间投资增速持续走低，工业投资增速持续下滑，民间投资增速继续回落，大项目支撑乏力，比重持续下降。2016年1—11月，全区工业投资仅增长1.5%，低于固定资产投资增速11.2个百分点，比1—10月回落1.3个百分点。31个制造业行业中有17个行业投资同比下降，降幅较大的有石油加工炼焦及核燃料加工业投资下降50.4%，黑色金属冶炼及压延加工业投资下降29.8%，有色金属冶炼及压延加工业投资下降31.0%，医药制造业投资下降14.5%。工业当月增速回落至今年以来最低，工业用电量仍然负增长。部分行业增速明显回落。受黑色、有色、水泥、汽车等行业生产下滑、钦州中石油停产检修等因素影响，11月份，全区规模以上工业增加值同比增长6.1%，为今年以来月度最低增速。

外贸出口仍然两位数下降。2016年1—11月，全区进出口总值同比下降0.7%，降幅比全国（降1.2%）低0.5个百分点，出口下降10.4%，降幅比全国（降1.8%）高8.6个百分点，广西出口降幅远大于全国平均水平。

广西壮族自治区主要经济数据如表5至表7所示。

表5　　　　　　　　　广西2014—2016年主要经济数据

	2014年	2015年	2016年
GDP（亿元）	15672.89	16803.12	18245.07
GDP增速（%）	8.5	8.1	7.3
人均GDP（元）	33090	35190	37876
CPI较上年涨跌幅（%）	2.1	1.51	1.6
PPI较上年涨跌幅（%）	-1.64	-3.01	-0.9
财政收入（亿元）	2162.54	2333.03	2454.05
城镇登记失业率（%）	3.15	2.92	2.93
农业总产值（亿元）	未披露	未披露	未披露
农业总产值增速（%）	未披露	未披露	未披露
工业增加值（亿元）	6065.34	6359.82	6764.13
工业增加值增速（%）	10.9	7.9	7.3
固定资产投资（亿元）	13843.21	16227.78	18236.78

续表

	2014 年	2015 年	2016 年
固定资产投资增速（%）	16.3	17.2	12.4
金融业增加值（亿元）	876.73	1002.32	1135.45
金融业增加值增速（%）	14.9	14.2	10.9
贷款余额（亿元）	16070.95	18119.30	20640.54
贷款余额增速（%）	13.8	12.7	11.8

数据来源：经济发展与统计公报、WIND，如有出入以公报为准。

表 6　　　　　　　　　广西壮族自治区产业结构　　　　　　　　单位：亿元

年份	第一产业增加值	同比增长%	第二产业增加值	同比增长%	第三产业增加值	同比增长%
2014	2412.21	3.8%	7335.60	10.1%	5925.16	8.1%
2015	2565.97	4.0%	7694.74	8.1%	6542.41	9.7%
2016	2798.61	3.4%	8219.86	7.4%	7226.60	8.6%

表 7　　　　　　　规模以上工业企业利润总额及其增长速度　　　　　　　单位：亿元

指标	2014 年		2015 年		2016 年	
	利润总额	同比增长%	利润总额	同比增长%	利润总额	同比增长%
规模以上工业企业	963.8	9.9	1175.37	21.2	1287.7	8.9
其中：国有控股企业	191.3	17.6	211.96	7.9	273.5	25.5
其中：大中型企业	606.4	6.8	763.00	14.7	910.2	12.8
其中：国有企业	19.3	-14.7	-1.03	盈转亏	16.5	亏转盈
集体企业	13.8	-8.2	17.51	29	18.1	3.4
股份合作企业	5.4	7.8	5.86	5.4	-1.5	盈转亏
股份制企业	632.9	14.7	816.25	28	891.8	6.1
外商及港澳台投资企业	227.4	3.5	260.92	12.9	296.8	14.9
其他经济类型企业	65.0	2.9	75.86	23.3	66.1	4.4
其中：轻工业	306.3	-5.5	370.94	20.2	373.0	0.3
其中：重工业	657.4	18.9	804.43	21.7	914.7	12.9

从以上各主要经济数据可以看出，广西的 GDP 增长在全国属于中间，增速近三年逐年回落。第一、第二和第三产业对经济的贡献较为平均。规模以上企业的利润总额在 2015 年有较大幅度的增长，其中重工业的利润增长较为明显。

(三) 广西上市公司的主要财务数据

截至 2017 年 5 月，广西共有上市公司 36 家，其中在上海交易所上市企业 17 家，深圳主板上市企业 12 家，中小板上市企业 6 家，创业板上市企业 1 家。相对东部省份，上市企业家数偏少。

在这 36 家上市公司中，传统的制造业企业为主，也有一些生物医药和农业类公司，从 36 家上市公司中，中小板和创业板占比较低的情况可以看出，广西的新兴行业和民营经济相对来说发展不如东部沿海地区。在这 36 家公司中，莱茵生物、桂林三金等几家公司净资产收益率相对高一些，柳化股份、柳钢股份等传统行业资产负债率较高、净资产收益率一般，36 家上市公司中还有三家公司已成为 ST 公司。

从表 8 主要财务指标可以看出，广西上市公司的盈利能力一般，从净资产收益率，中值基本与一年期银行贷款利率持平。资产负债率较高的企业家数不少，导致企业支付利息的负担不轻，从过去三年的数据看，虽然有的数据有好转的迹象，但并没有明显改善。

表 8 广西上市公司主要财务指标（2014—2016 年）

指标名称	中值	平均值	最大值	最小值
净资产收益率 ROE（平均）2014 年报　%	4.71	6.94	36.15	-23.76
净资产收益率 ROE（平均）2015 年报　%	6.84	-1.41	31.21	-190.84
净资产收益率 ROE（平均）2016 年报　%	5.60	-43.25	20.17	-1481.86
销售毛利率（TTM）2014 年报　%	25.50	24.20	77.99	-36.10
销售毛利率（TTM）2015 年报　%	25.53	28.14	72.53	-0.52
销售毛利率（TTM）2016 年报　%	24.87	27.10	73.69	-14.94
资产负债率 2014 年报　%	57.32	54.70	115.25	13.59
资产负债率 2015 年报　%	55.52	50.96	92.32	15.10
资产负债率 2016 年报　%	48.68	50.76	111.35	12.12
净资产收益率 ROE（加权）2014 年报　%	4.20	6.72	36.17	-23.83
净资产收益率 ROE（加权）2015 年报　%	6.27	6.34	112.84	-57.50
净资产收益率 ROE（加权）2016 年报　%	6.11	4.38	20.07	-40.32
EBITDA/利息费用 2014 年报（倍数）	3.50	3.13	45.01	-35.46
EBITDA/利息费用 2015 年报（倍数）	4.19	-1.47	53.53	-302.52
EBITDA/利息费用 2016 年报（倍数）	3.58	7.90	271.50	-37.20

注：广西各上市公司的具体财务数据参见附录 3 和附录 4。

从上市公司盈利能力看，盈利能力较强、销售毛利率较高的企业比例不高，有的企业资产负债率在下降，整体来看企业利息保障倍数高比例不高，这意味着企业偿还负债的能力不强，一旦市场发生波动，企业可能就会陷于被动，再融资能力较弱，还款能力一般，可能导致企业的融资成本下降较为困难。

（四）广西降成本典型性措施分析

广西采取了多种措施帮助企业降低成本，具有典型性的措施有：

1. 降低电力成本，鼓励并扩大电力直接交易

广西继续免收新增电力用户临时接电费用，继续实施临时丰枯水期季节性电价，开展峰谷分时电价政策试点，推进电力市场化直接交易范围，并将水电、核电也纳入电力直接交易范围。

2. 降低企业融资成本，严格规范贷款过程中的收费项目

广西对 54 家银行的小微企业信贷投放实施考核监测，升级改造了小微企业信贷信息管理系统，新增加了续贷客户自动分类、贷款转期等功能，合理设置贷款期限和还款方式，简化放贷业务需提交的贷款审批程序。禁止收费质价不符合和无服务的乱收费，发挥政策性融资性担保和再担保公司的作用，将政府性融资担保定位为准公益性质并专注于为小微企业提供服务，担保时实行低费率。

3. 帮助企业降低物流成本，有序清理涉企保证金的收取

继续推广实施运输示范项目和多式联运示范项目，推动国家交通运输物流公共信息平台广西节点的建设。根据国务院和相关部委的要求，清理规范全区涉企保证金，严格禁止各地新设或变相设立保证金，2016 年全区累计清理退还逾期未返还和超额收取的保证金 5.03 亿元。

4. 实施放管服改革，阶段性分层次降低企业职工基本养老保险缴费比例

从 2016 年 5 月 1 日起，企业缴纳职工基本养老保险缴费比例由 20% 降至 19%，部分园区内企业阶段性从 20% 降至 16% 或 14%。2016 年全区共分 4 批取消、下放和调整了 700 项行政审批事项，分 2 批清理规范 193 项行政审批中介服务事项，推动全区各地各部门开展中介服务去行政化工作。

广西参加了国务院减负办网上企业负担调查问卷，受访企业主要反映了以下成本负担问题：

一是融资成本仍然偏高。融资成本高表现在实际发生的财务成本和时间成本两个方面。时间成本高来源于市级银行贷款审批权限较低，大额贷款需自治区级银行审批通过后才能放款。银行在对企业授信审批上，手续仍然比较复杂，银行自企业贷款项目受理、贷款授信审批和贷款发放，需要经过相当多程序的调查、审核和评价，银行从与企业接触到发放贷款一般需 3—4 个月左右甚至更长时间。

贷款办理周期过长给企业带来资金方面的巨大压力,同时也会导致企业错过商机。二是财务成本高。财务成本高来源于银行对中小企业贷款利率上浮一般为10%—30%,但有时上浮可能达到40%—75%,实际利率在7%左右。同时贷款时收取的中间费用也抬高了融资成本,目前区内与企业贷款相关的中间环节费用包括公证费、代理服务费、环评费、审计费等十余种。中小企业贷款除银行利息外需要支付2%—3%担保费、0.15%—0.5%的评估费,0.2%—0.8%的保险、律师、公证费,中间环节费用约占贷款本金的3%—4%。有企业以表9列示了其银行贷款成本高昂的过程。

表9　　　　　　　　　　某企业的贷款成本

银行贷款基准利率	4.35%
利率上浮	1.35%
担保费用	2.2%
评估机构费用	0.15%—0.5%
保险、律师、公证等费用	0.2%
过桥费	3%
企业商务成本	1.0%
累计贷款成本	12.65%—13%

注:此累计贷款成本可能已超过很多企业的销售毛利率和销售净利润率。

数据来源:调研获得的材料。

二是企业感知的用能价格仍然偏高。广西电价相比仍然较高,在电费基础上收取的政府性基金及附加增加工业用户用电成本,最新的广西销售电价,包含有农网还贷资金、国家重大水利工程建设基金、大中型水库移民后期扶持资金、城市公用事业附加费、可再生能源电价附加和地方水库移民后期扶持资金等。广西的天然气价格也高于不少省份,例如南宁市天然气含税价格4.18元/立方米,高于成都的2.44元/立方米。

三是劳动力成本增长较快,超出了企业的承受力。近年来,广西不断调高最低工资标准,职工平均工资的上涨职工缴费基数逐年上调,企业缴纳的"五险一金"也持续增长。

四是物流成本也上涨较快,物流效率有待提高。广西80%以上的货运量需要通过公路运输,交通治理、油价的刚性、单向物流等原因导致物流成本居高不下。例如某北海炼油企业反映,其运输成本从2015年的553/吨上涨到2016年的702元/吨,上升27%。

五是对营业税改征增值税各企业的感受各有不同。有的企业反映税负成本增加。普遍说来,会计核算规范的制造业企业对税负下降感受更明显一些,部分企业因为进项抵扣较少或因为上下游增值税税票取得难易程度的不同,导致其实际税负不降反升。

三、企业内部降成本典型案例分析

成本是企业为了获取经济利益而付出的经济资源(代价)。上游企业付出的代价大部分会成为下游企业的收入,例如企业支付的电费成为电网企业的收入、利息费用成为贷款机构的收入。这种转移建立在企业付出的代价能形成有效的产出[①]的情况下,如果企业付出代价或者投入经济资源后,不能形成有效的产出,那么它的付出将是沉没成本,例如企业投入资源进行研究与开发,其支付的人工、材料费等将成为其成本费用,如果不能形成研究成果,将不能为其带来收入,也没有能力支持其持续支付人工和利息费用等,这将形成整个社会经济资源的浪费。此外如果企业的研发或管理活动能提升企业的生产效率,那么从全社会看是成本费用将整体下降。如果这个观点成立,那么企业降成本过程中既有利益在不同环节(企业与企业之间、企业与政府之间、企业与个人之间)的重新分配,也有生产效率和管理效率提升带来的成本绝对下降,有助于提升整个社会的经济效率。反之如果成本投入助长了过剩产能的形成,那么在整个社会将表现为增加了整个社会的成本,在企业层面,体现在会计报表上,将是折旧费用、融资成本的高昂,资本减值费用的高企。

成本投入的具体决策主要是微观层面的决策,企业应发挥自己的能动性。主动应对外部环境和消费者需求。我们以某企业提供的数据,探讨分析企业内部为了降低成本采取的一些典型性措施。见表10。

表10　　　　　Y企业每百元销售收入成本　　　　　单位:元

年份	税负	融资成本	用能成本	物流成本	人工成本	利润总额
2008	3.73	0.05	1.76	1.55	6.59	12.33
2009	5.91	0.03	1.65	1.63	8.20	8.38

---

① 此处有效的产出指能被市场接受并出清。

续表

年份	税负	融资成本	用能成本	物流成本	人工成本	利润总额
2010	4.66	0.25	1.44	1.78	9.84	6.60
2011	3.54	0.55	1.47	2.07	10.00	0.80
2012	3.96	0.97	1.78	2.69	8.94	2.26
2013	5.49	0.89	1.15	2.71	9.41	7.19
2014	5.59	0.91	1.06	2.59	12.05	8.16
2015	2.92	0.75	1.39	2.71	9.60	7.46
2016	3.45	0.53	1.00	1.47	6.99	7.34

数据来源：调研企业提供的数据。

从企业提供的百元销售收入的单位成本可以看出，多项成本在 2012 年前处于上升通道，物流成本和人工成本在过去的 10 年一直处于上升通道，企业的利润总额 2011 年度最低，后来逐步平稳上升。从该企业和其他调研企业了解到的情况，我们了解到，外部环境和客户需求一直在变化，企业需要投入资源适应这种变化，以下是我们了解到的企业发挥主观能动性降低成本的一些举措。

（一）完善产品市场布局，以收入增长和附加值的增长对抗成本的上升

Y 企业不断完善产品的市场布局，其中 YN 系列和 D 系列产品坚持走差异化路线，D 系列产品定位于高端车型及一线和发达的二线城市，YN 系列定位于工程车和不发达的二、三线城市。深入拓展非道路三阶段产品市场，重点拓展叉车市场，稳定收割机、旋耕机市场，突破拖拉机市场，重点提升非道路市场占有率。提供市场适销的产品和扩大产品市场份额，有助于企业扩大产品收入，获得成本补偿。高端产品则有助于提高企业的毛利率，降低各项成本占销售收入的比重。Y 企业 2016 年年报显示其营业收入增长近 40%，利润增长近 30%。2017 年 4 月 29 日发布 2017 年半年报预增公告，预计 2017 年上半年净利润将比去年同期增长 50% 以上，充分显示企业产品战略带来的业绩增长。

在调研上汽通用五菱汽车公司的过程中，发现该企业也同样采取积极措施应对市场变化，持续推动产品升级，取得超越市场的发展。在国内汽车市场波动较大的市场环境下，成为全国产销量冠军。利用全价值链管理，实施产品结构转型。企业以用户为中心，加快产品创新，推动产品结构升级。整个产业链从起初的微车价值链向乘用车价值链转变，精准辨识用户升级需求并自主创新，布局新能源，推动广西汽车产业升级。企业产品平均售价从 3 万元左右提升到了 8 万元。

2016 年企业销售收入突破千亿元,同比增长 13%,净利润 52.68 亿元,同比增长 5%。

(二) 加强供应链和生产过程管理,降低采购成本和生产成本

Y 企业充分利用国际国内两个市场、两种资源,提高资源利用效率,降低原材料成本。Y 企业通过昆明公司、成都公司、山东公司三地采购体系整合及统一,引进行业优质供应商,督促供应商进行质量整改,实现三地供方资源互补,提升企业采购体系整体实力,2016 年全年原辅材料成本降低 2200 万元。二是努力提升企业产品质量,通过加强对设计、质量和生产过程的控制,保障产品的一致性,在采购取得高质量零部件的基础上,加强对生产过程的控制,降低企业产品的故障率。

上海通用五菱汽车公司加强产能建设,实行高度柔性生产,2016 年公司各制造基地的产能利用不均衡,为此,公司调整各基地产能及产品布局,快速响应市场,通过智能制造,提升青岛和重庆基础乘用车生产能力和自动化柔性策略,最大化满足客户群的差异化需求。同时积极引进国内领先的汽车零部件供应商落户公司所在的产业园。积极采取措施,应对原材料价格上涨和运输成本上升的局面。例如公司与宝钢签订战略合作协议,取得较有优势的钢材采购价格,并给零部件供应商代购钢材,帮助供应商部分控制钢材采购价格。

这些与供应商建立合作伙伴关系,加强企业内部生产和采购管理的措施,帮助企业降低了生产成本。

(三) 提升管理效率,降低融资成本等

Y 企业自身采取了以下措施来降低企业的成本:提高企业资金周转率。降低资金使用成本。鼓励企业加强往来款项管理,引导企业加快付款,通过实施一系列应收账款催收手段,2016 年应收账款周转天转率比 2015 年加快约 45%。鼓励企业职工找问题找出路,加强成本分析能力,通过分析问题明确对策,提高公司管理水平。Y 企业也通过多种方式从资本取得资金,2014 年 11 月和 2016 年 3 月,采取非公开定向发行方式融资。

在广西调研中,我们了解到有一定环保企业,有核心技术,但是发展起步阶段缺少资金。企业参加北京展会期间,受到某个股权投资基金的青睐,获得宝贵的权益融资,虽然创始人的股权比例被稀释但是企业的发展因此上了台阶,也因此抓住了创业板的上市机会,现在企业就可以通过证券交易所发行股份、发行票

据或者采取资产证券化等方式来进行融资,有了低成本的资金后企业抓住环保领域 PPP 项目多的优势接连取得多个大项目,企业发展迅速。

(四)用好各项政策,降低土地成本和税收成本等

Y 企业加强对政府产品促销补贴的申报,增加能够享受的销售补贴,充分利用营业税改增值税的时机,用足增值税抵扣和研发费加计扣除等政策,帮助企业降低税费负担。

上海通用五菱汽车充分利用外部营业税改增值税、阶段性降低社保成本的宏观降成本政策,帮助企业节省成本,提升效益。同时利用一带一路的战略时机,企业走出去办工厂,拓展海外市场,取得新的市场份额并通过在当地生产当地销售,降低生产成本和运输成本。

在调研还了解到,企业利用城市改造、企业厂户搬迁机会,与政府协商取得更适合公司发展的用地面积和地段,取得搬迁补贴,降低企业的用地成本。

企业积极参与直供电改革试点,内部做好电力使用量的预测和计划,申报合理的直供电用电量,帮助企业降低用能成本。

企业主动了解国家的各项产业扶持基金,从国家开发银行、发改委等处取得低于市场的资金,降低企业资金成本,在表 10 中 2016 年企业的融资成本明显下降就是因为当年从国家开发银行取得了低成本的资金。

从以上可以看出,企业内部有必要采取措施积极跟踪外部政策的发展变化,充分享受各项政策扶持,帮助自己降低成本。

四、宏观层面降低企业成本的一些思考

中国的管理体制有其自身的一些特点,这体现在经济运行中不同地区、不同所有制企业对各项成本项目的压力感受各有不同。从宏观层面看要素价格机制、融资体制、税收管理体制对企业运行有较大影响。因此,有些成本的降低,可控因素更多在政府(或者说宏观层面)而不是企业(或者说微观层面)。

(一)进一步推进直供电市场建设,降低准入门槛,增加价格弹性

中国的电力价格实行政府管制价格,过去发电企业发电后需通过电网企业出售给用电企业,电力价格实行政府指导价,发电企业和用电企业没有多少议价空

间。近年来，中国开始在售电侧引入市场化机制，鼓励售电公司，发电和用电企业直接议价。此举是为了打破价格坚冰，帮助用电企业节约用电成本。

从发电类上市公司披露的经营数据看，大多数火电企业发电设备还有闲置，设备利用率还有提高的空间。水电企业丰水期弃电情况普遍存在，风力、太阳能等新能源企业弃电情况也不并少见，这说明目前我国发电企业的生产能力有余而利用不足。如果用电企业用电量增加，将有利于发电企业提升生产能力的利用、增加收入进而增加利润。另一方面，用电企业如果能获取更便宜的用电价格，对于某些用电成本占比重较大的企业来说，将有助于降低企业的生产成本，提升产品在市场上的竞争力，这也有利于企业扩大生产，使用和消耗更多的电力，形成发电企业和用电企业之间的良性循环，从整个社会看，形成双赢局面。

从我们在云南和广西两地的实地调研看，用电企业从直供电带来的用电成本下降中受益明显，云南水电丰富、自然资源丰富，这两者相叠加有利于其开展耗电量高的资源型企业。电力输送过程中有损耗，在当地消费，再将产成品外送，从全社会看有利于成本的降低。

目前直供电改革中，用电企业要参与，还面临着一定的门槛，调研中也有一家民营企业了解到直供电价格后，表示非常希望能够参与。同时已参与企业，也提出了一些希望增加部分条款弹性的需求。因此，我们建议继续完善直供电改革，尽可能降低参与门槛，对某些条款增加弹性设置。

（二）拓宽融资方式和渠道减少运动式监管，帮助企业降低财务成本

企业开展经营活动的资金主要来源于债务和权益。债务融资的形式有：借款、发行票据或债券等。可能的借款方有银行、政策性银行或政府部门提供的专项贷款等。发行债券可能是公司债券或企业债券。权益融资可以向天使基金、私募股权基金、资本市场或者其他形式发行权益证券融资。

中国的银行存款利率和贷款利率是政府管制，银行贷款的总额、投向也接受监管部门的指导，各银行总部分配贷款额度给省市、对贷款发放行业也有一些风险考量因素等。这种切块式的管理，会导致相同行业的企业，在不同的省市贷款难易程度有较大差别。例如，我们在调研中了解到，有家云南的企业在当地受贷款银行对其所在产业贷款额度的限制而不能贷款，但在其总部所在地省份，可以相对轻松取得贷款，企业通过总部在异地贷款解决了融资需求并且降低了融资成本。

前文我们提到，云南、广西等地自然资源丰富、电力成本相对较低，在当地开采加工有相对优势，同类企业可能会相对集中，如果贷款实行垂直切块额度管

理，可能会导致云南广西等地某些难以获得贷款，而同类企业在其他省份的贷款额度可能相对富余，这种管理方式不利于企业的发展，因此我们建议银行在贷款的管理上保持适当的弹性，因地制宜，考虑其相对优势。

发行票据或者债券一般来说利率比银行贷款低，但进入票据市场和债券市场融资有一定的门槛，目前看来能进入这个市场的企业比例并不高。从图1看，我国一年期利率总体呈现下降趋势，但是近期，利率处于上行周期。

从图1至图6可以看出，我国的货币政策正逐渐从宽松走向中性，利率也从下降通道慢慢走进上升周期，这对于需要从银行融资的企业来说，不是一个好消息，银行融资的成本和难易程度正在发生变化。此阶段，企业的融资策略可以适当保守一些，考虑增加权益融资的比例。

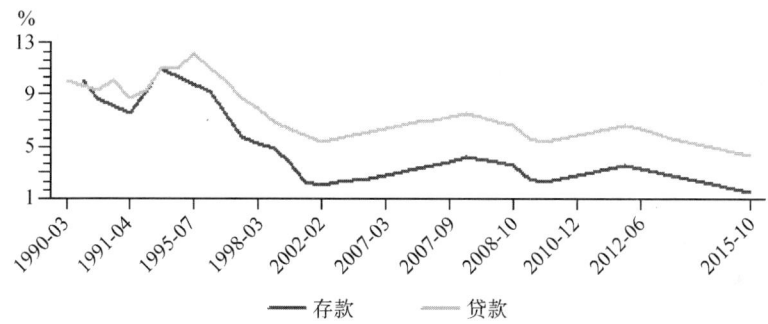

图1 央行一年期存贷利率

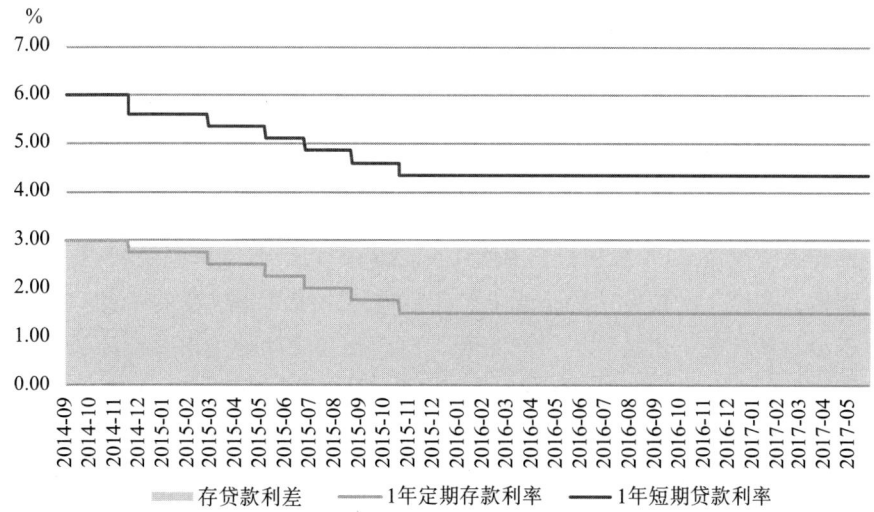

图2 中国人民银行存贷利差

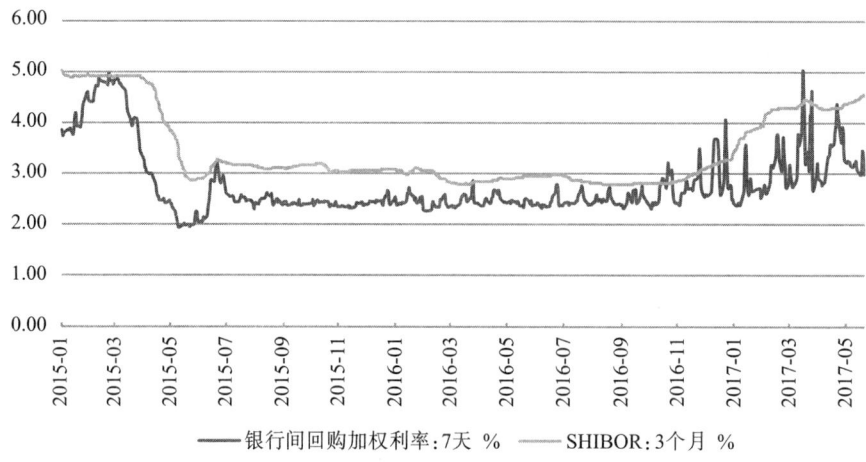

图 3　拆借回购利率

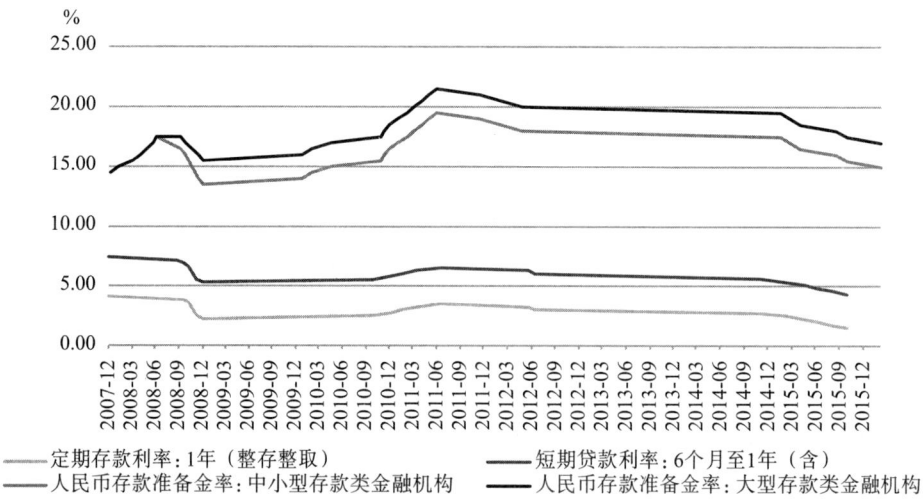

图 4　中国人民银行利率与存款准备金率变动

我国天使投资、PE 股权投资基金、私募基金和产业发展基金数据的注册地和经营地，多位于比较发达的是北上广深等地区，江苏浙江等东部地区吸引的资金也不少。从我国上市公司的分布来看，广西和云南两地上市分别为 36 家和 32 家。而江苏省的上市企业是 350 家，深圳市一地的上市企业有 252 家，从这两个数据可以看出权益融资在广西和云南两地与深圳和江苏省的巨大差异。

产业的性质、基金在当地的活跃度、当地企业经营者引入外部投资者的意愿这些因素可能都会影响企业通过股权基金引入权益融资的可能性。我们在调研中了解，有家广西的企业产业技术含量不错，创业中曾遇到资金瓶颈，在北京办展

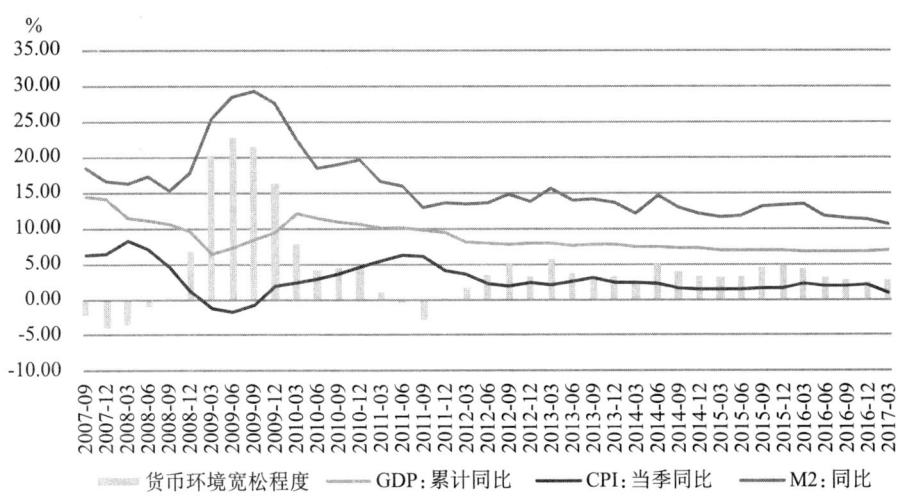

图 5 货币环境宽松程度

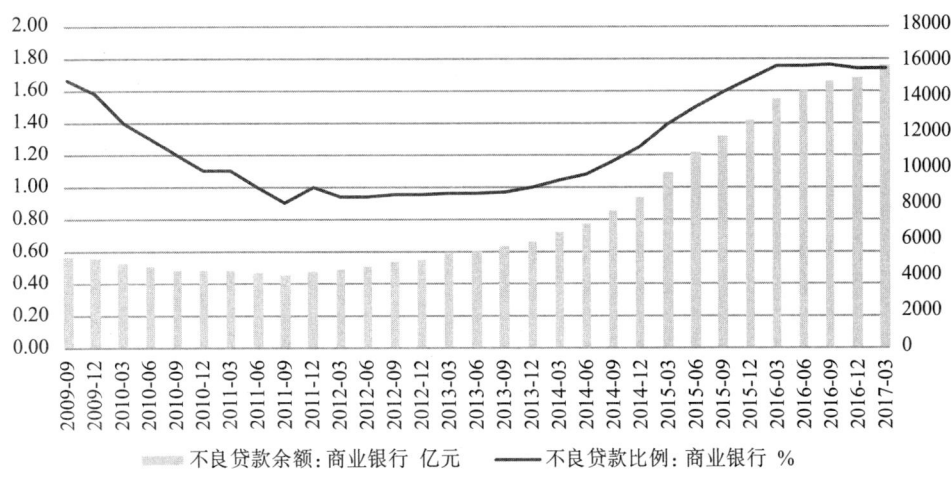

图 6 商业银行不良贷款

会时有创投型私募基金主动表示了投资意向,企业得到这笔权益投资后,虽然创始人股份被摊薄但得到了宝贵的资金,企业因此发展上了台阶,现在已经成功在资本市场上公开上市,后续规模发展壮大的资金可以从公开市场募集、目前公司积极利用上市公司的通道发行公司债券或票据、取得大额资金后,该企业抓住PPP项目的发展契机和自己的核心环保技术连续取得多个大额项目,经营规模和业绩都在飞速发展。

我国资本市场经过20多年的发展,目前上海和深圳交易所两个市场有3000家左右的上市公司,新三板市场有11000多家公司挂牌,资本市场帮助很多企业发展壮大，我国企业 IPO 目前采用的还是核准制，中间还因为资本市场低迷等原因暂停过挂牌上市，企业上市排队时间长，截至 2017 年 6 月 8 日，证监会在审首发企业 578 家，其中，已过会 52 家，未过会正常待审企业 488 家，中止审查企业 38 家。过去 20 多年中，基本上每三年 IPO 暂停一次，股市低迷时，暂停 IPO 就成为救市措施之一。但是这种运动式的停摆不利于私募股权基金、天使基金等的退出，挫伤他们投资的积极性。

从我们调研中得到的某企业的银行贷款利率表来看，中小型企业贷款实际负担成本比银行贷款名义利率高出许多，对于这类企业或其他类似的企业来说，负债融资的空间和成本下降空间都有限。从企业的杠杆率看，对于很多企业来说，有必要降低其负债率，增加权益融资比例，这样有助于企业降低其财务成本，轻装上阵搞发展。提升企业的权益融资，既需要企业增加权益融资意愿、发展自己与各种权益来源之间的联络渠道。另一方面，资本市场也需要保持一个稳定的发展态势，市场大起大落、监管政策不稳定不利于企业通过公开上市方式取得资金，即使公开挂牌上市，如果企业资质不佳、信息不真实透明，也无法吸引资金参与交易。

从目前我国居民个人、企业和政府的杠杆率看，企业的杠杆率最高，居民最低。企业杠杆率往上加的空间不多，近两年来企业违约的报道逐渐增多，降杠杆是近期监管目标的重点，因此，企业通过债务融资成本也在上升，我们建议如果企业拓展权益融益的渠道和意愿。

（三）公平税负，营造公平竞争环境，减轻企业税收遵从成本

我国为了帮助企业减轻税费负担，近年来出台了多项税收政策。政府收取的税费在企业直接表现为其付出的代价，也就是成本。因此，税费降的再低，站在企业角度，都希望税费可以更低。税费为零、若能领取补贴对企业来说更佳。

从我国增值税改成全链条征收后，增值税的实际税负在不同行业和不同企业之间差异较大。有的企业改成增值税后，税收负担减轻，有的企业因为成本费用中符合抵扣要求的金额不足、固定资产更新购买的周期不同，其实际税负可能有所上升。另一方面，不可否认，增值税的税收遵循成本比营业税普遍有所上升。有的行业和企业可以享受增值税即征退返的税收优惠政策。

在所得税领域，总体来说是在收缩地方税收优惠政策的权限，均衡名义税率，但不同行业、不同地区仍有不同的税收优惠政策。

各种税收优惠政策有利于某些企业的发展，但是从某种程度上造成了企业之

间发展的不平衡，同时也会导致对有的企业一方面享受税收优惠，一方面接受价格管制甚至降价，这些政策叠加可能抵消政策的效果，导致了不同地区、不同规模企业之间的不公平竞争。因此，建议整理税收优惠政策清单，评估优惠政策的效果，适当取消某些阶段性的税收优惠政策。同时，在营业税改成增值税后，倾听来自企业的声音，不仅考虑不增加企业的实际税负，还要帮助企业减少或者降低税收政策的遵循成本。使企业减少为了税收遵循而对内部管理流程的再造、更方便取得增值税的进项抵扣额，让企业切实感受到政府降税优惠。

（四）发展物流配送体系，帮助企业降低物流成本

影响物流成本的主要因素来源于搬运货物产生的支出，主要由搬运次数、距离和运送方式驱动。例如快递公司的快递成本主要由城市端的收发件成本和干线运输成本组成。前者压缩空间相对较小可以通过数据分析合理分配收发件中心和人员节约、后者可以通过建立自己的运输通道或者与其他公司建立联盟来降低干线成本。

对于云南和广西这类地点处于口岸、产业链条不是很完整、大部分面积位于内陆地区的省份而言，其物流成本相对来说会高一些。这主要是因为运输距离相对较长、公路运输的比重较大、货物运入和运出的平衡度不够。

要降低这类企业的物流成本，有的可以通过政府主导建立更便宜的运输通道达成（例如云南和广西两省在这方面都有一些措施），有些可以通过延伸产业链解决（例如五菱通用将零部件企业引入产业园区）、或者聚合物流提升物流的规模和平衡双向流动量来降低物流成本，后者更适合采用市场化方式来解决。

（五）开展政策改革预期管理降低企业成本

中国属于发展中国家，经济结构处于转型之中，并且中国作为全球经济中的重要一环，货币政策和产业政策也要受到外部环境的影响，政策转变或改革措施出台较多。

企业需要适应外部环境的需要，国家宏观政策就是需要适应的一方面，例如调研中有的企业提到治理公路运输带来的物流成本的增加，或者有的企业在中国加强环境治理的情况下，汽车排放标准的提升要求企业加快升级其产品以符合国家的政策要求。这些是国家作为社会管理者应尽的职责、企业作为负责任的一员，需要无条件遵守。但是如果有的政策能够提前给企业一些合理预期，也可以

帮助企业降低成本。例如对汽车排放标准、公路承载重量等的管理，如果有一些改革路线图或者时间表一类的政策出台，可以帮助汽车企业早日进行产品升级管理、在不符合要求的产品上少做无谓的投入。对于有些政策，出台后给予一定的稳定执行期。这可以给予企业加强资源投入、稳定生产和服务、在一定期间取得合理回报收回成本。

同样稳定融资政策（银行贷款、资本市场公开融资）等也有助于企业获得稳定的资金开展经营活动。企业可以按需要或者根据自己的能力，取得稳定相对长期性资金开展各项经营活动，少承受资金大起大落的风险，例如调研中有些企业谈到抽贷或者因为过桥贷对企业生产经营活动产生了重大影响。因此本文不赞成运动式的政策监管方式。

银行等金融机构也是市场经济中的一员，发放贷款需要承受贷款损失，当前经济下行周期下，坏账的绝对金额和比例都处于上升期，因此单纯鼓励银行等金融机构向小微企业发放贷款可能不是解决融资问题的主流之道。还是需要鼓励企业开展权益性融资或者适合小微企业的熟人融资等方式解决资金问题。政府可以在解决借贷双方信息不对称、建立更全面的信用数据、企业或个人欠款不还的法律执行方面提供帮助，建立一个信用信息更加透明的社会方面，信息不对称的消除可以帮助全社会降低由此带来的风险溢价。各地政府建立的政策性担保公司也可以通过增加企业信用的方式来帮助企业降低融资成本，但是这种方式需要政策性担保公司提升风险管理水平和解决道德风险问题，同时投入资金的多少也受各地方财务限制。

总之，企业是为了盈利而存在的经济组织，为了取得盈利所付出的代价都可以称之为企业的成本。有的成本会以显性的方式体现在企业会计账上，有的成本会通过影响盈利时间的方式隐性表达。有的成本发生主要受外部的约束，例如税费成本，用电成本；有的成本企业可能通过一定组合方式来影响，例如融资成本和物流成本。但是所有企业为了降低成本可以做的是提升企业内部的管理效率、生产效率，专业应对外部环境的影响。

从我们这次调研的过程看，绝大部分企业有通过自身管理努力降低成本的意愿和做法。企业都期待政府能帮助其降低外部环境和管制性收费带来的支出。所以站在企业层面，政府在降低企业成本方面可以做的是继续改革、稳定政策预期、企业可以做的是提升管理水平以更好应对外部环境的要求。

附录1　云南省上市公司2014—2016年度主要收益率指标　　　　　　单位:%

证券代码	净资产收益率 ROE（平均）[报告期] 2014年报	净资产收益率 ROE（平均）[报告期] 2015年报	净资产收益率 ROE（平均）[报告期] 2016年报	销售毛利率（TTM）[报告期] 2014年报	销售毛利率（TTM）[报告期] 2015年报	销售毛利率（TTM）[报告期] 2016年报
601099.SH	12.66	16.42	6.95			
600995.SH	7.61	7.21	10.42	21.17	19.91	22.98
600883.SH	-7.34	11.48	2.16	-12.28	-20.41	-13.53
600806.SH	-16.93	-19.89	-32.02	19.01	15.03	3.62
600792.SH	1.15	-22.57	1.70	8.60	-3.86	11.29
600725.SH	-122.99			3.64	-12.19	-1.78
600497.SH	2.22	0.70	-21.06	10.81	12.06	15.21
600459.SH	4.98	3.62	4.57	3.96	2.91	2.49
600422.SH	15.87	16.08	11.86	29.94	34.50	38.66
600265.SH	-138.11			-0.97	1.29	6.90
600239.SH	11.26	6.69	5.47	39.87	27.15	23.49
600096.SH	-37.60	1.81	-70.59	9.47	14.44	6.76
300505.SZ	13.26	12.47	11.85	33.10	33.09	35.06
300142.SZ	5.10	-32.55	2.57	43.40	42.85	52.50
002812.SZ	19.50	21.01	14.31	22.67	25.82	28.83
002750.SZ	21.64	13.97	14.34	69.17	65.28	79.86
002727.SZ	19.00	15.91	14.82	40.44	41.92	41.28
002428.SZ	8.28	3.88	-6.73	40.02	32.29	7.25
002265.SZ	1.62	-6.25	1.45	15.09	6.64	13.44
002200.SZ	0.80	1.26	4.01	28.91	29.72	28.62
002114.SZ	3.37	2.20	9.66	27.40	19.99	20.98
002059.SZ	4.88	5.11	4.21	33.74	32.92	26.78
002053.SZ	6.31	7.31	13.02	34.42	43.67	59.97
002033.SZ	12.48	9.97	10.60	75.14	75.33	74.71
000960.SZ	0.49	-26.62	1.75	6.11	3.42	7.04
000948.SZ	0.84	1.30	1.44	23.21	24.36	24.31
000903.SZ	5.16	4.88	5.51	19.36	16.70	13.76
000878.SZ	1.34	0.48	3.75	3.65	2.91	3.40
000807.SZ	-12.75	0.65	1.49	4.26	7.05	14.17

续表

证券代码	净资产收益率ROE（平均）[报告期]2014年报	净资产收益率ROE（平均）[报告期]2015年报	净资产收益率ROE（平均）[报告期]2016年报	销售毛利率（TTM）[报告期]2014年报	销售毛利率（TTM）[报告期]2015年报	销售毛利率（TTM）[报告期]2016年报
000667.SZ	1.39	7.56	10.76	30.56	28.79	36.06
000560.SZ	6.10	1.24	2.11	37.05	29.54	23.81
000538.SZ	24.80	22.51	20.03	30.16	30.53	29.86

资料来源：WIND 数据。

附录2　云南省上市公司2014—2016年度主要负债率指标　　单位：%或倍数

证券代码	资产负债率[报告期]2014年报	资产负债率[报告期]2015年报	资产负债率[报告期]2016年报	EBITDA/利息费用[报告期]2014年报	EBITDA/利息费用[报告期]2015年报	EBITDA/利息费用[报告期]2016年报
601099.SH	49.38	76.61	68.80			
600995.SH	51.64	48.70	39.56	6.36	6.79	12.29
600883.SH	9.77	10.77	8.27	20.27	−20.26	−5.18
600806.SH	58.41	66.04	80.78	−6.68	−4.00	−2.01
600792.SH	47.57	53.46	52.63	4.30	−2.37	3.17
600725.SH	95.23	134.47	55.92	−0.42	−4.61	6.29
600497.SH	65.18	66.66	65.70	2.19	2.27	0.37
600459.SH	36.35	42.85	43.40	5.92	4.10	4.30
600422.SH	32.22	32.59	33.14	58.38	46.95	40.05
600265.SH	98.51	124.90	94.73	−0.06	−1.80	3.17
600239.SH	85.22	87.64	89.22	2.76	2.11	1.56
600096.SH	90.10	89.56	92.48	0.66	1.98	0.25
300505.SZ	37.11	32.73	21.91	11.17	12.06	20.37
300142.SZ	46.18	51.68	44.28	2.72	−4.45	2.31
002812.SZ	37.57	41.25	16.79	21.95	25.59	62.62
002750.SZ	34.44	14.23	11.75	90.90	−45.28	−50.33
002727.SZ	29.19	45.70	58.46	−760.71	75.89	21.24
002428.SZ	20.26	25.26	18.77	25.77	10.60	−1.54
002265.SZ	32.67	36.55	37.13	11.05	2.01	17.17

续表

证券代码	资产负债率[报告期]2014年报	资产负债率[报告期]2015年报	资产负债率[报告期]2016年报	EBITDA/利息费用[报告期]2014年报	EBITDA/利息费用[报告期]2015年报	EBITDA/利息费用[报告期]2016年报
002200.SZ	63.23	67.92	71.01	1.89	2.08	2.47
002114.SZ	48.31	53.75	52.00	4.34	3.09	5.74
002059.SZ	50.51	50.01	53.42	35.69	10.95	9.49
002053.SZ	74.29	50.96	27.86	3.57	4.81	28.94
002033.SZ	21.78	20.48	18.84	−130.45	−57.91	537.22
000960.SZ	68.47	68.45	68.47	1.82	0.29	2.82
000948.SZ	45.64	45.08	44.66	3.84	3.75	5.11
000903.SZ	44.92	48.38	48.31	6.17	6.72	8.05
000878.SZ	72.62	72.92	71.29	2.49	2.81	2.79
000807.SZ	80.75	77.31	69.10	0.81	1.59	2.58
000667.SZ	64.52	65.21	62.95	3.36	8.66	8.17
000560.SZ	71.63	38.23	43.19	2.23	2.40	3.94
000538.SZ	30.88	29.87	35.56	161.42	163.44	45.55

资料来源：WIND数据。

附录3　广西上市公司2014—2016年度主要收益率指标　　　　　单位：%

证券代码	净资产收益率ROE（平均）[报告期]2014年报	净资产收益率ROE（平均）[报告期]2015年报	净资产收益率ROE（平均）[报告期]2016年报	销售毛利率（TTM）[报告期]2014年报	销售毛利率（TTM）[报告期]2015年报	销售毛利率（TTM）[报告期]2016年报
000528.SZ	2.15	0.24	0.56	21.94	25.53	24.87
000582.SZ	16.61	8.38	7.35	26.95	31.12	34.35
000608.SZ	−18.79	0.61	−15.20	45.95	62.27	46.91
000662.SZ	1.69	−0.44	11.60	14.37	10.66	36.37
000703.SZ	−6.71	3.27	9.67	4.13	4.36	3.43
000716.SZ	4.71	8.41	0.94	31.54	32.59	23.33
000750.SZ	10.67	17.92	7.52			
000806.SZ	3.15	7.24	0.64	26.79	26.63	26.17
000833.SZ	3.37	7.72	1.47	11.05	22.47	13.90

续表

证券代码	净资产收益率 ROE（平均）[报告期] 2014年报	净资产收益率 ROE（平均）[报告期] 2015年报	净资产收益率 ROE（平均）[报告期] 2016年报	销售毛利率（TTM）[报告期] 2014年报	销售毛利率（TTM）[报告期] 2015年报	销售毛利率（TTM）[报告期] 2016年报
000911.SZ	-23.76	4.50	1.19	8.54	14.76	15.06
000953.SZ	4.57	-61.53	-1481.86	-36.10	-0.52	-14.94
000978.SZ	2.85	2.03	0.50	33.48	44.58	47.41
002166.SZ	19.08	14.55	8.49	21.00	30.84	25.54
002175.SZ	3.27	6.43	5.28	31.12	44.24	44.48
002275.SZ	19.67	16.15	16.51	71.69	72.53	73.10
002329.SZ	6.43	8.91	10.92	30.82	34.58	34.91
002592.SZ	9.29	7.56	6.32	25.50	21.89	18.00
002696.SZ	6.06	5.91	5.91	11.44	12.13	11.68
300422.SZ	16.35	14.99	9.17	33.39	29.11	27.19
600236.SH	16.06	31.21	20.17	40.65	58.67	54.82
600249.SH	1.11	-8.06	1.31	11.69	13.17	14.48
600252.SH	33.22	9.58	9.53	77.99	72.53	73.69
600301.SH		-190.84	2.34	1.52	13.05	13.66
600310.SH	-0.23	11.66	7.84	17.60	15.18	12.08
600368.SH	2.47	-3.29	7.59	29.09	46.36	72.41
600423.SH	0.67	-46.47	-214.07	16.20	3.20	-2.64
600538.SH	-13.62	0.60	-4.78	10.96	16.63	10.81
600556.SH	36.15	29.38	-49.08	30.62	31.87	14.25
600712.SH	1.51	2.53	-3.16	15.51	14.10	14.71
600936.SH	15.43	17.21	11.03	35.76	32.62	25.70
601003.SH	2.98	-23.46	4.33	5.66	2.97	5.31
601368.SH	16.60	11.57	10.79	47.55	48.84	46.20
601996.SH	5.01	3.16	5.08	16.44	17.62	21.19
603166.SH	12.71	3.30	4.91	28.92	24.36	26.68
603368.SH	20.50	16.77	14.21	8.85	8.68	9.41
603869.SH	11.57	11.53	7.87	38.39	45.45	44.06

附录4　广西上市公司2014—2016年度主要负债率指标

证券代码	资产负债率[报告期]2014年[单位]%	资产负债率[报告期]2015年[单位]%	资产负债率[报告期]2016年[单位]%	EBITDA/利息费用[报告期]2014年[单位]倍	EBITDA/利息费用[报告期]2015年[单位]倍	EBITDA/利息费用[报告期]2016年[单位]倍
000528.SZ	56.13	56.31	57.02	8.30	3.56	5.28
000582.SZ	58.51	43.70	39.75	6.18	4.74	7.21
000608.SZ	61.23	59.71	62.33	-1.52	1.78	-0.21
000662.SZ	30.79	15.95	12.12	3.26	6.65	-35.31
000703.SZ	73.76	66.96	52.01	2.23	3.83	6.59
000716.SZ	22.25	38.48	41.52	6.92	-14.52	2.98
000750.SZ	72.89	73.69	78.91			
000806.SZ	61.77	23.41	26.84	2.43	17.43	17.43
000833.SZ	31.57	22.56	23.02	11.31	53.53	271.50
000911.SZ	73.46	70.97	76.02	0.11	2.42	2.66
000953.SZ	84.96	92.32	111.35	2.44	-0.26	-1.58
000978.SZ	47.66	43.86	42.45	3.50	2.98	2.41
002166.SZ	84.07	60.79	65.21	3.12	24.21	10.77
002175.SZ	28.26	54.73	42.23	11.92	7.45	7.73
002275.SZ	16.64	15.10	15.48	-35.46	-34.89	-30.27
002329.SZ	26.10	37.59	44.26	12.23	11.54	8.88
002592.SZ	19.46	20.91	16.19	-30.39	-8.33	-9.30
002696.SZ	41.72	43.29	41.41	6.21	6.47	9.08
300422.SZ	65.67	64.58	55.65	5.46	5.15	5.52
600236.SH	73.73	66.25	61.73	3.63	5.37	6.27
600249.SH	44.35	44.59	38.59	3.60	-3.08	3.97
600252.SH	26.27	19.17	17.94	45.01	31.75	-20.91
600301.SH	115.25	74.27	76.09	-5.97	-0.85	0.36
600310.SH	55.20	67.12	72.30	2.21	3.98	2.62
600368.SH	77.50	75.55	73.25	1.98	1.46	2.78
600423.SH	75.58	83.56	100.66	2.83	0.09	-1.74
600538.SH	26.39	25.02	28.08	-4.87	25.11	-5.96
600556.SH	96.36	73.16	74.04	-9.54	12.68	-37.20
600712.SH	47.96	50.16	52.65	17.02	13.84	3.95

续表

证券代码	资产负债率[报告期]2014年[单位]%	资产负债率[报告期]2015年[单位]%	资产负债率[报告期]2016年[单位]%	EBITDA/利息费用[报告期]2014年[单位]倍	EBITDA/利息费用[报告期]2015年[单位]倍	EBITDA/利息费用[报告期]2016年[单位]倍
600936.SH	51.15	61.97	48.92	26.67	27.22	40.64
601003.SH	77.20	80.38	77.73	2.74	-0.23	3.58
601368.SH	74.26	62.65	62.90	4.36	4.17	6.10
601996.SH	13.59	17.14	18.69	-19.72	-302.52	-22.08
603166.SH	65.19	43.52	41.00	4.14	4.19	10.37
603368.SH	68.57	68.39	48.43	5.54	9.68	-21.71
603869.SH	23.88	16.69	30.46	11.70	21.88	24.17

中国财政科学研究院2017年"降成本"西部调研组

负责人：傅志华

成　员：赵福昌　石英华　李成威　李　铭　黄燕飞　田　远

主要执笔人：黄燕飞

2017年"降成本"东部调研组报告

关于山东、福建降低实体经济企业成本的调查研究

降低实体经济企业成本是党中央、国务院积极应对当前经济下行、推进供给侧结构性改革、助力实体企业转型升级的重要举措。2016年8月，国务院发布了《降低实体经济企业成本工作方案》（国发〔2016〕48号文），提出"经过1—2年努力，降低实体经济企业成本工作取得初步成效，3年左右使实体经济企业综合成本合理下降，盈利能力较为明显增强"的总体目标。文件发布实施至今已近一年，为了解各地贯彻落实情况，2016年3月下旬，财科院东部调研组选择国有企业较多的山东、民营经济发达的福建开展实地调研，赴济南、潍坊、福州、福清四地，与省市县三级政府综合及经济主管部门座谈，走访八家制造业企业，详细了解各地在降低实体经济企业成本方面采取的主要措施、取得的成效以及面临的困难等，深入剖析其中的原因，为促进实体经济健康发展及推动供给侧结构性改革提出政策建议。

一、山东、福建两省"降成本"的工作成效

为贯彻落实党中央、国务院加快推进供给侧结构性改革的重大决策部署，提升企业发展竞争力，山东省政府颁布了《关于减轻企业税费负担降低财务支出成本的意见》（鲁政〔2016〕10号）、《山东省人民政府关于进一步降低实体经济企业成本的实施意见》（鲁政发〔2017〕6号），福建省颁布了《关于降低企业成本减轻企业负担的意见》（闽政〔2016〕21号），针对税费成本、制度性交

易成本、融资成本、人工成本、用能成本、物流成本等提出了具体实施意见。济南、潍坊、福州、福清四市人民政府进一步结合本地实际,组织、实施"降成本"的具体措施,将中央《工作方案》(国发 48 号文)、省级政府的实施《意见》落实到位,取得了显著成效。

(一)减轻企业税费负担

山东省 2016 年减轻企业负担 600 亿元,其中减轻税收负担 534 亿元,具体包括"营改增"减免 327 亿元、小微企业减免 69 亿元、下调城镇土地适用税税额标准减免 32 亿元、研发加计扣除优惠 30 亿元、高新技术企业减免 76 亿元。此外,2017 年山东省级涉企行政事业性收费项目实现"零收费",每年可减轻企业和社会负担 100 亿元左右。

济南市 2016 年因享受税收优惠带来的税收减免较 2015 年有大幅增加,从 144.5 亿元增至 314.1 亿元,增幅高达 117.3%。其中,支持金融资本市场发展、支持文化教育体育、改善民生、鼓励高新技术、节能环保等领域增幅都在 49% 以上。潍坊市 2016 年为企业减税降费 104.26 亿元,其中国税部门减免税款 63 亿元、地税部门减免税款 41 亿元、财政部门减免费额 0.26 亿元。

福建省 2016 年减税降费共为企业减轻负担 228.91 亿元。其中,税收减负 212.87 亿元,行政性涉企收费 16.04 亿元。福州市减税降费 112.04 亿元。其中,减税 108.82 亿元,降费 3.22 亿元。福清市因营改增带来企业减负 1.2 亿元。

(二)下调企业社保缴费比例

山东省企业职工基本养老保险缴费比例统一为 18%,比国家规定低 2 个百分点;职工基本医疗保险统筹基金累计结余超过 12 个月支付能力的统筹地区,阶段性下调单位缴费比例;生育保险基金结余超过 9 个月支付能力的统筹地区,阶段性下调单位缴费比例,全省 12 个市将缴费比例由 1% 下降至 0.5% 以内;建筑企业养老保障金提取比例由 2.6% 下调至 1.3%。

福建全省失业保险单位缴费率降至 1.5%。全面落实现行工伤保险基准费率,并延长至 2018 年 12 月 31 日,涉及企业 27.3 万家。严格执行企业住房公积金缴存比例不高于 12% 的规定。厦门市基本养老保险企业缴费比率降至 12%,缴费基数下限下调至最低工资标准。莆田市职工医疗保险单位缴费比率从 7.3% 下调至 6%,降幅全省之最。据测算,以上措施约降低人力资源成本 49.8 亿元。

(三) 降低企业融资成本

山东省通过加大财政支持力度，引导金融机构缓解企业"融资难、融资贵"问题取得一定成效。具体表现为：工业企业利息支出成本降低。2016年，山东省工业企业利息支出占主营业务收入比重为0.84%，比2015年降低0.18个百分点。建立知识产权质押融资、小微企业贷款风险补偿和融资担保代偿补偿机制，推动全年26家金融机构新增小微企业贷款1808亿元。支持小额贷款公司"支农、支小微"发放小额、分散贷款，贷款余额564亿元，90%投向"三农"与"小微"企业。财政补贴企业改制中介费用实际发生额的50%，企业上市事后奖励变为事前补助，按照募集资金金额2%一次性给予补贴。健全权益类和大宗商品类交易市场建设，齐鲁股权交易中心作为山东省中小企业融资平台，截至2017年2月底，挂牌企业达1936家，市值709亿元，帮助企业各类融资超过320亿元。

福建省在降低企业融资成本方面也取得了明显成效：各级政府设立应急周转资金78.72亿元，累计周转总额1714.83亿元，共为9851家企业提供"过桥"周转。按月息2%估算，年可减轻企业负担7.5亿元。引导银行业机构继续扩大"无间贷"、"连连贷"等无还本续贷产品机构覆盖率接近100%，2016年客户数、余额分别比年初增长67.2%、78.8%，累计为企业节约融资成本15亿元。通过自贸试验区金融开放创新降低企业融资成本，可降低成本约0.8—1个百分点。

(四) 减轻企业用能成本

山东省积极落实国家降低工商业用电价格政策，一般工业用电、大工业用电价格分别平均下调了4.15分/千瓦时、2.08分/千瓦时。积极推进电力直接交易，2016年交易试点用户增至653家，完成签约市场交易电量713亿千瓦时，比2015年增长254%，市场直接交易电量规模及比重均列全国首位，电价平均降幅为5.4分/千瓦时。2017年启动售电侧改革试点，培育售电主体参与交易，放开部分10KV电压等级用户进入市场。落实完善两部制电价政策，放宽基本电价计费方式变更周期和减容（暂停）期限限制，支持企业转型，增加电价政策灵活性，降低企业运行成本。

福建省放宽开展电力直接交易的准入条件，鼓励企业错峰生产和夜间用电，鼓励符合条件的企业利用余热、余压（气）发电，调整企业基本电费计收方式，支持有信誉的企业使用银行承兑汇票支付电费。福建省筹措 3.6 亿元，落实 2016 年前 3 个季度鼓励企业增效、调峰生产用电奖励。从 1 月 1 日起，全省一般工商业用电平均降低 2.04 分/千瓦时，年可为企业降低成本 7.46 亿元。启动电力直接交易，于 3 月 18 日、4 月 1 日组织了两批次交易，推动准入的 75 家用户企业和 11 家发电企业达成 100 对交易，交易量达 189 亿千瓦时，为用户企业降低用电成本约 12 亿元。

在降低用气成本方面，福建省按上下游价格联动机制，引导和督促城市燃气公司加强成本控制、减少中间费用、落实物价部门相关规定，将上游降价空间及时传导到工业用户，降低企业用气成本。2016 年 1 月起，对中海福建天燃气有限公司印尼合同气量门站价格由 2.38 元/立方米调整为 2.373 元/立方米；对燃气电厂置换给城市燃气公司的气价由 2.76 元/立方米调整为 2.373 元/立方米，共计降低终端用户用气成本 4 亿元。

（五）降低企业物流成本

山东省在全面取消二级公路收费项目的基础上，逐步取消一级公路收费站。对《出境商品口岸重点查验目录》内的出境商品口岸核查货证比例由 5% 降低至 2.5%，对目录外的出境商品口岸核查货证比例由 0.5% 降低至 0.25%。

福建省是全国第一个自发实施海关查验作业费免除试点政策的省份。外贸企业进出口申报环节相关的经营服务性收费均由省级财政承担。国际贸易"单一窗口"电子口岸平台上线后，全省外贸企业无需再向海关、检验检疫部门缴纳进出口申报环节相关费用。此外，免除查验没有问题外贸企业的吊装、移位和仓储费用，有关费用由省级财政承担。

（六）降低制度性交易成本

山东、福建两省继续深化"放管服"改革，不断加快简政放权步伐，在加强目录管理和权限下放、优化审批流程、实行项目联合审批等方面出台了一些有效措施，降低了企业在行政审批中的时间成本、经济成本。

山东省潍坊市围绕降低时间成本和资金成本，制定了 9 条含金量较高、切实有效的政策措施，包括扩大告知承诺审批适用范围、落实行政审批否定报备制度、推行建设项目区域化评估评审等创新举措，2016 年累计为企业节省时间成本 16000 余天。同时，整合规范县级公共资源交易平台，实现全程电子交易，免费发放招标文件。2016 年市级公共资源交易项目投标人数量为 16436 人次，为投标人节省购买招标文件费用支出 657.44 万元。

福建省福清市实行"一表申请、一口受理、一章审批、超时默认"的并联审批模式，对涉及 10 个单位的 35 个审批事项进行流程再造，把审批时限从 109 个工作日压缩至 60 个工作日，审批即办率达 84%，承诺时限压缩至法定时限的 30% 以内，行政审批和办事效率有了较大改善。

（七）提升企业挖潜增效与创新能力

在引导和帮助企业开展内部降成本方面，山东省出台了《关于提升工业产销率加快去库存加速资金周转的指导意见》，加快推进工业去库存，降低企业资金占用成本。推广一批企业管理典型经验，引导企业增强内功，减少原材物料消耗，压缩管理、销售和财务费用，努力降本增效。加快实施"互联网+"行动计划，充分利用现代信息技术等手段，线上线下结合打造新型营销服务体系，帮助企业降低运营成本。潍坊市总结推广了建立健全降本增效机制、推广智能化生产、盘活闲置资产等 19 项举措，总结了 37 家企业典型案例，引导企业积极内部挖潜增效。

在降低创业创新成本方面，山东省出台了一系列政策措施。2016—2018 年将"创新券"政策[①]补助范围由小微企业扩大至中小微企业。实施"工业云平台"政府购买信息化服务，由省级以政府购买服务方式向"工业云平台"购买一年期的研发设计、数据管理等基础软件服务，免费向线上企业提供。扩大首台（套）等科技保险财政补偿政策实施范围，在适当提高单户企业最高财政补助数额的同时，将高新技术企业购买的产品研发责任保险和关键研发设备保险等纳入保险补偿产品范围。降低企业职业培训成本，加大高技能人才培养培训财政补助力度，开展新型学徒制培训试点，对试点企业按其支付给培训机构培训费用的 60% 给予补助。实施技术设备进口贴息、知识产权保护财政奖补、建设小微企业创业创新示范基地、实施企业家免费培训计划等政策措施。

在降低企业研发成本方面，福建省运用创新券、"后补助"的形式减免企业利用省大型科研仪器网络管理平台或国家网络管理平台资源开展分析、测试、检验、实验产生的费用，优先支持科技型中小微企业。设立科技小巨人领军企业研

---

① 山东省以"创新券"的形式，依托"山东省大型科学仪器设备协作共用网"，对省内小微企业使用高校、科研院所及其他企事业单位科学仪器设备进行检测、试验、分析等活动发生的费用给予补助，有效解决了企业检验检测缺乏专业设备支撑等难题，进一步放大政策实施效应。

发费用加计扣除奖励专项资金，对中小型科技企业研发费用进行加计扣除奖励，加快培育一批创新能力强、发展前景好、代表性强的中小企业。在扶持企业技改方面，2016年7月8日，由福建省财政厅、兴业银行共同发起的"福建省企业技术改造投资基金（有限合伙）"（简称福建技改基金[①]）在福州市马尾自贸区正式注册成立，该基金首期规模80亿元，期限10年，以支持福建省企业技术改造升级。企业技改基金通过债权等市场化方式对重点技改项目进行投资，收取不超过年化3%的利率，由财政进行贴息，这大大降低了企业的融资成本。福州市认缴出资了1.6亿元。省企业技改基金已在福州市投放了8个技改项目，约7.2亿元。

二、山东、福建"降成本"面临的现实问题

在调研过程中，通过与政府相关部门、行业协会深入座谈，并赴代表性行业企业实地考察，我们发现两省降成本系列举措受到广大企业的好评与赞誉。然而，也还存在着诸多问题，需要通过完善政策或深化改革予以妥善解决，突出反映在以下几个方面：

（一）减税降费的企业获得感不强

地方政府在减税降费方面做了大量工作，从政府统计数据看，也的确是给企业减轻税费负担，从部分企业的税费数据中也印证了这一点。然而，无论是政府市直部门的座谈会讨论，还是企业的实地调研，均能听到"企业税费负担仍较重，没有体会到减税降费的好处"的声音。如企业反映"2016年缴纳各类税费约为25亿元，占公司总收入的6.7%，且按照三税（增值税、营业税和消费）为税基缴纳的地方水利建设基金，每年都要上千万元"。

有企业反映城镇土地使用税和房产税的重复征税问题。《关于将地价计入房产原值征收房产税问题》（财税〔2010〕121号）明确规定："对按照房产原值计税的房产，无论会计上如何核算，房产原值均应包含地价，包括为取得土地使

[①] 福建省企业技改基金作为一种金融创新工具，在传统项目贷款、技术改造贷款等债权融资之外，福建技改基金为"新常态"下推动企业转型升级提供了一种新思路。福建技改基金将重点投向福建省内先进产能扩容增效、智能化改造、服务型制造、工业强基工程、提升质量品牌、绿色生态发展、科技成果转化、公共服务平台等领域重点技术改造项目，并由兴业银行子公司兴业基金负责管理。

用权支付的价款、开发土地发生的成本费用等"。实际上，土地价值已是城镇土地使用税的税基，按照相关规定缴纳城镇土地使用税。将地价纳入房产税税基，大大提高了企业房产税税负。

增值税留抵税款对企业现金流影响严重。某农机制造企业反映，至2016年年底，该企业的留抵税款已达7.2亿元，严重影响了企业的正常经营。我国现行增值税政策规定，农机生产企业采购零部件增值税进项税率为17%，对外销售农机整机增值税销项税率为13%；增值税留抵税额不予退税，可结转至下期继续抵扣。由于受农机生产销售适用增值税低税率、留抵税额不予退税及农机产品附加值率低等多项因素影响，农机生产企业形成大额增值税留抵税额并长期挂账。如果让农机生产企业不形成增值税留抵税额，其产品附加值率至少需要提高至30.8%。增值税留抵税款问题是农机行业普遍存在的问题，据统计，全行业有近10亿元的税款待抵。

公路收费财政票据无法抵扣导致物流企业负担增加。"营改增"后，将道路同行服务（包括过路费、过桥费、过闸费等）按照不动产经营租赁缴纳增值税，适用11%的税率。《财政部、国家税务总局关于进一步明确全面推开营改增试点有关劳务派遣服务、收费公路通行费抵扣等政策的通知》（财税〔2016〕47号）》[①] 明确规定了可抵扣票据的种类，但不包括财政票据，而财政票据在高速公路收费票据中占有主要位置。据统计，2015年全国高速公路收费收入为4097亿元，其中政府还贷公路收费收入为1784.6亿元，占比为42.6%。通常而言，政府还贷高速公路收费使用财政票据，还有部分非政府还贷高速公路收费也使用财政票据。保守估计，至少有一半公路收费使用财政票据。使用财政票据而非商业发票则意味着公路收费未缴纳增值税，相应无法抵扣，这大大增加了企业负担。

（二）人工成本仍在逐年攀升

人工成本增幅较大。根据山东省重点工业企业问卷调查数据显示，2016年4季度企业工作人员每月人均报酬为3479元，比2015年同期提高204元。青岛市

---

① 文件规定，"自2016年5月1日至7月31日，一般纳税人支付的道路、桥、闸通行费，暂凭取得的通行费发票（不含财政票据，下同）上注明的收费金额按照下列公式计算可抵扣的进项税额：（1）高速公路通行费可抵扣进项税额 = 高速公路通行费发票上注明的金额 ÷（1 + 3%）×3%；（2）一级公路、二级公路、桥、闸通行费可抵扣进项税额 = 一级公路、二级公路、桥、闸通行费发票上注明的金额 ÷（1 + 5%）×5%"。

辖区内66%的企业综合人工成本上涨，部分企业转投海外。2015年末福建省4557家规模以上企业调查结果显示，46.7%的企业认为生产经营中的主要问题是"用工成本上升"，居全部问题之首。

企业普遍感受社保缴费太高。由于社会保障制度统筹层次较低，资金来源渠道单一，经费保障与责任分担机制不合理，再加上近些年的平均工资增长率在10%以上，这些因素叠加，导致了现在企业普遍感受到社保缴费太高。同时，不少地方养老保险当期已经收不抵支，社保基金缺口加大，威胁到现行社会保障制度的可持续发展。

（三）融资难问题没有得到根本缓解

尽管中央与省政府出台了一系列金融支持工业稳增长、调结构的重要举措，但银行普遍将防治风险放在金融治理的首位，采取大额授信权限上收总行的集中管理模式，推行"一刀切"的限贷政策，抽贷、断贷现象严重，小微企业融资难问题没有得到有效缓解。

据反映，部分金融机构在承诺政府提供过桥资金后对小微企业提供续贷，但在政府履行完承诺后，竟拒绝为企业提供后续贷款，将金融机构的风险完全转嫁给了政府，恶化了商业环境，增加了企业融资、政府扶持、金融机构资产管理的难度，直接间接交易成本增加，最终转化为小微企业融资成本的上涨。

调研发现，中小微企业普遍存在"短贷长用"问题，企业将短期流动资金贷款用于长期项目投资，而长期项目投资回报周期长，不确定性因素较多，造成企业经营现金流入与债务现金流出时间上的不匹配，在整体经济环境恶化的背景下极易导致产业链上下游企业间"三角债"问题的集中爆发，形成恶性循环。

此外，由于信息渠道不畅通，政策宣传不到位，部分小微企业对政策的知晓率偏低，政策无法及时落实到位。即使部分小微企业了解政策且符合条件，由于申请手续繁杂，时间长，与小微企业"短、小、频、快"的资金需求难以匹配，而且担心事后"查账"可能引发的不必要"麻烦"，最终选择放弃。据福建省调查总队开展的小微企业发展情况专项调查显示，龙岩市未享受优惠政策的小微企业占79.7%，享受政府资金支持和贷款优惠政策的仅占5.1%。

（四）用能成本居高不下

与美国等发达国家相比，当前我国企业的用能成本仍然偏高。潍柴集团反映，2015年潍柴集团用电量为1.55亿千瓦时，电费支出近1.5亿元，2016年集团用电量为 2.5 瓦时，电费支出 2.05 亿元，用电成本占公司能源消耗费用的近 73%。福耀玻璃反映，近三年用能成本（用电和用天然气）占生产成本的比重平均为：汽车玻璃 9.3%、浮法玻璃 42.6%，占比很高。与美国相比，中国电价为 0.65 元/度以上，是美国 0.05 美元/度的 2 倍以上，中国天然气价格为 2.45 元/立方米，是美国的 0.11 美元/立方米的 3 倍以上。

耀隆化工反映，2016 年用电支出 5000 多万元，且以前的化肥厂因支农享受的优惠电价在 2016 年被取消，导致度电成本提高了 0.055 元。公司使用银行承兑汇票支付电费，供电公司不接受，只能现付。此外，公司每天用水 1.5 万吨，环保部门按照用水量（入口算而不是出口算）收取排污费 2.55 元/吨，而公司用水后产生的是不污染的氢气，实际排污流量约 1000 吨，大部分原水带入了产品中，按进水量收取排污费不合理，导致公司的排放费畸高，强烈建议按实际排污量收取排污费。

（五）物流成本上涨明显

由于运输业人工成本上升，加上过路费、过桥费等因素影响，货车租赁费用增加，运输成本上升。尤其是 2016 年 9 月《超限运输车辆行驶公路管理新规》出台后，整治货车超载超限力度加大，企业运输成本更是大幅增加。分行业看，能源原材料工业、设备制造业以及消费品行业运输成本增加较快。

山东某企业反映每年将增加公路运输成本 2 亿元，上涨幅度达 67%。一些企业为降低公路运输费用，增加火车运输比重，造成火车运力紧张，铁路局也相应上调运输价格。某新能源公司反映 2016 年整车运输（按体积核算）的价格上调了 22%，整车运输（按车型核算）价格上调了 18%，省内运价平均上升了 8.15%。

福耀玻璃反映，受 2016 年 9 月运输新政影响，原片玻璃的汽车运输运价上涨约 10%。物流业人工成本上涨影响了运价升高，以及"营改增"、运输新政后物流业普遍涨价。港口杂费多，收费环节标准不明确，如同一港口不同船公司的收费不一样，不同港口的收费也不一样。

此外，多式联运和信息化水平偏低、货物中转装卸消耗过大、运行效率低等问题，也亟待关注与有效解决。

（六）制度性交易成本仍有较大下降空间

从调研情况来看，企业反映的制度性交易成本主要包括：在行政审批和执行相关制度、政策中花费的经济、时间和机会成本，例如，在开办企业时办理相关手续时的时间成本、经济成本；在争取政府政策支持时的时间成本、资金成本和人力成本等。由于政府职能、政府服务或政府职能外延而支出的经济成本，例如，企业缴纳的行政性收费、基金以及在环保、质检、安全、消防、卫生等方面支付的评估费用。企业因信息不对称所支付的成本，例如，因为不知情或由于地方没有具体实施细则，无法享受到一些政策优惠；办理一些事项，多支出的时间和经济成本。企业由于维权和市场不公平竞争而支付的费用，例如，企业因"打假"而支付的费用。由于制度因素造成的垄断而产生的企业机会成本以及较高的用能成本等，例如，企业普遍反映因电力体制原因，导致企业的用能成本较高。

为了提高工作的质量和决策效能、加强廉政建设，近些年来我国高度重视决策主体的权责机制建设，强化责任追究。这些措施增强了决策主体的责任意识，但也导致了新的制度性交易成本。一些部门为了规避责任，抱着"只要形式到位、只要过问了，即使出了问题，也不是自己的责任"的心态，只注重工作的形式、不管工作质量。与此同时，当前出现了多头监管、监管过多、重复监管等现象，加重下一级政府部门和企业的工作负担和运行成本。一些政府机关疲于应付上面的各项监管、检查，耗费了大量的时间和精力，影响到自己的本职工作和服务效能，从而产生了较高的制度交易性成本。

（七）部分企业管理创新能力薄弱

企业管理、科技研发及创新能力的高低，直接影响企业的成本费用和产品竞争力，最终影响企业的经济效益和长远发展。调研发现，规模大、产品附加值高、盈利状况好的企业，均是管理水平较高、对成本费用管理和控制精益求精；也有不少企业对成本费用管理和科研创新能力重视不够。部分企业普遍存在内部成本管理水平较低、对"惠企政策"关注和跟踪不足、"科技降本"、"全员降本"理念缺乏和意识不到位成本管理措施和考核激励措施缺乏等问题。

据某新能源企业反映，新能源行业严重缺乏高层次的研发创新人才，研发项目对市场和用户的调研少，没有真正深入到用户家中去了解更多的产品痛点和用户需求；研发项目管理的工具缺乏。部分中小高新技术企业即使符合高新技术企业认定资格，也由于害怕税务查账和申报后查出问题带来严重处罚等原因而不愿意进行申报。中小民营科技公司很少重视创新和研发投入，研发投入较少，且大多是模仿式和剽窃式研发，很少投入资金搞基础性和原创性研发。

三、关于问题成因的分析

客观上讲,实体经济企业成本之所以较高,原因是多方面的。既有政府方面的原因,也有企业自身的原因;既有政策方面的原因,也有体制机制方面的原因;既有长期存在的合理性原因,也有亟待消除的不合理性原因。具体而言,包括以下几个方面:

(一)税费管理规范化降低了企业获得感

政府一直在推行减税降费政策,但企业获得感不强,主要原因在于:经济发展进入新常态,特别是2010年以来经济下行的背景下,企业盈利难度加大,消化成本能力变弱;"营改增"、非税收入等改革提升了税费管理的规范化程度,挤压了企业避税的"灰色空间",间接抵消了减税效应;有些企业为降低涉税风险,管理成本和纳税成本有所提高,部分抵消了企业的获得感。此外,减税降费政策的普惠性,也降低了企业的获得感。近年来最主要的两项减税改革,"营改增"和小微企业减免税政策,均涉及众多纳税企业。以山东潍坊为例,2016年因"营改增"减税20亿元,其中试点纳税人减税5.8亿人,而涉及到的纳税人为6.4万户,户均减税9062元。该市2016年为小微企业减税1.59亿元,涉及纳税人3.38万户,户均月减免391元。

(二)共享发展背景下人工成本逐步攀升

随着共享发展理念深入人心,职工收入不断增长不仅是一项合理的需求,而且是政策调控努力实现的目标,人工成本的逐步攀升趋势还将持续下去。具体看,我国人口红利正在逐步耗尽,人口结构逐步失衡(人口老龄化),人力资本投入与居民消费支付持续增长,劳动人口收入预期持续上升,劳动力供给结构不合理、收入结构不均衡导致的成本推动型的工资增长,以及国家继续调低企业"五险一金"交费比率的空间越来越小,随着每年基数的快速提高,企业承担的社会保障负担上升趋势仍然明显,这些因素相互交叠推动人工成本不断上升。

(三)行业垄断导致企业融资成本、用能成本难降

当前小微企业"融资难、融资贵"的重要原因是银行业的金融垄断。据中国人民银行 2017 年 1 季度《货币政策执行报告》的社会融资规模数据显示，除企业债券、非金融企业股权融资外，包括贷款、银行承兑汇票在内的商业银行间接融资比重仍然高达 71.8%，企业融资渠道单一，非信贷融资的市场空间偏小。在银行业内，工、农、中、建、交五大行业务规模占银行业整体业务规模比重较高。根据网易财经数据显示，五大行 2016 年底资产规模占银行业机构资产总规模的比重约为 39.27%。高的市场集中度，逐级上收信贷审批权的管理模式，导致地方分支机构难以根据本地企业实际情况决定是否提供贷款，迫使企业通过其他高成本渠道融资，企业融资成本上升。

在用能、用水、用气等方面，政府定价、垄断定价仍在起主导作用，定价机制的市场化程度不高，价格构成不透明，交易市场不发达，相关政策不完善等因素，导致当前企业用能成本居高不下。破除行业垄断，改革相关价格机制，是一个相对缓慢的过程，一定程度上决定了企业用能用水用气等成本难以快速下降。

（四）政府放权与管服能力建设失衡增加了制度性交易成本

政府"放管服"改革是一项系统工程，需要协调推进。调研发现，地方政府的放权改革都很到位，但"管服"方面的工作还存在一些不足，未能实现放权与管服能力建设之间的平衡，一定程度上增加了制度性交易成本。

在管理方面，政府打击假冒伪劣、保护品牌、促进市场公平竞争等力度不够，客观上增加了企业成本；政府职能设置存在部门职责交叉、重叠，造成多头监管、监管过多、重复监管，给企业带来了额外的不必要的负担；地方政府在承接上级政府下放的权力时，认识不一、标准不统一，一些下放的专业性、技术性较强的审批事项，地方政府承接能力不足，出现"中梗阻"；不同部门共同负责审批的项目，在取消或下放审批权时缺乏沟通，协调不到位，影响了放权效果。

在服务方面，政府信息公开不畅，或宣传不到位，或缺少为企业服务的产业信息平台，导致企业无法享受到一些支持政策，或是产生较高的搜索成本，或是失去了难得的发展机遇，增加了企业的实际成本或机会成本。

（五）企业管理创新能力差异带来严重的两级分化

随着知识经济时代的到来，企业只有不断提高管理和创新能力，才能获得持续发展的源源动力。调研数据和企业反馈均可以看出，往往规模大、产品附加值高、盈利能力强的企业重视研发投入，逐年加大研发投入，通过研发来实现降成本和增效益，而中小规模企业因盈利能力较弱，真正的研发投入较少，即使有研发、大多也是在进行模仿式创新，也没有专门的研发团队进行持续的研发。从长远来看，增强企业自身的管理和创新能力，对于降低实体经济企业成本具有根本性、长期性的决定意义。

四、进一步完善"降成本"政策的思路与建议

在经济进入新常态，实体企业经济效益普遍下滑的背景下，进一步推进降低实体经济企业成本，不仅需要总结和评估现有降成本产生的实效和问题，更应统筹提出降成本的新思路，丰富和细化降成本的政策举措。

（一）基本看法与总体思路

通过对山东、福建两省的调研，我们形成如下以下基本看法。

——一年来地方政府在降成本方面做了大量的工作，也取得了积极成效，山东、福建已实现省级"涉企行政零收费"的目标。

——减税降费必须兼顾财政承受能力，与财政支出结构调整协调推进。未来降低税费的空间越来越小，通过规范税费管理为企业创造公平环境，更有利于实体经济的长远健康发展。

——融资成本、制度性交易成本以及垄断成本已成为影响实体经济企业成本的主要因素，构成了进一步降成本的重点。

——政府不是决定企业成本的主要矛盾方面，企业自身的产品竞争力和科技创新能力才是决定成本高低、决定企业兴衰的关键因素。政府应与企业在降成本上形成合力，维护好公平的市场经营环境。

——从国际竞争力来看，短期我国还具有较大的竞争优势。但随着人口红利的消失，中国竞争力在逐渐减弱，需要未雨绸缪，进行改革。

我们认为，企业成本是有一定刚性和承受空间的，当前大部分显性成本和市场化交易的正常成本是没有太多下降空间的。因此，降成本不能一味地追求在"成本"上做文章。下一步降成本工作应坚持两手抓，一手重点抓降低融资成本、制度性交易成本和破除垄断对要素价格的扭曲方面，另一手重点解决企业开拓市场、增加销售收入、提高管理创新能力等方面存在的机制体制障碍，建立和规范公平交易的市场，打击不合理的垄断和欺诈行为，保护知识产权，强化产品标准体系建设，从而营造公平的市场竞争环境，帮助企业通过增销增效来降低

成本。

（二）具体政策建议

1. 优化增值税制度，实现完全抵扣

在综合考虑企业税收负担和财政支出压力的情况下，在间接税为主体的税制格局短期内无法改变的现实国情下，我国税制改革应重点在优化增值税制度方面下功夫，真正实现企业仅为增值税纳税人而非负税人的制度安排。近十年来，我国致力于构建消费型增值税，投资和出口不征增值税，即对待抵税款退税。但待抵税款的长期大量存在，意味着企业的投资长期负税（负担增值税），事实上形成了政府对企业的强制"借款"（该退未退）。建议对待抵税款实行有条件地退税，即对超过一定期限、数额占销售收入比重超过一定比例的待抵税款给予退税，进而实现全面抵扣；或将退税节奏、行业（企业）选择权下放给地方，便于地方根据本地区财政可承受能力以及征管的具体情况，酌情把握。

2. 消除重复征税（费），推进税制改革

教育费附加和地方教育费附加在缴纳主体、计税方式上存在高度重复，建议改革完善地方教育附加制度，将地方教育附加并入教育费附加，并降低费率；或者将地方教育费附加费率设定权、减免权下放至地方政府，由省级政府根据本省情况，自行决定；或者取消地方教育费附加。房产税与城镇土地使用税存在重复征税，建议将房产税和城镇土地使用税合二为一，或者取消城镇土地使用税。

此外，加快房地产税以及个人所得税改革，增加来自家庭和居民的收入，可以扭转我国以"企业"为纳税主体的税制格局，有利于增强我国企业在世界上的竞争力。

3. 探索建立基础性社会保障制度，实现多支柱协调发展

与国外相比，我国企业的社会保障负担确实比较高，继续调低缴费比率，整个社会保障制度体系将难以为继。以养老保障为例，我国目前的养老保障体系属于就业导向的缴费型养老金制度，针对机关、事业、企业、农村等不同单位或区域实行不同的制度，不仅具有明显的碎片化特征，而且缺少防止老年贫困的普惠、共济职能。政府理应为社会公众提供不设地域、性别、年龄、职务等限制的基础性养老保障服务，维护低收入群体的最低生存、生活条件，对于经济条件较好的中高收入阶层，国家不给予基础性养老保障，而是通过职业年金和个人退休账户等其他方式提供相应的养老保障服务。按照这样一个思路去改革社会保障制度，才能真正实现可持续发展。

为此，我国可以通过整合与统筹现行养老保障资金来源，完善社会再分配政策，明确规定将一定比例的养老资金用于建立全覆盖的基础性养老保障制度。同时，针对各类企业、金融机构、养老服务机构以及家庭或个人，健全和完善财政税收优惠政策，运用行政手段和市场手段相结合的调节方式，大力开拓养老保障体系的第二支柱（职业年金）、第三支柱（商业保险、个人退休账户等），实现多支柱协调发展。

4. 加大政府支持力度，帮助企业降低人工成本

职工收入的提高应该建立在可能性基础之上，且需循序渐进。企业雇用职工，是一种市场化行为，工人的工资水平从根本上取决于其自身的素质、技能及综合实力。政府有责任保障职工权益，特别物质利益，但不一定通过最低工资制度来实现。在初次分配活动中，让市场起作用，才能真正实现优化资源配置的目标；政府过多或不当干预初次分配，可能收到"南辕北辙"的效果。对于低收入企业职工，政府可以通过最低生活保障、廉租房、教育券等方式，调节市场分配带来的差距。

在知识、创新为导向的新经济模式下，完善职工培训机制，提升劳动力技能水平，具有重大而深远的现实意义。对政府而言，实行多元化的筹资机制，支持劳动力转移就业培训和企业开展技能晋升培训等职工技术培训；鼓励高校与用人单位加强校企合作，实行人才实训，缩短新人磨合期；对高端人才、科技骨干实现个人所得税奖励，加大人才公租房、人员招聘、实习基地建设等方面给予政策扶持，既可以降低企业用工成本，还能促进企业长远发展。

5. 完善"管服"改革举措，降低制度性交易成本

深化行政审批制度改革，下放审批权限，特别需要协调推进"管服"改革，增强"管服"能力。在管理方面，完善市场准入机制，健全企业投资项目核准、备案、监管等制度，实施企业投资项目准入负面清单、行政审批清单、政府监管清单管理；在基础设施和公用事业等领域，实行公开市场准入标准和支持政策，鼓励社会资本进入医疗、养老、交通、教育等公共服务领域；在提高政府工作效能方面，有效消除多头监管、重复监管、过度监管，大力推行联合监管。

在服务方面，优化政府管理工作流程，构建便利化的"一站式"服务体系；在落实中央涉企收费优惠政策和继续清理行政事业性收费的基础上，全面清理中介服务事项，破除中介服务垄断，切断中介服务与政府之间的利益关联；培育市场契约精神，降低企业维权、打假等成本，加大惩戒力度，打击各类违法、不正当的市场行为，维护市场公正和社会诚信。

6. 健全金融体系，有效降低企业融资成本

为解决中小微企业资本金不足等问题，建议依托多层次资本市场，大力推动"新三板"、区域股权交易中心（所）、网络股权众筹等股权投融资与交易市场建设。为解决中小微企业"短贷长用"等问题，建议探索设立长期贷款性资金融资机构，或强化现有政策性银行的政策性职能，切实为企业提供充分的长期贷款业务服务。在构建区域性普惠金融体系方面，建议丰富发展地方法人金融机构，充分发挥其接近市场、了解市场的优势，在确保风险可控的前提下，更好地为本地金融消费者提供更具特色和适宜的金融服务。

在中小微企业征信体系建设方面，建议在省级层面，利用大数据、云计算等现代信息技术，构建统一的中小微企业征信平台，依法采集、整理、加工个人、企业的信用信息，实现跨部门、跨行业的信用信息共享。严厉打击各种形式的逃废银行债务行为，将恶意逃废银行债务的企业、法定代表人和有重大关系的高管人员等有关人员列入"黑名单"，增强企业诚信意识，促进企业合法经营。

7. 破除垄断，进一步降低用能成本

采取行政手段破除垄断，突破利益集团的种种阻扰，深入推进用能市场化价格形成机制改革，促进市场主体多元化竞争，形成一个充满有序竞争的用能市场。

对于企业用电，应按照准许成本加合理收益的原则，测算并上报电网企业准许总收入和各电压等级输配电价水平。逐年扩大市场化交易电量规模，有序放开发电企业、售电主体和用户准入范围，允许符合条件的电力用户和售电企业参与市场交易，不断丰富交易品种，健全风险规避机制，逐步建成公平开放、规范高效、健康发展的电力市场体系，发挥市场配置资源的决定性作用。

对于企业用气，则应择机放开天然气气源价格，有序推进天然气公开交易。根据管网经营主体多元化情况，在成本监审的基础上，科学核定天然气管道运输价格，完善天然气上下游价格联动机制。

8. 鼓励并支持企业改善成本管理，提高研发创新能力

安排部分财政科技支出，奖励企业加强成本管理，采用新技术，实行集约节约生产和经营。完善各类资源平台，推进企业间信息交流，加强产学研合作，促进需求对接、资源共享、优势互补、共同发展。加强舆论宣传，及时总结推广企业在降成本方面的好经验、好做法，为企业发挥降成本的主体作用提供模板借鉴。加强企业家队伍建设，强化企业家素质培训，提高企业成本费用管理水平，从而为建立降成本的长效机制创造有利条件。充分发挥各类行业协会、商会在降

低企业成本中的积极作用，通过提供指导、咨询、信息等服务，更好地为企业、行业提供智力支撑，引导企业健康有序发展。

在研发创新方面，应不断完善和提高研发技改的各项政策。比如，在研发费用加计扣除的范围和扣除比例上还可以适当拓展，从而使企业在规范管理研发项目费用归集的同时，获取更多的国家政策扶持，鼓励"万众创业、大众创新"，鼓励企业加大研发投入。此外，建议中央和地方对企业承担的国家层面的前沿研发项目给予更大的政策扶持，比如，按照超过研发投入比 3.5% 部分的研发投入，给予 10% 的政府财政补助以返还给企业。

中国财政科学研究院 2017 年"降成本"东部调研组
负责人：王朝才
成　员：马洪范　封北麟　梁　季　陈　龙　赵治纲

山东、福建两省《降低实体经济企业成本工作方案》落实情况的调查报告

降低实体经济企业成本是党中央、国务院积极应对当前经济下行、推进供给侧改革、助力实体企业转型升级的重要举措。2016年8月，为落实党中央、国务院的决策部署，切实抓好各项工作任务的组织落实，确保取得成效，国务院发布了《降低实体经济企业成本工作方案》（国发〔2016〕48号，以下简称48号文），要求全国各省、自治区、直辖市人民政府、国务院直属机构认真贯彻执行。地方各级政府积极响应党中央、国务院号召，深入贯彻国发48号文精神，针对本地企业实际情况，制定落实了一系列的降成本措施。发文至今已近一年，各地落实措施是否取得预期成效，能否力争实现48号文提出的"经过1—2年努力，降低实体经济企业成本工作取得初步成效，3年左右使实体经济企业综合成本合理下降，盈利能力较为明显增强"总体目标，需要认真总结工作经验，特对落实情况进行实地调研、考察成效。

调研组分别选择国企与民企较多的山东、福建两省作为东部经济发达地区的样本省份，采取与省、市两级政府各部委办座谈、与各行代表性企业及行业协会主要负责人面谈、到实体企业走访、发放问卷调查表等点面结合的方式全面、详实了解各地政府在降低企业各类成本方面采取的主要措施、目前的成效以及面临的困难等等，行业涉及有色金属冶炼、大型机械制造、化工、电子科技等多产业领域，贯穿原材料到终端消费品全产业链，涉及大中型国企、民营企业等多种所有制类型企业。调研覆盖面兼具典型性和代表性，调研结论基本反映两省实际情况。现将调研两省降低企业成本的有关情况总结如下。

一、国发48号文关于"降成本"的总体要求

国务院制定发布的《降低实体经济企业成本工作方案》对于各地落实降低企业成本的工作提出了明确的目标任务。总体目标是"经过1—2年努力,降低实体经济企业成本工作取得初步成效,3年左右使实体经济企业综合成本合理下降,盈利能力较为明显增强",并将总体目标进一步分解到企业运营过程中涉及到的税费成本、融资成本、制度性交易成本、人工成本、能源成本以及物流成本,分别提出了各自的具体工作目标。

(1)税费成本。48号文提出企业税费负担要合理降低。全面推开营改增试点,年减税额5000亿元以上。清理规范涉企政府性基金和行政事业性收费。

(2)融资成本。实体经济企业融资成本要有效降低。企业贷款、发债利息负担水平逐步降低,融资中间环节费用占企业融资成本比重合理降低。

(3)制度性交易成本。制度性交易成本要明显降低。简政放权、放管结合、优化服务改革综合措施进一步落实,营商环境进一步改善,为企业设立和生产经营创造便利条件,行政审批前置中介服务事项大幅压缩,政府和社会中介机构服务能力显著增强。

(4)人工成本。人工成本上涨得到合理控制。工资水平保持合理增长,企业"五险一金"缴费占工资总额的比例合理降低。

(5)能源成本。企业能源成本要进一步降低。企业用电、用气定价机制市场化程度明显提升,工商业用电和工业用气价格合理降低。

(6)物流成本。企业物流成本要实现较大幅度降低。社会物流总费用占社会物流总额的比重由目前的4.9%降低0.5个百分点左右,工商业企业物流费用率由8.3%降低1个百分点左右。

在争取1—3年实现上述目标的总体要求下,国发48号文同时提出了开展工作时应切实把握的五大原则,对落实工作中可能发生的问题预先提出了工作尺度与工作方向。五大原则的实质是指出"降成本"作为当前的一项重要工作,不能以偏概全、要着眼长远发展、要尊重市场优胜劣汰规律、要发挥企业内部挖潜积极性、不得牺牲供给质量换取低成本。

二、山东、福建两省降本增效的主要措施

为贯彻落实党中央、国务院加快推进供给侧改革的重大决策部署,提升企业发展竞争力,山东、福建两省在省级政府层面制定发布了《关于减轻企业税费负担降低财务支出成本的意见》(鲁政〔2016〕10号)、《山东省人民政府关于进一步降低实体经济企业成本的实施意见》(鲁政发〔2017〕6号)、《关于降低企业成本减轻企业负担的意见》(闽政〔2016〕21号),针对企业税费成本、制度性交易成本、融资成本、人工成本、用能成本、物流成本等提出了具体实施意见,要求各市、县(区)人民政府,管委会和省直各相关部门按照文件确定的责任分工,由牵头部门(第一责任单位)尽快制定本地区、本部门的落实意见,并组织实施。两省各市、县区人民政府根据两省《意见》,进一步结合本地实际,组织、实施"降成本"的具体措施,将中央《工作方案》(即国发48号文)、省级政府的实施《意见》落实到位。

(一)全面合理降低企业税费负担

山东、福建两省政府围绕《工作方案》(即国发48号文)提出的"通过全面推开营改增试点,确保所有行业税负只减不增;落实好研发费用加计扣除政策,修订完善节能环保专用设备税收优惠目录;扩大行政事业性收费免征范围,清理规范涉企收费;取消减免一批政府性基金,扩大小微企业免征范围"等四大类政策,逐一细化落实相关政策(参见表1)。同时,为确保行业税负只减不增,两省还根据税费减负过程中存在的各类问题采取分类施策的方式制定了相应的补足性、补偿性措施,例如对新增试点行业采取过渡性措施、力争企业应享尽享税收优惠政策、财政补助企业研发投入、清理规范社会团体收费等政策,力求对因配套政策不到位而导致税负增加的企业实现"失之东隅、收之桑榆"的补偿效果,增强企业尤其是小微企业税负减免的获得感。此外,山东省根据各行业经济运行情况,适当下调行业税负预警值,运用指标控制方式将政策实效数字化、可视化,确保措施执行持续有效。

表 1　　山东、福建两省落实合理降低企业税费负担相关政策

省　　份		山　　东	福　　建
政策措施	政策类型	政策内容	政策内容
营改增试点扩围	主体政策	1. 营改增试点范围扩大到建筑业、房地产业、金融业和生活服务业，并将企业新增不动产纳入增值税抵扣范围。	1. 营改增试点范围扩大到建筑业、房地产业、金融业和生活服务业，并将企业新增不动产纳入增值税抵扣范围。
	配套措施	2. 新增试点行业的原营业税优惠政策原则上予以延续，对老合同、老项目以及特定行业采取过渡性措施。	2. 加强纳税辅导，指导企业用足用好政策，加大力度落实国家支持小微企业发展的增值税、企业所得税等方面税收政策。
		3. 月销售额或营业额不超过 3 万元（含 3 万元）的小微企业，免征增值税和营业税；年应纳税所得额在 30 万元以下（含 30 万元）的小型微利企业，其所得减按 50% 计入应纳税所得，并按 20% 的税率缴纳企业所得税。	3. 简化办理程序，优化纳税服务，力争实现每个小微企业应享尽享税收减免政策。
		4. 物流企业自有（包括自用和出租）的大宗商品仓储设施用地，减按所属土地等级适用税额标准的 50% 计征城镇土地使用税。	4. 全面落实放宽高新技术企业认定条件和支持领域的相关政策。
		5. 进一步简化审批流程，加强税务与海关信息互联共享，切实提高出口退税效率。	5. 出台软件企业和软件产品依法享受税收减免认定办法。
研发费用加计扣除	主体政策	1. 研发费用加计扣除。	1. 研发费用加计扣除。
	配套措施	2. 贯彻落实国家有关新材料、关键零部件、环境保护专用设备、节能节水专用设备等企业所得税优惠政策。	2. 企业研发经费投入分段补助：规模以上企业、高新技术企业，以及新型研发机构和科技小巨人领军企业的年度研发经费投入提供后补助。
		3. 加计扣除的项目研发投入，由省、市财政按大型企业新增投入或小微企业总投入的一定比例（10%）给予奖励，单个企业奖励金额最高 1000 万元。	

续表

省　份		山　东	福　建
政策措施	政策类型	政策内容	政策内容
扩大行政事业性收费免征范围，清理规范涉企收费	主体措施	1. 涉企收费目录清单管理，常态化公示。 2. 开展涉企收费专项清理检查。 3. 加强票据和非税项目执收编码的管理。 4. 18项涉企行政事业性收费的免征范围由小微企业扩大到所有企业。 5. 符合条件的小微企业，免征教育费附加、地方教育附加、水利建设基金、文化事业建设费和残疾人就业保障金。	1. 涉企收费目录清单管理，常态化公示。 2. 涉企经营服务性收费，一律按下限执行。 3. 工业企业仪器仪表和计量器具的检测收费，工业企业、外贸流通性企业需缴纳的江海堤防维护费分别按照企业流转税额的0.45‰、0.9‰征收。 4. 除资源性补偿费和损坏性赔偿费外，全面停征工业企业省定涉企行政事业性收费项目。
取消减免一批政府性基金，扩大小微企业免征范围	主体措施	1. 育林基金征收标准降为零，停征价格调节基金，将散装水泥专项资金并入新型墙体材料专项基金。 2. 新型墙体材料专项基金按规定标准的80%征收。 3. 教育费附加、地方教育附加、水利建设基金免征范围，扩大到月销售额或营业额不超过10万元的缴纳义务人。 4. 取消大工业用户燃气燃油加工费等违规设立的政府性基金。 5. 新菜地开发建设基金征收标准降为零，整合归并水库移民扶持基金等7项政府性基金。	1. 取消大工业用户燃气燃油加工费等违规设立的政府性基金。 2. 教育费附加、地方教育附加、水利建设基金免征范围，扩大到月销售额或营业额不超过10万元的缴纳义务人。 3. 新菜地开发建设基金征收标准降为零，整合归并水库移民扶持基金等7项政府性基金。

续表

省份		山东	福建
政策措施	政策类型	政策内容	政策内容
清理规范社会团体收费	主体措施	1. 建立政府部门向行业协会商会转移委托职能的目录清单。 2. 严禁行业协会商会利用行政资源强制向企业收取费用行为。 3. 严禁以各种方式强制企业赞助捐赠、订购报刊、参加培训、加入社团、指定服务、考核评比。 4. 完成第二批行业协会商会与行政机关脱钩试点工作。	

注：资料根据两省政府文件整理得到。

（二）综合治理有效降低企业融资成本

目前，我国企业融资成本形成的市场化程度相对较高，因此，降低企业融资成本必须妥善处理政府和市场的关系，在尊重市场规律的基础上，采取综合施策的方式，推动企业融资成本的有效降低。总体看，山东、福建两省主要从以下9个方面采取措施（参见表2）：（1）健全融资风险补偿与风险分担机制，提高信贷机构风险容忍度；（2）创新信贷融资方式，扩大银行资金支持；（3）完善转贷应急机制；（4）发展多层次资本市场体系，鼓励企业直接融资；（5）降低融资中间环节费用；（6）规范市场运行机制，合理引导资金流向；（7）引导企业利用境外低成本资金，降低外贸企业收汇融资风险；（8）支持地方金融组织发展，构建普惠金融体系；（9）提高企业资金周转效率，强化企业自融资能力。

表2　　　　　　　　　　　山东、福建两省降低融资成本政策

省份	山东	福建
政策目标	政策措施	政策措施
健全融资风险补偿与风险分担机制，提高信贷机构风险容忍度	1. 设立省级知识产权质押融资风险补偿基金。 2. 建立科技成果转化贷款风险补偿机制。	1. 设立中小企业信用保证基金。 2. 建立完善省再担保公司、各地政府主导担保公司资本金补充及业务风险补偿机制。

续表

省份	山东	福建
政策目标	政策措施	政策措施
健全融资风险补偿与风险分担机制，提高信贷机构风险容忍度	3. 完善小微企业贷款风险补偿和信用担保代偿补偿政策。 4. 出台地方非金融机构的小微企业贷款风险补助政策。 5. 颁布小额贷款保证保险保费补贴政策。 6. 发起设立总规模40亿元的省级融资性担保机构股权投资基金。 7. 支持市再担保公司开展"助保贷"业务，由政府、合作银行、市再担保公司按照3:3:4比例建立企业融资风险分担与补偿机制。	3. 调整省再担保公司、政府主导担保公司业绩考核办法，适当调高风险容忍度。
创新信贷融资方式，扩大银行资金支持	1. 引导银行业机构大力发展动产抵（质）押贷款业务。 2. 研究运用物联网技术解决动产融资中的信息不对称问题。 3. 建立完善新型资本要素市场体系。 4. 加快建设统一高效的知识产权交易服务平台，鼓励发展以知识产权、股权、排放权和节能量等为抵（质）押物的新型融资方式。 5. 稳妥推进农村承包土地的经营权、农民住房财产权抵押贷款试点。 6. 完善科技创新创业企业贷款风险与补偿机制，创造条件积极争取投贷联动试点资格。	
完善转贷应急机制	1. 在银行机构推广"无缝隙"、"年审制"、"续贷通"、"免评估"等信贷服务模式。	1. 加强企业应急资金管理，帮助企业渡过续贷难关。 2. 金融机构不得简单因企业使用应急转贷资金而降低企业信用等级。

续表

省份	山东	福建
政策目标	政策措施	政策措施
完善转贷应急机制		3. 加大各级财政对企业转贷应急资金投入，降低企业转贷过桥利率。
		4. 推广"无间贷""连连贷"等业务模式，扩大无还本续贷政策适用主体范围，持续提高续贷比例。
发展多层次资本市场体系，支持企业直接融资	1. 鼓励更多企业到境内外股权交易市场上市挂牌融资。	1. 建立省级"小微企业发债增信资金池"，持续扩大直接融资规模。
	2. 鼓励上市公司利用资本市场实施再融资和并购重组。	2. 对成功上市或挂牌企业给予财政补助。
	3. 促进齐鲁股权交易中心改革发展，全面对接省级政府股权投资引导基金。	3. 加强培育和辅导省重点上市后备企业。
	4. 协调推进省级政府直投基金进一步加快投资进度，加大投资力度。	4. 鼓励优质龙头企业多渠道债券融资。
	5. 补助企业进行规范化公司制改制。	
	6. 对申请上市、挂牌交易企业给与一次性补助。	
	7. 企业资产债务流转、股权支付、权属转移变更涉及的货物转让、资产收购交易等涉及的动产、不动产、土地使用权转让暂不征收增值税；可做特殊税务处理。	
	8. 鼓励企业在银行间市场债务融资。	
	9. 促进基础设施资产证券化，探索实施金融资产、知识产权、碳排放权、不动产收益权等企业资产证券化。	

续表

省份	山东	福建
政策目标	政策措施	政策措施
降低融资中间环节费用	1. 落实收费公示及各项服务价格政策。	1. 加强对金融机构定价的指导和监督检查。
	2. 清理不必要的资金"通道"和"过桥"环节，缩短企业融资链条。	2. 贷款不得附加不合理条件，不得额外收费，取消无实质服务内容收费项目，向社会公布定价。
	3. 引导金融机构严格遵守"七不准"规定。	
	4. 鼓励银行业机构通过降低保证金比例、提高担保放大倍数等措施支持效益好的融资担保机构。	
引导企业利用境外低成本资金，降低外贸企业收汇融资风险	1. 鼓励企业和金融机构基于主体资本或净资产进行跨境融资。	
	2. 鼓励金融机构通过内保外贷等方式，为企业提供融资与担保支持。	
	3. 鼓励符合条件的大型企业集团开办跨境人民币双向资金池业务，提高资金使用效率。	
	4. 鼓励企业赴境外发行人民币和外币债券。	
	5. 对企业出口信用保险保费财政补贴比例提高到50%。	
	6. 完善贸易融资风险补偿机制，对贸易融资项下的担保风险，省级贸易融资风险补偿资金、市级财政、银行业金融机构和担保主体，按照1:2:2:5的比例共同承担。	

续表

省份	山东	福建
政策目标	政策措施	政策措施
支持地方金融组织发展，构建普惠金融体系	1. 支持小额贷款公司、融资性担保行业转型升级。 2. 稳妥有序推进权益类和大宗商品类交易市场建设。 3. 发展地方资产管理公司，加大不良资产处置力度。 4. 鼓励山东金融资产交易中心创新产品和服务，为地方金融资产有效配置提供有力支持。	1. 大力发展与福建经济结构相匹配的融资租赁业；当年新增融资租赁合同金额的5‰予以风险补偿；通过融资租赁加快实施技术改造，固定资产产权归属企业的融资租赁方式可视同采购设备，享受技改补助政策。
提高企业资金周转效率，强化企业自融资能力	1. 取消政府采购合同预留尾款用作质保金的做法，全面推广政府采购信用担保业务。 2. 积极推广政府采购合同融资政策，引导各金融机构利用政府采购信用开发新型融资产品。 3. 对列入政府债务应付工程款全部列入年度政府置换债券发行计划，确保逐笔及时清偿到位。 4. 加强对担保圈风险的监测研判，有序化解大企业担保圈风险。 5. 鼓励企业加强往来款项管理，引导企业加快付款，减轻全社会债务负担。	

注：资料根据两省政府文件整理得到。

（三）多措并举降低制度性交易成本

降低制度性交易成本有利于打破地域分割和行业垄断，加强公平竞争市场环境建设，优化制度设计和政策体系，创造良好的营商环境。山东、福建两省基本围绕"放权、简政、清费、勤政"四个方面全力降低制度性交易成本，制定了一系列降低制度性交易成本政策（参见表3）。其中，"放权"以建立权力清单，持续推进政府权力"瘦身",下放"含金量高"的行政审批事项为基本内容;"简政"以精简审批环节,完善电子政务为主要方式;"清费"以清理规范收费服务项目,实施清单管理为重要手段;"勤政"以明确承诺审批事项、限时办结,杜绝无端拒绝审批诉求的不作为现象为基本要求。总体看,"放权"是方式,"简政"是目标,"清费"是手段,"勤政"是要求。

表3　　　　　　　　山东、福建两省降低制度性交易成本措施

省份	山东	福建
政策类型	具体措施	具体措施
放权	1. 下放"含金量高"的行政审批事项,持续推进政府权力"瘦身"。	1. 全面推行行政权力清单制度,对没有法律法规章依据的,一律予以取消,2016年底前再取消一批涉企证照相关办理事项;向社会公布办事指南。
简政	1. 加快省市县三级政务服务平台互联互通,实行统一受理、统一办理、统一查询、统一监管,实现全省政务服务"一网通"。	1. 完善电子政务平台建设,提高全省行政审批和公共服务事项的网上办理比例。
	2. 大力推行"一号通""一表通"等审批服务模式,以及一窗口受理、一站式办理、同城通办等公共服务模式。	2. 推进项目并联审批,建立统一的投资项目在线审批监管平台,实行"一口受理、同步审批、限时办结、信息共享"的投资项目并联审批机制,促进项目审批提速提效。
	3. 实行企业设立"五证合一、一照一码"。	3. 精简企业办事条件,缩减取消行政审批前置条件。
	4. 整合建设工程项目审批环节,推进模块化管理。	4. 取消不必要的关联证照(卡)和证明项目。
		5. 清理行政审批中介服务事项。
		6. 取消政府部门设立中介服务机构执业限制、限额管理,建立行政审批网上中介超市。
清费	1. 清理规范行政审批中介服务收费事项。	1. 委托开展的技术性服务活动,必须通过竞争方式选择服务机构,服务费用不得变相转嫁企业负担。

续表

省份	山东	福建
政策类型	具体措施	具体措施
清费	2. 推行重点投资项目全程无偿代办服务。 3. 建立横向覆盖全部审批部门、纵向延伸到所有镇街的三级代办服务网络。 4. 特定区域单体建设项目有关环节"零收费"进入。	2. 建立中介组织不良行为记录和黑名单制度,加强中介服务机构行业自律和收费监管。
勤政	1. 扩大告知承诺审批适用范围。 2. 杜绝无端拒绝审批诉求,杜绝部门审批中不作为现象。	

注:资料根据两省政府文件整理得到。

(四) 统筹兼顾合理降低人工成本

企业人工成本和企业职工收入是一枚硬币的两面,如何避免当前企业人工成本增长成为压垮企业的最后一根稻草,同时又能确保居民收入合理增长,是一个需要精准把握尺度、统筹兼顾的难题。山东、福建两省按照中央的指导思路,紧扣企业社保缴费比例、住房公积金缴费比例、最低工资调整机制三项影响人工成本高低的重要因素分类施策合理降低企业用工成本。通过"降、缓、免、补"综合施策、标本兼治、远近结合,确保既达到缓解企业人工成本持续上涨的急症效果,同时又不留下社会保障资金长期入不敷出的后遗症。具体政策如表4所示。

表4　　山东、福建两省合理降低人工成本政策措施

省份	山东	福建
政策类型	具体措施	具体措施
降低企业社保缴费比例	1. 将各市企业职工基本养老保险单位费比例统一按18%执行。因单位缴费比例调整形成的基金收支缺口,通过企业职工基本养老保险省级调剂金给予适当补助。	1. 社会保险单位缴费部分在2%的基础上再降0.5%,即用人单位缴纳1%、个人缴纳0.5%,执行期限2年。
	2. 2016—2018年,将建筑企业养老保障金提取比例由2.6%下调为1.3%;确有困难的可分期缴纳。	2. 全面落实2015年10月1日起执行的工伤保险基准费率调整政策,并将政策期限再延长一年。

续表

省份	山东	福建
政策类型	具体措施	具体措施
降低企业社保缴费比例	3. 信用考核优秀的企业，可免予缴存建筑劳务工资保证金。 4. 2016年适当降低统筹基金累计结存规模超过12个月的地区的职工基本医疗保险单位缴费比例。 5. 推进生育保险和基本医疗保险合并实施，适时调整费率。	3. 适当降低职工基本医疗保险单位缴费率。 4. 困难企业可办理养老保险费缓缴，缓缴期限不超过1年。
阶段性降低企业住房公积金缴存比例	1. 在5%至12%之间确定合适的企业住房公积金缴存比例。 2. 生产经营困难企业除可降低缴存比例外，还可依法申请缓缴住房公积金，待效益好转后再提高缴存比例或恢复缴存并补缴缓缴的住房公积金。	1. 企业缴存住房公积金比例不得高于12%，困难企业可适当降低或暂缓缴存公积金。 2. 对于符合有关规定不裁员、少裁员的企业，按企业及其职工上年度实际缴纳失业保险费总额的50%给予稳岗补贴，用于企业职工生活补助、缴纳社会保险费、转岗培训、技能提升培训等稳岗补贴支出。 3. 部分地区采取加快发展智能制造方式以资本替代劳动、提高劳动效率方式降低企业用工。
完善最低工资调整机制	1. 合理控制最低工资标准调整频率和幅度，适当确定企业工资指导线。 2. 全省范围内取消购房面积、就业年限、投资纳税、积分制等落户条件，最大限度降低城镇落户门槛。 3. 积极推进城镇基本公共服务均等化和农业转移人口市民化。 4. 2018年年底前基本完成"三供一业"分离移交工作任务，不再承担相关费用。 5. 建立家政服务从业人员意外伤害保险财政补助制度。	

注：资料根据两省政府文件整理得到。

(五) 分类施策降低企业用能用地成本

降低企业用能用地成本涉及能源价格改革和土地供应制度改革。山东、福建两省紧紧围绕放开能源供给竞争性领域和环节价格管制、形成充分竞争机制、扩大市场化交易、提高价格灵活性为基本方向，分类施策逐步完善能源价格形成机制。两省企业用地成本的降低则通过完善土地供应制度、创新土地价款缴纳方式将企业短期大额土地购置资金支出分摊为长期小额租金支出，降低企业短期流动资金压力，以时间换取空间。目前，两省采取的主要措施如表5所示。

表5　　山东、福建两省分类施策降低企业用能用地成本

省份	山东	福建
政策类型	具体措施	具体措施
加快推进能源领域改革	1. 按照"管中间、放两头"的总体思路，深入推进电价形成机制改革，促进市场主体多元化竞争。	1. 按照上下游价格联动机制，根据福建天然气购气成本变动情况及时降低到达城市的门站气价。
	2. 择机放开天然气气源价格，有序推进天然气公开交易。	2. 加强对城市燃气公司的成本监审和工业用户气价监管，降低中间环节加价，确保上游降价空间及时传导到工业用户，切实降低工业企业用气成本。
	3. 完善天然气上下游价格联动机制，择机放开非居民用气价格，逐步放松对居民生活用气价格管制。	
加快电力体制改革	1. 按照准许成本加合理收益的原则，测算并上报我省电网企业准许总收入和各电压等级输配电价水平。	1. 积极开展电力直接交易，按照平稳有序原则逐步放宽准入条件。
	2. 扩大市场化交易电量规模，有序放开发电企业、售电主体和用户准入范围，允许符合条件的电力用户和售电企业参与市场交易，建成电力市场体系。	2. 鼓励企业错峰生产和夜间用电，对蓄售区符合条件的龙头、高成长和新增长点项目企业延长谷时段3个小时。
	3. 2017年启动售电侧改革试点，培育售电主体参与交易，放开部分10KV电压等级用户进入市场。	3. 对符合条件的利用余热、余压（气）发电企业，对其缴纳的重大水利工程建设基金、地方水库移民后期资金、城市公用附加费省级留成部分由财政部门以奖励方式予以支持。

续表

省份	山东	福建
政策类型	具体措施	具体措施
加快电力体制改革	4. 落实完善两部制电价政策，放宽基本电价计费方式变更周期和减容（暂停）期限限制，支持企业转型，增加电价政策灵活性。	4. 调整企业基本电费计收方式，企业对变压器容量报停或减容每月可申报一次，降低企业基本电费；支持有信誉的企业使用银行承兑汇票支付电费。 5. 一般工商业企业用电价格平均下调2.04分/千瓦时政策。
推进土地供应制度改革	1. 对民间资本参与城市基础设施、公益性科技和非营利性教育、文化、卫生等社会公益事业项目使用的土地，符合国家划拨用地目录的，按划拨方式供地。 2. 实行新增工业用地弹性出让年期制，积极推进工业用地长期租赁、先租后让、租让结合供应，工业用地的使用者可在规定期内按合同约定分期缴纳土地出让价款。 3. 在不改变用途前提下，现有工业项目提高利用率和新建工业项目建筑容积率超过国家、省、市规定容积率部分的，不再增收土地价款。 4. 在工业园区投资建设物流、研发、信息服务、工业设计等生产性服务业的，参照执行工业用地价格。	1. 创新工业用地供应方式，探索实行工业用地长期租赁、先租后让、租让结合供应方式。 2. 鼓励工业用地使用权人在符合城乡规划、不改变原用途的前提下，提高工业用地土地利用率和增加容积率，不再补缴土地出让金，免收城市基础设施配套费。

注：资料根据两省政府文件整理得到。

（六）较大幅度降低企业物流成本

物流成本上升是当前企业反映比较突出的问题。山东、福建两省通过优化物流环境、规范物流收费、提升通关效率、推进智慧物流管理体系建设向物流行业要效益，降低企业物流成本。具体措施参见表6。

表 6　　　　　　　　　　山东、福建两省分降低企业物流成本

省份	山东	福建
政策类型	具体措施	具体措施
优化物流业发展环境	1. 优化综合交通运输通行条件和环境，构建高效运行的多式联运体系。 2. 2017 年开始在我省开展无车承运人试点工作。 3. 支撑物流业高效运行的信息技术、标准和设施，健全有效衔接、联通共享的物流标准体系，推进智慧物流体系和智慧物流工程建设。	
规范公路收费管理	1. 完善公路收费政策，进一步放开公路运输市场价格，改革客运运价管理，规范货运价格管理，完善主要由市场决定公路运价的机制。 2. 在全面取消二级公路收费项目的基础上，逐步取消一级公路收费站。	1. 实行"递远递减"的计费模式。 2. 简化规范通行证审批，推进城市配送车辆进城、通行、停靠便利化。
规范机场铁路港口收费项目	1. 查处港口航运乱收费行为，适时组织开展铁路货运价格和收费、机场货物运输收费专项检查，查处强制服务并收费、不服务或少服务并收费等违规行为。	1. 制定并公布港口各种服务收费（政府性基金）目录清单，督促各收费单位实行明码标价，向社会公布相关收费标准，提高透明度。 2. 港口各类电子政务平台、辅助平台不再向企业收取运行维护费用，实行政府购买服务，统一由所在地财政承担。
降低企业通关成本	1. 推动关检合作"三个一"向"三互"和"单一窗口"转变。 2. 减少口岸查验商品种类，对 CCC 入境验证商品不强制在口岸实施查验。 3. 出境商品口岸核查货证比例由 5% 降低至 2.5%，对目录外的出境商品口岸核查货证比例由 0.5% 降低至 0.25%。	1. 2016 年对进出口环节海关查验没有问题的外贸企业免除吊装移位仓储费用。 2. 支持各地试点免除集装箱检验、检疫、查验、作业费用。 3. 全面推进国际贸易单一窗口建设和关检合作"一次申报、一次查验、一次放行"，实现无纸化通关，提高通关效率。 4. 实行整车进口一体化快速通关模式，做大做强整车进口业务；指导企业办理进口货物原产地证书，落实 AEO 互认制度。

注：资料根据两省政府文件整理得到。

（七）助力企业挖潜改造，提升创新能力

降低企业成本不仅需要通过优化外部环境降低外部成本，而且需要通过引导实体经济企业采取提升生产效率、提高管理水平、加快技术创新等挖潜增效措施，降低企业内部成本。山东省在推动企业挖潜改造、提升企业创新力方面采取了包括研发补助、设备进口贷款贴息、首台套科技保险补贴、专利保护财政奖补、小微企业创业补助、企业职业培训补助等一系列支持措施（参见表7），取得了较好的成效。

表7　山东推动企业挖潜改造提升创新力政策

省份	山东
政策类型	具体措施
研发补贴	1. 扩大"创新券"覆盖范围，由小微企业扩大到中小微企业，对检测、试验、分析等活动发生的费用给予补助。
	2. 免费向线上企业提供一年期的研发设计、数据管理、协同营销、工程服务、现状诊断、生产保障等信息化集成服务。
进口设备贷款贴息	1. 对列入省级《鼓励进口技术和产品目录》的，提高省级贴息补助标准，鼓励企业引进适合我省产业转型升级的关键技术和设备。
扩大首台（套）等科技保险财政补偿政策实施范围	1. 对企业购买的产品质量保证保险、产品责任保险、综合险给予补贴。
企业知识产权保护财政奖补	1. 企业首次发明专利授权给予申请费、代理费全额补贴。
	2. 对年授权发明专利达到10件以上的企业给予奖励；对维持5年以上及具有较好市场价值的有效发明专利和获得国外授权的发明专利给予资助。
降低企业职业培训成本	1. 提高"金蓝领"培训省级补助标准，继续实施企业家免费培训计划。

注：资料根据两省政府文件整理得到。

三、山东、福建两省降本增效政策评估：成效与问题

山东、福建两省在近一年的降低实体经济企业成本的工作中积极采取措施，

综合施策、多措并举，取得显著成效。但是，由于降低企业成本牵涉社会经济的方方面面，环环相扣，属于系统工程，降本增效过程受到内外部复杂因素的影响制约，需要循序渐进。因此，目前两省仍然面临一些推动企业成本居高不下或持续上涨的因素和问题。总体看，两省成绩斐然，但仍有改进空间。

（一）两省降本增效取得的成效

1. 山东省取得的成效

山东省委、省政府高度重视"降成本"，积极筹划，主动作为，围绕降低企业税费负担、社保支出、融资成本等方面，推出了含金量较高的"定向、定期、精准、有力"的政策措施，效果初步显现，全年减轻企业负担约600亿元。

（1）减轻企业税费负担。2016年营改增减税规模达327亿元，所有试点税负只减不增；全年减免小微企业增值税、营业税、所得税约69亿元；31种资源品目中已有23种完成从价计征，矿产资源补偿费降为零，价格调节基金停征；16个市降低城镇土地使用税税额标准，初步测算为企业减轻税负约32亿元；落实加计扣除政策，每年企业研发费用加计扣除额约120亿元，减免税款约30亿元；累计认定4692家高新技术企业，年减免税约76亿元；省级涉企行政事业收费项目实现"零收费"，每年可减轻企业收费负担约100亿元。

（2）企业社保缴费比例有所下降。全省企业职工基本养老保险缴费比例统一为18%，比国家规定低2个百分点；职工基本医疗保险统筹基金累计结余超过12个月支付能力的统筹地区，阶段性下调单位缴费比例；生育保险基金结余超过9个月支付能力的统筹地区，阶段性下调单位缴费比例，全省12个市将缴费比例由1%下降至0.5%以内；建筑企业养老保障金提取比例由2.6%下调至1.3%。

（3）企业融资便利性提升，财政支持力度增大。工业企业利息支出等融资成本降低。2016年，山东工业企业利息支出占主营业务收入比重为0.84%，比2015年降低0.18个百分点。建立了多层次风险补偿机制，建立知识产权质押融资、小微企业贷款风险补偿和融资担保代偿补偿机制。全年26家金融机构新增小微企业贷款1808亿元。支持小额贷款公司"支农、支小"发放小额、分散贷款，贷款余额564亿元，90%投向"三农"与"小微"企业。财政补贴企业改制中介费用实际发生额的50%，企业上市事后奖励变为事前补助，按照募集资金金额2%一次性给予补贴。2016年底，全省有10278家企业完成规范化公司制改制，为对接资本市场奠定基础。"新三板"挂牌企业新增234家。设立了省级融资性担保机构股权投资基金，促进融资担保行业转型升级。截止2017年2月末，国资背景的融资担保机构数量达到187家。引动民间融资规范发展，2017年2月末，全身获得业务许可民间融资机构473家，注册资本248.7亿元。健全权益类和大宗商品类交易市场建设。目前，全省（不含青岛）有权益类交易场所已达17家，开展股权质押融资、农村两权抵押融资。大宗商品交易11家，交易品种涉及农产品、能源、化工等领域。齐鲁股权交易中心，作为山东省中小企业融资平台，截止2017年2月底，挂牌企业达1936家，市值709亿元，帮助企业各类融资超过320亿元。发展地方资产管理公司2家，其中省金融资产管理公司累计投资179.77亿元，收购金融机构不良债权683.83亿元，累计处置239.35亿元。

（4）企业挖潜改造积极性增加，创新能力提升。"创新券"政策以扩大至中小微企业，2016年有1958家企业预约共享科学仪器设备16013次，省级落实"创新券"补助金额4825万元。全省补贴首台套设备及零部件保险补偿资金1.7亿元。统筹安排小微企业创业创新公共服务资金4亿元，支持济南、青岛2个全国小微双创示范城市和11个省级示范基地，改善小微企业公共服务。

（5）剥离企业办社会职能，降低企业发展成本。启动国有企业职工家属区"三供一业"分离移交工作。安排资金45亿元，促进了企业精干主业，降低发展成本。

2. 福建省取得的成效

2016年，按照党中央、国务院推动供给侧改革、降低实体经济企业成本的决策部署，积极履行降成本主体职责，从制定配套措施、推动普遍性降费、整治违规行为、完善工作机制等方面，全面开展各项降成本工作，取得阶段性成果。2016年全省共减税降费约370亿元。

（1）企业税费负担有所减轻。营改增试点扩围，全面落实小微企业增值税和营业税优惠，全面落实各项企业所得税优惠政策，共降低企业税负212.87亿元，取消、合并收费项目28项，对小微企业免征28项，全面停征省定涉企行政事业收费，落实国家扩大18项行政事业收费免征范围，共计减少涉企行政事业收费约16.04亿元。

（2）企业社保缴费比率降低。全省失业保险单位缴费率降至1.5%。全面落实现行工伤保险基准费率，并延长至2018年12月31日，涉及企业27.3万家。严格执行企业住房公积金缴存比例不高于12%的规定。厦门市基本养老保险企业缴费比率降至12%，缴费基数下限下调至最低工资标准。莆田市职工医疗保险单位缴费比率从 7.3% 下调至 6%，降幅全省之最。据测算，以上措施约降低人力资源成本 49.8 亿元。

（3）减轻企业用能成本负担。降低一般工商企业电价 2.04 分/千瓦时，开展电力直接交易 223 亿千瓦时，执行蓥售区峰谷电价涉及电量 115 亿千瓦时，直供区峰谷电价，落实增产增效用电奖励。以上措施共减轻工业企业用电用能负担 30.15 亿元。

（4）企业物流成本负担有所减轻。全面推进国际贸易单一窗口建设和关检合作"一次申报、一次查验、一次放行"，实行无纸化通关，提高通关效率。不再收取进出口企业报检软件服务费、通讯平台费等。以上措施约减轻企业负担 5.8 亿元。

（5）企业融资成本降低。各级政府设立应急周转资金 78.72 亿元，累计周转总额 1714.83 亿元，共为 9851 家企业提供"过桥"周转。按月息 2% 估算，年可减轻企业负担 7.5 亿元。引导银行业机构继续扩大"无间贷"、"连连贷"等无还本续贷产品机构覆盖率接近 100%，2016 年客户数、余额分别比年初增长 67.2%、78.8%，累计为企业节约融资成本 15 亿元。通过自贸试验区金融开放创新降低企业融资成本，可降低成本约 0.8—1 个百分点。

（二）两省降本增效仍存在的问题

根据两省调研资料显示，企业目前反映比较突出的问题集中在以下几个方面：

1. 人工成本仍在逐年攀升

近年，国家虽然调整企业五险一金交费比率，但随着每年基数的快速提高，用工成本逐年上升趋势仍然明显。部分高技术行业、劳动密集行业以及低端重工行业人工成本增加幅度较大。根据山东全省重点工业企业问卷调查数据显示，2016 年 4 季度企业工作人员每月人均报酬为 3479 元，比 2015 年同期提高 204 元。青岛市反映辖区内 66% 的企业综合人工成本上涨，部分企业转投海外。人工成本快速增长的主要原因是我国人口红利正在逐步耗尽，人口结构逐步失衡（人口老龄化），人力资本投入与居民消费支付持续增长，劳动人口收入预期持续上升，劳动力供给结构不合理、收入结构不均衡导致的成本推动型的工资增长，以及一些社会保障制度性因素的影响。这些因素相互交叠进一步加速了人工成本上升的趋势。

2. 企业税费负担略有减轻，但依然是影响企业成本高低的主要组成部分

2016年，山东全省工业企业上缴税金总额占主营业务收入比重为3.1%，比2015年下降0.6%；福建全省共减税降费370亿元；企业税费负担有所减轻。但是，总体看，企业目前运营过程中仍需要缴纳包括增值税、消费税、企业所得税、资源税、城镇土地使用税、房产税、城市维护建设税、耕地占用税、土地增值税、车辆购置税、车船税、印花税、契税、关税、船舶吨税等18个税种的税收，在此基础上，还需交纳各种政府性基金、行政事业性收费以及涉企经营性收费。虽然，不是每个企业都需要缴纳所有税费，但企业缴纳的税费仍是企业主要的成本构成，多数企业对比利润与上缴的税费，仍然感知税费负担较重。此外，一些税费优惠政策落实不到位、难落实也是导致企业税费减免获得感较少的原因之一。

3. 物流成本上涨明显

由于运输业人工成本上升，加上过路费、过桥费等因素影响，货车租赁费用增加，运输成本上升。尤其是，从2016年9月份，国家出台《超限运输车辆行驶公路管理新规》后，整治货车超载超限力度加大，企业运输成本大幅增加。分行业看，能源原材料工业、设备制造业以及消费品行业运输成本增加较快。据山东日照五征集团每年将增加公路运输成本2亿元，上涨幅度达67%。泰安市反映一些企业为降低公路运输费用，增加火车运输比重，造成火车运力紧张，铁路局也相应上调运输价格。整治货车超载超限具有切实而且紧迫的重要性，但需要综合施策、完善配套措施，降低物流运输单价，确保政策负面效应最小化。此外，多式联运和信息化水平偏低、货物中转装卸消耗过大、运行效率低也是导致物流成本居高不下的重要原因。

4. 用能成本居高不下

当前，我国企业用能成本相比美国等国际经济发达地区仍然偏高。企业用电、用气定价机制的市场化程度不高，能源价格构成不透明，电量交易市场不发达，峰谷分时电价调整政策不完善等因素导致当前企业用能成本居高不下。

5. 制度性交易成本仍有较大下降空间

虽然，山东、福建两省省级政府均宣称省级涉企行政事业性收费已经实现"零收费"，但是在精简行政审批环节、政府市场管理缺位与越位、中介收费不规范、政策不透明、信息不对称、社会信用体系建设不健全等问题依然存在，降低制度性交易成本的空间依然很大。

6. 融资难问题没有得到根本缓解

当前，商业银行普遍将防治风险放在金融治理的首位，小微企业贷款难、贷款贵、资金链紧张问题仍比较突出。尽管中央与省政府出台了一系列金融支持工业稳增长、调结构的重要举措，要求银行机构对优质企业续贷，但银行仍然普遍采取大额授信权限上收总行的集中管理模式，采取"一刀切"的限贷政策，抽贷、断贷现象严重。小微企业融资难问题没有得到全面缓解。

7. 扶持政策落实不到位

两省在降低企业成本过程中，出台了一系列包括税费减免、财政奖补在内一系列扶持政策。但是，由于信息渠道不通畅、政策宣传不到位、担心事后审查、政策申请费时耗力、政策优惠获得感不足等诸多原因，使得很多企业，尤其是小微企业，往往对政策的知晓率不高或者积极性不大，最终导致扶持政策落实不到位。

四、调研总结

通过对山东、福建两省，济南、潍坊、福州、福清四市，数十家企业的调研，调研组认为，两省四市认真贯彻落实了国务院制定发布的《降低实体经济企业成本工作方案》，积极主动作为，阶段性完成了国务院提出的"经过1—2年努力，降低实体经济企业成本工作取得初步成效"的总体目标。企业税费、融资、人工、用能用地、物流、制度性交易六大成本在只增不减的刚性压力下均得到不同程度的缓解。但是，由于降低企业成本牵涉社会经济的方方面面，环环相扣，属于系统工程，降本增效过程受到内外部复杂因素的影响制约，包括宏观经济回暖、原材料价格上涨较快，货币政策总体偏紧、利率上行，人口红利耗尽等基本面因素，能源市场体系建设不健全、金融结构性缺陷等体制机制因素，以及一些短期政策性反向因素，导致当前降成本的政策红利被部分抵消或者效力发挥迟滞，两省仍然存在一些推动企业成本居高不下或持续上涨的因素和问题，未来政策优化落实的空间仍有余地。预期随着政策的进一步完善、落实，"3年左右使实体经济企业综合成本合理下降，盈利能力较为明显增强"的工作目标基本能够实现，有利于进一步推进两省供给侧结构性改革的深入。

中国财政科学研究院2017年"降成本"东部调研组
负责人： 王朝才
成　员： 马洪范　封北麟　梁　季　陈　龙　赵治纲
主要执笔人： 封北麟

关于山东、福建两省实体经济减税降费的调查报告

东部调查组于 2017 年 3 月下旬和 4 月上旬，赴山东和福建省的 2 省、4 市，进行了为期两周的降成本调研。调研期间与政府各部门召开座谈会，深入走访近 10 家企业，获得了关于实体经济减税降费的第一手材料。本报告就调研情况、存在问题以及建议进行说明和分析。

一、调查省市减税降费举措及效果

自 2016 年中央经济工作会议提出结构性供给侧改革、降成本的指示精神以来，调查省市根据文件精神，针对本省市实际情况，纷纷出台具体举措，贯彻落实党中央、国务院加快推进供给侧改革的重大决策部署，回应企业和社会关切、帮助企业降低成本负担、支持经济社会发展。

（一）具体举措

1. 山东省

2016 年 4 月 15 日，山东省政府印发《关于减轻企业税费负担降低财务支出成本的意见》，提出了减轻企业税费负担的总体思路、基本原则以及具体政策内容。具体内容共包括七项，分别为：一是扩大税费优惠政策实施范围。二是全面落实小微企业税收优惠政策。三是适当降低纳税人城镇土地使用税负担，即 2016—2018 年，各市政府可根据本地实际情况，在现行税额幅度内，提出降低

城镇土地使用税适用税额标准的意见,报省政府批准后执行;对物流企业自有(包括自用和出租)的大宗商品仓储设施用地,2016年12月31日前,减按所属土地等级适用税额标准的50%计征城镇土地使用税。四是加快出口退税进度。进一步简化审批流程,加强税务与海关信息互联共享,切实提高出口退税效率。支持金融机构开展出口退税账户托管贷款业务,2017年12月31日前,对企业发生的出口退税账户托管贷款给予财政贴息。五是扩大收费基金优惠政策免征范围。按照国家统一部署,对国内植物检疫费等18项涉企行政事业性收费的免征范围,由小微企业扩大到所有企业。2017年12月31日前,对符合条件的小微企业,免征教育费附加、地方教育附加、水利建设基金、文化事业建设费和残疾人就业保障金。六是停征、降低和整合部分政府性基金。从2016年2月1日起,将育林基金征收标准降为零,停征价格调节基金,将散装水泥专项资金并入新型墙体材料专项基金。从2016年5月1日起,对新型墙体材料专项基金按规定标准的80%征收。七是降低企业通关成本。深化区域通关一体化改革,加快推进山东电子口岸建设,实行国际贸易"单一窗口"受理,提高口岸通关效率。对进出口环节海关查验没有问题的外贸企业,免除吊装移位仓储费用,由财政负担。

山东省潍坊市印发了《潍坊市降低企业成本促进实体经济健康发展的若干政策措施》、《潍坊市降低企业成本"711"专项行动方案》的通知,除落实省政府要求的7项减税降费措施外,结合本地情况,又增加了"清理规范收费,公布目录清单、以及进一步清理规范经营服务性收费"等具体举措。

2017年,又将清理规范涉企收费列入潍坊市2017年降低企业成本重点工作。首先是将涉企收费科学分类,开展市县联动调研。初步将涉企收费分为6大类,即行政事业性收费、政府性基金、政府定价(政府指导价)涉企经营服务性收费、涉企中介服务项目收费、政府性保证金(抵押金、滞纳金)、行业协会学会商会收费。选取诸城、寿光、安丘、昌邑四个县市区开展联动调研,每个县市区集中梳理1—2类收费项目。然后全面铺开,地毯式梳理市直部门收费项目。通过梳理,锁定117个市直部门、单位(含各类银行机构)进行调查摸底。同时各部门、单位梳理本部门、单位对企业的所有收费项目以及需要企业通过第三方中介机构出具相关报告的所有审批事项;市民政局负责统计全市行业协会学会商会收费项目;各类银行机构着重梳理企业在办理抵押贷款过程中产生的费用。继之分业施策,整链条梳理重点行业收费项目。选取批发零售、电子信息等几个行业进行重点突破,从头到尾、顺藤摸瓜,对从项目策划到投产经营过程中的所有收费进行整链条梳理，形成重点行业收费目录清单。

2. 福建省

福建省的民营经济较为发达，政府对企业经营干预较少。早在2015年，福建省便印发了《福建省开展涉企收费专项清理规范工作方案》，提出了专项清理工作的原则、目标任务、清理内容等。明确提出："坚决取缔违规设立的收费基金项目、严格落实国家明令取消、停征和减免收费基金的政策、对按规定权限设立的收费基金进行分类清理规范、清理规范强制垄断性的经营服务性收费、整顿规范行业协会商会收费、实行涉企收费目录清单管理、加强涉企收费监管"7条具体举措。

2016年5月21日，福建省出台了《福建省人民政府关于降低企业成本减轻企业负担的意见》，针对税费负担，提出了"实行涉企收费目录清单常态化公示制度，向社会公开收费项目、收费标准、收费依据、收费期限以及收费政策，为企业缴费和拒绝违规收费提供查询依据；政府定价和指导价的涉企经营服务性收费，一律按下限执行，对工业企业仪器仪表和计量器具的检测收费，在现有（闽价费〔2016〕25号）核定收费基础上再降低10%；从2017年1月1日起至2018年12月31日，对工业企业需缴纳的江海堤防工程维护费按标准的50%征收；从2016年6月1日起，除资源性补偿费和损坏性赔偿费外，全面停征工业企业省定涉企行政事业性收费项目。"的具体举措。

福建省财政厅牵头组织各部门于2015、2016年持续开展全面清理涉企收费工作，对2014年公布的126项涉企行政事业性收费进行全面梳理，取消、合并涉企行政事业性收费28项，另对小微企业免征28项收费向社会公布。制定了《福建省行政事业性收费和政府性基金目录清单》、《福建省行政事业性收费优惠政策目录清单》和《福建省进出口环节行政事业性及政府性基金清单》等各项收费目录清单，在省财政厅门户网站非税收入项目公开栏及省物价局网站实行常态化公开。并建立了目录清单动态调整机制，执行中收费项目政策发生变化，包括取消、停征、名称和执收单位变更等，在按照规定程序完成收费项目政策调整后，及时更新目录清单内容，使各项行政事业性收费执收有据，明明白白。

严格按照财政部、省内有关行政事业性收费减免政策、对现有的《福建省行政事业性收费及政府性基金清单》进行了修订，要求依法依规收费。一是落实中央取消、减免政府性基金范围。扩大了国内植物检疫费、农机监理费、林权勘测费等18项行政事业性收费免征范围；扩大了教育费附加、地方教育费附加、水利建设基金等3项政府性基金免征范围；取消、停征和整理了新菜地开发建设基金、育林基金、价格调节基金、散装水泥专项基金等4项政府性基金。二是积极减并省定收费项目。降低了计量检定收费标准、房屋转让收费、土地权属调查费等3项收费标准；取消铁路护路联防费、建设工程造价员资格证书工本费等2项收费。自2016年6月1日起，福建省停征了工业企业劳动能力鉴定收费。至此，除资源性补偿费和损坏性赔偿费外，福建省已全面停征工业企业省定涉企行政事业性收费。2016年7月1日起，将矿产资源补偿费费率降为零，停止征收价格调节基金。自2011年1月1日至2020年12月31日，高速公路车辆通行费继续免征水利基金，每年免征额2亿元以上。

福州市认真落实中央和省级政府关于减费降税各项措施，较为突出的举措为，认真开展涉企保证金清理工作。在制发文件的基础上，2017年3月份专门组织召开涉企保证金清理工作会议，并开展自查清理。福州市涉及收取各类企业保证金单位有：福州市文广新局、福州市旅游局、福州市水利局、福州市环保局、福州市国土局、福州市人设局、福州市行政审批服务中心等33项。保证金类别主要有：专项采购保证金、旅行社质量保证金、工程招标保证金、工程质量履约保证金、环保检测维护履约保证金、海岛生态修复履约保证金、矿山生态环境恢复治理保证金、房屋建筑和市政工程各类保证金、矿山生态环境恢复治理保证金、房屋建筑和市政工程各类保证金、国有产权交易保证金等。未来将公布涉企保证金清单，清单之外，一律不再收取保证金。

（二）实施效果

1. 从政府层面看减税降费效果

在各级政府的共同努力和推动下，减税降费取得积极的效果。从调研省份来看：

山东省2016年全年减轻企业负担600亿元，其中减轻税收负担534亿元，具体情况如表1所示。

表1　　　　　　　　2016年山东省税收减免情况　　　　　　　　单位：亿元

项目	金额
共计	534
营改增	327
小微企业	69
下调城镇土地适用税税额标准	32

续表

项目	金额
研发加计扣除	30
高新技术企业	76

另外,2017年,山东省省级涉企行政事业性收费项目实现"零收费",每年可减轻企业和社会负担100亿元左右。

山东省A市2016年因享受税收优惠带来的税收减免较2015年有大幅增加,具体情况见表2。

表2　　　　2015—2016年山东省A市税收减免情况　　　　单位:万元、%

项目	2015年	2016年	增幅
总　计	1445290	3140619	117.30
一、改善民生	246698	544262	120.62
二、鼓励高新技术	161920	252321	55.83
三、促进小微企业发展	84437	87654	3.81
四、转制升级	2854	192	-93.27
五、节能环保	28120	42045	49.52
六、促进区域发展	0	0	
七、支持文化教育体育	60704	134857	122.16
八、支持金融资本市场	555145	1699765	206.18
九、支持其他各项事业	246027	270095	9.78

山东省市2016年为企业减税降费104.26亿元,其中国税部门减免税款63亿元、地税部门减免税款41亿元,财政部门减免费额0.26亿元。

福建省2016年减税降费共为企业减轻负担228.91亿元,其中税收减负212.87亿元,行政性涉企费16.04亿元。福州市减税降费112.04亿元,其中减税108.82亿元,降费3.22亿元。福清市因营改增带来企业减负1.2亿元。

2. 从调研企业层面看减税降费效果

企业是减税降费的直接受益者,有着最直接的感受。从走访企业的情况看,反映不一。由于2016年减税政策主要为营改增,本部分以2015—2016年增值税占其营业收入的比重的对比情况来反映企业减税效果。2014—2016年山东省A集团公司增值税收入占营业收入的比重分别为6.9%、8.1%和5.4%,从中可以看出该集团2016年的增值税税负有明显的下降,不但低于2015年,也低于2014

年。2015—2016年企业缴纳的非税占营业收入的比重分别为0.7%和0.6%。而山东B公司2014—2016年增值税占营业收入的比重分别为2.82%、3.02%、4.77%,税负有所上升。这是由于该公司原适用营业税的建筑安装服务改征增值税后,抵扣不足导致税负增加。2016年山东公司因营改增试点改革减税1100万元。

2014—2016年福建省A集团公司增值税收入占营业收入的比重分别为7.34%、7.25%和7.49%,略有上升。

不过,尤其值得一提的是,当期增值税收入营收比重受多重因素影响,因此该指标并不能完全、准确反映营改增对企业的减负影响。

二、调查地区实体经济近年的税费水平分析

本部分从地区和调研企业两个层面来分析近年来实体经济税费水平。总体而言,呈现出两个特点:

(一)大型企业税收水平高于中型企业,中型企业税收水平高于小微企业,且呈下降趋势

山东省和福州市2016年规模以上工业企业应缴税金(不含企业所得税)占主营业收入的情况如表3所示。

表3　2016年山东省和福州市2016年规模以上工业企业税收水平

企业规模	工业企业应交税金占主营业务收入的比重	
	山东省	福州市
大型工业企业	3.6%	2.51%
中型工业企业	3%	2.5%
小微型工业企业	2.8%	2.14%

并且,从山东省情况看,2016年工业企业税费占主营业务收入的比重呈下降趋势。2016年,山东省全省工业企业上缴税金总额(不含企业所得税)占主营业务收入的比重为3.1%,比2015年下降0.6个百分点。分行业看,采矿业下降幅度较大,2016年比2015年下降1.2个百分点,制造业下降0.6个百分点,纺织业下降0.9个百分点。

(二) 从调研企业情况看,税收水平不一,税负升降不一

调研四家企业2015—2016年税收占营业收入的比重情况如表4所示。从表4中可以看出,制造业上缴税金占企业主营业务收入的比重不一,从福建省A集团的13%左右到山东省A集团的6%左右。4家企业中,2家企业税负下降,2家企业税负上升,上升的主因均为增值税占主营业务收入的比重上升所致。

表4　　　　4家调研企业2014—2016年企业税收缴纳情况

指标	年度	山东A企业	山东B公司	山东C集团	福建A集团
上缴税金占主营业务收入的比重	2014	10.00%	4.05%		12.48%
	2015	12.30%	4.61%	8.55%	13.39%
	2016	9.10%	6.63%	6.89%	13.94%
其中:增值税占主营业务收入的比重	2014	6.90%	2.82%		7.34%
	2015	8.10%	3.02%	4.48%	7.25%
	2016	5.40%	4.77%	4.56%	7.49%
企业所得税占主营业务收入的比重	2014	1.70%	0.38%		3.11%
	2015	2.40%	0.61%	2.28%	3.51%
	2016	2.20%	0.56%	1.13%	3.87%

三、调查中发现问题与原因分析

东部省份的各级政府在降成本,尤其是减税降费方面中做了大量的工作,从政府统计数据看,也的确是给企业减轻了税费负担,从部分企业的税费数据中也印证了这一点。但在调研中发现,仍存在一些问题。

第一,企业获得感不强。无论是政府市直部门的座谈会中市直代表的反映,还是企业的实地调研,均能听到"企业税费负担仍较重,没有体会到减税降费的好处"的声音。如山东省A市反映"2016年中国重汽缴纳各类税费约为25亿元,占公司总收入的6.7%,且按照'三税(增值税、营业税和消费)'为税基缴纳的地方水利建设基金,每年都要上千万元"。企业获得感不强。

企业获得感不强的背后原因,大致包括:

(1) 管理规范化,挤压了企业避税的"灰色空间",间接抵消了减税效应;

管理更加规范，是增值税优于营业税的重要体现。随着"营改增"试点改革的全面实施，相比于营业税时代而言，政策更加明确规范，最新出现的业务也明确纳入增值税征税范围。管理规范化，挤压了企业避税的"灰色空间"，提升了我国税收征管的质量和税制的公平性，是我国税制改革取得的重大成就。但这对于那些在营业税时代打政策"擦边球"的企业而言，避税空间的减少，意味着负担的增加。

（2）政策设计及执行中的问题，使企业的获得感"打了折扣"。一些减税降费虽然名义上通过下调税率、增加抵扣等措施，使企业在理论上能够降低税负，但在实际操作中，由于制度设计和执行中的一些问题，使这些减税降费不能完全落到实处，影响了减税降费的效果。以"营改增"为例，虽然总体上降低了企业税负，但仍然存在一些企业税负增加的现象。例如，对建筑业而言，部分建筑材料供应商为小规模纳税人甚至无证经营户，难以取得增值税专用发票；施工单位进行施工的时候，消耗的水、电、气等难以取得进项税发票；利息支出的进项税额不能进行增值税抵扣。再如交通运输业，一些项目本应该纳入进项税抵扣范围但却没有纳入，有些项目虽已纳入进项税抵扣范围，但不能实现充分抵扣等原因，导致一些交通运输企业税负增加。

（3）有些企业为降低涉税风险，管理成本和纳税成本有所提高，部分抵消了企业的获得感。对部分企业而言，增值税管理有一定难度，突出表现在增值税发票管理上。全面实施"营改增"后，相当一部分试点纳税人配置专人、专门设备从事增值税专用发票的领购、开具和管理，管理程序繁复，发票使用量剧增（主要是下游企业索取发票量大大增加）。

（4）减税受益面的普惠性，也降低了企业的获得感。近年来最大两的两类减税改革，营改增和小微企业的减免税政策。两类改革均涉及众多纳税人。以山东潍坊为例，山东潍坊2016年因营改增减税20亿元，其中试点纳税人减税5.8亿人，而涉及到的纳税人为6.4万户，户均减税9062元。该市2016年为小微企业减税1.59亿元，涉及纳税人3.38万户，户均月减免391元。

第二，重复征税问题依然存在。在2016年的调研中，便有企业反映城镇土地使用税和房产税的重复征税问题，该问题在2017年依然存在。《关于将地价计入房产原值征收房产税问题》（财税〔2010〕121号）明确规定："对按照房产原值计税的房产，无论会计上如何核算，房产原值均应包含地价，包括为取得土地使用权支付的价款、开发土地发生的成本费用等。"实际上，土地价值已是城镇土地使用税的税基，按照相关规定缴纳城镇土地使用税。将地价纳入房产税税基,大大提高了企业房产税税负。

第三,增值税留抵税款对企业现金流影响严重。据山东某农机公司反映,至2016年年底,该企业的留抵税款已达7.2亿元,严重影响了企业的正常经营。

我国现行增值税政策规定,农机生产企业采购零部件增值税进项税率为17%,对外销售农机整机增值税销项税率为13%;增值税留抵税额不予退税,可结转至下期继续抵扣。由于受农机生产销售适用增值税低税率、留抵税额不予退税及农机产品附加值率低等多项因素影响,农机生产企业形成大额增值税留抵税额并长期挂账。如果让农机生产企业不形成增值税留抵税额,其产品附加值率至少需要提高至30.8%。以山东某农机公司主营的拖拉机和小麦收获机为例,其产品附加值率仅为14%和20%。

增值税留抵税款问题是农机行业普遍存在的问题,据统计,全行业有近10亿元的税款待抵,从而大大影响了企业现金流,进而影响企业的正常经营。

——从个体企业看,待抵税款对企业现金流造成不利影响,尤其是在营改增试点全面推开、叠加经济下行的当下,其不利影响更为突出。对于增值税纳税人而言,在购进设备、产品和服务支付价款的同时,一并支付增值税进项税款,在销售产品(服务)收取价款的同时,一并收取增值税销项税款。月终结算时,如果销项税款大于进项税款,则二者的差额(如果销项税款大于进项税款)缴入国库。如果销项税款小于进项税款,则形成流抵税款,留待以后若干期内继续抵扣。出现留抵税款则意味着,纳税人当期的收取的销项税款不能弥补当期所支付的进项税税款,意味着企业代垫进项税资金,从而占用企业的流动资金。流动资金相当于企业的"血液",相应留抵税款对企业的不利影响则不言而喻。

留抵税款往往出现于初创期企业、一次性投入较大的企业以及适用低税率的企业。初创期企业往往仅有投入,没有产出;一次性投入较大的企业(如一次性购入房产、一次性购入大额设备等),其一次性进项税款额度较大,当期销项税款难以弥补。适用低税率的企业因其销项税款较少,而无法弥补其适用高税率的进项税款。

营改增加使得留抵税款的企业面和留抵额度双增加。首先,营改增将不动产纳入抵扣范围,这样增加了会导致企业一次性大额进项税的增加;其次,适用低税率(6%)的企业增。尤其是在经济下行期,企业销售不好,库存积压严重,留抵税款的问题更加突出。

——从全国层面看,留抵税款给企业形成了"实实在在"的负担。对于某个具体纳税人而言,这种留抵税款只是造成时间上的差异,理论上看总是可以抵扣尽。但从宏观层面（全国层面）来看，会形成一定规模的留抵税款池，即每个时期都有留抵税款存在，从而对企业形成"实实在在"的负担。据我们对某地级工业城市的典型调查，该市某年度12月份的留抵税款占到该城市当年入库增值税的15%左右。

第四，公路收费财政票据无法抵扣导致物流企业负担增加。营改增后，将道路通行服务（包括过路费、过桥费、过闸费等）按照不动产经营租赁缴纳增值税，适用11%的税率。之后，又下发文件《财政部、国家税务总局关于进一步明确全面推开营改增试点有关劳务派遣服务、收费公路通行费抵扣等政策的通知》（财税〔2016〕47号）》，明确其可抵扣票据。规定，"自2016年5月1日至7月31日，一般纳税人支付的道路、桥、闸通行费，暂凭取得的通行费发票（不含财政票据，下同）上注明的收费金额按照下列公式计算可抵扣的进项税额：

（1）高速公路通行费可抵扣进项税额＝高速公路通行费发票上注明的金额÷（1＋3%）×3%

（2）一级公路、二级公路、桥、闸通行费可抵扣进项税额＝一级公路、二级公路、桥、闸通行费发票上注明的金额÷（1＋5%）×5%"。

文件中明确说明，可抵扣的通行费发票不包括财政票据。而财政票据在高速公路收费票据中占有重要位置，如福建省100%的高速公路收费票据均为财政票据。据统计，2015年全国高速公路收费收入为4097亿元，其中政府还贷公路收费收入为1784.6亿元，占比为42.6%。通常而言，政府还贷高速公路收费使用财政票据，还有部分非政府还贷高速公路收费也使用财政票据。保守估计，至少有一半公路收费使用财政票据。使用财政票据而非商业发票则意味着公路收费未缴纳增值税，相应无法抵扣，这大大增加了企业负担。

四、总体看法和政策建议

（一）总体看法

通过对东部省份的调研发现，我们形成如下以下基本看法：

——一年来东部省份各级政府在降成本方面做了大量的工作，也取得了积极成效，山东和福建两省份已实现了省级"涉企行政零收费"的目标。

——东部企业的税费负担问题在于公平税负、执法统一,为企业创造公平的竞争环境。

——劳动力成本、垄断引致成本以及制度性交易成本为降成本之重点。

——东部部分企业市场情况良好,产品出现供不应求的局面。企业看重的是产品竞争力和科技创新能力以及良好的市场经营环境。

——从国际竞争力来看,短期中国还具有较大的竞争优势。但随着人口红利的消失,中国竞争力在逐渐减弱,需要未雨绸缪,进行改革。在对福耀玻璃进行调研过程中,该企业负责人认为,从目前的情况看,该公司在美国与中国的公司的税后利润率相当,甚至中国公司利润率水平略高这得益于中国巨大的市场和劳动力成本较低。但随着人口红利消失、中国目前劳动力成本明显的上涨趋势看,中国的竞争力在逐渐减弱,应引起重视。相比较而言,中国应在降低间接税、社保费征缴模式方面尽早改革,以弥补人口红利消失带来的劣势。

(二)税费总体改革思路

在综合考虑企业税收负担和财政支出压力的情况下,在间接税为主体的税制格局短期内无法改变的现实国情下,我国税费改革重点应落在清费、改革社会保障缴费制度以及优化税制三个方面。即对收费实行正面清单制度,积极推进费改税。对于税制改革,应重点在优化增值税制度方面下功夫,真正实现企业仅为增值税纳税人而非负税人的制度安排。

(三)具体政策建议

1. 完善增值税留抵税款的退税机制。

建议对待抵税款实行有条件地退税,即对超过一定期限、数额占销售收入比重超过一定比例的待抵税款给予退税。将退税节奏、行业(企业)选择权下放给地方,便于地方根据本地区财政可承受能力以及征管的具体情况,酌情把握。

近十年来,我国致力于构建消费型增值税,以与国际接轨。2009年将设备类固定资产的进项税纳入抵扣,2016年5月1日将不动产纳入增值税抵扣范围,从而在制度层面实现了增值税的消费型转型。消费型增值税的本质含义是其税基为GDP中的"消费支出",投资和出口不征增值税,即对待抵税款退税。而我国待抵税款的长期大量存在,不但意味着我国的企业的投资长期负税(负担增值税),其由企业承担,这事实上形成了政府对企业的强制"借款"(该退未退)。

对留抵税款退税、减轻企业负担的同时,也要考虑财政的承受能力。实际上，对留抵税款退税不会产生同规模的财政减收。这是因为，如果企业有留抵税下期结转继续抵扣，则会减少（或抵消）下期或未来期增值税缴纳，而如果采用退税机制，在下期或未来期内则有增值税入库，从而部分抵消了退税对财政减收的影响。比如某企业 4 月份有 1 万元留抵税款待抵，至年底可产生 8000 元的净税款（当期销项税款与当期进项税款的差额）。如 4 月份退税后，5 月份便有增值税入库，至年底则可入库 8000 元增值税。相应从全年度看，财政减收则仅为 2000 元（10000－8000）。但 10000 元的退税确可以有效增强企业的流动性，对企业发展至关重要。

在当前全球减税浪潮下，在国内亟需以减税降费促进企业发展、增强制造业竞争力的现实环境下，稳妥推进留抵税款退税机制的完善无疑是"一箭双雕"之计。

2. 改革完善地方教育附加制度

考虑教育费附加和地方教育费附加在缴纳主体、计税方式上的高度重复，建议改革完善地方教育附加制度，可选择的改革方案包括：（1）将地方教育附加并入教育费附加，并降低费率；（2）将地方教育费附加费率设定权、减免权下放至地方政府，由省级政府根据本省情况，自行决定；（3）取消地方教育费附加。

3. 消除重复征税

建议将房产税和城镇土地使用税合二为一，或者取消城镇土地使用税。

4. 加快房地产税以及个人所得税改革

推进房地产税和个人所得税改革，增加来自于家庭和居民的收入，可以扭转我国以"企业"为纳税主体的税制格局，增强我国企业在世界上的竞争力。

附件1：关于京东方公司退还增值税期末留抵税额及相关税费附加政策有关问题的报告[①]

为落实《国务院关于印发进一步鼓励软件产业和集成电路产业发展若干政策的通知》（国发〔2011〕4 号）中"对国家批准的集成电路重大项目，因集中

---

① 在调研中发现，福清市京东方集团公司进口进项税退税问题严重影响了福清市地方财政的正常运行，同时福清市也承担了一部分中央政府的支出责任，在此代福清市呼吁反映这些问题。

采购产生短期内难以抵扣的增值税进项税额占用资金问题，采取专项措施予以妥善解决"。2016、2017年，财政部、海关总署、国家税务总局先后发布《关于新型显示器件项目进口设备分期纳税的通知》（财关税〔2016〕51号）、《关于发布第三批适用退还增值税期末留抵税额政策的集成电路重大项目企业名单的通知》（财税〔2017〕5号）和《关于集成电路企业增值税期末留抵退税有关城市维护建设税教育费附加和地方教育附加政策的通知》（财税〔2017〕17号）有关文件，对集成电路重大项目企业实行退还增值税期末留抵税额等相关财税政策。根据上述文件，福清市京东方项目企业列入政策适用名单。由于上述政策对福清市近期财税收入产生重大影响，我局请求上级财政部门就京东方公司相关税政问题进行协调，切实解决福清市财政收入压力。现将有关情况报如下：

一、基本情况

1. 2016年10月21日，财政部、海关总署、国家税务总局联合发布《关于新型显示器件项目进口设备分期纳税的通知》（财关税〔2016〕51号），对有关新型显示器件项目在2015年1月1日至2018年12月31日期间进口关键新设备实行分期纳税，明确福州京东方光电科技有限公司（以下简称京东方公司）第8.5代薄膜晶体管液晶显示器件（TFT—LCD）项目所进口设备的24亿元进口环节增值税，从2016年7月至2022年6月实行分期纳税：即在2016年7月至2017年6月期间暂不缴纳进口环节增值税；在2017年7月至2022年6月的期限内，于每季度最后15日内向项目所在地直属海关至少缴纳1.2亿元的进口环节增值税税款。

2. 2017年1月10日，财政部、国家税务总局联合印发《关于发布第三批适用退还增值税期末留抵税额政策的集成电路重大项目企业名单的通知》（财税〔2017〕5号），福清市京东光公司列入政策适用名单，退还的购进设备留抵税额由中央和地方按照现行增值税分享比例共同负担。

3. 2017年2月24日，财政部、国家税务总局联合印发《关于集成电路企业增值税期末留抵退税有关城市维护建设税教育费附加和地方教育附加政策的通知》（财税〔2017〕17号），对享受增值税期末留抵退税政策的集成电路企业，其退还的增值税期末留抵税额，应在城市维护税、教育费附加和地方教育附加的计税（征）依据中予以扣除。

二、相关税收政策对福清市的影响

（一）福清市财税收入方面

1. 分期缴纳海关进口增值税政策的影响。由于该政策实行分期缴纳，虽然前期相应减少当期进项税额,但由于京东方公司国内销售产生增值税规模较小,与一次性缴纳产生进项税款抵扣期限一致,福清市均要到 2023 年才能产生京东方公司增值税税收,因此对福清市财税收入影响甚微。

2. 退还留抵税额政策的影响。由于退还的购进设备留抵税额由中央和地方按照现行增值税分享比例共同负担,即直接冲减国库收入,相应减少福清市财政收入规模。据测算,目前京东方公司累计进口设备增值税进项税额约 24 亿元、国内设备采购增值税进项约 6.4 亿元及厂房建筑进项约 2.8 亿元。2017 年京东方公司预计产值为 30 亿元,其中 50% 为出口,预计可产生 2.55 亿元国内销项税款,扣减材料采购进项、国内设备采购进项及厂房建筑进项留抵税款,当年无增值税收入,但按上述相关税收政策,福清市需承担冲减京东方公司当年因进口设备进项退还税额 2.4 亿元,即减少福清市财政收入规模 2.4 亿元,其中地方级 1.2 亿元;2018 年仍无增值税收入,但福清市需承担冲减该公司当年进口设备进项退还税额 4.8 亿元;2019 年(较未实行退还政策提早 5 年产生增值税税款)及以后年度将产生税收收入。从上述测算情况看,由于京东方公司前期退还税款规模较大,2017—2019 年分别退还 2.4 亿元、4.8 亿元和 1.85 亿元。其中 2017 年和 2018 年京东方公司在没有对福清市产生税收贡献基础上还分别冲减福清市财政收入 1.85 亿元和 3.05 亿元。

(二)京东方公司其他主要税收情况测算

1. 企业所得税收入。根据企业预测,2017 年投产,扣减开办费等,当年企业预计亏损,无企业所得税收入。2018 年预计可产生企业所得税 1.2 亿元,2019 年及以后年度预计产生 1.5 亿—1.7 亿元企业所得税。

2. 个人所得税收入及其他税收收入。根据企业测算,每年预计可产生房产税收入 2500 万元、土地使用税收入 200 万元、印花税 400 万元及个人所得税收入 2400 万元,合计约 5500 万元。

(三)对企业影响

1. 财政部对新型显示器件项目进口设备实行分期纳税政策有利于减轻京东方公司资金压力,解决了集成电路重大项目企业采购设备引起的增值税进项税额占用资金问题。

2. 财政部对京东方项目缴纳进口增值税实行全额退税政策,将进一步减轻企业资金压力,减少企业资金成本,对集成电路企业增值税期末留抵退税涉及的附加税收共计 12%(其中城建税 7%、教育费附加 3%,地方教育基金 2%)给予免征,预计将减少京东方项目企业税收负担约 2.88 亿元。

据了解,京东方集团近期也将对上述政策进行调研评估,其财务部门初步意向将会实行享受退还政策(在财政部《关于集成电路企业增值税期末留抵退税有城市维护建设税、教育费附加和地方教育附加政策的通知》(财税〔2017〕17号)文件未出台前,该企业明确不享受退还政策)。

三、意见建议

鉴于上述涉及京东方公司的税收政策对福清市近期财税收入造成重大影响,为缓解财政收支压力,我局建议上级财政部门统筹考虑地方财政收入实际情况,对京东方公司税收退税问题采取参照出口退税办法,由中央统一退库(由于该政策是为了解决企业进口增值税资金压力问题,进口增值税由海关征收,属于中央级收入)。

附件2:2016年度福清市承担中央管理事务支出情况表

支出分类	金额(万元)
国防支出	1613
武警支出	3695
气象事务支出	230
地震事务支出	337
统计信息事务支出	736
台湾事务支出	36
退役安置支出	2051
军人及家属优抚支出	7474
海洋管理事务支出	3138
食品和药品监督管理事务支出	2731
合计	22041

中国财政科学研究院2017年"降成本"东部调研组

负责人:王朝才

成　员:马洪范　封北麟　梁　季　陈　龙　赵治纲

主要执笔人:梁　季

山东、福建两省降低制度性交易成本的调研分析

由于我国正处于经济社会的转型和改革期,制度性交易成本的表现形式和形成原因与发达市场经济国家有明显的差异。从调研来看,山东、福建两省的制度性交易成本出现了一些新的变化与问题。为此,推行以增强改革的协调性、减少交易和创新的不确定性为核心的综合改革,坚持简政放权和政府能力建设相结合,加快推进相关改革,消除制度性成本较高的体制根源。

一、从转型和改革的视角认识我国制度性交易成本的特殊性

(一) 交易成本与制度性交易成本

制度性交易成本源于"交易成本"这一概念。1937年,科斯在其《企业的性质》中提出,交易成本"是利用价格机制的费用,它包括为完成市场交易而花费在搜寻信息,进行谈判,签订契约等活动上的费用"[①] 后来,威廉姆森将交易成本分为事前交易成本和事后交易成本,前者包括起草、谈判和维护执行一项协议的成本,后者则包括:(1) 当交易偏离了所要求的准则而引起的不适应成本;(2) 为了纠正时候的偏离准则而做出了的双边努力,由此而引起的争论不

---

① Coase, Ronald H. 1937. The Nature of the Firm. Economica 4 (November). P8.

休的成本；（3）伴随建立和运作管理机构而来的成本；（4）是安全保证生效的抵押成本[①]。张五常等一些学者，将交易成本等同于制度成本，"严格而言，交易成本的称呼并不恰当，更合适的命名应该是'制度费用'，它可视为'看不见的手'的运行成本"[②]。

一般而言，企业的制度性交易成本，通常指是指企业因生产经营而遵守制度或同政府有关部门交往所付出的成本。从广义上而言，包括企业遵循政府制定的各种制度、规章、政策而需要付出的成本，其中包括政府部门收取的费和基金。根据其产生的环节、原因、表现形态等标准，又可把制度性交易成本划分为不同的类型。例如，根据成本的表现形态，企业的制度交易成本又可分为时间成本、资金成本、机会成本等。

（二）我国制度性交易成本具有特殊性

与发达市场经济国家不同，我国的市场经济是由计划经济转型而来。由于转型是一个新旧交替的过程，经济社会结构、功能的分化与变动，必然要求制度以及政府的结构、功能和作用方式、领域等随之而变化、调整，以解决在与市场、社会关系中出现的"越位"和"缺位"问题。

为此，基于经济社会转型以及运行系统的转变，必然要求制度和政府职能做相应改革与调整。一方面，为了发挥市场的作用和调动社会积极性，政府需要调整自身的行为边界，退出一些领域，适当下放一些权力，消除公权对市场和社会发展的抑制因素。另一方面，需要政府适当集中一些权力，强化其在市场体系建构、维护产权与契约、保障社会平稳运行等方面的职责，提升其治理能力，为市场配置资源提供健全的制度体系和公正的外部环境。这就意味着并非要求政府简单的退出，而是要求其"进退并行"，成为一个有为的高效政府。如果制度改革与调整不能随之到位，就可能增加制度成本。

从山东、福建两省调研情况来看，企业反映的制度性交易成本主要包括：

一是在行政审批和执行相关制度、政策中花费的经济、时间和机会成本。例如，在开办企业时办理相关手续时的时间成本、经济成本；在争取政府政策支持时的时间成本、资金成本和人力成本等。

---

① 孙国峰：《交易成本与制度成本的关系分析》，《西南师范大学学报（人文社会科学版）》2004年第2期。
② 林岗、张宇：《马克思主义与制度分析》，经济科学出版社2001年版，第69页。

二是由于政府职能、政府服务或政府职能外延而支出的经济成本。例如，企业缴纳的行政性收费、基金以及在环保、质检、安全、消防、卫生等方面支付的评估费用。

三是企业因信息不对称所支付的成本。例如，因为不知情或由于地方没有具体实施细则，无法享受到一些政策优惠；办理一些事项，多支出的时间和经济成本。

四是企业由于市场不公平竞争和维权、"打假"而支付的费用。例如，企业为了维护知识产权和自身声誉、利益而打击假冒伪劣产品所花费的时间和经济成本。

五是由于制度因素造成的垄断而产生的企业机会成本以及较高的用能成本等。例如，在调研中，山东、福建两省企业普遍反映因电力体制原因，导致企业的用能成本较高。

制度性交易成本是制度运行成本的一个重要方面。与发达市场经济国家相比，我国除了包含因制度正常运行而产生的制度性交易成本之外，还存在因政府职能转换不到位、市场机制不完善以及改革的不协调、不到位而产生的制度性交易成本。为此，需要从转型和改革的视角认识我国制度性交易成本的特殊性，也应该从加快改革、完善制度入手，寻求降低我国制度性交易成本之策。

二、山东、福建制度性交易成本出现了一些新的变化与问题

为了降低制度性交易成本，山东、福建两省采取了诸多措施，收到了一定成效，此两省的制度性交易成本出现了一些新的变化与问题。具体表现在以下几个方面：

（一）行政审批中的制度性交易成本已大幅降低，此方面成本应不再成为未来两省降低制度交易成本的重点

通过优化审批程序、实行，明显降低了行政审批中的时间成本、经济成本，山东、福建两省继续深化"放管服"改革，不断加快简政放权步伐，在加强目录管理和权限下放、优化审批流程、实行项目联合审批和省级涉企行政事业性"零收费"等方面出台了一些有效措施。这些措施，降低了企业在行政审批中的

时间成本、经济成本。例如，山东省潍坊市围绕降低时间成本和资金成本，研究制定了9条含金量较高、切实有效的政策措施，包括扩大告知承诺审批适用范围、落实行政审批否定报备制度、推行建设项目区域化评估评审等创新举措，狠抓政策落实，取得了阶段性成果，2016年累计为企业节省时间成本16000余天。同时，整合规范县级公共资源交易平台，实现全程电子交易，免费发放招标文件。2016年市级公共资源交易项目投标人数量为16436人次，为投标人节省购买招标文件费用支出657.44万元。再如，福建省福清市实行"一表申请、一口受理、一章审批、超时默认"的并联审批模式，对涉及10个单位的35个审批事项进行流程再造，把审批时限从109个工作日压缩至60个工作日，审批即办率达84%，承诺时限压缩至法定时限的30%以内。经过前期的实施的一系列降低制度性交易成本的措施，行政审批和办事效率有了较大提升，此方面的制度性交易成本下降较为明显。

（二）因规避责任而出现的程序化、形式化，导致了新的制度性交易成本

为了提高工作的质量和决策效能、加强廉政建设，近些年来我国较为重视决策主体的权责机制建设，实施了包括责任追究在内的诸多措施。这些措施增强了决策主体的责任意识，提升了决策水平，但也出现了一些的问题，导致了新的制度性交易成本。一些部门为了规避责任，出现了工作形式化等问题。特别是一些负有明确责任的部门，抱着"只要形式到位、只要过问了，即使出了问题，也不是自己的责任"的心态，只注重工作的形式、不管工作质。例如，当前出现了多头监管、监管过多、重复监管等现象，加重下一级政府部门和企业的工作负担和运行成本。一些政府机关疲于应付上面的各项监管、检查，耗费了大量的时间和精力，影响到自己的本职工作和服务效能，从而产生了较高的制度交易性成本。

（三）信息"堵塞"及信息不对称导致的制度性交易成本日益突出

因企业和政府之间的信息不对称、信息"堵塞"等原因，而增加了企业的搜索成本、机会成本等。特别是企业应该或可以享受的政策却由于信息不畅、信息不对称等因素，导致企业无法享受，从而使企业相应承担了一些相对的机会成本，这主要表现在税收政策、财政奖励和补贴政策、融资等诸多方面。例如，据调研的一个市反映，该市具有规上企业2000多家，但能享受到政府给予的补贴或支持的不超过30%，许多企业甚至没有听说过这些优惠、支持政策。

(四) 中介等涉企收费不规范的问题仍然较为突出

除了种类繁多、政出多门、设计不合理的基金、收费，中介等涉企收费不规范的问题仍然较为突出，特别是一些不规范、设计不合理的收费，进一步加剧了企业税费负担。突出表现在以下几个方面：其一，审批前置、年检、上岗资格培训等引起的中介服务收费较高且乱。一些行业的中介服务只是走过场、收收费，没有起到相应的作用，甚至还存在一些中介机构数量较少，评审时间较长的问题。其二，检验、检测、检定、检疫等种类繁多，重复送检、收费现象普遍存在，并且存在较多的隐形收费。其三，行业协会等收费较乱。许多企业反映，不同地区、不同层次的同性质协会，都要企业参加，缴纳会费和活动经费，增加了企业负担。其四，一些垄断行业强制收费现象依然存在，提高了企业运行成本。

(五) 因市场竞争的公平性和契约精神欠缺，增加了企业的制度性交易成本

因市场竞争的公平性欠缺而给企业带来的成本，主要体现为：一是因假冒伪劣等给企业带来的打假成本、维权成本。由于市场交易不公平和市场保护机制不完善，使企业的打假成本、维权成本较高，影响了企业的投资和创新热情。二是小企业在市场竞争中受到不公平对待而承担的相对机会成本。例如，小微企业在申请财政奖补资金、贷款等时往往处于不利的地位，由于很难达到相关指标，获得相关资金的难度较大。三是"挖人才"等不规范竞争，增加了企业成本。例如，一些互联网、软件开发等技术含量较高的行业反映，引进来的初次就业者经过中小企业2、3年的培育，即将成长为可用人才之时，就会面临被大企业挖走的风险，变相增加了中小企业的成本。四是因诚信不足等原因，一些"三角债"等问题逐渐显现，增加了相关企业的成本。

(六) 因垄断产生的较高的制度成本

我国的市场化改革取得了很大进展，提升了国民经济的整体效率，但在电力、电信、金融、天然气等领域还在垄断现象，产生了较高的制度成本。一是一些民营企业被排除在垄断行业之外，造成了市场竞争的不公平，不仅影响这些企业的发展，而且造成资源配置的扭曲。二是由于这些垄断行业的存在，增加了相关企业的运行成本。例如，我国电力和天然气改革的滞后，增加了企业的用能成本。与美国比，我国工业电价0.65元/度以上，是美国0.05美元的2倍以上，我国天然气2.45元左右，是美国的0.11美元的3倍以上。

三、存在问题的原因剖析

从深层次原因来看,制度交易成本之所以较高,主要在于改革不彻底、不协调,特别是政府与市场的关系、政府的职能范围并没有完全理顺,"放管服"改革存在脱节,一些应该放权给市场的,并没有放到位,而一些需要政府发挥作用的领域,政府却又没做到位,致使一些市场化领域缺乏政府有效监管,造成了较高的制度交易成本。具体而言,包括以下几个方面:

(一)"放管服"改革在执行中出现重"放"轻"管服",放权与能力建设失衡

政府既需要退出一些领域,适当下放一些权力,消除公权对市场和社会发展的抑制因素,同时,又要加强自身的能力建设,实现放权与能力建设平衡。因此,我国推行了"放管服"综合改革。然而,在"放管服"改革是执行中存在脱节,有的地方只注重"放",而"管"、"服"不到位,从而在许多领域出现了放权与能力建设失衡,增加了制度性交易成本,这突出表现在政府部门监管不力。其一,对中介收费的监管不力。以往的评估评价等事项往往由政府部门或事业单位直接操刀,近几年随着简政放权步伐加快,多数交给了中介机构。一方面,缺少专门的法规,国家对中介服务和垄断行业监管力度不够;另一方面,由于利益关联,存在大量"红顶中介",虽然一些中介机构与相关行政部门名义上脱钩,但其利益关联仍较大,导致收费较高且较为混乱。例如,有企业反映在行政审批、检验中,如果不采用政府有关部门指定的中介服务机构,而自己在市场上选择服务机构,可能出现多次检验等问题,从而增加了成本。其二,政府打击假冒伪劣、保护品牌、促进市场公平竞争等诸多方面的力度不够。

(二)相关改革不到位、不协调和不完善

这一问题,成为当前影响山东、福建两省制度性交易成本的重要因素。其一,改革不到位。例如,简政放权仍未完全到位。一些企业反映取消下放行政审批事项的"含金量"不够高,特别是在一些领域存在放小不放大、放虚不放实等问题,许多企业亟需"松绑"的行政审批,并没有下放,如关于市场准入的一些审批。再如,对于垄断行业的改革不到位,产生了较高的制度成本。其二,改革不协调和不完善。缺乏相关的配套措施,致使简政放权的效果不佳。从取消

和下放的一些审批权的执行情况来看，有的放权措施并没有产生应有的效果。一个很重要的原因在于缺乏相关的配套措施。简政放权，并非一放了之，而是要落到实处。一些简政放权措施，虽然名义上是给市场松绑了，但实际效果并不明显。有的认证资格的取消，企业反而无所适从，与之相关政策的申请也成了难题；各级地方政府在承接上级政府下放的权力时，认识不一、标准不统一；一些下放的专业性、技术性较强的审批事项，地方政府承接能力不足，出现"中梗阻"；不同部门共同负责审批的项目，在取消或下放审批权时缺乏沟通，协调不到位，影响了放权效果。总之，缺乏相应的配套措施，放权成了"一纸空文"。再如，我国虽然建立了追责机制，但追责以及相关考核机制的科学性问题并没有完全解决。

（三）信息传递梗阻

信息的有效利用，是降低制度性交易成本的必然要求。然而，在调研中，我们发现信息传递梗阻成为制度性交易成本较高的一个重要因素。造成信息传递梗阻的主要原因在于政府信息公开不畅，相关宣传不到位。这一方面反映了政府的信息宣传平台和手段，还有所欠缺，另一方面，也反映了一些企业获取信息和利用信息的能力较为薄弱，企业无法有效利用信息降低企业的制度交易成本。例如，在支持产业发展方面，由于宣传不到位、信息不透明或缺少统一的公开平台，从而导致企业无法享受到一些支持政策，或者是产生较高的搜索成本。此外，企业之间、企业与其他部门之间的信息传递阻塞，也增加了企业的相关成本。例如，信息传递不畅成为中小企业普遍反映的融资难问题的一个重要的成因。

（四）政府部门的职责交叉、重叠，工作流程有待于优化

尽管我国实行了"放管服"改革，但由于受制于政府部门设置和工作流程，降低了这些改革措施的效果。我国当前政府职能的设置，既存在上述的监管缺位、不力的情况，也存在部门的职责交叉、重叠等问题，不仅没有提高监管的效率，反而造成多头监管、监管过多、重复监管，给企业带来的较大的负担。

四、山东、福建部分地区行政改革的成效与启示

在山东、福建两省的调研中,一些市地在行政改革方面采取了行之有效的创新措施,降低了企业的制度性交易成本。现以山东济南高新区和福建福清市行政改革为例,作以简要的介绍。

(一)山东济南高新区行政改革的做法和成效

济南高新区是1991年经国务院批准设立的首批国家级高新技术产业开发区。为推进政府职能转变、提升行政效能,2016年5月济南高新区实施行政改革,取得了较大成效。具体改革措施包括:

1. 推进管理体制优化,着力构建引领经济社会健康发展的政府职能配置新体系。探索突破行政资源条块分割的传统配置模式,重新科学配置行政权力,在不超过市编委核定的机构个数、编制总量和领导职数的前提下,按照横向归并整合、纵向衔接归口和梯次分步推进的方法,进一步推进大部制改革和行业管理体制创新,着力构建引领经济社会健康发展的政府职能配置新体系。其一,以建设"大部制"为核心,打造快速高效的行政管理体系;其二,以打造专业化园区为突破,构建系统规范的招商服务体系;其三,以强化服务发展为定位,理顺法治和谐的社会治理体系;其四,以创新创业为驱动,构筑积极稳健的融资建设体系。

2. 推进行政权力下放,着力促进高新区管理重心下移。把行政审批制度改革作为简政放权的"先手棋",认真做好"放、管、服"工作,坚持用政府权力的"减法"、责任的"加法",换取市场活力的"乘法"。济南市向高新区管委会全面下放行政审批、行政处罚等10类市级行政权力事项,涉及市发改委、民政局、卫计委、教育局、投资促进局、工商局等47个部门共计3250项。

3. 推进全员KPI考核,着力形成"人员能进能出、干部能上能下、待遇能高能低"的人力资源管理制度。一是建立激励机制,激发队伍活力。改革中,打破行政事业编制、编制内外身份界限,实行全员岗位聘任制,实施无差别人力资源管理。建立"管委会—工作部门—责任主管"三个层级的"扁平化"管理架构。岗位聘任主要采取直接聘任、竞争聘任、双向选择聘任、社会招聘等方式进行,通过调整一批、交流一批、聘任一批来化解矛盾,吸引人才,激发活力。

二是全员绩效考核，优化指标体系。引入KPI（关键绩效指标）考核原理，实施全员战略绩效考核。全员绩效考核优化指标体系是通过对组织内部流程的关键参数进行绩效考核的一种方法。KPI即关键业绩指标，重点突出少数关键性工作要点，运用"二八原理"，用20%指标体现80%工作质量。根据管委会发展战略，层层分解指标，提炼各层级的KPI指标库，明确部门主要责任和部门员工的业绩衡量指标，确保业绩考评建立在量化基础上。每年依据高新区年度目标任务和市委、市政府工作要求，从KPI指标库中提取年度、季度、月度考核指标，形成三级指标体系。通过全员KPI考核，为产业发展和招商引资提供智力支撑。

济南高新区的行政改革，取得了较好成效，在明晰街道职能定位、创新基层社会管理机制、完善基层公共服务体系等方面取得新的突破，形成对进区项目有保障、社会民生和谐有序的良好发展环境。这一改革，不仅降低了企业的制度交易成本，节省了企业的时间成本、人力成本和资金成本，而且逐步形成了有利于创新发展的良好"生态环境"，使一些大项目、好项目留得住、落得下，激发了市场活力和社会创造力。2016年高新区新增纳税企业6500多家，扩大了税源，夯实了财政收入的基础。

（二）福建福清市行政改革的做法和成效

2016年，福清市推行投资项目并联审批制度，推出"四个一"提速投资项目的审批工作，具体改革措施包括：

1. 制定一个方案。对投资项目采取"一表申请、一口受理、一章审批、超时默认"的审批模式，对发改局、环保局、国土局、规划局、消防大队、人防办、住建局、林业局、水利局、气象局等10个单位的35个审批事项予以归口管理、审批流程进行再造，分成4类窗口、4类审批事项，即规划选址及用地报批阶段、立项阶段、施工许可阶段、竣工验收阶段。

2. 实施一套细则。福清市委、市政府为投资项目并联审批的实施更加具有可操作性，结合并联审批方案内容，同步推出《政府投资项目并联审批操作细则》和《社会投资项目并联审批操作细则》，对两类投资项目的4个审批阶段进行详细的规定。每个审批阶段均采用图表和文字说明相结合的形式，对4个阶段的申请流程、申请表单、申请材料、审批时限及各审批单位的责任分解进行详尽的说明和指导。同时将以计划代立项、简化社会稳定性评估、区域环评后简化具体项目环评、证图分离、实行一阶段施工图预审等一系列简化措施融入审批流程，实现进一步简化程序、压缩时限。

3. 印发一个办法。结合整肃"为官不为"实行"下课问责"暂行办法、强化在一线考察干部工作实施细则等规定，制定投资项目并联审批考核办法，通过日常考评、明察暗访、专项通报、民主评议、双向考核、调阅资料等方式对相关部门及人员进行考核，对违反"一表申请、一口受理、一章审批、超时默认"等33种情形分别明确具体问责对象和问责措施。

4. 建立一个平台。注重运用科技手段，推动审批电子化、信息化，同时加强对行政审批流程监督。其一，建立投资项目并联审批系统，系统实现与省政府投资项目在线监管平台、省网上办事大厅和省、福州市法人库及统一身份认证系统的对接，具备并联审批、项目信息共享、审批流程监管等功能。其二，推行投资项目并联审批系统与"多规合一"业务平台协作审批，各审批单位可以在投资项目并联审批系统中，通过链接访问到福清市"多规合一"平台，运用"一张图"成果，简化现场踏勘，实现网上图审，进一步提高审批效率。其三，推行网上电子审批。

福清市的投资项目并联审批制度，不仅优化了工作流程，提高了办事效率，降低了企业的制度性交易成本，而且在整肃"为官不为"方面进行了有益探索。

（三）启示

通过山东济南高新区和福建福清市行政改革，我们得到以下启示：

一是"超时默认"与"下课问责"相结合，为解决"为官不为、庸懒散拖"提供了新思路。在各个办理阶段，申请人提交的申请材料符合法定条件的，相关审批单位超过承诺时限未报告审查意见（含现场踏勘意见），或审查意见不明确的，或不提供会签意见的，或缺席联合踏勘、并联审查会议的，均视为默认同意。因"超时默认"或"缺席默认"引发法律责任的，依法追究相应超时、缺席单位及人员的责任，对当事人合法权益造成损害的，依法给予赔偿。

二是政府机构的"大部制"，有助于降低企业的制度交易成本。济南高新区整合设立"国土规划建设管理局"，将规划、国土、建设、环保、消防、人防等建设类职能进行整合，构建"大建设"体系；整合设立"科技经济运行局（安监局、统计局）"，将发改、科技、经信等部门的工业类经济职能整合，构建"大经济"体系；整合设立"服务业促进局（金融办）"，将发改、商务、科技、金融等部门的服务业职能整合，构建"大服务"体系；整合设立"社会事业局"，将涉及民生的公共服务职能整合，构建"大社会管理"体系等，同时设立"行政服务和审批管理办公室""审计监督管理局""战略发展与宣传策划局

（区域经济与高端产业发展智库）"，将"组织部"更名为"人力资源管理部"等，进一步加强行政审批与服务、构建内外协同全覆盖"大审计"体系、统筹管理内部组织与人力资源等。从而建立了宏观统筹和管理能力更强、机构设置和职能配置更优、引领发展和促进创新力度更大的政府管理新体制，为提高行政审批效能、更好地服务企业开辟了新路径。

三是利用信息技术，能够优化政府工作流程、提升工作效能。济南高新区建设网上超市，实现政府采购电子化。新开发了"网上超市交易管理系统"，并运用"互联网+政府采购"，将PPP模式引进电子化政府采购平台，实现网上超市系统升级，通过"政采电商"模式将供应商、服务商、采购人等政府采购市场的参与者进行整合；运用"外网+内网"技术，实现政府采购与财政支付平台、资产管理等系统有效衔接，逐步打造高新区政府采购"一站三库四系统"的管理体系。

五、推行以增强改革协调性为核心的综合改革，降低制度性交易成本

针对我国在经济社会发展与转型中产生的制度性交易成本的特殊性，降低制度性交易成本需要着眼于提升信息的有效处理，推行以增强改革协调性、减少交易和创新的不确定性为核心的综合改革，坚持简政放权和政府能力建设相结合，在优化政府部门设置、职能和工作流程的基础上，加快推进相关改革，消除制度性成本较高的体制根源。同时，清理规范中介服务项目和收费，取消或降低部分涉企经营服务性收费，建立公平竞争的市场秩序，降低企业维权、打假等成本。

（一）增强改革的系统性和协调性，消除制度性成本较高的体制根源

一是加大"管服"方面改革的力度，提升"放管服"改革的协调性。"放管服"是一项系统性改革，不能重"放"而轻"管服"。"放"是为了解决政府的"越位"问题，"管服"是为了解决政府的"缺位"问题，只有将二者有机结合起来，才能给企业增加活力、为公众提供便利，从而达到改革的目标。加大"管服"方面改革的力度，实际上就是要提升政府的服务能力，解决放权之后如何更为有效促进市场运转的问题，以能力的提升降低制度性交易成本。

二是推进深层行政审批制度改革，完善相关配套措施。取消和调整制约经济

发展、束缚企业活力和创造力的行政审批事项，更好的向市场和社会放权。特别是围绕当前民间投资下降问题，完善市场准入机制，健全企业投资项目核准、备案、监管等制度，实施企业投资项目准入负面清单、行政审批清单、政府监管清单管理。落实企业投资主体地位，提高投资有效性。在基础设施和公用事业等领域，实行公开市场准入标准和支持政策，鼓励社会资本进入医疗、养老、交通、教育等公共服务领域。

三是推进市县审批层级一体化改革，增强简政放权的协调性。赋予县级经济社会管理权限，减少审批层次。对于直接面向基层、量大面广、由基层实施更方便有效的审批事项，下放给基层政府实施。对于中央和省市出台的一些简政放权措施，则要制定相关的实施细则，加强部门之间的联动，确保把简政放权落到实处。

四是加快垄断行业改革，充分发挥市场在资源配置中的基础作用。打破行业垄断和市场分割，放开自然垄断行业竞争业务，建立鼓励创新的统一透明、有序规范的市场环境。进一步破除各种形式的行政垄断，依法打击利用行政垄断追逐本部门或本地区甚至官员私利的行为。

（二）鼓励各地深化行政改革，优化政府职能和工作流程

实践证明，山东济南高新区的政府系统"大部制"改革，对于提高政府工作效能、降低制度性交易成本，产生了较好的效果。建议各地围绕各自政府职能和工作流程中存在的突出问题，实行"大部制"改革，构建符合各地实际需要的"大建设"、"大经济"、"大服务"、"大社会管理"、"大审计"等，消除部门之间的职责交叉、重叠。中央要适当加强引导，并在部门设置和职能等方面作以优化调整，解决多头监管、监管过多、重复监管等问题。

同时，要针对"为官不为、庸懒散拖"的问题，借鉴山东、福建等地实行的"超时默认"与"下课问责"相结合、全员 KPI 考核等方式，深入推进行政改革，强化责任意识和服务能力。同时，在精简审批事项的基础上，进一步优化审判管理流程，继续推行多规合一、多评合一、多表合一、一站式服务等措施，实行信息互换、监管互认，搭建信息和服务平台，提高行政服务效率。

（三）继续清理规范中介服务项目和收费，取消或降低部分涉企经营服务性收费

在落实中央涉企收费优惠政策和继续清理行政事业性收费的基础上，全面清理中介服务事项。一是清理各部门行政审批中介服务项目，破除中介服务垄断，

切断中介服务利益关联。二是对一些中介收费实行目录管理，明确各项前置性评估、年检收费。无论是实行政府定价的，还是实行市场调节价的收费项目，都纳入收费目录，目录以外的项目，不能收费。同时，根据各行业发展情况，对收费目录实行动态管理。三是清理规范社团收费。规范行业协会的会费收取，禁止以各种行为、名义向企业摊派。加快推进社会团体与行政部门脱钩，禁止其利用行政资源向企业收取费用。

（四）培育市场契约精神，降低企业维权、打假等成本

市场是在法制和惯例基础上运行的一种制度，良好的法制、健全的交易制度、明确的交易准则以及市场主体权利的保障，都是市场有效发挥激励和配置作用的前提。但是，无论法制的建立与完善，还是惯例、契约精神的培育，绝非一朝一夕能完成，而是一个较长的制度与文化的构造过程。在此过程中，不仅需要继续完善制度，削弱市场机制内在的局限性，而且还要加大惩戒力度，打击各类违法、不正当的市场行为，维护市场公正和社会诚信。特别是要进一步加大打击侵权及假冒伪劣商品的力度，加大扶持企业品牌建设，建立公平有序的市场竞争环境。加强知识产权保护，注重对企业专利申请的资助，加大知识产权违法行为处罚力度，保护专利、知名品牌免受非法侵害，保护企业尤其是高新技术企业的创新积极性。

中国财政科学研究院2017年"降成本"东部调研组
负责人：王朝才
成　员：马洪范　封北麟　梁　季　陈　龙　赵治纲
主要执笔人：陈　龙

山东、福建两省部分企业成本效益状况的调查报告

成本费用问题始终是制约企业盈利能力和竞争能力的关键问题,成本费用问题通过近年来中央和地方不断出台的降成本政策得到了一定程度的解决,但是从调研来看,企业成本费用的总体"获得感"依然不强,对降成本费用依赖各级政府的意识依然没有改变。

盈利水平高的企业和竞争能力强的企业,对成本费用的问题能够承受,企业成本费用也就往往能够内部消化,这些企业更多是关注公平的竞争环境、政府的服务效率、知识产权的保护等问题,而盈利能力差亏损的企业往往对成本费用问题高度关注,但一味地降成本很难让企业直接盈利,也很难让其有大的"获得感"。

本报告认为,"降成本"不仅需要政府全力去推动降制度性交易成本和垄断性的用能成本,更需要企业内部提升成本管理水平、内部挖潜、并综合运用一流的技术和成本管理措施来控制和降低内部成本。因此,本报告将通过对东部地区(山东和福建两省)的调研和数据分析,分部从企业效益状况、几个关键成本和内部成本管理的角度对企业成本问题进行深入分析,以便总结出下一步为企业降成本的一些思路和新的启示。

一、企业效益下滑是近年来成本费用问题凸显的主因

(一)山东企业效益增速低,福建企业成本效益总体较好

1. 山东省企业成本效益分析

2016年，山东省规模以上工业企业（简称"规上工业企业"）4.06万家，工业增加值同比上年增长6.8%；主营业务收入15万亿元、同比增长3.7%；利润8643.1亿元、同比增长1.2%。

2013—2016年山省规模以上工业企业的每百元主营业务收入中成本费用分别为92.2元、92.9元、93.4元、93.6元（具体如图1所示），2014年、2015年、2016年分别比上年提高0.7元、0.5元、0.2元。

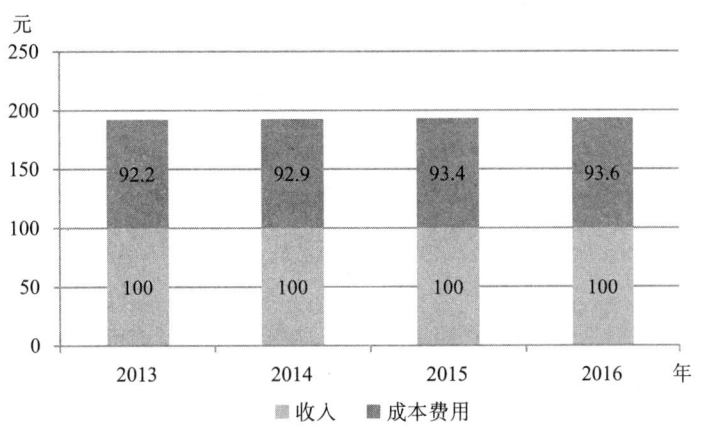

图1 规上工业企业成本费用和收入对比

（1）济南市企业成本效益情况

2016年，济南市规模以上工业企业主营业务成本4709.7亿元，每百元主营业务收入中的成本为82.3元，较去年同期下降0.6元。

在企业成本构成中，工人工资及福利320.3亿元，约占6.8%，制造费用461.6亿元，约占9.8%，燃料动力和原材料成本3927.9亿元，约占83.4%。

（2）潍坊市企业成本效益情况

2016年潍坊市规模以上工业企业实现主营业务收入13425.7亿元，同比增长7.9%；实现利润总额743.1亿元，同比增长11.3%。

潍坊市2016年装备制造业发展良好，通用设备制造业、汽车制造业、计算机通信和其他电子设备制造业分别实现主营业务收入1091亿元、637.2亿元和357.1亿元，收入分别同比增长12.4%、11.2%、20.8%；分别实现利润总额80.1亿元、36.6亿元和37.3亿元，利润分别同比增长30.4%、10.3%和14.4%。

从上述山东省的统计数据来看，全省规模以上企业的利润指标同比仅增长1.2%，而每百元销售收入中的成本费用依然在上升，但是上升幅度在下降。山东省规上企业的成本费用虽然总体依然在持续上升，但随着近年来中央和省级政府降成本政策的推出和落实，企业的成本费用增幅已经在逐年下降。

2. 福建省企业成本效益分析

2016年福建省规模以上企业实现利润总额2643.25亿元，同比2015年增长了19.5%。但是，国有企业实现利润总额仅有2.65亿元，同比下降了40%；集体企业实现利润总额3.7亿元，同比下降了26.1%；股份制企业实现利润总额1552.31亿元，同比增长18.7%；外商及港澳台商投资企业实现利润总额1046.48亿元，同比增长22.3%。

此外，2016年规上工业企业销售利润率为6.28%，规上工业企业的资产负债率52.29%，同比下降0.89个百分点。每百元主营业务收入中的成本为86.2元。在成本方面，主要是人工成本增幅较快，全省城镇单位在岗平均工资年均增长12.5%，而同期企业劳动生产率却只有5%，高出了7.5个百分点。

2017年1—3月，全省规模以上工业企业实现利润总额672.63亿元，同比增长25.5%，增幅比1—2月回落8.8个百分点。其中，高成长性工业企业实现利润总额同比增长37.1%，增速比全省规模以上工业快11.6个百分点；龙头工业企业实现利润总额同比增长61.7%，增速比全省规模以上工业快36.2个百分点。

2017年1—3月，规模以上工业企业主营业务收入利润率为6.29%，同比增加0.52个百分点；每百元主营业务收入中的成本为86.71元，同比仅增加0.11元。

从上述福建省的统计数据来看，福建省规上企业盈利能力总体较好，主要是龙头工业企业、民营企业、外商投资企业和股份制企业盈利增长较为迅速，而国有和集体企业的利润却下滑较为严重。

福建省民营经济发达，民营企业数量占全省企业数量的98%左右，规上民营企业占全部规上企业的70%左右，此外，企业以加工企业和服务贸易企业居多，而这些中小型企业对用工成本和物流成本较为敏感。

（二）规模优势和产品竞争能力强的企业效益好

1. 济南市调研企业情况

济南市重点调研了济南二机床集团有限公司（简称"济南二机床"）和山东力诺瑞特新能源有限公司（"力诺瑞特"）。济南二机床属于国有控股企业，力诺瑞特属于民营企业。

济南二机床是国内规模最大的冲压设备和大重型金属切削机床制造基地,先后承担11项国家科技重大专项,其中8项已顺利通过国家验收,被国家部委赞为"实施国家科技重大专项最好的企业"。公司也被誉为"世界三大数控冲压装备制造商"之一。近年来,在与德国、日本等世界一流企业的国际竞标中,连续赢得通用、福特、大众、日产、雷诺、菲亚特等国内外汽车企业高端市场订单。济南二机床公司近年来的主要财务指标如表1所示。

表1

财务指标	2014年	2015年	2016年	平均数
1. 营业利润率	15.1%	15.8%	16.8%	15.9%
2. 成本费用占营业收入的比重	85.1%	84.4%	83.6%	84.3%
3. 人工成本占成本费用的比重	16.5%	16.6%	16.6%	16.6%
4. 上缴税金占营业收入的比重(含使用税收缴款通用书开具的收费)	10.0%	12.3%	9.1%	10.4%

从上述数据来看,济南二机床公司近年来盈利能力较强,近三年的营业利润率指标实现了连续增长,且三年的平均营业利润率高达15.9%,盈利能力远高于同行业。此外,该公司的成本费用占营业收入比实现了三连降,这些数据说明了该公司在数控冲压高端装备市场具有很强的竞争能力、产品盈利能力较高,公司内部成本费用管理水平良好。

力诺瑞特公司成立于2001年,是国内太阳能综合开发应用与系统解决方案提供的领先企业,公司业务集太阳能热水、热能、空气源热泵、光电、燃气等产品。

力诺瑞特公司2015年实现销售收入7.39亿元,2016年销售收入6.53亿元,同比下降了12%,近年来太阳能热水产品竞争加剧,公司销售收入逐年下滑。该公司近年来的主要财务指标如表2所示。

表2

财务指标	2014年	2015年	2016年
1. 营业利润率	2.02%	2.06%	3.39%
2. 成本费用占营业收入的比重	98.21%	97.50%	96.64%
3. 人工成本占成本费用的比重	9.12%	11.31%	12.24%
4. 上缴税金占营业收入的比重	4.05%	4.61%	6.63%

从上述数据来看,力诺瑞特公司营业收入下滑的情况下,公司营业利润率指标却有所改善。公司人工成本占成本费用的比重近年来持续攀升,2016年达到了12.24%,公司用工成本高企。公司反映在成本费用方面存在以下问题:

(1) 原材料成本上升较快。公司2016年第四季度开始,原材料(主要是不锈钢和发泡料)价格大幅上涨,对产品成本影响较大,原材料价格上升导致单台产品成本增加了85元。

(2) 整体税负率持续升高。2016年该公司纳税合计4288万元,同比增长26%。2016年公司整体税负率达到了6.63%,远高于往年及行业平均水平,税负率上升主要是由增值税拉动。

2. 潍坊市调研企业情况

潍坊市重点调研了潍柴控股集团公司和盛瑞传动股份公司。潍柴集团公司属于国有控股企业,盛瑞传动股份公司属于民营企业。

潍柴控股集团公司成立于1946年,目前全球员工7.4万人,总资产1782亿元,销售收入1341亿元,在中国制造业500强中排第73位。公司近年来的主要财务指标如表3所示。

表3

财务指标	2014年	2015年	2016年
1. 销售收入(亿元)	1267	1075	1341
2. 利润总额(亿元)	64.2	27.7	47
3. 人工成本占营业收入的比重		8.57%	6.76%
4. 上缴税金占营业收入的比重		8.55%	6.89%

从上述数据来看,潍柴控股集团公司近年来销售良好,盈利能力较为突出。从成本费用来看,公司的用工成本和税负率有所下降,物流成本有所上升。公司反映在成本费用方面存在以下问题:

(1) 公司原材料和辅助材料价格高位运行,公司面临采购成本上涨,而产品的销售市场价格却下行的双重压力,公司的盈利空间趋于减少。

(2) 公司用地成本高。由于土地使用税上调,土地使用税标准一级土地由原来的8元/平方米调整为14元/平方米,再调整为现在的13元/平方米,二级土地从原来的6元/平方米调整为9元/平方米,再调整为现在的8元/平方米,公司2016年仅潍坊区域共交纳土地使用税4600万元,土地使用成本较高。

(3) 用工成本持续上升。公司2016年人工总成本较2015年上升了28%,

较 2014 年上升了 5% 左右。公司人工成本上升主要是公司承担的社保缴费较高、公司聘请高端人才代价较高、保证一定的工资涨幅以保持公司薪酬水平的市场竞争力。

盛瑞传动股份公司成立于 2003 年，主要从事汽车自动变速器和重型柴油机零部件的研发制造，是国内自动变速器研发制造基地，同时也是国内品种最全的重型发动机零部件领军企业。2017 年 1 月 9 日，公司荣获国家科技进步一等奖。

公司 2016 年实现销售收入 13 亿元，同比 2015 年增长了 62%，其中，公司 8AT 产品实现了销售收入 6.7 亿元，占全部销售收入比重超过了 51%。公司 2016 年实现了扭亏为盈。

2016 年以来，公司面临的主要成本费用问题如下：

（1）原材料价格上涨较快。公司属于机械加工制造企业，主要原材料为钢材、生铁、铸铝等。自 2016 年起，公司采购的钢材，从每吨 2300 元上涨到每吨 4800 元，上涨了 1 倍多，而公司产品销售价格却无法进行提价销售。

（2）人工成本增长较快。2016 年公司人均职工工资较 2015 年上涨了 20%，预计 2017 年，公司人工成本仍然要继续增长，增长幅度不低于 15%。此外，公司还面临一线员工和技术工人招工难的问题。

3. 福州市调研企业情况

福州市重点调研了祥鑫股份公司和耀隆化工公司。祥鑫股份有限公司属于军民融合的民营企业，耀隆化工属于国有企业。

耀隆化工公司成立于 1994 年，主要生产化肥（农业用碳酸氢铵、农用氯化铵）、纯碱等基础化工产品。公司反映 2016 年上半年经济效益有所好转，但下半年由于原材料和燃料价格的上升，导致下半年经济效益回暖有所减缓。公司反映在成本费用方面存在以下问题：

（1）化工产品主要原材料和燃料为煤、电、盐和水，原材料和燃料成本占总成本的 65% 左右。由于去产能煤价大幅上涨，导致公司原材料和燃料成本上涨较快。

（2）公司用工成本较高，五险一金占工资总额的 42% 左右。

祥鑫股份有限公司成立于 2002 年，注册资本金 2.3 亿元，现有员工 1200 人，年产值 20 亿元，公司为工贸一体化的现代化铝业集团公司。该公司反映：

（1）现有的政府政策对军民融合企业的优惠政策较少，且这些政策落地难。

（2）公司招聘的外来专业人员生活配套服务跟不上。公司生产的特种铝合金材料填补了福建省和福州市的空白，而福州市没有专业人员从事相关工作，专业人员只能外聘，祥鑫公司外来专业人员已经有 100 余人，而公司所在地闽候县的生活配套服务跟不上，公交和住房存在困难。

4. 福清市调研企业情况

福州市重点调研了福耀玻璃工业集团股份有限公司（简称"福耀玻璃"）。福耀玻璃公司成立于 1987 年，是上交所和港交所两地挂牌的上市公司。公司注重智能制造，获得了工信部 2016 年的"智能制造新模式应用"项目；公司注重研发创新，拥有发改委等五部委授予的国家级企业研发中心和设立了博士后科研工作站，是"国家技术创新示范企业"。公司专注于汽车玻璃生产，产品占全球市场份额的 23%，占中国市场份额的 65%，是全球最大的汽车玻璃生产企业。

公司近年来的主要财务指标如表 4 所示。

表 4

财务指标	2014 年	2015 年	2016 年
1. 营业利润率	17.17%	19.19%	18.92%
2. 成本费用占营业收入的比重	80.14%	77.59%	77.1%
3. 人工成本占成本费用的比重	16.71%	18.65%	19.10%
4. 上缴税金占营业收入的比重（中国区）	12.48%	13.39%	13.94%

从上述数据来看，福耀玻璃公司近年来产品销售良好，产品盈利能力较为突出，2016 年营业利润率为 18.92%。从成本费用来看，公司的成本费用占收入比逐年在下降。

二、研发创新能力强的企业效益好，竞争能力强

随着知识经济时代的到来，企业只有不断追求创新和研发，我们的企业才能拥有核心竞争能力，才能获得持续发展的源源动力。调研数据和企业反馈均可以看出，往往规模大、产品附加值高、盈利能力强的企业重视研发投入，逐年加大研发投入，通过研发来实现降成本和增效益，而中小规模企业因盈利能力较弱，真正的研发投入较少，即使有研发，大多也是在进行模仿式创新，也没有专门的研发团队进行持续的研发。

（一）调研企业研发投入分析

济南二机床集团公司研发投入比指标近三年平均为 6.3%，2016 年研发投入

达到了7.4%，远远高于高新技术企业认定标准的3%。力诺瑞特新能源公司研发投入近年来有所增加，研发投入比逐年上升，2016年研发投入比达到了5.36%。福耀玻璃集团公司一致注重研发创新引领，研发投入比逐年提高，为了给予研发人员更优厚的薪酬待遇，并每年拨出千万元的专项创新奖金进行研发创新评奖。

从上述3家调研企业的研发投入比数据来看（表5），研发投入比指标均逐年提高，说明这3家企业高度重视研发和创新，注重通过研发来提高产品的附加值和盈利能力。

表5

调研企业	2014年	2015年	2016年
济南二机床集团公司	4.7%	6.9%	7.4%
力诺瑞特新能源公司	3.02%	3.62%	5.36%
福耀玻璃集团公司	4.01%	4.37%	4.38%

此外，潍柴集团公司近几年在研发投入方面投入了大量的资金，目前集团每年研发投入金额比较大，2016年研发投入比在4%左右。山东潍坊盛瑞传动股份公司2016年研发投入比为9.51%，研发投入中，研发人员的工资占了20%左右。

（二）研发技改财税扶持政策分析

1. 山东省研发技改扶持政策

山东省在降低企业创业创新成本方面。出台了7条政策。一是扩大"创新券"覆盖范围。2016—2018年，将"创新券"政策补助范围由小微企业扩大至中小微企业。以"创新券"的形式，依托"山东省大型科学仪器设备协作共用网"，对省内小微企业使用高校、科研院所及其他企事业单位科学仪器设备进行检测、试验、分析等活动发生的费用给予补助，有效解决了企业检验检测缺乏专业设备支撑等难题，进一步放大政策实施效应。二是实施"工业云平台"政府购买信息化服务。为解决企业信息化重复投入、资源利用不足等问题，降低企业信息化投入和资金支出，在工业行业领域，由省级以政府购买服务方式向"工业云平台"购买一年期的研发设计、数据管理等基础软件服务，免费向线上企业提供，以减轻企业信息化成本支出压力，提高资源综合利用效率。三是扩大首台（套）等科技保险财政补偿政策实施范围。进一步放大政策效应，在适当提高单户企业最高财政补助数额的同时，将高新技术企业购买的产品研发责任保险和关键研发设备保险等纳入保险补偿产品范围，进一步促进装备制造业技术创新和成果转化。四是降低企业职业培训成本。针对当前结构性用工紧张、高端人才和熟练技工难招等现实情况，拟进一步加大高技能人才培养培训财政补助力度。同时开展新型学徒制培训试点，对试点企业按其支付给培训机构培训费用的60%给予补助。另外，《意见》还提出了实施技术设备进口贴息、知识产权保护财政奖补、建设小微企业创业创新示范基地、实施企业家免费培训计划等政策措施。

2. 福建省研发技改扶持政策

福建省2016年符合高新技术企业只有2450家，平均研发投入比（研发投入占营业收入比）只有1.95%左右。

福建省在降低企业研发成本方面：（1）运用创新券的方式；（2）以"后补助"的形式减免企业利用省大型科研仪器网络管理平台或国家网络管理平台资源开展分析、测试、检验、实验产生的费用；（3）优先支持科技型中小微企业。设立科技小巨人领军企业研发费用加计扣除奖励专项资金，对中小型科技企业研发费用进行加计扣除奖励，加快培育一批创新能力强、发展前景好、代表性强的中小企业。

在扶持企业技改方面，2016年7月8日，由福建省财政厅、兴业银行共同发起的"福建省企业技术改造投资基金（有限合伙）"（简称福建技改基金）在福州市马尾自贸区正式注册成立，该基金首期规模80亿元，期限10年，以支持福建省企业技术改造升级。

福建省企业技改基金作为一种金融创新工具，在传统项目贷款、技术改造贷款等债权融资之外，福建技改基金为"新常态"下推动企业转型升级提供了一种新思路。福建技改基金将重点投向福建省内先进产能扩产增效、智能化改造、服务型制造、工业强基工程、提升质量品牌、绿色生态发展、科技成果转化、公共服务平台等领域重点技术改造项目，并由兴业银行子公司兴业基金负责管理。

企业技改基金通过债权等市场化方式对重点技改项目进行投资，收取不超过年化3%的利率，由财政进行贴息，这大大降低了企业的融资成本。福州市认缴出资了1.6亿元。省企业技改基金已在福州市投放了8个技改项目，投放了7.2亿元资金。

三、企业用能、物流成本依然较高

用能成本在企业成本中占比虽然不大,但是从调研企业反馈的情况来看,依然对电价过高、电力征收的相关基金、电力垄断市场化服务较差等问题反映较多。

(一)企业用能成本情况分析

福耀玻璃集团公司近三年的用电情况如表6所示。

表6

用电指标	2014年	2015年	2016年
1. 用电总支出(万元)	86504.53	87628.17	88383.33
2. 度电价格(元)	0.64	0.62	0.61
3. 用电量(万度)	135463.32	140628.36	145808.46
4. 电力相关基金支出(万元)	5797.83	6018.89	6240.60
5. 用电成本占营业成本比重	13.00%	12.93%	11.48%

从福耀集团提供的用电支出数据来看,用电总支出随着用电量而上升,用电成本在企业的营业成本中占比较高,因此,福耀集团对于电价问题就会高度关注。虽然度电价格近年来有所下降,但2016年比2015年仅下降了1分钱/度,电价依然偏高。

从福清市统计局提供的水电费统计数据来看(表7),2016年水电费合计数同比下降了9.2%,这与2016年国家实施的下调电价政策相吻合,但是办公用电也出现了同比大幅上升。

表7   2016年度福清市规上工业水电费用情况表

指标	2016年	2015年	同比增长(%)
本年:制造费用中的水电费;千元	1148796	1305495	-12.0
本年:管理费用中的水电费;千元	82642	51455	60.6
水电费合计	1231438	1356950	-9.2

(二) 企业物流成本情况分析

山东省反映企业物流成本（运输成本）有所提高。由于运输业人工成本上升，加上过路费、过桥费增多等诸多因素影响，货车租赁费用升高，导致物流运输成本提高。统计数据显示，2015年山东省工业企业运输成本占成本的比重为0.68%，比2012年提高了0.05个百分点。

调研企业物流成本情况如表8所示。

表8

调研企业	2014年	2015年	2016年
济南二机床集团公司	4.0%	3.6%	4.1%
福耀玻璃集团公司	7.7%	8.09%	7.91%

从上述2家公司物流成本占成本费用比指标来看，济南二机床集团公司的物流成本占成本费用比指标在2016年上升比较明显，且物流成本有持续上升的趋势。而福耀玻璃集团公司物流成本占成本费用比指标2015年和2016年则维持在8%左右。

此外，潍柴集团公司反映，该公司的物流成本占营业收入比指标2016年为0.7%，比2015年的0.68%提高了0.02个百分点。

四、降成本取得长效在于提高企业内部成本管理水平

（一）政府引导企业内部挖潜增效

在引导和帮助企业开展内部降成本方面，山东省研究出台了《关于提升工业产销率加快去库存加速资金周转的指导意见》，加快推进工业去库存，降低企业资金占用成本。推广一批企业管理典型经验，引导企业增强内功，减少原材料消耗，压缩管理、销售和财务费用，努力降本增效。加快实施"互联网+"行动计划，充分利用现代信息技术等手段，线上线下结合打造新型营销服务体系，帮助企业降低运营成本。

山东省潍坊市则注重发挥企业自身的能动作用。总结推广了建立健全降本增效机制、推广智能化生产、盘活闲置资产等19项降低企业内部成本的具体举措，

总结了 37 家企业在降成本方面的典型案例，引导企业积极内部挖潜增效。

（二）企业内部成本管理好做法

1. 济南二机床公司内部成本管理做法与经验

济南二机床集团公司近年来高度重视内部成本管理，采取了一系列行之有效的成本管理办法和激励机制，真正实现了"研发和成本"优势的完美结合，不断提高了公司的竞争能力和可持续发展能力。

一是研发降本，充分利用国家政策，加大对研发的投入，保持与世界同步的先进技术。企业每年研发投入比例占销售收入的 6% 以上，济南二机床依托新产品研发，形成了世界同行业中最强的制造实力与装备水平，确保了产品的高附加值和市场竞争中的优势地位。比如，在福特汽车美国工厂第九条冲压线订单的竞争中，济南二机床依靠稳定的技术和质量水平，逼迫德国同行不得不打起了价格战，在对方报价低于我们企业的情况下，我们仍然胜出，在世界冲压行业彰显了中国力量。

二是项目管理全程降本。从用户前期交流阶段，我们企业就全面介入，包括厂房、地基、动能供应等基础设施的逐项落实、跟踪，制定全过程节点计划和控制措施，同时，为进一步提高用户满意度，建立了用户安调服务信息管理系统，对用户安调现场进行在线监测和远程管理，对于安调现场出现的疑难故障，及时进行诊断和解决，保证了安装调试进度和项目质量，提高了产品准时化制造水平，增强了企业的市场竞争力和长远发展潜力。

2016 年中国机械行业数据显示，济南二机床销售收入位居行业重点联系企业第四名，但实现利润、利税高于行业重点联系企业销售收入前三名的总和，企业的经济运行质量居行业首位。

三是品质和服务降本。企业致力于"塑造国际一流品质，持续为用户提供可靠、满意的产品和服务"，从制度上鼓励"做优多得、创新多得、多劳多得"，不断完善质量绩效评价体系，系统推进管理创新、机制创新，在质量、效益、效率等方面不断突破，有效提升了产品技术水平和质量可靠性，确保了企业高附加值的产品被广大用户认可，通过不断实施质量问题排查，2016 年万元产值质量损失同比降低 46.11%。

四是目标成本管理降本。为全面实现提质增效，企业从深化设计目标成本控制入手，优化设计方案，推行工序成本核算，细化各项可控费用，全员、全过程控制成本与费用，既谋求技术经济效益，又实现挖潜降本控耗，实现效益增长的高于产出增长，2016年万元产值可控费用同比降低9.56%。

2. 山东力诺瑞特公司成本管理的好做法

一是研发方面加强产品新材料的选用与替代，以减少产品成本；

二是公司设有改进改善的激励机制，鼓励全员参与，围绕公司的各个环节，包括：产品零部件、产能提升、质量提升、管理提升等各个方面提出改进建议，对于采纳的建议，以重要程度进行奖励。

三是强化成本费用预算管理。公司每年底制定公司下一年度的各部门费用预算，对于预算指标及事项，由预算组进行梳理与筛选，以保证每项费用的合理支出。

3. 潍柴集团公司在成本管控机制方面的做法

潍柴集团高度重视降本增效工作，通过完善制度、落实项目、创新方法、营造文化，逐步建立了一套卓有成效的降本增效管控模式。2016年，"降成本"被列为潍柴集团必须打赢的三大战役之一。

一是严格降本增效考核。全面落实经济责任制，细化分解降本指标，将降成本预算指标纳入执考单位、责任单位和各级负责人PPC，逐级落实责任、层层传递压力。将降成本项目纳入全面预算管理体系，严格按周期进行考核，指标完成情况直接与个人业绩考核挂钩。

二是基于全价值链降成本。潍柴集团全面实施精细化管理，坚持全产业链、全业务流程理念，明确降成本项目，重点推进采购、设计、工艺、制造等降成本工作。

三是创新降成本的方式方法。连续多年开展降本增效工作后，企业降成本空间收窄，难度增大，需要不断创新方法思路，突破观念束缚，持续提高效率、节约成本。一方面，发挥集团规模优势，利用成本倒逼机制，推进管理模式创新，提高费用管控水平，实现向管理要效益。另一方面，综合采用多种方式，协调多方资源，灵活降本增效。

四是全员参与降成本。坚持全员参与是潍柴近几年降本增效工作能够取得成效的关键。企业高度重视降本增效工作的跟踪、督查、调度和分析工作，按月形成降本增效分析报告，呈报公司高管团队；按季度利用联席办公会、党政联席会通报降本增效工作进度，并借助潍柴周报、电视台、网站、微信等企业内部媒体，在全员范围内宣传降本进度、宣贯降本措施，确保全员参与降成本。同时，强化节约意识，消除管理漏洞，杜绝一切浪费，营造全员勒紧腰带过紧日子的节约氛围。

4. 福耀玻璃公司内部挖潜方面的好做法

一是建立了全面预算体系，强化目标成本管理。

二是建立了完善的成本考核激励制度。

三是信息化与自动化的两化融合降成本。

四是全面导入丰田汽车公司的精益生产运营模式降成本；倡导全员提出合理化建议和提案，并进行专项奖励。

五是运用田口的稳健设计方法，该方法是一种低成本、高效益的质量工程方法。由日本田口玄提出，将产品的质量重点由制造阶段前移到设计阶段，强调设计对质量的重要作用。

五、两省企业反映存在的一些突出成本费用问题

（一）研发技改投入问题

济南二机床集团公司反映，政府在企业研发项目立项等级和项目鉴定方面的政策不够明确。从目前的加计扣除项目来看，由于省级立项项目从立项建议书到上级批文、项目鉴定验收等具备完整的流程，企业加计扣除的项目一般是省级立项项目。企业内部立项和市级立项项目虽然按政策未明确标注不可以加计扣除，但是缺乏上级部门批文、结果鉴定等权威部门出具的权威证明资料，企业出于税收风险的不确定性，一般不进行相关项目的加计扣除。

山东力诺瑞特新能源公司则反映，公司需要的新能源专业领域高层次的研发创新人才缺乏，研发项目对市场和用户的调研少，没有真正深入到用户家中去了解更多的产品痛点和用户需求；研发项目管理的工具缺乏。

在福建省调研时，福建省反映福建省企业以加工和贸服企业较多，高新技术企业较少，且部分中小高新技术企业即使符合高新技术企业认定资格，也由于怕税务查账和申报后查出问题造处罚等原因而不愿意进行申报。中小民营科技公司很少重视创新和研发投入，研发投入较少，且大多是模仿式和剽窃式研发，很少投入资金搞基础性和原创性研发。

此外，福建省的祥鑫股份公司反映在申请福州市技改基金方面的资金支持较为困难，企业花了3个多月向准备了申请材料，但审核结果却未被告知，获取技改基金难。

（二）用能成本问题

从调研组对山东和福建两省调研的企业反馈意见来看，这两年企业用电成本依然高企，尤其是与用电相关的水利建设和维护基金、装机容量费等电价附加成本较高，国内电价和天然气价格明显高于国外，用水涉及的排污费按用水量收取也不太合理等问题。调研企业的具体用能成本问题如下：

1. 山东省潍柴集团公司反映公司用电成本较高。2015年潍柴集团用电量为1.55亿千瓦时，电费支出近1.5亿元。2016年集团用电量为2.5瓦时，电费支出2.05亿元，用电成本占公司能源消耗费用的近73%。

2. 福建耀隆化工公司反映用电用水成本高，该公司2016年用电支出5000多万元，且以前的化肥厂因支农享受的优惠电价在2016年被取消，导致度电成本提高了0.055元。由于供电公司较为强势，公司使用银行承兑汇票支付电费不被接受，只能现付。

此外，公司每天用水1.5万吨，环保部门按照用水量（入口算而不是出口算）收取排污费2.55元/吨，而公司用水后产生的是不污染的氢气，实际排污流量约1000吨，大部分原水带入了产品中，按进水量收取排污费不合理，导致公司的排放费较高，建议按实际排污量收取排污费。

3. 福耀玻璃集团公司反映国内用能成本高。公司近三年用能成本（用电和用天然气）占生产成本的比重平均为：汽车玻璃9.3%、浮法玻璃42.6%，占比很高。与美国相比，中国电价为0.65元/度以上，是美国0.05美元/度的2倍以上，中国天然气价格为2.45元/立方米，是美国的0.11美元/立方米的3倍以上。

（三）物流成本问题

在山东省调研时，省级政府反映由于山东省物流和运输业不够发达，多数地区缺乏布局合理、功能完善的大型物流集散基地，物流企业提供综合性服务的能力较弱，第三方物流发展缓慢，物流成本缺乏竞争优势。

在福建省调研时，福建省级政府部门反映，由于福建省近年来高速公路发展较快，高速公司大多处于亏损状态。福建省高速公路公司虽为国有独资公司，实际是由财政出资，提升高速公路公司的资信申请银行专项贷款进行修建，因此，福建的企业交纳的过路过桥费是财政票据，不是增值税专用发票，导致企业交纳的过路过桥费不能抵扣。

调研的企业则普遍反映由于物流企业的人工成本上升，加上过路费、过桥费增多、超限超载治理等诸多因素影响,货车租赁费用升高,导致 2016 年以来物流成本大幅上涨。部分调研企业反馈的具体意见如下:

山东省的力诺瑞特新能源公司反映公司近年来物流成本较高。2016 年整车运输(按体积核算)的价格上调了 22%,整车运输(按车型核算)价格上调了 18%。山东省内运价平均上升了 8.15%。

福耀玻璃集团公司反映公司的物流成本上升较快。公司物流主要是陆地汽车运输和海洋运输。受 2016 年 9 月运输新政影响,原片玻璃的汽车运输运价上涨,平均约 10%。汽车运输市场各地情况复杂,规模小且分散,成本高。物流业人工成本上涨影响了运价升高,以及营改增、运输新政后物流业普遍涨价。港口杂费多,收费环节标准不明确,如同一港口不同船公司的收费不一样,不同港口的收费也不一样。

(四) 内部成本管理及其他问题

成本管理和控制水平的高低,直接影响企业的成本费用水平和产品竞争能力,最终影响企业的经济效益和长远发展,因此,企业内部成本管理才是降成本的真正关键所在。通过对山东和福建两省企业的调研,我们发现,规模加大、产品附加值高、盈利状况较好的大型企业均是管理水平较高、对成本费用管理和控制精益求精,反而是规模较小的国有企业和中小型民营企业对成本费用管理的意识不足和重视不够。主要存在如下几个方面的突出问题:(1) 中小企业内部成本管理水平较低;(2) 大部分企业对"惠企政策"关注和跟踪不足;(3) "科技降本"、"全员降本"理念缺乏和意识不到位;(4) 预算管理不到位,成本管理措施和考核激励措施缺乏。

比如,福建省民营经济发达,但是民营企业大多是家族式民企,大多经济实力较差,经营管理水平较低,对成本费用的管理和管控重视不足。

六、进一步推进降成本工作的对策与建议

国家 2016 年实施的降成本政策对企业减负,轻装上陈,增强企业竞争能力和可持续发展能力,无论从数据分析和调研的企业来看,应该说取得了较多较好的效果,但是不少企业依然反映感觉"获得感"不强,原因可能是多方面的,但关键原因还是随着经济进入新常态,实体企业经济效益下滑较为明显,政府出

台的各项惠企政策还没有真正落地和见效。因此，下一步推进降成本，不仅需要总结和评估现有降成本产生的实效和问题，更应统筹提出降成本的新思路，明确降成本的关键路径和举措。

（一）降成本应坚持"成本"和"销售"两手抓

降成本事关企业的效益，更关系整个实体经济的持续、健康发展，因此，降成本也是一个长期的课题任务。但是，降成本也不能一味地追求在"成本"上做文章，成本是有一定刚性和承受空间的，当前大部分显性成本和市场化交易的正常成本是没有太多下降空间的。

我们认为，下一步降成本工作应坚持两手抓，一手重点抓降制度性交易成本和破除垄断对要素价格的扭曲方面，另一手重点解决企业开拓市场、提高销售收入方面存在的机制体制障碍，从而帮助企业通过增销增效来降本。

在帮助企业"拓市场、增销售"方面，政府应在建立和规范公平交易的市场，打击不合理的垄断和欺诈行为，保护知识产权，强化产品标准体系建设、帮助企业开拓国内和国际市场等方面深入开展各项工作，从而营造公平的市场竞争环境。

（二）研发技改扶持政策是降成本的重要抓手

通过对福建和山东企业的调研，我们认为，我国实体经济企业效益下滑，主要还是在传统制造企业因产品同质化、低端化的恶性竞争，销售下降与成本上升带来的盈利无法改善，而一些研发能力较强、产品附加值高的高端制造企业，反而盈利能力上升，成本消化能力不断增强，因此，研发技改扶持政策是降成本的重要抓手，下一步应不断完善和提高研发技改的各项政策。比如，在研发费用加计扣除的范围和扣除比例上还可以适当拓展，从而使企业在规范管理研发项目费用归集的同时，获取更多的国家政策扶持，鼓励"万众创业、大众创新"，鼓励企业加大研发投入。此外，建议中央和地方对企业承担的国家层面的前沿研发项目给予更大的政策扶持，如：按照超过研发投入比3.5%部分的研发投入，给予10%的政府财政补助以返还给企业。

（三）破除垄断是降用能成本的关键举措

企业普遍反映的用能成本尤其用电成本较高，关键在于电网公司的高度垄断所致。我国是一个制造业大国，工业制造业用电量占全国总用电量的80%。电网公司因垄断而获取的较高利润，却反而深深地打击了我国的实体制造企业。因此，要降用能成本，下一步应采取行政手段破除垄断，突破利益集团的种种阻扰，深入推进用能市场化价格形成机制改革，促进市场主体多元化竞争，形成一个充满有序竞争的用能市场。

对于企业用电，应按照准许成本加合理收益的原则，测算并上报我省电网企业准许总收入和各电压等级输配电价水平。逐年扩大市场化交易电量规模，有序放开发电企业、售电主体和用户准入范围，允许符合条件的电力用户和售电企业参与市场交易，不断丰富交易品种，健全风险规避机制，逐步建成公平开放、规范高效、健康发展的电力市场体系，发挥市场配置资源的决定性作用。

对于企业用气，则应择机放开天然气气源价格，有序推进天然气公开交易。根据管网经营主体多元化情况，在成本监审的基础上，科学核定天然气管道运输价格。完善天然气上下游价格联动机制。

（四）降成本关键角色还是企业内部提高成本管理水平

本报告认为，政府在降成本中的角色更多是通过制度设计、简政放权、破除行业垄断、规范交易等方面来系统降低制度性交易成本。政府降的是企业不可控的、隐性的外部成本。而企业才是降成本和控制成本的主角，是最为关键的一方。

更加注重发挥企业自身在降成本中的能动作用，深入挖掘内部潜力，降低企业成本费用。积极引导企业加强自身管理，采用新的技术，实行集约节约生产和经营。完善各类资源平台，推进企业间信息交流，实现需求对接、资源共享、优势互补、共同发展。充分发挥各类行业协会、商会在降低企业成本中的积极作用，通过提供指导、咨询、信息等服务，更好地为企业、行业提供智力支撑，引导企业健康有序发展。加强舆论宣传，及时总结推广企业在降成本方面的好经验、好做法，为企业发挥降成本的主体作用提供模板借鉴。

因此，不仅要高度重视政府在降成本的政策落实和引导，更要在此基础上，加强企业家队伍建设，强化企业家素质培训，提高企业成本费用管理水平，从而为建立降成本的长效机制创造有利条件。

中国财政科学研究院2017年"降成本"东部调研组
负责人：王朝才
成　员：马洪范　封北麟　梁　季　陈　龙　赵治纲
主要执笔人：赵治纲

山东、福建两省降低企业融资成本的政策成效评估

2016年8月22日,国务院印发《降低实体经济企业成本工作方案》(以下简称《工作方案》),提出降低实体经济企业六大成本的一揽子政策。其中,明确提出"有效降低企业融资成本"、"企业贷款、发债利息负担水平逐步降低,融资中间环节费用占企业融资成本比重合理降低"的工作目标。国有经济与民营经济相对发达的山东、福建两省,积极落实国务院《工作方案》的政策部署,综合施策、多措并举,不遗余力地推动企业融资成本的有效降低,取得阶段性成效。但是,调研过程中,各类型企业对当前融资难易、成本高低反映不一,对降低企业融资成本政策红利的获得感冷暖不一,降低企业融资成本的政策成效究竟如何,需要开展阶段性评估,以期实现"3年左右使实体经济企业综合成本合理下降,盈利能力较为明显增强"的总体工作目标。

一、两省降低企业融资成本采取的主要措施

山东、福建两省依据国务院《工作方案》中提出的"降低融资中间环节费用,加大融资担保力度;完善商业银行考核体系和监管指标,加大不良资产处置力度;稳妥推进民营银行设立,发展中小金融机构;大力发展股权融资,合理扩大债券市场规模;引导企业利用境外低成本资金,提高企业跨境贸易本币结算比例"等六类建议措施,结合本省实际情况,主要从以下9个方面进一步细化国务院《工作方案》提出的六类措施(参见表1):(1)健全融资风险补偿与风险

分担机制,提高信贷机构风险容忍度;(2)创新信贷融资方式,扩大银行资金支持;(3)完善转贷应急机制;(4)发展多层次资本市场体系,鼓励企业直接融资;(5)降低融资中间环节费用;(6)规范市场运行机制,合理引导资金流向;(7)引导企业利用境外低成本资金,降低外贸企业收汇融资风险;(8)支持地方金融组织发展,构建普惠金融体系;(9)提高企业资金周转效率,强化企业自融资能力。9 类措施基本覆盖了当前企业融资的主渠道和主要困难,重点关注了融资担保体系建设、小微企业融资便利性、清理规范融资收费、发展地方金融组织、多层次资本市场建设等 6 个方面的内容。

表 1　　　　　　　　山东、福建两省降低企业融资成本政策

省份	山东	福建
政策目标	政策措施	政策措施
健全融资风险补偿与风险分担机制,提高信贷机构风险容忍度	1. 设立省级知识产权质押融资风险补偿基金。	1. 设立中小企业信用保证基金。
	2. 建立科技成果转化贷款风险补偿机制。	2. 建立完善省再担保公司、各地政府主导担保公司资本金补充及业务风险补偿机制。
	3. 完善小微企业贷款风险补偿和信用担保代偿补偿政策。	3. 调整省再担保公司、政府主导担保公司业绩考核办法,适当调高风险容忍度。
	4. 出台地方非金融机构的小微企业贷款风险补助政策。	
	5. 颁布小额贷款保证保险保费补贴政策。	
	6. 发起设立总规模 40 亿元的省级融资性担保机构股权投资基金。	
	7. 支持市再担保公司开展"助保贷"业务,由政府、合作银行、市再担保公司按照 3:3:4 比例建立企业融资风险分担与补偿机制。	

续表

省份	山东	福建
政策目标	政策措施	政策措施
创新信贷融资方式，扩大银行资金支持	1. 引导银行业机构大力发展动产抵（质）押贷款业务。 2. 研究运用物联网技术解决动产融资中的信息不对称问题。 3. 建立完善新型资本要素市场体系。 4. 加快建设统一高效的知识产权交易服务平台，鼓励发展以知识产权、股权、排放权和节能量等为抵（质）押物的新型融资方式。 5. 稳妥推进农村承包土地的经营权、农民住房财产权抵押贷款试点。 6. 完善科技创新创业企业贷款风险与补偿机制，创造条件积极争取投贷联动试点资格。	
完善转贷应急机制	1. 在银行机构推广"无缝隙"、"年审制"、"续贷通"、"免评估"等信贷服务模式。	1. 加强企业应急资金管理，帮助企业渡过续贷难关。 2. 金融机构不得简单因企业使用应急转贷资金而降低企业信用等级。 3. 加大各级财政对企业转贷应急资金投入，降低企业转贷过桥利率。 4. 推广"无间贷""连连贷"等业务模式，扩大无还本续贷政策适用主体范围，持续提高续贷比例。
发展多层次资本市场体系，支持企业直接融资	1. 鼓励更多企业到境内外股权交易市场上市挂牌融资。 2. 鼓励上市公司利用资本市场实施再融资和并购重组。 3. 促进齐鲁股权交易中心改革发展，全面对接省级政府股权投资引导基金。	1. 建立省级"小微企业发债增信资金池"，持续扩大直接融资规模。 2. 对成功上市或挂牌企业给与财政补助。 3. 加强培育和辅导省重点上市后备企业。

续表

省份	山东	福建
政策目标	政策措施	政策措施
发展多层次资本市场体系，支持企业直接融资	4. 协调推进省级政府直投基金进一步加快投资进度，加大投资力度。 5. 补助企业进行规范化公司制改制。 6. 对申请上市、挂牌交易企业给与一次性补助。 7. 企业资产债务流转、股权支付、权属转移变更涉及的货物转让、资产收购交易等涉及的动产、不动产、土地使用权转让暂不征收增值税；可做特殊税务处理。 8. 鼓励企业在银行间市场债务融资。 9. 促进基础设施资产证券化，探索实施金融资产、知识产权、碳排放权、不动产收益权等企业资产证券化。	4. 鼓励优质龙头企业多渠道债券融资。
降低融资中间环节费用	1. 落实收费公示及各项服务价格政策。 2. 清理不必要的资金"通道"和"过桥"环节，缩短企业融资链条。 3. 引导金融机构严格遵守"七不准"规定。 4. 鼓励银行业机构通过降低保证金比例、提高担保放大倍数等措施支持效益好的融资担保机构。	1. 加强对金融机构定价的指导和监督检查。 2. 贷款不得附加不合理条件，不得额外收费，取消无实质服务内容收费项目，向社会公布定价。
引导企业利用境外低成本资金，降低外贸企业收汇融资风险	1. 励企业和金融机构基于主体资本或净资产进行跨境融资。 2. 鼓励金融机构通过内保外贷等方式，为企业提供融资与担保支持。	

续表

省份	山东	福建
政策目标	政策措施	政策措施
引导企业利用境外低成本资金，降低外贸企业收汇融资风险	3. 鼓励符合条件的大型企业集团开办跨境人民币双向资金池业务，提高资金使用效率。 4. 鼓励企业赴境外发行人民币和外币债券。 5. 对企业出口信用保险保费财政补贴比例提高到50%。 6. 完善贸易融资风险补偿机制，对贸易融资项下的担保风险，省级贸易融资风险补偿资金、市级财政、银行业金融机构和担保主体，按照1∶2∶2∶5的比例共同承担。	
支持地方金融组织发展，构建普惠金融体系	1. 支持小额贷款公司、融资性担保行业转型升级。 2. 稳妥有序推进权益类和大宗商品类交易市场建设。 3. 发展地方资产管理公司，加大不良资产处置力度。 4. 鼓励山东金融资产交易中心创新产品和服务，为地方金融资产有效配置提供有力支持。	1. 大力发展与福建经济结构相匹配的融资租赁业；当年新增融资租赁合同金额的5‰予以风险补偿；通过融资租赁加快实施技术改造，固定资产产权归属企业的融资租赁方式可视同采购设备，享受技改补助政策。
提高企业资金周转效率，强化企业自融资能力	1. 取消政府采购合同预留尾款用作质保金的做法，全面推广政府采购信用担保业务。 2. 积极推广政府采购合同融资政策，引导各金融机构利用政府采购信用开发新型融资产品。 3. 对列入政府债务应付工程款全部列入年度政府置换债券发行计划，确保逐笔及时清偿到位。	

续表

省份	山东	福建
政策目标	政策措施	政策措施
提高企业资金周转效率，强化企业自融资能力	4. 加强对担保圈风险的监测研判，有序化解大企业担保圈风险。 5. 鼓励企业加强往来款项管理，引导企业加快付款，减轻全社会债务负担。	

注：资料根据两省政府文件整理得到。

二、两省降低企业融资成本政策评估：成效与问题

山东、福建两省在近一年的降低实体经济企业融资成本的工作中积极采取措施，综合施策、多措并举，取得阶段性成果，两省企业融资成本总体处于历史低位。但是，由于企业融资成本的形成既要受到宏观政策调控因素（例如货币信贷政策、金融监管政策等）的影响，也会受到微观金融市场因素（例如市场预期、市场参与者结构等）的影响；既会受到金融供给结构等体制机制的长期因素影响，也会受到货币政策趋紧的短期政策调控因素影响。各种因素相互叠加，导致当前降低企业融资成本的政策红利被部分抵消或者效力发挥迟滞有限，小微企业融资难、融资贵问题仍然没有得到重大突破或根本解决，未来政策进一步优化落实的空间仍有余地。总体看，两省成绩斐然，但仍有改进空间。

（一）两省降低企业融资成本政策措施取得的成效

1. 山东省政策成效分析

总体看，山东省通过加大财政支持力度，引导金融机构缓解企业融资难、融资贵问题取得一定成效，企业融资负担有所下降，便利性有所提升。具体表现为：一是工业企业利息支出等融资成本降低。2016年，山东工业企业利息支出占主营业务收入比重为0.84%，比2015年降低0.18个百分点。二是建立了多层次风险补偿机制，建立知识产权质押融资、小微企业贷款风险补偿和融资担保代偿补偿机制。推动全年26家金融机构新增小微企业贷款1808亿元。三是支持小额贷款公司"支农、支小微"发放小额、分散贷款，贷款余额564亿元，90%

投向"三农"与"小微"企业。四是财政补贴企业改制中介费用实际发生额的50%，企业上市事后奖励变为事前补助，按照募集资金金额2%一次性给予补贴。2016年底，全省有10278家企业完成规范化公司制改制，为对接资本市场奠定基础。"新三板"挂牌企业新增234家。五是设立了省级融资性担保机构股权投资基金，促进融资担保行业转型升级。截止2017年2月末，国资背景的融资担保机构数量达到187家。六是引动民间融资规范发展，2017年2月末，全身获得业务许可民间融资机构473家，注册资本248.7亿元。七是健全权益类和大宗商品类交易市场建设。目前，全省（不含青岛）有权益类交易场所已达17家，开展股权质押融资、农村两权抵押融资。大宗商品交易11家，交易品种涉及农产品、能源、化工等领域。齐鲁股权交易中心，作为山东省中小企业融资平台，截止2017年2月底，挂牌企业达1936家，市值709亿元，帮助企业各类融资超过320亿元。八是发展地方资产管理公司2家，其中省金融资产管理公司累计投资179.77亿元，收购金融机构不良债权683.83亿元，累计处置239.35亿元。

2. 福建省政策成效分析

福建省在降低企业融资成本方面取得的成效具体表现在三个方面：一是各级政府设立应急周转资金78.72亿元，累计周转总额1714.83亿元，共为9851家企业提供"过桥"周转。按月息2%估算，年可减轻企业负担7.5亿元。二是引导银行业机构继续扩大"无间贷"、"连连贷"等无还本续贷产品机构覆盖率接近100%，2016年客户数、余额分别比年初增长67.2%、78.8%，累计为企业节约融资成本15亿元。三是通过自贸试验区金融开放创新降低企业融资成本，可降低成本约0.8—1个百分点。

（二）两省落实政策中存在的问题及原因分析

当前，两省在降低企业融资成本，尤其是推进小微企业融资便利化过程中，仍然存在一些问题，小微企业融资难、融资贵问题未能得到根本缓解。主要表现在以下几个方面：

1. 小微企业短贷长用，资本金不足

在对两省企业与金融机构走访调研过程中了解到，目前，中小微企业普遍存在的一个问题是企业将银行出借的短期流动资金贷款用于企业长期项目投资，而长期项目投资回报周期长，不确定性因素较多，最终造成企业经营现金流入与企业债务的现金流出出现时间上的不匹配，尤其是在整体经济环境恶化，产业链上下游企业间大量赊销赊购现象的出现引发三角债的集中批量形成，一大批小微企业出现流动资金极度紧张的局面，企业还贷的过桥资金需求急剧增加，经营风险、债务风险交叠，导致企业市场再融资成本急剧增加。出现这一问题的原因之一在于小微企业资本金不足。对于多数小微企业，尤其是初创期的小微企业，企业留存收益较少，企业股权融资较难。因此，资本金不足问题比较严重。特别是在现行商业银行市场交易型贷款模式下，小微企业很难获得商业银行长期的项目贷款用于补充企业资本金的不足。结果必然是小微企业通过短贷长用满足发展资金需求，资产负债错配，过桥流动资金需求增加，甚至不惜高息借款，企业融资成本增加。

2. 政策信息知晓率偏低，小微企业积极性不高

为了降低小微企业融资成本，两省出台了一系列减轻小微企业融资成本负担的政策措施。但是，由于信息渠道不畅通，政策宣传不到位，部分小微企业对政策的知晓率偏低，政策无法及时落实到位。此外，即使部分小微企业了解政策且符合条件，但是申请手续繁杂，时间长，与小微企业"短、小、频、快"的资金需求难以匹配，而且担心事后"查账"可能引发的不必要"麻烦"，最终选择放弃。据福建省调查总队开展的小微企业发展情况专项调查显示，龙岩市未享受优惠政策的小微企业占79.7%，享受政府资金支持和贷款优惠政策的仅占5.1%。

3. 地方金融分支机构自主性难以发挥

由于整体经济环境下行，企业经营状况恶化，银行贷款违约率整体上升，绝大多数商业银行加强了对信贷风险的管控。采取的主要办法是加强授信管理，逐级上收信贷审批权，尤其是通过行内信贷管理信息系统的权限控制，采取"一刀切"的方式严重压缩地方分支机构在信贷审批上的权限，导致地方分支机构难以根据本地企业实际情况决定是否提供贷款。因此，导致部分优质的企业融资需求无法得到有效满足，迫使其通过其他高成本渠道融资，企业融资成本上升。

4. 诚信体系建设不完善

当前，小微企业融资难、融资贵问题的症结之一是中国诚信体系建设非常不完善。这其中既有小微企业自身的诚信问题，也有政府诚信问题，以及金融机构的诚信问题。小微企业的不诚信表现在小微企业隐匿企业自身的经营问题，向政府和金融机构递交虚假材料骗取政府资金支持和金融机构的融资支持，不按照合同约定的资金用途使用资金而是投入到高风险领域，导致政府和金融机构面临严重的企业道德风险以及由此引发的财政金融风险。政府的不诚信表现在政府不能

公正、公平出台政策条款,并足额、守时、高效兑现政府承诺,导致小微企业和金融机构不能得到相应的政策支持。金融机构的不诚信表现为金融机构不能按照政府与机构约定的方式对小微企业提供足额融资支持,甚至抽贷、断贷。据福建省金融办反映,部分金融机构在承诺政府提供过桥资金后对小微企业提供续贷,但是,在政府履行完承诺后,竟拒绝为企业提供后续贷款,将金融机构的风险完全转嫁给了政府。企业、政府、金融机构之间的不诚信,恶化了商业环境,增加了企业融资、政府扶持、金融机构资产管理的难度,直接间接交易成本增加,最终转化为小微企业融资成本的上涨。

除上述问题及原因之外,造成当前中国小微企业融资难、融资贵的重要原因之一是银行业的金融垄断。银行业的这种垄断表现为:(1)银行业在中国金融体系占据绝对主导地位。据人民银行2017年1季度《货币政策执行报告》的社会融资规模数据显示,除企业债券、非金融企业股权融资外,包括贷款、银行承兑汇票在内的商业银行间接融资比重仍然高达71.8%,企业融资渠道较为单一,非信贷融资的市场空间仍然偏小。(2)银行业内,工、农、中、建、交五大行业务规模占银行业整体业务规模比重较高。根据网易财经数据显示,五大行2016年底资产规模占银行业机构资产总规模的比重约为39.27%。较高的市场集中度,不仅削弱了市场竞争,而且抑制了小微企业有效融资渠道的多元化,提高了小微企业融资成本。

三、完善两省降低企业融资成本政策的对策建议

(一)继续深入推进多层次资本市场建设

从外源融资渠道看,解决小微企业资本金不足问题主要依托多层次资本市场建设,尤其是要深入推动包括"新三板"、区域股权交易中心(所)、网络股权众筹等在内的以中小微企业为服务主体的股权投融资与交易市场建设。这些市场由于准入门槛较低,发行机制灵活,投资者众多,资金来源渠道多元化,可以较好地满足处于各个阶段的中小微企业的不同融资需求。当前,最为关键的是规范解决"新三板"二级市场流动性不足问题,增强二级市场的投资性,减少投机泡沫。区域股权市场目前需要解决的最关键问题是增加一级市场交易的活跃度,促进挂牌企业实现实质交易。根据数据显示,在区域股权市场挂牌的企业,90%

以上企业没有实现融资功能。网络股权众筹目前最迫切需要解决的问题是完善有关法律法规，尽快正式颁布《互联网股权众筹管理暂行办法》[①]，建立市场规则秩序，稳定市场预期。

（二）充分发挥行业商会协会的协调沟通作用

企业与政府信息不对称，政策知晓率不高，政策适用性较低，这些问题的重要原因是企业与政府信息沟通不畅。行业商会协会作为社会中介组织，其组织管理人员通常由行业资深人士构成，了解行业发展动态，可以作为行业利益代表与政府进行更为充分、及时、深度接触，充分表达行业发展诉求，同时也可及时传达政府意图，确保行业发展与政府战略保持方向一致，政策调控精准、适度，更有利于政策被行业内企业充分理解，提高政策落地实效。因此，有必要积极组织各行业筹建行业协会或商会，与政府建立常态联系沟通机制，确保行业企业与政府信息沟通充分有效。

（三）积极发展地方金融组织，构建普惠金融体系

由于总部不在本地的金融企业容易受到总部政策调控的影响，往往不能充分有效的服务于本地金融消费者。因此，积极发展地方法人金融机构，包括城市商业银行等银行业金融机构，以及证券公司、基金公司、商品期货公司等非银行业金融机构，推动服务于小微企业的普惠金融组织发展，例如民营银行、村镇银行、融资担保公司、小额贷款公司、融资租赁公司、资产管理公司、网络借贷平台等，构建区域普惠金融体系，有利于充分发挥其接近市场、了解市场的优势，在确保风险可控的前提下，更好地为本地金融消费者提供更具特色和适宜的金融服务，有效缓解小微企业融资难、融资贵问题。

（四）充分发挥保险机构的融资增信功能，降低企业融资成本

鼓励支持保险机构则结合各地实际，拓展服务领域，整合信息资源，搭建了金融保险服务小微企业的平台和机制，开发个性化保险产品满足小微企业需求；支持保险公司与时俱进，充分利用互联网等新兴技术，建立精密、科学的数据分析统计系统和审批系统，努力实现全流程信息化处理，进一步简化投保流程，方

[①] 2014年，中国证券业协会发布中国证券业协会发布《私募股权众筹融资管理办法（试行）（征求意见稿）》，此后一直未公布正式文件。

便更多小微企业客户享受保险保障；在继续推广贸易信用保险、贷款保证保险、自然灾害企财险、风险事故利润损失保险、产品责任保险等的基础上，鼓励支持保险公司开放保险资金投资创业投资基金，探索支持有条件的保险资产管理机构，直接发起设立小微企业投资基金，支持小微企业、科技型企业等新兴产业、新兴业态发展；支持保险资产管理机构发挥专业化投资及风险管控的优势，投资符合条件的小微企业专项债券及相关金融产品；鼓励保险公司创新经营模式，争取与政府、银行的信息实现互通互联，通过信用保证保险推进小微企业信用体系建设。

（五）构建大数据平台，推进中小微企业征信体系建设

小微企业征信体系建设对于消除企业与金融机构之间的信息不对称，提高融资效率具有积极作用。建议在省级层面，利用大数据、云计算等现代信息技术，构建统一的中小微企业征信平台，依法采集、整理、加工个人、企业的信用信息，实现跨部门、跨行业的信用信息共享。同时严厉打击各种形式的逃废银行债务行为，将恶意逃废银行债务的企业、法定代表人和有重大关系的高管人员等有关人员列入"黑名单"，增强企业诚信意识，促进企业合法经营；规范企业内部财务管理，确保企业规范运营，为小微企业开拓融资渠道、提供融资便利创建良好的基础。

中国财政科学研究院2017年"降成本"东部调研组
负责人：王朝才
成　员：马洪范　封北麟　梁季　陈龙　赵治纲
主要执笔人：封北麟